Lexikon der Heiligen
und biblischen Gestalten

Die drei Marien aus der »Kreuzabnahme« von Antelami im Dom zu Parma, 1178

Lexikon der Heiligen und biblischen Gestalten

Legende und Darstellung in der bildenden Kunst

Von
Hiltgart L. Keller

11. Auflage

Philipp Reclam jun. Stuttgart

Satz und Druck: Reclam, Ditzingen
Buchbinderische Verarbeitung: Conzella Verlagsbuchbinderei,
Aschheim-Darnach bei München
Zeichnungen: Theodor Schwarz, Urbach
Printed in Germany 2010

ISBN 978-3-15-010768-3

www.reclam.de

Inhalt

Vorwort zur 1. Auflage

Die vorliegende Arbeit möchte Einblick geben in das Gebiet der christlichen Ikonographie und Symbolik, in den inneren Zusammenhang von Legende, Altem und Neuem Testament, wie er sich in der bildenden Kunst spiegelt. Denn nicht nur der künstlerische, sondern auch der inhaltliche Reichtum dieser Vorstellungswelt will vom Betrachter der Kirchen und Museen, vom Kunsterzieher und vom Studenten der Kunstgeschichte erfahren werden. Ohne Kenntnis des ursprünglichen Zusammenhangs, ohne Deutung des Beiwerks bleiben die Darstellungen christlicher Kunst oft unverständlich. Eine einzelne Gebärde, das Gewand oder ein begleitendes Zeichen vermögen nicht selten eine ganze Szene zu erklären. Zum Verständnis gehört häufig aber auch die Kenntnis von Textstellen, besonders etwa bei der zyklischen Verbindung von Szenen aus dem Alten und dem Neuen Testament, die vornehmlich das späte Mittelalter gern als anschauliche Exempla für Propezeiung und Erfüllung einander gegenübergestellt hat. Nicht zuletzt können Hinweise auf die Zeichensprache der Katakombenmalerei, auf die Szenenfolgen frühchristlicher Sarkophage und ebenso Beispiele für die sich im Laufe der Jahrhunderte verändernde Auffassung eines Themas wichtige Aufschlüsse für die Deutung eines Gemäldes oder einer Skulptur geben.

Aber das Ziel des Buches ist es, nicht nur dem Kunstliebhaber und dem Kunsthistoriker ein Hilfsmittel für das inhaltliche Verständnis der christlichen Kunst zu bieten, sondern zugleich dem historisch, theologisch und kirchengeschichtlich interessierten Leser ein übersichtliches Nachschlagewerk für den umfassenden Bereich des Alten und Neuen Testaments sowie der christlichen Heiligenlegenden in die Hand zu geben.

Den Artikeln über die bedeutenden biblischen Persönlichkeiten liegen die kanonisierten Bücher der Bibel sowie die apokryphen Texte zugrunde.

Für die Darstellung der Heiligenlegenden sind vor allem die knappen und treffend formulierten Werke der Buchmalerei herangezogen worden, die meist zugleich die frühesten Beispiele für ein Zusammenspiel von Text und bildlicher Darstellung bieten. Grundlegend für alle Legenden und bildlichen Wiedergaben sind die in der Legenda Aurea des Jacopo da Voragine und die im sogenannten Lübecker Passional aufgezeichneten Texte. Historische Zahlen dürfen in diesem Rahmen nur selten als zuverlässig gelten: Hier herrscht Unbekümmertheit um das Zeitliche. Wenn der Verfasser der Legenda Aurea, der Erzbischof Jacopo da Voragine, 1293 auch verschiedentlich Zweifel an dieser oder jener Nachricht äußert, so darf das nicht darüber hinwegtäuschen, daß ein geschichtliches Bewußtsein, wie es sich erst seit dem 15. Jahrhundert herausbilden wird, noch nicht existiert. Nur das Geschehen als solches ist wichtig. Auch handelt es sich ja um eine Bildsprache, aus der Wesentliches herausgelesen werden soll.

Für die Abschnitte, die den christlichen Heiligen gewidmet sind, weiß sich die Verfasserin dem grundlegenden Werk von P. Joseph Braun S. J., »Tracht und Attribute der Heiligen in der deutschen Kunst«, zu Dank verpflichtet.

Um eine möglichst bequeme Handhabung des Buches zu gewährleisten, sind die großen Persönlichkeiten der Bibel und die christlichen Heiligen in ein gemeinsames Alphabet eingeordnet. Die Zusammenstellung der Namen ist unter besonderer Berücksichtigung der deutschen Kunst vorgenommen worden.

Auf die Vita folgen in jedem Artikel Angaben zu den bildlichen Darstellungen, wobei – um den Rahmen eines Handbuches nicht zu sprengen – selbstverständlich auf eine vollständige Aufzählung der erhaltenen Beispiele verzichtet werden mußte. Das Gewicht ist auf bedeutende

Werke aus dem Bereich der deutschen Kunst gelegt. Hier wiederum wird die Auswahl einerseits durch die jeweils frühesten Wiedergaben, andererseits durch künstlerisch besonders gewichtige Werke, schließlich durch von der allgemeinen Norm abweichende Fassungen eines Themas bestimmt. Doch auch Beispiele der außerdeutschen Kunst sind angeführt, soweit ihnen für die Ikonographie eines Themas große Bedeutung zukommt.

Besondere Sorgfalt ist auf das Register der Attribute gelegt. Mit seiner Hilfe kann der Benutzer des Buches die dargestellte Persönlichkeit oder Szene mühelos identifizieren und wird auf den entsprechenden Artikel des Hauptteils hingewiesen, um dort nähere Aufschlüsse über die Deutung eines Altarbildes oder einer Skulptur zu erhalten. Ein Fachwortregister sowie je ein Register der christlichen Orden und der kirchlichen Tracht können ferner zum Verständnis des Textes beitragen.

Die in Klammern gesetzten Zahlen beziehen sich auf die Titel des im Anhang gegebenen Literaturverzeichnisses, in dem der Leser, der weiterführende Aufschlüsse wünscht, sich orientieren kann.

Vorwort zur 3. Auflage

Durch die Wiederentdeckung von Kunstwerken, zumal die Freilegung bisher unbekannter Wandmalereien, dank Quellenkunde und allgemeiner historischer Forschung sind seit Erscheinen der 2. Auflage (1970) viele neue Erkenntnisse unter gewandelten Aspekten gewonnen worden; das gilt sowohl für die Heiligen als auch für die biblischen Gestalten. Sie in ganzem Umfange zu berücksichtigen muß einer vollständigen Neubearbeitung des »Heiligenlexikons« vorbehalten bleiben, doch enthält diese 3. revidierte Auflage die Berichtigung aller sachlichen Irrtümer soweit sie nur bekannt wurden, ferner Ergänzungen, wo es geboten schien und technisch zu verwirklichen war.

Der Mut zur Neuauflage gründet sich auf die gesteigerte Nachfrage, der ein wirkliches Interesse für vergessene Tatsachen und zeitbedingte Deutungen zugute kam. Beibehalten ist deshalb die Absicht, für die aus der Benutzung des Bandes sich ergebenden Fragen neue Lösungen anzudeuten und sichtbar zu machen.

Weithin habe ich Freunden und Kollegen, aber auch unbekannten Lesern und namentlich Herrn Dekan Wilhelm Gümbel, Nagold, zu danken für ihre Anregungen und Hinweise, für die Angabe zahlreicher Fakten und für die Deutung von Zusammenhängen.

Vorwort zur 4. Auflage

Der Erfolg der 3. Auflage (1975) und mehrfache Anfragen aus dem Leserkreis waren der Anlaß, daß ich mich zu einer 4., wiederum durchgesehenen und ergänzten Auflage entschlossen habe. Die Widersprüche in Evangelien, Legenden und Darstellungen haben erneute Überlegungen hervorgerufen, die auch die Forschung nicht mehr unbeachtet lassen kann. So habe ich versucht, Hinweise zu geben, die Begründung und Richtung einer Lösung aufzeigen.

Ferner bewirkten die Beschlüsse des II. Vatikanischen Konzils zahlreiche Veränderungen im Heiligenkalender der katholischen Kirche. In dem vorwiegend historisch orientierten lexikalischen Teil des hier wieder vorgelegten Bandes sind weiterhin die traditionellen Fest- und Gedenktage vermerkt. Im Anhang soll ein Kalendarium der

Jahrestage dem Leser einen Überblick über die Ergebnisse der Kalenderreform ermöglichen.

Zu danken habe ich meinen Lesern für alle Anregungen, besonders auch dem Verlag für sein Entgegenkommen bei der Vorbereitung dieser Neuauflage.

Vorwort zur 5. Auflage

Diese 5. Auflage erscheint als Neusatz und konnte zahlreiche neue Hinweise auf Darstellungen und Literatur, auch aus dem Kreis der Leser, aufnehmen. Vor allem sind die oft so völlig von der deutschen Bezeichnung abweichenden fremdsprachlichen Namensformen dem Stichwort angefügt und in einer alphabetischen Liste zusammengefaßt worden. Im Anhang erhielt die Übersicht über die Tracht in den Darstellungen der Heiligen erläuternde Zeichnungen.

Vorwort zur 10. Auflage

Das nach wie vor lebendige Interesse an den Heiligen und biblischen Gestalten spiegelt sich nicht nur in kleinen und groß angelegten Ausstellungen wider. Es ist auch in Forschung und Lehre zu spüren und damit in neueren Publikationen greifbar. So wurde für die 10. Auflage von Norbert Wolf, München, eine grundlegend neue Bibliographie erarbeitet, die den interessierten Leser auf weiterführende Literatur zum Gesamtthema sowie zu den einzelnen Heiligen verweist.

Zur Anlage des Lexikons

Die Artikel dieses Bandes sind alphabetisch nach den Namen der Heiligen und biblischen Personen geordnet.

Die fremdsprachlichen Namensformen, in der ersten Klammer nach dem Stichwort genannt und separat zusammengefaßt auf einer Liste S. 653 ff. sind als Hilfe für den Leser aufzufassen, der bei der Lektüre oder auf Reisen fremden Patrozinien u. ä. begegnet. In durchaus unsystematischer Weise wurden deshalb nur solche Namen und ihre Diminutive erfaßt, die vom Deutschen so erheblich abweichen, daß man sie nicht ohne weiteres identifizieren kann.

In der zweiten Klammer nach dem Stichwort sind die Gedächtnistage der Heiligen aufgeführt: an erster Stelle der traditionelle Festtag, wie er bis zur Neuordnung der Heiligenkalender durch das II. Vatikanische Konzil galt, an zweiter Stelle der heute gültige Gedenktag laut Dekret der römischen Ritenkongregation vom 21. 3. 1969 und den deutschen Regional- und Eigenkalendern. – In dieser Klammer sind auch die Namen der deutschsprachigen Bistümer angegeben, in denen der Heilige besondere Verehrung genießt.

Im übrigen beziehen sich die in eigene Klammern gesetzten Zahlen auf die Titel des Literaturverzeichnisses im Anhang.

Erklärung der wichtigsten Abkürzungen

(vgl. auch die Bibliographie)

A. P. Alte Pinakothek in München
Accad. Accademia di Belle Arti
Anm. Anmerkung
AT Altes Testament
Ausst. Ausstellung
Bd. Band
Bde. Bände
Bibl. Bibliothek, Bibliothèque, Biblioteca
Bibl. Cap. Biblioteca Capitolare Clm. Codex latinus monacensis
Cod. Aur. Codex Aureus
d. Ä. der Ältere
d. Fr. der Fromme
d. Gr. der Große
d. J. der Jüngere
d. Kl. der Kleine
Gem. Gemälde
hebr. hebräisch
Hirs. Pass. Hirsauer Passional
Hl., hl. Heiliger, Heilige, Heiliges, heilige
Hll. Heilige (Mehrzahl)
Hs. Handschrift
Hss. Handschriften
Jh. Jahrhundert
Joh. d. T. Johannes der Täufer
Joh. Ev. Johannes Evangelista
-kab. -kabinett
Kr. Kreis
Kunstgew. Kunstgewerbe
LCI Lexikon der christlichen Ikonographie
Leg. Aur. Legenda Aurea
Lothr. Lothringen
Lüb. Pass. Lübecker Passional
Mfr. Mittelfranken
Nat.- National-
Ndb. Niederbayern
N. Ö. Niederösterreich
NT Neues Testament
Obb. Oberbayern
Oberfr. Oberfranken
o. g. oben genannt
O. Ö. Oberösterreich
Österr. Österreich
Priv.-Bes. Privatbesitz
RDK Reallexikon zur deutschen Kunstgeschichte
S. San, Santa, Santo
S. Seite
Sel. Seliger, Selige
Slg. Sammlung
SS. Sancti, Santi, Sanctissimi, Santissimo (-a, -i, -e)
Univ.- Universitäts-
W.-R.-Museum Wallraf-Richartz-Museum in Köln
Westf. Westfalen
Württ. Württemberg
Zwief. Mart. Zwiefaltener Martyriolog

Abkürzungen der biblischen Bücher

Apg.	Apostelgeschichte des Lukas
Apok.	Apokalypse (Offenbarung des Johannes)
Chron.	Buch der Chronik
Dan.	Prophet Daniel
Eph.	Brief des Paulus an die Epheser
Esth.	Buch Esther
Hab.	Prophet Habakuk
Hebr.	Brief an die Hebräer
Hes.	Prophet Hesekiel
Hos.	Prophet Hosea
Hohesl.	Hoheslied
Jer.	Prophet Jeremia
Jes.	Prophet Jesaja
Joh.	Evangelium nach Johannes
Joh.	1. Brief des Johannes
Joh.	2. Brief des Johannes
Jos.	Buch Josua
Kol.	Brief des Paulus an die Kolosser
Kön.	Buch der Könige
Kor.	Brief des Paulus an die Korinther
Luk.	Evangelium nach Lukas
Mal.	Prophet Maleachi
Mark.	Evangelium nach Markus
Matth.	Evangelium nach Matthäus
Neh.	Buch Nehemia
Offb.	Offenbarung des Johannes
Petr.	Brief des Petrus
Richt.	Buch der Richter
Rom.	Brief des Paulus an die Römer
Sach.	Prophet Sacharja
Sam.	Buch Samuel
Tob.	Buch Tobias
Zeph.	Prophet Zephania

Entsprechung der Bücher des Alten Testaments und der Apokryphen

Luthersche Übersetzung	*Vulgata*
Das erste Buch Mose	Liber Genesis
Das zweite Buch Mose	Liber Exodus
Das dritte Buch Mose	Liber Leviticus
Das vierte Buch Mose	Liber Numeri
Das fünfte Buch Mose	Liber Deuteronomii
Das Buch Josua	Liber Josuae
Das Buch der Richter	Liber Judicum
Das Buch Ruth	Liber Ruth
Das erste Buch Samuel	Liber I Samuelis
Das zweite Buch Samuel	Liber II Samuelis
Das erste Buch der Könige	Liber I Regum
Das zweite Buch der Könige	Liber II Regum
Das erste Buch der Chronik	Liber I Paralipomenon
Das zweite Buch der Chronik	Liber II Paralipomenon
Das Buch Esra	Liber Esdrae
Das Buch Nehemia	Liber Nehemiae
s. Apokryphen	Liber Tobiae
s. Apokryphen	Liber Judith
Das Buch Esther	Liber Esther
Das Buch Hiob	Liber Job
Der Psalter	Liber Psalmorum
Die Sprüche Salomos	Liber Proverbium
Der Prediger Salomo	Liber Ecclesiastes
Das Hohelied Salomos	Canticum Canticorum
s. Apokryphen	Liber Sapientiae
s. Apokryphen	Liber Ecclesiasticus
Der Prophet Jesaja	Prophetia Isaiae
Der Prophet Jeremia	Prophetia Jeremiae
Die Klagelieder Jeremias	Lamentationes Jeremiae
Der Prophet Hesekiel	Prophetia Ezechielis
Der Prophet Daniel	Prophetia Danielis
Der Prophet Hosea	Prophetia Osee
Der Prophet Joel	Prophetia Joel
Der Prophet Amos	Prophetia Amos

Der Prophet Obadja	Prophetia Abdiae
Der Prophet Jonas	Prophetia Jonae
Der Prophet Micha	Prophetia Michaeae
Der Prophet Nahum	Prophetia Nahum
Der Prophet Habakuk	Prophetia Habacuc
Der Prophet Zephania	Prophetia Sophoniae
Der Prophet Haggai	Prophetia Aggaei
Der Prophet Sacharja	Prophetia Zachariae
Der Prophet Maleachi	Prophetia Malachiae

Die Apokryphen

Das Buch Judith	
Die Weisheit Salomos	
Das Buch Tobias	
Das Buch Jesus Sirach	
Das Buch Baruch	
Das erste Buch der Makkabäer	Liber I Maccabaeorum
Das zweite Buch der Makkabäer	Liber II Maccabaeorum
Stücke zu Esther	
Geschichte von Susanna und Daniel	
Vom Bel zu Babel	
Vom Drachen zu Babel	
Das Gebet Asarjas	
Der Gesang der drei Männer im Feuerofen	
Das Gebet Manasses	Oratio Manassae regis
	Liber Esdrae III
	Liber Esdrae IV

Die Heiligen und biblischen Gestalten

A

Aaron (2. Mose 28; 29; 32; 39; 40,12–15; 4. Mose 17,17; 18), der Bruder des → Moses und der 1. Hohepriester des Alten Bundes. Von den 12 Stäben, die von den Vertretern der 12 Stämme an der Bundeslade niedergelegt waren, trieb nur der des A. Blüten (oder Sprossen). Durch dieses Zeichen wurde A. gewählt und als Priester bestätigt. Er trägt in Darstellungen eine abgewandelte bischöfliche Kleidung mit dem bei Moses genannten Purpurrock und den Glöckchen (auch Fransen) daran, einen hohen Hut, auch die Tiara oder die quer als ›Hörnermitra‹ aufgesetzte Bischofsmitra, den Brustschild mit den 12 Edelsteinen (dem Sinnbild der 12 Stämme), auf dem Gewand ferner 2 Edelsteine »Thumim und Urim« = Weisheit und Moralität, dazu auch das Stirnblatt aus Gold. Er hat Buch, Rauchfaß, »Aaron-Stab oder Rute« (den Stab mit der blühenden Spitze), oft auch die »Schaubrote« des Tempels in Händen. Selten kommt die Verwandlung seines Stabes in eine Schlange vor (2. Mose 7,10).

In der Buchmalerei, in Email- und Glasfensterdarstellungen steht er vor einem Altar, auf dem der blühende Stab aufgerichtet erscheint. Freiberg (Sachsen), Goldene Pforte der Marienkirche, ca. 1230, mit Stab und Kanne; am Lettner-Ambo, Klosterneuburg (39), 1181; Glasgemälde des Meisters Gerlachus, um 1150–60 (Münster, Landesmuseum).

Abacuc → Habakuk

Abdias → Obadja, einer der 12 kleinen Propheten

Abel (1. Mose 4), der 2. Sohn → Adams und Evas, opfert mit → Kain, seinem Bruder: er ein Lamm, Kain Garben. Der Herr segnet den Opferrauch A.s, nicht aber den des

Kain. Da erschlägt Kain den Bruder mit einem Eselskinnbacken (Pflugschar, Hacke, Keule, Schaufel oder Würgegriff wechseln in den Darstellungen). In Gegenüberstellungen mit → Melchisedek, der Brot und Wein darbringt, gilt A.s Opfer als Sinnbild des Meßopfers, A.s Tod, der ›Brudermord‹ als Sinnbild für Christi Opfertod. Einzeln erscheint A. als jugendlicher Hirte mit dem Lamm, sein Gegenbild ist dann oft Joh. d. T.

Abendmahl → Christus

Abgar → Christus und → Judas Thaddäus

Abigail → David

Abimelech → Abraham und → Isaak

Abinadab → Aminadab

Abner → David

Abraham (arab. Ibrahim) (1. Mose 11; 1. Mose 12,1–9). A., als »Heiliger« verehrt am 9. Oktober, stammt aus »Ur in Chaldäa«. Er ist in der Legende der Feldherr des Nimrod, entzieht sich diesem und beginnt auf Geheiß des Herrn die Auswanderung nach Kanaan mit seiner Frau → Sara und seinem Neffen → Lot. Durch ausbrechende Hungersnot gezwungen, zieht A. weiter nach Ägypten. Als der Pharao Sara, die A. als Schwester ausgegeben, zur Frau begehrt, offenbart sich A., wird beschenkt und kehrt nach Kanaan zurück. Er trennt sich von Lot, der nach Sodom und Gomorrha zieht, in Gefangenschaft des Königs von Sodom gerät und von A. befreit werden muß. Der Priesterkönig → Melchisedek von Salem tritt A. am Abend nach der Schlacht der Könige mit Brot und Wein entgegen und segnet ihn (1. Mose 14,18). Mehrere Verheißungen prophezeien dem A. Nachkommen, aber Sara bleibt unfruchtbar und gibt A. ihre Magd Hagar, damit diese ihm Kinder schenke. Hagar aber erhebt sich über ihre Herrin und wird von dieser in die Wüste geschickt. Ein Engel erscheint ihr dort am Quell, befiehlt ihr, zurückzukehren und sich zu demütigen, denn sie werde einen Sohn gebären, den sie Ismael nennen solle. Als später Sara den Isaak zur Welt bringt, verlangt sie von A., daß er Hagar und Ismael ausweise. Wieder erscheint der Engel in der Wüste, zeigt Hagar den vergessenen Quell für den verdurstenden Ismael und prophezeit diesem Nachkommen.

A. sieht, vor seinem Hause (Zelt) sitzend, 3 Männer herannahen. Er erkennt sie als Engel Gottes, bittet sie zu Fußwaschung und Rast unter seinen Baum, läßt eine Mahlzeit bereiten und erhält die Prophezeiung: Sara werde einen Sohn gebären. Diese steht horchend hinter der Tür (Zeltvorhang) und lacht ungläubig, die Verheißung wird ihr gegenüber wiederholt.

A. erfährt von der Verderbnis Sodoms und bittet für die Gerechten. Von 2 Engeln gewiesen, läßt Lot das brennende Sodom hinter sich; seine Frau, die sich gegen das Gebot der Engel umwendet, erstarrt zur Salzsäule. Beide Töchter Lots geben sich dem Vater, den sie trunken gemacht, hin, um den Stamm zu erhalten. A. wandert nach Gerar, gerät in Schwierigkeiten mit → Abimelech, da er Sara als seine Schwester angegeben (wie schon oben in Ägypten, zu seinem und ihrem »Schutz«). Abimelech, der sie gefangengenommen, erfährt im Traum, daß er sie nicht berühren dürfe und herausgeben müsse, um Unheil abzuwenden. Er bringt sie mit Knechten und Mägden als Gabe mit Geschenken zu A., wird geheilt und gesegnet; ein Vertrag wird geschlossen.

Nun folgen, der Verheißung entsprechend, Isaaks Geburt und die 2. Vertreibung der Hagar (s. o.). Es schließt sich die am häufigsten dargestellte Szene an (sie bleibt Kennzeichen für A.): → Isaaks Opferung. Auf Gottes prüfendes Geheiß belädt A. seinen Esel mit Holz, nimmt Isaak und 2 seiner jungen Knechte mit nach Morija, baut einen Altar und legt Isaak opfernd darauf. Es ertönt die Stimme eines Engels: »Lege deine Hand nicht an deinen Sohn.« A. läßt das Opfermesser sinken, sieht einen Widder im Dorngesträuch hängen und opfert diesen.

Die letzten Abschnitte berichten den Tod Saras und ihre Bestattung und wie A. seinen »Hausältesten« Elieser auf Brautwerbung für Isaak ausschickt, dem er → Rebekka mitbringt. A. stirbt, »alt und lebenssatt«, und wird von seinen Söhnen Isaak und Ismael neben Sara im Hain Mamre begraben.

A. erscheint einzeln von der Katakombenmalerei des 2. Jh. an und auf den Sarkophagen des 3. Jh. vollbärtig in gegürtetem Rock mit dem Opfermesser in der Hand, den kleinen Isaak an der Hand oder zu seinen Füßen. In den Darstellungen mit Lot, Melchisedek, Abimelech trägt A. meist kriegerische Rüstung. Er ist der Patriarch und Stammvater Israels. Ein Patrozinium der 3 Patriarchen A., Isaak und Jakob besteht zum 6. Oktober in Mainz. Historisch wird für die Zeit A.s das 2. Jahrtausend angenommen, der in 1. Mose 14 genannte Amraphel wird dem Hammurabi von Babylon gleichgesetzt.

Ganze Folgen von Darstellungen finden sich schon in den Mosaiken von S. Maria Maggiore in Rom (um 400), in einer St. Galler Handschrift des 9. Jh. (Psychomachia des Prudentius, vgl. 9, 26), in den Konkordantien des 14. Jh., den Armenbibeln, Speculum-Hss., besonders in den illustrierten Bibeln des 16. Jh., der Malerei des 17. Jh. (Rembrandt u. a.). Textlich beziehen sich besonders die mittelalterl. Darstellungen auch auf Apokryphen, Legenden, Kommentare der Kirchenschriftsteller (8, 9).

Abrahams Schoß. Die sprichwörtlich gewordene Vorstellung leitet sich vom Gleichnis des reichen Mannes und des armen Lazarus (Luk. 16,22) ab. Hier bringen Engel die

Seele des letzteren in A.s Schoß, d. h. ins Paradies. Genau auf Luk. 16 geht die Darstellung im Evangeliar Kaiser Heinrichs III. ein (1043/46 in Echternach entstanden). Zuvor erscheint das Thema bereits auf der Hildesheimer Bernwardssäule, um 1020, dann als Teil des Jüngsten Gerichts (Torcello um 1100), im Hortus deliciarum der Herrad von Landsberg (1159/75), als »Himmlisches Jerusalem« bezeichnet, 1181 in Klosterneuburg (39). Als einzelne Skulptur schon 1120 in Moissac, 1230/32 am Fürstenportal des Bamberger Doms und an der Goldenen Pforte der Marienkirche von Freiberg (Sachsen). Zahlreich in den Psalterien des 13. Jh., eine der vorzüglichsten Darstellungen im Landgrafenpsalter von 1214/17 (Stuttgart, Württ. Landesbibl.).

Absalom → David

Achahildis, Hl. (ohne Tag), auch Achatia, Atzia genannt. Sie gilt zu Beginn des 11. Jh. als Schwester der → hl. Kunigunde. Eine vom Gesinde gestohlene und verzehrte Gans soll mit dem von ihr entdeckten Gänsebein als Zeichen gütlichen Ausgleichs wieder ins Leben gerufen worden sein. Auch erfüllte sich ihr Wunsch nach frischen Kirschen, als sie im Winter in Hoffnung war: Eines ihrer Kinder fand im Garten einen Baum voll reifer Kirschen. (Der Kirschbaum galt als Paradiesesbaum, vgl. das »Paradiesgärtlein«-Tafelgemälde, um 1410, Frankfurt a. M., Städel.)

Ihre Verehrung findet sich besonders im 15. Jh. in Wendelstein (Mfr.), ihre Darstellung in bürgerlicher Kleidung Ende 15. Jh. mit 3 Gänsen oder einem Gänsebein und dem Baum voll reifer Kirschen.

Achatius, Hl. (22. Juni, Salzburg). Er gilt als Anführer der → Zehntausend Märtyrer, die unter Hadrian (117–138) auf dem Ararat in die Dornen gestürzt wurden. Sein ausführliches Martyrium erzählt besonders das Passional des

15. Jh. Eine im 13. Jh. weitverbreitete Dominikanerlegende aus Armenien ernennt ihn zum Bischof; von der Mitte des 15. Jh. an gehört er zu den 14 → Nothelfern.

A. wird einzeln, selten als Bischof, meist als Krieger in Rüstung dargestellt, mit Dornzweig und Dornenkranz, mit Märtyrerpalmzweig und Banner, Schwert, Streitaxt oder Lanze in Händen.

Achatius, Hl. (ohne Tag), ein Bischof, oft mit dem anderen A. verwechselt. Er soll die kostbaren Goldgeräte seiner Kirche verkauft haben, um Armen helfen zu können. Er wird mit Kirchengerät und einem dürren Baum dargestellt.

Achilleus → Nereus und A.

Achior (Buch Judith 5 und 6). Er schildert dem → Holofernes Israels Geschichte und Stärke als unbesiegbar unter dem Schutz Gottes stehend. Der zornige Holofernes läßt ihn an Händen und Füßen gefesselt an einem Baum aufhängen: bis er siege oder Israel ihn befreie; letzteres geschieht. Darstellungen bringen ihn meist als Gegeißelten in Gegenüberstellungen zur Geißelung Christi in den typolog. Reihen der Glasfenster und Speculum-Hss. des 14. Jh.; eine Lithographie von Corinth, 1910, zeigt A., wie er am Baum hängt.

Adalar, Hl. (20. April, Fulda / 7. Juni) als Gefährte des → hl. Bonifatius mit diesem in Friesland erschlagen. Er wird von etwa 1350 an als Bischof und Patron von Erfurt dort und weiterhin in bischöflicher Tracht dargestellt.

Adalbert, Hl. (23. April), als Sohn des böhmischen Fürsten Slavenik 956 geboren, 983 von Erzbischof Willigis von Mainz zum Bischof von Prag konsekriert. Auf einer seiner Missionsreisen erschlagen ihn heidnische Preußen (Pruzzen) bei Königsberg mit einem Ruder und durchbohren ihn mit Spießen. Ein Adler soll seinen Leichnam bewacht haben, bis er in Gnesen bestattet werden konnte. Kaiser Otto III. unternahm im Jahre 1000 eine Wallfahrt zu seinem Grabe.

Die Bronzetüren des Doms von Gnesen aus der Mitte des 12. Jh. geben 18 Szenen seiner Legende wieder; 1424 wurde ein Pyxis-Reliquiar für A.s Haupt geschaffen, auf dem er als Bischof, sein Haupt in Händen tragend, dargestellt ist. Andere Darstellungen bringen ihn nur als Bischof in Pontifikaltracht, mit Stab, Buch, Ruder und einem Bündel Spießen. Er ist einer der Landespatrone Böhmens. Die Darstellung im Zwief. Mart. des 12. Jh. (24) entspricht einer Legende, derzufolge das Haupt auf einen Baumstumpf aufgesetzt wurde.

Adam und Eva (1. Mose 1) (beide als »Heilige« verehrt am 24. Dez.). Am 6. Tag der Schöpfung, dem → Sechstagewerk, werden A. und E. zum »Bilde Gottes« erschaffen, gesegnet, Kraut und Fruchtbäume ihnen gegeben. Mit 1. Mose 2,1–3 beginnt der 7. Tag, an dem Gott ruht und den er als Ruhetag heiligt. Dann folgt eine zweite Schöpfungsreihe: Erst als ein Nebel das Land befeuchtet hat, können Sträucher und Bäume wachsen, bildet Gott den A. aus der Ackererde (dem Lehmklumpen) und bläst ihm den lebendigen Odem ein. Es pflanzt Gott den Garten »Eden« – das Paradies – mit den 4 »Paradiesströmen« (Geon, Physon, Euphrat und Tigris), mit dem Baum des Lebens und dem Baum der Erkenntnis. A. – der Mensch – wird in den Garten gesetzt und erhält das Gebot, nicht vom Baum der Erkenntnis zu essen. Erst dann werden die Tiere erschaffen, und A. gibt ihnen den Namen. Nun wird A. in tiefen Schlaf versetzt und E. aus der Rippe erschaffen. Die am häufigsten einzeln dargestellten Szenenfolgen in 1. Mose 3: A. und E. unter dem Baum mit der Schlange, die E. überredet, einen Apfel zu brechen und ihn dem A. zu reichen. Als auch er davon gegessen, »werden ihnen die Augen aufgetan« – und sie sehen, daß sie nackt sind, machen sich Schurze aus Feigenblättern und verstecken sich. Gott ruft sie zur Verantwortung, bekleidet sie mit Fellgewändern und läßt sie durch den Engel mit dem Flammenschwert (dargestellt meist ein Cherub, später Michael) vertreiben.

Die Darstellungsreihen, von den frühchristlichen an bis heute, kombinieren die Szenen mehr oder weniger ausführlich; neben feststehenden Folgen richten sich andere nach jeweiligen Kommentaren der Kirchenschriftsteller mit symbolischer Ausdeutung: A. bearbeitet mit der Hakke das Feld, E. spinnt und nährt den erstgeborenen Kain. Zunächst als jugendliche Akte (oft geschlechtslos auf 1. Mose 1,27 bezogen) dargestellt, bilden Blätterbüschel den Schurz, eine kurze Tunika aus Fell oder Stoff weitere Kennzeichen. Anatomische Akte sind vom 15. Jh. an künstlerisches Bestreben des aus diesem Grund gewählten Themas: Genter Altar der Brüder van Eyck 1432, aber auch schon Bamberger Dom, Adamspforte um 1230.

Adams Tod (1. Mose 5), v. a. nach dem apokryphen Nikodemus-Evangelium und anderen Quellen (16,17) bereichert dargestellt.

Die Szenen bilden das Vorspiel zur Kreuzfindung der → hl. Helena. Als A. sich zum Sterben legt, bittet sein Sohn Seth an der Paradiesestür um das Öl der Barmherzigkeit vom Baum des Lebens, damit sein Vater gesunde. Der Erzengel Michael weist ihn zurück, diese Möglichkeit bestehe erst in 5500 Jahren, gibt ihm aber ein Zweiglein vom Baum der Erkenntnis. Bei Seths Rückkehr ist A. schon gestorben; Seth pflanzt den Zweig auf A.s Grab. Der Baum, der daraus aufwächst, wird nach einer Reihe von anderen Verwendungen zum Kreuzesholz. Nach anderen frühverbreiteten Legenden wurde A. auf dem Kalvarienberg (Golgatha) begraben, sein Schädel wird durch das Erdbeben beim Kreuzestod Christi sichtbar: daher bei vielen Kruzifixen und Kreuzigungsdarstellungen ein Totenkopf oder ein ganzes Skelett zu Füßen des Kreuzes. Die Symbolik bezieht sich dabei auf Paulus (Röm. 5,14). Das Nikodemus-Evangelium (s. o.) ist dann besonders die Quelle für den Niederstieg Christi zur Hölle: A. und Eva als Voreltern, als erste Menschen, die den Tod erleiden mußten, werden aus dem »Limbus« der Vorhölle als erste befreit.

A.s Name (hebr. = Mensch) wird manchmal mit den Anfangsbuchstaben der griech. Worte für die Himmelsrichtungen angegeben: A(rktos), D(ysis), A(natole), M(esembria) = Norden, Westen, Osten, Süden.

Adelheid (französ. Adélaide, Adeline, Aline, Alice, Alison; italien. Adleida)

Adelheid, Hl. (5. Febr., Köln), Äbtissin, eine Tochter des Grafen Meninggoz von Geldern. In Vilich, der Klostergründung ihrer Eltern, wird sie Äbtissin und vom → hl. Heribert an das Stift St. Maria im Kapitol in Köln berufen. Dort stirbt sie im Jahr 1015, wird aber in Vilich bestattet, wo ihre Grabplatte und ein Siegel erhalten sind. Dargestellt ist sie als Äbtissin mit Buch, Stab und Kirchenmodell.

Adelheid, Hl. (16., 17. Dez. / 16. Dez., Augsburg, Freiburg i. Ü., Straßburg), Kaiserin. Als Tochter König Rudolfs von Burgund 931 geboren, heiratet sie 947 König Lothar II. von Italien, nach dessen Tod 950 in zweiter Ehe 951 Kaiser Otto I., mit dem sie 962 in Rom gekrönt wird. Nach dem Tode ihres Sohnes Otto II. 983 bleibt sie Reichsverweserin zunächst in Italien, nach dem Tode ihrer Schwiegertochter Theophanu 991 auch in Deutschland. 994 zieht sie sich auf ihren Witwensitz Selz (Elsaß) zurück und gründet dort ein Benediktinerdoppelkloster und stirbt 999.

Darstellungen zeigen sie mit Krone, Zepter und Kirchenmodell in jeweils zeitentsprechender fürstlicher Gewandung.

Adelindis, Hl. (28. Aug.), vermählt mit einem Grafen Atto, hat 3 Söhne und eine Tochter gleichen Namens, die sie um 900 als Äbtissin in das von ihr neu ausgestattete alte Kanonissenstift von Buchau einsetzt. Nach einer Pilgerfahrt ins Hl. Land widmet sie sich im Buchauer Stift ganz der werktätigen Nächstenliebe und wird mit der dort verbreiteten ›Alindisbrotspende‹ an ihrem Jahrestag verehrt.

Darstellungen finden sich erst vom 18. Jh. an in Buchau und geben sie in fürstlicher Kleidung mit Schmuck und Markgrafenhut (bzw. Schleier), mit Kirchenmodell und Rosenkranz wieder.

Adelphus, Hl. (29. Aug. / 16. Mai, in Metz: 30. Aug.). Er gilt als Nachfolger des Bischofs Rufus von Metz um 400. Seine Gebeine wurden 826 von Metz in die Benediktinerabtei Neuweiler (Elsaß), im 12. Jh. in die Krypta der zu seinen Ehren begonnenen Adelphi-Stiftskirche des 13. Jh. übertragen (heute in der unteren Kapelle von St. Peter und Paul). Seine Wohltaten und Heilungen erzählt ausführlich ein Bildteppich von 1465/75 in der oberen Kapelle der Benediktinerklosterkirche St. Peter und Paul in Neuweiler. Hier wird er als Bischof mit Buch, Stab und Kirchenmodell dargestellt.

Adlovinus → Bavo

Adolf, Hl. (11. Febr.), aus dem gräflichen Haus der Tecklenburg. Er wird Zisterzienser in Kamp, Domherr in Köln und 1216 Bischof von Osnabrück, wo er 1224 stirbt. Die Erhebung seiner Gebeine fand erst 1651 statt. Von da an zeigen ihn Darstellungen in Pontifikalkleidung mit Bischofsstab.

Adrianus, Hl. (8. Sept.). Als Hauptmann unter Kaiser Galerius (305–311) und dem Mitregenten Maximian muß er 23 Christen verfolgen. Ihre Standhaftigkeit bekehrt ihn und führt zum eigenen Martyrium: Auf einem Amboß werden ihm mit einer Eisenstange die Beine zerschmettert und mit einem Beil die Hand abgehauen. Seine Frau Natalie steht ihm Mut zusprechend bei; ihr erscheint er nach seinem Tod, beschützt ihr Schiff im Sturm, verkündet ihr den Martertod.

Darstellungen zeigen im 11. Jh. sein Martyrium im Beisein der Natalie, einzeln tritt er später kriegerisch gerüstet oder als jugendlicher Patrizier auf mit Beil, Amboß, Eisenstange, abgehauener Hand und manchmal mit Löwen zu Füßen, da ihn die wilden Tiere verschonten.

Ägidius (französ. Gilles; italien. Egidio; span. Gil; engl. Giles), Hl. (1. Sept.), ein vornehmer Athener, der im 8. Jh. seine Heimat aus Liebe zur Einsamkeit verläßt. Den Einsiedler in Südfrankreich ernährt eine Hindin. Bei einer Jagd trifft der ihr geltende Pfeil Ä. und führt zu dessen Entdeckung. Die Bitten des Königs bewirken die Klostergründung von St-Gilles (Provence), wo Ä. der erste Abt wird. Nach den Legenden ist dieser der Westgote Wamba, nach der Leg. Aur. bemüht sich → Karl d. Gr. (oder ein »Flavius« oder – vermutlich – Karl Martell) um des Ä. Fürbitte: Ein Engel bringt einen Zettel mit der bestätigten Sündenvergebung auf den Altar, an dem Ä. betet (dargestellt am Karlsschrein, Aachen, 1215; auf einer Altartafel aus der 1. Hälfte 15. Jh., Nürnberg, German. Nat.-Museum, vom Meister der Pallant-Altäre). Seitdem gilt Ä. als Beistand einer guten Beichte und Vergebung und zählt als solcher dann zu den 14 → Nothelfern. Die Legende läßt ihn den Sohn des Fürsten von Nîmes zum Leben erwekken; in Rom wirft er unter Gebeten die vom Papst ihm geschenkten Türen aus geschnitztem Zypressenholz in den Tiber und findet sie nach seiner Rückkehr im Hafen seines Klosters vor. Als ein Klosterbruder an der Jungfräulichkeit Mariä zweifelt, 3 Fragen in den Sand schreibt, erblühen als Antwort des Ä. 3 weiße Lilien aus dem dürren Boden. Sein Tod – 720 – wird ihm vorausverkündet, und bei der Bestattung des selig Entschlafenen hören Anwesende die Chöre der Engel, die seine Seele gen Himmel tragen.

Schon im 11. Jh. waren Wallfahrten zu seinem Grabe gleich berühmt wie die nach Rom oder Compostela; im 12. Jh. wurden Klöster zu seinen Ehren in Braunschweig, Münster (Westf.), Halberstadt und Nürnberg gegründet. Darstellungen zeigen ihn als Benediktiner mit Abtstab und Buch, ein Pfeil durchbohrt Brust oder Bein, an das sich die Hindin der Legende anlehnt.

In den deutschen Gründungen tritt die Abkürzung seines Namens »Till«, auch »Gilg«, »Gid«, »Gill« und »Ilg« auf.

Ägypten → Abraham, → Jakob, → Joseph und → Christus (Jugend, Flucht nach Ä.)

Afer, Hl. (5. Aug., Augsburg / –), unter Diokletian (284–305) in Augsburg als legendärer Oheim der → hl. Afra gemartert. Er wird als Patrizier mit Palmzweig und Schwert vom 15./16. Jh. an dargestellt.

Afra, Hl. (7. Aug., Augsburg, München), als Tochter des Königs von Zypern genannt. Dieser wird erschlagen, seine Frau → Hilaria flieht mit A. nach Rom und weiht ihre Tochter der Venus. A. träumt, sie solle Königin von Augsburg werden, und bewegt die Mutter, mit ihr dorthin zu ziehen. Mit 3 »Gespielinnen« richtet sie sich ein Haus ein, die Mutter ein anderes. Bischof → Narzissus kehrt auf der Flucht vor der Diokletianischen Verfolgung, als er keine Herberge findet, unwissend in das »Dirnenhaus« ein. A. bereitet ihm ein Mahl, wird von seinem Tischgebet so erschüttert, daß sie ihm zu Füßen fällt, sich bekehren und taufen läßt. Die auch in Augsburg fortschreitende Christenverfolgung bringt sie ins Gefängnis und zur Verurteilung: An einen Baumstamm gebunden, wird sie 304 auf dem Lechfeld verbrannt. Darstellungen zeigen sie gekrönt, mit Märtyrerpalme an den Baum gebunden, auf einem Reisigbündel oder brennenden Holzstoß stehend. Gespielinnen und Mutter werden nach der Legende auch bekehrt und zusammen im Haus der Mutter dem Flammentod überantwortet (von Holbein d. Ä. auf einer Tafel von 1490 dargestellt: Eichstätt, Bischöfl. Hauskapelle). Hilaria soll auch eine Kapelle gebaut haben, die ab 565 als Wallfahrtsstätte bezeugt ist, Pippin d. Kl. errichtet 751 dort das Kanonikerstift, das 1012 zum Benediktinerstift St. Ulrich und Afra wird.

Nach der 1064 erfolgten Heiligsprechung entstehen im 12. Jh. die ersten Darstellungen im Hirs. Pass. und Zwief. Mart. des 12. Jh. (23,24), die A. in Flammen kniend und Narzissus zeigen, der einem Dämon befiehlt, den Drachen zu töten. Der angebliche Steinsarkophag A.s steht in der Bartholomäus-Kapelle von St. Ulrich und Afra in Augsburg.

Agapitus, Hl. (18. Aug., Kremsmünster / –), als 15jähriger unter Diokletian (284–305), nach anderem Bericht schon unter Decius oder Valerian (253–260), als Diakon des Papstes → Sixtus II. (257–258) mit Felicissimus an den Füßen über einem brennenden Holzstoß aufgehängt. Löwen, die man auf ihn losgelassen hat, schmiegen sich an ihn, bis er mit dem Schwert hingerichtet wird. → Laurentius, der ihn beklagt, wird daraufhin ebenfalls zum Martyrium geführt.

Frühe Darstellungen zeigen ihn über den Flammen hängend und seine Enthauptung. Später tritt er als jugendlicher Diakon, auch nur als Jüngling, mit Märtyrerpalme auf, Löwen zu seinen Füßen. Seine Verehrung ist schon seit dem 4. Jh. bezeugt, seine Reliquien werden in Kremsmünster verehrt, angeblich schon 787, nachweisbar 893.

Agatha (italien. auch Gada; span. Agneda, Gad[e]a), Hl. (5. Febr.), weist als Tochter vornehmer Eltern in Catania die Werbung des Statthalters Quintian zurück, da sie Christin sei. Er läßt sie einer Kupplerin übergeben, die sie mit ihren 9 Töchtern zur Unzucht verführen soll. Ihre Standhaftigkeit liefert sie unter Decius (249–251) dem Martyrium aus: Mit den Händen an einen Balken gehängt, werden ihr die Brüste mit einer Zange zerrissen, mit einer Fackel gebrannt und schließlich abgeschnitten. Ein Greis – Petrus – erscheint ihr im Kerker mit heilendem Balsam, aber sie weist die Erquickung zurück, tags darauf legt man sie auf spitze Scherben und glühende Kohlen, bis sie stirbt. Christen bestatten sie, es erscheint ein lichtstrahlender Jüngling und legt eine Tafel in den Sarkophag. Am Jahrestag ihres Todes, 252, wird durch die aus dem Grabe sich erhebende Tafel der die Stadt bedrohende Lavastrom des Ätna abgelenkt, und es wird auf der Tafel eine Inschrift sichtbar: »Mentem sanctam spontaneam, honorem Deo et patriae liberationem« (etwa: Sie erreicht augenblickliche Heiligung ihres Geistes, Ehre von Gott und des Landes Rettung).

Schon Ambrosius erwähnt sie, Papst Gregor berichtet von der Wirkung ihrer Reliquien. Am Chorbogen von Parenzo zeigt ein Medaillon ihr Bildnis, im Zuge der 22 Märtyrerinnen in S. Apollinare Nuovo, Ravenna (556–569), schreitet sie den Palmzweig tragend. Ihr Martyrium zeichnet das Hirs. Pass. des 12. Jh. (23), spätere Darstellungen geben sie mit Palmzweig, Fackel oder Kerze wieder, gekrönt und auf einer Platte die Brüste tragend, zu Füßen die Tafel mit der Inschrift. Sie gilt als Beschützerin in Feuersgefahr, ihr zu Ehren geweihte Kerzen sollen vor Brandunglück durch ihre Fürbitte bewahren. Ihr Schleier gilt als feuerlöschende Reliquie im Dom von Florenz.

Agatho, Hl. (10. Jan.), ein sizilianischer Mönch. Er trägt 3 Jahre einen Stein im Mund, um Schweigen zu lernen, und übt sich unablässig in Geduld gegen den Zorn, der ihn zu überwältigen droht. 678 zum Papst gewählt, wird er berühmt durch sein Schreiben an die trullanische Synode von 680 gegen die Monotheleten (östl. Sekte; Lehre: Doppelnatur Christi hat nur einen einzigen gottmenschlichen Willen). Er stirbt 681 und wird dargestellt in päpstlicher Gewandung mit Tiara, Buch und Kreuzstab. Seine Verehrung ist besonders in Münster (Westf.) erwähnt.

Aggäus → Haggai, einer der 12 kleinen Propheten

Aggai → Haggai

Agilolf, Hl. (9. Juli, Köln), tritt als Mönch in Stablo-Malmedy ein, wird dort Abt und als Erzbischof nach Köln gerufen. Meuchelmörder überfallen ihn 750 und töten ihn. In Malmedy bestattet, werden seine Gebeine 1063 erhoben und in seine Stiftung St. Maria ad gradus in Köln übertragen, später in den Kölner Dom gebracht.

Eine frühe Darstellung am Anno-Schrein des 12. Jh. ist nur in später Wiedergabe erhalten, weitere lassen ihn mit Palmzweig, Buch, Schwert, Bischofsstab in pontifikaler Kleidung erscheinen.

Agnes (span. Ignes, Inès)

Agnes, Hl. (21. Jan.). Schon Ambrosius berichtet die ersten Züge ihrer Legende. Diese betont besonders die Schönheit und Glaubenssicherheit der 13jährigen. Der Werbung des Stadtpräfektensohnes tritt die vornehme Römerin mit so ausführlicher Begründung ablehnend gegenüber, daß sie als Christin erkannt und vor Gericht gestellt wird. Alle Vorstellungen, Bitten und Drohungen des Richters können ihre Standhaftigkeit nicht erschüttern. Da befiehlt er, sie nackt auszuziehen und in ein Freudenhaus zu bringen. Aber ihre langen Locken umhüllen sie wie ein dichter

Mantel, ein Engel bringt ihr ein Lichtgewand, von dem das ganze Haus durchstrahlt wird. Der liebeskranke Sohn des Präfekten sucht sie mit seinen Gesellen auf, geblendet weichen sie zurück, er selbst fällt »vom bösen Geist erwürgt« tot um, als er A. berühren will. Durch ihr Gebet ins Leben zurückgerufen, läßt er sie als Zauberin verschreien. Der Präfekt wagt weder, sie zu retten, noch, sie zu verurteilen, geht außer Landes und überläßt sie einem anderen Richter. Dieser läßt sie in ein großes Feuer werfen, aber die Flammen weichen vor ihr zurück. Da befiehlt er, daß man ein Schwert durch ihre Kehle (ihren Leib) stoße. Eltern und Freunde begraben sie, halten Totenwacht, in der 8. Nacht sehen sie einen Reigen schöner Jungfrauen, in ihrer Mitte A. in goldenem Kleid, den Ring ihres Verlöbnisses mit Christus am Finger, ein weißes Lamm zu ihrer Rechten, das Lamm, auf das Joh. d. T. und die Apokalypse hinweisen.

Schon im Zuge der 22 Märtyrerinnen in S. Apollinare Nuovo, Ravenna (556–569), hat sie das Lamm neben sich. Das Apsismosaik in S. Agnese fuori le mura, Rom, 625–638 über dem Platz ihres Martyriums errichtet, stellt sie mit Scheiterhaufen und Schwert dar, ihr Grab ist in den Katakomben festgestellt. Als sie nach anderer Legende – vor ihrer Enthauptung auf dem Richtplatz vor den Mauern – im Domitian-Stadion nackt dem Volk vorgeführt wird, werden auch hier ihre dicht herabfallenden Locken zu einem sie bedeckenden Haarkleid. Über dieser Stelle, der heutigen Piazza Navona in Rom, wurde 1652 ff. von Borromini zu ihrer Verehrung eine weitere Kirche erbaut. Hier stellt sie eine Altarfigur in den zurückweichenden Flammen dar. Im Hirs. Pass. des 12. Jh. (23) faßt der schwertschwingende Henker sie an der Stirnlocke, neben ihr sinkt der Sohn des Präfekten tot um, von oben bringt ein Engel das Lichtgewand. Erst vom 14. Jh. an sehen wir sie neben andern Heiligen, gekrönt mit Palmzweig, Buch und Lamm als kennzeichnende Attribute, so in einer der frühesten Darstellungen, einem Glasfenster in Heiligkreuztal (Württ.) um 1312/30 (57).

Agnes von Montepulciano, Hl. (20. April). Seit ihrem 9. Jahr bei den Schwestern del Sacco erzogen, wird A. durch ihre besondere Frömmigkeit schon mit 15 Jahren auf eigene päpstliche Anordnung Äbtissin eines neugegründeten Klosters und leitet später als Priorin das von ihr gestiftete Kloster in Montepulciano bis zu ihrem Tode 1317.

Als Dominikanerin, der die Madonna erschien und ihr das Jesuskind in die Arme legte, stellt sie eine Statue des 17. Jh. aus Colmar in Nattstadt (Elsaß) dar.

Ahab → Elias

Ahasver → Esther und A.

Ahitophel, Ratgeber Davids, der sich am Aufstand Absaloms beteiligt und danach erhängt (2. Sam. 15–17). In Armenbibeln und anderen typologischen Zyklen Gegenbeispiel zu Judas Ischarioth.

Alban (französ. auch Aubain)

Alban (Albin) von England, Hl. (22. Juni), gilt als erster Märtyrer Englands, der als röm. Soldat 303 in Verulam gemartert und enthauptet wurde. Seine nach Rom gebrachten Reliquien wurden durch die Kaiserin Theophanu als Albinus nach St. Pantaleon, Köln, gebracht.

Dort entstand 1186 in der berühmten Goldschmiedewerkstatt des Klosters der nur in Teilen erhaltene kostbare Schrein, auf dem er als Krieger mit der Unterschrift »Beatus Albanus protomartyr Anglorum« dargestellt war. Spätere Darstellungen zeigen ihn als Krieger, das Schwert in der rechten, den Kopf in der linken Hand haltend.

Alban von Mainz, Hl. (21. Juni), und → Theonestus werden Ende 4. Jh. als Priester und predigende Kämpfer gegen die Arianer genannt. Von Rom werden sie nach Mailand zu Ambrosius geschickt, über Gallien nach Augsburg und schließlich nach Mainz. Dort setzen sie den vertriebenen Bischof → Aureus wieder ein, doch ergreifen diesen die »Ketzer« abermals und erschlagen ihn. A. wird während des Gebets gefaßt und enthauptet. Die Legende berichtet, wie er sein Haupt genommen habe, um es an die Stelle zu tragen, wo er begraben werden wollte. Theonestus aber habe ihn »in einem schönen Münster zu Mainz« bestattet und sei dann auch getötet worden.

Im Hirs. Pass. des 12. Jh. (23) trägt A. als Diakon sein Haupt mit beiden Händen. Sein Martyrium hat Hans von Geismar 1499 auf einer Tafel des Hochaltars der Albanikirche von Göttingen festgehalten. Andere Darstellungen zeigen ihn als Bischof mit Stab und Buch; das Haupt in Händen bleibt sein ständiges Kennzeichen.

Albert (italien. auch Ezzo)

Albert von Lüttich, Hl. (21. Nov. / 19. Sept.). Der 1166 geborene Sohn des Grafen Gottfried III. von Lüttich wird als Erzdiakon 1191 zum Nachfolger des Bischofs Radulf gewählt, doch überträgt Kaiser Heinrich IV. das Bistum an Lothar von Hochstaden. A. erreicht aber in Rom seine eigene Bestätigung, wird zum Kardinal ernannt und in Reims 1192 geweiht. 3 deutsche Ritter sollen ihn dort nach 2 Monaten ermordet haben.

Darstellungen der Graphik zeigen ihn zu Beginn des 16. Jh. als Kardinal mit Palmzweig, 3 Schwerter zu seinen Füßen.

Albertus Magnus, Hl. (15. Nov.). Als Sohn eines Ritters von Bollstadt bei Lauingen/Donau 1193 geboren, tritt er 1223 in Padua in den Dominikanerorden ein, entfaltet eine reiche naturwissenschaftliche und theologische Lehrtätigkeit an mehreren deutschen Ordensschulen und an der Universität Paris und wird schon in dieser Zeit als »Doctor universalis« bezeichnet. 1260–62 wird er Bischof in Regensburg und predigt 1263/64 in Böhmen und Deutschland zum Kreuzzug. In Köln nimmt er 1269 festen Wohnsitz, dort war → Thomas von Aquino sein Schüler. Er stirbt 1280 in Köln, seine Gebeine ruhen in St. Andreas zu Köln und wurden 1954 aus einem gotischen Holzschrein in einen röm. Steinsarkophag übertragen. Seine mit Darstellungen in Nadelmalerei gestickte Kasel wird dort in einer Kapelle der Südseite aufbewahrt. Seine Seligsprechung fand 1622 statt, die Heiligsprechung und Erhebung zum Kirchenlehrer erst 1931.

Meist nur als Dominikaner, aber auch als Bischof mit Stab, Buch und Mitra dargestellt, gab ihm Fra Angelico eine Schreibfeder in die Hand, um seine Tätigkeit als Schriftsteller und Gelehrter in seinem Bilde festzuhalten. Ein überlebensgroßes Bronzewerk von Gerhard Marcks steht seit 1956 vor der Universität Köln.

Albertus Siculus, Hl. (7. Aug. / –), 1240 in Trapani (Sizilien) geboren, tritt schon als Knabe in den Karmeliterorden ein und stirbt nach einem in seiner Vita geschilderten Dasein voll Nächstenliebe und höchstem Streben 1306.

2 deutsche Darstellungen zeigen ihn mit Buch (Ordensregel), Lilienstengel und Kruzifix in Karmelitertracht: eine 1450 von Karmeliterbruder Konrad gemalte Miniatur eines österr. Missale und ein Holzschnitt, Ende 15. Jh. (Bamberg, Staatl. Bibl.), auf dem er einen Teufel an der Kette hält, den er einem besessenen Mädchen ausgetrieben haben soll.

Albinus → Alban von England

Albuin und Ingenuin, Hll. (5. Febr.), sind Bischöfe verschiedener Zeit in der Diözese Brixen. I., dessen Sitz noch

Säben ist, stirbt 605, A. aus der Arbonenfamilie überträgt den Bischofssitz nach Brixen, wo er 1006 stirbt. Beide werden aber zusammen in Pontifikaltracht mit Stab und Buch dargestellt.

Aldegundis, Hl. (30. Jan., Trier), 630 geboren, »aus königlichem Geschlecht«, entflieht ihren Eltern, um nicht heiraten zu müssen, empfängt in Hautmont vom → hl. Amandus den Schleier, gründet das Kloster Malbodium (Maubeuge), wo sie Äbtissin wird und 680 stirbt. Bei ihrer Einkleidung soll eine Taube den Schleier auf ihr Haupt gelegt haben. Eine Kerze, die umfällt und erlischt, als sie mit ihrer Schwester Waltrudis in ein geistliches Gespräch vertieft ist, entzündet sich von selbst, als sie sie wieder in die Hand nimmt.

So wird A. als Äbtissin mit Stab dargestellt, über ihr die Taube mit dem Schleier, zu ihren Füßen Krone und Zepter (als Zeichen ihrer Herkunft), in der Hand Rosenkranz und brennende Kerze (Wachsstock) am Niederrhein, in Oberfranken und in der Reihe der Sipp-, Mag- und Schwägerschaft Kaiser Maximilians I., Anfang 16. Jh.

Alexander (italien. auch Sandro)

Alexander I., Papst, Hl. (3. Mai), gilt als 6. Papst (105–115 im Amt), der unter Hadrian (117–138) enthauptet worden ist. Nach der Legende sind A. und der röm. Präfekt → Hermes, den er bekehrt und getauft hat, in getrennten Gefängnissen untergebracht und gefesselt. Aber während → Quirinus den Hermes bewacht, erscheint, von einem Engel geführt, A. ohne Fesseln, um seinen Freund Hermes zu stärken, und Quirinus muß feststellen, daß A. zur selben Zeit sein Gefängnis nicht verlassen hat. Quirinus bedingt sich als weiteres Zeichen die Heilung seiner Tochter → Balbina aus. Diese erfolgt, als er die Ketten Petri findet und bringt. A. tauft Balbina, Quirinus und sein Haus;

auch sie werden enthauptet. Legenden des 5. Jh. lassen A. vor der Enthauptung an eine Säule gebunden, mit gebrochenen Gliedern, von Schwerthieben zerfleischt, gemartert werden. Seine Reliquien wurden 834 nach Freising übertragen.

Darstellungen zeigen ihn in bischöflicher Kleidung, meist aber mit Tiara, Kreuzstab und Buch; am Bogenfeld der Stiftskirche von Aschaffenburg, um 1220, hält er auch die Märtyrerpalme. An der Kanzel der Alexander-Kirche von Marbach (Württ.) thront er 1480/90 neben den 4 Kirchenvätern als Patron der Kirche.

Alexander, Hl. (26. Aug. / –), gilt als Krieger der → Thebäischen Legion, der in Gegenwart Kaiser Maximians (293–306) Götzenbilder umgeworfen und mit Füßen getreten hat, worauf die Umstehenden ihn erdolchen. Nach anderer Legende ist er ein unbekannter röm. Märtyrer, dessen Reliquien 1651 von Rom nach Freiburg übertragen wurden, wo er als Stadtpatron seit 1719 in antikisierender Soldatentracht mit Schwert und Lorbeerkranz auf einer Säule vor dem Münster steht.

Alexander, Hl. (10. Juli), gilt als einer der 7 Söhne der → hl. Felicitas, der mit seinen Brüdern im Beisein der Mutter unter Antonius (138–161) grausamst gemartert gestorben ist. Seine Reliquien wurden 851 durch Kaiser Lothar (817 bis 855) als Gabe des Papstes Leo IV. nach Wildeshausen (Oldenburg) gebracht. Darstellungen als vornehmer jugendlicher Ritter mit Schild und Schwert sind erst vom 15. Jh. an bekannt.

Alexander, Südtiroler Märtyrer, → Sisinnius

Alexius, (französ. Alexis, Alix; Italien. Alessio; span. Alejo), Hl. (17. Juli). Der Sohn des röm. Senators Euphemius verläßt nach seiner Hochzeit Eltern und angetraute Frau (sie haben sich als Christen Keuschheit gelobt) und flieht nach Edessa, wo er 17 Jahre als Bettler vor einer Kirche lebt. Als dem Küster durch ein Gesicht kund wird, daß dieser Bettler ein heiliger Mann sei, veranlaßt er dessen Verehrung. Aber A. entflieht, wird durch einen Sturm nach Rom zurückverschlagen, wo sein Vater den als Pilger Bettelnden nicht erkennt, aber mildtätig in sein Haus aufnimmt. 17 Jahre lebt A. unter der Treppe des Elternhauses, vom Gesinde mit Spülwasser übergossen, leidend, Geduld übend. Sterbend gibt er sich durch ein Schreiben zu erkennen; eine Stimme hat die zur Messe Versammelten mit Glockenläuten aufgefordert, einen Heiligen, der in der Stadt sei, zu suchen. Zur größten Bestürzung und Betrübnis von Frau und Eltern entziffert der herbeigerufene Papst das Schriftstück aus der Hand des Toten im Beisein der Kaiser Honorius und Arcadius (395–435). (Kodex mit vollständiger und ausgemalter Legende, 11. Jh., St. Godehard, Hildesheim.)

Durch Berühren seines Leichnams geschehen Heilungen, mit großen Ehren wird er in der Kirche des hl. Bonifatius (Papst Bonifatius I., 418–422) bestattet.

Darstellungen kennzeichnen ihn mit Pilgerstab, Almosenkörbchen oder Schale mit Löffel, der Treppe und einer Schriftrolle. Im Hirs. Pass. (23) und auf einem Gemälde des 18. Jh. an der Chorempore des Klosters Mödingen in Bayer. Schwaben gießt eine Magd einen Kübel über den unter der Treppe Hockenden aus, im Zwief. Mart. (24) wird die Treppen- und Sterbeszene dargestellt, letztere auch in einer Wandmalerei um 1340 im Chor der Esslinger Frauenkirche

Alfons → Ildephonsus

Allerheiligen (1. Nov.). »Eine Schar, die niemand zählen konnte, in weißen Kleidern und mit Palmen in den Händen, fielen nieder vor dem Lamm« – dieser Text, Apok. 7,9, der schon im 7. Jh. Festlektion des A.-Tages ist, geht mit der Schilderung des Himmlischen Jerusalem und des Paradieses (nach Augustinus, De civitate Dei) in eine Gesamtvorstellung ein, auf der alle späteren Darstellungen beruhen. Ein Fresko in Rom wird schon 739 von Johannes Damascenus geschildert. Die auch in die Leg. Aur. aufgenommene äußere Grundlage bildet die Schenkung des Pantheon in Rom durch Kaiser Phokas an Papst Bonifatius IV. am 13. Mai 610. Die Umwandlung auf einen spätröm. Märtyrertag erfolgt durch Gregor III. (731–751); Gregor IV. (827–844) setzt den 1. Nov. fest, von Ludwig d. Fr. 835 ausdrücklich bestätigt.

Die Heiligenprozession von S. Apollinare Nuovo in Ravenna (556–569) gilt schon als A.-Darstellung; vom 9. Jh. an wird das Thema besonders in die Sakramentare aufgenommen; vom 12. Jh. an sind Darstellungen der Wandmalerei bekannt; im 14. Jh. breiten diese sich in den Stundenbüchern aus. Die bedeutendste Darstellung bieten 1432 der Genter Altar der Brüder van Eyck und 1511 Dürers Anbetung der Hl. Dreifaltigkeit (etwa gleichzeitig mit Raffaels Disputa im Vatikan) für die Allerheiligenkapelle Landauers in Nürnberg, daher meist Allerheiligenbild genannt (Wien, Kunsthistor. Museum). Mit A. bezeichnet ist Burgkmairs Altartafel von 1507 (Augsburg, Staatsgalerie). Für den Trierer Dom schuf der Bildhauer Hans Ruprecht Hoffmann 1614 einen Allerheiligen-Altar (heute in Wien).

Allerseelen, am 2. Nov., wird von Abt Odilo von Cluny 998 eingesetzt, als er nach einer Allerheiligenfeier »die Teufel aus dem Berge Vulcano in Sizilien heulen hört, weil ihnen so viele Seelen entrissen würden«. Die Fürbitte für die armen Seelen an diesem Tage bleibt eine wichtige Vorstellung: Papst → Gregor ist ihr Vorbild, er erlöst sogar den heidnischen Kaiser Trajan aus dem Fegefeuer. → Thomas von Aquino und → Dominikus gelten als mächtige Fürbitter, wie sie ein Holzschnitt des Wolf Traut Anfang 16. Jh. darstellt (Karlsruhe, Bad. Landesbibl.).

Aloysius (italien. Alvise), Hl. (21. Juni), als ältester Sohn des Ferdinand Gonzaga, Markgrafen von Mantua-Castiglione, 1568 geboren und 1581–84 Page Philipps II. in Madrid. Er verzichtet 1585 auf sein Erstgeburtsrecht, um in den neu gegründeten Jesuitenorden einzutreten. In strengsten Bußübungen fastend, wird ihm sein Tod in Jahresfrist geoffenbart. Sein heimlicher Wunsch, in Rom zu sterben, erfüllt sich, als er, dorthin berufen, sein Leben 1591 bei der Pflege von Pestkranken opfert. Er wurde 1726 heiliggesprochen und 1729 der studierenden Jugend als Patron gegeben.

Darstellungen zeigen ihn teils in Pagentracht, teils in Talar mit Superpelliceum, Kreuz und Lilienstengel in Händen, Krone, Geißel und Totenkopf zu Füßen. Noch als Seliger ist er schon 1699 von Pierre Legros dargestellt worden in einem Relief des rechten Querhausaltars von S. Ignazio in Rom.

Alphäus → Anna, → Sippe, → Maria, Tochter des Kleophas und Frau des A. (Matth. 10,3). Söhne: → Jakobus d. J., → Judas Thaddäus (Joses), → Simon Zelotes, → Barnabas.

Altmann von Passau, Hl. (8. Aug. / 9. Aug., Linz, St. Pölten, Passau, Wien), bekannt als Lehrer an der Domschule von Paderborn, als Propst in Aachen und als Hofkaplan Kaiser Heinrichs III. (1039–56) in Goslar. Er kommt mit der Witwe des Kaisers 1057 nach Passau, wird dort 1065 Bischof, muß aber im Investiturstreit 1077 Passau verlassen und stirbt 1091 in Göttweig, das er 1083 gestiftet hat.

2 Federzeichnungen der Stiftsbibliothek von Göttweig stellen ihn – nach 1094 und 1097 – in bischöflicher Pontifikaltracht mit Pallium, Stab und Kirchenmodell dar bzw. wie ihm der hl. Benedikt durch eine geöffnete Tür vorangeht. Eine Grabfigur von 1530, ebenfalls mit Pontifikalkleidung, Stab und Buch, hält sein Gedächtnis in Göttweig fest.

Alto, Hl. (9. Febr., München). Der Einsiedler aus schottischem Adel erhält von Pippin d. Kl. (751–768) einen Wald, den er rodet und dort das Kloster Altomünster um 750 gründet, wo seine Verehrung örtlich begrenzt bleibt.

Als Abt mit Stab, aber auch (fälschlich) als Bischof in Pontifikaltracht dargestellt, trägt er ein Messer (mit dem er den Wald rodete), einen Kelch mit dem Jesuskind darüber, wie es ihm in der Messe erschien.

Amalberga, Hl. (10. Juli / 8. Juli, Lüttich). Die flandrische Adlige weist die Bewerbung Karl Martells (714–743) zurück und tritt in ein Kloster ein. Auf ihre Fürbitte hin entsteht ein Brunnen, als sie Wasser in einem Sieb an einen trockenen Ort trägt. Sie hindert Wildgänse, in der Gegend Flurschaden anzurichten, und stirbt 772. Ihr Sarg wird in einem Boot, ohne Ruder fortschwimmend und von Fischen begleitet, gesehen.

Dargestellt als gekrönte Jungfrau oder auch Klosterfrau mit Palme, Buch, Sieb, Wildgänsen und Fischen, auch mit Kirchenmodell und auf einer gekrönten Gestalt stehend, die als Karl Martell bezeichnet wird.

Amandus von Maastricht, Hl. (6. Febr., Lüttich), der »Liebenswerte«, auch »Apostel der Belgier« genannt, wird 594 adlig geboren. Als Mönch auf der Insel Ogia vertreibt er eine übergroße Schlange und lebt 15 Jahre als Rekluse bei der Martinskathedrale von Bourges. Er erweckt einen Hingerichteten zum Leben, um zu zeigen, daß Gott gnädiger sei als die Richter, befreit viele Gefangene, entgeht den Anschlägen seiner Feinde und baut Kirchen und Klöster. König Dagobert I., dem er seine Missetaten vorgehalten, hat ihn verbannt, aber wieder zurückgerufen und erlangt Vergebung und Taufe seines Sohnes. Nach einer Romfahrt wird A. 647 in Maastricht zum Bischof geweiht und stirbt 684. In Pontifikaltracht mit Stab, Buch und Schlange dargestellt (s. a. Bavo, Aldegundis).

Amandus von Straßburg, Hl. (26. Okt.). Als ersten Bischof von Straßburg nennen ihn die Synode von Sardika 343/344 und die Synode von Köln 346, wo der arianische Bischof Euphrates abgesetzt wurde. Seine Verehrung ist vom 10. Jh. an nachweisbar, aber nicht über Straßburg hinaus.

Ein Glasfenster im Straßburger Münster stellt ihn Ende 13. Jh. als Bischof mit Stab, Buch und Umschrift des Namens im Nimbus dar.

Ambrosius, Hl. (7. Dez.), als Sohn des obersten Verwaltungsbeamten in Trier wohl 339 geboren. Entgegen der Legende kommt er erst nach dem Tod des Vaters nach Rom. Von Valentinian 373 zum Statthalter Oberitaliens ernannt, wird der noch nicht getaufte A., als er den Streit der arianischen und athanasianischen Parteien über die Bischofswahl schlichten will, 374 selbst zum Bischof gewählt, getauft und bestätigt: Ein Kind soll seinen Namen aus der Menge heraus nachdrücklich gerufen haben. Von zahllosen Legenden wird die des Bienenschwarms über der Wiege des Kindes besonders in Darstellungen festgehalten: Sie träufeln Honig in seinen Mund und fliegen davon, ohne das Kind zu verletzen – sie haben ihm die »honigsüße Sprache« seiner späteren Schriften, seiner Hymnen, des »Ambrosianischen Lobgesanges« vermittelt, mit denen er den Aufbau der Liturgie bestimmt und den Kirchengesang einführt. Viele Schwierigkeiten bereitet ihm die Auseinandersetzung mit Justina, der Mutter des Kaisers Valentinian (364–375), und ihren arianischen Anhängern. Mit seiner ganzen persönlichen und bischöflichen Macht und Überzeugung tritt er dem Kaiser Theodosius (379–395) entgegen, als dieser gegen sein Versprechen, die Stadt Thessalonike zu schonen, dort 7000 Menschen im Zirkus hat umbringen lassen und, wohl nach öffentlicher Buße und Vergebung, doch im Chor der Kirche wieder Platz nehmen will. A. tauft 387 den → hl. Augustinus, mit dem er zu den 4 großen latein. → Kirchenvätern gehört und meist auch mit diesen zusammen dargestellt wird. Er stirbt am 4. April 397 und liegt in Mailand unter dem Hochaltar von S. Ambrogio begraben.

Ein Mosaik von 470 in S. Vittore in Ciel d'Oro in Mailand hält ihn in einfacher Gestalt, ohne Attribut, nur mit Umschrift fest. Der vom Goldschmied Wolvinus aus dem 9. Jh. erhaltene Goldaltar in S. Ambrogio bringt 12 teils historische, teils legendäre Darstellungen aus seinem Leben. Auf die Fülle seiner theologischen Schriften und Briefe berufen sich die Kirchenschriftsteller der folgenden Jahrhunderte mit zahllosen Zitaten. Als Bischof in Pontifikalkleidung mit Stab und Buch geben ihn Darstellungen in der Wand- und Tafelmalerei vom 14. Jh. an, häufiger in der Graphik des 15. Jh., besonders dann in der großen Plastik des 17./18. Jh. Oft wird er mit Bienenkorb abgebildet, gelegentlich mit einer Geißel, mit der er die Feinde Mailands – Ludwig von Bayern und seine Verbündeten – 1338 als Erscheinung vertrieben haben soll. Auch Knochen können als Attribut vorkommen, da er die Gebeine der hll. → Gervasius und → Protasius fand, zwischen denen er bestattet wurde. Am bekanntesten sind Darstellungen, die ihn mit den 3 anderen Kirchenvätern zeigen, wie auf M. Pachers Kirchenväteraltar, A. P., München. A. und Kaiser Theodosius stellt ein Bild van Dycks dar, Wien, Kunsthistor. Museum.

Ambrosius Autpertus, Hl. (19. Juli / –). Der aus Gallien stammende Mönch wird Abt im Vincentius-Kloster am Volturno bei Benevent und stirbt, als heilig verehrt, 778. Als Benediktinerabt mit Stab, Buchbeutel und der Umschrift im Nimbus ist er nur auf einem Flügel des Altars von St. Martin in Oberstadion bei Ehingen, 1458, bekannt.

Aminadab, Abinadab (1. Sam. 7,1; 2. Sam. 6; 1. Chron. 15,10). Wie von A. soll der Wagen mit der Bundeslade von den 4 Evangelisten gezogen worden sein: So soll die Heilsbotschaft nach allen 4 Weltgegenden verbreitet werden.

Nach den Kommentaren des Honorius Augustodunensis im 12. und 13. Jh. in Buchmalerei und Glasfenstern (St-Denis, um 1140) dargestellt.

Amor, Hl. (17. Aug. / –), als missionierender Wanderprediger mit dem → hl. Pirmin von Ruthard von Frankenberg aus Gallien nach Germanien gerufen, gründet das Kloster Amorbach im Odenwald, wo Pirmin, der spätere Gründer der Reichenau, mit dem Quellwasser von Amorsbrunn die ersten Taufen der Gegend vollzogen haben soll. A. wird Abt seines Klosters und stirbt 776 oder 777.

Mit Rock, Mantel, schweren Schuhen, Wanderstab und Kirchenmodell zeigt ihn eine Statue von 1446 in Amorsbrunn.

Amos, einer der 12 kleinen → Propheten, besitzt nach seinen eigenen Worten einen Sykomoren- oder Maulbeergarten. Hirte z. Z. Jerobeams um 783–743 v. Chr.

Dargestellt mit Hirtenstab, Schafen, Fruchtkorb, Senkblei (Meßschnur) und Baum, die sich auf seine Prophezeiungen beziehen.

Anael (Erzengel) → Engel

Ananias (Apg. 9,10–19). Dem Jünger in Damaskus wird durch einen »Mittagstraum« aufgetragen, nach dem »Saul von Tarsus« zu suchen. Er findet den zum → Paulus Gewordenen, löst dessen Erblindung und tauft ihn.

Dargestellt in der Bibel Karls d. Kahlen (823–877) (Paris, Bibl. Nat.).

Ananias und Saphira (Apg. 5,1–10) verkaufen ihren Acker zugunsten der Gemeinde, behalten aber etwas vom Ertrag zurück und leugnen es dem → Petrus gegenüber ab. Auf seine Ermahnung hin fallen beide tot um und werden fortgetragen. – Dargestellt von Masaccio in der Brancacci-Kapelle von S. Maria del Carmine in Florenz, 1426/27.

Anastasia, Hl. (25. Dez.). Nach dem Tod ihrer Mutter bekehrt sie der Einsiedler → Chrysogonus. Ihre Standhaftigkeit wird auf viele Proben gestellt. So wird sie einem heidnischen Mann gegen ihren Willen vermählt, entzieht sich ihm und ernährt mit ihrer Magd heimlich christliche Gefangene. Sie wird eingeschlossen, aber auch der ihr auferlegte Hunger kann sie nicht erschüttern. Nach dem Tod ihres Mannes will der Hausherr an ihr und ihren drei Mägden seine Bosheit auslassen und sperrt sie in eine Küche. In der Dunkelheit eindringend, fiel er in Wahn, küßte und umarmte Kessel, Kübel und Pfannen, bis er erschöpft, rußgeschwärzt und mit zerfetzten Kleidern, von seinen Leuten nicht erkannt, als Narr geschlagen und mit Schmutz beworfen wird. Rache nehmend will er den Mägden öffentlich die Kleider abreißen, aber sie kleben fest. Da läßt er sie zu Tode schlagen und A. einkerkern. Alle Anfechtungen abweisend, wird A. schließlich mit 200 Jungfrauen auf eine einsame Insel verbannt. Sie bekehrt alle; zurückgeholt, werden sie noch vor ihr getötet; A. selbst wird an Pfähle gebunden und 304 unter Diokletian (264–305) verbrannt.

Das Zwief. Mart. des 12. Jh. (24) gibt sie um 1160 mit langen Haaren, die Hände rechts und links mit Ketten an Säulen gefesselt wieder; Holzschnitte des 15. Jh. betonen ihren Feuertod, eine silberne Reliquienbüste von 1725 und eine Statue von 1759, beide in Benediktbeuern – wohin 1053 ihre Reliquien kamen – zeigen sie gekrönt. – Die romanhafte Passio latina des 5./6. Jh. und andere Legenden lokalisieren sie teilweise nach Rom, teilweise nach Sizilien; der Reichenauer Bericht der Translatio sanguinis von 950 erwähnt ihr Kloster in Sizilien, bei dem Waldo landet.

Andreas (französ. André, Andrieu, Drouet; italien. auch Drea), Hl. (30. Nov.), einer der 12 → Apostel. Als Jünger des → Johannes d. T. folgt er nach der Taufe Christi mit seinem Bruder Simon → Petrus (Joh, 1,35–42) dem als Messias Erkannten nach Galiläa, wo er sein Schiff verläßt, von Christus den Zwölfen zugeordnet und zur Ausbreitung des Evangeliums berufen wird (Matth. 4,19; Mark. 1,17 und 3,14). Wohl im Kreise der Zwölf bei Abendmahl, Himmelfahrt und Pfingsten anwesend, wird er nicht mehr besonders genannt. Die Legende läßt ihn das Evangelium den Skythen predigen, in »Mirmidonia« (Thessalien?) befreit er den gefangenen → Matthäus und gibt dem Geblendeten das Augenlicht wieder. Zahlreiche Wunder, Heilungen, Erweckungen werden weiter von ihm berichtet, wie er schließlich in »Achaia« wohnt, Kirchen baut, zahlreiche Bekehrungen veranlaßt. Endlich dem Statthalter Egea von Patras gegenübergestellt, kann diesen die ausführlich berichtete Disputation nicht vom Christentum überzeugen. Er läßt A. geißeln und zu besonderer Pein und langsamem Tod an ein Gabelkreuz binden. Aber 2 Tage hängend, predigt A. dem Volk; himmlisches Licht verhüllt den Sterbenden. Egea höhnt ihn, wird mit Wahnsinn geschlagen und stirbt, ehe er sein Haus wieder erreicht. Maximila, die christl. Frau des Egea, läßt A. mit großen Ehren bestatten.

Darstellungen bringen ihn in zeitentsprechender Mantelform, Haar- und Barttracht, unbeschuht (→ Apostel, Abschied) mit Buch und dem schrägen Balken- oder Gabelkreuz vom 13. Jh. an, vorher nur mit T-Kreuz, in größerer oder kleinerer Form; auch Kreuze mit 2 Querbalken kommen vor. 3 Szenen finden sich im Hirs. Pass. des 12. Jh. (23), ein Goldreliquiar (zugleich Tragaltar) des 10. Jh. im Trierer Domschatz, Stiftung Erzbischof Egberts, bewahrt Sandale und Gebein, ein weiteres in Siegburg zeigt Darstellungen aus der Legende. 6 Szenen sind auf dem Triptychon des Trierer Domschatzes von 1150 in Email dargestellt. Das Kopfreliquiar, das auf der Flucht vor den Türken 1450 nach Rom gebracht und 1964 wieder nach Patras zurückgegeben wurde, wird in seiner Echtheit angezweifelt. Im Credo steht A. an 2. Stelle, da er als Verfasser des 2. Artikels gilt, aber auch als der »Zweiterwählte« nach Joh. 1,35–40. – Sein Kult dringt über die Krim im 9. Jh. in Rußland ein, wo er als Landespatron besonders verehrt wird, ebenso in Schottland.

Angelus, Hl. (5. Mai), einer der ersten Karmeliter, der nach der Legende in Jerusalem geboren wird, am Jordan und am Berg Karmel als Einsiedler lebt und als Bußprediger seines Ordens nach Sizilien kommt. Lilien und Rosen sollen während seiner Predigt aus seinem Munde kommend gesehen worden sein. Ein Einwohner von Licata, dem er sein böses und sittenloses Leben vorgehalten hat, spaltet ihm mit dem Schwert den Schädel.

Außer Schwert und Buch werden dem in Karmelitertracht dargestellten A. gelegentlich auch Palmzweige mit 3 Kronen beigegeben, wie auf einer Altartafel um 1500 aus der Karmeliterkirche im Mainzer Dom, auf gleichzeitigen Holzschnitten und späteren Darstellungen.

Angilbert → Engelbert

Anianus (Theklanus) und Marinus, Hll. (15. Nov., München), leben als irische Einsiedler und Glaubensboten im 8. Jh. bei Aibling, wo M. Regionalbischof und A. sein Diakon wird. M. soll von plündernden Vandalen ermordet und verbrannt worden sein.

Als Diakon und Bischof mit Stab und Buch stellt beide eine Altartafel von 1483 im German. Nat.-Museum, Nürnberg, dar.

Anicetus, Hl. (17. April / 12. Aug.), aus Emesa in Syrien stammend, wird er 154–165 als Papst genannt und als Märtyrer bezeichnet, ohne daß eine Legende dies ausführt. Eine Statue in Wolnzach (Obb.) stellt ihn mit Tiara, Buch und Kreuzstab dar.

Anna (italien. auch Nanna, engl. auch Nan, Nancy)

Anna, Hl. (26. Juli), die Frau des Joachim und Mutter der → Maria, wird nach den apokryphen Evangelien (17) des 2.–6. Jh. und reicher Ausstattung in den Legenden schon in frühchristl. Zeit dargestellt, meist im Beginn des Marienlebens: als »Geschichte von → Joachim und A.« und in den Darstellungen der → Hl. Sippe. Als besonderes Andachtsbild entstand im 14. Jh. die (anachronistische) Gruppe der Anna selbdritt (italien. A. metterza), eine der frühesten in Stuck in der Nikolaikirche von Stralsund um 1300, in späterer Umwandlung das Bild Leonardos im Louvre, Paris zw. 1507 und 1513, als Hauptbeispiel unter zahlreichen anderen. A. wird meist als vornehme Matrone dargestellt, die mädchenhafte Maria auf dem einen, das Jesuskind auf dem anderen Arm, auf dem Schoß oder neben sich, fast immer mit Buch, als Erzieherin Mariens. Vielfach trägt sie nach alter Vorschrift einen grünen Mantel und ein rotes Kleid und gilt als Patronin der Bergleute.

Anna (Hanna), die Prophetin (1. Sept. / –), fehlt selten bei den Darstellungen der »Darbringung im Tempel« (Luk. 2,36) und wird in der spätmittelalterl. Kunst einzeln als »S. Anna wiszsagerin« der Reihe der Heiligen zugeordnet mit geöffnetem Buch (Altes Testament) mit der Weissagung des → Maleachi (Mal. 3,1), die von ihr erlebt in Erfüllung ging.

Anno, Hl. (4. Dez. / 5. Dez.), aus schwäbischem Geschlecht, Domschulmeister (scholarum magister) in Bamberg, Propst in Goslar, wird 1056 Erzbischof in Köln, nach dem Tod Kaiser Heinrichs III. Reichsverweser mit der Kaiserin Agnes und Vormund Heinrichs IV. Er gründet die Benediktinerklöster Siegburg, Grafschaft und Saalfeld, die Stifte St. Maria ad gradus und St. Georg in Köln und stirbt – 1074 aus Köln vertrieben – in seiner Gründung Siegburg 1075. Die Legende läßt ihn aus Sachsen stammen, nennt seinen Vater Walter, seine Mutter Engela, bezeichnet ihn als Schulmeister von Babenberg und schreibt ihm außer den genannten auch Stiftungen für St. Gereon und St. Maria im Kapitol in Köln zu. Seine Haltung gegenüber Unverständnis und Undank in Köln wird hervorgehoben; andere Legenden ranken sich um die (historisch beglaubigte) Entführung des jugendlichen Heinrich IV.

Schon bald nach seiner Heiligsprechung 1183 finden sich Darstellungen: nur in späteren Nachzeichnungen der nicht erhaltenen Silberstatuette des Anno-Schreins und gegen 1200 eine Federzeichnung in seiner Lebensbeschreibung aus Grafschaft. Die Dichtung »Das Annolied« von 1106 enthält seine Lobpreisung, spätere Darstellungen geben ihn in erzbischöflicher Pontifikaltracht, auch mit Pallium, Stab, Buch und Kirchenmodell.

Anselm von Canterbury, Hl. (21. April). Um 1033 in Aosta (Piemont) geboren, tritt er in das Kloster Bec in England ein, wo besonders Lanfranc als sein Lehrer genannt wird. Er wird dort 1078 Abt und 1093 als Erzbischof nach Canterbury berufen. Zweimal wegen seines Eintretens für die kirchlichen Rechte verbannt, kehrt er 1106 nach England zurück und stirbt 1109 in Canterbury.

Er ist weniger bekannt durch die ihm zuteil gewordenen Erscheinungen der Maria, auch nicht durch besondere Darstellungen seiner Person, sondern wesentlich durch die Auswirkung seiner unmittelbar verbreiteten Schriften (Meditationen) in den Programmen der großen Portalzyklen und in der Buchmalerei zu den Darstellungen der Maria inmitten der seligen Chöre. Er wird als Vater der Scholastik bezeichnet (10).

Ansgar (**Oskar**; latein. Anscharius; französ. Anschair; italien. Anscario; span. Ansgario), Hl. (3. Febr.), 801 in der Picardie geboren. Die Erscheinung der in seinem 5. Jahr verstorbenen Mutter bewegt ihn zum Eintritt in das Kloster Corbie. Von dort wird er 823 als Lehrer nach Corvey (Westf.) geschickt, der neuen Gründung Kaiser Ludwigs d. Fr., der ihn 826–828 beauftragt, in Dänemark und Schweden zu predigen. Als ersten Bischof des frisch gegründeten Bistums Hamburg konsekriert ihn 831 Bischof Drogo von Metz im Beisein der Bischöfe von Mainz, Reims, Trier, Bremen und Verden. Dieses berichtet – teilweise historisch begründet – sein Nachfolger Reinbertus (Rodbertus) und beschreibt sein asketisches Leben, wie er Netze knüpft, Gefangene auslöst, Sonntagsruhe und Gerechtigkeit auch für heidnische Gefangene fordert. Papst Gregor IV. ernennt ihn 832 zum Legaten für die nordischen Völker. Er wird 845 auch Bischof von Bremen, geht 852 nochmals auf Predigtmission nach Schweden und stirbt nach langem Krankenlager 855.

In Pontifikalkleidung mit Stab und Kirchenmodell – die Gründung der Petrikirche von Hamburg andeutend – zeigen ihn eine »Gedenktafel« des Hans Bornemann von 1457 in der Petrikirche und eine Statue aus dem Ende des 15. Jh. in Klanxbüll.

Antichrist. Auf ihn weisen prophetisch hin Apok. 11,3–12 und Apok. 13; 1. Joh. 2,18 und 1. Joh. 4,3 als »Widerchrist, der kommen wird«. In der Leg. Aur. (3, S. 750) kann der dreifache Drachenkampf Michaels herangezogen werden. Von den spanischen Apokalypse-Illustrationen wird vom 9. Jh. an seine Darstellung aufgegriffen. Sein Erscheinen, seine verführerische Macht, der → Henoch und → Elias zum Opfer fallen und bei seinem Sturz wieder auferstehen, ist dargestellt in der »Bamberger« → Apokalypse von 1020, in der Salemer Abschrift der Scivias-Vision der Hildegard von Bingen um 1170 (Heidelberg,

Univ.-Bibl.), die mehrfach auch einzeln als »Pentechronon = Fünfzeitenbuch« verbreitet war. Im Hortus deliciarum der Herrad von Landsberg (38) hält der A. Luzifer und Satanas im Schoß. Großartig ist der A. in den Bildteppichen von Angers 1377 bis 1381 (Angers, Museum) vertreten, zahlreich in französ. Historienbibeln und englischen Apokalypsen des 13./14. Jh. Eine Glasfensterfolge von 1350 in Frankfurt/Oder breitete die Szenen auf 35 Scheiben aus, von denen 1945 nur wenige Reste übriggeblieben sind (57).

Den Darstellungen entsprechen mit gegenseitiger Ergänzung die Spiele, das älteste 1188 von Tegernsee, dem als Dichtung der »Libellus de Antichristo« von Adso von Toul im 10. Jh. und der »Antichrist« der Ava von Österreich um 1100 vorausging. Ein späteres großes A.-Spiel ist das von Redentin 1164. Blockbuchausgaben des 15. Jh. von der »Endzeit« oder den »Fünfzehn Vorzeichen des Jüngsten Gerichts« bringen Darstellungen und prophetische Mahnungen.

In neuerer Zeit wird das Thema besonders eindrucksvoll dramatisch gestaltet von Solowjew in seinen »Drei Gesprächen« von 1899.

Antolianus, Hl. (ohne Tag), Patron der Kirche von Plattenhardt (Württ.), deren Gründung auf das 9. Jh. zurückreicht, ist ein nur einmal in Südfrankreich erwähnter Heiliger. Seine in Plattenhardt erhaltene bemalte Holzskulptur des 14. Jh. stellt ihn bärtig mit Kapuze und Schulterkragen dar, der die ganze Gestalt umschließende Rock fällt in geraden Falten bis zum Boden. Ein rautenförmiger Schlitz öffnet das Gewand über dem Leib und läßt ein darunter getragenes Kettenhemd erkennen. Über die blauschwarze Bemalung des Rockes züngeln vom unteren Rand her rote Flammen, so daß eine Märtyrerlegende angenommen werden kann. Die am Ellbogen abgebrochenen Arme lassen kein weiteres Attribut erkennen.

Antonia (Antonina), Hl. (21. Okt. / –), wird als eine der Gefährtinnen der → hl. Ursula verehrt. Ein Schrein des 14. Jh. mit ihren Reliquien in St. Johannes-Baptist in Köln zeigt sie gekrönt, in langem Kleid und Mantel, je 3 kleine Begleiterinnen unter dessen Falten.

Antonius (Antoninus) von Florenz, Hl. (2. Mai / 10. Mai), 1389 dort geboren, wird Dominikaner, Prior von S. Marco und 1446 Erzbischof von Florenz. Er stirbt 1459, wird in S. Marco begraben und 1523 kanonisiert. Seiner besonderen Umsicht in der seelischen Beratung verdankt er den Namen »Antoninus consiliorum«, Papst Eugen IV. bat ihn an sein Sterbelager, um durch ihn gesegnet zu werden.

Er trägt Dominikanerhabit mit Mitra, Pallium, Stab und Buch. Eine Statue von 1737 in der Dominikanerkirche von Wimpfen am Berg geht besonders auf eine Legende ein: Über ihm hält ein Engel eine Waage, in der einen Schale 3 Äpfel, in der andern ein Spruchband mit der Inschrift »Deo gratias« (= ein Bauer bringt A. einen Korb Äpfel und rechnet mit gutem Lohn, erhält aber nur ein »Vergelt's Gott«; A. ergreift eine Waage, tut in eine Schale Äpfel, in die andere den Zettel mit der Inschrift, und diese erweist sich als die schwerere).

Antonius der Große, Eremita, Hl. (17. Jan.), »der heilig Klusener« teilt – 251 in Heraklea (Ägypten) geboren – mit 20 Jahren nach den Worten Christi, Matth. 19,21 (»verkaufe alles, was du hast«), seinen Besitz den Armen aus und lebt von da an in einem Felsengrab. Von den häufig und verschieden berichteten Prüfungen durch Dämonen sind besonders 3 in den Darstellungen des 15. und 16. Jh. festgehalten: Um ihn zu versuchen, erscheint der Teufel in Gestalt einer oder mehrerer schöner Frauen; in anderen Fällen wird A. mit Krallen, Zähnen, Hörnern verwundet, zu Boden geschlagen, an den Haaren gerissen und, während seine Zelle in Flammen aufgeht, schließlich in die

Lüfte gehoben und von allen Seiten bedrohlichst angegriffen. Seine kraftvolle Standhaftigkeit hat eine Verehrung veranlaßt, der er sich nach 20 Jahren auf einen Berg jenseits des Nils entzieht, später, dem Drängen seiner wachsenden Jüngerschar nachgebend, ein erstes Kloster gründend. Mit 90 Jahren bewegt ihn ein Traum, den 110 Jahre alten Einsiedler → Paulus aufzusuchen. Ein Wolf führt ihn durch die Wüste zu ihm, dem der Rabe an diesem Tage 2 Brote statt des gewohnten einen bringt. Auch dessen Tod wird ihm durch ein Gesicht kund. Er findet den Entschlafenen in betender Haltung und bestattet ihn mit Hilfe von 2 Löwen, die das Grab scharren. Das Vermächtnis des aus Palmstroh geflochtenen Gewandes nimmt er mit sich. Weit berühmt stirbt A. 356. Als seine Jünger ihn begraben, werden Engel um ihn stehend gesehen.

Unter die besonders verehrten und dargestellten Heiligen aufgenommen wurde A. nach der Gründung des Antoniterordens in St-Didier-de-la-Motte 1095, wohin seine Reliquien als Dank eines französ. Edelmanns Gaston für die Heilung seines Sohnes vom sog. »Antoniusfeuer« (einer ansteckenden Seuche) kamen. Von 1217 an widmeten sich die Antoniterchorherrenstifte besonders der Krankenpflege, 365 Spitäler wurden in den 3 folgenden Jahrhunderten gezählt. Seit dem 14. Jh. trägt A. in den überaus zahlreichen Darstellungen meist ein gegürtetes härenes Gewand und einen schwarzen Mantel mit T-Zeichen. Die Angehörigen des Ordens tragen über schwarzem Chorkleid den schwarzen Mantel mit hellblauem Kreuz.

Ein Schwein als Attribut deutet auf das Privileg der Schweinezucht des Ordens, zeigt A. aber auch als Patron der Haustiere, die er gegen Rose und Pest schützt. Eine Glocke warnt die Gesunden und kündet den Pestkranken seine Heilung verheißende Ankunft. Da ihm Feuer nichts anhaben kann, wird er auch als Nothelfer in Feuersgefahr angerufen, ohne zur Gruppe der Nothelfer zu gehören, und steht manchmal in Darstellungen auf Flammen. Im

Rheinland wird er mit → Hubertus, → Quirinus und → Kornelius, den sog. Vier heiligen → Marschällen, vom 15. Jh. an besonders verehrt.

Im Zwief. Mart. von 1160 zerren und bedrängen ihn 4 Teufel (24). Die bekanntesten und ausführlichsten Darstellungen aus seiner Legende haben Schongauer auf dem Stich von 1480 und Mathis Nithart (»Grünewald«) im Isenheimer Altar von 1512–16 (Colmar, Unterlinden-Museum) festgehalten. 1945 hat Max Ernst in einem bedeutenden Bild (Duisburg, Museum) das Thema der »Versuchung des hl. A.« interpretiert. Die Versuchung durch den Teufel in Gestalt einer krallen- oder pferdefüßigen Frau begegnet auf einer Tafel von Massys und Patinir im Prado, Madrid, und D. Baegerts Altar in der Stiftskirche zu Xanten, 1521.

Antonius von Padua, Hl. (13. Juni), aus portugiesischem Adel 1195 – nach neueren Forschungen 1188 – in Lissabon geboren. Er tritt mit 15 Jahren in den dortigen Orden der regulierten Kanoniker ein, wechselt in Coimbra von den Augustinerchorherren zum Franziskanerorden, erschüttert durch die Übertragung der Gebeine von 5 Franziskanerbrüdern, die in Marokko ein grausames Ende für den Glauben gefunden hatten. Er zieht 1220 selbst nach Marokko, wird durch Krankheit zur Heimkehr gezwungen, aber der Sturm verschlägt ihn nach Sizilien. Dies wird für ihn der Anlaß, 1221 in Assisi am Ordenskapitel teilzunehmen und sich von da an, nur durch einen zweijährigen Aufenthalt in Südfrankreich unterbrochen, ausschließlich der Predigt in Italien zu widmen. Die Legende berichtet von seiner ans Wunderbare grenzenden Begabung, sich fremden Völkern bei einem Konzil in Rom nur durch den Schwung seiner Rede verständlich zu machen. Zu den bekanntesten, später dargestellten Zügen seiner Legenden gehört die Predigt am Ufer von Rimini, als die Einwohner ihn nicht hören wollten, die Fische sich aber versammelten und ihre Köpfe aus dem Wasser hoben. Dieses Wunder habe fast die ganze Bevölkerung der Stadt bekehrt. Als ein Ungläubiger die Gegenwart Christi im Sakrament bezweifelt, läßt A. einen Maulesel bringen, der 3 Tage nichts zu fressen bekommen hat: Das Tier fällt, ohne das gereichte Futter zu berühren, vor A., der ihm mit der Hostie entgegentritt, nieder. Maria erscheint ihm mit dem Jesuskind, und zahlreiche andere Wunder leben nach den Legenden in italien. Darstellungen fort. A. stirbt 1231 bei den Klosterfrauen von Arcella bei Padua und wird schon 1232 von Papst Gregor IX. kanonisiert. Die Übertragung seiner Gebeine nach S. Antonio (dem »Santo von Padua«) wird 1263 berichtet, doch wurde die mächtige Wallfahrtskirche erst 1424 fertig ausgebaut.

Dargestellt als Franziskaner in der mit einem Strick gegürteten Kutte, in Deutschland erst vom 15. Jh. an häufiger, sind seine Attribute Buch, Lilie und Kreuz mit dem Jesuskind, Monstranz, Fisch und Esel; Kreuztitel und flammendes Herz können dazu kommen. Auf einem Bild von Alonso Cano, A. P., gibt ihm Maria das Jesuskind in die Arme, 1645–52.

Antonius von Rivoli, Hl. (29. Aug. / –), ein Dominikaner, der 1487 auf der Fahrt von Sizilien nach Neapel von Piraten gefangen wird. Er schwört in Tunis seinem Glauben ab, stellt sich aber nach einiger Zeit, von Reue ergriffen, dem Bey und wird daraufhin zu Tode gesteinigt, sein Leichnam auf einem Scheiterhaufen verbrannt.

Irrtümlich in Karmelitertracht bildet ihn mit anderen Heiligen eine Altartafel um 1520 in Aachen ab. Er trägt Steine im Gewandbausch, einen Holzknüttel, und zu seinen Füßen wird der Bey mit Turban und Krummschwert sichtbar. Im Nimbus erstrahlt sein Name.

Aper (französ. Epvre, Apre), Hl. (15. Sept. / –). Über den 500–507 bestätigten Bischof von Toul ist nichts Näheres bekannt, seine Gebeine wurden 978 von Bischof Gerhard von Toul erhoben. In pontifikaler Tracht stellt ihn eine Altartafel des 16. Jh. in der Kirche von Wasserliesch bei Trier dar.

Apokalypse, apokalyptische Gestalten der Offenbarung des Johannes. Schon auf frühchristl. Sarkophagen entstammt das Zeichen des »Alpha und Omega« (= A und O, die Anfangs- und Endbuchstaben des griech. Alphabets), des »Lammes auf dem Berge« (von dem das Wasser des Lebens oder die 4 Paradiesströme ausgehen) der A. Teilweise auch auf Matth. 24 und 25 zurückgehend, fassen 2 Darstellungen eindeutig die ganze Vorstellungswelt der A. in den Hauptwerken der mittelalterl. Kunst zusammen: die »Majestas« = → Christus thronend umgeben von den 4 → Evangelistensymbolen (Apok. 4,1–6) und das Jüngste → Gericht (Apok. 20). Daneben haben vor allem die Gestalt des Erzengels → Michael, der den Drachen stürzt, bekämpft und durchbohrt (Apok. 12), Bedeutung, der → Antichrist und vom 14. Jh. an die Madonna auf der »Mondsichel« oder »Apokalyptische Maria« (→ Mariensymbolik), nach Kap. 12: »den Mond zu Füßen, von der Sonne bekleidet, mit den Sternen gekrönt«. Die »Anbetung des Lammes« (Apok. 4,10; 5,8; 7,11 und 14,1–5) durch die 24 Könige (oder Ältesten) ist schon auf einem Einzelblatt des Evangeliars von 870 dargestellt, dem sog. Cod. Aur.; in großartiger Auffassung, durch weitere Textstellen ergänzt, bildet sie das Mittelbild des Genter Altars der Brüder van Eyck von 1432, zusammen mit der Allerheiligendarstellung. Offenbarung und Abfassung der A. durch Johannes als Verbanntem auf Patmos kommt in Zyklen des Johannes-Lebens schon bei Giotto (Peruzzi-Kapelle in S. Croce in Florenz) u. a. vor, als Einzelbild erst um 1500; als eindrucksvollste Beispiele seien Altdorfer, Burgkmair und Hieronymus Bosch genannt.

Gesamtdarstellungen entstanden zahlreich mit Text und

Kommentaren des Beatus von Liebana ab 785 in den großen spanischen Bibeln. Reiche Bildfolgen, nur mit Text, sind aus dem 8./9. Jh. in Trier und Cambrai erhalten. Dem bedeutendsten Dokument mit 50 Bildern auf Goldgrund, der auf der Reichenau zw. 1014 und 1020 entstandenen »Bamberger Apokalypse« (Bamberg, Staatl. Bibl.), folgen erst im 13. und 14. Jh. überaus zahlreiche Zyklen mit 66 bis 160 Illustrationen, durch ausführliche Kommentare ergänzt, in Frankreich und England. Auf eine dieser Handschriften von 1373 geht die gewaltige Darstellungsreihe der Teppiche von Angers zurück, ausgeführt von Nicolaus Bataille 1377/81. Urspr. 144 m lang und 5 m hoch, sind 77 m mit 69 von ehem. 84 Szenen erhalten. Eine dichterische Bearbeitung von Hesler, 1331–35, ist durch besondere Illustrationen bekannt geworden. Ein Flügelaltar blieb mit Einzelszenen aus der Werkstatt Meister Bertrams um 1400 erhalten. Neu wird das Thema in den Holzschnitten der »Blockbuch-Apokalypsen« von 1400 an gestaltet, mit den 15 Vorzeichen des Jüngsten Gerichts, wie sie im Malerbuch (5) ausführlich aufgezählt sind. Die einprägsamste und bekannteste Form erfuhr die A. in den Holzschnitten Dürers auf 15 Blättern (1498 und 1511), die von den späteren Folgen Holbeins, Burgkmairs, Stimmers u. a. in den großen Bibeln des 16. Jh. nicht erreicht werden.

Das Einzelthema der »Vier Reiter« greift in der Wandmalerei Cornelius 1843 als riesiges Memento in der Ludwigskirche in München auf; neue graphische Zyklen sind von Künstlern unserer Zeit herausgebracht worden (Chirico, Grosz, Geiger, Rössing). → Gericht.

Apollinaris (französ. Apollinaire; italien. Apollinare, Aponal; engl. Aiplomay), Hl. (23. Juli, Köln). Nach alter Überlieferung von Petrus ausgesandt, um als Glaubensbote in Ravenna zu wirken, wo er nach 20jähriger Tätigkeit um das Jahr 75 stirbt. In der seinen Namen tragenden, um 500 erbauten Kirche S. Apollinare Nuovo ist er in der

Märtyrerprozession der Mosaikwand aus der Mitte des 6. Jh. festgehalten. Nach Berichten über Aufstände wird er grausam geschlagen und mehrmals als tot geltend fortgetragen. Seine Gebeine wurden 595 durch Bischof Maximin in S. Apollinare in Classe erhoben und von Papst Gregor d. Gr. bestätigt. Eine nochmalige Erhebung und Übertragung in einen Sarkophag mit Darstellungen auf silbernen Platten fand 648 statt; die Gebeine wurden von Papst Alexander III. noch 1173 dort gefunden. Die Legende schließt hier eine Verschleppung der Reliquien durch Rainald von Dassel, den Kanzler Barbarossas, an, der sie bei der Übertragung der Dreikönigsreliquien nach Köln angeblich nach Remagen gebracht haben soll. Doch wird die dortige Verehrung des A. vermutlich auf die Heilquelle und einen unbekannteren Heiligen gleichen Namens bezogen, die Echtheit der Reliquien verneint.

Eine stattliche Zahl von Martern, Heilungen, Wundern ist in der Leg. Aur. zusammengestellt, ohne daß Darstellungen bekannt geworden sind. Im Zwief. Mart. des 12. Jh. (24) erscheint A. als Bischof mit Stab. Einzelne Statuen des 16. und 18. Jh. zeigen ihn in Pontifikaltracht mit Buch und Stab.

Apollonia, Hl. (9. Febr.). Die Legenden nennen sie »eine betagte christliche Jungfrau«, die 249 in Alexandria den Märtyrertod erlitt. Der Bericht eines Bischofs Dionysius an Fabian von Antiochien erzählt, daß man ihr erst die Zähne ausgeschlagen und dann die Kinnlade zertrümmert hat; in späteren Legenden werden ihr die Zähne mit einer Zange (oder einem »Klauhammer«) einzeln ausgerissen. Seit dem 14. Jh. häufiger dargestellt mit Palmzweig, Buch und Zange, die einen Zahn hält, auch auf Flammen stehend, in die sie bei Androhung des Feuertodes selbst gesprungen sei. Sie wird gegen Zahnleiden angerufen.

Ein weit ausführlicheres Martyrium, eingekleidet in eine breite märchenhafte Erzählung, bringt das Lüb. Pass.

(4) im 15. Jh. Da ist A. eine Kaisertochter, die in einem Turm von 12 Jungfrauen bedient wird und alles, »was sie nützet«, von Gold hat. Schon Christin, verschenkt sie allen Schmuck, den ihr der Lieblingsbruder gegeben hat, erzürnt diesen und die anderen Brüder darob und verweigert eine Ehe. Damit beginnt die Fülle ihrer Martyrien. Träume künden ihr weitere an, ein Engel führt sie zu einem Einsiedler, der sie tauft und stärkt. Fast alle aus anderen Legenden bekannten Martern werden der Reihe nach an ihr vollzogen, immer wieder wird sie von Engeln geheilt, erhält neue Augen, neues Gehör (die Ohren waren ihr mit Blei ausgegossen worden), neue Zähne, neue Glieder; schließlich wird sie in Persien enthauptet.

Darstellungen zu diesen Legenden sind nicht bekannt, dagegen Einzelfiguren mit der Zange häufiger, so eine Holzstatue des 14. Jh. in Münstereifel, am Hohenburger Altar Hans Holbeins d. Ä., 1509 (Prag, Nat.-Museum), Holzstatue von Hans Multscher, 1456/58, in Sterzing, u. a.

Apostel, »die heiligen Zwölfboten« (15. Juli / –). In den Darstellungen in ihrer Gesamtheit anwesend bei: Abendmahl, Himmelfahrt, Pfingsten, Marientod, Mariä Himmelfahrt und Jüngstem Gericht. Als A. bezeichnet werden sie meist erst nach Pfingsten, vorher nur als »Jünger«, doch wird bei Luk. 6,13 betont: »Er erwählte ihrer zwölf, die er auch Apostel nannte.« Die erste bekannte Darstellung Christi mit den Zwölfen befindet sich in der Giordani-Katakombe des 4. Jh. in Rom, noch ohne Attribute. Namentlich genannt schließen sich als Jünger Joh. d. T. nach der Taufe Christi zunächst die Brüderpaare Andreas und Petrus, die Zebedäus-Söhne Jakobus und Johannes, dann Philippus und Nathanael (mit Bartholomäus identisch) an Christus an. Sie verlassen Schiff, Netze und Vater, um ihm nachzufolgen (Joh. 1,37 und 43; Matth. 4,20; Mark. 1,18).

Berufen und ausgesandt, um zu predigen und zu heilen, werden die Zwölf noch zu Lebzeiten Christi in Palästina.

Bei Matth. 10,16 werden sie auch als »Tauben« bezeichnet, was manche frühchristl. Darstellungen aufgreifen. Besonders betont wird bei dieser »Erwählung« oder »Ordnung« (Mark. 3,13; Luk. 6,13; Luk. 9,1–5), daß sie wie auch die 70 Jünger (Luk. 10,1–12) »ohne Tasche, ohne Schuhe, ohne Stab« gehen sollten. Hier fällt auch das in der frühchristl. Kunst häufig angewandte Wort: »ich sende euch wie Lämmer unter die Wölfe« (Luk. 10,3 und Matth. 10,16). Mit besonderem Nachdruck aber weist die von Luk. 22,35 zwischen Abendmahl und Gethsemane ausgesprochene Aussendung auf die nun erst wesentlich werdende Ausbreitung des Evangeliums hin: »Sooft ich euch ausgesandt habe ohne Beutel, ohne Tasche und ohne Schuhe, habt ihr je Mangel gehabt? ... Aber nun, wer einen Beutel hat, der nehme ihn, desgleichen auch die Tasche, wer aber nicht hat, verkaufe sein Kleid und kaufe ein Schwert.« Kurz vor der Himmelfahrt ist es dann der Auferstandene, der Aussendung und Auftrag zu taufen noch einmal angelegentlich – ohne nähere Angaben – allen ans Herz legt (Matth. 28,19; Mark. 16,15; Luk. 24,47).

Der in den Darstellungen meist als »Divisio Apostolorum« bezeichnete »Abschied der Apostel« bezieht sich nicht einheitlich auf diesen Text, bringt aber doch, besonders auch schon vom 12. Jh. an, die Gebiete der Tätigkeit, die in den Einzellegenden später ausführlich erscheinen. Auf einem Kölner Tragaltar vom Ende des 12. Jh. (Darmstadt, Hess. Landesmuseum) hält jeder A. eine Scheibe mit Stadtbild und Umschrift. Aus der Zeit um 1500 sind 4 Tafelgemälde des Themas erhalten: 1487 auf dem ehem. Hochaltar der Augustinerkirche aus der Wolgemut-Werkstatt (Nürnberg, German. Nat.-Museum), 1510 am Krispinus-Altar der Dürer-Nachfolge (Schwabach, Stadtkirche), 1518/19 auf der Rückseite des Herrenberger Altars von Jörg Ratgeb (Stuttgart, Staatsgalerie) und 1521 von Hans Baldung Grien (Köln, W.-R.-Museum). In den nicht ganz übereinstimmenden Reihenfolgen steht Petrus immer an erster Stelle. Nach Pfingsten (Apg. 1) wird der von Petrus erwählte und durch das Los bestimmte Matthias statt Judas Ischarioth angegliedert. Er bleibt in dieser Folge in der Zusammenstellung mit den Credoworten: schon 1130 auf dem Tragaltar des Eilbertus im Kunstgewerbemus., Berlin, um 1235 am Elisabeth-Schrein, Marburg, von 1440 an besonders in den Blockbüchern. Hier und in anderen Reihen tritt dann auch Paulus an die zweite Stelle, Matthias wird beibehalten, Barnabas, öfter auch Markus und Lukas kommen hinzu, so daß nun alle Evangelisten vertreten sind. Zu den Credoworten können in ausführlichen Darstellungen Aussprüche der Propheten kommen, mit diesen selbst sind die Apostel gelegentlich dargestellt: die A. auf den Schultern der Propheten (Merseburger Taufstein, 12. Jh.; Bamberger Fürstenportal um 1220/30). Selten erhaltene »Apostel-Balken« brachten die Zwölferreihe zwischen dem Chorbogen an; Apostel-Kreuze werden die 12 Weihekreuze in den Kirchen seit dem 14. Jh. genannt, darüber die Apostel-Leuchter mit Darstellungen angebracht; auf 12 Säulen der Liebfrauenkirche in Trier sind die A. in Lebensgröße um 1500 aufgemalt, ihre ständige Verbundenheit mit Christus zu bezeugen. Ihre großartigsten Folgen stehen an den Kathedralen des 13.–15. Jh., auch hier den Propheten gegenübergestellt, ferner an den Chorschranken von Bamberg, an einem Flügelaltar von 1424 aus Göttingen (Hannover, Niedersächs. Landesmuseum), am Chorgestühl der Syrlin in Ulm und Blaubeuren nach dem Spruch: »in novo Testamento patet quod in veteri latet« (was im Alten Testament verborgen, wird im Neuen offenbar). Eine Zusammenfassung der Apostelmartyrien ist auf einer Tafel von Lochner (Frankfurt, Städel) erhalten. In verschiedener Funktion bestätigen sich die A. in den Darstellungen der ›Hostienmühle‹ (→ Christus). Im 15. Jh. sind die A. zu Seiten Christi das häufigste Thema der ›Predellen« (der rechteckigen Untersatztafel eines Altars).

Apostelfolge nach:

Matth. 10,2–4		Mark. 3,16–19	Luk. 6,14–16
Petrus		Petrus	Petrus
Andreas		Jakobus d. Ä.	Andreas
Jakobus d. Ä.	die Zebedäus-	Johannes	Jakobus d. Ä.
Johannes	Söhne	Andreas	Johannes
Philippus		Philippus	Philippus
Bartholomäus		Bartholomäus (Nathanael)	Bartholomäus
Thomas		Matthäus	Matthäus (Levi)
Matthäus	die Alphäus-	Thomas	Thomas
Jakobus d. J.	Söhne	Jakobus d. J.	Jakobus d. J.
Judas Thaddäus (Jakobs Sohn)		Judas Thaddäus	Simon Zelotes
Simon Zelotes (Kananäus)		Simon Zelotes (Kananäus)	Judas Thaddäus
Judas Ischarioth		Judas Ischarioth	Judas Ischarioth
Matthias		Matthias	Matthias

*Apostelfolge nach Apg. 1 nach Himmelfahrt mit Aussendungsgebiet:**

Petrus	Italia
Johannes	Asia
Jakobus d. Ä.	Hispania
Andreas	Achaia
Philippus	Frigia
Thomas	India
Bartholomäus	Cilicia
Matthäus	Äthiopien
Jakobus d. J.	Judäa
Simon Zelotes	Persia
Judas Thaddäus	Mesopotamien
Matthias	Palästina

* Die Aussendungsgebiete werden seit dem 12. Jh. zu den Namen des »Apostelabschieds« angegeben.

Apostelfolge mit Attributen meist auf Predellen rechts und links von Christus

Petrus	Schlüssel
Paulus	Schwert und Buch
Andreas	Schrägbalkenkreuz
Jakobus d. Ä.	Pilgerhut, Muschel, Schwert
Johannes	Kelch mit Schlange
Thomas	Lanze, Winkelmaß
Jakobus d. J.	Walkerstange
Philippus	Geißel, Kreuzstab
Bartholomäus	Messer
Matthäus	Beil, Meßstab, Winkelmaß
Simon Zelotes	Säge
Judas Thaddäus	Hellebarde, Steine, Keule
Matthias	Beil, Lanze, Steine

Markus, Lukas, Barnabas } ohne Attribut oft zugeordnet

*Apostelfolge mit den Worten des Credo und Prophetensprüchen oft zusammengestellt**

Petrus:	
Credo in unum Deum	Jeremias, Joel, Moses, David
Paulus:	
– – –	– – –
Andreas:	
et in Jesum Christum	David, Baruch
Jakobus d. Ä.:	
qui coeptus est	Jesaias
Johannes:	
passus sub Pontio Pilato	Daniel, Sacharja, Nahum, Habakuk

* Luk. 6,13: Er erwählte ihrer 12, die er auch Apostel nannte. Sonst in den Evangelientexten und Darstellungen immer nur Jünger, erst nach Pfingsten Apostel. – Nach einer Legende des 7./8. Jh. habe jeder Apostel vor der Trennung einen Credosatz gesprochen.

Thomas:	
descendit ad inferna	Hosea, Jona, David, Sacharja
Jakobus d. J.:	
ascendit ad coelos	Amos
Philippus:	
inde venturus	Maleachi, Joel
Bartholomäus:	
credo in Spiritum sanctum	Joel, Haggai, Ezechiel, Salomo
Matthäus:	
sanctam ecclesiam	Zephania, Micha, Joel
Simon Zelotes:	
remissionem peccatorum	Micha, Jeremias, Tobias
Judas Thaddäus:	
carnis resurrectionem	Ezechiel, Hiob, Sacharja
Matthias:	
et vitam aeternam	Daniel, Obadja, Ezechiel

Aquilinus, Hl. (29. Jan., Würzburg). Nach der Legende ein aus Würzburg stammender Priester, der in Mailand im 5. Jh. gegen die Arianer eifert und, von ihren Anhängern überfallen, mit von einem Dolch durchschnittener Kehle aufgefunden wird.

Eine Silberbüste von 1715 in der Marienkapelle zu Würzburg stellt ihn in priesterlicher Meßkleidung mit Buch, Palme und Dolch dar.

Arbogast, Hl. (21. Juli, Freiburg i. Br., Straßburg), gehört zu den Heiligen des Elsaß und ist Patron von Rufach, wo die Kirche des 13. Jh. seinen Namen trägt. Nach der Legende aus Aquitanien stammend, ruft der im Wald als Einsiedler lebende A. den von einem Eber getöteten Sohn des Königs Dagobert zum Leben, wird Bischof von Straßburg und läßt sich unter dem Galgen begraben, um einen unschuldig Hingerichteten zu ehren. Er stirbt 550; ein Kloster seines Namens stand vor den Toren Straßburgs.

Auf Glasfenstern des 13./14. Jh. in Niederhaslach und im Straßburger Münster ist er als Bischof mit Stab und Buch dargestellt. Ältere Legenden lassen ihn trockenen

Fußes über einen Fluß schreiten, Kranke heilen, Dämonen vertreiben und Streitigkeiten schlichten.

Archus, Herennius und Quartanus, Hll. (ohne Tag), als die »heiligen drei Elenden« bekannt, in Etting/Ingolstadt, Bodenwöhr (Opf.) Oberbechingen/Lauingen, Hürbel und Reichenstein (Württ.) als schottische Pilger verehrt.

Nach einem Wallfahrtsbild von 1496 bilden spätere Darstellungen des 17. und 18. Jh. sie teils als Einsiedler, teils als Pilger oder auch Soldaten ab, da ihr 1627 gefundener Sarkophag mit der Platte eines röm. Grabsteins bedeckt war.

Arnold, Hl. (18. Juli / –), der griech. Sänger und Harfenspieler am Hof Karls d. Gr. A. erhält von diesem den »Bürgewald« bei Düren mit 20 Dörfern, deren eines, nach ihm »Arnoldsweiler« genannt, sein Wohnsitz bis zu seinem Tode bleibt.

Sein dort in der 1. Hälfte 15. Jh. errichtetes Grabmal stellt ihn als Jüngling in Zeittracht mit Gürtel, Tasche und Harfe dar, auf einem Altarflügel des Bartholomäus Bruyn um 1530 in St. Kunibert, Köln, streicht er eine langgestreckte Viola mit dem Bogen.

Arnold von Hiltensweiler, Sel. (1. Mai). Als Volksheiliger nur am Bodensee verehrt. Er stiftet auf seinem Besitz der »Freien von Hiltensweiler« 1122 eine Marienzelle im Anschluß an das Allerheiligenkloster von Schaffhausen, aus der später das etwas unterhalb liegende Kloster Langnau entsteht. Er stirbt 1127; Darstellungen sind erst im 17. Jh. bekannt.

Arnulf von Metz (französ. Arnoul, Arnual; niederl. Aart), Hl. (18. Juli), 582 aus fränkischem Adel geboren, erwirbt am Hof Theudeberts von Austrasien einen hohen Verwaltungsposten, wird 614 Bischof von Metz, legt aber nach

15 Jahren sein Amt nieder und zieht sich, einem langgehegten Wunsch entsprechend, als Einsiedler in die Vogesen zurück, wo er 641 stirbt. Seine Legende, von Paulus Diakonus 785 geschrieben, erzählt, wie er vor der Besteigung des bischöflichen Thrones über die Moselbrücke geht und seinen Ring in den Fluß wirft und darum bittet, den Ring als Zeichen der Vergebung seiner Sünden zurückzuerhalten. Ein Fischer bringt ihm einen Fisch, in dem der Ring sich befindet.

In der Reihe der Heiligen der Sipp-, Mag- und Schwägerschaft Kaiser Maximilians wird er zu Beginn des 16. Jh. in bischöflicher Kleidung dargestellt, den Fisch mit dem Ring im Maul und den Stab haltend.

Arsacius, Hl. (18. Mai / 12. Nov., München). Die Reliquien des als Bischof bezeichneten A. wurden im 8. Jh. von Rom nach Ilmmünster gebracht, von dort 1495 mit dem Chorherrenstift nach München in die Frauenkirche übertragen, 1846 aber wieder an Ilmmünster zurückgegeben. Eine silberne Grabplatte von 1496 in der Frauenkirche von München stellt ihn in pontifikaler Meßkleidung mit Buch und Stab dar.

Artemia → Cyriakus

Athanasius, Hl. (2. Mai). Der zu den 4 großen griech. Kirchenvätern gehörende Bischof von Alexandrien (295 bis 373) ist der erbittertste Gegner des Arius (gegen dessen vom Konzil von Nikäa 325 verworfene Lehre von der Wesensähnlichkeit er die Wesensgleichheit Christi innerhalb der Dreieinigkeit vertritt). Er wird von Konstantin wegen seines Übereifers mehrfach in die Verbannung (nach Rom und Trier) geschickt und stirbt 373.

Eine Initiale des Zwief. Mart. des 12. Jh. (24) zeigt A. als Mönch, seinen berühmten »Prolog« schreibend. Seine Biographie des → hl. Antonius Eremita trug wesentlich zur Förderung des Mönchtums bei. Andere Darstellungen kommen in der abendländischen Kunst erst 1737/40 in einem Fresko des Bartolomeo Altomonte in Spital am Pyhrn (Österr.) vor, wo er mit langem Bart und einer der griech. Bischofstracht angeglichenen Kleidung erscheint.

Attala, Hl. (3. Dez. / 5. Dez., Straßburg). Als Nichte der → hl. Odilia von Hohenburg wird sie Äbtissin in dem nach der Legende von ihrem Vater Stephan gestifteten Frauenkloster in Straßburg, das sie 20 Jahre leitet und wo sie 741 stirbt.

Ein Glasfenster des 14. Jh. im Straßburger Münster stellt sie in weltlicher Tracht mit Palme und Umschrift (auf dem Nimbus) dar, auf dem »Attala-Teppich« aus der 2. Hälfte 14. Jh. in St. Stephan, Straßburg, ist sie als Nonne in schwarzem, gegürtetem Kleid und schwarzem, pelzgefüttertem Mantel mit Wimpel und Kopftuch dargestellt.

Atzia → Achahildis

Auferstehung → Christus

Augustinus, Hl. (28. Aug.), einer der 4 großen latein. Kirchenväter. Er wird 354 in Tagaste (Numidien) geboren, sein heidnischer Vater Patricius wird nur genannt; seine christl. Mutter → Monika dagegen spielt mehrfach eine entscheidende Rolle in seinem Leben. Er studiert in Karthago die »Freien Künste« (nach Martianus Capeila: Grammatik, Dialektik, Rhetorik – das Trivium – und Arithmetik, Geometrie, Astronomie, Musik – das Quadrivium), schließt sich den später von ihm erbittert bekämpften Manichäern an und schildert in seinen »Confessiones«, wie er das Leben mit allen Sinnen liebte und genoß. Als anerkannter Redner fährt er 383 nach Rom und erhält 384 die Stelle als Rhetoriklehrer in Mailand. Tiefe Erschütterungen durch die Predigten des → hl. Ambrosius veranlassen innere Auseinandersetzungen; er selbst berichtet die vielzitierte Stelle seiner Bekehrung: Unter einem Feigenbaume liegend, hörte er eine Stimme »Nimm und lies«, schlug das dort liegende Buch der Paulusbriefe Röm. 13,13 auf »lasset uns ehrbarlich wandeln ... ziehet an den Herrn ...« Mit seinem Sohn Deodatus läßt er sich von Ambrosius taufen, kehrt 387 nach Karthago zurück, wird 391 zum Priester, 394 zum Bischof von Hippo geweiht. Während des Vandaleneinfalls stirbt er 430.

Von seinem reichen Schrifttum sind besonders seine »Bekenntnisse« und der »Gottesstaat« (De Civitate Dei) durch das ganze Mittelalter abgeschrieben, mit Bildern ausgestattet und zitiert worden. Ein besonders oft herangezogenes Dokument ist die Sammlung seiner 300 Briefe. Eine Stelle seiner Bekenntnisse, in der seine feurige Gottesliebe zum Ausdruck kommt, wird zum Attribut eines flammenden Herzens (auch pfeildurchbohrt), das ihn in Darstellungen oft von Ambrosius unterscheidet. Attributiv verwendet wird eine andere seiner zahlreichen Legenden: Am Ufer des Meeres wandelnd, in tiefes Nachdenken versunken, sieht A. einen kleinen Knaben, der mit einem Löffel (oder einer Muschel) Wasser schöpft und in eine Sandgrube gießt. Befragt, was er täte, antwortet das Kind: »Das gleiche, was du tust! Du willst die Unergründlichkeit Gottes mit deinen Gedanken ausschöpfen – ich versuche das Meer auszuschöpfen!«

Einzeln selten, am frühesten im 12. Jh. in einer Wandmalerei in Stift Nonnberg (Salzburg), in einer Handschrift in Admont als Bischof in pontifikaler Meßkleidung dargestellt, kommt A. am häufigsten mit den 3 anderen → Kirchenvätern und in Verbindung mit den 4 → Evangelisten (oder deren Symbolen) und den 4 großen → Propheten vor, vom 12. Jh. an in der Buch- und Wandmalerei, mit Legendenszenen seit dem 14. Jh. in Glasfenstern, auf Altartafeln und bedeutenden Werken der Plastik. Pacher hält ihn auf einer der Kirchenväter-Tafeln des Neustift/Brixener Altars von 1490/91 fest (München, A. P.), Rubens gibt ihn mit dem Kinde am Meerufer wieder, um 1630 (Prag, Staatsgalerie), von Permoser ist seine großartige Gestalt um 1725 in Bautzen erhalten.

Augustus, Kaiser, 31 v. – 14 n. Chr., erläßt das Edikt zur Volkszählung (Luk. 2,1), wird selten, aber in der Buchmalerei des 12. Jh. einige Male dargestellt. Häufiger bringen ihn Altartafeln des 15. Jh.: wie die Sibylle von Tibur ihn auf die Erscheinung der Maria mit dem Jesuskinde prophetisch hinweist, so u. a. auf einem Flügel des Bladelin-Altars, um 1460, von Rogier van der Weyden (Berlin, Staatl. Museen).

Auktor, Hl. (20. Aug. / –). Als Bischof von Trier um 450 in St. Maximin bestattet, kamen seine Reliquien erst 960 in das von Abt Wiggerus von St. Maximin neu gegründete Benediktinerkloster Taben/Saar und um 1123 durch Herzogin Gertrud in ihre Benediktinerstiftung nach Braunschweig. Zusammen mit dem → hl. Ägidius, Patron dieses Klosters, wurde A. später Stadtpatron von Braunschweig und ist als solcher auf dem Stadtsiegel von 1445 und dem Silbergroschen von 1499 mit einem Kirchenmodell dargestellt. In der 1454/65 geschriebenen Lebensbeschreibung zeigt ihn sein Bild in pontifikaler Meßkleidung mit Stab und gezücktem Schwert in der Umschrift: »Huius sis fautor urbis brunswik pater Autor« (etwa: »So sei auch der Stadt Braunschweig ein tätiger Vater«).

Aurelia, Hl. (15. Okt. / 13. Okt.), wird als eine in Straßburg besonders verehrte Gefährtin der → hl. Ursula genannt, die nach der Legende krank in Straßburg zurückbleiben muß, als Ursula nach Köln weiterfährt. Über ihrem Grabe wurde im 9. Jh. eine Kapelle errichtet, doch ist die heutige Aurelienkirche erst 1324 so genannt worden, sie hieß vorher Moritz-Kirche.

Ein Glasfenster im Straßburger Münster, Ende 13. Jh., stellt A. in langem, gegürtetem Kleid mit reich verziertem Mantel dar; der Palmzweig in ihrer Hand wird als Symbol himmlischen Lohnes gedeutet, nicht als Zeichen des Martyriums, zu dem sie nicht gelangte.

Aurelius, Hl. (ohne Tag), wird als Bischof von Armenien, gestorben 475, genannt. Seine Reliquien brachte Bischof Noting von Vercelli – ein Alemanne, verwandt mit dem Grafen Adalbert von Calw – 830 nach Hirsau, »in ein Bethaus im Silva Nigra«.

Er ist im Zwief. Mart. des 12. Jh. (24) halbfigurig als Bischof mit Stab dargestellt und wird in der wiederhergestellten Aurelius-Kapelle (von 1056) in Hirsau seit 1956 wieder verehrt (Chorwand und Reliquienschrein 1970/71 von O. H. Hajek).

Aureus (s. a. Alban) **und Justinus,** Hll. (16. Juni / 27. Juni, Mainz). Als Bischof von Mainz wird A. um 450 erwähnt und J. als sein Diakon genannt. Die örtliche Legende erzählt, wie beide von den in Mainz eingedrungenen Hunnen eingekerkert werden, nach Thüringen entfliehen, eingeholt, gemartert und enthauptet werden. Die Auffindung ihrer Gebeine durch Dagobert I. oder II. soll im 7. Jh. zur Gründung von Heiligenstadt/Thüringen geführt haben. Eine andere Überlieferung berichtet nur, daß A. von den Hunnen in Mainz enthauptet worden sei.

Ein Hochgrab vom Ende des 14. Jh. in der Ägidius-Kirche von Heiligenstadt stellt A. in pontifikaler Meßkleidung mit Buch und Stab dar, neben ihm J. als Diakon in Albe, Amikt, Dalmatik, Manipel und mit der Märtyrerpalme.

B

Babel, der Turmbau zu Babel (1. Mose 11,1–9): »Es hatte aber alle Welt einerlei Zunge, … sie sprachen: lasset uns Ziegel streichen und brennen, und nahmen Ziegel zu Stein und Erdharz zu Kalk. Laßt uns einen Turm bauen, des Spitze bis zum Himmel reiche … Der Herr aber verwirrte ihre Sprache und zerstreute sie in alle Lande.«

Darstellungen können mit immer zahlreicher werdenden Beispielen vom 6. Jh. an in der Buchmalerei, vom 11. Jh. in der Elfenbeinschnitzerei, im 12. Jh. in Mosaik- und Wandmalerei und Kapitellplastik nachgewiesen werden. Am bekanntesten sind die mit großartig phantastischer Realistik ausgeführten Bilder Pieter Bruegels d. Ä. von 1563 in Wien und Rotterdam. Das im 16. Jh. besonders beliebte Thema erscheint in einer Fülle ähnlicher Darstellungen in Malerei und Graphik auch weiterhin.

Balaam → Bileam

Balbina, Hl. (11. März / –), die Tochter des röm. Tribunen und Kerkermeisters → Quirinus. Dieser läßt den Papst → Alexander und den Präfekten → Hermes als Christen in getrennten Gefängnissen scharf bewachen, muß aber erleben, daß Alexander dem Hermes, von einem Engel geführt, ohne Fesseln erscheint, ohne den anderen Kerker verlassen zu haben. Um ein weiteres Zeichen bittend – die Heilung seiner an einem Halsgeschwür (Kropf) leidenden Tochter, läßt Alexander ihn nach den Ketten Petri suchen. Er findet sie, B. küßt sie und ist geheilt. Bekehrt und von Alexander getauft, erleiden Vater und Tochter den Martertod durch Enthauptung. B.s Grab ist in der Katakombe bei der Via Appia, Rom, festgestellt worden.

Sie wird gegen Kropf angerufen, ihre Verehrung ist im

12. Jh. besonders in der Abtei Siegburg gefeiert, wo aber ihre überlieferte Statuette am Honoratus-Schrein nicht erhalten ist. Ein Stuckrelief von 1637 in Millen/Heinsberg stellt sie mit Lilienzepter und Kreuz in Zeittracht dar, in anderen Darstellungen kann auch eine Kette als Attribut auf ihre Legende hinweisen.

Baldomerus (französ. auch Galmier), Hl. (27. Febr. / –), ein der Arbeit, dem Gebet und der Wohltätigkeit hingegebener Schlosser, der seinen Geburtsort Montbrilon an der oberen Mosel verläßt, nach Lyon zieht und im Kloster St-Just vom Abt Viventius eine Zelle bekommt. Er übt sein Handwerk weiter aus, ohne Mönch zu werden, wird aber von Bischof Gaudericus zum Subdiakon geweiht und stirbt 660. Als Subdiakon mit einer Zange in der Hand gilt er als Patron der Schlosser.

Balthasar → Drei Könige

Barbara (französ. Barbe, Babette; engl. Barbara, Betty), Hl. (4. Dez.), wird von ihrem Vater, dem reichen Dioskuros von Nikomedien, um ihre Unberührtheit zu bewahren, in einen Turm eingeschlossen. Ausführlich berichten die Legenden von ihrer Schönheit, ihrem scharfen Verstand, ihren Studien und wie sie die Eltern gefragt habe, ob die Götter Menschen gewesen und warum man diese und nicht eine unsterbliche Gottheit anbete. Sie richtet in einem Brief ihre Fragen an Origines (185–254), der ihr als der gelehrteste Weise von Alexandria genannt war. Durch einen Priester Valentinus schickt ihr Origines Antwort. Von B. als Arzt bezeichnet, erlaubt ihr Vater ihr, ihn zu empfangen, er belehrt und tauft sie. Nach anderen Fassungen der Legende ist sie bei seiner Ankunft schon getauft: Vom Hl. Geist erleuchtet, sei sie in ein heidnisches Opferbecken gestiegen und habe geistig die Taufe durch Joh. d. T., der ihr erschienen sei, erhalten. Noch anders wird erzählt – und teilweise dargestellt –, daß sie den Vater um den Bau eines Bades gebeten habe. Nachdem sie nicht die vom Vater angeordneten 2 Fenster, sondern 3 – als Zeichen der Dreieinigkeit – habe anbringen lassen, ein Kreuz mit der Hand in den noch feuchten Putz gedrückt und ein kostbares Kreuz auf den Sockel eines gestürzten Götterbildes gestellt habe, empfängt sie die Taufe. Dem von einer Reise zurückkehrenden Vater, der sie empört über den veränderten Bau zur Rede stellt, offenbart sie sich als Christin. Er will sie erschlagen, aber sie entflieht, und ein Felsspalt öffnet sich, um sie zu verbergen. Von einem Hirten verraten (der zu Stein wird und dessen Schafe zu Heuschrecken werden), findet sie der Vater, schleppt sie gefesselt an den Haaren zum Statthalter Marcianus, der sie geißeln läßt. Sie spricht von den Geißeln, »als ob es Pfauenfedern gewesen seien«, doch erscheint ihr Christus nachts im Gefängnis, um ihre Wunden zu heilen. Der erbitterte Statthalter läßt sie nun mit Keulen schlagen, ihr die Brüste abschneiden, sie mit Fackeln brennen. Als er sie dann entkleidet auf dem Marktplatz umhertreiben und peitschen lassen will, erscheint auf B.s Gebet ein Engel und hüllt sie in ein schneeweiß leuchtendes Gewand. Den Befehl, sie nun mit dem Schwert hinzurichten, führt der ergrimmte Vater selbst aus und wird danach durch vom Himmel fallendes Feuer getötet.

Als Vaterstadt wird auch Catania in Sizilien genannt; einen Ätna-Ausbruch soll auch B. (wie Agatha) von der Stadt abgewendet haben; sie wird dort besonders verehrt. Vom 14. Jh. an ist sie eine der beliebtesten und am häufigsten dargestellten Heiligen: gekrönt, den Kelch mit der Hostie darüber tragend, und einen Turm neben sich; Schwert, Palmzweig und Pfauenfeder können hinzukommen. Vom 15. Jh. an gehört sie zu den 14 → Nothelfern als Beistand der Sterbenden, ihr Gebet um Sündenvergebung für alle Christen sei ihr durch eine Stimme vom Himmel bestätigt worden. Auch gegen Unwetter und Feuersgefahr angerufen, wird sie vom 18. Jh. an Patronin der Bergleute (→ Daniel), Glöckner, Architekten und Artilleristen.

Im Hirs. Pass. des 12. Jh. (23) steht sie betend mit vor die Brust gelegten Händen. Von links zückt ihr Vater das Schwert gegen sie, von rechts bedroht sie ein Jüngling mit einem Hammer. Teile der Legende hält der Altar Meister Franckes von 1410 im Museum von Helsinki fest; mit besonders reizvoller Ausführlichkeit fast aller Legendenzüge bringt sie Jörg Ratgeb 1510 auf der Altartafel von Schwaigern (Württ.) zur Darstellung.

Barlaam und Josaphat (italien. Giosafatte), Hll. (ohne Tag), werden nach dem von Johannes Damascenus im 8. Jh. christlich umgearbeiteten indischen Buddha-Roman als Heilige auch in die Leg. Aur. aufgenommen. Die in zahlreichen Abschriften verbreitete mittelalterl. Fassung der Legende erzählt mit deutlichen Entlehnungen aus dem Leben Buddhas die Bekehrung des Königssohnes J. durch den Einsiedlermönch B. In Darstellung und Dichtung ist v. a. die gleichnishafte Erzählung des B. aufgenommen worden: Ein Mann flieht vor einem Einhorn. In einen Abgrund stürzend, greift er nach einem Strauch, der ihn hält, auf einem Stück schlüpfrigen Bodens kann er gerade noch stehen. Aber aus dem Schlamm züngeln 4 Schlangen, eine schwarze und eine weiße Maus nagen die Wurzeln des Strauches ab; aus der Tiefe des Abgrundes sperrt ein feuerspeiender Drache seinen Rachen auf, um ihn zu verschlingen, sobald der Strauch mit ihm falle. Da sieht der Mann ein Tröpflein Honig von den Zweigen des Strauches rinnen, vergißt alle Gefahr und genießt die süße Labung. Ausgedeutet wird dann das Einhorn als Tod, die Mäuse als Tag und Nacht, die an der Zeit des Lebens nagen; der Abgrund ist die Welt, die Schlangen sind die 4 Elemente des Leibes, der Drache der wartende Höllenschlund, der Honig aber die verführerische Lust der Welt, die den Menschen betrügt.

Eine der ersten Darstellungen ist die des Antelami am Südportal des Baptisteriums von Parma (1196–1216), eine andere an der Isidoro-Kapelle von S. Marco, Venedig, Anfang 13. Jh. In der Buchillustration des 14./15. Jh. wirkt sich die deutsche Nachdichtung des Rudolf von Ems, 1230, aus.

Barnabas, Hl. (11. Jan. /11. Juni), (Apg. 4,36; 9; 11; 12; 13 und 15). Er wird von der Legende als einer der 70 Jünger bezeichnet und ist der Levit, der dem → Petrus den Ertrag seines für die Gemeinde verkauften Ackers bringt. In den weiteren Kapiteln der Apostelgeschichte ist er der Begleiter des Paulus. Nach der Legende trennt er sich von diesem, um nach Cypern zu seinen Eltern zu fahren. Dort werden Heilungen erzählt, indem er den Kranken das Matthäus-Evangelium, das er mit sich führt, auflegt. Von seinem dann erfolgten Martyrium wird nur die Tatsache als solche berichtet. Als Vetter des → Markus bezeichnet ihn die Legende und reiht ihn in die → Hl. Sippe ein. In der Legende des hl. Papstes → Klemens tauft er diesen nach seiner Predigt in Rom. An letzter Stelle wird er den Apostelfolgen zugezählt, in diesen Darstellungen trägt er öfter ein aufgeschlagenes Buch: das Matthäus-Evangelium.

Nach der Leg. Aur. bringt ihn das Hirs. Pass. des 12. Jh. (23) tot zusammengesunken auf brennendem Scheiterhaufen, das Zwief. Mart. (24) an eine Säule gefesselt auf flammendem Feuer, das ein Jüngling mit Blasebalg anschürt. Ein Zusatz der Leg. Aur. weist auf die in Mailand gefeierte Gründung von S. Eustorgio und die dortige Bischofsstellung des B. hin.

Bartholomäus (französ. Barthélemy, Tolmier; italien. Bartolomeo, Meo, Baccio; niederl. Baert), Hl. (24. Aug.), (Joh. 1,45; 21; 2. Matth. 10,3). Er wird aus dem Kreise der Johannes-Jünger am Jordan von → Philippus mit seinem israelitischen Namen → Nathanael von Kana zu Christus gerufen. Dieser erkennt ihn als den, »den er unter dem Feigenbaum sitzen sah« (d. h. als einen, der schon einen Grad einer Mysterienschulung erreicht hat). Als Nathanael wird er noch bei der Erscheinung des Auferstandenen am See Genezareth bezeichnet, in der Berufung der Apostel aber als Bartholomäus. Legenden sehen in ihm den Bräutigam der Hochzeit zu Kana und weisen ihm ein weites Gebiet zur Verbreitung des Evangeliums zu: von Kleinasien (die Inschrift des Apostelabschieds nennt nur »Cilicien«) über Armenien, Mesopotamien nach Indien. Bei seinem Nahen stürzen Götzenbilder, er heilt Kranke und Besessene und wird zum König Polimius gerufen. Als er dessen besessene Tochter geheilt und den König, durch verschlossene Türen dringend, besucht hat, bekehrt sich dieser mit seiner ganzen Familie und seinem Volk, indem er ein Götzenbild niederbrechen heißt, aus dem ein böser Geist spricht. Der von B. beschworene Teufel fährt aus, stürzt selbst diese Statue und alle anderen im Tempel. Er wird durch B. allen sichtbar gemacht, »schwärzer als Ruß, mit scharfem Angesicht, langem schwarzem Bart und schwarzen Haaren, die bis auf seine Füße gingen, die Hände aber mit feurigen Ketten auf dem Rücken gebunden«. Die überwundenen Priester des Tempels aber ziehen zu Astyages, dem feindlichen Bruder des Polimius. Der schickt 1000 Gewappnete aus, die B. fangen und vor ihn bringen. Er erfährt, daß durch B. auch sein Gott Baldach zerstört worden sei, und läßt daraufhin B. mit Knütteln schlagen und ihm dann die Haut abziehen. In anderen Legenden werden auch Enthauptung und umgekehrte Kreuzigung zur weiteren Ergänzung des Martyriums erzählt. Dann begraben Christen den Leichnam; Astyages aber und seine Priester fallen in Besessenheit und sterben unmittelbar darauf.

Frühchristl. Apostelreihen geben B. als Attribut nur Buch oder Rolle. Die früheste bekannte deutsche Darstellung im Hirs. Pass. des 12. Jh. (23) zeigt B. mit Stricken gebunden, ein Jüngling setzt gerade das Messer an, um ihn zu schinden. Daneben steht der in der Legende beschriebene Teufel mit dem »scharfen Antlitz, langem schwarzem Bart und schwarzen Haaren«, die ihm wie ein Pferdeschwanz am Rücken herauskommen. Vom Beginn des 13. Jh. – zuerst am Dreikönigsschrein von 1200 im Kölner Dom – trägt B. das Messer, die abgezogene Haut als feststehendes Attribut erst in den zahlreichen Darstellungen der Buch-, Wand- und Tafelmalerei sowie der Plastik der folgenden Zeit. In Michelangelos Jüngstem Gericht (1536–40) der Cappella Sistina, Rom, gilt das Antlitz auf der von B. getragenen Haut als Selbstbildnis Michelangelos. Das Messer in seiner Hand deutet im Volksbrauch auch auf den Beruf des Winzers (neben → Kilian, → Urban, → Martin u. a.).

Spätere Legenden berichten von dem Bleisarg, den die Heiden ins Meer geworfen und der mit den Gebeinen, begleitet von 4 anderen Märtyrerresten, auf die Insel Liparia bei Sizilien gekommen sei. Nach der Zerstörung des Grabes und der darüber gebauten Kirche durch die Sarazenen im Jahr 831 sei B. einem Mönch erschienen, der die Gebeine sammeln und sie nach Benevent bringen sollte. Als Friedrich II. Benevent zerstörte, habe B. ihm Strafgericht und baldigen Tod verkündet. Repräsentativ stellt der sog. Bartholomäusmeister um 1500 B. mit Messer und Buch dar (Altar, München, A. P.).

Baruch. Er gehört zu den apokryphen Propheten und wird in den Zusammenstellungen der Apostel mit den Credoworten bei Andreas genannt, hier und in den größeren Reihen der Prophetenfolgen dargestellt, meist mit Turban und Spruchband an Kathedralen, Schnitzaltären und Chorgestühlen vom 13. Jh. an.

Basilisk → Christus: Symbolik (S. 160)

Basilius der Große, Hl. (14. Juni / 2. Jan.), einer der 4 großen griech. → Kirchenväter. Er wird 330 geboren, 350 Mönch und 360 Priester. Eusebius, der Bischof von Cäsarea, weiht ihn 370 zum Bischof und Metropoliten von Kappadokien. B. schreibt die Ordensregeln für die Basilianermönche und gehört zu den eifrigsten Bekämpfern der Arianer, was seine Legenden ausführlich erzählen und ausschmücken.

Eine Legende wird als Darstellung im Hirs. Pass. des 12. Jh. (23) gebracht: Ein Jüngling verschreibt sich dem Teufel, um eine Jungfrau gewinnen zu können. Der Teufel macht sie so liebeskrank, daß der Vater in die Verbindung einwilligt. Nach der Heirat erfährt die junge Frau, daß ihr Mann kein Christ sei und sich mit dem Teufel eingelassen habe. Sie wendet sich an B. und erreicht, daß ihr Mann sich zum bekehrenden Gebet einschließen läßt, während auch B. für ihn betet. Mehrfach von Teufeln bedroht, erscheint dem Jüngling zuletzt B. als Sieger im Traum. Aber erst nach großem Kirchengebet gibt der Teufel den Vertrag heraus und läßt ihn auf den Altar fallen. B. ergreift, zerreißt und verbrennt ihn.

Eine Statue am Lettner im Dom von Meißen von einem dem B. 1357 geweihten Altar zeigt B. in lateinisch-pontifikaler Meßkleidung mit Mitra und Stab, einen neben ihm knienden Stifter an der Hand haltend. – Spätere Legendenfassungen bringen B. in Verbindung mit Julian Apostata, der das von B. ihm dargereichte Gerstenbrot verschmäht und dem B. als grobe Gegengabe Heu reichen läßt. Ein Ritter Merkurius, der durch Julian gemartert worden, bewirkt – wie B. schaut – den mystischen Tod des Julian.

Bathseba → David, → Salomo

Bavo (latein. Adlovinus; französ. Bavon, Alloy; fläm. Baaf), Hl. (1. Okt.). Er stammt aus dem Brabanter Adel des Hassengaus bei Lüttich und ist zunächst Soldat. Die Legende berichtet, daß er anfänglich ein lasterhaftes Leben geführt habe. Der Tod seiner Frau und die Tugend seiner Tochter bringen ihn zur Besinnung. Er vertraut sich dem Bischof → Amandus an, verkauft seine Habe, schenkt den Erlös den Armen und lebt büßend als Einsiedler in einem hohlen Baum in der Nähe von Maastricht, mit einem Stein als Kopfkissen. Er wird dann Mönch im Kloster Blandinenberg in Gent, wo er 654 stirbt. Er ist der Patron von Gent.

Darstellungen zeigen ihn mit kurzem Rock, Mantel und Barett, Schwert und Falken tragend, als Zeichen seiner vornehmen Herkunft. Der hohle Baum und ein Stein können dazu kommen. – Eine Braunschweiger Altartafel, Ende 15. Jh., zeigt ihn jugendlich mit einem Falken. Über dem Portal der Kathedrale St. Bavo in Gent steht seine aus dem 17. Jh. stammende Statue.

Beatrix → Simplicius, Faustinus und Beatrix

Beatus, Hl. (9. Mai, Basel). Petrus selbst soll ihn zum Priester geweiht haben mit dem Auftrag, als Glaubensbote in die Schweiz zu ziehen. Die Legende läßt ihn dann in einer Höhle bei Beatenberg am Thuner See als Einsiedler leben, wo er einen furchtbaren, die Gegend verwüstenden Drachen bekämpft habe und als Wohltäter des Landes im Jahr 112 gestorben sei.

Er gilt als der Apostel der Schweiz, obwohl keine historischen Belege und nur wenige spätere Darstellungen bekannt sind. Eine Holzfigur des 15. Jh. in Rechberghausen (Württ.) stellt ihn in Rock und Mantel mit einem Drachen zu Füßen dar.

Beda Venerabilis, Hl. (27. Mai / 25. Mai), »wurde um 673 geboren und 7jährig dem Abt von Wearmouth, Benedikt Biskop, zur Erziehung anvertraut«. Mit Abt Ceolfrid geht er in das neugegründete Kloster Yarrow, wo er bis zu seinem Tode 735 mit theologischen, geschichtlichen und anderen wissenschaftlichen Arbeiten beschäftigt bleibt. Zitate aus diesen Werken machen ihn in den folgenden Jahrhunderten immer wieder neu bekannt. Die Legende erzählt, warum er unter die Schar der Heiligen aufgenommen, wenn auch nicht eigentlich heiliggesprochen sei, sondern die Bezeichnung »venerabilis« = ehrwürdig bekommen habe. Als er, im hohen Alter erblindet, geführt werden muß, um zu predigen, sagt ihm ein Begleiter, der ihn durch ein steiniges Tal führt, spottend, hier warte ein andächtiges Volk schweigend auf seine Predigt. Als er zum Schluß »in Ewigkeit« zu sagen anhebt, ertönt mit lauter Stimme von den Steinen: »Amen, ehrwürdiger Vater.« Auch von Engeln habe man nach seiner Predigt die Worte gehört: »Du hast wohl gesprochen, ehrwürdiger Vater.« Und als ein Kleriker nach seinem Tode die Inschrift des Grabsteins meißeln wollte, den Vers aber nicht vollenden konnte, habe er nach vielem Nachdenken und Gebet eines Morgens von Engelhand gemeißelt die fertige Inschrift vorgefunden: »haec sunt in fossa Bedae venerabilis ossa.« (hier im Grabe sind die Gebeine des B. V.).

Ein Relief des frühen 16. Jh. in Münster (Westf.) stellt ihn als Benediktiner mit Buch dar; da die linke Hand abgebrochen ist, kann auf ein Attribut nicht geschlossen werden.

Beelphegor → Teufel

Beelzebub → Teufel

Begga (französ. Bègue, Begge), Hl. (7. Juli / –), vermählt mit Ansegisel und Mutter des Pippin von Heristal († 714), Urahne von Karl d. Gr., wallfahrtet nach dem Tode Pippins nach Rom, gründet die 7 Kapellen von Andenne/ Maas, die den 7 Hauptkirchen Roms entsprechen sollten.

Vögel (Küchlein) sollen ihr im Traum den Platz gezeigt haben. Sie stirbt 698.

Dargestellt in Zeittracht mit Krone, 7 kleinen Kirchenmodellen, 7 Küchlein. »Pippin und Bega«, beide als heilig bezeichnet, hat Rubens um 1612/15 nach alten Gemälden dargestellt (Wien, Kunsthistor. Museum).

Behemoth → Hiob, → Luzifer, → Satan, → Teufel

Belial → Teufel

Belsazar → Daniel

Benedikt (französ. Benoît, Bénézet; italien. Benedetto, Benozzo; span. Benito; engl. Benedict, Benet, Ben)

Benedikt, Hl. (21. März / 11. Juli), mit seiner Zwillingsschwester → Scholastika um 480 in Norcia (Nursia, Umbrien) geboren und vornehmer Herkunft, wird schon als Knabe mit seiner Amme nach Rom zur Ausbildung geschickt. Aus der legendenreichen Lebensbeschreibung des → hl. Gregor sind einige Erzählungen zu Darstellungen gelangt und haben seine Attribute begründet. Es zerbricht der Amme das Mehlsieb, als sie ihm in eine Stätte innerer Besinnung gefolgt ist. Sein Gebet trägt dazu bei, daß er es wieder zusammensetzen kann. – Als Einsiedler zieht er sich dann 3 Jahre in eine Höhle bei Subiaco zurück. Täglich läßt ihm der Mönch Romanus aus einem benachbarten Kloster an einem Seil ein Brot herab, eine Glocke am Seil gibt dazu das Zeichen. Auf diese wirft der Teufel eines Tages einen Stein, und sie zerbricht. Aber B. besteht auch die weiteren Versuchungen und Plagen des bösen Feindes, der ihm als schwarzer Vogel und als schöne Jungfrau erscheint, indem er sich in Dornen wälzt. Die Mönche von Vicovaro bewegen ihn nun, ihr Abt zu werden. Seine strenge Klosterzucht macht ihn verhaßt: Doch es entweicht das Gift als Schlange aus dem Glas (Kelch), das sie ihm reichen, und das Gefäß zerbricht, als er das Kreuzzeichen darüber macht. Für seine wachsende Schülerschar gründet er 12 neue Klöster. Wieder soll er durch vergiftetes Brot beiseite geschafft werden: Sein Rabe trägt es fort. Sein Gebet bewirkt, daß Bruder → Maurus trockenen Fußes über Wasser gehen kann, um den ertrinkenden → Placidus zu retten, und nach einem Besuch bei seiner Schwester schaut er ihren Tod und wie ihre Seele als Taube gen Himmel fliegt. Auf ihn geht die Gründung von Montecassino zurück; 529 zieht er selbst dort ein. Hier schreibt er seine berühmte »Regula Benedicti«, die großartige, grundlegende Regel aller sich von da aus über das ganze Abendland ausbreitenden Benediktinerklöster. Heilungen und Totenerweckungen werden weiter von ihm berichtet; dem Gotenkönig Totila, der ihn besucht hat, soll er 542 den in 10 Jahren erfolgenden Tod vorausgesagt haben (Totila fiel 552 bei Tagina). B. stirbt 547, seine Brüder sehen, wie er von Engeln auf teppichbelegter, lichterfüllter Straße gen Himmel getragen wird.

Aus dem schon von den Langobarden zerstörten Montecassino wurden seine Gebeine um 673 nach St-Benoît-sur-Loire gebracht, wo sie noch in einem Sarkophag verehrt werden. In Einzeldarstellungen als Abt mit Stab und Buch ist sein Attribut meist nur das zersprungene Glas oder ein Kelch, aus dem eine kleine Schlange entweicht. Dazu können gelegentlich Rabe, Dornen und das Mehlsieb (Mulde) angebracht sein. Mit Kelchglas und Schlange steht B. im Schrein des Pacher-Altars in St. Wolfgang bei Salzburg, 1479/81.

Eine Darstellung des schreibenden B. enthält seine Regel aus Zwiefalten (Stuttgart, Württ. Landesbibl.); den Sterbenden, dessen Seele auf lampenbegleiteter Straße die Brüder gen Himmel getragen sehen, und seine Schau des Todes der Scholastika sind im Zwief. Mart. des 12. Jh. (24) dargestellt.

Benedikt von Aniane, Hl. (12. Febr., Aachen), aus westgotischem Adel, um 750 geboren, Gründer (779) und Abt des Klosters Aniane. Die ihm von Ludwig d. Frommen übertragene Oberaufsicht über die Klöster im Reich bewirkte eine straffe Reformierung des Mönchslebens, B. starb 821 in seiner Gründung (817) Kornelimünster. Er wird dargestellt als Einsiedler mit Feuer, das er auf wunderbare Weise zu löschen verstand. Auch im Elsaß besonders verehrt.

Benedikta (französ. Benoîte; italien. Benedetta, Bettina; span. Benita), Hl. (8. Okt. / –), eine vornehme Römerin, die mit ihrer Milchschwester in Gallien das Evangelium verkündet, in Arigny um 300 gegeißelt und vom christenfeindlichen Richter selbst durch einen Beilhieb in den Kopf getötet wird. Um 700 wurden ihre Gebeine erhoben.

Ein Wandteppich des 15. Jh. aus Neuburg/Donau (Köln, Kunstgew.-Museum) stellt sie dar, nur mit einem Mantel bekleidet, mit beiden Händen an einen Balken genagelt aufgehängt, gekrönt, daneben weitere Zeichen ihres Martyriums: Geißel und Hand mit dem Beil (eine nordfranzös. Handschrift, ca. 1312–14, enthält ikonographisch wichtige Darstellungen, Berlin, Kupferstichkab.).

Benjamin → Jakob

Benignus, Hl. (1. Nov. / 17. Febr.), als Apostel der Gallier im 2. Jh. in Dijon dem Martyrium preisgegeben; da ihn die ausgehungerten Hunde im Gefängnis verschont haben, stirbt er von Lanzen durchbohrt.

Der Benignus-Schrein des 12. Jh. in der Benediktinerabtei Siegburg enthält seine Reliquien. Seine Statuette ist aber weder an diesem noch an dem Anno-Schrein erhalten, nur spätere Zeichnungen weisen ihn daran aus.

Benno, Hl. (16. Juni, Meißen), wird in Hildesheim 1010 geboren, von Bischof Bernward erzogen und 1031 Mönch,

1042 Abt von St. Michael in Hildesheim. Später Propst von Goslar und 1066 Bischof von Meißen, wird er von Kaiser Heinrich IV. als Anhänger Papst Gregors VII. abgesetzt, übernimmt aber von 1088 an sein Bistum wieder. Er widmet sich besonders der Bekehrung der Slaven und stirbt 1106. Bei seinem Fortgang von Meißen soll er die Kirchenschlüssel in die Elbe geworfen haben, damit der Kaiser die Kirche nicht betreten könne. Als er zurückkommt, bringt ihm ein Fischer einen Fisch, an dessen Flossen die Schlüssel hängen. Seine Heiligsprechung erfolgte erst 1525.

Als Bischof in Pontifikaltracht mit Stab und Buch, auf dem Fisch und Schlüssel liegen, stellt ihn eine silberne Reliquienbüste aus dem Anfang des 17. Jh. in der Frauenkirche von München dar.

Bernhard (italien. Bernardo, Nardo; fläm. Barend)

Bernhard, Sel. (15. Juli, Freiburg i. Br., Speyer), Markgraf von Baden. 1428 geboren, überträgt er nach dem Tode seines Vaters 1454 seine Rechte an seinen Bruder, um sich der Kirche widmen zu können. Er tritt zunächst in die Dienste Kaiser Friedrichs III., übernimmt die Statthalterschaft in Italien, stirbt aber schon 1458 in Piemont. An seinem Grabe ereigneten sich zahlreiche Wunder. B. wurde 1769 seliggesprochen.

Dargestellt als Ritter mit Kreuzfahne und dem badischen Wappen auf dem Schild, ist er der Patron der Erzdiözese Freiburg. Auf einem der 3 Brunnen des Marktplatzes von Rastatt steht seine Statue (1770). Als frühestes Zeugnis seiner Verehrung gilt ein Relief im Altarschrein der Stadtkirche Babenhausen (Hessen), um 1515.

Bernhard von Clairvaux, Hl. (20. Aug.), wird 1090 oder 1091 in der Burg Fontaines (Burgund) geboren und von frommen Eltern erzogen. Seine Mutter Aleth sieht vor seiner Geburt im Traum ein weißes Hündlein mit rotem Rücken und hört es laut bellen. Der Traum wird ihr so ausgelegt, daß der Sohn, den sie bekommen werde, als großer Prediger Gottes Haus bewachen und seine Stimme laut gegen die Feinde der Kirche erheben werde.

B. tritt 1113 mit »30 Gesellen«, darunter 4 seiner 5 leiblichen Brüder, in das von → Robert von Molesmes 1098 gegründete Kloster von Citeaux bei Dijon ein. Abt → Stephan Harding (1109–34) schickt ihn »mit vielen Brüdern« 1115 nach Clairvaux, das seine eigentliche Gründung wird. Hier bleibt er bis zu seinem Tode Abt. Mit seinen »Consuetudines« ist er der eigentliche Begründer des Zisterzienserordens. Sie stehen in gewissem Gegensatz zur »Regula« des → hl. Benedikt: Gründen die Benediktiner ihre Niederlassungen auf Höhen, so ordnet B. sumpfige Täler mit Wäldern an, die gerodet werden müssen, betont den Wert der körperlichen gegenüber der geistigen Arbeit. Ganz besonders wendet er sich in Briefen und Kapitelsbeschlüssen gegen jede figürliche Ausgestaltung der Portale, Kapitelle, Kreuzgänge, die den Betrachter von der Gebetsstimmung ablenke. Nach seinem Tod kommt es zum Verbot von Kirchtürmen. Auch farbige bilderfüllte Glasfenster werden abgelehnt; es entstehen schwarzweiße Blattmusterfüllungen feinster Zeichnung, die in einigen der ersten Zisterzienserklöster erhalten sind (Altenberg/Köln und Heiligenkreuz/Wien). Von der religiösen Begeisterung der Zeit erfaßt, breitet sich der Orden aus; bei B.s Tod, 1153, werden schon 343 neue Gründungen gezählt, 68 sollen auf seine eigene Gründung zurückgehen. Die Abschriften seiner berühmten Predigten, Briefe (534 erhaltene) und Bibelkommentare bezeugen seine ausgebreiteten Beziehungen, seine unermüdliche Tätigkeit, die mehr als erstaunliche Arbeitsleistung der damit verbundenen Reisen. Eine seiner entscheidenden Kreuzzugspredigten war die von Speyer 1146; seine persönliche Bedeutung war so groß und so anerkannt, daß selbst Päpste seine Entscheidungen anriefen und sich ihnen fügten.

Aus der unendlichen Folge der Legenden strahlt das innere Bild seiner nicht nachlassenden asketischen Bemühung um Geduld, Überwindung von Versuchungen, innerlichster Gebetsübung. Heilungen und Hilfeleistungen aller Art werden dazu erzählt. Von diesen und den Erscheinungen, die schon dem Knaben zuteil geworden, sind einige zur Darstellung gelangt; auch seine Attribute weisen darauf hin. Die Madonna erscheint ihm mit Engeln, die seine ergänzenden Worte zum Hymnus »Salve Regina« singen oder ihm aus ihrer Brust Milch zuspritzen (Meister des Marienlebens Köln, W.-R.-Museum, 1460/95), dem betenden B. neigt sich der Gekreuzigte zur Umarmung und küßt ihn: Kreuz, Lanze und Dornenkrone drückte er an sein Herz (Bebenhausen; Wolgemut-Werkstatt, 1487, Hochaltar der Augustinerkirche, Nürnberg, German. Nat.-Museum). Ein Rad mit einem kleinen Teufel weist auf den Achsenbruch eines Erntewagens hin, den die Mönche durch sein das Böse überwindende Gebet doch noch in die Scheune bringen konnten (das Gebet um gute Ernte zwischen den Korn schneidenden Brüdern zeigt der Altar des Jörg Breu in der Stiftskirche zu Zwettl, ca. 1500); ein Hund zu seinen Füßen ist das seiner Mutter erschienene Traumbild. Als Abt trägt B. die weiße Zisterziensertracht (Flocke mit Kapuze). Das nicht immer vorhandene schwarze Skapulier wird auf den Hund bezogen; weniger begründet ist die lange übliche Bezeichnung der Zisterzienser als »Graumönche, graue Brüder«, wie das Volkslied sie bezeichnet, vielleicht auf den Totendienst weisend; andererseits wird eine graue Kutte für die Feldarbeit erwähnt und 1649 vom Ordenskapitel verboten. Eine Mitra zu Füßen bedeutet die B. dreimal angebotene Bischofswürde, ein Bienenkorb seine überzeugende Beredsamkeit, die auch in der ihm zugelegten Bezeichnung »Doctor melli-fluus« zum Ausdruck kommt.

Schreibwerkzeug liegt in manchen Darstellungen auf seinem Buch. Seine Heiligsprechung erfolgte 1174.

Bernhardin von Siena, Hl. (20. Mai). In Massa Marittima 1380 geboren, beginnt B. seine Studien mit 11 Jahren in Siena. Beim Ausbruch der Pest von 1397 pflegt er Kranke und tritt 1402 in den Franziskanerorden ein. In völliger Einsamkeit bereitet er sich auf das Predigtamt vor und wandert lehrend durch Italien. Sein Orden ernennt ihn 1438 zum Generalvikar, doch legt er nach kurzer Zeit die Würde nieder; auch drei ihm angebotene Bistümer lehnt er ab. Er stirbt 1444. Zahlreiche Wunder und Heilungen werden ihm zugeschrieben. Bei einer seiner Predigten sei der Namenszug Christi in einer Strahlensonne über seinem Haupt gesehen worden.

Die Darstellungen bringen ihn als hageren, bartlosen Franziskaner, unbeschuht und mit einem Strick gegürtet, in den Händen Buch und Kruzifix, dazu die auch auf der Brust öfter angebrachte Strahlensonne mit den Buchstaben J H S. Die ursprünglich vorliegenden griech. Buchstaben (für Jesus = Jota-Eta-Sigma) werden ausgelegt als Jesus-Hominum-Salvator oder in deutschen Darstellungen als Jesus-Heiland-Seligmacher (→ S. 147). Zu seinen Füßen liegen oft 3 Mitren.

Bernward, Hl. (26. Okt. / 20. Nov., Hildesheim), entstammt einem der großen sächsischen Adelshäuser. Als seinen Großvater nennen Urkunden und Legenden den Pfalzgrafen Athelbero. B., 960 geboren, erhält seine Ausbildung bei Thangmar, dem berühmten Lehrer der Domschule von Hildesheim, der ihn überlebt und seine Biographie geschrieben hat. Von Willigis von Mainz zum Priester geweiht, wird B. 987 zum Erzieher Ottos III. und Berater der Kaiserin Theophanu berufen und erhält 993 die Bischofswürde von Hildesheim. Die große Bedeutung seiner Persönlichkeit und Begabung im Rahmen seiner

Zeit äußert sich auch in seinem künstlerischen Wirken. Er gründet 995 Kloster und Kirche von St. Michael. Dem Baubeginn von 1001 folgt die Kryptaweihe 1015, eine Chorweihe 1022 kurz vor seinem Tode, die Weihe des fertigen Baus erst 1033. Für diesen Bau entstanden 1015 unter seiner persönlichen Mitwirkung die großen Bronzetüren (noch im 11. Jh. von Bischof → Godehard in den Dom übertragen), ferner die besonders als eigene Ausführung genannten Bronzeleuchter (ihm ins Grab gegeben, heute in der Magdalenenkirche), 2 Kreuze und der große Christus- oder Osterleuchter aus Bronze in Säulenform. Auch die reiche Ausmalung seines Evangeliars und Sakramentars (noch heute im Domschatz) werden von Thangmar besonders seiner »bewundernswert kunstfertigen Hand« zugeschrieben. Seinen Sarkophag und die Grabplatte nennt Thangmar »zu Lebzeiten von ihm selbst angefertigt« – die Inschriften legen jedenfalls seinen ganz persönlichen Anteil nahe. Zu einem der beiden Kreuze soll B. von Otto III. Kreuzpartikel erhalten haben. Hier fährt die Legende (Lüb. Pass., 4) fort: Als B. für 4 anzubringende Bergkristalle nur 3 Reliquienstücke gehabt habe und sich um die Anordnung sehr mühte, habe ihm ein Engel ein 4. Reliquienstück gebracht. Dieses – erhaltene – Kreuz wird sein Attribut mit dem Engel, der das fehlende Stück bringt, auf einer Altartafel des 16. Jh. (Hannover, Niedersächs. Landesmuseum) u. a. Darstellungen, die ihn meist in pontifikaler Meßkleidung mit Stab zeigen, eine der ersten im Ratmann-Missale von 1159 im Dom von Hildesheim. – Die Heiligsprechung B.s erfolgte 1193.

Beronike → Veronika

Berthold, Sel. (27. Juli, Linz, St. Pölten, Salzburg), ist als Subprior von St. Blasien (Schwarzwald) bekannt geworden, wo er, als Mönch eingetreten, dann Prior von Göttweig und 1111 Abt von Garsten ob der Enns (Österr.)

wird. Als Abt mit Stab und Regelbuch stellt ihn eine Statue von ca. 1773 dar; auf dem Buch liegt ein Fisch: Nach der Legende vermehrten sich an Fasttagen die nicht ausreichenden Fischmahlzeiten durch seinen Segen.

Beschneidung → Christus (Jugend)

Beweinung → Christus (Passion)

Bileam (Balaam) (4. Mose 22,5–38). Der Wahrsager, der »Hörer göttlicher Rede«, wird mehrmals durch fürstliche Gesandte des Königs Balak von Moab gebeten, das aus Ägypten herangezogene Volk Israel zu verfluchen. Zweimal weigert er sich auf Gottes Gebot hin, dann reitet er auf seiner Eselin zu Balak. Dreimal weigert sich das immer wieder von ihm geschlagene Tier, weiterzugehen: »denn es sah den Engel des Herrn mit dem Schwert«. Dann bricht es vor diesem in die Knie, tut das Maul auf zu menschlicher Rede, B. wird sehend und erhält wiederum die Weisung, nicht zu verfluchen, sondern zu segnen mit den hymnischen Worten: »Es wird ein Stern ausgehen aus Jakob!« (4. Mose 24,17.)

Auf den Stern weisend wird B. schon in den röm. Katakomben dargestellt (um 230 in der Priscilla-Katakombe, um 330, Via-Latina-Katakombe). Als Prophet steht er neben Jakob, David, Salomo und Melchisedek am Tragaltar des Eilbertus von 1130 (Wien, Welfenschatz). Häufigere Darstellungen schließen sich erst in den Armenbibeln und Speculum-Handschriften des 14./15. Jh. an mit dem Bilde der Eselin, die vor Michael mit dem Schwert auf die Knie fällt.

Bilhildis, Hl. (27. Nov.). Von der in Mainz als Lokalheilige verehrten B. ist nur bekannt, daß sie das ehem. Kloster Altmünster bei Mainz gestiftet hat und dort 734 gestorben ist. Die Legende läßt sie von vornehmen Eltern aus Hochheim stammen. In Würzburg erzogen, soll sie mit dem thüringischen Herzog Hertan vermählt, nach dessen frühem Tode zu Anfang des 8. Jh. in das von ihr gestiftete Kloster gegangen sein.

Eine Statue von 1723 aus Altmünster im Museum von Mainz stellt sie in fürstlicher Aufmachung mit Wimpel, Weihel und Schleier dar, ein Kirchenmodell tragend, das auf ihre Stiftung weist.

Birgitta, Brigida (engl. Bride, Bridget)

Birgitta von Schweden, Hl. (8. Okt. / 23. Juli), in Finstad bei Uppsala 1303 geboren, vermählt sich 1316 mit Ulf Gudmarson, wird Hofmeisterin der Gemahlin König Magnus Eriksons. Mit ihrem Mann unternimmt sie 1342 eine Wallfahrt nach Santiago di Compostela und tritt nach seinem Tode 1344 in das Kloster Alvastra ein. Ihrer Mutter ist kurz vor B.s Geburt, als sie bei einem Schiffbruch gerettet wird, die Madonna erschienen und hat ihr ein »seliges« Kind prophezeit. Auch B. erscheinen schon als Kind die Madonna, der Gekreuzigte und teuflische Ungeheuer, die sie mit dem Kruzifix bannt. In Alvastra empfindet sie sich als Braut Christi, erhält in ihren Visionen Auftrag und Regeln für eine Klostergründung. Sie wallfahrtet nach Rom, erhält dort die Genehmigung zur Gründung des Birgittenordens und läßt 1370 in Vadstena am Vättersee ein Mönchs- und Nonnenkloster bauen. 1372 macht sie eine Pilgerfahrt ins Hl. Land, stirbt aber kurz nach ihrer Rückkehr 1373 und wird 1391 kanonisiert. Ihre schriftlich festgehaltenen Visionen wurden unmittelbar darauf übersetzt und verbreitet, sie sind vor allem für die Darstellung der vor dem Kinde knienden Maria geltend gemacht worden.

Sie selbst trägt in Darstellungen die Tracht ihres Ordens: das nach ihren Angaben faltige Gewand mit langen weiten Ärmeln und einem meist schwarzen Mantel; über weißem Wimpel, Weihel und Schleier, die aus ledernen Reifen und sich überkreuzenden Bügeln bestehende Krone der Chorschwestern. Ihre Attribute sind Stab und Buch, dazu Schreibzeug und Pilgergerät, ein Herz mit einem Kreuz darauf.

Blasius (französ., engl. Blaise; italien. Biagio; span. Blasco, Blas, Vasco), Hl. (3. Febr.). Der Bischof von Sebaste in Kappadokien verbirgt sich vor der Diokletianischen Christenverfolgung in einer Höhle. Vögel tragen ihm Nahrung zu, wilde Tiere nahen sich ihm »einmütiglich«, er segnet sie und heilt ihre Verletzungen, die Jäger finden kein Wild mehr, da sich alle Tiere zu B. geflüchtet haben. Christus offenbart ihm, daß jetzt die Stunde seines Martyriums gekommen sei. Er wird nun gefunden, ergriffen und vor den Statthalter Agricola gebracht. B. heilt ein Kind, das eine Gräte verschluckt hatte, er ruft den Wolf herbei, der einer armen Witwe das Schwein geraubt hat und es lebendig wiederbringt – aber diese und andere Zeichen werden nicht anerkannt. Er weigert sich, die Götterbilder – die er Teufel nennt – anzubeten, wird ins Gefängnis geworfen, mit Knütteln geschlagen, abermals eingekerkert. Die Witwe ernährt ihn: Sie bringt ihm Schweinskopf, Brot und Kerze, für ihn hat sie das wiedererlangte Schwein geschlachtet. Sie erhält den Auftrag, jährlich in seinem Namen eine Kerze zu seinem Gedächtnis zu opfern. Durch seine Standhaftigkeit erbittert, läßt der Statthalter ihm mit eisernen Wollkämmen die Haut zerfetzen. 7 Frauen sammeln sein Blut, werden auch festgenommen und werfen die Götterbilder, die sie anbeten sollen, zur angeblichen Reinigung in einen Teich. Bedroht, mit feurigen Panzern oder leinenen Hemden bekleidet zu werden, ergreift eine Frau die Hemden und wirft sie ins Feuer. Nun werden auch sie mit den Kämmen gemartert, als aber der feurige Ofen, in den sie geworfen werden sollen, vor ihnen erlischt, werden sie enthauptet. Nun wird auch B. mit 2 Gefährten in den Teich geworfen, er macht das Kreuzeszeichen über das Wasser, Christus erscheint ihm, und trockenen Fußes schreiten sie ans Land. Die Heiden aber, die es ihnen gleichtun wollen, ertrinken. Vor der anbefohlenen Hinrichtung betet B. darum, daß alle, die ein Übel an der Kehle oder sonst ein Siechtum haben, Erhörung fänden, wenn sie in seinem Namen um Gesundung bäten. Eine Stimme vom Himmel versichert ihm Gewährung. Mit den beiden Gefährten wird er 287 enthauptet.

In Pontifikaltracht als Bischof mit Stab, seltener auch mit Buch, tritt er in Einzeldarstellungen auf. Seine kennzeichnenden Attribute sind ein Hechelkamm, ein gedrehter Kerzenstock oder 2 übereinandergelegte Kerzen und ein Schweinskopf.

Auf dem Tragaltar des Rogerus in der Franziskanerkirche von Paderborn um 1118, als wohl der ältesten bekannten Darstellung, wird er mit Knütteln geschlagen, mit den Wollkämmen gemartert und schließlich enthauptet. Im Zwief. Mart. des 12. Jh. (24) reißen ihm 2 Jünglinge mit den Hechelkämmen die Haut auf, ein Teufel sitzt auf den Schultern des einen und flüstert ihm anfeuernd ins Ohr. Am ausführlichsten gibt Herlins Altar von 1472 in Bopfingen die Legende wieder; im Schrein steht B. in Pontifikaltracht mit dem geheilten Knaben. Außer der Marter mit den Wollkämmen wird der Teich mit den Götterbildern angedeutet; durch ein Gitterfenster des Gefängnisturmes reicht eine Frau den Schweinskopf. – Seine Reliquien soll der → hl. Findanus von Rheinau, wohin sie 855 kamen, nach St. Blasien gebracht haben. Sein Kopfreliquiar, eine Statuette und eine gravierte Darstellung von 1339 gehörten zum Welfenschatz im Braunschweiger Blasius-Dom; dort auch Wandgemälde mit seiner Legende.

Als Nothelfer schon in der Pestzeit des 14. Jh. angerufen, vom 15. Jh. an in der Reihe der 14 Nothelfer, aber auch ganz besonders häufig einzeln dargestellt, ist B. Patron der Wollweber, bleibt zahlreichen ländlichen Volksbräuchen auch für den Schutz der Tiere verbunden, wird vor allem mit dem »Blasiussegen« gegen Halsleiden angerufen.

Bonaventura (italien. Buonaventura, Tura), Hl., »Doctor seraphicus«, Kirchenlehrer (»Doctor ecclesiae«), (14. Juli / 15. Juli). Den 1221 in Bagnoreggio bei Viterbo geborenen Sohn eines Arztes gelobt seine Mutter Ritella dem Orden, als auf ihre Bitte zum → hl. Franziskus das Kind von schwerer Krankheit genesen ist. Mit 22 Jahren tritt B. in den Orden, studiert bei Alexander von Haies in Paris und bleibt dort selbst bis 1255 als Lehrer tätig. Die Legende berichtet, wie er das Buch des Verleumders Giraldus verbrennt und dieser am Aussatz stirbt. Auch habe ihn der Papst mit anderen Bischöfen zum griech. Kaiser geschickt, um diesen zum latein. Ritus zurückzuführen. Boten des Papstes, die ihm den Kardinalshut überbringen sollen, treffen ihn im Kloster Mugello bei Florenz beim Geschirrspülen im Garten an. Er bittet sie, den Kardinalshut an einem Baume aufzuhängen, bis er seine Arbeit vollendet habe. Als B. Magister der Universität Pisa gewesen sei, habe ihn → Thomas von Aquino besucht und gefragt, wo seine Bibliothek sei, aus der er sich so große Kenntnisse und Beredsamkeit erworben habe. B. zieht einen Vorhang zurück und deutet auf den Gekreuzigten. Seine demütige Bescheidenheit veranlaßt ihn lange Zeit, keine Kommunion zu nehmen, bis sie ihm von einem Engel gereicht wird.

Eine Regelreform und die Einteilung der Ordensprovinzen wird ihm zugeschrieben, auch die Einführung des Ave Maria zur Vesper, als er 1257 zum Ordensgeneral gewählt wird. 1273 zum Kardinalbischof von Albano ernannt und mit der Leitung des Konzils von Lyon betraut, stirbt er in Lyon vor Schluß des Konzils und wird in Lyon in der Franziskus-Kirche begraben.

In den Darstellungen kennzeichnen ihn die strickgegürtete Kutte als Franziskaner, die ›Cappa magna‹ als Kardinal, Mitra und Pluviale als Bischof mit Stab und Buch. Der Kardinalshut liegt zu seinen Füßen, hängt an seinem Arm oder an einem Baumstämmchen, das ein Kruzifix trägt und zu einer blühenden Spitze aufwächst; es weist damit auf die Legende und auf seine Schrift »Lignum vitae« hin. Da er erst 1482 von Papst Sixtus IV. kanonisiert wurde, treten Darstellungen nicht vor dem späten 15. Jh. auf (Holzschnitt im Lüb. Pass., 4).

Bonifatius, Hl. (5. Juni, Fulda). Der Wynfreth – nicht Winfrid – getaufte Sohn eines angelsächsischen Adligen wird 675 geboren und legt im Kloster Nursling (Nhutscelle) die Mönchsgelübde ab. Er beginnt seine Missionstätigkeit 715 von Utrecht aus, kehrt aber, als er keinen Erfolg hat, in sein Kloster zurück: »Denn die trockenen Gefilde waren noch nicht vom himmlischen Tau erfrischt«, wie sein Biograph (nach 1. Mose 2,5) berichtet. Bischof Willibrord schickt ihn dann 718 von Utrecht aus nach Rom, wo er von Papst Gregor II. beauftragt wird, als Heidenapostel in Hessen und Thüringen tätig zu sein. Bei einem 2. Aufenthalt in Rom wird er 722 zum Bischof geweiht und bekommt den Namen B. Während des 3. Romaufenthaltes 732 erhebt ihn Papst Gregor III. zum Erzbischof und päpstlichen Vikar für das deutsche Missionsgebiet. 744, wieder in Rom, wird B. päpstlicher Legat für das Frankenreich und 747 Erzbischof von Mainz.

Legenden und die Lebensbeschreibung des → hl. Willibald berichten von seinen Beziehungen zu Karl Martell, Karlmann und Pippin d. Kl. (ab 751 König) und wie er »gelehrte Medizinmeister aus Hibernia« für das kranke = ungetaufte Volk um sich versammelte. Als seine besonderen Mitarbeiter werden → Willibald, → Sturm, → Lullus, → Wigbertus und Gregorius genannt, die er, von Pippin genehmigt, in Eichstätt, Fulda, Hersfeld, Fritzlar und Utrecht einsetzt, den späteren Stätten ihrer Verehrung. Mit ihnen bewirkt er die riesige kirchliche Organisation, auf der Karl d. Gr. die staatliche erst aufbauen konnte. Am verbreitetsten ist die Erzählung, wie B. in Geismar (Hessen) die Donar geweihte Eiche fällt und mit dem sich in 4 gleich große Teile spaltenden Holz eine Kapelle baut. Mit unermüdlichem Eifer predigend, taufend und das Kreuz aufrichtend, zieht der fast 80jährige noch einmal zu den Friesen. Als er bei Dokkum am Pfingstfest 754 auf die Neugetauften wartet, überfallen ihn die hartnäckig an ihrem Glauben festhaltenden Stämme und erschlagen ihn samt seinem Begleiter, dem → hl. Adalar. Seine Leiche, zunächst nach Mainz gebracht, wird von Lullus, dem Wunsch des Toten entsprechend, nach Fulda übertragen, die Grabstätte wird zu einem berühmten Wallfahrtsort.

Die früheste Darstellung enthält das Fuldaer Sakramentar in der Göttinger Universitätsbibliothek, um 975. Im Hirs. Pass. des 12. Jh. (23) hält er das Evangelienbuch schützend vor sich, ein Krieger stürzt sich mit gezogenem Schwert auf ihn. Häufige Einzeldarstellungen treten erst im 15. und besonders im 17./18. Jh. auf, als Bischof in Pontifikalkleidung trägt er ein von einem Schwert durchbohrtes Buch.

Der dritte ›Eisheilige‹ ist nicht dieser B.-Winfrid, sondern ein historisch nicht faßbarer röm. Märtyrer (14. Mai).

Botvid, Hl. (28. Juli / –), ein Schwede, von dem berichtet wird, daß er in England handeltreibend Christ wird und anschließend in Schweden seine Landsleute zu bekehren sucht. Ein Sklave, den er freigekauft hat und als Glaubensboten in dessen Heimat schicken will, erschlägt ihn 1120 mit einer Axt auf der Insel Rogo (Södermanland).

Dargestellt in zeitentsprechender Laientracht, trägt B. als Attribut eine Axt und einen Fisch, der auf einen wunderbaren Fischzug hinweisen soll. Vom 15. Jh. an finden sich Darstellungen in Schweden, darunter eine Tafel aus Salem/Bodensee und eine vermutlich aus Lübeck stammende in Stockholm (Nat.-Museum).

Brandan, »der heilige Abt aus Hibernia« (16. Mai / –), wird im Lüb. Pass. (4) zu Ende des 15. Jh. um Beistand angerufen: »Daß unser Leben zu einem guten Ende gebracht werde.« Die auch außerhalb des Passionals weit verbreitete Legende seiner Meerfahrt mit zahlreichen phantastischen Abenteuern deckt sich mit dem Text des gleichzeitigen Volksbuchs. Die Einsicht, die B. in Himmel und Hölle vermittelt wird, ist ein krauses Gemisch aus bekanntem und abgewandeltem Vorstellungsgut des ganzen Mittelalters. B. findet ein Buch, in dem die großen Wunder der Welt beschrieben sind. Er erfährt von 3 Himmeln, 2 Paradiesen, 9 Fegefeuern und dem Land unter der Erde, bei dem Tag ist, wenn hier Nacht. Er kann das nicht annehmen und verbrennt das Buch. Ein Engel eröffnet ihm, daß er die Wahrheit verbrannt habe und nun 9 Jahre zur See fahren müsse, um alles selbst zu erleben, was in dem Buch geschrieben stand, damit er es dann selbst wieder schreiben könne. Mit 12 Mönchen als Gefährten rüstet B. ein Schiff und besteht mit ihnen die Fahrt.

Der Holzschnitt des Passionals stellt B. als Abt mit 4 seiner 12 Mönche dar. Einer von ihnen hält ein Aststück, dessen Zweige in Flammen aufgehen, vielleicht ein Hinweis auf das verbrannte Buch, das die ganze Fahrt bedingt.

In den norddeutschen Küstengebieten wurde B. festlich je 5 Tage nach Weihnachten, Ostern und Pfingsten gefeiert.

Brictius (französ. Brice, Brisson, Brix; italien. Brizio)

Brictius, Hl. (13. Nov.), ist der Nachfolger des → hl. Martin (316–397) als Bischof von Tours. Er wird um 443 genannt und ist als Patron mehrerer Kirchen auch in Deutschland bekannt. Sein kritischer Hochmut wird in den Legenden teils als Neid, teils als verständnisloser Vorwurf gegenüber

Martins übergroßer Demut ausgelegt: »Es verdroß ihn, daß der Bischof so stätiglich zum Himmel aufsah, und sagte einem suchenden Bittsteller: ›So du einen siehst, der gen Himmel gafft, das ist er!‹« Sterbend prophezeit Martin ihm, daß er trotz seiner Schlechtigkeit Bischof werde, aber viel Widerwärtigkeit erdulden müsse. B. wird Bischof, bemüht sich 30 Jahre um ein Leben im Gebet, da trifft ihn die Verleumdung, Vater eines Kindes zu sein, das die Wäscherin seiner Kleider geboren habe. Er beschwört in Gegenwart der Verleumder das Kind in Christi Namen, es antwortet, er sei nicht der Vater. B. lehnt weitere Befragung ab, wird der Zauberei angeklagt und fordert ein weiteres Gottesurteil heraus, indem er glühende Kohlen in seinem Mantelzipfel zum Grabe des hl. Martin trägt. Als er sie wegwirft, ist das Gewand unversehrt. Dennoch seiner Würde entsetzt, wendet er sich an den Papst in Rom und bleibt büßend 7 Jahre dort. Die an seiner Statt eingesetzten Bischöfe sterben nacheinander, den letzten – dessen Tod ihm bei der Heimkehr kund wird – trägt man, als B. zum einen Stadttor einzieht, zum anderen hinaus. Nach 7 Jahren »entschlief er seliglich«.

Die älteste Darstellung im Hirs. Pass. des 12. Jh. (23) stellt ihn in Meßkleidung einem Mann, der das Kind trägt, beschwörend gegenüber. Nur als Bischof kommt er Ende 12. Jh. auf einem Tragaltar in Siegburg vor, während er vom 15. Jh. an in Pontifikalkleidung erscheint, meist nur mit Stab, ein Wickelkind im Arm oder zu seinen Füßen, die glühenden Kohlen im Mantelzipfel.

Brictius (– / 4. Mai), weder selig- noch heiliggesprochen, aber durch seine Legende dargestellt und noch heute in Heiligenblut am Großglockner verehrt. Geschildert als dänischer Prinz, der am byzantin. Hof eine große Stellung einnimmt, schenkt ihm der Kaiser, als aus einem geschändeten Kreuz Blut fließt, dieses als Reliquie. In seine Heimat zurückkehrend, wird er am Großglockner von einer

Lawine verschüttet. 3 Ähren, die auf seiner Brust durch den Schnee hindurch gewachsen waren, führen zu seiner Entdeckung.

Der Flügel eines Seitenaltars aus dem Anfang des 16. Jh. bildet ihn, 3 Ähren in Händen, in vornehmer Zeittracht mit Umhang, Barett, Rosenkranz ab.

Brigida von Kildare, Hl. (1. Febr., Straßburg). Schon die gälischen Sagen Irlands kennen eine Brigida-Bride als Patronin Irlands. Ihr wird eine Schau von der Geburt des Jesuskindes zuteil. Sie geht gewissermaßen in die Brigida Thaumaturga genannte Gestalt ein, die als Äbtissin des von ihr gegründeten Klosters Kildare Patronin Irlands bleibt. Diese lebte 453–521 und wird auch schon früh als Patronin von Essen erwähnt. Spätere Legenden berichten von ihrer Hilfe und Heilung der Haustiere und des Viehs, als deren Patronin sie noch heute in bäuerlichen Kreisen Westdeutschlands verehrt wird.

Hirs. Pass. und Zwief. Mart. des 12. Jh. (23, 24) stellen sie im 12. Jh. in langem, teilweise gegürtetem und mit reichen Borten besetztem Kleid dar, mit Kopftuch, weiten, lang herabhängenden Ärmeln, in Orantenhaltung betend. Vom 15. Jh. an tritt sie als Äbtissin mit Stab und Buch (ihre Regel), auch mit Palme (ihr himmlischer Lohn) und mit einer Kuh oder einem Kuhkopf auf.

Brigitta → Birgitta

Brudermord → Kain

Bruno, Hl. (6. Okt.). Der aus vornehmer Kölner Familie 1032 geborene Stifter des Kartäuserordens erhält seine Ausbildung in Reims, wo er 1057–76 Domscholaster ist. Als ein berühmter Lehrer der Philosophie bei der Beerdigung sich aus dem Sarge erhoben und schreiend seine Verdammnis beklagt habe, soll dieser erschütternde Vorfall B.

mit 6 Gesellen veranlaßt haben, sein Kanonikat 1080 niederzulegen. Er zieht sich in ein einsames Gebiet im Bistum Langres zurück, 1084 in die ›Cartusia‹ genannte Wildnis bei Grenoble, wo ihm sein Schüler, der Bischof Hugo von Grenoble, Land schenkt. Er gründet ein kleines Bethaus mit 6 einzelnen Zellen; absolutes Schweigegebot, Verständigung nur durch Zeichen und Zusammenkunft nur zur sonntäglichen Messe bilden die Regel. Papst Urban II., einer seiner Schüler, beruft ihn 1090 nach Rom; B. lehnt die Belehnung mit dem Bistum Reggio ab. Von Roger von Sizilien, dem er im Traum erschienen ist, um ihn vor Verrat zu warnen, erhält er Land und gründet das erste große Kartäuserkloster in der Wildnis von La Torre in Kalabrien, wo er 1101 stirbt.

Da B. erst 1514 selig- und 1623 heiliggesprochen wurde, entstanden deutsche Darstellungen nicht vor dem 16. Jh. Sie zeigen B. in der Tracht seines Ordens: dem weißen, langen, gegürteten, weitärmeligen Untergewand, darüber einem ärmellosen, skapulierartigen, mit einer Lasche zusammengehaltenen Obergewand mit Kapuze. Ein Buch in Händen deutet auf die Ordensgründung, ein Totenkopf auf seinen Verzicht aller vergänglichen Güter und Ehren, eine Weltkugel, auf die er seinen Fuß setzt, auf seine Verachtung alles Irdischen, ein Kruzifix, dessen Enden in Blätter ausschlagen, auf seine unerschütterte Liebe zum Gekreuzigten. Auf einer Darstellung weist ein Olivenzweig mit einem Spruchband auf Psalm 52 hin: »Ego sicut oliva fructifera in domo Dei«. Engel reichen ihm Stab und Mitra, die er ablehnt; teils liegen diese auch zu seinen Füßen. Sterne im Himmel des Hintergrundes deuten auf die schweigende Einsamkeit seines Ordens.

Bruno, Hl. (17. Mai / 27. Mai, Würzburg), der Sohn Herzog Konrads von Kärnten, verwaltet 1024–32 die italien. Kanzlei Kaiser Konrads II. (1024–35) und ist dann bis zu seinem Tode 1045 Bischof von Würzburg. Er begleitet Kaiser Heinrich III. auf dessen Zug nach Ungarn und stirbt durch Einsturz des Saales in Persenbeug/ N. Ö.

Dargestellt in Pontifikalkleidung mit Buch und Stab, trägt er im gerafften Bausch seines Pluviales die Trümmerstücke, die ihn erschlugen.

Bruno von Köln, Hl. (11. Okt.), 925 als jüngster Sohn Kaiser Heinrichs I. (919–936) geboren, lebt von 935 an am Hof seines Bruders, Kaiser Otto I. (936–973), wird 950 zum Priester und Erzkaplan geweiht und 953 Erzbischof von Köln. Er gründet 957 das Pantaleonskloster, das im 12. Jh. zu einer der bedeutendsten Stätten der Email- und Goldschmiedekunst wird. Auf dem Wege nach Compiègne, wohin er als Friedensstifter gerufen, stirbt er 965.

Im Hymnenbuch des Sigebert von Gembloux († 1112) wird er mit 10 westdeutschen Bischöfen, aber noch nicht als ›Sanctus‹ dargestellt. Das Pantaleonsbuch von 1230 (Düsseldorf, Hauptstaatsarchiv) bringt ihn in pontifikaler Meßkleidung mit Pallium, eine bewimpelte Lanze als Zeichen seiner weltlichen Gewalt und das Modell von St. Pantaleon in Händen.

Burkhard, Hl. (14. Okt., Fulda, Würzburg), der erste Bischof von Würzburg, ein Angelsachse, entschließt sich 725, von Bonifatius aufgefordert, zur Heidenbekehrung. Er erhält 741 die Bischofsweihe in Würzburg und wird 743 von Papst Zacharias bestätigt. Auf ihn gehen die Anfänge des Dombaus zurück, an der Martyrienstätte des hl. Kilian als Holzkirche »more scotorum de robore secto« (»nach schottischer Bauweise aus zugehauenem Holz«) mit Glockenturm. Die Reliquien werden 752 in das nun Domus Salvatoris genannte Domstift übertragen, das wie das später gegründete Andreas-Kloster mit irischen Benediktinermönchen besetzt wird. B. legt 751 sein Amt nieder, zieht sich nach Homburg (Franken) zurück und stirbt dort 754. Seine Reliquien brachte Bischof Hugo 985–990 in das neuerbaute Andreas-Kloster, das von da an seinen Namen bekam.

Dargestellt als Bischof in Pontifikalkleidung mit Stab und Buch, erst von etwa 1500 an, wird ihm in späteren Darstellungen ein Herzogshut beigegeben (= die Herzogswürde der späteren Fürstbischöfe von Würzburg).

C

(siehe auch K)

Cäcilia, Hl. (22. Nov.), »Caeli lilia« (»Himmelslilie«) legt die Leg. Aur. den Namen der aus dem röm. Adel der Meteller und Cäcilier stammenden und in Rom lebenden Märtyrerin aus, die sich schon als Kind Christus angetraut fühlt. Die Eltern verheiraten sie mit einem heidnischen Jüngling Valerianus; unter dem goldenen Hochzeitsgewand trägt sie ein härenes Hemd; die Musik der Spielleute läßt in ihrem Herzen andere Weisen erschallen, als ob die Instrumente zerbrochen wären. Denn wie der Text des Festoffiziums noch heute lautet: »Cantantibus organis C. virgo in corde suo soli Deo cantabat dicens: Fiat Domine cor meum et corpus meum immaculatum ut non confundar« (Während die Musikinstrumente erklangen, sang C. in ihrem Herzen nur zu Gott gewandt: Laß, Herr, mein Herz und meinen Körper unbefleckt bleiben, auf daß ich nicht zuschanden werde). Sie erklärt Valerianus, daß er sie nicht berühren dürfe, da ein starker Engel sie beschütze. Er will diesen Engel sehen oder sie ob ihrer Lüge erschlagen. Sie bewegt ihn, den greisen Papst Urban (222–230) aufzusuchen, der ihn bekehren und taufen solle, dann könne er den Engel sehen. Es erscheint dem Valerianus ein heiliger Greis und hält ihm ein mit Goldbuchstaben geschriebenes Buch vor, hebt den vor Schreck Stürzenden auf, der nun liest, glaubt und, während die Gestalt des Greises verschwindet, von Urban getauft wird. Zu C. zurückkehrend, sieht er den Engel bei ihr, der ihnen Kränze von Lilien und Rosen reicht, die den Raum mit himmlischem Duft erfüllen. Der Bruder des Valerianus, Tiburtius, kommt, wundert sich über den Rosenduft und wird auch bekehrt. Die Brüder unterstützen Gläubige, begraben Märtyrer, bis sie selbst ergriffen werden. Im Gefängnis wird ihnen ein Ritter Maximus als Wächter gegeben. Sie bekehren auch diesen; der Präfekt Almachius läßt Maximus mit Bleiklötzen schlagen und alle drei enthaupten, da ihr ausführlicher Disput ihn nicht überzeugen kann.

C. begräbt alle drei; Almachius forscht nach dem Gut der Hingerichteten, findet C., die er bedroht. C. überzeugt ihre weinenden Diener zum Glauben, Urban tauft sie mit 400 anderen. Nach wütender Auseinandersetzung läßt Almachius C. in ein kochendes Bad setzen, doch sie fühlt nur Kühle. Nach den drei – erlaubten – Hieben erlahmt dem Henker die Kraft, sie auf Befehl des Almachius zu enthaupten; die schwer Verwundete lebt noch 3 Tage, vermacht ihr Gut den Armen und wird, gekrümmt, wie sie zuletzt lag, in golddurchwirktem Gewand in einen Zypressensarg gelegt (bei der Sargöffnung 1599 wurde sie, der Legende entsprechend, so gefunden). Urban bestattet sie 225 in der Calixtus-Katakombe in Rom neben den Bischöfen, weiht ihr Haus zu einer Kirche. Als Papst Paschalis I. 819 nach ihrem Grabe sucht, erscheint sie ihm; er findet den Sarg und läßt ihn in die Confessio der von ihm über dem Bau des 5. Jh. neuerrichteten Kirche S. Cecilia in Trastevere bringen. Das Mosaik der Apsiskuppel zeigt C. und Valerianus rechts und links von Christus mit Petrus, Paulus, Paschalis und Agatha.

Ein Bildnismedaillon von 522 in Parenzo trägt die Inschrift C., eine erste deutsche Darstellung am Bogenfeld von St. Cäcilien in Köln zeigt sie mit Märtyrerpalme und Kopftuch, das Zwief. Mart. des 12. Jh. (24) mit dem Engel, der ihr und Tiburtius Rosenkränze aufsetzt, ein Glasfenster in St. Kunibert in Köln, um 1250, mit Schwert, Buch und Krone, an deren Stelle, von etwa 1350 an, der oft auch von einem Engel gereichte Blumenkranz tritt. Erst vom 15. Jh. an läßt sich die Handorgel als ihr bezeichnendes Attribut nachweisen. Raffaels Bild von 1516 in Bologna betont die zerbrochenen Instrumente zu ihren Füßen (die sein Schüler Giovanni da Udine ausführte). Mit Valerianus stellt sie auch eine Kölner Altartafel Anfang 16. Jh. dar; ein Engel krönt beide mit Kränzen. Die Marmorgestalt Stefano Madernos in S. Cecilia in Rom von 1599 stellt sie dar, wie sie nach der Legende bei Öffnung des Sarges 1599 gefunden wurde, nur mit der Halswunde ohne Attribute. Ein Rosenkranz senkt sich auf die orgelspielende und verzückt lauschende C. im Bilde von Rubens, 1638/40 (Berlin, Staatl. Museen).

Caesarius, Hl. (27. Aug.), Bischof von Arles, 470 bei Châlons geboren, wird 490 Mönch in Lérins, vom Bischof Aeonius von Arles zum Diakon und Priester geweiht und 502 dessen Nachfolger. Papst Symmachus ernennt ihn 502 zum Primas von Gallien; erfolgreiche Synoden begründen seinen Ruhm. Sein Gebet soll eine Feuersbrunst zum Erlöschen gebracht haben, auch wird ihm der Bau einer Kirche in Rom zugeschrieben, wo er 542 stirbt. Die Leg. Aur. erwähnt ihn bei Ägidius, der 2 Jahre bei ihm in Arles gewohnt habe. Die einzige bekannte Darstellung auf deutschem Gebiet stellt ihn nur als Bischof in Pontifikalkleidung mit Buch und Stab 1520 auf dem Altar der ihm geweihten Kirche von Flutsch bei Laatsch/Laudes in Südtirol dar.

Caesarius, Hl. (1. Nov. / –), ein Diakon aus Afrika, der in Terracina (Italien) in einen Sack genäht und ins Meer geworfen wird, weil er Christ ist und sich besonders heftig gegen die heidnische Unsitte aufgelehnt hat, jährlich einen Jüngling zum Heil der Stadt zu töten. Schon im 6. Jh. wird eine ihm geweihte Kirche in Rom genannt; der → hl. Anno brachte seine Reliquien in die von ihm gestiftete Georgskirche in Köln, deren zusätzlicher Patron er wurde.

Auf dem Flügel des von Bartholomäus Bruyn Anfang 16. Jh. gemalten Altars der Georgskirche steht C. als Diakon in Amikt, Albe und Dalmatika mit Buch und Märtyrerpalme.

Calixt → Kallistus

Candidus → Kandidus

Canut → Kanut

Caritas → Sophia

Carl → Karl

Caspar (Kaspar) → Drei Könige

Cassius → Kassius

Castorius → Kastorius

Cherub → Engel, → Adam und Eva, → Sechstagewerk

Christina, Hl. (24. Juli). Der Märtyrerin des 3. Jh. wird frühe Verehrung und eine erst später entstehende, reich mit Martyrien ausgestattete Legende zuteil. Von ihrem Vater mit 12 Dienerinnen in einen Turm auf einer Insel im See von Bolsena eingeschlossen, soll sie den silbernen und goldenen Göttern, die er ihr aufgestellt hat, geweiht bleiben. Chr. wird, vom Hl. Geist belehrt, Christin, zerbricht die Götterbilder, wirft andere in den See und schenkt das Gold den Armen. Der wütende Vater läßt sie von 12 Männern schlagen, bis diese schwach werden, ins Gefängnis werfen, wo ihre weinende Mutter sie zu beschwören versucht, nachzugeben. Aber der zum Richter der Christenverfolgung bestellte Vater läßt ihr die Glieder zerbrechen, ihr Fleisch mit Nägeln reißen, sie wirft ihm einen Fetzen ihres Fleisches ins Gesicht. Als man sie auf ein Rad bindet, unter dem ein Feuer angezündet wird, schlägt die Flamme aus und tötet 1500 Umstehende. Da wird sie der Zauberei angeklagt, wieder ins Gefängnis gebracht und in der

Nacht mit einem Mühlstein am Hals ins Meer geworfen. Engel halten sie über Wasser, Christus selbst erscheint ihr, tauft sie und übergibt sie dem Erzengel Michael, der sie ans Land bringt. Wieder als Zauberin angeklagt, soll sie nun enthauptet werden, da wird ihr Vater tot aufgefunden. Sein Nachfolger setzt aber die Martern fort: Er läßt in einer eisernen Wiege Öl, Pech und Harz entzünden, Chr. hineinlegen und von 4 Männern schaukeln, »auf daß sie um so heftiger brenne«. Sie lobt Gott, daß er sie als Neugeborene sanft wiegen lasse – nichts kann ihr etwas anhaben. Geschoren und nackt vor eine Apollo-Statue geschleift, zerfällt diese zu Staub, und der Richter stirbt vor Schreck. Sein Nachfolger sperrt sie 5 Tage in einen glühenden Ofen: Sie wandelt darin und singt mit den Engeln. Schlangen werden gebracht – sie lecken ihren Schweiß ab und legen sich kühlend um ihren Hals. Als ein Zauberer nun die Schlangen reizen soll, stürzen sich diese auf ihn und töten ihn. Chr. aber gebietet den Schlangen, an einen wüsten Ort zu entweichen, und erweckt den toten Zauberer. Die Brüste werden ihr abgeschnitten und verströmen Milch statt Blut; Chr. behält die Sprache, als ihr die Zunge abgeschnitten wird, die sie dem Richter ins Gesicht wirft, daß er erblindet. Aber von den Pfeilen, die er nun auf sie abschießt, treffen sie zwei und töten sie im Jahr 287.

Im Hirs. Pass. (23) steht sie in reichem Rankeninitial als Orantin im langen Kleid mit Kopftuch, schon von einem Pfeil getroffen, den ein abseits stehender Bogenschütze mit weiteren, nicht treffenden Pfeilen auf sie abgeschossen hat. Holzschnitte und Schrotschnitte des 15. Jh. zeigen sie mit dem mächtigen Mühlstein an einer Kette um den Hals. In besonders reicher Zeittracht bringen sie rheinisch-niederländische Altäre um 1500, meist mit Mühlstein und Pfeilen.

Christophorus (span. Cristobal), Hl. (25. Juli / 24. Juli). Ein Riese aus kananäischem Geschlecht heißt Reprobus oder

Offerus und ist von furchtbarem Antlitz und 12 Ellen hoch. Er sucht sich den mächtigsten König, nur diesem will er dienen. Als nun der König bei einem Spielmannslied, in dem mehrmals der Teufel genannt wird, sich jedesmal bekreuzigt (in anderer Legendenfassung: »in gefährlicher Lage«), muß er zugeben, daß er damit den Teufel banne, vor dem er sich fürchte. Da verläßt ihn Chr., um diesen noch Mächtigeren zu suchen, und findet ihn in der Einöde als schwarzen Ritter mit einer schrecklichen Begleiterschar. Er stellt sich in seinen Dienst; als sie aber zusammen des Weges ziehen, wird ein Kreuz sichtbar; der Teufel macht ausweichend einen großen Umweg und muß zugeben, daß er das Bild des Gekreuzigten mehr als alles in der Welt zu fürchten habe. Chr. verläßt auch ihn, nur diesem noch Mächtigeren kann und will er dienen. Lange sucht er, bis er endlich einen Einsiedler findet, der ihm versichert, Christus sei der mächtigste Herrscher; wolle man ihm dienen, so müsse man fasten können. Chr. entgegnet, daß er das nicht vermöge. Auf die nächste Forderung, viel zu beten, fragt Chr.: »Was ist das? Darin kann ich nicht folgen.« Er übernimmt aber dann die Aufgabe, Menschen auf dem Rücken über einen gefährlichen Fluß zu tragen, denn er ist groß und stark. Statt eines Stabes nimmt er eine große Stange und trägt unermüdlich herüber und hinüber. Eines Nachts hört er eine Kinderstimme rufen, kann aber in der Dunkelheit nichts erblicken. Nach dem 3. Ruf nochmals hinausgehend, sieht er ein Kind, das hinübergebracht werden will. Wie er nun mit ihm auf der Schulter ins Wasser steigt, wird die Last immer schwerer und schwerer, das Wasser schwillt auf, er fürchtet zu ertrinken und glaubt, die ganze Welt läge auf seinen Schultern. »Mehr als die Welt hast du getragen«, sagt ihm das Kind, »der Herr, der die Welt erschaffen hat, war deine Bürde«, drückt ihn unter das Wasser und tauft ihn. Am Ufer erkennt Chr. Christus als seinen Herrn, der ihm aufträgt, ans andere Ufer zurückzukehren und seinen

Stab in den Boden zu stecken. Er werde als Bekräftigung der Wahrheit seiner Taufe finden, daß der Stab grüne und blühe. Als Chr. am Morgen erwacht, sieht er, daß ein Palmbaum mit Früchten daraus aufgewachsen ist.

Überlebensgroße Darstellungen des Riesen mit Christus auf den Schultern, meist einen Baumstamm in Händen, sind als Wandmalerei vom 12. Jh. an in zahlreichen Beispielen nachzuweisen, denn Chr. ist der Patron der Reisenden und beschützt als Nothelfer vor »jähem« Tod, das heißt dem Tod ohne Sterbesakramente. Die Darstellungen bereichern sich vom 14. Jh. an, ganz besonders in der Tafelmalerei des 15. und 16. Jh., mit ausführlichen Schilderungen der Landschaft, des Flusses mit seinen Ufern, wo der Einsiedler die nächtliche Laterne hält, wie etwa bei Konrad Witz um 1440 (Basel) oder Dierick Bouts (München, A. P.).

Als Fortsetzung schließt sich schon in der Leg. Aur. die vermutlich ältere Legende seines Martyriums an, auf deren Herkunft aus dem Orient bereits Ambrosius hinweist. Die Leg. Aur. bemerkt, daß »etliche Geschichten vorliegen«, die auch im 9. Jh. schon zusammengestellt erscheinen in den Erklärungen eines Ratmann, der sich über die Bezeichnung Christophorus als »kynokephalos« (= hundsköpfig) verbreitet. Möglicherweise ist die Unterschrift (bzw. auch der Text einer Handschrift) »genere cananeo« (aus chananäischem Geschlecht) als »canineo« (= hundsartig) gelesen worden (11,10); so jedenfalls stellt ihn ein Blatt des Zwief. Mart. des 12. Jh. (24) dar.

Nach dieser 2. Legende (Chr. hat »auf wunderbare Weise« die Taufe empfangen) zieht Chr. lehrend und predigend durch die Lande, kommt zu einem König nach Lykien, wo er die Sprache nicht versteht und als verwirrt liegengelassen wird, als man ihn im Gebet findet. Er erhält aber durch sein Gebet das Verständnis der Sprache und kann nun auf dem Richtplatz den dort Gemarterten Worte der Stärkung zusprechen. Ein Richter schlägt ihn, Chr.

steckt seinen eisernen Stab in den Boden: Er grünt und blüht, das Wunder bekehrt 8000 Menschen. Der die Christenverfolgung befehlende König (Dagus, Decius u. ä. in den verschiedenen Fassungen genannt) läßt Chr. einkerkern und schickt 2 Dirnen, Micäa und Aquilina, zu ihm, die ihn abspenstig machen sollen. Aber sie werden von Chr. bekehrt, vom König grausamen Martern unterworfen und enthauptet. Dann schickt der Herrscher 200 Kriegsknechte aus, um den Riesen zu greifen; sie vermögen es nicht, da sie ihn im Gebet finden. Weitere 200 werden ausgeschickt – sie bekehren sich und werden enthauptet. 400 Bogenschützen sollen Chr. erschießen, die Pfeile bleiben in der Luft stehen, und als der König dies für Verspottung und Zauberei hält, trifft ihn ein Pfeil und macht ihn blind. Chr. sagt zu ihm: »Morgen bin ich tot, dann nimm von meinem Blut, mische es mit Erde, lege es auf dein Auge, und du wirst geheilt.« Chr. wird nun enthauptet, der König tut nach seinen Worten, wird sehend und bekehrt. Mühsam schleppen die Kriegsknechte den Leichnam des hundsköpfigen Riesen zum Stadttor hinaus.

Christus. Für die Darstellung Christi gilt ganz besonders die Beobachtung, wie ausgehend vom reinen Zeichen – A–O, Christus-Monogramm, Kreuz (s. u.) – und dem Zeichenhaften der Gebärdensprache in der Katakombenmalerei, der Sarkophag- und Schrankenplastik ein immer größerer Bildreichtum der Szenen, eine immer großartigere Auffassung der Einzelgestalt sich durch die Jahrhunderte entwickelt, mehr oder weniger inhaltlich vertieft in der künstlerischen Sprache und der individuellen Unabhängigkeit von Vorschrift und Tradition. Einzelne Szenen der Evangelien werden von Anfang an herausgestellt, andere kommen erst im Laufe der Zeit dazu, manche gar nicht, viele dann mit legendärer und visionärer Ausschmückung. Durch letztere und die Kirchenschriftsteller besonders des 12. und 13. Jh. (9) werden viele Einzelheiten im Zusammenhang mit den Spielen deutlich: Im 10. Jh. noch liturgischer Gesang mit pantomimischen Gebärden, in der Altarzone von jungen Geistlichen zu den Hauptfesten dargebracht, beteiligt sich schließlich die ganze Gemeinde mit riesigem Aufwand an großen Schauspielen auf den Plätzen vor den Kirchen. Alte künstlerische Gesetze von bühnenmäßiger Wirkung kommen von den frühesten Darstellungen an zum Ausdruck: Die Hauptgestalt wird am größten, wichtige Beteiligte etwas kleiner, Nebenpersonen am kleinsten dargestellt. Die Richtung des Handelns geht von links aus: So erscheint der Engel der *Verkündigung* fast ausnahmslos von links, bis sich um 1500 andere künstlerische Freiheiten durchsetzen (Mathis Nithart Gothart, Altdorfer u. a.). Auch die *Drei Könige* kommen fast immer von links, doch ist hier schon vom 13. Jh. an ein Wechsel zu beobachten. Vermutlich steht außerdem die Szenenentwicklung im Zusammenhang mit den Streifenfolgen der Wandmalerei, die vom Eingang zum Altar hin auf der linken (= Nord- = Evangelien-)Seite abgelesen werden. Stehen diesen Darstellungen des NT solche des AT auf der sog. Epistelseite (= Südseite) entgegen, so bleibt doch die Richtung des »Ablesens« gewahrt. Zeigt auch die Südseite Evangelienszenen, so können sie eine Fortsetzung mit betonter Steigerung bilden (Reichenau, Oberzeil). An den Bronzeportalen (Hildesheim) müssen die sich entsprechenden Bilder der beiden Testamente gleichzeitig gesehen werden, ebenso auf den Fastentüchern (wie im Dom von Gurk, 1458); in den Armenbibeln des 13./14. Jh. steht die Evangelienszene in der Mitte, rechts und links von hinweisenden Beispielen des AT begleitet. Festgelegte Anordnung bleibt bei den Darstellungen der *Kreuzigung:* zur Rechten Christi (also links vom Beschauer) erscheinen Maria, der gute Schächer, Longinus mit der Lanze, Ecclesia und Sonne; zur Linken Johannes, der böse Schächer, der Schwammträger Stephaton, die Synagoge, spottende Pharisäer, Kriegsknechte, der Mond. Nach der Legendentradition wird bei der Kreuzabnahme und Grablegung oft inschriftlich betont, daß es Joseph von Arimathia ist, der links Haupt und Schultern, Nikodemus, der rechts die Füße Christi zu tragen hat. Für die mittelalterl. Anschauung wird das Jüngste Gericht von Westen her erwartet, Christus blickt der Entscheidung vom Altar her entgegen, und die ganze Darstellung erfüllt die Wandzone des Chorbogens. Immer ist die Hölle rechts, die Pforte des Paradieses links dargestellt.

Eine festgesetzte Folge der Darstellungen des Lebens und der Taten Christi besteht nicht. In den Evangeliaren bestimmen die Feste des Kirchenjahres die Hauptbilder, in den Evangelistaren und Perikopenbüchern die Folgen der sonntäglichen Lesungen den mehr oder weniger zahlreichen Bilderkreis, ebenso im Antiphonar, Graduale und Psalter, wie später im Missale und Stundenbuch des 14./15. Jh. Zyklen der Wandmalerei sind, wie die der Flügelaltäre, von den Auftraggebern oder Stiftern mit nicht immer durchschaubarem Programm ausgewählt. Beispielhafte Gegenüberstellungen, sog. typologische Reihen, mit Szenen des Alten und Neuen Testaments, füllen vom 14. Jh. an die hohen Glasfenster, meist nach Folgen aus den Armenbibeln. Dazu ist jede Darstellung bis ins 15./16. Jh. nie Schmuck allein oder künstlerischer Selbstzweck, sondern immer großes ›Memento‹ (= erinnere dich), in den liturgischen Büchern ausgesprochenes Meditationsblatt für den Priester, in der Armenbibel Predigtgrundlage.

Nach Matth. 1,1 eröffnet der *Stammbaum Christi*, die »*Wurzel Jesse*«, das genealogische Register der salomonischen Königsfolge, aus welcher der Messias erwartet wurde. Darstellungen zeigen vom 12. Jh. an in der Buchmalerei (Trier, Domschatz, Nr. 141 und Nr. 142), an Holzdecken (Hildesheim, St. Michael, Anfang 13. Jh.), in Glasfenstern (Mönchengladbach, Münster, Ende 13. Jh.) und in Schnitzwerken (Kalkar, St. Nikolai, Predella des Marienaltars von H. Douvermann, 1519–22) den schlafenden Jesse, den Vater Davids. Mit diesem und Salomo umschließt rahmenartiges Gezweig die Königsreihe. Sie endet mit Maria und Christus. Im 15./16. Jh. ist Maria mit dem Kind auch als Ecclesia gedeutet, die dem AT entsteigt. – Der Luk. 3,23–28 folgende Stammbaum geht von Davids Sohn Nathan aufwärts über die Patriarchen zu Adam; er endet abwärts als priesterliche Linie bei Joseph. Dargestellt ist diese Reihe nie. – Die Verlegenheit, daß die Stammbäume einander nicht entsprechen, füllt die Kommentare der Kirchenschriftsteller durch die Jahrhunderte. Zunächst vereinfachend zugedeckt, sickert die Frage, daß es zwei Knaben gegeben haben müsse, in zahlreichen Darstellungen durch, beschäftigt auch die heutige historisch-theologische Forschung. Immerhin weist schon Paulus (1. Tim. 1,4) Timotheus an, nicht zu achten »auf die Fabeln der Geschlechtsregister, die kein Ende haben«. *Augustus, die Volkszählung anordnend* (Luk. 2,1), ist in seltenen Beispielen der Buchmalerei bekannt, ebensoselten *Maria mit Joseph auf dem Wege nach Bethlehem.* Als Einzelbild (Altarflügel) erscheint im 15. Jh. dem Augustus die *Sibylle von Tibur*, nach der Legende »allein in der Kammer auf dem Kapitol«. Sie verkündet ihm die Geburt Christi, indem sie ihn die »Jungfrau mit dem Kinde« über einem Altar stehend sehen läßt. Augustus errichtet ihr einen Altar an der Stelle der späteren Kirche S. Maria in Aracoeli.

Die der Geburt des Jesuskindes vorausgehenden Berichte (Luk. 1,5–38) bilden erweiterte Darstellungsreihen nach den apokryphen Evangelien und der Leg. Aur. mit dem Marienleben und der Geburt Joh. d. T. Einzeln am häufigsten vom 5. Jh. an in Mosaiken und in der Buchmalerei *Verkündigung* und *Heimsuchung* (→ Maria, → Elisabeth, → Johannes d. T.).

Da Lukas nur angibt: »Sie gebar ihren ersten Sohn, wikkelte ihn in Windeln und legte ihn in eine Krippe, denn sie hatten keinen Raum in der Herberge«, bringt zwar ein

Sarkophag (Rom, Lateran, 4. Jh.) die *Geburt Christi* mit der Andeutung eines Stalles, die Buchmalerei des 10./12. Jh. aber mit architektonischen Hintergründen, die Bethlehem bedeuten. Erst in der Wand-, Glas- und Tafelmalerei tritt vom 13. Jh. eine realere Andeutung und Gestaltung eines Stalles auf, der im Zusammenhang mit den Spielen dann auch in den Darstellungen immer realistischer herausgebildet wird. Nach den Vorschriften des Malerbuches (5) muß Maria auf einer Matte liegen, das Kind in der Krippe, Joseph sitzend, auf seinen Stab gebückt, dazu Ochs und Esel (meist nur die Köpfe über der Krippe, nach der Legende das Kind mit ihrem Hauch wärmend und mit Hab. 3,2 gedeutet: »In medio duorum animalium innotesceris« = In der Mitte zweier Tiere wirst du bekennen). Die zunächst nur klein zugeordnete *Verkündigung an die Hirten* entwickelt sich mit ihrer *Anbetung* besonders in der Tafelmalerei des 15. Jh. zu ausführlichem Herankommen und Verehren des Kindes in großer Form als Gegenüberstellung zur Anbetung der Könige (oft auch in ein Bild zusammengezogen). Das *Baden des Kindes* – üblich bleibend bei Marien- und Johannesgeburt – kommt bis ins 13. Jh. häufig, gelegentlich auch später noch vor nach byzantin. Tradition, der auch die Darstellung einer Höhle statt des Stalles oder die Kombination von Stall und Höhle entspricht (Malerbuch, Kommentar: Streitgespräch des Justinus mit dem jüd. Juristen Tarphon). Immer häufiger, besonders vom Ende des 13. Jh. an, wird das Lager der Maria zum Bett, sie hält das Kind im Arm, Joseph kniet, bläst Feuer an, legt Eier in die Asche oder kocht Brei. Auch diese lebensnahen Züge stellen sich im Zusammenhang mit den Spielen ein. Oft holt Joseph nach den Legenden die beiden Frauen Zelomi und Salome aus Bethlehem herbei; eine will das Wunder dieser Geburt nicht glauben, ihre Hand erstarrt (schon auf dem Elfenbein des Maximinsthrones, Ravenna, 6. Jh.), das Kind blickt sie heilend an. Meist sind es diese beiden, die das

Kind baden. Im Verlauf des 15. Jh. kniet Maria immer häufiger vor dem Kind, das auf ihrem Mantelzipfel oder auf Stroh gebettet liegt (nach der Vision der → hl. Birgitta von Schweden und einem »Leben Christi« des 14. Jh.).

Seltener folgt in Darstellungen die Szene der *Beschneidung* (Luk. 2,21), wie auf dem Klosterneuburger Altar, 1181, und im Kaisheimer Altar Hans Holbeins d. Ä. (München, A. P.), häufiger schon vom 10. Jh. an die *Darbringung im Tempel.* Diese (Luk. 2,29) besonders wird im Verlauf der Jahrhunderte immer reicher und großartiger. Maria reicht das Kind dem Hohenpriester Simeon über einem Altar; er bricht in die Worte aus: »Herr, nun lassest du deinen Diener in Frieden fahren, denn meine Augen haben den Herrn gesehen.« Hinter ihm erscheint die Prophetin Hanna, neben Maria Joseph, allein oder mit einer Begleiterin mit den Opfertauben. Erweitert als *Mariä Lichtmeß* mit Kerzen tragenden Kindern (Lochner, 1447, Darmstadt, Hess. Landesmuseum), kommt das Bild erst im 15. Jh. vor.

Matth. 1,19–24 bringt den *Traum Josephs*, als er Maria verlassen will, dargestellt oft nur als Nebenszene zur Verkündigung, die gerade bei Matthäus, der selbst die Geburt des Kindes ohne nähere Angaben nennt, nicht geschildert wird.

Dafür wieder betonter die *Ankunft der Weisen aus dem Morgenland vor Herodes.* Die Darstellungen bringen schon vom 6. Jh. an Herodes thronend und unmittelbar zusammen mit dem von ihm befohlenen, drastisch geschilderten *Kindermord.* (Seiner Opfer, der unschuldigen Kinder von Bethlehem, wird seit dem 5./6. Jh. als Protomärtyrer am 28. Dez. gedacht.) Die *Anbetung des Kindes*, auf dem Schoß Mariens sitzend, durch die »Weisen« oder »Magier«, denen der Stern vorausgeht, begegnet schon in der Katakombenmalerei des 3./4. Jh. Hier wie in den späteren Mosaiken und noch in der Buchmalerei des 9. bis 11. Jh. tragen sie phrygische Mützen und enge gemusterte

Beinlinge, kurze Mantelumhänge. Aber schon in der Reichenauer Buchmalerei tragen sie Kronen; unter dem Einfluß der Kreuzzüge gibt man sie als Reiter. Immer ausgebreiteter entwickelt sich in den folgenden Jahrhunderten aus dem zeichenhaften Typus das Dreikönigsbild durch prächtige Gewänder, kostbare Gefäße, in denen sie ihre Gaben – Gold, Weihrauch und Myrrhen – bringen. Zunehmend großartiger wird der Raum, werden die nach Matth. 2,12 ausgeführten Bilder vom Traum der Könige (Autun), ihrer Meerfahrt, da sie auf Weisung des Engels, der ihnen erschien, nicht nach Jerusalem (d. h. zu Herodes) ihren Rückweg legen sollen. Älteste, überreiche Legenden bereichern in Verbindung mit den Spielen die Vorstellung von den Königen. Vom 12. Jh. an werden die Namen festerer Bestand und in Beziehung zu den 3 Altersstufen ausgedrückt, obgleich Reihenfolge und Bezeichnung noch unregelmäßig bleiben, erst vom 15. Jh. an bestimmter sind. Vom 13./14. Jh. an wird der jüngste König als Mohr aufgefaßt (Niccolò Pisano: Kanzel von Siena, 1268; Heiliges Grab, Konstanz, um 1260). Das Zeichen C–M–B (= Caspar, Melchior, Balthasar) ist auch heute noch gebräuchlich (→ Drei Könige).

Als eine der häufigsten Darstellungen schließt sich die *Flucht nach Ägypten* an, mit oder ohne den vorhergehenden Traum des Joseph, der ihn dazu auffordert. Die Legenden der apokryphen Evangelien bereichern die Darstellungen in der Glas- und Wandmalerei vom 11. Jh. an, die zuerst nur Maria mit dem Kinde auf dem von Joseph geführten Esel bringen: Ein Kornfeld wächst auf, nachdem die Flüchtenden vorüber sind, und verbirgt sie, Abgötter stürzen, Räuber werden hilfreich, ein Palmbaum neigt sich und bietet seine Früchte dar. Zu einem Einzelbild wird die *Ruhe auf der Flucht* (Cranach d. Ä., Runge). Ein Traum Josephs, Matth. 2,19, geht auch der Rückkehr aus Ägypten voraus. An diese seltenere und wie die folgende nicht immer klar erkannte Darstellung schließt die Szene an, wie

Maria das Jesuskind, das eine Schreibtafel trägt, an der Hand führt. Hier kann nur hingewiesen werden auf den reichen Legendenschatz der apokryphen Evangelien, die nach den Wundern der Flucht nun solche in Nazareth erzählen: wie das Jesuskind Vögelchen aus Ton formt (Köln, W.-R.-Museum, Leben Christi, in Neustadt bei Waiblingen), die lebendig davonfliegen, wie auch das Kind schon heilend wirkt, seinem Vater hilft, Staunen und Furcht erweckt; auch diese Bilderfolgen werden besonders in der Glas- und Wandmalerei vom 14. Jh. an ausgebildet.

Als letztes der Bilder, die das Jugendleben betreffen, folgt die nach Luk. 2,41–52 sehr verschieden aufgefaßte Szene des *zwölfjährigen Jesus im Tempel.* Meist sitzt der Knabe auf einem thronartig erhöhten Rednerstuhl in der Mitte des Bildes, um ihn herum Bücher aufschlagende Priester mit erschreckten Gebärden, am Rande die das Kind suchenden Eltern.

Die *Taufe im Jordan* (Matth. 3,1–17; Mark. 1,2–11; Luk. 3,21–22; Joh. 1,19–34). Außer Johannes schildern die 3 ersten Evangelien mehr oder weniger übereinstimmend und ausführlich, wie Joh. d. T. zu predigen und zu taufen beginnt mit dem gewaltig wirkenden Aufruf: »Ändert euren Sinn!« Die Szenen der Befragung durch die Pharisäer, der Kriegsknechte, die aus Angst vor einem Aufruhr von ihnen herangezogen werden, sind erst in der niederländischen Malerei des 16. Jh. aufgenommen. Für die Zeit des herangewachsenen Jesus von Nazareth sind weder Legenden noch Darstellungen bekannt; wie er im 30. Lebensjahr zur Taufe kommt, führt auch die Leg. Aur. nicht weiter aus. Im Einklang mit den Evangelien, Kirchenväterschriften und Kommentaren wird aber die Taufe als das große Ereignis des Erscheinens Christi als Sohn Gottes schon von der Katakombenmalerei an gekennzeichnet. Die von da an in jeder Epoche und Darstellungsart so zahlreichen Werke zeigen Johannes im Fellgewand, mit und ohne

Mantel darüber (allen Texten entsprechend, vom 15. Jh. an oft ein Tierfell, dessen Kopf am unteren Mantelsaum vorschaut). Dazu werden auch die Axt in einem Baumstumpf steckend und die Wurfschaufel wiedergegeben. Johannes gießt aus einer Schale oder Muschel Wasser (oder aus 2 Kännchen Salböl und Chrisam, Decke der Martinskirche in Zillis, Graubünden, 12. Jh., u. a.) über den frontal von aufsteigenden Wasserwellen bedeckten unbekleideten Leib Christi, ein oder mehrere Engel halten Gewänder bereit, über dem Haupt Christi erscheint die Taube des Hl. Geistes aus Wolkenzonen und darüber oft die Hand Gottes. Hier fallen die oft in die Darstellungen eingeschriebenen Worte: »Dies ist mein lieber Sohn, an dem ich Wohlgefallen habe« (»Tu es filius meus, in te complacui«, kann auf Schriftbändern auch nach einem älteren Lukastext, nach dem 2. Psalm, Apg. 13,33, Hebr. 1,5 und 5,5 heißen: »Du bist mein Sohn, heute habe ich dich gezeugt«). Der Jordan wird durch Fische belebt, in Darstellungen der Elfenbeinschnitzerei und der Buchmalerei gießen Jordan, auch ein oder zwei Flußgötter (als Jor und Dan einzeln bezeichnet), aus großen Urnen Wasser am Rande der Darstellung aus. Vom 15. Jh. an bereichert sich das Bild, indem es in eine immer größer ausgeführte Landschaft hineinkomponiert wird. Joh. d. T. nennt sich selbst den »Prediger in der Wüste«, alle 3 Evangelienschreiber bezeichnen ihn ebenso nach Jes. 40,3: Der, der da kommen wird, wird mit Feuer taufen (Matthäus), mit Geist (Markus), mit Feuer und Geist (Lukas), mit dem Hl. Geist (Johannes). Nach Johannes ist der Darstellung oft eingeschrieben: »Siehe, dies ist das Lamm Gottes« (Ecce agnus dei), nach Jes. 53,7 und Joh. 3,30: »Er muß wachsen, ich aber muß abnehmen« (Illum oportet crescere, me autem minui, wie inschriftlich auf dem Kreuzigungsbild des Isenheimer Altars von Mathis Nithart Gothart, 1512–16).

Der Taufe folgen, nachdem sich Christus 40 Tage in die Wüste zurückgezogen hat, die 3 *Versuchungen* (Matth.

4,1–10; Mark. 1,12; Luk. 4,1–13; bei Johannes nicht erwähnt). Sie sind in Darstellungen der Buchmalerei, seltener auch in der Wandmalerei und auf Altartafeln zu finden, oft nur als kleine Hintergrundszene bei der Taufe. Der Teufel reicht Christus, den es nach dem Fasten in der Wüste hungert, 3 Steine mit den Worten: »Bist du Gottes Sohn, so sprich, daß sie Brot werden!« Von einem hohen Berge aus verheißt der Widersacher Macht über alle Reiche der Welt, wenn Christus vor ihm anbetend niederfalle. Von der Zinne des Tempels will er Christus veranlassen, sich herabzustürzen, um darzutun, daß ihn nach Psalm 91 ja doch die Engel tragen würden, ohne daß sein Fuß an einen Stein stoße. Die Reihenfolge der 2. und 3. Versuchung wechselt; nach dem Entweichen des Teufels sind häufiger auch die Engel abgebildet, die »herzutraten und Christus dienten«.

Für die dann anschließend geschilderte *Berufung der Jünger* → Apostel (Joh. 1,35 und 43; Matth. 4,19; Mark. 1,16).

Nur bei Joh. 2,1–11 folgt die in so zahlreichen Darstellungen festgehaltene *Hochzeit zu Kana* mit der Verwandlung von Wasser in Wein – in der Sprache der allgemeinen Symbolik das Wasser des Alten Bundes, das in den Wein des Neuen verwandelt wird. Auf den früchchristl. Sarkophagen erscheint oft nur Christus segnend und ein Diener hinter den immer als Kennzeichen vorhandenen 5 bis 7 Krügen; später wird das Gespräch Christi mit seiner Mutter hervorgehoben, schließlich immer deutlicher und ausführlicher die Tafel mit den beim Mahle Beteiligten, als Vorbild des Abendmahls geltend, diesem gegenübergestellt. Das bei Joh. 3,1–21 berichtete Gespräch Christi mit Nikodemus kommt in der älteren Kunst gar nicht, einzeln erst in der neueren vor (Nikodemus mit den Pharisäern, Joh. 7,50–53, ist in Darstellungen nicht bekannt. Als solcher bezeichnet und dargestellt erst bei Kreuzabnahme und Grablegung).

Die Szene einer *Tempelreinigung*, die Joh. 2,13–16 erzählt, wird kaum mit diesem Text, sondern erst nach Matth. 21,12, Mark. 11,15 und Luk. 19,45 vor der Passion und damit zusammengehörend zur Darstellung gebracht (s. d.). Zu den immer wieder aufgegriffenen und neu geformten Darstellungen gehört die Szene von *Christus mit der Samariterin* (Joh. 4,5–26), stets kenntlich an einem Schöpfbrunnen, neben dem Christus steht oder auf dessen Rand er sitzt, zu einer Frau mit großem Krug gewandt; nicht immer ergänzt durch dabeistehende Jünger und Samariter mit erstaunten Gebärden, daß Christus von einer »Fremden« zu trinken genommen und sich mit ihr, der Sünderin, in ein Gespräch eingelassen habe.

Der *reiche Fischzug* nach Luk. 5,1–11 kommt deutlich in einer Buchmalerei des 8. Jh. (eingeklebtes Blatt, Kopie nach 6. Jh., München, Bayer. Staatsbibl.) vor: Christus am Ufer stehend und 2 das schwere Netz ans Ufer ziehende Jünger. Diese Darstellung bleibt selten, meist wird sie in späteren mit der Berufung (Joh. 1,35–43; Matth. 4,19; Mark. 1,16) vereinigt, → Apostel. Sehr oft ist aber auch der reiche Fischzug des Auferstandenen nach Joh. 21 gemeint. Selten wird der *Wandel auf dem Meer* nach Mark. 6,47–51 und Joh. 6,16 dargestellt mit dem auf den stürmischen Wogen dahinschreitenden Christus, der zu den Jüngern ins Schiff steigt. Häufiger aber, nach Matth. 14,24–32, versucht Petrus, es dem Herrn gleichzutun, und wird nach seinem Ruf: »Herr, hilf, ich versinke!« von Christus an der Hand genommen und ins Schiff gezogen. Besonders deutlich und inhaltlich betont erscheint der *Sturm auf dem Meer* in der Buchmalerei des 10. bis 12. Jh., auch in der Wandmalerei (Reichenau) nach Matth. 13,23–27; Mark. 4,37–40; Luk. 8,22–35. In kleinem Schiff zusammengedrängt sitzen mehrere Jünger, mit furchtsamem Ausdruck und entsetzter Gebärde auf ein davonflatterndes Segel und das sich bäumende Schiff deutend, während Christus ruhevoll schlafend, mit Hand und Mantelzipfel an den Bootsrand fassend, die Gefahr nicht zu bemerken scheint; bis er (meist simultan!) zum überwältigenden Staunen der Jünger die aus allen 4 Ecken blasenden Windköpfe zur Ruhe weist und »die Wogen sich glätten« (sind die Winde bezeichnet: Aquilo, Auster, Oriens, Occidens, so weisen sie auf A und O, Anfang und Ende, hin).

Die *Bergpredigt*, nur bei Matth. 5,1–48 und Luk. 6,20–38, gehört zu den seltenen, zeichenhaft zusammengedrängten Darstellungen, oft nur durch Unterschrift erkennbar, in der Buchmalerei des 10.–13. Jh. Christus thront und weist mit großer Gebärde der ausgebreiteten Arme zu je 6 rechts und links stehenden Jüngern. In einer zweiten Zone darunter, durch einen Baum in der Mitte, Bodenwellen mit Blumen als »Berg« und Landschaft angedeutet, rechts und links aufhorchende Frauen und Männer mit empfangender Handgebärde. Die anschließenden *Seligpreisungen*, als Engel mit Spruchband, das sie einer Gruppe von Umstehenden zeigen, sind auf einzelnen Werken des 11./12. Jh. nachweisbar, z. B. an den Arkaden der Südseite in St. Michael zu Hildesheim, um 1190, am großartigsten in der Folge der gravierten Platten am Leuchter Barbarossas von 1165 in Aachen.

Deutlicher, aber auch zeichenhaft, wird die *Speisung der 5000* nach Matth. 14,15–21; Mark. 6,38–44; Luk. 9,12–17 bildlich wiedergegeben, schon in der Katakombenmalerei, auf Sarkophagen, der Holztür von S. Sabina in Rom, den Mosaiken von Ravenna und mehrfach in der Buchmalerei des 10./11. Jh.

Dabei oft mit der seltenen *Speisung der 4000* (Matth. 15,22 bis 38; Mark. 8,1–9) vereinigt und nur aus Textzusammenhängen von dieser genauer zu unterscheiden. Meist sitzt Christus mit lehrendem Gestus zwischen rechts und links stehenden Jüngern oder steht als große Gestalt vor einer Himmelsglorie, bedeutsam das Brot – in Scheiben-Hostienform – brechend und an die Jünger reichend, zu deren Füßen die Volksmenge auf angedeuteten

Hügelzonen als Männer, Kinder und Frauen drängt. Manchmal werden die 5 Brote und 2 Fische bzw. 7 Brote und wenig Fischlein und die 12 bzw. 7 Körbe unterscheidend angebracht, völlig im Zeichen beruhend, in der großen Gesamtschau die Bedeutung der geistigen über die irdische Nahrung erhebend (s. Matth. 16,9–12).

Nur bei Luk. 10,30–42 steht der häufig zitierte Bericht, der in einzelnen Beispielen der Reichenauer Buchmalerei, aber erst in der Kunst vom 16. Jh. an häufiger dargestellt wird: *Christus bei Maria und Martha.* Er bleibt das Hauptbeispiel für das beschauliche im Gegensatz zum tätigen Leben, Maria lauschend den Worten Christi hingegeben, Martha geschäftig um irdische Notdurft bemüht. Mit der *Berufung des Matthäus*, des Zöllners, der anschließend Christus in sein Haus bittet, wie es Matth. 9,9–13, Mark. 2,14–17 und Luk. 5,22–32 schildern, ist meist das *Mahl beim Zöllner Levi* dargestellt. Matthäus (sein israelitischer Name ist Levi) sitzt, wie es Beispiele der Buchmalerei des 11. Jh. zeigen, an einem Gestell, auf dem mehrere Schalen mit Geldstücken stehen, ein Gebäudeteil leitet über zu einem Innenraum, in dem hinter der zum Mahl gedeckten Tafel Christus mit einigen Zöllnern sitzt, daneben stehen teils Jünger, teils Pharisäer (alle jeweils durch Nimbus und verschiedene Kopfbedeckung gekennzeichnet) mit der vorwurfsvollen Miene: Warum geht Christus mit den Sündern (als solche gelten die Zöllner) zu Tisch? Vor allem die niederländische Kunst des 16. Jh. greift die beiden Szenen getrennt und mit ausführlicher Bereicherung auf. 3 Szenen eines Mahles, bei dem eine Frau die Füße Christi salbt bzw. köstlich duftendes Wasser über sein Haupt gießt, werden in den Darstellungen nicht immer klar unterschieden, oft sogar kombiniert. Bei Lukas 7,36–47 ist es das *Mahl des Pharisäers Simon*, der Christus zu Tisch gebeten hat. Eine als Sünderin bekannte Frau tritt herzu, kniet nieder, wäscht Christi Füße mit ihren Tränen, trocknet sie mit ihren Haaren und salbt sie. Dem unwilligen Erstaunen des Pharisäers entgegnet Christus mit dem Gleichnis vom Vergeben der großen und kleinen Schuld: »Ihr aber ist viel vergeben, denn sie hat viel geliebt.« In der Buchmalerei des 11./12. Jh. wird die Frau öfter inschriftlich als Maria bezeichnet. Bei Matth. 26,6–13, unmittelbar vor den Szenen der Karwoche, ist es das *Mahl bei Simon dem Aussätzigen* in Bethanien. Hier gießt ein Weib kostbares Wasser über Christi Haupt, die Jünger murren über die Verschwendung. Schließlich findet ebenfalls unmittelbar vor der Karwoche, nach Joh. 12,1–12, das *Mahl bei Lazarus, Maria und Martha* in Bethanien statt. Hier ist es Maria, die mit köstlicher Salbe die Füße Christi salbt, mit den Haaren trocknet, und es ist Judas, der murrt, man hätte das Geld für die Salbe besser den Armen gegeben.

Da unmittelbar nach Luk. 7 bei Luk. 8 Maria Magdalena als die von 7 Teufeln Befreite genannt wird, die Namen Maria und Simon, außer dem Motiv des Füßewaschens oder Hauptsalbens, die Berichte verbinden, fassen zahlreiche Legenden die Gestalt der Maria mit der Sünderin zu → Maria Magdalena, auch → Maria Ägyptiaca, zusammen; so gehen diese in die Leg. Aur. ein, und danach richten sich Spiele und Darstellungen in ganz verschiedener Auffassung und Auslegung bis in neuere Zeit.

Christus segnet die Kinder (Matth. 19,13–15; Mark. 10,13 bis 16; Luk. 18,15–17). Selten, und zuerst in der Buchmalerei des 10./11. Jh. vorkommend, richtet sich die Darstellung erst vom 16. Jh. an nach der bei Markus betonten Innigkeit. Mit größter symbolischer Ausdruckskraft, gewissermaßen auf kommende Generationen hinweisend, erscheint das Bild in der Reichenauer Buchmalerei und zeigt, wie Christus, in mächtiger Größe stehend, 7 zu ihm aufblickende Gestalten (kleine Erwachsene in langem Gewand und Mantel) mit ausgebreiteten Armen segnend berührt, während je 2 Jünger in feierlich großer Form und gespanntem Ausdruck der Szene beiwohnen.

Selten, und auch nur in den größeren Zyklen der Buchmalerei des 10./11. Jh., kommt, nach Luk. 19,41–44, die Darstellung vor: *Christus weint über Jerusalem*, mit der Prophezeiung des Untergangs, der als höchst dramatischer Kampf mit der belagerten Stadt das geschaute Bild andeutet, während Christus, die Hände verhüllend, mit einem Mantelzipfel die Augen trocknet.

Öfter wird in der Buchmalerei des 11.–13. Jh. nach byzantin. Tradition die Textstelle Joh. 8,59 und 10,30–39 aufgegriffen: *Die Juden wollen Christus steinigen.* Die Szene bildet den Abschluß der langen Auseinandersetzung mit den Pharisäern, die Joh. 7 beginnt und die mit den Worten endet: »Er entschwand vor ihren Augen.« Die Tafelmalerei des späten 15. Jh. bringt die Szene öfter mit erzählender Eindringlichkeit.

Der *Zinsgroschen*, bei Matth. 17,24 sich auf den am Stadttor zu entrichtenden Zoll beziehend, wie Petrus, von Christus weggeschickt, den Fisch fängt, in dem sich der Groschen findet, ist als Darstellung besonders bekannt durch das Fresko des Masaccio, 1426/27, in der Brancacci-Kapelle, Florenz. Die bei Matth. 22,17 und Luk. 20,24–36 gleichlautenden Worte: »Gebet dem Kaiser, was des Kaisers ist« (auch bildlich als Zinsgroschen bezeichnet) als Antwort an einen der Christus versuchenden Pharisäer ist meist Grundlage für die Darstellung schon auf frühchristl. Goldgläsern, einer Elfenbeinplatte des Magdeburger Antependiums des 10. Jh., kommt aber in dem reichen Programm der Buch- und Tafelmalerei nicht vor bis zu Tizians Bild von 1517 in Dresden.

Christus und die Ehebrecherin, Joh. 8,3–11, erfährt schon eine knappe Darstellung auf einem Mosaik von S. Apollinare Nuovo in Ravenna (520/30). Am eindrucksvollsten aber schreibt Christus die (nicht in der Vulgata vorhandenen) Worte: »terra, terram accusat« im Reichenauer Evangelistar Egberts von Trier (984) vor der knienden Frau und der sie festhaltenden Gruppe in den Boden, ebenso im Evangeliar der Äbtissin Hitda von Meschede (1. Viertel 11. Jh.), während in Echternacher Handschriften eine der die Steine in erhobenen Händen tragenden Gestalten die zierliche Sünderin an den Haaren heranzerrt und der sich herabbeugende Christus fragt: »Wer ohne Sünde ist, werfe den ersten Stein«; einige wenden sich bestürzt ab. Die Altarmaler des 15./16. Jh. und neuere Meister bringen das Bild in reich erzählender Ausschmükkung.

Die *Schlüsselübergabe an Petrus* (Traditio legis), Matth. 16,18–19. Auf Katakombenwänden und Sarkophagen, Mosaiken, Elfenbeinplatten und Bogenfeldern der Portale wird von der frühchristl. Zeit an dieser eine Bestätigung bildende Auftrag überaus häufig als großes Zeichen dargestellt. Einige Beispiele können auch in der Buchmalerei des 11. Jh. genannt werden. Wird bei Matth. 16,18–19 wörtlich der ›Schlüssel des Himmelreichs‹ betont mit der Befugnis, zu binden und zu lösen, so begründen Mark. 8,29 und Luk. 9,20 nur das erkennende Bekenntnis Petri. Die im ganzen Bericht bei Matthäus, Markus und Lukas anwesenden Jünger werden in der Buchmalerei öfter mit dargestellt, bilden aber keine eigene Szene. Schon auf Sarkophagen und besonders dann an Portalen wird dem den Schlüssel empfangenden oder tragenden Petrus auf der anderen Seite Christi Paulus mit Buch zugeordnet, als Auftrag des Verwaltens einerseits, des Predigens andererseits.

Zu der mit ganz besonderer Großartigkeit immer neu dargestellten *Verklärung auf dem Berge Tabor* (Matth. 17,1–13; Mark. 9,1–10; Luk. 9,28–42, auch als *Transfiguration*, Verwandlung bezeichnet) wird Christus meist als größte Gestalt von Strahlen oder einer Lichtwolke umfaßt dargestellt, rechts und links, ebenfalls in großer Erscheinungsform, Moses und Elias, meist weiß gekleidet. Zu Füßen die 3 vor der Erscheinung überwältigt zu Boden stürzenden Jünger Petrus, Johannes und Jakobus, klein, die geblendeten Augen bedeckend, bunt gekleidet. Dieses bleibt nach dem Malerbuch (5) die traditionelle Darstellung zahlreicher Elfenbein- und Emailwerke, der Buch- und Wandmalerei, der Portalplastik und der Glasfenster bis zur großen Tafelmalerei, in der östl. Kunst schon vom 6. Jh. an nachweisbar. Als einziges von der Tradition abweichendes monumentales Zeichen das Apsismosaik von S. Apollinare in Classe zu Ravenna, 559–569, wo für Christus ein riesiges Kreuz im Sternenhimmel leuchtet, Moses und Elias als Halbfiguren aus Wolkenzonen auftauchen und die 3 Jünger als Lämmer auf blühendem Rasengrund unter Bäumen stehen. Aus der erhaltenen Fülle der Denkmäler läßt sich ablesen, welche Bedeutung die christl. Kunst diesem großen Sinnbild beilegte, ebenso im Evangeliar Ottos III. von 998 von der Reichenau wie in Raffaels letztem, unvollendeten Werk von 1520 in Rom.

Für die *Heilungen* ist eine bestimmte Typen- und Gebärdensprache zum Erkennen der Darstellungen von frühchristl. Zeit an nachzuweisen, v. a. über die Tradition der östl. Kunst. Einzelheiten entsprechen mehr oder weniger mit erstaunlich prägnanter Abkürzung dem Evangelientext. Zusammenfassend kann gesagt werden, daß meist Christus in großer Gestalt, begleitet von einer zusammengedrängten Gruppe von Jüngern, die heilend segnende oder mit großer Gebärde weisende Hand ausstreckt oder die zu Heilenden berührt, ja sie an der Hand faßt. Von dem wohl frühesten Beispiel – Dura-Europos (Syrien), 232 – an bleibt in Katakomben, an Sarkophagen und in Mosaiken der frühchristl. Zeit zeichenhafte Deutlichkeit ein Merkmal, das sich über die Buchmalerei bis zur Tafelmalerei des 14./15. Jh. verfolgen läßt (Heilungen in der Wandmalerei selten, in den Glasfenstern kaum nachweisbar). Vom 15. Jh. an tritt die erzählende Schilderung mit realistischer Ausführlichkeit auf.

Die *Heilung eines Aussätzigen* (Matth. 8,1–4; Mark. 1,40 bis 44, im Text gleichlautend) gibt diesen meist unbekleidet kniend, mit dunklen Flecken über und über bedeckt, wieder, ein Horn für seinen Warnruf auf dem Rücken hängend. Anschließend steht er bekleidet mit Opfergaben (Tauben) vor einem Priester, der, an seiner Mitra-ähnlichen Kopfbedeckung erkennbar, in einem Raume sitzt. Luk. 17,12–19 berichtet die Heilung von 10 Aussätzigen, die »von ferne stunden und riefen«. Hier löst sich dann einer aus den nun Bekleideten, die sich nach Weisung schon gewendet haben, um zum Priester zu gehen, kehrt zurück und fällt Christus zu Füßen, um zu danken. Es stellt sich heraus, daß dies ein Samariter, ein Fremder, war.

Als Besessene oder »unsauberen Geistes« werden bei Matth. 8,16 und Mark. 3,11 »viele« genannt, die insgesamt Heilung erfahren. Ein einzelner wird bei Mark. 1,23 und Luk. 4,33–34 geheilt, ein Stummer bei Matth. 9,32–34 und Luk. 11,14–15, ein hilflos herbeigebrachter Blinder und Stummer bei Matth. 12,22–24, ein Taubstummer bei Mark. 7,32 (dieser zwar nicht besessen genannt) zum Sprechen gebracht, was die Gebärdensprache der Umstehenden oft verdeutlicht. Gekennzeichnet werden Besessene durch gesträubte Haare, verrenkte Glieder, verzerrte Züge, zerrissene Kleider, auch durch Fesseln. Aus ihrem Munde entweichen die ausgetriebenen »Teufel« in kleiner, schwarzer, geflügelter Gestalt. Die am häufigsten dargestellten sind die *Besessenen von Gerasa* (Matth. 8,28–33; Mark. 5,2–16 – nur einer –; Luk. 8,26–34). Hier werden viele (»eine Legion«) Teufel ausgetrieben, die sich in eine Schweineherde stürzen und mit dieser in einen See. – Ein »rasend« und »mondsüchtig« genannter Knabe wird nach der Verklärung (Matth. 17,14–18; Mark. 9,17–29; Luk. 9,38–42), da ihn die Jünger nicht zu heilen vermochten, von Christus geheilt.

Je 2 *Blinde*, denen Christus die Hand auflegt, werden bei Matth. 9,27–31 und 20,30–34 geheilt, ein einzelner, Matth. 12,22–23, meist zusammen mit einer der Besessenenheilungen dargestellt; einen einzelnen nennt auch

Mark. 8,22 bis 26. Derjenige, der mit Namen »Bartimäus« bei Mark. 10,46–52 und bei Luk. 18,35–43 als »einer von Jericho« bezeichnet wird, gilt für die häufigsten Darstellungen der Buchmalerei des 10.–13. Jh.; besonders wird auch der von Joh. 9,1–7 Genannte am Teich Siloah dargestellt, wobei der Teich als Brunnen erscheint, in dem der Geheilte die Augen wäscht.

Nach den generell erscheinenden Heilungen der Aussätzigen, Besessenen und Blinden steigern sich die Einzelfälle in den Darstellungen, die inhaltlich mit bestimmten Kennzeichen verdeutlicht werden. Die Szene des *Lahmen am Teich Bethesda* (Joh. 5,2–9), der darauf wartet, daß das vom Engel berührte Wasser steigt, zeigt ein oft 5eckiges oder mit 5 Bögen überdachtes Becken (= »5 Hallen«!), den Engel und den mit geschultertem Bett geheilt Davonschreitenden. Bei dem *Gichtbrüchigen* (Matth. 9,2–7; Mark. 2,3–12; Luk. 5,18–28), der durch das geöffnete Dach auf seinem Lager zu Christus herabgelassen wird, überbieten sich die Darstellungen mit einfallsreichsten Architekturangaben. Christus ist entsprechend als im Hause sitzend gedacht. Wie beim Gelähmten stehen hier ebenfalls die Worte: »Nimm dein Bett und gehe.« Daher kommt auch hier das Fortgehen mit dem Bett in Betracht.

Bei der *Heilung von Petri Schwiegermutter* (Matth. 8,14–15; Mark. 1,30–31) liegt diese meist halb aufgerichtet auf einem Lager, streckt bittend ihre Hand aus, die Christus meist auch ergreift. Petrus steht immer dabei oder stützt die Kranke; eine architektonische Andeutung besagt, daß Christus »in das Haus des Petrus kam«. Darstellungen späterer Jahrhunderte greifen oft die Worte auf: »Sie stand auf und dienete ihm.«

Die bei Matth. 9,18–25, Mark. 5,22–42, Luk. 8,41–56 berichtete *Heilung der Tochter des Jairus* ist nicht immer auf den ersten Blick in den Darstellungen zu erkennen. Die Kranke, ja schon als tot Bezeichnete, wird von mehreren Gestalten auf einer Bahre herbeigetragen, meist sind beide

Eltern erkennbar gemacht, öfter auch nur der Vater, als »Senior« bezeichnet. – Die in allen 3 Evangelien berichtete *Heilung der Blutflüssigen* (Haimorrhousa) ist fast immer der Szene einverwoben: Klein zu Füßen Christi kauernd, ergreift sie zaghaft einen Mantelzipfel, von den Jüngern bedroht, von dem sich umwendenden Christus durch Wort und Gebärde geheilt. Gelegentlich wird diese Heilung aber auch der anderen, nicht textlich zugehörigen eingefügt und kann bei der *Heilung des Jünglings von Nain* (dem Sohn der Witwe) gefunden werden. Das betonte Dabeisein der Mutter, vor der auch hier von mehreren Gestalten getragenen Bahre, zeigt, daß es sich um Luk. 7,12 handelt, mit den Worten: »dedit illum matri suae« (gab ihn seiner Mutter zurück), damit auf den scheinbar schon eingetretenen Tod hinweisend. Die von Christus gewaltig ausstrahlende Kraft wird bei diesen Szenen hervorgehoben.

Matth. 8,5–13, Luk. 7,2–10, Joh. 4,47–54 erzählen die *Heilung des Sohnes (Knechtes) des Hauptmanns von Kapernaum.* Hier liegt der Kranke oft vor einem Hauseingang: »Herr, ich bin nicht wert, daß du in mein Haus eintretest«, spricht der »Centurio« bei Matthäus zu Christus. Bei Lukas ist es ein Bote, der diese Worte sagt, während bei Johannes der »Königische« wieder selbst bittet: »Herr, komm, ehe mein Kind stirbt!« Diese Verschiedenheiten – und daß die Heilung geschieht und berichtet wird, ehe Christus zu dem Hause eintritt – kommen in den Darstellungen zum Ausdruck.

Ausführlich und mit der Begründung der Heilung am Sabbat erzählen Matth. 12,10–14, Mark. 3,1–5, Luk. 6,6 die *Heilung des Mannes mit der verdorrten Hand.* Dieser hält die oft etwas übergroß gezeichnete Hand mit dem anderen Arm der segnenden Gebärde Christi entgegen. Auf frühen byzantin. Beispielen beruhen die Darstellungen besonders in den reicheren Zyklen der Buchmalerei des 10.–13. Jh.

Matth. 15,21–28 und Mark. 7,24–30 geben ausführlich die *Heilung der Tochter des kananäischen Weibes* (der

»syrophoenissa«) bekannt. Die Darstellungen trennen die Szenen in die beschwörenden Bitten und die endgültige Heilung; kennzeichnend bleiben die jeweils genannten Hunde (»die Hündlein essen unter dem Tisch von den Brosamen der Kinder«). – Frühe byzantin. Darstellungen geben die auch in der Reichenauer Wandmalerei besonders charakterisierte *Heilung des Wassersüchtigen* nach Luk. 14,1–11 wieder, die auch in der Buchmalerei des 10.–13. Jh. vorkommt. Der Kranke wird mit unförmig geschwollenem Leib herangeführt oder hockt in breiter Fülle unbekleidet am Boden, formlose Gliedmaßen hilfeflehend Christus entgegenhaltend. – Auch die *Heilung des buckligen Weibes* (mulier curva) bringt nur Luk. 13,11–13. Die seltenen Darstellungen der Buchmalerei des 10./11. Jh. geben deutlich die gekrümmt vor Christus Stehende, die geheilt aufrecht von dannen schreitet.

Die *Erweckung des Lazarus* (Joh. 11,1–44) bleibt von den ersten Beispielen der christl. Kunst an eine der häufigsten, eindrucksvollsten und bedeutendsten Darstellungen durch alle Epochen bis zur Gegenwart, da ja in diesem Ereignis von Anfang an mehr als ein einfaches Wunder gesehen wurde. Deutlich bilden Sarkophage und Mosaiken die in Binden gewickelte Gestalt des Lazarus ab, meist vor einem Grabtempel stehend. Christus trägt den Hierophantenstab. Aus einer Grabnische oder einem Sarkophag, von dem der Deckel abgehoben ist, erhebt Lazarus sich in der Buchmalerei des 10.–13. Jh., Maria und Martha knien daneben; in den reicher ausgeschmückten Zyklen wird ihr trauerndes Herankommen betont; fast immer halten sich einige Gestalten (nicht die Jünger) aus einer umstehenden Gruppe die Nase zu (»Herr, er stinket schon«). Stets aber beherrscht Christus mit einer in ihrer Größe und Bedeutung erfaßten übermächtigen Gebärde die Darstellung im Sinne eines gewaltigen Zeichens, dem auch die Malerei der späteren Jahrhunderte noch gerecht wird.

Von den *Gleichnissen* erreichen einige schon in frühchristl. Zeit Bedeutung durch Darstellungen. Zunächst ist es das des *Guten Hirten* (der Alten Welt aus ägyptischen Hymnen, durch die Gestalt des Hermes Kriophoros, Hermes als Widderträger, bekannt): Matth. 18,12–14; Luk. 15,3–7; Joh. 10,1–16. Als früheste Darstellung wird die in der Lucina-Katakombe des 2. Jh. angesehen, es folgen andere besonders an den Sarkophagen des 3. Jh., am bekanntesten sind die Marmorstatuen in Rom und Konstantinopel, 3./4. Jh., und das in die jugendliche Hirtengestalt Christi mit den Lämmern umgewandelte Bild des Orpheus mit den Tieren in der Buchmalerei und in Mosaiken.

Zu den Gleichnissen, die die Vorstellung bis in unsere Zeit immer wieder von neuem bewegen, gehört die Folge vom *Barmherzigen Samariter.* In Streifen oder lose über eine ganze Seite hin komponiert, findet sich in der Buchmalerei des 10.–13. Jh. die nur bei Luk. 10,30–38 berichtete Erzählung von den Räubern, die den Reiter vom Pferde ziehen, schlagen, entkleidet und mit Wunden bedeckt liegen lassen. Ungerührt gehen ein Levit und ein Priester vorbei, bis der fremdstämmige Samariter den Verletzten verbindet, auf sein Reittier setzt und in der Herberge verpflegen läßt (älteste bekannte Darstellung im Evangeliar von Rossano, 550). Auch nur bei Luk. 15,11–32 wird die *Geschichte vom Verlorenen Sohn* erzählt, in der Buchmalerei gar nicht nachzuweisen, dafür zahlreich in der Graphik vom 15. Jh. an: Die Darstellungen zeigen den in Gesellschaft schmausenden, dann kümmerlich die Schweine hütenden Sohn, der schließlich vom Vater wieder aufgenommen wird, wie es Rembrandt besonders zum Ausdruck bringt.

Schon in einem Beispiel der Buchmalerei von 550 in Rossano werden die *Fünf klugen und fünf törichten Jungfrauen* dargestellt. An die verschlossene Tür in der Bildmitte klopfen mit erloschenen Fackeln vergebens die Törichten von links; rechts steht Christus mit abweisender Gebärde, wandeln die Klugen weiß gekleidet mit brennenden Fackeln im Paradies, das mit Frucht und Blüten tragenden Bäumen hinter ihnen angedeutet wird. Das nur von Matth. 25,1–13 berichtete Gleichnis, an der Gallus-Pforte des Münsters in Basel 1180 im gleichen Schema plastisch aufgegriffen, bekommt seine große künstlerische Form in den Gestalten am südl. Westportal des Straßburger Münsters, gegen 1300, in Glasfensterfolgen, wie sie in Esslingen und Heiligkreuztal um 1300 erhalten sind.

Mehr auf die Darstellungen der Buchmalerei des 10.–13. Jh. beschränkt bleibt Luk. 16,19–31: *Der reiche Mann und der arme Lazarus.* Ein ganzes Blatt bedeckend, wird der üppig schmausende Reiche dem Lazarus gegenübergestellt, der vor der Tür liegend sich von abfallenden Brocken nährt, während Hunde seine Schwären lecken. Hier kommt dann der später in den Darstellungen des Jüngsten → Gerichts nicht mehr wegzudenkende Höllenrachen vor, in dem der reiche Mann schmachtend den Lazarus um einen Tropfen Wasser bittet, das dieser ihm nicht zu geben vermag; denn er ist aufgenommen in → ›Abrahams Schoß‹ – eine Bildvorstellung, die von hier aus mehrfach in der großen Skulptur des 13. Jh. vorkommt, teilweise auch in den Darstellungen des Jüngsten Gerichts.

Fast nur in der Buchmalerei des 10.–12. Jh. als großes Beispiel ausgeführt sind die beiden *Gleichnisse vom Großen Gastmahl* (Abendmahl) nach Luk. 14,12–24 und von der *Königlichen Hochzeit* nach Matth. 22,2–14. Zunächst gleichen sich einige Bildelemente: die Tafel mit dem wartenden Gastgeber, die ausgesandten Knechte, die die Geladenen zu kommen bitten, und diese, die sich mit Entschuldigungen abwenden, sich mit dem Acker und den Ochsen beschäftigen oder als neuvermähltes Paar davonreiten, während nun auf der Seite die Krüppel und Lahmen, Bettler und Landstreicher zum Mahl geführt werden. Auch im 2. Fall schickt der Gastgeber – der König, der für seinen Sohn die Hochzeit richtet – Boten aus. Wiederum haben die Geladenen Ausflüchte, die allerdings nun den ergrimmten König veranlassen, Krieger auszusenden, die Stadt in Brand zu setzen (in der seine Knechte getötet worden waren) und jetzt von allen Straßen Gute und Böse zum Mahl hereinzuführen. Als alle Tische besetzt sind, erblickt der Herrscher einen, der kein Festkleid angelegt hat – er läßt ihn ergreifen und in die Finsternis hinauswerfen, »wo Heulen und Zähneklappen« sein wird.

Eine Reihe von Gleichnissen, wie sie Matth. 18,23–25 (Vom ungerechten Haushalter, Von den Schuldnern), Matth. 25,14–30 und Luk. 19,11–18 bringen (Von den Pfunden, den getreuen und ungetreuen Knechten), sind in Darstellungen nicht bekannt. Besonders, einmal in einer Handschrift auf 2 gegenüberliegenden Seiten (Echternacher Cod. Aur., 1039–40), hervorgehoben sind Matth. 20,1–16 (*Die Arbeiter im Weinberg*) und Matth. 21,33–41, Mark. 12,1–9, Luk. 20,9–16 (*Die bösen Weingärtner*). Bei ersteren wird verdeutlicht, wie die zu 3 verschiedenen Tageszeiten Gedungenen den gleichen Lohn erhalten, sich auflehnen, aber belehrt von dannen ziehen. Diesen werden die »Bösen« entgegengesetzt: Wörtlich den Texten entsprechend sind der Weinberg mit Zaun, Turm und Kelter sowie der sich zur Reise wendende Besitzer dargestellt. Zurückkehrend schickt der Besitzer seine Knechte, um den Ertrag zu holen; die Weingärtner steinigen und töten diese und auch die Nächstfolgenden, schließlich auch den ausgesandten Sohn, den sie in eine Grube werfen. – Als seltenes Beispiel wird das *Scherflein der Witwe*, Mark. 12,41–44, Luk. 21,1–4, einmal in der Reichenauer Buchmalerei (dem Evangeliar Ottos III., 998) gebracht, für die byzantin. Zusammenhänge kennzeichnend, daß gerade diese Szene auch in den Mosaiken von S. Apollinare Nuovo in Ravenna vorkommt. Selten ist dann nach Matth. 21,18–19, Mark. 11,13–14 der *Verdorrte Feigenbaum* in der Buchmalerei des 11. Jh. abgebildet.

Die zahlreichen bekannten Gleichnisse bei Matth. 7 und 13, Mark. 4,3–34, Luk. 8,5–15 und 13,19–30 vom Sämann, Unkraut, Senfkorn, Sauerteig, Schatz im Acker, Perle, Fischnetz, enger Pforte, verlorenem Groschen, Splitter im Auge u. a. wurden von der mittelalterl. Kunst nicht aufgenommen, bilden daher auch keine ikonographische Grundlage. Worte wie die bei Joh. 15,5: »*Ich bin der Weinstock, ihr seid die Reben*« bleiben für die ornamentale Symbolik aller Kunstgattungen von der frühchristl. Zeit an bestimmend.

Zyklische Folgen der *Passion* sind in der frühchristl. Zeit nicht bekannt, zum mindesten nicht erhalten; immer handelt es sich um einzelne Szenen, die an den Sarkophagen, dann in den Mosaiken, schließlich in der Buchmalerei vorkommen, in den Evangeliaren verteilt, im Evangelistar zusammenhängend, aber je nach Ausstattungsreichtum verschieden ausgewählt. Zählt man die überhaupt bildmäßig nachweisbaren Szenen, so kommt man auf etwa 30, die jeweils einzeln nachgewiesen werden können. Inbegriffen sind immer die nach der Auferstehung geschilderten Ereignisse (Frauen am Grabe, Noli me tangere, Emmaus, Erscheinungen Christi bei den Jüngern, Thomas). Oft wird die Auferstehung durch die Himmelfahrt ersetzt, vielfach Pfingsten, seltener ein Jüngstes Gericht angeschlossen. Aus diesen Folgen setzen sich auch die in den Bogenfeldern der Kirchenportale des 14./15. Jh. vorkommenden Szenen zusammen, ausführlicher dann noch die Altartafeln des 14.–16. Jh., selten als Ganzes erhalten; vollständig im Zusammenhang ist der 1394 entstandene Passionsaltar des Meister Bertram für die Johannes-Kirche in Hamburg mit 16 Darstellungen (Hannover, Niedersächs. Landesmuseum). Hingewiesen sei auf Gesamtdarstellungen wie Dürers Holzschnitte der Großen Passion, 1498–1510, und der Kleinen Passion, 1509–11, Ludwig Juppes Hochaltar von St. Nikolai in Kalkar, gegen 1500, den 1521 vollendeten Bordesholmer Altar von Hans Brüggemann im Dom zu Schleswig und Rembrandts Zyklus von 5 Gemälden für den Statthalter der Niederlande, 1633 bis 1639, heute München, A. P.

Seltene Beispiele der Buchmalerei des 10.–13. Jh. beginnen den Passionszyklus mit *Zachäus auf dem Maulbeerbaum* nach Luk. 19,1–10. Da Zachäus von kleiner Gestalt ist, steigt er auf einen Baum, um Christus vorübergehen zu sehen. Christus ruft ihm zu, eilends herabzusteigen, da er bei ihm einzukehren wünsche. Umstehende wundern sich mit deutlichen Gebärden, daß Christus zu einem »Sünder« geht (Zachäus war Oberster der Zöllner, er gibt seine ausgleichende Wohltätigkeit bei etwa vorkommender Ungerechtigkeit an!). Das anschließende Mahl, bei dem Christus ihm das Gleichnis von den Pfunden erzählt, ist ab und zu mit dargestellt. Häufig folgt in den Zyklen der Buchmalerei des 10.–12. Jh. nach Matth. 21,1–7, Mark. 11,1–6, Luk. 19,29 bis 34, wie *zwei Jünger ausgesandt werden, um die Eselin mit dem Füllen zu holen.* In eindrucksvoller Zeichensprache stehen die beiden Jünger mit den Tieren vor einem Stadttor, von dessen Zinne der Besitzer der Eselin zu ihnen spricht; etwas anders nach Joh. 12,12–15, wo nur das Eselsfüllen mit Bezug auf die prophetischen Worte Sach. 9,9 genannt wird. Unmittelbar schließt nach Matth. 21,8–11, Mark. 11,7–10, Luk. 19,35–38 der *Einzug in Jerusalem* (Palmsonntag) an, das am häufigsten dargestellte und meist erste Bild eines Zyklus, mit immer neuen Einzelheiten, aber gleichen Grundzügen in den späteren Glas-, Wand- und Tafelbildern des 13.–16. Jh. Christus reitet von links auf ein Stadttor zu; jugendliche Gestalten breiten Gewandstücke auf den Weg, unter die Hufe der Eselin, reißen Palmzweige zur feierlichen Begrüßung ab (aus Palmsonntagsprozessionen und -spielen sind die mehrfach lebensgroßen, holzgeschnitzten Palmesel auf Rädern, mit und ohne Christusgestalt, aus dem 15. Jh. erhalten, wie der von Hans Multscher von

1456 in Wettenhausen u. a.). – Nach Matth. 21,12–13, Mark. 11,15–17, Luk. 19,45–46 bleibt die *Tempelreinigung* (Vertreibung der Wechsler) ein besonderes, aber auch selteneres Thema der Buchmalerei des 10.–13. Jh. und wird von der Tafelmalerei des 15./16. Jh. erneut aufgegriffen. Mit großartiger Wucht schwingt Christus eine Geißel über umstürzende Tische und entfliehende Händler. Die bei Joh. 2,13–16 besonders ausführlich geschilderte Szene, unmittelbar nach der Hochzeit zu Kana, steht nicht im Zusammenhang mit der Passion, auf sie beziehen sich aber viele spätere Darstellungen. – Nur Joh. 13,1–17 berichtet über die *Fußwaschung*, die einzeln in der frühchristl. Sarkophagplastik nachzuweisen ist, auch 550 im Evangeliar von Rossano und mehrfach mit ausdrucksvoller Gebärdensprache in der Buchmalerei des 10.–13. Jh. vorkommt. Bei der öfter vorhergehenden oder folgenden *Jüngerunterweisung* ist Petrus, wie bei der Fußwaschung, besonders betont. In der späteren Kunst wird die Szene um realistische Einzelheiten bereichert.

Die weitaus häufigste Darstellung ist von der Frühzeit an das immer neu vertieft und bedeutungsvoll gestaltete *Abendmahl* nach Matth. 26,20–29, Mark. 14,17–25, Luk. 22,14–23, Joh. 13,21–30. Kennzeichnend für die ersten Beispiele ist an Sarkophagen und in Mosaiken der halbrunde Tisch, um den nach antiker Gepflogenheit die Teilnehmer liegen, meist nur durch eine rechts und links liegende Gestalt ausgedrückt, dahinter halbfigurig aufgereiht die Jünger, deutlich 550 im Evangeliar von Rossano. Vom 9. Jh. an wird der runde Tisch dargestellt, beides taucht auch in späteren Werken wieder auf (Meister Bertram 1394, Jörg Ratgeb 1519). Die rechteckige Tafel erscheint zum ersten Mal im 11. Jh., in der Regel sitzt Christus in der Mitte hinter dem Tisch, nicht mehr links. Ausnahmen, die ihn an der Schmalseite zeigen, kommen aber vor. Die Stellung des Judas, dem der Bissen »über den Tisch hin« gereicht wird, rückt damit auch nach links, er ist fast immer als Rückenfigur gegeben und kenntlich an dem Beutel mit den Silberlingen, den er an sich gepreßt hält. Fester Bestandteil der Abendmahlsdarstellung bleibt schon vom 11. Jh. an der an der Brust des Herrn ruhende Johannes; aus diesem Motiv entwickelt sich dann auch die als Andachtsbild des 14. Jh. mit so großer Innerlichkeit gestaltete plastische Christus-Johannes-Gruppe. Trotz der schweren Zerstörung bewahrt, über alle vorher und bis heute hervorgebrachten Auffassungen des Abendmahls hinaus, das Werk Leonardo da Vincis von 1495/97 in S. Maria delle Grazie in Mailand seine sinnbildlich erfüllte Bedeutung.

Verrat, *Reue*, *Tod des Judas* schildern Matth. 26,14–16, Mark. 14,10–11, Luk. 22,3–6, Joh. 13,21–30, 18,2–3 und wesentlich Apg. 1,16–19. Vereinzelte Szenen sind aus der frühchristl. Kunst bekannt: Der von einem oder mehreren Pharisäern begleitete Hohepriester drängt dem herannahenden Judas die Silberlinge entgegen oder weist, empört sich abwendend, den Reuigen zurück, der das Geld zu Boden fallen läßt (nach Matthäus wirft Judas die Silberlinge in den Tempel). In der Buchmalerei ist das Thema erst vereinzelt im späten 13. Jh. aufgenommen, auch der neben der Kreuzigung an einem Baum erhängte Judas nicht, der schon 425 an einem Elfenbeinkästchen, auch 550 im Evangeliar von Rossano vorkommt, aber vom 14. Jh. an in den Bogenfeldern der Portale selten fehlt (die Silberlinge zu Füßen).

Gethsemane oder *Ölberg*, Matth. 26,30–56; Mark. 14,26–42; Luk. 22,39–46; Joh. 18,1–2. Die verschiedenen Textworte werden in den Darstellungen mehr oder weniger betont hervorgehoben. Typisch bleibt die wohl älteste Darstellung im Evangeliar von Rossano (550): Zu der Gruppe von 3 schlafenden Jüngern neigt sich Christus (»Könnet ihr nicht eine Stunde mit mir wachen«), und nur durch große Erdschollen »einen Steinwurf weit« getrennt, liegt Christus anschließend im ringenden Gebet. Die als Petrus, Jakobus und Johannes bezeichneten Jünger werden v. a. in späteren Darstellungen besonders differenziert, in der Buchmalerei des 10.–13. Jh. sind oft mehrere Jünger anwesend. Der (nach Lukas) den Kelch reichende Engel fehlt vom 14. Jh. an nicht mehr; die Gefangennahme durch die über einen Zaun steigenden Kriegsknechte im Hintergrund wird vorbereitet. Als mächtige plastische Gruppe in Holz oder Stein bildet der ›Ölberg‹ vom 15.–18. Jh. ein oft durch vorösterliche Feiern bekanntes Denkmal, in besonderen Nischen zwischen den Strebemauern des Chors oder freistehend mit zahlreichen Nebenfiguren der Gefangennahme auf Felsblöcken unter einem Baldachin aufgebaut, wie 1505/12 von Hans Seyffer in Speyer.

Die *Gefangennahme mit Judaskuß* und Malchus (Matth. 26,47–56; Mark. 14,43–52; Luk. 22,47–51; Joh. 18,2–11) – an den frühchristl. Sarkophagen in Einzelbeispielen, in der Buchmalerei des 10.–13. Jh. als zusammengefaßte Gruppe – bleibt typisch bis zu den bereicherten Darstellungen vom Ende des 15. Jh. mit räumlicher Ausweitung und Beleuchtungswirkung. Eindeutig bis dahin: in der Mitte Christus, von Judas umarmt und geküßt, umringt von Kriegsknechten mit Lanzen und Fackeln; aus dieser Gruppe lösen sich Petrus mit dem Schwert in Händen und der zu Boden gestürzte Malchus, dem er das Ohr abgehauen hat; ihm streckt Christus die heilende Hand entgegen. Nach Markus wird in der Buchmalerei des 10./11. Jh. auch die Gestalt des Fliehenden, der »die Leinwand, mit der er bekleidet war«, zurückläßt, dargestellt; ein Ulmer Holzschnitt um 1480 bringt die nach Johannes vor Schrecken umfallenden Kriegsknechte.

Christus vor Hannas und dem Hohenpriester Kaiphas, dem »Synedrium«, Matth. 26,57–75; Mark. 14,53–72; Luk. 22,54–62; Joh. 18,12–27. Von den Kriegsknechten hereingeführt, an den Haaren gepackt, geschlagen, auch mit verbundenen Augen steht Christus vor Hannas, der ihn befragt, vor Kaiphas, der sein Gewand zerreißt, in Einzelszenen an frühchristl. Sarkophagen, zusammenhängend in der Buchmalerei des 10.–13. Jh., meist auch mit der Nebenszene: *Petrus leugnet.* Diese gelegentlich schon im 9. Jh. vorhanden, wird in späteren Darstellungen ausführlicher dramatisiert, mit dem verlegen sich am Feuer wärmenden Petrus – so weit hat er sich vorgewagt! Daneben Knechte und v. a. die Magd, auf ihn deutend, der Hahn auf einer Säule als genaues Zeichen, schließlich dann Petrus vor der Tür sitzend und »bitterlich weinend«. An Sarkophagen findet sich auch die bei Matth. 26,34 erwähnte *Vorverkündigung der Verleugnung.*

Christus vor Pilatus, Matth. 27,11–31; Mark. 15,1–21; Luk. 23,1–25; Joh. 18,28–40; Joh. 19,1–6 und Leg. Aur. bei Passion. Die so ausführlich berichtete dramatische Auseinandersetzung der Pharisäer und des von ihnen aufgewiegelten Volkes mit Pilatus wird in den Darstellungen vor der Malerei des 15. Jh. nur knapp gekennzeichnet mit dem thronenden Pilatus, dem gefangen-gefesselt vorgeführten Christus, der gestikulierenden Menge. Die nur bei Matthäus erwähnte Handwaschung des Pilatus kommt schon an den frühchristl. Sarkophagen als die für das ganze Geschehen bezeichnende Szene vor, dann erst wieder vom 14. Jh. an, bereichert durch die auf Pilatus einredende Frau; deren Traum als kleine Nebenszene. – Nur Lukas berichtet die *Vorführung vor Herodes*, der, wenn dargestellt, von Pilatus durch eine Krone unterschieden sein kann. Herodes läßt Christus ein weißes Spottgewand anlegen, was selten (Glasfenster in Wimpfen am Berg, Ev. Stadtpfarrkirche, 1270/80) und erst in der Malerei vom 15. Jh. an wiedergegeben wird.

Einzeln schon in der Buchmalerei des 10.–13. Jh. und im Zusammenhang ganzer Passionszyklen der Glasmalerei, Plastik und Tafelmalerei kommen die *Geißelung* und die *Dornenkrönung* vor, mitfühlend, realistisch. In den wenigen Beispielen der Buchmalerei wird eine viel zu große Dornenkrone nur über das Haupt Christi gehalten. Erst in der Malerei des 15. Jh. wird der unter dem Richtstuhl oder der Richtstätte (»Gabbatha«) hinter einem Gitter kauernde Barrabas mit dargestellt. In der Malerei, Plastik, Graphik entsteht vom 15. Jh. an als einzelnes Andachtsbild nach Joh. 19,4–5 der von Pilatus zur Schau gestellte *Ecce homo* (»Sehet, welch ein Mensch«): Christus meist gefesselt sitzend oder stehend mit Dornenkrone, lose umgehängtem Purpurmantel, Rohrstab als Zepter zwischen den Händen, über und über mit den Wunden der vorangegangenen Geißelung bedeckt (s. a. Schmerzensmann).

Zu den schon in frühchristl. Zeit vorkommenden Zeichen – als solche werden sie später besonders in die Folge der Stationen aufgenommen (s. u.) – gehört die *Kreuztragung*, wie sie ein Sarkophag von 340 und ein Elfenbeintäfelchen von 425 abbilden. Hier ist Christus noch der Träger nach Joh. 19,17, während die Buchmalerei Simon von Kyrene mit dem Kreuz voranschreiten läßt, den nach Matth. 27,31–32, Mark. 15,21, Luk. 23,26–28 die Kriegsknechte dazu gezwungen haben. (Nach der Legende ist es dann wieder Simon von Kyrene, der mit dem Kelch des Abendmahls die Blutstropfen des Gekreuzigten auffängt und den Kelch als Gralskelch auf den Montsalvatsch trägt – nach anderen Legenden haben ihn jedoch Engel übertragen.) Die bei Lukas erwähnten weinenden Frauen, die nachfolgen, gehören erst in der Buch- und Tafelmalerei des späten 14. Jh. und von da an ebenso in der Graphik (Schongauer, Dürer) zur ausführlichen Darstellung. Als großes Beispiel: Hans Holbein, 1515, der die ganze reich entwickelte Vorstellung der Zeit episch entwickelt, und Mathis Nithart Gothart, 1520/23, der das Wesentliche des Zusammenbrechens mit dramatischer Realität gesteigert darstellt (beide Karlsruhe, Kunsthalle). Erst vom Ende des 14. Jh. an begegnet in der Gesamtdarstellung *Veronika mit dem Schweißtuch* nach einer um 1300 erweiterten Legendenfassung. Aus dieser entstehen sowohl Einzelbilder mit der das Tuch mit dem Antlitz Christi zeigenden Veronika als auch solche, die nur das Tuch mit dem »wahren Bild = vera ikon« darstellen, das allein oder von Engeln gehalten v. a. an Predellen vorkommt (s. a. Veronika). – Nicht in den Evangelien beschrieben und auf Kommentare bezogen ist die erst in der nachmittelalterl. Kunst vorkommende *Entkleidung Christi.* In der byzantin. Kunst spielt die *Annagelung* oder auch *Kreuzbesteigung* eine Rolle, tritt von da aus auch in italien. Werken auf, kann aber in der deutschen Kunst erst in den ausführlichen Passionszyklen des 15. Jh. nachgewiesen werden.

Die *Kreuzigung*, Matth. 27,32–56; Mark. 15,22–41; Luk. 23,32–49; Joh. 19,17–30. Dem ausführlichen Tatsachenbericht des Matthäus fügen Markus und Lukas nur den Hauptmann mit der Lanze hinzu, mit den Worten: »Dieser ist wahrlich Gottes Sohn gewesen« (er wird schon in frühen Inschriften Longinus genannt); derjenige, der den mit Essig getränkten Schwamm auf dem Ysopstengel emporreicht, ist als »Stephaton« bezeichnet und später in die Leg. Aur. aufgenommen; dazu erscheinen die Namen der Schächer: → Dismas, der Gute, → Gesmas, der Böse. Die Darstellungen entnehmen dem Bericht der Evangelien zunächst nur in Auswahl einzelne Züge zur Bezeichnung des Geschehens. Erst sehr viel später werden sie zusammengefaßt und dann vollständig in Bildern ausgebreitet. Es gehören, mehr oder weniger verdeutlicht, einzeln oder insgesamt abgebildet, dazu: die mitgekreuzigten Schächer, die Inschrifttafel INRI (Jesus Nazarenus Rex Judaeorum), die würfelnden Kriegsknechte, spottende Pharisäer, zuschauendes Volk, der Hauptmann mit der Lanze, der Schwammträger, die Finsternis (durch Sonne und Mond angedeutet; sie verhüllen ihr Antlitz), das Erdbeben, das die Gräber für Auferstehende öffnet, der im Tempel zerreißende Vorhang, Maria und Johannes (nur bei Johannes genannt), die Frauen aus Galiläa – Maria Magdalena, Maria, des Joses und Jakobus Mutter (bei Johannes als

Schwester Marias und Weib bzw. Tochter des Kleophas bezeichnet), Maria Salome, des Zebedäus Weib, Mutter des Jakobus d. J. – und Johannes: Diese Gruppe der ›Frauen unter dem Kreuz‹ erfährt besonders im 15. Jh. eine mit durch die Spiele veranlaßte Betonung durch die Gestalt der Maria Magdalena.

In der Auffassung der Kreuzigung und des Kruzifixes treten im Verlauf der Jahrhunderte wesentliche Veränderungen auf. An den frühchristl. Sarkophagen wird zwischen einzelnen Passions- und anderen Szenen als Mittelpunkt ein symbolisches Kreuz, Kreuzzeichen oder das Lamm im Kreis der Kreuzmitte dargestellt. Urkunden, wie ein Ostersermon des → hl. Leo (Papst, 440–461), weisen darauf hin, daß das Kreuz als Siegeszeichen und nicht als Schandpfahl anzusehen sei. Und wenn die Synode von Trullo 692 bestimmt, daß statt des Lammes die Gestalt Christi zu bringen sei, so behalten doch Schrankenplatten, Ambonen, Sarkophage und Beispiele der Buchmalerei weiterhin (s. u.) die nur symbolische Darstellung bei. Einzigartig ist die als Kreuzigung bezeichnete Platte von 431 an der Holztür von S. Sabina in Rom. Hier steht Christus jugendlich zwischen den beiden Schächern, alle mit ausgebreiteten Armen und nur mit einem Lendengurt angetan vor einer Mauer, durch 3 Giebel überhöht, aber ohne Kreuz! – Ein Elfenbeintäfelchen von 425 (London) zeigt die jugendliche Gestalt Christi vor dem Kreuz stehend, auch nur mit Lendengurt, als siegenden Überwinder ohne Leidensausdruck; Maria nicht eigentlich teilnehmend, Longinus und Stephaton nicht ganz klar in der Haltung, Johannes fehlt. – Erst eine Buchmalerei von 586 (sog. Rabula-Kodex, Florenz) bringt die von da an kanonisch bleibenden Elemente: Noch steht Christus mehr, als daß er hängt, bärtig, aber jugendlich mit ausgebreiteten Armen vor dem Kreuz, rechts und links die Schächer, Longinus und Stephaton (inschriftlich bezeichnet) und zu Füßen des Kreuzes die würfelnden Kriegsknechte. Maria und Johannes hier noch zusammen zur Rechten, eine Frauengruppe zur Linken Christi. – In S. Maria Antiqua, Rom (8. Jh.), steht dann, wie später immer, Maria bildmäßig links, Johannes rechts. Auch die Inschrifttafel zwischen Sonne und Mond wird zuoberst sichtbar. Hier setzen dann die so besonders reich weiterentwickelten Darstellungen der karoling. Elfenbeinschnitzereien des 9. Jh. ein. Neben Maria und Johannes treten Ecclesia und Synagoge, um den Kreuzfuß ringelt sich die besiegte Paradiesesschlange oder wird ein Totenschädel sichtbar (im frühen 14. Jh., Straßburg, südl. Westportalbogenfeld ein ganzes Skelett). Nach mehrfach vorhandenen Legenden war Adams Grab auf Golgatha – dem alten Adam steht nun der neue (= der Auferstandene) gegenüber, Christus mit Lendenrock, noch nicht der leidend hängende, aufrecht am Kreuz, über ihm die Hand Gottes aus Wolken. Die aus Gräbern Auferstehenden oft irgendwo im Bildfeld untergebracht. Sonne und Mond nicht mehr nur Zeichen, sondern wie antike Münzen: Sonne = Sol, Helios männlich auf Pferdegespann, Mond = Luna, weiblich auf einem von Rindern gezogenen Wagen, mehrfach aber auch nur als trauernd das Haupt verhüllende Köpfe, so daß entweder Sieg oder Trauer oder Verfinsterung ausgedrückt werden. Die Hauptszene kann begrenzt sein von Okeanos mit Fisch oder auf diesem reitend, links, rechts Terra mit Füllhorn als mitbeteiligte Elemente. Unter ihnen kommt entweder die Geburt des Jesuskindes zur Darstellung oder als Zeichen der Auferstehung ein geöffneter leerer Grabtempel mit davorsitzendem Engel, niedergestürzten Wächtern und den Frauen mit den Salbentöpfen. Über der Kreuzigung kann auch die Himmelfahrt hinzugefügt sein: Christus auf Wolkentreppen aufsteigend, 2 ihm entgegenstürzende Engel rechts und links und darüber die Scharen der nur mit kleinen Köpfen angedeuteten Engelchöre. In den Ecken können noch die Evangelisten mit ihren Symbolen angebracht sein (am reichsten ein Reimser Buchdeckel der

Liuthard-Gruppe von 870 im Bayer. Nat.-Museum, München, und der der Äbtissin Theophanu von 1050 im Münsterschatz, Essen). Dieser Reichtum wird in der Buchmalerei des 10.–13. Jh. wieder verlassen. Besonders die Reichenauer und Echternacher Schulen gehen auf das große einfache Zeichen zurück. Nur in Regensburg finden sich mystische und spekulative Zutaten. Die Echternacher Maler statten Christus wieder mit dem langen Kleid (Colobium) aus; es bleibt bei Maria, Longinus und Johannes, Stephaton neben und den würfelnden Kriegsknechten unter dem Kreuz. In Sakramentaren steht abgekürzt Christus nur zwischen Maria und Johannes oder zwischen Longinus und Stephaton, häufig aber auch allein: Er ist das große T-Zeichen (= der Anfang des Meßkanons »Te igitur«), oft reich ornamental gerahmt, Blätter unvergleichlicher Meditation, nach Bonaventura (1221–74) in »Lob des Kreuzes« als Tor des Paradieses bezeichnet.

Grundsätzliche Veränderungen vollziehen sich für die Gestalt des Gekreuzigten sowohl in der Malerei wie in der Plastik vom 12. Jh. an. Zu dem jugendlichen Antlitz, wie es besonders in Ravenna und der ottonischen Kunst noch vorhanden ist, tritt – auch schon in Ravenna – das in der syrischen Tradition beheimatete bärtige (der Pantokrator auch der byzantin. Tradition): Dem jugendlich ewigen Gott steht der zur Menschwerdung abgestiegene gegenüber, dieser bleibt für die folgenden Zeiten gültig. Vom 12.–14. Jh. ist der Lendenschurz als Rock mit verschiedenen Schleifenknoten (zeit- und herkunftbestimmend) die Regel; von da an ersetzt ihn das flatternde Lendentuch. An Stelle der mit einem Band umwundenen Haare zeigen besonders die Bronzekruzifixe des 11. und 12. Jh. öfter eine Krone und betonen damit den auch noch aufrecht vor dem Kreuz stehenden Auferstandenen. Erst vom 12. Jh. an, mit einzelnen vorhergehenden Beispielen (Gerokreuz, Köln, 10. Jh., u. a.) mehren sich die Züge des leidend gesenkten Hauptes, der geschlossenen Augen, des hängenden Körpers auch bei den selten erhaltenen großen Triumphkreuzen, und erst vom 13. Jh. an wird die Dornenkrone die Regel. (Die von Konstantinopel 1239 → Ludwig d. Hl. überbrachte Reliquie wurde mit großen Feiern 1245 bei der Weihe der Ste-Chapelle dort niedergelegt.)

Die entscheidende Veränderung aber geschieht durch die ebenfalls von etwa 1200 an eintretende andere Beinstellung der bis dahin parallel und mit 2 Nägeln angehefteten Füße. Es werden die Beine von da an überkreuzt und nur mit einem Nagel festgehalten (9, S. 408, Anm. I); daß selbst die Engel mit den Leidenswerkzeugen nur noch 3 Nägel vorweisen, zeigt die Bedeutung der dahinterstehenden Anschauung, die sich auch in den um die gleiche Zeit entstehenden Dreieinigkeitsdarstellungen (Gnadenstuhl genannt, → Dreifaltigkeit) äußert. Das 14. Jh. betont die schöne, überschlanke »minnigliche« Gestalt des gebogen hängenden Gekreuzigten, daneben stehen die mit grausamer Realistik gestalteten »Pestkreuze« (für die Bittprozessionen während der grassierenden Seuche aufgerichtet).

Als besonderes Andachtsbild erhält die Kreuzigungsgruppe – Kruzifixus mit Maria und Johannes – durch dazukommende Stifter einen neuen Gehalt. Dann wird die Darstellung der Kreuzigung zur großen historisierenden Szene, die alle Einzelheiten der Evangelienworte betont, bereichert durch die Elemente der Spiele; sie wird mit dem Ausdruck »Kreuzigung mit Gedränge« bezeichnet. Für die Gestalt des Gekreuzigten setzt sich im Verlauf des 15. Jh. nicht nur eine andere Proportion des Körpers durch, sondern zugleich eine immer stärker werdende Realistik des Leidens, das auch die begleitenden Gestalten erfaßt: die Schächer gekrümmt, mit verzerrten Zügen, die Kriegsknechte mit tierisch bösen Fratzen, die Schmerzgebärden der klagenden Frauen, des Johannes übermäßig gesteigert. Erst in diesen Bilderfolgen kommt das bei Joh. 19,31–37 berichtete (und 5. Mose 21,23 bereits vorausgesagte) Brechen der Gebeine an den Schächern vor. Der Lanzenstich wird nur von einem Kriegsknecht ausgeführt – daß er der Hauptmann ist und Longinus heißt, berichten die unmittelbar entstehenden und später reich verbreiteten Legenden. Bei den großen Meistern um 1500 erfährt die Realistik der Zeitstimmung eine dramatische Vertiefung und Verklärung, wie sie Mathis Gothart Nithart im Isenheimer Altar zum Ausdruck bringt.

Kreuzabnahme und *Grablegung*, Matth. 27,57–66; Mark. 15,42–46; Luk. 23,50–54; Joh. 19,38–42. Es ist der in allen Evangelien besonders genannte, dem Rat angehörende Joseph von Arimathia, der es wagt, zu Pilatus zu gehen und um Abnehmen des Leichnams zu bitten. Nur bei Johannes wird Nikodemus genannt, der sich mit beteiligt; erst die Legenden schreiben vor, daß er die Nägel herauszuziehen, daß Joseph den Herrn an den Schultern zu fassen hat, Nikodemus die Füße ergreift, wie es die Darstellungen festhalten. Joseph von Arimathia wickelt den Toten in reine Leinwand – was nicht dargestellt wird –, beide legen ihn in das neue Grab (zunächst nur ein Steinsarg) des Joseph, »das er sich hatte aus dem Felsen aushauen lassen«. Daß dieses Grab nach Joh. 19,41 in einem Garten war, wird erst in Darstellungen des 15. Jh. besonders berücksichtigt, ebenso das Felsengrab. Beide Darstellungen kommen vom 10. Jh. an in der Reichenauer und Echternacher Buchmalerei beispielbildend für weitere vor, in monumentaler Einfachheit. Eine Besonderheit bildet das große Steinrelief an den »Externsteinen« um 1115, wo die kleine Gestalt des Auferstandenen mit der Kreuzfahne hinzugefügt ist, als große Begleitfiguren Maria und Johannes, die erst vom 13. Jh. an regelmäßig so gebildet werden: Maria legt nach den Worten des Augustinus die Hand Christi an ihre Wange und küßt sie.

Vom 14. Jh. an wird auch Maria Magdalena dazugenommen; sie und die bei der Kreuzigung genannten Frauen bilden mit Maria und Johannes, Joseph von Arimathia und Nikodemus die über die Grablegung hinausgehende *Beweinung am Grabe.* Das Thema erhält eine statuarisch plastische Gestalt in den Darstellungen des *Heiligen Grabes*, die im 14./15. Jh. zahlreich entstanden (Freiburg, Münster, um 1330, Mainz, Dom, Ende 15. Jh.), als kleiner Einbau schon in Gernrode Anfang 12. Jh., als Rundbau in einer Kapelle am Münster von Konstanz um 1260. Als einzelnes Andachtsbild entsteht im 14. Jh. die sog. *Pietà*, das *Vesperoder Erbärmdebild* (»Erbärmde« kommt für Pietà und Schmerzensmann vor; letzterer wird auch als Misericordia Domini oder Christ im Elend bezeichnet): Maria, den Leichnam Christi vor sich über den Knien haltend – ein Thema, das sich mit bedeutenden Darstellungen bis ins 18. Jh. verfolgen läßt (Michelangelo, Rom, St. Peter, 1497/1500, Florenz, 1550/53).

Als weiteres Andachtsbild tritt neben die Pietà vor allem in der Graphik der *Schmerzensmann*, die dornengekrönte sitzende oder stehende Gestalt Christi, immer mit den Wundmalen als Kennzeichen, das ihn von der Darstellung des Ecce homo unterscheidet, mit den Leidenswerkzeugen und auch von Engeln getragen (Meister Franke, Hamburg und Leipzig, 1424; Giovanni Bellini, Berlin, um 1500).

Für die *Höllenfahrt*, den *Niederstieg Christi zur Vorhölle*, den »Limbus Patrum« oder »Abyssus« (Abgrund), findet sich keine Schilderung in den Evangelien. Neben 1. Petr. 3,19, »er ist hingegangen und hat gepredigt den Geistern im Gefängnis«, und Eph. 4,9, »ehe er aufgefahren … ist er hinunter in die untersten Örter der Erde«, tritt als die besondere Quelle das im 2./3. Jh. entstandene Nikodemus-Evangelium mit einer auch in die Leg. Aur. aufgenommenen Augustinus-Predigt als Grundlage für alle Darstellungen. Es sind die Söhne Carinas und Lucius des alten Simeon, die als Auferstandene dem Hannas, Kaiphas, Nikodemus, Joseph von Arimathia und Gamaliel erscheinen und mitteilen, wie Joh. d. T., Patriarchen, Propheten und David ein helles Licht wahrnehmen, den dreimaligen Ruf an Satan und Luzifer (als »Hölle« personifiziert) hören, die Pforten aufzutun. Christus erscheint als der Auferstandene, die Riegel zerbrechen, die Tore öffnen sich.

Nach dem Nikodemus-Evangelium werden in den byzantin. Darstellungen *Höllenfahrt und Auferstehung* zusammen als ›*Anastasis*‹ bezeichnet, was inschriftlich auch in den von der Buchmalerei vom 9. Jh. an vertretenen Bildern vorkommt. Hier werden zunächst nur Adam und Eva als die zuerst Erlösten von Christus an der Hand heraufgezogen. In einem Kölner Evangeliar des 11. Jh. schwebt Christus in einer von Engeln getragenen Mandorla herab, links reichen Engel 2 weiteren Befreiten die Hände, unten liegt Satan gefesselt in einer Flammenzone. In zeitlich anschließenden Werken bereichern sich die Darstellungen nach der Legende: Joh. d. T., Dismas (der gute Schächer), dann auch David und die »Vorväter«, dazu → Henoch und Elias steigen mit herauf. Statt der zerbrochenen Türflügel der byzantin. Darstellungen, unter denen der gefesselte Satan mit dem ihm entfallenen Schlüssel im »Hades« liegt, tritt vom 12. Jh. an der Höllenrachen auf und behält seine zeichenhafte Gültigkeit auch für die Weltgerichtsdarstellungen (die Vorstellung wird auf die Vision des Caedmon in einer englischen Handschrift des 11. Jh. zurückgeführt). Auf das bei 1. Petr. 3,19 genannte Gefängnis bezieht sich eine Darstellung in einem Freiburger Psalter des 13. Jh., und als zertrümmerten Bau mit zerbrochenen Türen bilden dieses vor allem die Fassungen Dürers in der Kleinen, der Grünen und der Großen Passion aus.

Die *Auferstehung*, Matth. 28,1–6; Mark. 16,1–8; Luk. 24,1–12; Joh. 20,1–3. Als Zeichen für die Auferstehung bildet sich nach den Evangelien an den frühchristl. Sarkophagen und Elfenbeintafeln eine Vorstellung, die bis ins spätere Mittelalter in ihren Wandlungen gültig bleibt. Ein

Grabbau mit geöffneten Türen läßt den leeren Sarkophag mit den darin zusammengelegten Tüchern (2 in einer Rosettenform »zu Häupten und zu Füßen«) sehen. Ein Engel (oder der Jüngling nach Markus, selten 2 Engel oder Männer nach Johannes und Lukas) sitzt vor dem Bau, auf dem Sarkophag oder auf dessen abgehobenem Deckel (dem abgewälzten Stein). Ihm kommen entgegen nach Matthäus 2, nach Markus und Lukas 3 Frauen mit Salbentöpfen oder Weihrauchgefäßen, dazu erscheinen die »wie tot umgestürzten Wächter am Grabe«. Selten einzeln gegeben, die beiden nach Matth. 28,9–10 dem Auferstandenen zu Füßen fallenden Frauen, selten auch Johannes und Petrus zum Grabe eilend, letzterer sieht eintretend die Tücher im leeren Grab. Nach den der weisenden Gebärde des Engels entsprechenden Worten: »Sehet, er ist auferstanden« manchmal zuoberst die auf Wolken (rückwärts oder im Profil) aufsteigende Gestalt Christi, der die Hand Gottes entgegenkommt. Mit äußerster Vereinfachung bringt die Buchmalerei des 9.–13. Jh. nur noch den vor Goldgrund auf schrägem Sarkophagdeckel (ohne Sarkophag!) sitzenden Engel, dem die Frauen mit ihren Salbenbüchsen entgegenkommen. Vom 14. Jh. an treten, durch die Spiele beeinflußt, weitere Szenen dazu, so der Händler, bei dem die Frauen die Salben kaufen.

Die eigentliche Auferstehung, der Auferstehende allein mit der Kreuzfahne aus dem Sarkophag steigend, findet sich selten in Darstellungen der Buchmalerei vom 11. Jh. an (1181, Klosterneuburg) (39), vom 13. Jh. an auch in Glasfenstern und vom 14. Jh. an in monumentaler Auffassung als Plastik und auf Altartafeln, meist mit den an der Längswand des bildparallel gestellten Sarkophags zusammengestürzten Wächtern. Vom Ende des 14. Jh. an wird die Szene reicher, der Sarkophag schräg in einen Garten (Joh. 19,41) mit Zaun gestellt, die Wächter mit grotesken Gebärden schlafend, erwachend, geblendet und erschrekkend um den mit Siegeln geschlossenen Sarkophag herumliegend. Der Auferstandene tritt vor oder hinter den Sarkophag. Dann kommen auch der Engel und die Frauen dazu und bilden das repräsentative Schlußbild eines Osterspiels. Eigene, neue und großartige Darstellungen eines tief erfaßten Auferstehungsbildes stehen um 1510/20 nebeneinander in den Werken des Matthias Grünewald (Isenheimer Altar in Colmar), des Jörg Ratgeb und Albrecht Altdorfers.

Noli me tangere (Berühre mich nicht) ist die allgemein gewordene Bezeichnung für die nach Matth. 16,9 und Joh. 20,14–18 geschilderte Begegnung der Maria Magdalena mit dem Auferstandenen, als sie sich nach den Worten der beiden Engel umwendet und in der Erscheinung Christi den Gärtner zu sehen vermeint, ihn befragt und dem Auferstandenen, ihn erkennend, zu Füßen fällt. Von einer Elfenbeintafel des 4. Jh. an, selten in der Buchmalerei, einmalig an der Hildesheimer Bronzetür (1015) wird zunächst nur Christus mit abweisender Gebärde, Magdalena zu Füßen, zwischen ein oder zwei Bäumen wiedergegeben (so auch in einem Glasfenster in Esslingen). Vom 15. Jh. an wird der Garten gekennzeichnet, von da an auch Christus als Gärtner mit Hut und Schaufel, aber dazu mit Kreuzfahne als der Auferstandene.

Emmaus. Bei Mark. 16,12 sind es 2, die aufs Feld hinausgehen und denen die Offenbarung des Auferstandenen zuteil wird. Nur Luk. 24,13–35 schildert ausführlich die in der Buchmalerei vom 6. Jh. an bekannte und vom 15. Jh. an in der Graphik und Malerei bis heute mit immer neu erfülltem Ausdruck wiedergegebene Szene. Von den beiden Jüngern wird einer als Kleophas bezeichnet; in tiefer Bekümmertheit »60 Feld Wegs« gehend, erkennen sie den ihnen begegnenden Auferstandenen erst, als er ihnen beim Mahl das Brot bricht. Selten in der mittelalterl. Kunst, erst von Rembrandt mit besonderem Ausdruck erfaßt.

Die *Erscheinungen des Auferstandenen* (Matth. 28,16–20; Mark. 16,11–14; Luk. 24,36–45; Joh. 20,19–31; Joh.

21,1–19) betreffen bei Matthäus nur 11 Jünger, die nach Galiläa auf einen Berg gehen und dort den Aussendungsauftrag empfangen. Bei Markus sind es, nach der oben erwähnten Begegnung auf dem Feld, die 11, die zu Tisch saßen, die der Erscheinende wegen ihres Unglaubens schilt, ihnen den Aussendungsauftrag erteilt und danach »aufgehoben wurde« (s. Himmelfahrt). Ausführlich berichtet Lukas, wie die von Emmaus Heimkehrenden den Elfen erzählen, Christus dazutritt, Fisch und Honig mit ihnen zu sich nimmt, um ihr Verständnis zu wecken. Auch hier endet der Bericht mit Himmelfahrt. Die seltenen Darstellungen richten sich meist nach Johannes, wo Christus am Abend bei verschlossenen Türen erscheint. Hier wird dann besonders der Zweifel des *ungläubigen Thomas* geschildert, der noch nicht dabei war und erst nach 8 Tagen, als sie wiederum bei verschlossenen Türen sitzen, die Hände in die Wundmale des abermals eintretenden Auferstandenen legen darf. In bedeutender Weise kommt die Darstellung in der Buchmalerei des 10.–13. Jh. und in der Elfenbeinschnitzerei vor, auch im späteren Mittelalter als eines der besonders betonten Zeichen der Auferstehung. – Anschließend berichtet Johannes vom *reichen Fischzug des Auferstandenen am See Tiberias*, eine Szene, die vom reichen Fischzug bei Luk. 5,1–11 und dem Wandel auf dem Meer, Mark. 6,47–51, Joh. 6,16 in den Darstellungen nicht immer eindeutig getrennt wird. Den teils sieben, teils mit Namen genannten Jüngern »Petrus, Thomas, Nathanael, den Zebedäus-Söhnen und zwei andern«, die die ganze Nacht gefischt und nichts gefangen haben, rät der Auferstandene, den sie nicht erkennen, nochmals hinauszufahren. Als sie mit überschwerem Fang zurückkehren, erkennt Petrus durch Johannes' Worte »Es ist der Herr« den am Ufer Stehenden, zieht sein Hemd an, stürzt sich ins Wasser, um schneller an Land zu kommen. Von den selten vorkommenden Darstellungen ist die des Konrad Witz, 1444, der die Szene in die genau wiedergegebene Landschaft des Genfer Sees verlegt, besonders einprägsam.

Die *Himmelfahrt.* Nach Mark. 16,19 und Luk. 24,50 wird Christus, unmittelbar nachdem er den Jüngern als der Auferstandene erschienen ist, »aufgehoben gen Himmel«. Erst in Apg. 1,1–12 heißt es genauer: »Nachdem er sich sehen ließ unter ihnen 40 Tage und ihnen – den Zwölf, die er erwählt hatte – Weisung gegeben, ward er aufgehoben. Eine Wolke nahm ihn vor ihren Augen hinweg, und als sie ihm nachsahen gen Himmel fahren, standen bei ihnen zwei Männer in weißen Kleidern«. In den vom 4. Jh. an in Elfenbeintafeln und in der Buchmalerei bekannten Darstellungen ist es die auf einer Strahlen aussendenden Wolke oder in leuchtender Mandorla von Engeln gestützte aufsteigende Gestalt Christi, auf die 2 Männer – meist Engel – die unten rechts und links stehenden Jünger und Maria hinweisen.

Vom 13. Jh. an wird in der Mitte zwischen den Gruppen ein Felsenabsatz (= der Ölberg) mit den nach der Legende sichtbaren Fußabdrücken Christi dargestellt, darüber statt der ganzen Gestalt nur ein Rocksaum oder die gerade noch sichtbaren Füße – Motive, die sich bis in die Malerei des 16. Jh. verfolgen lassen.

Pfingsten, Apg. 2,1–4. »Als die Tage der Pfingsten« (= die verheißenen 50 Tage nach der Auferstehung) »erfüllt waren und sie alle einmütig beieinandersaßen, erfüllte das Brausen des Geistes das Haus, erschienen ihnen Zungen wie Feuer über dem Haupt, wurden sie voll des Geistes und fingen an zu predigen in andern Zungen.« Schon in der ersten bekannten Darstellung, im Rabula-Evangeliar von 586, liegt die Fassung der *Ausgießung des Hl. Geistes* vorbildlich für die zahlreich in die Buchmalerei vom 9. Jh. an aufgenommenen Darstellungen vor: die Apostel in einer Reihe sitzend, Maria in ihrer Mitte, Flammenzeichen oder Strahlen über ihren Häuptern, die Taube des Geistes von oben herabkommend. Ein umgebender Raum wird gar nicht immer angedeutet, statt Maria kann auch Petrus groß in der Mitte sitzen. In einigen Beispielen der Reichenauer und Echternacher Buchmalerei des 11. Jh. sind zuoberst die Apostel in einem Halbkreis unter Bögen geordnet, zu ihnen blicken von unten auf die in Apg. 2,5–12 Genannten (»Juden, Parther, Meder, Ausländer von Rom usw.«), die sich in ihrer Sprache angesprochen hören. Nach der Predigt des Petrus getauft – nur das Taufbecken (8eckig, zugleich gefüllt mit Broten oder Hostien als gemeinsamer Speise) steht zwischen der oberen und unteren Reihe –, bilden sie nach Apg. 2,41–47 das in Inschriften ausgedrückte Gemeinsame Leben (Vita communis). Ohne diese Ergänzung behalten alle Darstellungen eine mehr oder weniger über die ursprüngliche Anordnung hinausgehende Gestaltung, bereichert vom 15. Jh. an durch den Raum, in dem sie plastische Fülle und Bewegung gewinnen.

Schon die frühchristl. Kunst kennt eine Reihe von zeichenhaften, bedeutungserfüllten Darstellungen, die die Gestalt Christi in besonderer Weise zu einem festen Begriff haben werden lassen. Es treten im Lauf der Jahrhunderte weitere dazu, die aus Zusammenhängen mit Schrifttum, Brauch und Legenden erläutert werden können.

Als ältestes Zeichen gilt das *Monogramm Christi*, das auf Sarkophagen, Schrankenplatten, Mosaiken und vom 8. Jh. an auch in der Buchmalerei weiter verfolgt werden kann. Es ist die aus den griech. Buchstaben Chi-Ro = Ch-R (XP = ☧ = Christus = der Gesalbte) bestehende Abkürzung, begleitet meist von dem A und O (= Alpha und Omega = Anfang und Ende). In Mosaiken, Buch- und Wandmalerei kommen die Zeichen IC und XC (eigentlich IΣ und XΣ, ausgeschrieben ΙΗΣΟΥΣ ΣΡΙΣΤΟΣ = Jesus Christus) vielfach vor und später (als besonderes Zeichen des hl. Bernhardin) das IHS, eigentlich die griech. Buchstaben Jota, Eta, Sigma für Jesus bedeutend, in der Auslegung dann »*J*esus *H*ominus *S*alvator« oder »*J*esus

*H*eiland *S*eligmacher« geschrieben, ja sogar als das Zeichen, in dem Konstantin siegte: »*I*n *h*oc *s*igno vinces.« Die Jesuiten haben das IHS auch in der Bedeutung »*I*esum *h*abemus *s*ocium« (Jesus ist unser Gefährte) oder »*I*esu *h*umilis *s*ocietas« (demütige Gesellschaft Jesu) zum Emblem ihrer Gemeinschaft gewählt. Ferner findet sich das Zeichen ΙΧΘΥΣ (Fisch) = »*I*esus *Ch*ristos *Th*eou H*y*os *S*oter (Jesus Christus, Gottes Sohn, Erlöser) als Symbol Christi nach Matth. 4,19 und Hes. 47,10. Vor allem Augustinus hat es als Bild der Eucharistie gedeutet.

Das eindeutigste Zeichen bleibt das *Lamm.* Zurückgehend auf das Passahlamm (2. Mose 12,1 ff.) sowie Textstellen und Auslegungen (Jes. 53,71; Joh. 1,29; Apok. 5,6 u. a.), finden sich die ersten Darstellungen an den Ziboriensäulen von S. Marco in Venedig, an Sarkophagen und Elfenbeintafeln, vom 5. Jh. an häufig, und begegnen noch in der karoling. Buchmalerei. Sie verändern sich vom 12. Jh. an zu dem eine Kreuzfahne tragenden Lamm: groß an Bogenfeldern, auch umgeben von den 4 Evangelistensymbolen, klein an allen Gegenständen kirchlichen Gebrauchs, von Paradiesflüssen, Kardinaltugenden und Evangelisten umrahmt im Zwiefaltener Collectar, ca. 1160 (24). Durch die Worte der Messe »Agnus Dei« und im Choral bleibt das Lamm dem Bewußtsein stets neu gegenwärtig (s. o. bei Kruzifix).

Aus dem Typus des himmelfahrenden und des thronenden Christus entsteht, dem Text Apok. 4,2–7 und Hes. 1,4 entsprechend, als Wortlaut im ältesten Totenoffizium frühchristl. Zeit enthalten und inschriftlich bezeugt, die sog. *Majestas Domini* (auch Rex Gloriae). In der Wandmalerei ist ihr Platz die Apsis, in der Buchmalerei das Vorsatzblatt in fast allen liturgischen Handschriften, in Elfenbeinschnitzerei oder Goldschmiedearbeit der Buchdeckel und in der Skulptur ganz besonders das Bogenfeld der Portale. Christus sitzt mit Kreuznimbus auf einer Thronbank, dem Regenbogen oder dem Erdkreis. Für das Antlitz gilt kein festgelegter Typus; es kann wie beim Kruzifixus u. a. Darstellungen frühchristlich bartlos oder nach der sich durchsetzenden syrischen Tradition bärtig gestaltet sein. 2 sich schneidende Kreise (Lemniskate, die Himmel und Erde verbindet) oder ein Oval (Mandorla = Mandelform) können ihn rahmen. Er trägt das Buch (Apok. 20,12) des Lebens – wenn aufgeschlagen, mit der Inschrift: »Ego sum via, veritas et vita.« (Joh. 14,6) oder »Ego sum lux mundi« (Joh. 8,12) – auf dem Schoß liegend, wenn er Kreuzstab oder Weltkugel hält, immer aber ist die rechte Hand zum Segensgestus erhoben. Bei dem als griechisch bezeichneten Segensgestus, auch Zweifingergestus, sind Zeige- und Mittelfinger aufrecht ausgestreckt, der Daumen berührt den angelegten kleinen und Ringfinger und weist nicht immer unmittelbar auf ein byzantin. Vorbild hin; der als lateinisch bezeichnete Dreifingergestus dagegen sendet den Segen mit den 3 ersten Fingern aus, wobei Ring- und kleiner Finger angelegt bleiben. Oft erscheinen beide Formen in derselben Handschrift. Deutlicher (spätere Auseinandersetzungen hervorrufend) ist die kombinierte Stellung: Zeigefinger, Mittelfinger und kleiner Finger gestreckt, Daumen und Ringfinger zu einem Kreis gebogen, Einheit der Dreieinigkeit bedeutend. Vollendet wird die feststehende Prägung durch die in den Ecken angebrachten Evangelistensymbole Stier, Löwe, Adler, Engel (oder Mensch). In der Buchmalerei sind oft auch noch Engel, meist Cherubim, sowie Sonne und Mond innerhalb von Mandorla oder Kreisen zugefügt. Die Evangelistensymbole (→ Evangelisten) gelten als syrische, vermutlich mesopotamische Tradition und werden in der byzantin. Kunst seit dem Bilderstreit dogmatisch abgelehnt. Die östl. Kunst setzt an die Stelle der Majestas den Pantokrator (Allschöpfer), Christus in Halbfigur mit Segensgestus, in Kuppel und Apsis.

Als *Maestà* wird in der italien. Kunst die Darstellung der thronenden Madonna, umgeben von Engeln, bezeichnet; *Majestades* nennt man die spanischen Repliken des Volto Santo (s. u.).

Die als *Deesis* bezeichnete Darstellung, ein Thema byzantin. Herkunft und aus der Fürbitte beim Jüngsten Gericht abgeleitet, kommt vom 12. Jh. an in der Buchmalerei und in Deutschland an Bogenfeldern vor und bringt stehend oder in Halbfigur Christus segnend, rechts und links Maria und Joh. d. T., die sich ihm mit bittender Gebärde zuwenden.

Als *Wappen Christi* (*arma Christi*) wird die Zusammenstellung der Leidenswerkzeuge: Kreuz, Dornenkrone, Geißel, Rute und Geißelsäule, Lanze, Stab mit Essigschwamm, Nägel (= 3), die durchbohrten Hände und Füße, bezeichnet. Sie kommen als meditatives Andachtsblatt in der Graphik des 15. Jh. vor. Vereinigt auch in einigen Beispielen mit einer *Herz Jesu* genannten Darstellung: Ein Rute und Geißel tragendes dornengekröntes Christkind wird von einer Herzform umschlossen – Vorbild für solche Blätter bis ins 18. Jh. Beide Darstellungen sind besondere Prägungen der in der Graphik des 15. Jh. vorkommenden Neujahrsblätter, die das Christkind mit Weltkugel auf einem Kissen, in einer großen Blüte sitzend, auch kreuztragend bringen. Aus diesem Vorstellungsbereich sind ferner einzelne Schnitzfiguren des für besondere Andachten aufgestellten *Neujahrskindes*, von einem Engel geleitet, um 1500 erhalten.

Als *Mandilion*, *Abgarbildnis*, *Acheiropoieta* (= ohne die Hand eines Künstlers entstandene Bildnisse Christi) werden verschiedene älteste byzantin.-syrische Gnadenbilder (Ikonen) nach der Legende bezeichnet: König Abgar von Edessa wollte vom Maler Uchomo ein Bild des Herrn malen lassen, denn Christus hatte ihn geheilt. Der Maler wurde, als er begann, von solchem Glanz geblendet, daß er nicht weitermalen konnte, und Gott selbst vollendete das Bild. Auch die »vera ikon« (= wahre Bild) auf dem Schweißtuch der → hl. Veronika gehört hierher (s. Abgar-Legende bei → Judas Thaddäus).

Im gleichen legendären Zusammenhang stehen die sog.

Volto-Santo-Kruzifixe, eigentlich riesige Reliquiare (Kopf oder Rücken ausgehöhlt, mit Türchen verschlossen), wie das von Lucca aus dem Anfang des 13. Jh., das auf ein älteres aus dem 8. Jh., bzw. auf ein im 11. Jh. nochmals gestaltetes, zurückgeht; dieser verlorene Vorgänger des heutigen Kreuzes in Lucca wurde vorbildlich für das Imerward-Kruzifix im Braunschweiger Dom von etwa 1173. Ein mit dem langen Gewand bekleideter Gekreuzigter (s. Kreuzigung) ist schon 586 bekannt; der Bezug auf Legenden aber nicht nachgewiesen. In der in Handschriften des 12. Jh. erhaltenen Lucca-Legende erzählt ein Diakon Leobin, daß seinem verehrten Bischof Gualfredus bei seiner Pilgerfahrt im Jahr 742 in Jerusalem ein Engel erschienen sei, der ihm mitteilte, er solle das im Hause eines Seleucius verborgene, von Nikodemus geschnitzte hl. Antlitz Christi suchen und es der rechten Verehrung zuführen. Denn derselbe Nikodemus, von dem die Evangelien berichten, habe sich mit allem Fleiß Form und Gestalt notiert, die Einzelzüge aus dem Gedächtnis beschrieben und das heiligste Antlitz nicht aus seiner, sondern aus göttlicher Kunst geschnitzt (s. Leg. Aur. bei Kreuzerhöhung). Nach gemeinsamer Beratung mit seinen Gefährten findet Gualfredus den glorreichen Schatz im durchsuchten Haus, läßt ihn zum Hafen Joppe bringen; ein Schiff wie eine Arche Noah wird gebaut, und mit dem hineingelegten Kreuz gelangt das Schiff ohne menschliche Führung zum Hafen Luni bei Lucca. Seeräuber, die dort hausen, wollen es fassen; immer wieder weicht das Schiff aufs offene Meer zurück. Da erscheint dem Bischof Johannes von Lucca ein Engel und weist ihn an, das Gnadenbild für Lucca einzuholen. Er eilt nach Luni, beginnt mit Hymnen und Gesängen, mit Herz und Mund das Kreuz zu verehren, da landet das Schiff. Der Bischof muß eine Ampulle des hl. Blutes als Reliquie Luni überlassen, dann kann er mit größter Beteiligung einen feierlichen Einzug in Lucca halten, das Kreuz im Dom St. Martin aufstellen. Ergänzend zu dieser Legende berichtet Gervasius von Tilbury 1210/14: Auf Anraten des Joseph von Arimathia hätten Maria und die anderen Frauen ein großes Leinentuch gekauft, mit dem bei der Abnahme vom Kreuz der hl. Leichnam eingehüllt worden sei und in dem sich der Abdruck des am Kreuze Hängenden erhalten habe. Nach diesem habe Nikodemus den ›Volto Santo‹ geschnitzt und das Leinentuch, eine Ampulle mit dem Hl. Blut, einen der drei Nägel und ein Stück der Dornenkrone darin eingeschlossen. Andere Legenden fügen hinzu, daß Nikodemus nur den eingehüllten Körper geschnitzt habe, Engel aber das hl. Antlitz (= Volto Santo).

Eine Reihe von Repliken dieser Kruzifixusgestaltung sind in Spanien als *Majestades* erhalten und finden sich auch in Frankreich und England im 13. und 14. Jh. Für ihre verschiedentlich so andersartige Auslegung ist kennzeichnend, was der Kirchenhistoriker Rehtmeyer 1707 über den Braunschweiger Kruzifixus schreibt: »In dieser Capelle steht ein Cruzifix in Manns Größe und weiblichem Habit / mit einem langen Bart / und langen spitzen Nägeln an Händen und Füßen / von welchem man im Pabstthum vorgegeben / es sey das Bildniß der so gewandten Jungfrau Erae welche / als sie von ihrem leiblichen Vater zur Unzucht genötigt werden sollen / GOtt gebeten / daß er sie möchte zu einem heßlichen Scheusal machen / daher sie dann eine solche abscheuliche Gestalt bekommen / und hernach ans Kreuz geschlagen worden / so aber mehr den Fabeln als der Wahrheit ähnlich ist …« Daher bezeichnen andere Legenden solche Kruzifixe mit den Namen *Wilgefortis*, *Kumerana*, *Kümmernis* oder *Liberata* (→ Kümmernis).

Christus tritt auf Löwe und Drache. Schon in Ravenna (Sarkophag und Mosaik der Bischöfl. Kapelle, 5. Jh.), besonders auf Elfenbeinplatten des 8./9. Jh., seltener in der Buchmalerei auch der folgenden Zeit, dann noch in der Kathedralplastik (Amiens, Portalchristus, 13. Jh.) kommt die bedeutsame Darstellung zu Psalm 90 (91),13 vor: »Super aspidem et basiliscum ambulabis et conculcabis leonem et draconem.« (= Über Schlange, bzw. Viper, und Basilisk wirst du hinwegschreiten, den Löwen und den Drachen zertreten.) Die 4 genannten Tiere sind in den Darstellungen dem Vulgata-Text genau entsprechend wiedergegeben. Der Basilisk, ein gefährlicher Dämon, Mittelding zwischen Hahn und Schlange, mit Flügeln, Krallen und gekröntem Vogelkopf ist noch im nachmittelalterl. Volksglauben nachweisbare Vorstellung.

Christus im Lebensbaum (der »edle Baum« in der Karfreitagshymne des Venantius Fortunatus, 535–600). Von mystisch-spekulativen Anschauungen ausgehend, die frühchristliche mit weit älteren Vorstellungen verbinden, bringen Darstellungen vom 8. Jh. an zunächst nur den hl. Baum des Lebens zwischen 2 Tieren (Germigny-des-Prés) oder das Kreuz zwischen dem Baum des Lebens und dem Baum der Erkenntnis, schließlich eine Reichenauer Buchmalerei (Anfang 11. Jh., München, Bayer. Staatsbibl., Clm. 4454) ein erweitertes Bild durch die Zufügung der Evangelistensymbole, der 4 Paradiesflüsse, von Sonne, Mond, Himmel und Erde. In den Texten wird Christus als inmitten des Paradieses bezeichnet; er trägt die Kugel des Weltalls, steht auf der Erde (vgl. Echternacher Kreuzigungselfenbein von 980), das blaue Haupt zuoberst kann nur das Zeichen für Himmel = Kosmos (noch nicht Gottvater) sein. Das Kreuz selbst als Lebensbaum, blühendes Kreuz, von Ranken umgeben, die aus einer Akanthusstaude aufwachsen, ist eine mehrfach aufgegriffene und abgewandelte Auffassung des Themas. Sie findet sich schon in einer Wandmalerei in S. Clemente, Rom (1099/1118), hier mit den 7 Tauben = Gaben des Hl. Geistes; ebenso auf einem Glasgemälde des Meisters Gerlachus, um 1150/60 (Münster in W., Landesmuseum).

Für die Vorstellungswelt des Mittelalters gehören hierher auch noch die *Darstellungen Christi als Keltertreter* und die *Hostienmühle.* Es sind bildliche Ausdeutungen der Eucharistie, der Transsubstantiationslehre. Die Kelter, nach Jes. 63,3, wird erstmals im Hortus Deliciarum der Herrad von Landsberg, 1175, dargestellt (38). Die Hostienmühle, reicher mit helfenden Aposteln, Kirchenvätern, Vertretern des geistlichen und weltlichen Standes ausgestattet, findet sich vom 12. Jh. an auch in Glasfenstern, Wandmalerei und Tafelbildern.

Sinnbildliche *Darstellungen Christi als Fischer* (Matth. 4,19; vgl. Herrad von Landsberg [38]) oder *als Bettler, als Apotheker* sind zwar auch schon spätmittelalterlich bekannt, kommen aber besonders in der nachreformatorischen Richtung des 16. Jh. vor. Eine beliebte Darstellung ist in dieser symbolischen Sprache die *Kreuzigung Christi durch die Tugenden.* Ein ältestes Beispiel befindet sich in einem Regensburger Lektionar des 13. Jh., spätere an Altären in Doberan, Stralsund, Lübeck aus dem 14./15. Jh.

Schon die frühchristl. Zeit erwartet das *Wiedererscheinen Christi*, die sog. *Parusie*, die 2. Ankunft des Herrn als vorausgehend dem Ende der Tage. Folgende Textworte kommen für Darstellungen in Betracht, teilweise durch Inschriften bekannt: Matth. 24,30–31: »Es wird erscheinen das Zeichen des Menschensohnes im Himmel. Alsdann werden heulen alle Geschlechter auf Erden und werden sehen des Menschen Sohn in den Wolken des Himmels mit großer Kraft und Herrlichkeit. Und er wird senden seine Engel mit hellen Posaunen und sie werden sammeln seine Auserwählten von den vier Winden, von einem Ende des Himmels zum andern ...«; Matth. 26,64 (Christus zum Hohenpriester): »Ihr werdet sehen des Menschen Sohn sitzen zur Rechten der Kraft und kommen in den Wolken des Himmels ...«; Luk. 21,6–11: »Und große Zeichen werden vom Himmel geschehen«; Apg. 1,11: »Dieser, welcher ist von euch aufgenommen gen Himmel, wird kommen, wie ihr ihn habt gesehen gen Himmel fahren ...«; Dan. 7,13: »Es kam einer in des Himmels Wolken, wie eines Menschen Sohn«; Offb. 1,7: »Siehe er kommt mit den Wolken und es werden ihn sehen aller Augen …«. Den Titulus des Damasus, zitiert von Cölestin I. (422–432): »atque iterum venturum ex aethere« (9) ergänzt das Malerbuch: »Im weißen Gewände sitzt Christus auf den feuergestaltigen und Cherubimthronen, und er strahlt heftige Blitze aus in der Mitte der Sonne, des Mondes und der Sterne, indem sein Zeichen, nämlich das Kreuz, vor ihm hergeht. Und er hält auch zu seiner Rechten wie eine Königin, die, welche ihn geboren hat, die allzeit jungfräuliche Gottesgebärerin. Und unter Psalmen und Hymnen und vielen geistlichen Instrumenten und mit größter Herrlichkeit, die ihm gebracht wird durch alle erzenglischen und englischen himmlischen Heere, geht er auf den Wolken des Himmels und segnet mit seinen ganz unbefleckten Händen, und hält an seiner Brust ein geöffnetes Evangelium und sagt: Kommet ihr Gesegneten meines Vaters … Und über ihm ist die Schrift Jesus Christus die Herrlichkeit, die Freude der Gerechten, und alle Heiligen kommen ihm entgegen, so, wie sie nach der Ordnung durch seine göttliche Kraft von der Erde zum Himmel aufsteigen, alle auf Wolken: der Chor der Apostel, der Erzväter, der Patriarchen, Propheten, Bischöfe, Märtyrer und aller, die gottgeweiht waren. Sie halten ein jeder seine Tugenden als Zweige in Händen …«

Zu den frühesten Darstellungen wird ein Sarkophag des 4./5. Jh. in Arles gerechnet. Für die Bogenfelder an den Kirchenportalen des 11./12. Jh. sind die Bezeichnungen oft zweifelhaft, da sie sich im Anschluß an den Text der Apostelgeschichte mehr oder weniger auf die Himmelfahrt beziehen oder mit den Worten der Offenbarung und des Malerbuchs in die Weltgerichtsdarstellung übergehen. Bestimmend muß bleiben, daß Christus mit dem geöffneten Buch auf Wolken steht (bei Himmelfahrt schwebend oder auf Wolken emporschreitend, ohne Buch usw., s. Himmelfahrt); seine Begleiter sind Engel, die im Malerbuch genannten Chöre, Maria allein (beim Jüngsten Gericht Maria und Joh. d. T., die Apostel als Beisitzer auf Bänken).

Am deutlichsten sind die Darstellungen, die in den spanischen Apokalypsen des 10.–12. Jh. vorangestellt erscheinen (48). Eine Parusie möchte Vöge (30) in der Daniel-Nebukadnezar-Vision der Reichenauer Buchmalerei (Bamberg, Anfang 11. Jh.) in der »bartlosen Gestalt auf dem Berge, einen Kreuzstab haltend, von zwei Engeln begleitet« und ebenso in der über dem Matthäus der Kölner Dombibl. (Kodex 218) erscheinenden Christusgestalt mit Buch und Kreuzstab, in Mandorla thronend zwischen 2 Engeln mit Inschrift IHCXPC, sehen. Als der in seiner Herrlichkeit wiederkehrende Herr erscheint die Parusie, inschriftlich bezeichnet auf einer Emailtafel in Klosterneuburg, 1181 (39).

Auf Apokryphen (das spätjüd. Henochbuch, 15,19) geht im 12. Jh. die Vorstellung zurück, daß Henoch und Elias Vorläufer der Parusie sind (symbolisch: 2 Kerzen werden sonntags dem Evangeliar vorangetragen). Darstellungen nach dem Visionstext des Liber Scivias Domini (Wisse die Wege des Herrn) der Hildegard von Bingen in der Heidelberger Handschrift, ca. 1170, im Hortus der Herrad von Landsberg, 1175, entsprechend im Tegernseer Antichristspiel von 1188.

Chrysanthus (Crisantus) und Daria, Hll. (25. Okt.). Chr., schon Christ geworden, wird von seinem Vater bedrängt, vom Glauben zu lassen, indem er ihn nach vielen vergeblichen Bemühungen mit 5 Jungfrauen, die ihn verführen sollen, einsperrt. Aber diese verfallen in einen tiefen Schlaf, essen nicht und trinken nicht und müssen herausgelassen werden. Die weise, der Göttin Vesta geweihte Jungfrau D. soll nun Chr. überreden. Eine gelehrte Disputatio über Götter und Elemente sowie Vorwürfe über D.s kostbare Kleidung enden mit D.s Bekehrung und dem

Entschluß, zu des Vaters Wohlgefallen eine Ehe zu schließen, sich aber Keuschheit zu geloben. Ihre gemeinsamen Predigten und Bekehrungen veranlassen einen Christen verfolgenden Fürsten (Richter), Chr. in ein stinkendes Gefängnis zu werfen, das sich alsbald mit Wohlgeruch erfüllt, D. aber in ein Dirnenhaus zu schleppen. Ein aus dem Zwinger des Fürsten ausgebrochener Löwe beschützt D.; er packt einen Jüngling, der sich D. begehrlich nahen will, und legt ihn ihr zu Füßen; den Dienern, die sie greifen sollen, geht es ebenso, unbeschädigt stehen sie auf und bekehren sich. Da läßt der Fürst ein großes Feuer machen, um Chr. und D. mitsamt dem Löwen zu verbrennen. D. gebietet dem Löwen, davonzugehen und keinem Menschen mehr ein Leid anzutun. Als nun aber das Feuer Chr. und D. nichts anhaben kann, werden beide in eine Grube geworfen, mit Sand und Steinen zugeschüttet, um den Tod durch Ersticken zu erleiden.

Als Ort ihres Martyriums wird Narbonne und als Zeit um 285 genannt. Die Reliquien kamen 844 nach Prüm, 848 nach Münstereifel, wo eine Grabkammer des 17. Jh. in der Krypta ihren 3fachen Schrein birgt. Auf den Flügeln eines Altars aus der Mitte des 15. Jh. in der Kirche sind Chr. und D. dargestellt: Chr. als jugendlicher Ritter, einen Blumenkranz im Haar, eine Lanze mit Kreuz auf dem Wimpel und einen Palmzweig in Händen; ein geistlicher Stifter kniet neben ihm; D., in faltenreichem Mantel über langem Kleid, hält ein geöffnetes Buch und einen Palmzweig, auch sie trägt einen Blumenkranz auf den Locken. Rechts und links des Hochchors stehen Chr. und D. als Patrone der Kirche in spätbarocker Gestaltung; hier erscheint der Löwe mit dem Jüngling zu D.s Füßen. Ein Graduale (Antiphonar) aus Prüm, vor 993 geschrieben und ausgemalt, enthält die ersten Legendenszenen (Paris, Bibl. Nat.).

Chrysogonus, Hl. (24. Nov.). Der »Goldgeborene« wird in Rom als der christl. Lehrer der → Anastasia und ihrer

Mutter so genannt. Die Christenverfolger schließen ihn lange ins Gefängnis, wohin ihm Anastasia Nahrung bringt. Als diese nun selbst von ihrem Mann eingesperrt und durch Hunger bezwungen werden soll, schreibt sie an Chr. Seine tröstenden und stärkenden Antworten verzeichnet die Leg. Aur. Kaiser Diokletian läßt Chr. nach Aquileia bringen, da er das Anrecht auf eine Beamtenstelle dort nur habe, wenn er von seinem Glauben lasse. Chr. verzichtet und wird enthauptet. Er soll ins Meer geworfen, von der Flut wieder angespült oder von Fischen ans Ufer getragen und von einem Priester Zelus begraben worden sein.

Seine Reliquien wurden im 11. Jh. nach Verona gebracht, von da mit denen des → hl. Kastorius nach Tegernsee. Mit diesem bilden ihn ab ein Blatt in einem Tegernseer Psalter von 1515 (München, Bayer. Staatsbibl.) und eine Altartafel in Schleißheim aus dem Anfang des 15. Jh. in großem, faltigem Mantel über langem Kleid, mit Hut bzw. Barett und großem Schwert als Attribut.

Chrysostomos → Johannes Chrysostomus

Chunialdus und Gisilarius, Hll. (24. Sept., Salzburg), kommen als Schüler und Helfer des hl. Rupert von Salzburg um 717 nach Bayern. Vermutlich Priester fränkischer Herkunft, sind über ihr Wirken und ihren Tod keine Berichte vorhanden. Als Diakone wurden sie zusammen mit dem hl. Rupert am Rupertusaltar des Salzburger Domes dargestellt, um 1440. Ch. hält ein offenes Buch (= Evangelium), G. ein geschlossenes, mit einer Kreuzigungsgruppe auf dem Einband (= Missale). Die zeitweise in Mühlberg bei Seekirchen befindlichen Figuren sind heute mit der Rupert-Statue im Salzburger Dommuseum wieder zusammengeführt.

Claudius → Kastorius

Columba → Kolumba

Corbinian → Korbinian

Cordula → Kordula

Cornelius → Kornelius

Corona (20. Sept. / 20. Febr.). Im Glauben bestärkt und zur Hingabe durch einen hl. Märtyrer Viktor befeuert, erleidet C. um 177 das Martyrium, in dem sie, an 2 niedergebogene Palmbäume gebunden, von den hochschnellenden Palmen zerrissen wird. Ihr Name »Krone« als Geldzeichen ließ sie in nachmittelalterl. Zeit in Bayern und Österreich zur Patronin und Helferin in Geldangelegenheiten werden. Ein Glasfenster des frühen 14. Jh. in Straßburg stellt sie in langem Kleid, Mantel und Kopftuch dar, den Palmzweig in der Linken. Spätere Darstellungen vom 15. Jh. an geben ihr ein Geldstück, das sie einem Bettler reicht, oder ein Geldkästchen in die Rechte.

Coronati, Quattuor, die hll. Vier Gekrönten (8. Nov.), unter Kaiser Diokletian um 304 gemartert, indem man ihnen Kronen mit scharfen Spitzen ins Haupt schlug. In der nach ihnen benannten Kirche in Rom bestattet, 754 im sog. »Chronographen« als Bildhauer erwähnt, die sich in den Steinbrüchen Pannoniens weigern, Götterbilder zu meißeln. Sie sind im Mittelalter die Patrone der Bauhütten. Das Zwief. Mart. des 12. Jh. (24) stellt sie halbfigurig als lockige Jünglinge mit ihren Bildhauerhämmern in Händen dar. Spätere Wiedergaben sind besonders in Italien bekannt (Venedig, Dogenpalast Kapitell, um 1400, und Florenz, Nanni di Banco, Marmorgruppe an Or S. Michele, um 1415). Ihre Namen werden entweder als Severus, Severianus, Carpophorius und Victorius oder als Claudius, Simphorianus (Sempronianus), Nicostratus und Castorius angegeben (→ Kastorius).

Cosmas → Kosmas und Damian

Craton → Kraton

Crisantus → Chrysanthus

Cutubilla, Hl. (ohne Tag). Der 1511 bezeichnete Flügelaltar in der Ulrichskapelle des ehem. Prämonstratenserklosters Adelberg (Württ.) enthält in seinem Mittelschrein aus der Syrlin-Werkstatt eine als C. bezeichnete gekrönte Gestalt, die zierlich ihren faltenreichen Mantel rafft, an dessen Saum Mäuse heraufzuklettern versuchen. Eine Anzahl von Darstellungen auf Altartafeln, auf Holzschnitten oder Kupferstichen bilden C. auch als Nonne oder Äbtissin mit Stab und statt der Mäuse mit Ratten ab, dazu unter den merkwürdig verballhornten Namen Kaculla, Kakukilla, Cateculia, Katacila, die letzten Endes als Nivigella ausgelegt und auf die gegen Mäuse- und Rattenplage angerufene → hl. Gertrud von Nivelles, die 626 geborene Tochter Pippins d. Ä., bezogen werden müssen.

Cyprian, Hl. (16. Sept.), in Karthago geboren, wird 248 Priester und Nachfolger des Bischofs Cäcilianus, der ihn 246 zum Christentum bekehrt hat. Er tritt in Papststreitigkeiten auf die Seite des Papstes Kornelius. Durch die Christenverfolgung des Valerian (253–260) wird er 257 nach Curubis verbannt, zurückgeholt und in Karthago enthauptet. Auf dem Richtplatz gibt er dem Henker 5 Goldstücke – da dieser ihm das Himmelstor öffne –, verbindet sich selbst seine Augen und neigt sein Haupt.

Dargestellt in Pontifikaltracht mit Stab und Buch auf einem Altarflügel des 16. Jh. in Augsburg, mit Schwert und Palme in der Sammlung des Herzogs von Urach, Schloß Lichtenstein, ist sein Gegenstück der hl. Papst → Kornelius, mit dem er auch am gleichen Tag gefeiert wird.

Cyprian, der Zauberer, später Bischof, → Justina.

Cyriakus, Hl. (8. Aug.), vom Papst Marcellus um 300 in Rom zum Diakon geweiht, wird als Christ von Maximian verurteilt, Erde zum Bau einer Thermenanlage zu tragen. Mitchristen, die ihm helfen, werden eingekerkert oder nach Martern getötet. Als aus der besessenen Tochter Kaiser Diokletians, Artemia, ein Teufel schreit, nur C. könne ihn vertreiben, wird C. gerufen; er heilt und tauft Artemia. Der ausfahrende Teufel prophezeit, er werde C. zwingen, nach Babylon zu gehen – und bald darauf wird C. vom Perserkönig gerufen, um auch dessen besessene Tochter zu heilen. C. heilt auch diese, tauft sie mit ihren Eltern und »viel Volks«. C. kehrt nach Rom zurück, Diokletian hat ihm ein Haus geschenkt, aber nach dessen Abdankung im Jahr 305 läßt ihn Maximian abermals greifen, foltern, mit siedendem Pech übergießen und enthaupten. Ein Statthalter nimmt das Haus des C. in Besitz, badet darin an der Stelle, an der C. zu taufen pflegte, und hält ein Festmahl mit 19 Freunden: Da sterben alle zusammen eines plötzliches Todes. Das Bad wird geschlossen, die Heiden fangen an, die Christen zu fürchten und in Ehren zu halten.

Nicht allgemein, aber in der Pfalz als Patron des Weinbaus verehrt, werden C. noch heute in einer Kapelle zu Lindenberg/Deidesheim die ersten Trauben dargebracht. Hier soll er erschienen sein und einen ›Wingertbalken‹ als Stütze bei Glatteis genommen haben; aber das Stadttor sei bei seinem Nahen nicht wie sonst von selbst aufgegangen. Erst als er den Stock an die Stelle, von wo er ihn genommen, zurückgebracht habe, soll sich das Stadttor »ohn unrecht Gut« wieder von selbst aufgetan haben.

Als Nothelfer wird er ganz besonders vom 15. Jh. an gegen Besessenheit und Anfechtungen in der Todesstunde angerufen. In einer der frühesten bekannten Darstellungen, im Zwief. Mart. des 12. Jh. (24), hält er als Diakon die

Hand segnend über 2 gekrönte Frauen. Auch später immer als Diakon, meist mit Schwert, Palmzweig und Buch (das als Exorzismus-Text gedeutet wird) dargestellt, ist eine kniende, meist gekrönte mädchenhafte Gestalt, Artemia, öfter auch mit kleinem Teufel, sein kennzeichnendes Attribut. Besonders großartig bildet ihn mit Artemia, Diokletian und Begleitern lebensgroß der Hochaltarschrein von Besigheim (Württ.), um 1520, ab, gelegentlich Christoph von Urach zugeschrieben; ebenso groß aufgefaßt die Grisailletafel des Mathis Nithart Gothart, 1509/12 vom ehem. Thomas-Altar der Dominikanerkirche in Frankfurt (heute im Städel, Frankfurt). Weitere Darstellungen aus den ersten beiden Jahrzehnten des 16. Jh., z. B. in Bönnigheim, Erringen und am Talheimer Altar des Württ. Landesmuseums, Stuttgart, bekunden seine verbreitete Verehrung. (Schon 861 werden Klöster seines Namens mit Reliquien in Worms-Neuhausen und Wiesensteig genannt; die spätere Stiftskirche St. Cyriakus in Boll geht auf einen Bau gleichen Namens schon aus dem 8. Jh. zurück.)

Cyrillus, Hl. (6. März). Der in Konstantinopel geborene dritte Generalprior des Karmeliterordens ist für die Wiedervereinigung der griech. mit der röm. Kirche tätig und stirbt 1224. Die Legende läßt ihm am Fest des hl. Hilarion bei der Messe von einem Engel eine Tafel mit Offenbarungen reichen.

Auf einem Altarflügel, Anfang 16. Jh., im Pfarrhaus von Beilstein/Mosel trägt er ein Triptychon mit der Inschrift: »Revelatio futuri status ecclesiae« (Enthüllung des künftigen Zustandes der Kirche).

D

Dagobert II., Hl. (23. Dez., Straßburg), 653 geboren, wird durch den Hausmeier Grimoald vor den Nachstellungen seines Vaters Sigisbert III. heimlich nach Irland in Sicherheit gebracht, von Wilfried von York erzogen und 675 nach Austrasien zurückgerufen. Er überläßt die Herrschaft seinem Hausmeier Pippin von Heristal, um sich frommen Übungen und wohltätigen Werken hinzugeben. Während der neu ausbrechenden Kämpfe zwischen Austrasien und Neustrien wird er 680 heimtückisch bei Stenay/Maas ermordet. Spätere Legenden verbinden ihn mit Dagobert I. zu einer Person (»le bon roi Dagobert« in elsässischen Legenden) oder verlegen seine Lebenszeit noch weiter zurück (bei → Arbogast, † 550; → Florentius, † 614; → Amandus von Maastricht, 594–684; → Notburga von Hochhausen).

Aus dem 13. Jh. stammt eine ehemals bemalte Steinfigur vom Lettner der Stiftskirche St. Peter und Paul, Weißenburg (Elsaß), heute an der Westempore. Sie gibt D. gekrönt, mit Palme und Modell eines Kirchenbaus, auf seine Abteigründungen weisend, wieder. Auf einem Stich in der Reihe der Heiligen der Sipp-, Mag- und Schwägerschaft Maximilians I. trägt er eine Krone über langem Haar, einen mächtigen Bart, das Schwert an der Seite, ein Zepter in der einen, 3 Nägel in der anderen Hand, die in Legenden nicht begründet sind.

Damian → Kosmas und D.

Daniel (italien. auch Dello), z. Z. des babyl. Königs Nebukadnezar II. (605–562), der 4. der sog. großen → Propheten, wie sie durch die Zusammenstellung mit Evangelisten und Kirchenvätern in der mittelalterl. Kunst üblich geworden sind. Er gibt nach teils berichtenden, teils visionären Worten seiner unter die prophetischen und apokryphen Bücher des AT aufgenommenen Schriften Anlaß zu einer Reihe von kennzeichnenden Darstellungen (Dan. 1–12, Apok.: Daniel und Susanna, vom Bel zu Babel, vom Drachen zu Babel, Asarjas Gebet, Gesang der 3 Männer im Feuerofen). Durch die babylonische Gefangenschaft der Juden kommt D. als Knabe 597 an den Hof Nebukadnezars, wird mit den Pagen erzogen und von Nebukadnezar als Traumdeuter und Berater mit hohen Ämtern begabt; seine letzte Prophezeiung wird 536 angesetzt.

Zu den frühesten und zahlreichsten Bildern gehört Dan. 6,1–29: *D. in der Löwengrube.* Diese Szene ist von den Katakomben des 2. Jh. an über Sarkophage, Gürtelschnallen (im 6.–8. Jh. im Alpen- und Rhônegebiet) und die Großplastik seit dem 12. Jh. bis in unsere Zeit immer neu dargestellt worden. Zunächst in einfachster Zeichensprache wiedergegeben – eine jugendliche Gestalt in kurzem, hemdartigem Gewand, die Hände betend erhoben, rechts und links ein sitzender Löwe –, wird in späteren Darstellungen nach dem apokryphen Text die Szene ergänzt durch den Propheten → Habakuk (Dan. 14,32 ff., nur Vulgata), der, von einem Engel getragen und am Schopf gehalten, eine Schüssel mit Brei und eingebrocktem Brot dem D. in eine höhlenartige Grube reicht, wo ringsumher Löwen lagern. Es ist Darius, der Mederkönig, der durch Verleumdung D. verurteilen muß. Daß D. unbeschadet aus der Grube herauskommt, gilt als eines der Zeichen für die *Auferstehung Christi.*

Ebenfalls schon in der Katakombenmalerei vom 3. Jh. an, dann auf Sarkophagen, später nur noch selten werden die *drei Jünglinge im Feuerofen* (s. u.) dargestellt. Manchmal ist ein vierter dabei oder ein Engel, der nach Nebukadnezars Erschrecken »einem Sohne der Götter glich«. Einzeln kommt D. in der Folge von Prophetenreihen der Kathedralplastik mit dem viergehörnten Widder seiner Vision vor, meist aber nur durch Spruchband, den spitzen Judenhut oder einen Turban gekennzeichnet. Mit ersterem im Glasfenster des Augsburger Doms, 12. Jh., jugendlich und feurig beschwingt an Michelangelos Sixtinischer Dekke. Ein Textband mit Darstellungen ist aus der Reichenauer Buchmalerei (um 1020) in Bamberg erhalten. Hier wird die von D. geschaute Traumgestalt Nebukadnezars (auf die dieser sich nicht besinnen konnte) dargestellt mit dem goldenen Haupt, dem silbernen Körper, erzenen Beinen auf tönernen Füßen, die der ohne Menschenhände geworfene Stein zerschmettert und dadurch das Ganze zum Zerfall bringt. Eine göttliche Gestalt erscheint auf einem Berge – Nebukadnezar versteht die Mahnung nicht und läßt eine goldene Statue auf festen Füßen zu seiner Anbetung errichten. Die *drei Jünglinge*, die sie nicht anbeten, werden in den Feuerofen geworfen (s. o.). Das Entsetzen über ihr unbeschadetes Herausgehen läßt Nebukadnezar nach einem zweiten von D. erklärten Traumgesicht in Wahn fallen: Der riesige Baum wird abgehauen, und wie er sich im Traum gesehen, kriecht Nebukadnezar, Kräuter fressend, mit den Tieren im Grase. Eine fast vollständige Bilderfolge zu D. bringen die Kommentare zu den spanischen Apokalypsen des 10.–12. Jh.; alle Einzelszenen sind im 14. Jh. besonders mit Federzeichnungen in vergleichende sinnbildliche Zusammenhänge gebracht, die über die früheren Gegenüberstellungen von Szenen des AT und NT weit hinausgehen und den Extrakt der ganzen mittelalterl. Symbolik enthalten.

Als Einzelbild erscheint in der Malerei vom 16. Jh. an das *Mahl des Belsazar* mit der sprichwörtlich gewordenen Erscheinung einer Inschrift an der Wand, dem »Menetekel Upharsim«, ausgelegt in Daniels Bericht: Gott hat dein Reich zu Ende gebracht, du bist gewogen und zu leicht befunden. Aus D.s großer Vision (Dan. 7) wird v. a. die Vorstellung des *Alten der Tage* zu den ersten Darstellungen Gottvaters vom 12. Jh. an herangezogen. An frühchristl.

Sarkophagen, später selten, kommt die *Vernichtung des Drachen zu Babel* vor, dem D. einen Kuchen aus Fett, Pech und Haar in den Rachen wirft, worauf er auseinanderbirst. Selten wird Bezug genommen auf den hohlen *Abgott Bel*, der die täglichen riesigen Opfer von Weizen, Schafen und Wein angeblich selbst verschlang, während in Wahrheit die Priester und ihre Angehörigen sie durch einen unterirdischen Gang an sich brachten; D. entlarvt den Betrug durch die Fußspuren in der Asche, die er um das Bild gestreut hat. Am bekanntesten wurde vom 16. Jh. an die Geschichte der *Susanna mit den Alten* als Beispiel der sieghaften Keuschheit: 2 Richter in Babylon beschließen, Susanna beim Bade im Garten aufzulauern. Als Susanna allein ist, treten sie hervor und verlangen, daß Susanna ihnen zu Willen sei; sie würden sonst ihrem Manne sagen, daß man sie mit einem Liebhaber überrascht habe. Vor Gericht schwören die beiden falsch, und Susanna wird zum Tode verurteilt. Der junge D. hört Gottes Stimme und erreicht, daß die Richter nochmals verhört werden. Er stellt jedem die Frage, unter welchem Baum er Susanna gesehen – der eine antwortet, unter einer Eiche, der andere, unter einer Linde. Der Meineid wird offenbar, Susanna freigesprochen, die bösen Richter werden verurteilt.

Eine der schönsten Einzelgestalten des D. befindet sich an der sog. Goldenen Pforte der Marienkirche von Freiberg (Sachsen), um 1230/40. Symbolisch steht Susanna zwischen 2 Wölfen in der Praetextatus-Katakombe des 4. Jh., Rom. In den typolog. Beispielen des 14. Jh. mehrfach herangezogen, wird das Thema aber erst in der großen Malerei vom 16. Jh. an bedeutend: Altdorfer 1526 (München, A. P.), Schäufelein (Stuttgart, Staatsgalerie) und Tintoretto (Wien, Kunsthistor. Museum) zw. 1560/70, Rembrandt (Den Haag, 1634, Berlin, Staatl. Museen, 1647).

Vom 15. Jh. an wird D. als Patron des Bergbaus (neben Anna, Barbara, Helena, Magdalena und Klemens) dargestellt.

Daria → Chrysanthus und D.

David (französ. auch Daudet), 1042–965 v. Chr., König seit 1004 (1. Sam. 16–31; 2. Sam. 1–24; 1. Kön. 1,1–38; 1. Kön. 2,1–11; 1. Chron. 11–29; Jesus Sirach 47,1–13). Die ausführlichen Texte des AT werden für mittelalterl. Darstellungen ergänzt durch Legenden und Kommentare, insbesondere durch die »Glossa ordinaria« des Walafried Strabo (Reichenau, † 849), die Kommentare des Petrus Lombardus († 1160) und die ›Historia scholastica‹ des Petrus Comestor, ca. 1178, die um 1400 auch in deutschen Übersetzungen vorlagen. Die für die Darstellungen wesentlichen Ereignisse beginnen mit der Salbung D.s durch → Samuel, der bei Isai (Jesse), dem Vater Davids aus dem Stamm Juda, von den 8 Söhnen den Jüngsten erwählt. Dieser wird als Hirte von den Herden hereingeholt, als besonders schön und nach der Salbung von strahlender Kraft und Größe geschildert. Die Umgebung König → Sauls, der immer wieder von bösartiger Stimmung und Unruhe befallen wird, sucht einen Harfenspieler; D. wird als solcher gefunden und zu Saul geschickt. Sein Spiel besänftigt Saul; er macht D. zu seinem Waffenträger. Die Philister bedrängen Saul, an ihrer Spitze ein Riese, Goliath, der 40 Tage lang zum Zweikampf herausfordert. D. rühmt sich seiner Stärke, die einen Bären und einen Löwen mit der Kraft seines Armes bewältigt habe. Er soll Sauls Rüstung anlegen, aber er gibt sie als ungewohnt und hinderlich zurück, nimmt seinen Stab, die Hirtentasche mit 5 glatten Steinen und eine Schleuder mit. Sein erster Wurf trifft Goliath tödlich mitten auf die Stirn, D. ergreift das Schwert des Riesen und schlägt ihm sein Haupt ab. Die erschreckten Philister werden besiegt und fliehen. Der Siegesgesang der Frauen: »Saul schlug tausend, David aber zehntausend« und D.s Freundschaft mit Sauls Sohn Jonathan erwecken den Haß Sauls, er wirft seine Lanze gegen den Harfe spielenden D. Saul gibt D. seine Tochter Michal zur Frau, aber seine Haßliebe wächst, und er wirft zum zweitenmal seine Lanze auf D. Jonathan warnt D., Michal läßt ihn am Strick aus dem Fenster fliehen. D. stellt sich bei Achis rasend und entkommt in die Höhle Adullam. Saul lauert ihm mit dem Spieß in der Hand auf, aber D. besiegt die Philister und verbirgt sich in der Wüste, wo Jonathan ihn stärkt und ihm seine – Jonathans – Waffen übergibt. Saul schläft in einer Höhle, in deren Hintergrund D. sich verborgen hält. D. schneidet einen Zipfel von Sauls Rock ab und geht davon; dem erwachenden Saul ruft D. zu; jener erkennt, daß er verschont geblieben, und weint. Saul hat D.s Frau Michal einem andern Mann, dem Phaltiel, gegeben. D. heiratet die Witwe des Nabal, Abigail. Zum zweitenmal beschämt D. den ihn verfolgenden Saul, indem er nachts in dessen Wagenburg eindringt und Sauls Lanze und Becher mitnimmt. Zahllos sind die hin und her wogenden Kampfhandlungen gegen Philister, Moabiter, Amalekiter und Ammoniter, nicht zuletzt immer wieder auch die Kämpfe Sauls gegen D. Schließlich schlagen die Philister Saul; Jonathan fällt mit 2 Brüdern. Der verwundete Saul bittet seinen Waffenträger, ihn zu töten, dieser weigert sich, Saul stürzt sich in sein Schwert, der Waffenträger ebenfalls. D. läßt den Boten erschlagen, der ihm Sauls Krone und Armreif bringt und behauptet, er habe ihn getötet. D. weint und singt das »Bogenlied« der Trauer um Saul und Jonathan. D. befragt den Herrn, er zieht nach Hebron; die Männer Judas salben ihn zum König und erheben ihn auf den Schild. Abner, der Feldhauptmann Sauls, läßt Is-Boseth, einen der Söhne Sauls, zum König salben. Joab, D.s Feldhauptmann, zieht gegen Abner; ein tödlicher Zweikampf von je 12 Kriegern beider Seiten bringt keine Entscheidung in dem »langen Streit zwischen dem Hause Sauls und Davids«. D. bemüht sich um Ausgleich, verlangt von Abner, daß er Michal von Phaltiel nehme und ihm zurückbringe, bereitet Abner ein Mahl, aber Joab fürchtet Verrat und ersticht Abner. Nochmals schlägt D. die Philister und holt die Bundeslade auf neuen Wagen, geht vor ihr und dem ganzen Volk mit Saitenspiel voraus. Usa greift unberechtigt nach der Lade und stirbt auf der Stelle; 3 Monate muß nun die Lade bei Obed-Edom bleiben, dann holt sie D. nach Jerusalem und tanzt vor der Lade. Michal sieht ihn springen und tanzen, es lächert sie, und sie wirft D. vor, er habe sich wie das lose Volk entblößt. Der Priester → Nathan erhebt eine große Prophezeiung erfolgreicher Zukunft, zählt D.s Siege über die Philister, Moabiter, Syrer und viele andere auf. Die Moabiter erheben sich aufs neue. D. schickt Joab aus, bleibt auf seinem Dache und sieht → Bathseba, die Frau des Uria. Von Verlangen erfüllt, läßt er sie zu sich bringen. Uria, von D. herbestellt, schläft vor des Königs Tür, ohne seine Frau aufzusuchen, da er im Kriegsdienst sei. D. gibt ihm einen Brief an Joab mit, daß er Uria an die gefährlichste Stelle schicke, und Uria fällt. Nathan ruft D. zur Buße, D. bekennt, empfängt Verzeihung, aber Nathan verkündet ihm schwere Prüfungen, die ihn für sein Unrecht treffen würden. Zunächst stirbt sein und Bathsebas Sohn. D. tröstet Bathseba, sie wird seine Frau, → Salomo wird geboren. → Absalom, D.s Lieblingssohn, entfesselt einen Aufruhr, D. flieht, weint auf dem Ölberg, Absalom und Ahitophel, der ihm falsch geraten, werden geschlagen. Ahitophel erhängt sich, Absalom bleibt mit seinen langen Haaren an einer Eiche hängen, während sein Reittier unter ihm davonläuft. Joab findet und ersticht ihn, obwohl D. um Schonung für seinen Liebling gebeten. D. klagt um Absalom. In neuen Kämpfen gegen die Philister dürstet D. nach einem Schluck Wasser aus dem Brunnen Bethlehems, das die Philister besetzt haben. Seine 3 Helden Abisai, Sabobai und Benaja bringen ihm Wasser aus der belagerten Stadt; D. gießt es als Opfer aus, denn sie sollen nicht für ihn persönlich ihr Leben riskiert haben. Nach einem letzten Sieg über die Philister erhebt D. einen Lobgesang (als Psalm 18 aufgenommen). Gegen den Rat Joabs und gegen seine innere Stimme ordnet D. eine Volkszählung an. Danach reut es ihn, und der Prophet Gat läßt ihn nach des Herrn Wort wählen zwischen Teuerung, Flucht oder Pest. D. wählt Pest, schaut den strafenden Engel, bittet um Gnade und errichtet einen Altar auf der Tenne Aravnas. D. wird alt und schwach, die schöne Abisag von Sunem wird zu ihm gebracht und soll ihn pflegen. Sein Sohn Adonai erhebt sich gegen D. D. läßt Salomo durch Nathan und Zadok zum König salben und mit Kretern und Plethern (D.s Leibwache) auf D.s Maultier zur Stiftshütte führen. Adonai wird begnadigt, später aber auf Salomos Geheiß von Benaja erschlagen. D. tut Salomo seinen Letzten Willen kund, »entschläft und ward in der Stadt Davids begraben«.

Fast jede der aufgezählten Szenen wird zu einem der Vergleiche in den typolog. Darstellungen herangezogen oder findet sich in den großen Bibelillustrationen des 16. Jh. Einzeln herausgenommen bleibt von Anfang an die Darstellung *Davids mit Goliath* (232 in Dura-Europos, Syrien, im Fußbodenmosaik zu St. Gereon in Köln, in den Katakomben, an Sarkophagen und Elfenbeinen), aufgefaßt sowohl als Sinnbild Christi, der den Teufel überwand, wie als Beispiel, wie die Märtyrer waffenlos ihren geistigen Sieg im Martyrium erlitten. Der *jugendliche Hirte* (Donatello) *und Sieger* (Michelangelo) ist eines der beliebtesten Themen der Künstler des 15./16. Jh. in Florenz. Die nach persönlicher Bestimmung von Augustinus 380 hergestellte Holztür von S. Ambrogio in Mailand enthält 7 Szenen, in den Quedlinburger Bibelfragmenten sind 10 Szenen des 4./5. Jh. erhalten, verschiedene in Werken der karoling. Buchmalerei, 12 im Goldenen Psalter von St. Gallen (2. Hälfte 9. Jh.), 21 im Petrus-Lombardus-Kommentar aus Regensburg-Prüfening (Ende 12. Jh., Bamberg, Staatl. Bibl.). In den letztgenannten und in der byzantin. Buchmalerei wird D. häufig als Psalmist umgeben von Sängern, Tänzern und Harfespielern dargestellt, während in der

Kunst des weiteren Mittelalters die königliche Gestalt des mit der Harfe Thronenden die eröffnende Hauptdarstellung der Psalterien bleibt. Die eigentliche Psalterillustration bezieht sich schon nach den Worten Notkers von St. Gallen (um 950–1022) vorbedeutend auf Christus (bestätigt von Petrus Lombardus, † um 1160: »Materia itaque huius libri est totus Christus« = Die Substanz dieses Buches ist ganz und gar Christus; ebenso Albertus Magnus, 1193–1280: »Constat quod totus liber iste Christus est« = Es steht fest, daß dieses ganze Buch Christus ist. Vom 12. Jh. an bringt sie immer reichere Folgen ausschließlich christl. Themen). Als Einzelgestalt führt D. die Reihe der Patriarchen und Propheten in den großen Portalzyklen und Glasfenstern an (Freiberg in Sachsen, Augsburg u. a.). Mit Salomo, beide Harfe spielend, ist sein Platz an den Chorgestühlen (Bamberg, Ulm, Köln, Bern u. a.). Einzelszenen finden sich an den Altären des 15. Jh., so *die drei Helden, die David das Wasser bringen* (1435, Witz, Heilsspiegelaltar, Kunstmuseum Basel), *Bathseba badend*, vom Balkon des Hintergrundes aus von D. beobachtet (Memling, Stuttgart, um 1485). Bei den reicheren Darstellungen der → Vorhölle führt D. die Patriarchen an, sein erster Platz ist über dem schlafenden Jesse in den Darstellungen des Stammbaums Christi (→ Christus). Die Beziehung zwischen Saul und D. wird v. a. mehrfach von Rembrandt bedeutend herausgestellt. Die Darstellung des mit dem Löwen kämpfenden D. wird oft mit der des Simson gleichgesetzt oder verwechselt. D.s Turm, nach dem Hohenlied 4,4, gehört zu den Mariensymbolen (→ Maria).

Demetrius, Hl. (8. Okt.), einer der berühmtesten griech. Märtyrer, 306 in Achaia im Kerker erstochen und besonders in Saloniki verehrt.

Als gekrönte Gestalt mit Schild und Lanze war er am Anno-Schrein in Siegburg (Ende 12. Jh.) vorhanden, ein Glasfenster des 13. Jh. im Straßburger Münster zeigt ihn in ritterlicher Rüstung, Lanze und Schild (mit 3 Kreuzen) haltend. Er gehört zu den ›Heiligen Rittern‹, die in verschiedener Zusammenstellung vorkommen (54).

Deocarus, Hl. (7. Juni), der Einsiedler von Hasenried-Herrieden, gründet dort 795 ein Benediktinerkloster. Seit 802 »Königsbote«, ist er 819 an der Übertragung der Gebeine des hl. Bonifatius nach Fulda beteiligt, wird 829 bei der Synode von Mainz genannt und stirbt gegen 832. Ein Teil seiner Reliquien wurde 1316 in die Lorenz-Kapelle nach Nürnberg übertragen, wo er an einem ihm gewidmeten Altar von etwa 1406 in pontifikaler Meßkleidung mit Mitra, Stab und Regelbuch thront, auf seinem Reliquienschrein ebenso, aber liegend abgebildet ist.

Deodatus (französ. Dieudonné, Dié), Hl. (19. Juni / 20. Juni, Straßburg), beginnt ein Einsiedlerleben beim hl. Arbogast im Forst von Hagenau, errichtet mit Hilfe Childerichs II. das Kloster Ebersmünster (bei Schlettstadt), zieht sich immer wieder in sein »Galiläa« genanntes Tal in den Vogesen zurück. Ebensooft holt ihn der Ruf seines heilenden Wirkens heraus; der Gründung eines Klosters an der Stelle der heutigen Stadt St-Dié folgt die Ernennung zum Bischof von Nevers. Er entsagt aber der Würde und stirbt 679 in seiner geliebten Einsiedelei »Galiläa«.

Diabolus → Luzifer, → Satan, → Teufel

Didacus (französ. Diègue; span. Diego), Hl. (13. Nov. / 12. Nov.). Dem spanischen Laienbruder des Franziskanerordens werden eine glühende Verehrung des Leidens Christi, fanatische Bußstrenge und große Hilfsbereitschaft zugeschrieben, die in Darstellungen die Rettung eines Kindes aus einem Ofen, die Heilung eines blinden Knaben mit hl. Öl und die sog. »Engelsküche« zeigen (während er in Ekstase betet, besorgen Engel für ihn das Kochen in der

Klosterküche). Nur sein Todesdatum 1463 ist bekannt; seine Heiligsprechung erfolgte erst 1588, aber der Kölner Meister von St. Severin stellt ihn schon um 1500 als Franziskaner dar, ein Kruzifix tragend und auf einen Krückstock gestützt, nach unbekannter Legende.

Dionysius (französ. Denis), Hl. (9. Okt.). Von Papst Fabian im Jahr 250 mit 6 anderen Bischöfen nach Gallien geschickt, erleidet D. zu Ende des Jahrhunderts als Bischof von Paris den Märtyrertod. Er nimmt der Legende und den späteren Darstellungen entsprechend das ihm abgeschlagene Haupt, um es vom Richtplatz – Montmartre – zu dem Ort, wo er begraben sein will – St-Denis –, zu tragen. Die Abtei St-Denis entsteht über seinem Grabe. Einer der ersten Äbte, Fulrad, erhielt 777 von dem Esslinger Hafti die dortige »Cella S. Vitalis« übertragen, deren folgende Bauten den Namen der heutigen Stadtkirche St. Dionys tragen. Älteste Darstellungen sind in Deutschland eine Relieffigur am Portal von St. Emmeram in Regensburg von 1052, eine Bildseite im Regensburger Evangeliar Heinrichs IV. vom Ende des 11. Jh. (heute in Krakau) und sein Martyrium im Hirs. Pass. des 12. Jh. (23), wo dem bischöflich gekleideten D. mit einem Beil das Haupt abgeschlagen wird; zu seinen Füßen liegen seine enthaupteten Begleiter Rusticus und Eleutherius. Das Martyrium schilderten auch Jean Malouel und Henri Bellechose auf einem Bild im Louvre, gegen 1400. Zahlreich sind die statuarischen Darstellungen vom 13. Jh. an (Bamberg 1235). Immer als Bischof gekleidet, trägt er sein Haupt in Händen, vom 15. Jh. an meist auf einem Buch, gleichzeitig bleibt ihm aber auch der Kopf der vollständigen Gestalt, manchmal ohne Schädeldecke. Schon vor dem 15. Jh. wird er gegen Kopfschmerzen angerufen und gehört seit 1450 zu den 14 → Nothelfern.

Dionysius Areopagita (Apg. 17,34) wird von Paulus bekehrt, getauft und ist der erste Bischof von Athen. Die Legende läßt ihn in Ägypten die Sternkunde lernen, den Altar des unbekannten Gottes auf dem Areopag in Athen errichten, den Paulus vorfindet. Von Papst Clemens Ende 1. Jh. nach Gallien geschickt, erleidet er dort den Märtyrertod. Ein Kirchenschriftsteller des 6. Jh. hat v. a. seine Hierarchienlehre festgehalten, auf die sich die Darstellungen des ganzen Mittelalters und besonders auch Thomas von Aquino beziehen. Nach der Leg. Aur. wird die Hierarchienlehre Kaiser Ludwig d. Fr. 827 in griech. und latein. Sprache vom byzantin. Kaiser überbracht. Von da an tritt die Verschmelzung seiner Legende mit der des Bischofs Dionysius von Paris ein, deutlich schon in der Dichtung der Hrotsvith von Gandersheim (930–ca. 968), dann in der Leg. Aur. und ebenso im Lüb. Pass. des 15. Jh. (4) ausführlich.

Mit St. Emmeram Patron von St. Emmeram, Regensburg: Sein Steinsarg steht in der Westkrypta unter dem Dionysius-Chor. Reste roman. Wandmalereien stellen ihn im Chor dar.

Dismas, Hl. (25. März / –), der Schächer zur Rechten Christi (→ Christus), dem bei der Kreuzigung die Verheißung zuteil wird: »Heute noch wirst du mit mir im Paradiese sein.« Außer in den Kreuzigungsdarstellungen erscheint er unter den ersten Erlösten der »Vorhölle« neben → Johannes d. T. und → Adam und Eva.

Als Einzelgestalt wird er in der Deckenmalerei des Kapitelsaals von Brauweiler, 12. Jh., gesehen, später erst in Einzelstatuen des 18. Jh. Die apokryphen Legenden bringen ihn als den Räuber, der der Hl. Familie bei der Flucht nach Ägypten den Weg zeigt und sie in das Räuberhaus aufnimmt; eine Darstellung um 1420 in Neustadt (bei Waiblingen) zeigt die Szenen als Wandmalerei. D. gilt als Patron der zum Tode Verurteilten.

Dominikus (französ. Dominique, Demange, Domergue, Maginot, Mangin; italien. Domenico, Donnino, Mino;

span. Domingo), Hl. (4. Aug. / 8. Aug.), 1170–1221, als Sohn der altkastilischen Familie Guzman in Spanien geboren, tritt 1199 in das Domkapitel von Osma ein und widmet sich predigend der Albigenser-Bekehrung. In Toulouse gründet er 1215 den Dominikanerorden, der als Beicht-, Prediger- und Bettelorden seine große Bedeutung durch Albertus Magnus und Thomas von Aquino erlangt und 1216 von Papst Honorius III. bestätigt wird. Viele seiner zahlreichen Legenden, die besondere Züge seines Lebens zeigen, werden von florentinischen Künstlern des 15. Jh. festgehalten und finden weitere Verbreitung: Er sieht sich Christus gegenüber, der 3 Speere gegen die Bosheit der Welt gezückt hat (→ Maria, → Pestbild, → Schutzmantel, → Rosenkranz); die Madonna stellt ihn und Franziskus von Assisi als Streiter für die Kirche um Versöhnung bittend und sie erreichend vor; am Morgen nach diesem Traum begegnen sich D. und Franziskus, umarmen sich, beschließen, daß auch ihre beiden Orden in Zukunft diese Freundschaft bekunden sollen (Andrea della Robbia, am Portal im Spedale S. Paolo dei Convalescenti, Florenz, Mitte 15. Jh.); in einem nochmals ähnlichen Traum weist die Madonna Christus auf die unter ihrem Mantel versammelten Dominikanerordensbrüder hin und wird als Schutzmantelmadonna des Ordens in Darstellungen gebracht; ein andermal reicht Maria D. einen Rosenkranz und erklärt ihm dessen Gesetze (Darstellungen bringen dieses aber erst nach der Gründung der Rosenkranzbruderschaft in Köln 1475); D. erscheint dem schlafenden Papst und stützt die Mauer der Kirche S. Giovanni in Laterano, bis der Papst – Innocenz III. – erwachend Hilfe schicken kann; er sendet einer Albigenser-Gemeinschaft seine Schrift über den wahren Glauben, die bei dreimaliger Feuerprobe nicht verbrennt und die Albigenser bekehrt; Petrus und Paulus erscheinen ihm und reichen ihm Stab und Buch mit dem Predigtauftrag; er heilt den tödlich vom Pferd gestürzten Napoleone Orsini; Engel speisen die hungernden Brüder, als kein Brot mehr vorhanden ist (die letzten 5 Szenen auf der Predella von Fra Angelicos Marienkrönung im Louvre, Paris); seine Mutter sieht vor seiner Geburt ein schwarz-weißes Hündlein, das mit einer brennenden Fackel im Maul die ganze Welt erleuchtet; das Gesicht wird ihr auf die göttliche Redekunst des Knaben, den sie gebären werde, gedeutet; D.s Amme aber sieht bei der Taufe einen goldenen Stern auf der Stirn des Kindes.

Mit Ordenstracht – langes, weißes, gegürtetes Gewand und schwarzer Kapuzenmantel – wird auch eine wörtliche Auslegung vereinigt: »Domini canes« (Wachhunde des Herrn). Seine Attribute bleiben Kreuz, Lilienstengel, Buch (Ordensregel), der Stern auf der Stirn, ein schwarz-weißer Hund (selten mit der Fackel) zu seinen Füßen und ein Rosenkranz. Daß die Madonna ihm diesen gereicht und erläutert habe, ist in deutschen Rosenkranzdarstellungen mehrfach bezeugt.

Seine »Himmelfahrt« gibt ihn auf der untersten Stufe einer Leiter sitzend wieder, in der Art einer Tugendleiter im Regensburger Dominikanerinnenlegendar von 1271 (Oxford, Keble-College) und im Dominikanerinnengraduale, Ende 13. Jh. (Nürnberg, German. Nat.-Museum).

D. stirbt in Bologna, seine Brüder mit seinen letzten Worten zu Liebe, Demut und freiwilliger Armut ermahnend. Eine erstmalige Erhebung seiner Gebeine und die Kanonisation fanden 1234 statt; über seinem Grab wurde schon bald nach seinem Tod die Kirche S. Domenico geplant, 1485 umgebaut und weiter verändert. Eine nochmalige Translatio von 1473 führt zur Bereicherung der 1267 von der Werkstatt Niccolò Pisanos gestalteten »Arca San Dominici« durch den Leuchterengel und die Figuren der hll. Petronio und Proculus (Frühwerke Michelangelos von 1494). Die früheste Darstellung in Deutschland enthält ein Brevier aus Aldersbach aus der 2. Hälfte des 13. Jh. (München, Bayer. Staatsbibl., Clm. 2640); die Albigenser-Predigt findet sich auf einem Flügel des Maulbronner Altars von 1432 (Stuttgart, Württ. Staatsgalerie); Holbeins d. Ä. Dominikanerstammbaum von 1501 (Frankfurt, Städel) bietet sein Bild ebenso wie zahlreiche Einzeldarstellungen aus dem Ende des 15. Jh. (Wimpfen am Berg, Württ., Kath. Pfarrkirche, Hochaltarstatue von 1480) und spätere.

Domitilla → Nereus und Achilleus

Donatianus, Hl. (14. Okt. / –), als Bischof von Reims Ende 4. Jh. gestorben, wird im Anschluß an die Übertragung seiner Reliquien 863 nach Brügge Mittelpunkt der dortigen Verehrung. Darstellungen beziehen sich auf die folgende Legende: Als Sohn eines röm. Heerführers, der zur Unterdrückung eines Aufstands nach Gallien geschickt worden ist, wird er von einem Diener in den Fluß gestoßen und auf Geheiß des zufällig anwesenden Papstes Dionysius, der ein Rad mit 5 brennenden Kerzen in den Fluß setzen läßt, dort lebend aus der Wassertiefe gezogen, wo das Rad mit den Kerzen stehen bleibt.

In Pontifikaltracht mit Stab und Kerzenrad zeigen ihn Jan van Eyck auf der Paele-Madonna im Groeningemuseum Brügge, 1436, und Jan Gossaert (Altartafel in Tournai, Anfang 16. Jh.).

Donatus von Arezzo, Hl. (7. Aug.). Der durch eine Christenverfolgung der Eltern beraubte röm. Knabe wird vom Bischof von Arezzo aufgenommen, zum Lektor, Diakon und Priester geweiht, nach dem Tod des Bischofs dessen Nachfolger. Eine Christenverfolgung unter Julian Apostata (357 bis 367) läßt ihn nach vielen Martern enthauptet sterben.

Eine Statue in Pontifikaltracht mit Stab und Buch, Ende 13. Jh., im Dom von Meißen stellt ihn dar, ebenda ein Glasfenster um 1400, ein Wandgemälde um 1500, eine Statue von 1440 in der Fürstenkapelle des Doms, eine andere von 1513 im Dom von Wurzen (Sachsen).

Donatus von Münstereifel, Hl. (30. Juni). Reliquien aus der Katakombe der hl. Agnes kommen als Schenkung 1652 an das Jesuitenkolleg von Münstereifel. Strömender Regen verwandelt sich beim Herannahen in strahlenden Sonnenschein, und in Euskirchen wird am Tag des Überbringens der vom Blitz getroffene Pater durch Anrufen des »Donatus« genannten Heiligen geheilt. Er gilt seither als Wetterheiliger und Angehöriger der ›Legio fulminata‹ in der Eifel, dem Trierer Gebiet und Luxemburg, wird aber auch in Süddeutschland und Österreich verehrt.

Mit einer Getreidegarbe und einem Bündel Blitze ist er in antiker Soldatentracht auf der Verschlußplatte des »Loculus« (= Reliquiengrab unter dem Altar), in dem seine Gebeine und ein Glasgefäß mit Blutresten gefunden wurden, dargestellt. Eine silberne Büste von 1656, die heute seine Reliquien in Münstereifel enthält, stellt ihn mit Messer, Palme und becherartigem Gefäß dar.

Dorothea, Hl. (6. Februar, Görlitz). Die christl. Familie des Thorus und der Thea mit 2 Töchtern, Christina und Calixtin, aus altrömischem »edlen Senatorenblut«, weicht der röm. Christenverfolgung unter Diokletian (285–305) aus und siedelt nach Cäsarea in Kappadokien über, wo eine dritte Tochter, Dorothea, geboren wird. Der Richter Fabricio wünscht die Herangewachsene zu heiraten, erfährt, daß sie Christin sei, nur Christum angehören wolle, und läßt sie vor Gericht bringen. Aber selbst die erste Marter mit »wallendem Öl« kann ihr nichts anhaben; sie entsteigt dem Kessel »als wie mit edlem Balsam gesalbt«. Nach neuer Bedrohung wird sie 9 Tage und Nächte ohne Nahrung in einen lichtlosen Kerker gesperrt: Schöner als je zuvor tritt sie aus ihm heraus. Noch schrecklicher bedroht, bittet sie ihren himmlischen Gemahl um ein Zeichen: Ein Götterbild auf hoher Säule wird von Engeln gestürzt und zerbrochen, viele Menschen sehen die Engel, hören Teufel in den Lüften schreien und bekehren sich. Als auch ein gütliches Beschwören des Richters nichts vermag, läßt er D. mit den Füßen an das »Folterpferd« hängen, geißeln, die Brüste mit Fackeln brennen – dem Tode nahe wird sie davongetragen. Aber über Nacht heilen ihre Wunden, sie steht ohne Schaden auf. Da läßt der Richter ihre beiden Schwestern greifen, die zwar ungläubig geworden waren, sich nun aber doch öffentlich zu Christus bekennen. Aneinandergebunden werden sie in ein Feuer geworfen und verbrannt. Mit dem Tode bedroht, erklärt D., das wolle sie gerne leiden aus Liebe zu ihrem Herrn, in dessen Garten sie sich ewiglich erfreuen, Rosen und Äpfel brechen werde. Das hört der Schreiber Theophilus und ruft D. höhnisch zu: »Wenn du zu deinem Gemahl in den Garten kommst, so schicke mir doch von den schönen Rosen und süßen Äpfeln welche zu!« Hinausgeführt betet D. an der Richtstätte, da erscheint ein goldlockiges Büblein in sternbesticktem Kleidchen mit einem Körbchen voll Rosen und Äpfeln. D. schickt es zu Theophilus, neigt sich und wird enthauptet. Das Kind bringt Rosen und Äpfel zu Theophilus und wird vor seinen Augen entrückt. Dieses und eine solche Gabe in winterlicher Zeit empfangen zu haben, bekehrt Theophilus; er bekennt sich mit lauter Stimme, wird ergriffen, vielfältig gemartert, nach erbetener Frist getauft und enthauptet, der Leichnam zerstückelt Tieren vorgeworfen.

D. wird in zeitentsprechender Gewandung mit Blüten- oder Rosenkranz, seltener mit Krone dargestellt und trägt ein Körbchen mit Blumen und Äpfeln, das ihr manchmal auch von einem nimbierten Jesuskind gereicht wird. Palm- oder Rosenzweig, Schwert und Pfauenfeder (die Geißel, die ihr wie eine solche vorkam) und eine Erdbeerstaude (in Paradiesgärtlein-Darstellungen) können hinzukommen. Sie gehört mit → Barbara, → Margareta und → Katharina zu den ›Virgines Capitales‹, verehrt als Nothelferin bei Armut, falscher Anschuldigung, in Geburts- und Todesnöten; in der mittelalterl. Kunst eine der beliebtesten Heiligen.

Ein Gemälde Baldung Griens um 1520/30 schildert die Enthauptung ausführlich (Prag, Nationalgalerie).

Drago → Drogo

Drache → Apokalypse, → Christus (Symbolik), → Luzifer, → Satan

Dreifaltigkeit, Hl. (Dreieinigkeit, Trinität, Sonntag nach Pfingsten = Trinitatis, das Dreifaltigkeitsfest). Der Begriff und die Vorstellung der Dreieinigkeit, wie sie mit Bezug auf 1. Joh. 5,7 und den Zusatz: »drei sind, die da zeugen, der Vater, das Wort und der Geist« und Matth. 28,19: »taufet im Namen des Vaters, des Sohnes und des Hl. Geistes« vorliegen, finden nach den Auseinandersetzungen der Kirchenväter von 325 und 381 ihre Formulierung im Credo (Glaubensbekenntnis). Schon früh wird die später so vielfältig angewandte Zahlensymbolik auch bei Augustinus u. a. zum Ausdruck gebracht (9). Es sind besonders die Dreizahl und das Dreieck, die sich in der ›Triangulatur‹ (Dreiecksberechnung) und allen entsprechenden Elementen des Kirchenbaus geltend machen und verbergen. Dazu kommen die dreigesichtigen, dreiköpfigen (triceps genannten) Bildungen an Kapitellen, 3 ineinander geschlungene Kreise (auch Tiere: Hasen u. a.) im Maßwerk, während das Dreieck als Symbol erst vom 15. Jh. an regelmäßiger vorkommt und besonders vom 16. Jh. an mit dem Auge darin und von Strahlen umgeben nicht mehr nur auf die Trinität hinweist, sondern als das Symbol Gottes in der Trinität gilt.

Bestimmend für die Darstellung sind von Anfang an die Moses-Worte: »Du sollst dir kein Bildnis noch Gleichnis machen« (2. Mose 20,4) und: »Mein Angesicht kannst du nicht sehen, denn kein Mensch wird leben, der mich siehe« (2. Mose 33,20). Grundlegend bleiben ferner die Worte Christi: »Ich und der Vater sind eins« (Joh. 10,30) und: »Wer mich siehet, der siehet den Vater« bzw. »den, der mich gesandt hat« (Joh. 12,45 und 14,9). Auf diese Worte beziehen sich zunächst die Darstellungen Christi als Majestas (→ Christus), als Pantokrator (Allschöpfer besonders in der byzantin. Tradition), als Logos bis in die Sechstagewerk-Darstellungen noch des 14. Jh. Ein wesentliches Zeichen aber wird die Hand Gottes (2. Mose 33,22 und 23): »Wenn meine Herrlichkeit vorübergeht, will ich dich in der Felskluft lassen stehen und meine Hand über dir halten, bis ich vorübergehe« und »wenn ich meine Hand von dir tue, wirst du mir hintennach sehen, aber mein Angesicht kann man nicht sehen«. Dazu Ps. 144,7: »Strecke deine Hand aus von der Höhe« und 2. Kön. 3,15: »Da der Spielmann auf den Saiten spielte, kam die Hand des Herrn auf ihn« (→ Elisa. Hes. 8,1). In Medaillons oder aus Wolken erscheint schon auf Sarkophagen und von da an über den Darstellungen der Verkündigung, der Taufe, der Verklärung, der Kreuzigung, der Marienkrönung die Hand Gottes und wird, wenn bei Verkündigung oder Taufe auch die Taube des Hl. Geistes wiedergegeben ist, als mit enthaltene Trinität angesehen.

Bedeutsam wird dann eine Psalmstelle (Ps. 110,1): »Der Herr sprach zu meinem Herrn, setze dich zu meiner Rechten«. Diese Worte legt Christus selbst (Matth. 22,44) sowohl auf sich als Sohn Davids als auf den geschauten Sohn Gottes aus. Die Wesensgleichheit von Vater, Sohn und Geist wird hieraus verstanden und in seltenen Darstellungen zum Ausdruck gebracht mit 3 nebeneinandersitzenden, völlig gleichartigen Gestalten, die sich in der Buchmalerei des 12.–15. Jh. aufzeigen lassen (Herrad, Fouquet, mit der Gegenüberstellung: Abraham und die 3 Männer, Noahs 3 Söhne u. a.).

Begriffe, die schon in der Schrift des Bischofs Hilarius von Poitiers (315–368) »De Trinitate« festgelegt sind, auch von Alkuin (735–804), (9), werden im 12./13. Jh. besonders herangezogen in den Werken des Honorius (1090–1120), Durandus († 1296), Sicardus († 1215) und Rupert von Deutz (9). Zu des letzteren »De Trinitate et operibus huius« (1117) findet sich in der Deutzer Chronik von 1155 (Sigmaringen, Bibl. 7, ehemals im Kunsthandel) die erste zum Typus der Trinität werdende Darstellung. Es ist der thronende Christus mit Kreuznimbus, seine ewige Erscheinung, in der zugleich der Vater gesehen wird, der den zur Erde gekommenen Gekreuzigten zwischen den Knien hält zu den Worten (Joh. 1,18): »der eingeborene Sohn, der in des Vaters Schoß ist«, über dem Kreuz meist die Taube. Statt des Kruzifixus kommt in den ersten weiteren Beispielen auch das Lamm vor, im Schoß des »Alten der Tage«, womit nach Dan. 7,9 eine erste Gottvater-Darstellung in dieser Form auftritt. So in Bildern zu den Visionen der → Hildegard von Bingen: »Neuer Himmel, neue Erde« (Liber Scivias Domini III,12, um 1170) und »Die feurige Lebenskraft mit dem Lamm und dem Alten der Tage über Satan und Diabolus« (Buch der göttlichen Werke I,1, 1230/40). Die von da an häufigeren Beispiele bekommen nach 2. Mose 25,20/21: »Du sollst den Gnadenstuhl oben auf die Lade tun« (Vulgata: Propitiatorium = Gnadenwerk = goldene Deckplatte zwischen den beiden Cherubim) die allgemeine Bezeichnung »Gnadenstuhl« als Trinitätsdarstellung. Sie wird als solche noch abgelehnt von Lucas von Tuy (Adversos Albigensium errores), Anfang 13. Jh. (9, S. 407): »Gottheit und Trinität dürfen nicht dargestellt werden.« Nun erlangt aber mit dem Beginn des 13. Jh. der Psalter die Rolle des Laiengebetbuchs mit Bildern, die eindeutig vorverkündend auf Christus bezogene Darstellungen des Lebens und Sterbens Christi bringen – nach Aussagen schon Notkers von St. Gallen (um 950–1022), bestätigt von Petrus Lombardus († um 1160) und → Albertus Magnus (1193–1280): »Materia itaque huius libri est totus Christus« (Christus ist der ganze Inhalt dieses Buches) und: »Constat quod totus liber iste de Christo est« (Es steht fest, daß dieses ganze Buch von Christus handelt) (17). Dieses zum ›Stundenbuch‹ sich weiterentwickelnde Psalmengebetbuch nimmt v. a. auch die neue Darstellung des Gnadenstuhls auf – zunächst mit Betonung des göttlichen Christuswesens (als Bild den Vater enthaltend), das den gekreuzigten Menschensohn zwischen den Knien hält.

Empfunden wurde v. a. nach → Bonaventura (1221–74) und Beleth (um 1202) eine D. im dreifachen Mysterium Christi, dargestellt in der Folge: Ursprung = Geburt, Leiden = Kreuzigung, Triumph = Auferstehung, wie sie noch im Isenheimer Altar (Mathis Nithart Gothart 1512–16) gesehen werden kann. Sowohl als Gnadenstuhl wie auch als D. bezeichnen großartige Werke der Graphik des 16. Jh. die Vorstellung. Eindeutig ist es jetzt ein alter Gottvater, der den Gekreuzigten oder den Leichnam des Sohnes hält (Dürer, Altarbild und Holzschnitt 1511). Ein Dreifaltigkeitsaltar von 1597 mit großer Reliefplastik des Hans Ruprecht Hoffmann ist teilweise erneuert im Dom von Trier erhalten. Eine weitere Steigerung findet letzten Ausdruck in der Deckenmalerei und Altarplastik des Barock (Hochchorgestaltung des Egid Quirin Asam, Nepomuk-Kirche, München, 1746 ff.), u. a. Ignaz Günther, Rott am Inn, 1760–62. In der Psalterillustration des 12./13. Jh. wird die Trinität fast ausschließlich zu Psalm 109 dargestellt: Christus thronend, über ihm Taube und Hand Gottes, seine Füße auf 2 Dämonen.

Als ganz vereinzeltes Beispiel wird ein ornamentales Blatt im Evangeliar von Durrow, um 700 (Dublin, Trinity College), als »Mysterium Trinitatis« bezeichnet: 3 sterngefüllte Kreise umgeben ein kleines Kreuz inmitten eines großen Kreises, der mit den in sich zurückkehrenden Bandgeschlingen des Ewigkeitszeichens gefüllt ist. In einmaliger und großartiger Darstellung erscheint die mit Worten auch beschriebene »Trinität« in den o. g. Visionen der → Hildegard von Bingen (II,2): Christus als ganz in blaugrau gemalte Gestalt, silberumflossen von dem großen silbernen Kreis des Vatergrundes und eingebettet in das golden fließende Feuer des Hl. Geistes.

Das Dreifaltigkeitsfest wird schon im 11. Jh. in Klöstern gefeiert, 1250 in Frankreich, 1334 zum allgemeinen Kirchenfest erhoben. Der Trinitarierorden wurde 1198 zur Befreiung von Christensklaven gestiftet. S. a. Felix von Valois und Leg. Aur. bei Silvester.

Drei Könige, Hll. (6. Jan.). Matth. 2,1 (s. a. Christus): »Es kamen die Weisen aus dem Morgenland gen Jerusalem, sprachen: Wo ist der neugeborene König der Juden? Wir haben seinen Stern gesehen und sind gekommen, ihn anzubeten.« Matth. 2,11: »Und fanden das Kindlein [...], fielen nieder, beteten es an, taten ihre Schätze auf und schenkten ihm Gold, Weihrauch und Myrrhen.« An diese beiden Textstellen schließen sich schon in früher Zeit Ausdeutungen an; die Zahl der Weisen ist noch nicht auf 3 festgelegt. Der Ausdruck »Könige« wird bereits im 3. Jh. von Tertullian u. a. Kirchenschriftstellern gebraucht; Sicardus, Bischof von Cremona (um 1215), nennt sie »mathematici aus dem königlichen Geschlecht des Zoroaster«; als Sterndeuter, Philosophen und Zauberer sucht sie die Leg. Aur. zu erklären. Zahlreiche Legenden und Kommentare erzählen ihre Namen, ihr von Wundern erfülltes Leben, ehe ihnen der Stern erscheint, sie die Reise nach Jerusalem unternehmen, vor Herodes stehen, nach der Verehrung des Kindes durch einen Engel im Traumgesicht gewarnt einen anderen Weg zurücknehmen. Aus frühchristl. Quellen stammt die Erzählung von ihrer Taufe durch den → hl. Thomas und von ihrer Bischofswürde, von einem gemeinsamen Weihnachtsfest im Jahr 54 und ihrem unmittelbar darauf folgenden Tod, dem Auffinden der Gebeine und der Translatio durch die Kaiserin → Helena nach Konstantinopel. Helena, vom hl. Eustorgius gebeten, schenkt ihm, der 343–355 Bischof von Mailand ist, die Reliquien. Sein Nachfolger, Protasius, bringt sie nach Mailand, wo sie in einem riesigen röm. Sarkophag aufgenommen werden, der heute noch in einer der Kapellen von S. Eustorgio steht. Chroniknotizen und ein Kapitellbruchstück (mit Darstellung des von einem Wolf angegriffenen Transports: Die Begleiter spannen sich statt der zerrissenen Ochsen ein) bezeugen die Verehrung in Mailand seit dem 9. Jh. Eine »Basilika zu den Hll. Drei Königen« wird 1034 genannt, die späteren Bauten an dieser Stelle tragen den Namen des hl. Eustorgius, über dessen Grabstätte der Sarkophag aufgestellt worden sei. Nach der Unterwerfung Mailands bringt Rainald von Dassel, der Kanzler Barbarossas, die Reliquien als Geschenk nach Köln, wo seither das Fest dieser Translatio am 23. Juli 1164 gefeiert wird. Einer der prachtvollsten Gold-Emailschreine aus der Werkstatt des Nikolaus von Verdun, um 1200, bewahrt die Reliquien hinter dem Choraltar des Kölner Doms. Auf besondere Bitten Mailands wurden 1904 durch Kardinal Fischer von Köln Teile der Reliquien nach Mailand überbracht, wo sie in einer Bronzeurne unter dem Altar von S. Eustorgio verehrt werden.

Außerordentlich verschieden werden im ganzen Schrifttum des Mittelalters die Namen und Geschenke gedeutet und ausgelegt. Im Malerbuch vom Berge Athos ist die Folge **Caspar** (französ. Gaspard; engl. Jasper), **Melchior, Balthasar** festgelegt; auf diese Tradition geht die Anbringung von C M B an den Stalltüren der Bauern zurück. Die Geschenke – ihre Auslegungen füllen Bände – sind am verständlichsten in den »Gesta Romanorum« gedeutet: Das Gold bezeichnet den dem König gebührenden Weisheitsschatz, der Weihrauch das ergebungsvolle Opfer und Gebet, die Myrrhen die reinhaltende Kraft der Selbstbeherrschung. Außer der Unterscheidung in 3 Lebensalter, die sich vom 12. Jh. an deutlich geltend macht, tritt um 1300 der Jüngste als Mohr in Darstellungen und Spielen auf. Auch werden die 3 Könige als Vertreter der damals bekannten 3 Weltteile, Asien, Europa, Afrika, angesprochen (angeblich auch zurückgehend auf die 3 Söhne Noahs – Ham als Mohr: Hl. Grab, Konstanz, Münster, um 1330; Kanzel von Niccolò Pisano, Siena, Dom, 1266).

Drogo, Drago (französ. Drogon, Dreux), Hl. (16. Juni / –). Ein Rekluse von Sebourg bei Valenciennes, 1102 in Epinoy geboren, verteilt 18jährig als Sohn wohlhabender Eltern seinen Besitz an Arme, lebt 6 Jahre als pilgernder Hirte, bis er sich eine Zelle baut, die er nicht mehr verläßt und in der er 1186 stirbt.

Im Skizzenbuch zu den Heiligen der Sipp-, Mag- und Schwägerschaft Maximilians (fälschlich mit dem Bischof Drogo von Metz verwechselt) ist er um 1500 in Pilgertracht mit Hirtenkeule, Rosenkranz und einer Krone zu Füßen in seiner hölzernen Zelle, um die Flammen schlagen, dargestellt: »Denn ohne Schaden zu nehmen, harrte er beim Brande aus, seinem Gelübde getreu.«

Drusiana (Leg. Aur. nach apokryphen Quellen). Als → Johannes Evangelista von Patmos nach Ephesos zurückkehrt und die Menge ihm begrüßend entgegenströmt, wird Drusiana tot herausgetragen, die mit Eltern, Witwen und Waisen die Heimkehr des Johannes so sehr erwartet und alle in seinem Namen gelehrt, getröstet und gespeist hat. Johannes läßt die Bahre niedersetzen, die Binden entfernen und erweckt D. zum Leben. Er heißt sie aufzustehen, ins Haus zu gehen und ihm Essen zu bereiten.

Eine Darstellung auf einer Altartafel in der Kunsthalle von Karlsruhe, um 1450/60, stellt die Auferweckung dar; ein dramatisches Spiel der Hrotsvith von Gandersheim spinnt diese in romanhafte Szenen ein.

Dymphna, Hl. (15. Mai / –), Tochter eines heidnischen irischen Königs im 7. Jh., die auf Veranlassung der Mutter getauft wurde. Gemäß der Legende floh sie zusammen mit ihrem Beichtvater Gerebernus nach Kempen bei Geel in Belgien, als ihr Vater sie nach dem Tod der Mutter heiraten wollte. Dort lebte sie als Eremitin und unterstützte Arme und Bedürftige. Vom Vater aufgespürt, wurde sie enthauptet. Ihre sterblichen Reste kamen nach Geel, wo ihr zu Ehren die spätgotische Sint-Dimpnakerk errichtet wurde.

Mit Krone und Schwert dargestellt, einen gefesselten Teufel zu Füßen, wird sie als Patronin der Besessenen und Geisteskranken angerufen, in Geel und zahlreichen anderen Kirchen besonders in Belgien verehrt. Ebenso vertreten ist sie auf dem Altarbild der Wiener Kirche am Steinhof von Otto Wagner.

E

Eberhard (französ. Evrard, Erard), Hl. (22. Juni), 1085–1164, wird 1125 Mönch in Prüfening, 1133 Abt von Biburg und 1147 Erzbischof von Salzburg. Als solcher verehrt, ist eine Statue des späten 15. Jh. in Bihlafingen (Laupheim) erhalten, die ihn in pontifikaler Meßkleidung mit Buch und Stab zeigt.

Ebregesilus → Evergislus

Edigna, Hl. (26. Febr. / –). Die Legenden nennen sie als Tochter Heinrichs I. († 1060) oder Philipps I. († 1108) von Frankreich. Zur Heirat gegen ihren Willen gedrängt, flieht sie als Pilgerin auf einem Ochsenkarren nach Bayern, wo sie in einer hohlen Linde bei Puch haust, 1109 stirbt und noch heute verehrt wird.

Altarflügel des 15. Jh. (München, Bayer. Nat.-Museum) stellen sie als Nonne mit einem Buch dar, auf dem ein Hahn zu sehen ist: dieser habe sie auf der Flucht begleitet und gekräht, als sie in Puch die Flucht beenden sollte. Eine Statue des 17. Jh. in Puch b. Fürstenfeldbruck/Obb. zeigt die Heilige mit Krone und Zepter in einem hohlen Baumstamm.

Edmund (französ. auch Edme, Aymond), Hl. (20. Nov.). Am Schluß der Legende Johannis Ev. erzählt die Leg. Aur., wie E., der König von England, als besonderer Verehrer des hl. Johannes keinem etwas versagte, der ihn in dessen Namen bat. Ein bittender Pilger kommt, als der Schatzmeister nicht da ist, und E. zieht seinen Ring vom Finger und gibt ihm diesen. Als ein englischer Ritter sich auswärts zur Heimreise rüstet, überreicht ihm ein Pilger einen Ring mit der Bitte, diesen dem König von England zu überbringen und ihm zu sagen, es sende ihm dies der, um dessentwillen er den Ring erhalten habe.

E., König der Ostangeln, um 840 geboren, wird gerühmt wegen seines Strebens für das religiöse, sittliche und materielle Wohl seines Landes. Als die Dänen einfallen und er seinen Glauben behauptet, wird er mit Ruten geschlagen und mit Pfeilen erschossen. Bärtig und in langem Kleid mit Mantel, Fahne und Pfeil in Händen, ist er auf dem Flügel des Andreas-Altars aus der 1. Hälfte des 15. Jh. in St. Stephan, Wien, dargestellt. Prächtig gekleidet, mit Buch und Pfeil, im Hochaltar der Herrgottskirche (Salvatorkirche) von Nördlingen, 1518.

Eduard (französ. Edouard, Oudard; italien. Edoardo, Odoardo; port. Duarte), Hl. (18. März / 13. Okt.). Der 962 geborene Sohn des Königs Edgar von England wird 975 dessen Nachfolger, unterstützt vom Erzbischof Dunstan von Canterbury. Aber seine Stiefmutter Elfrida will ihrem Sohn Ethelred den Thron verschaffen und läßt E., als er bei einem Jagdausflug durstig den Becher zum Munde führt, 978 meuchlings erstechen. Um 1500 in »Die Heiligen der Sipp-, Mag- und Schwägerschaft Maximilians I.« dargestellt, prächtig gekleidet, gekrönt, einen Pokal in Händen, aus dem sich eine kleine Schlange ringelt, die aber nicht auf Gift, sondern auf die hinterlistige Ermordung deuten soll. Von 2 Bischöfen gekrönt, bringt ihn ein Holzschnitt im Lüb. Pass. von 1480 (4).

Egidius → Ägidius

Eleutherius, Hl. (20. Febr.), wird 455 in Tournai geboren, 487 Bischof von Blandinum, wo seine Eltern Zuflucht gesucht und eine christl. Gemeinde gegründet haben. Von Chlodwig (481–511) vor dessen Taufe (496) vertrieben, wird er Bischof von Tournai. Dort überfallen ihn beim

Verlassen der Kirche 530 »ketzerische Antitrinitarier«, die er bekämpft hat, geißeln und erschlagen ihn.

Ein kupfervergoldeter Prachtschrein von 1247 – einer der letzten aus den Maasklöster-Werkstätten – bewahrt seine Gebeine in der Kathedrale von Tournai. Thronend in pontifikaler Meßkleidung, Stab und Kirchenmodell in Händen, ist er plastisch an der Schmalseite dargestellt, die Füße auf einem Drachen, dem Zeichen der Heiden und Ketzer, die er überwand.

Eleutherius, Begleiter des → hl. Dionysius

Elias, vor allem in der Ostkirche verehrt (20. Juli), ist der erste große schicksalkündende Prophet Israels, der sich um die Aufrichtung des Glaubens der Väter gegen den Baalskult bemüht (1. Kön. 17ff.; 2. Kön. 1ff.). Durch des Herrn Wort verkündet er dem König Ahab († 854) Dürre, erhält selbst die Weisung, an den Bach Krith zu ziehen, wo ihm 2 Raben Fleisch und Brot bringen, und eine Witwe in Sarepta aufzusuchen. Er findet sie, als sie Holz sammelt, entschlossen, ein letztes Mahl vor dem drohenden Hungertod zu bereiten, und bittet sie um Trank und Brot. Sie teilt das Letzte mit ihm, E. bleibt bei ihr; es vermehrt sich das Mehl im Kasten und das Öl im Krug, und als der Sohn erkrankt und stirbt, erweckt ihn E. Durch → Obadja wird Ahab von E. aufgefordert, das Volk auf dem Berge Karmel zu versammeln und durch die Baalspriester ein Stieropfer vorzubereiten. Auch E. baut einen Altar aus 12 Steinen (= für die 12 Stämme), läßt Holzstoß, Opfertier und die Grube um den Altar mit Wasser übergießen. Sein und der Baalspriester Gebet soll die Entscheidung bringen, ob Baal oder der Gott Israels das Opfer bestätigend entzünde. Umsonst »hinken« die Baalspriester Stunde um Stunde um ihren Altar; da fällt Feuer vom Himmel auf den Altar des E., verzehrt Opfer, Holz und Steine und trocknet sogar das Wasser in der Grube. E. veranlaßt das

Volk, die Baalspriester zu greifen und zu töten. Mit Ahab geht er auf die Spitze des Berges, betet, schickt siebenmal seinen Knecht aus, ob eine Wolke sich zeige. Als dieser eine handgroße über dem Meer aufsteigen sieht, befiehlt E. dem Ahab anzuspannen, läuft vor dem Wagen her, und der Regen beginnt mit Wolkenbrüchen. Ahab berichtet seiner Frau Isebel von der Niederlage der Baalspriester, Isebel droht E. mit dem Tod und wiegelt das Volk gegen ihn auf. E. flieht in die Wüste, legt sich unter einen Wacholder (Ginster), wird von einem Engel geweckt, zweimal gespeist, fastet, durch die himmlische Speise ernährt, 40 Tage in einer Höhle des Berges Horeb. Dem gegen die Geschehnisse sich Ereifernden erscheint der Herr im Sturm, Erdbeben, Feuer und endlich in lindem Sausen: E. bedeckt seine Augen mit dem Mantel, erhält Weisung, den König Hasael von Damaskus zu salben, den → Elisa zu finden. Er trifft diesen pflügend, wirft seinen Mantel auf ihn, macht ihn zu seinem Jünger und gewährt ihm, Abschied von seiner Familie zu nehmen. Auf die Abgesandten des Ahab fällt durch die standhafte Kraft des E. mehrfach vernichtendes Feuer. E. schreitet mit Elisa trockenen Fußes durch den Jordan, indem er das Wasser mit seinem Mantel teilt. Er fordert Elisa auf, einen Wunsch zu äußern, dieser bittet um die zweifache Kraft des E., da wird vor Elisas Augen E. auf feurigem Wagen gen Himmel entrückt, seinen Mantel Elisa hinterlassend. – E., dem König Ahab erscheinend und ihm seinen Tod verkündend, wird nach der Steinigung des → Naboth berichtet (1. Kön. 21,1–29); letztere kommt in typolog. Werken vor (8).

Reste der E.-Darstellungen sind schon in der Synagoge von Dura-Europos (244 n. Chr.) erhalten (22); aber nur die »Himmelfahrt des Elias« wird in der Katakombenmalerei des 4. Jh., auf Sarkophagen des 3./4. Jh. und auf der Holztür von S. Sabina, Rom (432), dargestellt. Die »Himmelfahrt« bleibt, wie eine Reihe der anderen Szenen, von da an ein besonderes Thema der byzantin. Kunst, wo E.

auch als Kirchenpatron genannt wird. Durch Berührung mit Werken der östl. Kunst erscheint vereinzelt die Himmelfahrt des E. auch im Westen, so z. B. an der Bronzetür der Sophienkirche in Nowgorod (1156 aus der Magdeburger Gießhütte des Richwin und Abraham). Rechts und links der Majestas werden E. und Joh. d. T. einander gegenübergestellt. Eine Vorverkündigung auf Joh. d. T. (2. Kön. 1,8; Mal. 3,1 und 23; Sach. 13,4; Matth. 3,4 und 17,10) bezieht sich auf die Worte: »Er wird vor dem Herrn hergehen im Geist und in der Kraft des Elias« (Barisanus von Trani, 1186 an der Nordtür des Doms von Monreale stellt E. und Joh. d. T. gegenüber). Als Einzelszene ist auch die 2 Hölzer tragende Witwe von Sarepta als Gegenüberstellung zum holztragenden Isaak bekannt (Email am Leuchter von St-Omer, Museum, Godefroy de Claire, ca. 1150). In der abendländischen Kunst tritt E. v. a. in der Verklärung und dem Niederstieg zur Hölle (→ Christus) auf, einzeln auch in den Reihen der 12 Propheten in der Kathedralplastik. Die genannten Szenen erfuhren vom 13. Jh. an eine ausführliche Wiedergabe mit Gegenüberstellungen zu solchen des NT in verschiedenartiger Ausdeutung. Sie finden sich als Federzeichnung in den typolog. Werken, der Armenbibel, dem Speculum, und den Concordantia-Handschriften (8), auf deren Grundlage als Einzelszenen in Glasfenstern um 1300: das vom Feuer entzündete Opfer – dargestellt in Esslingen, Franziskanerkirche, und Wimpfen-Erbach –, die Flucht von Isebel – dargestellt in Stetten –, die Himmelfahrt – dargestellt in Esslingen, Franziskanerkirche, und Wimpfen-Erbach (57). Eine Einzelgestalt mit Rabe, Brot und Stab auf einer Altartafel der Ulmer Schule (Stuttgart, Staatsgalerie), mehrere Szenen auf dem Abendmahl-Altar des Dierck Bouts aus der Peterskirche von Löwen (Berlin, Staatl. Museen) 1464/67. Am Sakramentshaus des Georg Mille von 1611 in der Stadtkirche von Weil der Stadt werden Abendmahl und Mannaregen der Speisung des E. durch den Engel gegenübergestellt. Ein reicher Zyklus des Jörg Ratgeb von 1514/17 schildert an den Wänden des ehem. Karmeliterklosters in Frankfurt die E.-Szenen in Verbindung mit der Vernichtung des Karmeliterordens 1248 durch die Sarazenen. Die »Eliashöhle« auf dem Karmel wird als Ursprung für die ersten Mönche frühchristl. Zeit angesehen. Das Wiedererscheinen, Tod und Erweckung des E. werden in den Darstellungen des → Antichrist ausgeführt.

Elieser → Abraham und → Isaak

Eligius (französ. Éloi, Aloi, Loy, Helleu, Alar; italien. Allodio, Lo), Hl. (1. Dez.). Die Eltern des um 590 in Limoges geborenen E. nennt die Legende Eucherius und Torrigia. Diese sieht im Traum einen Adler, der dreimal ruft, um ihr etwas zu verkünden. Erwachend wagt sie nicht, jemanden zu befragen; doch als sie nach der Geburt des Sohnes gefährdet erscheint, wird ein heiliger Mann gerufen, um für sie zu beten. Er spricht: »Fürchte dich nicht, dein Sohn wird heilig und groß in der Kirche des Herrn.« Nach anderer Legendenfassung beschattet ein Adler Torrigia im Garten vor sengenden Sonnenstrahlen. Der geschickte Knabe wird im Goldschmiedehandwerk ausgebildet, wird Münzmeister am königlichen Hof und soll für den Merowingerkönig Chlotar (584–622) einen goldenen Kopf (Reliquiar), einen goldenen Sessel und für Dagobert (622–638) andere »köstliche Dinge«, darunter 2 Sättel und später mehrere Reliquienschreine, gemacht haben. Er verläßt aber das Hofamt und wird 639–641 Bischof von Tours. Das ihm vom König geschenkte Hofgut bei Limoges baut er als Kloster aus, beschenkt Arme aufs freigebigste, läßt Sklaven freikaufen und weitere Klöster erbauen. Von seinen zahlreichen Wundertaten ist eine besonders verbreitet: Er schneidet einem störrischen Pferd, das er beschlagen soll, das Bein ab, befestigt das Hufeisen auf dem Amboß und setzt das Bein wieder an, wie es Nanni di Banco in kleiner Reliefdarstellung unter der großen bischöfl. E.-Gestalt in einer der Nischen an Or S. Michele, Florenz, um 1415/17 bildete und wie es das sog. Schmiedefenster im Münster von Freiburg i. Br. zeigt. E. ist daher Patron aller Schmiede.

In den sehr häufigen Darstellungen sind seine Attribute Kelch, Hammer, Amboß, Zange und Pferdefuß. E. kann in Laientracht dargestellt sein (Erfurt, Barfüßerkirche, Altarflügel, Ende 14. Jh.), aber auch in pelzgefüttertem Rock, Mantel und Barett oder in bischöfl. Kleidung, den Hammer auf den Amboß schlagend (Stralsund, Nikolaikirche, Goldschmiedegestühl). Andere Darstellungen zeigen ihn als Bischof mit Gesell und Lehrbub, in ausführlich geschilderter Werkstatt am Tisch mit Schurz arbeitend (Kupferstich des sog. Meisters des Bileam, um 1458) oder als Goldschmied, der einem jungen Paar einen Ring verkauft (bzw. der hl. Godeberta den Verlobungsring, mit dem sie sich Christus anverloben will): Altartafel des Petrus Christus, 1469 (New York, Priv.-Bes.).

Der bei Großschönach/Überlingen noch heute stattfindende »Eulogiusritt« (s. a. Leonhardiritt, → Leonhard) geht, unter Umbildung des Namens, auf den Pferdesegen, der in ganz Süddeutschland verbreitet war, zurück.

Elisa, Eliseus (1. Kön. 19,19–21; 2. Kön. 2,1–13), vor allem in der Ostkirche verehrt (14. Juli), wird auf Geheiß des Herrn zum Nachfolger des → Elias bestimmt und ist sein Begleiter, als dieser den Jordan mit seinem Mantel teilt und beide trockenen Fußes hindurchschreiten können. Aufgefordert, einen Wunsch zu äußern, bittet er um die zweifache Kraft des Elias, kurz ehe dieser vor seinen Augen auf einem feurigen Wagen gen Himmel entrückt wird, seinen Mantel dem E. zurücklassend. Auch dieser teilt nun damit den Jordan, und die Propheten von Jericho erkennen ihn als den von Elias gesandten Propheten. Er macht ihnen die bittere Quelle von Jericho trinkbar, wird von den Knaben als »Kahlkopf« verspottet, und diese werden von Bären zerrissen. Die besonders Elias mitbetreffenden Darstellungen (Himmelfahrt u. a.) sind dort genannt, kommen hauptsächlich aber nur in der byzantin. Kunst vor. Nach 2. Kön. 4–8 sind die in typolog. Werken erscheinenden Szenen: E., dem Elias Wasser über die Hände gießt; als der Spielmann die Saiten schlägt, kommt der Geist des Herrn über ihn; er errettet eine Witwe mit ihren Söhnen vom Schuldturm, denn sein Gebet füllt alle Krüge mit Öl, das sie verkaufen kann; er wohnt bei der Sunamitin, erweckt den verheißenen, aber sterbenden Sohn, kocht Gemüse und verteilt das Erstlingsbrot, heilt den Aussatz des Feldhauptmanns Naëman, betet, daß die Syrer mit Blindheit geschlagen werden, daß Joram die Gefangenen ernähre; Joram will ihn töten lassen, aber er verkündet gute Zeit und beklagt das zukünftige Königtum; Joas läßt ihn in die Erde schlagen, nach Tod und Begräbnis wird ein Toter in sein Grab geworfen und zum Leben erweckt (8,9).

Elisabeth (französ. auch Lise, Lison, Isabeau, Babette; italien. auch Lisabetta; span. Isabel; engl. auch Liza, Lizzy, Bess)

Elisabeth, Hl. (5. Nov.), die Frau des → Zacharias und Mutter → Johannes d. T. (Luk. 1,5), wird besonders im Zusammenhang mit der durch Legenden bereicherten Geburt des Johannes dargestellt (→ Johannes d. T.). Als Einzelgestalt kommt sie erst vom 16. Jh. an vor, in der späteren Barockplastik in Gegenüberstellung mit Zacharias, oft durch einen kleinen Johannes mit dem Lamm zu ihren Füßen gekennzeichnet. Von frühchristl. Zeit an gelten auch ihr die Darstellungen der → Heimsuchung (s. a. Maria). Als Nebenszene zum Kindermord wird ihre legendäre Flucht mit dem Johannes-Knaben ins Gebirge gelegentlich dargestellt (→ Christus).

Elisabeth, Sel. (25. Nov., Rottenburg), auch Elsbeth Achler, Gute Bethe oder Elisabeth Bona von Reute genannt. Das 1385 geborene, ungewöhnlich fromme Kind einer Handwerkerfamilie in Oberschwaben tritt 14jährig, durch den Augustinerchorherrn Konrad Kügelin veranlaßt, in den Tertiarierorden des hl. Franziskus ein und 1403 mit 4 anderen Tertiarierinnen in die vom Stiftspropst von Waldsee gestiftete Klause von Reute. Ihre von Kügelin nach ihrem Tode 1420 verfaßte Lebensbeschreibung schildert ihre tiefe Leidensbetrachtung des Herrn, ihre harte Kasteiung, übernatürliches Fasten, Visionen und Stigmatisation.

Zahlreiche Beispiele ihrer Verehrung in Reute und den umliegenden oberschwäbischen Orten sind aber erst in Darstellungen vom späten 16. Jh. an bekannt, zumal ihre Seligsprechung erst 1766 erfolgte. Sie erscheint dann bildlich als Franziskanerin im langen, strickgegürteten Kleid, mit Mantel, Weihel, Wimpel, Schleier und Dornenkrone. Ein Engel hält eine lichtumstrahlte Hostie auf einer Patene über ihrem Haupt, mit den stigmatisierten Händen drückt sie ein Kruzifix an die Wange, neigt sich über Buch, Totenkopf und Geißel.

Elisabeth von Thüringen, 1207–31, Hl. (19. Nov.). Rosen und Dornen umranken das Leben der Tochter des Königs Andreas II. von Ungarn und seiner Frau Gertrud von Kärnten (Andechs-Meran). Der berühmte Sängerkrieg des Jahres 1207 findet nach den Legenden auf der Wartburg statt, am Stammsitz der Landgrafen von Thüringen; Dichtung und Legende nennen auch die Anwesenheit des zauberkundigen Klingsor aus Ungarn und seinen prophetischen Hinweis auf die Königstochter E.

Da Hermanns I. von Thüringen ältester Sohn Hermann, der um E. geworben hatte, vorzeitig stirbt, gilt die Brautwerbung für den zweiten Sohn, Ludwig. E. wird auf die Wartburg gebracht, 1211 mit dem zehnjährigen Ludwig verlobt und 1221 verheiratet.

Elisabeths Mutter läßt 1213 der ungarische Kanzler Bankban in Abwesenheit des Königs töten, weil sie aus persönlichem Ehrgeiz gegen die Landesinteressen gehandelt hatte. Andreas II. billigt nach seiner Rückkehr vom Feldzug das Vorgehen des Primas, der die Königin im Zisterzienserkloster Pilisszentkereszt (Heiligkreuz von Pilis) hatte beisetzen lassen – Reste des Sarkophags wurden bei Grabungen gefunden. (Bankban ist der tragische Held in Grillparzers 1828 uraufgeführtem Schauspiel »Ein treuer Diener seines Herrn« und in Ferenc Erkels Oper »Bánk bán« [»Herr Bank«], 1861, nach dem gleichnamigen Drama von József Katona, 1826.)

E.s tiefinnerliche Frömmigkeit äußert sich früh durch selbstauferlegte asketische Übungen, durch hingebungsvolles Gebet (die tote Mutter erscheint E. im Traum und erfleht Fürbitte), bedenkenlose Wohltätigkeit im Schenken und tätige Nächstenliebe. Ausführlich berichten ihre Legenden weiterhin, wie sie unerschüttert den Verleumdungen und Vorwürfen ihrer Umgebung standhielt. Immer wieder erscheint Wunderbares durch ihr Wesen. Der Aussätzige, den sie zur Pflege in ihr Bett hat legen lassen, wird aufgedeckt als das Bild des Gekreuzigten gesehen; als sie im Hungerjahr 1226 alles verfügbare Korn ausgeteilt hat und daraufhin heftige Vorwürfe erhoben werden, bedeckt sich plötzlich der Boden des Saales mit Korn, und Korn füllt alle Kammern. Und als sie bei der festlichen Ankunft des Stauferkaisers Friedrich II. kein Gewand mehr in der Truhe findet, überkleidet sie im Gebet ein Engel mit Glanz und Schmuck; fürstlicher als je erscheint sie im Saal. Ludwig aber tritt dem Deutschorden bei, empfängt von Konrad von Hildesheim das Kreuz, um an Friedrichs II. Kreuzzug teilzunehmen. Er erkrankt in Otranto, wird – schon eingeschifft – in Brindisi wieder an Land gebracht, wo er 1227 stirbt (angeblich an einer Seuche; die Legende berichtet aber auch von einem verderblichen Trank, den er mit der Kaiserin Jolanthe getrunken, auch sie stirbt). E.s Schwager Heinrich Raspe vertreibt E. als Witwe mit ihren 3 Kindern von der Wartburg, bringt sie in bitterste Armut und Beschämung. Der Bischof von Bamberg nimmt sich der Verlassenen an und will sie wieder vermählen, aber E. lehnt auch die Werbung Kaiser Friedrichs ab. Rückkehrende Kreuzfahrer bringen ihr Ring und Gebeine Ludwigs; nach feierlicher Bestattung muß ihr auf Betreiben Papst Gregors IX. ihr Witwengut herausgegeben werden. Legendär ist es auch Gregor, der auf des hl. Franz ausdrücklichen Wunsch diesem den Mantel von den Schultern nimmt und ihn E. zusendet. Marburg wird ihr als Sitz zugewiesen. Von ihrem Beichtvater Konrad von Marburg wird sie 1228 in die von ihm geleitete Hospitalitergemeinschaft aufgenommen (nicht als Tertiarierin des Franziskanerordens, wie lange Zeit angenommen), gründet 1229 ein Spital, in dem sie selbst Pflege und Wartung jeglicher Art übernimmt, und stirbt 1231 (Konrad, der ihr härteste Bußübungen abverlangt, sie dann abzumildern versucht, wird wegen seiner fanatischen Strenge 1233 erschlagen).

Papst Gregor sprach E. 1235 heilig, über ihrem Grabe wurde die ihr geweihte Kirche errichtet, der erste hochgotische Kirchenbau Deutschlands (ab 1235, Schlußweihe 1285). Im Jahre 1236 wurden ihre Gebeine erhoben, und wie die Kölner Königschronik berichtet, setzte Kaiser Friedrich der mit dem Hospitalitermantel Umhüllten seine goldene Krone auf. Seit der Weihe von 1249 ruhen die Gebeine in dem prachtvollen vergoldeten Figurenschrein, auf dessen Dachflächen 8 Reliefszenen als erste Darstellungen aus ihrem Leben angebracht sind (Ludwig erhält die Kreuzweihe, nimmt Abschied von E., zurückkehrende Kreuzfahrer überreichen Ring und Gebeine, Konrad streift ihr das Hospitalitergewand über, E. verteilt Almosen, wäscht Armen die Füße und tränkt sie, speist Kranke und Blinde). Wallfahrten zu ihrem Grabe gehörten, durch Wunderheilungen sich ausbreitend, zu den berühmtesten des Mittelalters. Noch aus dem 13. Jh. sind in der Kirche Darstellungen der Wandmalerei und in Glasfenstern erhalten, von 1470 eine Schreinfigur mit dem Kirchenmodell, eine ebensolche von Ludwig Juppe, um 1510, am Zelebrantenstuhl. Im Jahrzehnt ihres Todes wird E. schon im Naumburger Dom als Standfigur mit Buch und Krone in Stein wiedergegeben. Eine Altartafel aus Altenberg bei Wetzlar (Frankfurt, Städel) zeigt sie um 1340 mit Wimpel, Kopftuch und pelzgefüttertem Mantel, ihn einem vor ihr knienden Bettler schenkend, während ihr ein Engel einen weiteren zureicht, ein anderer Engel eine Krone über ihr hält. Unten kniet mit betend erhobenen Händen ihre Tochter Gertrud als Magistra d. i. Vorsteherin der Altenberger Prämonstratenserinnen. Auf einer Kölner Tafel der gleichen Zeit (W.-R.-Museum) reicht E. in grauem Hospitaliterkleid einer gebeugten Gestalt in rötlichem Gewand, die sich durch Kreuznimbus als Christus zu erkennen gibt, einen Mantel. (Die Mantelspende, Geste der Barmherzigkeit und Standesentäußerung, mag als Verbindung zum Patron des Bistums, St. Martin, gesehen worden sein.) Aus einem mit Schuhen gefüllten Korb zieht sich ein sitzender Bettler Stiefel an. Die von da an häufigen Darstellungen geben E. fast immer mit Krone, Buch, auch Kirchenmodell, mit Kanne und Schale voll Brot, Früchten und Fischen und zu Füßen einen kleinen Bettler, der eine leere Schale ihr entgegenhält. Sind ihr mehrere Kronen beigegeben, so bekunden sie fürstlichen Stand und Herkunft, eine dritte kann als himmlische Krone oder als die ausgeschlagene Kaiserkrone gelten.

Das in neuerer Zeit fast allgemein bekannte »Rosenwunder« ist weder in der Lebensbeschreibung noch in den großen Legendensammlungen verzeichnet, sondern steht erst in einer Einzellegende des 15. Jh., auf die nur 2 Darstellungen der Zeit mit dem Attribut eines mit Rosen gefüllten Korbes Bezug nehmen: Ludwig, von seiner Umgebung gegen Elisabeths angebliche Verschwendung aufgehetzt, tritt der mit einem brotgefüllten Deckelkorb die Burg Herabsteigenden mit der Frage entgegen: »Was trägst du da?«, deckt den Korb auf und sieht nichts als Rosen (Glasfenster in Erfurt, Statue in St. Stephan, Wien). Erst die Romantik des 19. Jh. greift dieses Thema neu auf; Moritz von Schwinds Wartburgfresken mögen dazu beigetragen haben.

Elkana, Vater → Samuels

Elohim → Engel (Exousiai)

Emanuel → Christus

Embede, Wilbede und Warbede, Hll. (16. Sept. / –). Die 3 heiligen Jungfrauen kommen südlich des Mains bis nach Tirol unter verschieden abgewandelten Namen vor: als Einbett, Wilbeth, Worbeth in Straßburg (Alt-St.-Peter), als Ambed, Wilbed, Gewerbed in Meransen, als Ambeth, Wilbeth, Wolbeth in Schlehdorf (Obb.), als Ampet, Fürpet, Gberpet (sic!) in Leutstetten, als Ainbeth, Barbeth, Wilbeth in Schildthurn. Die Erstgenannten wurden im ehem. Bergkloster zu Worms als Töchter eines Frankenkönigs verehrt, die von den Hunnen erschlagen seien. Die Straßburger gelten als Gefährtinnen der → hl. Ursula, die, als Begleiterinnen der erkrankten hl. Aurelia zurückgeblieben, mit ihr starben; alle übrigen werden als von den Hunnen erschlagene Märtyrerinnen lokal verehrt.

Das Relief im Wormser Dom, Anfang 15. Jh., zeigt sie als gekrönte Mädchengestalten mit langen Locken, in Kleid und Mantel mit Buch und Palme. In späteren Darstellungen sind ihnen gelegentlich auch Schwert und Pfeil beigegeben. Die für den Namen Worms »Borbetomagus« geltende keltische Göttin »Borbet« wird mit den zwei anderen in den Darstellungen keltischer Muttergottheiten gesehen (Bonn, Rhein. Landesmuseum).

Emerentia → Hl. Sippe

Emerich (italien. Amerigo; engl. Aymer; ung. Imre), Hl. (4. Nov. / 5. Nov.). Der 1007 in Stuhlweißenburg geborene Sohn des hl. Stephan von Ungarn wird von Gerhard, dem hl. Bischof von Clanad, erzogen. Er stirbt kurz vor seiner Krönung 1031, sein christlich betonter Lebenswandel führt 1083 zu seiner Heiligsprechung durch Papst Gregor VII.

Eine bekannte Darstellung ist auf einem Holzschnitt, Ende 15. Jh., erhalten, die ihn mit seinem Vater in ritterlicher Rüstung, den Herzogshut auf jugendlichen Locken mit Lilienstengel (sein makelloses Leben symbolisierend) und Schwert wiedergibt.

Emerita, Hl. (26. Mai / –). Die nach Legenden als Schwester des englischen Königs → Lucius d. Hl. Bezeichnete folgt diesem, um ebenfalls das Evangelium zu verkünden, nach Chur (Graubünden) und erleidet dort das Martyrium durch den Feuertod.

In Chur sowohl im Hochaltar der Kathedrale plastisch dargestellt (Ende 15. Jh.), wie ebenda im Lucius-Altar von 1511, trägt sie Krone und Mantel mit Spange, dazu einen dürren Ast als Zeichen ihres Todes.

Emmeram, Hl. (22. Sept., Eichstätt, München, Regensburg). Aus Gallien läßt ihn die Legende als Glaubensboten des 7. Jh. nach Bayern kommen, wo ihn der Herzog zum Bischof von Regensburg macht. Er lädt die Schuld der Herzogstochter Uta und ihres Ritters auf sich, um das junge Paar zu retten, wird daraufhin angeklagt, verfolgt, auf der Pilgerreise nach Rom bei Aibling festgehalten. Der Bruder Utas, Lambert, läßt ihn an eine Leiter binden, blenden, Hände und Füße abhauen. Ein wundersames Licht geht von seinem Leichnam aus, man trägt ihn in die Herzogsburg nach Aschheim, von da läßt ihn nach 40 Tagen

Herzog Theodo nach Regensburg bringen und in St. Georg vor der röm. Mauer bestatten. (Nach der Legende regnet es am Ort des Martyriums 40 Tage, das bis dahin unfruchtbare Land wird fruchtbar, die angeschwollenen Wasserfluten treiben ein Schiff, auf das man seinen Leichnam legt, mit unbegreiflicher Schnelligkeit nach Regensburg.)

Bischof Gaubald (739–761) erhob seine Gebeine und ließ sie in der neuerbauten Krypta der Benediktinerabtei beisetzen. Darüber entstand der roman. Kirchenbau von St. Emmeram zw. 780 und 790 zu seinen Ehren. Ein Steinrelief von 1052 in der nördl. Vorhalle stellt ihn in Meßkleidung dar, ohne die in dieser Zeit noch nicht übliche Mitra, eine Leiter ist als Zeichen an ihn gelehnt. Nur als Bischof neben anderen bildet ihn das Evangeliar Heinrichs IV. in Krakau ab, zw. 1057 und 1095. Im Hirs. Pass. des 12. Jh. (23) wird sein Martyrium wiedergegeben: Nach der Legende bis auf eine Tunika entkleidet, eine runde Mitra als Kennzeichen auf dem geneigten Haupt, mit geschlossenen – geblendeten – Augen steht er auf eine Leiter gebunden, und 2 Schergen hauen ihm die Glieder stückweise ab.

Engel (vgl. den »Tag des hl. Schutzengels«: 2. Okt.). Grundlage der Namen und Vorstellungen bildet das AT. Es sind die Elohim, die in der Schöpfungsgeschichte genannt werden; ein Seraph berührt die Lippen des → Jesaias, Cherubim bewachen das Tor des Paradieses, → Hesekiel schaut das »Viergetier« (die späteren → Evangelistensymbole nach Tobias), Daniels Gesichte werden ihm von Erzengel → Gabriel (s. u.) erklärt, und Erzengel → Raphael geleitet den Tobias. Nur als Engel bezeichnet sind zwei, die → Lot warnen dürfen, drei, die bei → Abraham zuerst nur als Männer gesehen werden, einer erscheint → Hagar in der Wüste, einer entreißt Abraham das Messer oder weist auf den Widder bei → Isaaks Opferung, → Jakob ringt mit dem Engel und sieht die Engel die Himmelsleiter auf und ab steigen, ein Engel zwingt → Bileams Eselin auf die Knie, der Würgengel zeichnet die verlorene Erstgeburt in Ägypten, → Elias wird von einem Engel in der Wüste ernährt. Erst im NT (Judas 9) wird der Streit → Michaels mit »Diabolos« um die Leiche des → Moses erzählt. Neben den Hinweisen aus Tobias 12,15, Esdras und den Henoch-Apokryphen ist es der große Reichtum jüd. Sagen (21), deren Vorstellungen in die christl. Darstellungen einmünden. Endlose Auseinandersetzungen der Kirchenväter begrenzen schon in frühchristl. Zeit die zahllosen Namen der Erzengel auf sieben (nach Tobias: Gabriel, Michael, Raphael, Uriel, Anael, Zachariel, Samael), von denen vier wesentlich bleiben für die späteren Darstellungen: Gabriel für alle → Verkündigungen (an Zacharias, Joachim, Joseph, Maria, die Hirten und die Könige), Michael, »Fürst der Engel«, mit Posaune und Seelenwaage beim Jüngsten → Gericht und als Drachentöter (Apok. 12,7), Raphael mit Tobias wird zum Bild des Schutzengels, → Uriel, »der die Sänger anführt, die Tag und Nacht lobpreisen« (15,16). Ein jüd. Gebet: »Siehe der Hüter Israels schläft noch schlummert nicht: zu meiner Rechten Michael, zu meiner Linken Gabriel, vor mir Uriel, hinter mir Raphael und über meinem Haupt die Gegenwart Gottes« (20), ähnlich ein christl. Gebet in einem Evangeliar des 9./10. Jh. (Köln, Stadtarchiv) enthalten die Vorstellung für zahlreiche, nicht immer erkannte Darstellungen der 4 Erzengel an Leuchter- und Kreuzfüßen, Reliquiaren des 11.–13. Jh. Nur Engel halten die Gewänder bei der Taufe Christi, nahen sich ihm dienend nach den Versuchungen in der Wüste, ein Engel reicht den Kelch in Gethsemane, ein (Markus) oder 2 (Lukas und Johannes) Engel sitzen auf dem Sarkophag des Auferstandenen, 2 »Männer in weißen Kleidern« (Apg. 1,10), immer als Engel dargestellt, tragen die Lichtwolke des himmelfahrenden Christus. Von Leidenswerkzeugen umgeben, stützen Engel den Leichnam Christi oder bieten das Antlitz Christi auf dem Schweißtuch als besonderes Andachtsbild dar.

Die Engelgestalten in den Katakomben und an den Sarkophagen sind Jünglinge in antiker Mantelumhüllung und bis zum 3. Jh. ohne Flügel. Vom 4. Jh. an werden riesige Flügel sichtbar, eine Diakonsbekleidung (Alba, Stola, Dalmatika) macht sie als himmlische Diener in der folgenden Zeit kenntlich, doch bleibt daneben auch die antike Gewandung gültig. Byzantin. Auffassung stellt sie als Herold (v. a. die Erzengel) mit Stirnband und Heroldstab ohne Flügel dar. Mit übergroßen Gesten betonen die Buchmaler des 10. bis 12. Jh. ihre überirdische Erscheinung, zierlich und biegsam, mit sprechendem Gesichtsausdruck werden sie im 14. Jh. Der ›Putto‹, die Bübchenengel, ganze Kinderengelscharen beflügeln von der Renaissance, seit dem 15. Jh., viele Darstellungen, singende und musizierende Engel beleben Kanzel, Konsolen und Altartafeln. Rauschend und prächtig wird ihnen ein Chormantel mit kostbarer Schließe über das Diakongewand auf den großen Altären des 15./16. Jh. gelegt, antikische Rüstung bekleidet oft im 17. Jh. nicht nur Michael, bis im 18. Jh. lediglich noch tuchumflatterte Engelscharen die Altarzonen umschweben.

Unsicherheiten bestehen von Anfang an in der Reihenfolge der Engelchöre (Hierarchien), wie sie im Text der Messe aufgenommen und angerufen werden. Als älteste Tradition wird die clementinische Liturgie des 1. Jh. genannt, grundlegend ist die Aufzählung und Beschreibung des → Dionysius Areopagita in der Fassung des 6. Jh. Nach der Legende hat sie Paulus, in den 3. Himmel entrückt, seinem Schüler diktiert, aus dessen Überlieferung sie auch in das Malerbuch (5) vom Berge Athos aufgenommen ist. Die so verschiedene Reihenfolge beruht teilweise auf mißverstandenen Übersetzungen (s. G. Schaefer, Kommentar im Malerbuch) (5), auf Auslegungen und Kommentaren; so läßt Dante den hl. Gregor über seinen Irrtum lächeln, denn er hatte die Einteilung des Dionysius Areopagita nicht anerkannt (Paradiso 28,133 ff.).

Erhaltene Darstellungen sind oft nur aus der Neunzahl von Engeln abzulesen, die ein Inhalt mehr oder weniger erfordert (Schöpfung, Himmelfahrt und Krönung Maria, Majestas u. a.). In Chartres füllen sie die Leibungen des südl. Westportals, in Florenz die Kuppel des Baptisteriums, wie in zahlreichen späteren Darstellungen in Kreisen geordnet. Seltene Altartafeln geben sie in Reihen gestaffelt. Hier kann als spätes Beispiel genannt werden der Albrechtsaltar in Klosterneuburg, zwischen 1433 und 1440, wo ihre Spruchbänder den Text der Lauretanischen Litanei enthalten. Ein Blatt der Hildegard von Bingen (Scivias-Visio I,6), 1160/70, entspricht mit seinen Runden den Worten des Dionysius Areopagita: »Die himmlischen Intelligenzen schwingen sich in kreisender Bewegung um ihren göttlichen Mittelpunkt.« (Dieser Mittelpunkt wird in den Kommentaren höchst verschieden ausgelegt und kann in Darstellungen sowohl mit einem Weltall, mit Dreieinigkeit, der verlorenen oder der zukünftig aufsteigenden Menschheit angedeutet sein.)

1. Hierarchie:
   Seraphim mit 6 Flügeln, in Blitzen sich offenbarend, in der Leg. Aur. als die Glühenden, bei Gregor als die Brennenden, bei Dionysius als die mit tiefster Ergriffenheit leidenschaftlich Verehrenden bezeichnet und bei Dante im Kristallhimmel angesiedelt. *Cherubim* mit 4 oder auch 6 Flügeln, erscheinen in Wolken, enthalten nach Gregor und der Leg. Aur. die Fülle des Wissens und sind nach Dionysius in Anbetung still versunkene Flammen, nach Dante dem Fixsternhimmel zugehörig.
   Throne (Thronoi, Troni) strahlen als flammende Räder (Hes. 10,16) ewiges Begreifen (Leg. Aur.) aus, betont wird ihre Gestaltlosigkeit, häufig stehen die Cherubim auf ihrer Radform (nach Hesekiel, Ziborium-Säule von S. Marco, Venedig, 4./5. Jh.; Reichenau-Oberzell, Chor,

Anfang 11. Jh.; Halberstadt, Dom, Triumphbalken, 1212–15; Evangeliar aus Mainz, um 1250, Aschaffenburg).

2. Hierarchie:
   Kyriothetes – Dominationes – Herrschaften. Ihr Element ist die Luft, sie führen höchste Befehle aus, nach Dante der Jupiterregion zugehörig.
   Dynameis – Potestates – Kräfte. In der Leg. Aur. Gewalten = Abwehrer der Hindernisse; ihr Element ist das Wasser, sie gehören nach Dante zur Sonnenregion (hier mag sie Dante mit den vorigen vertauscht haben).
   Exousiai – Virtutes – Mächte sind nach der Leg. Aur. Tugenden, die mit ihrem Können Macht über alle schwierigen Dinge haben. Ihre Gedanken sind Naturkräfte, sie tun Wunder, ihr Element ist die Erde, nach Dante gehören sie zur Marsregion. »Elohim« lautet ihr hebräischer Name.

3. Hierarchie:
   Archai – Principatus – Urbeginne – Fürstentümer sind in der Leg. Aur. die Schutzgeister der Provinzen, nach Dante ist ihr Bereich die Venus.
   Archangeloi – Archangeli – Erzengel sind nach der Leg. Aur. die Schutzgeister der Städte, nach Dante ist Merkur ihr Bereich.
   Angeloi – Angeli – Engel nach Leg. Aur. die Schutzengel des einzelnen Menschen, ihre Region ist nach Dante der Mond.

Vielfach wird vom 12. Jh. an auch der Engelsturz (Leg. Aur. bei Michael und Luk. 10,18) wiedergegeben, teils nach Apok. 12,7, meist nach der jüd. Legende, im Malerbuch als Luzifers Erhebung unmittelbar nach der Schöpfung (→ Sechstagewerk). Luzifer – ein Edelstein in der himmlischen Krone –, ein höchster Engel, stürzt mit den ihm folgenden Engeln und verwandelt sich mit diesen in teuflische Tiergestalt (Salemer Handschrift des Liber Scivias Domini der Hildegard von Bingen, 1170/80, Heidelberg; Meister Bertram, 1379, Petri-Altar, Hamburg; Très riches heures, Chantilly, 1416; deutsche Genesis-Paraphrase, 12. Jh., Wien; Besserer-Kapelle, Ulm, Münster, Glasfenster, 1420/30; in dramatischer Fassung 1622 von Rubens (München, A. P.); plastische Gruppe auf dem Hochaltar in Michaelsbuch/Metten, 1740; neuerdings Chagall in mehrfacher Ausführung). Völlig einzigartig ist das »Engelkonzert« auf dem Isenheimer Altar des Mathis Nithart Gothart. Ein Einzelblatt Dürers (lavierte Federzeichnung) stellt die Engelmesse dar, eine scherzhafte Satire auf die Gedanken der an der Messe beteiligten Geistlichen, beruhend auf der mittelalterl. Anschauung, daß die Engel bei der Messe anwesend seien, wie es mehrfach in Legenden heiliger Bischöfe dargestellt ist. Maria als Fürstin der Engel wird von ihren Scharen gen Himmel getragen; Engel tragen den Leichnam der hl. Katharina auf den Sinai; ein Engel befreit Petrus aus dem Gefängnis, kündet der hl. Ursula ihr Martyrium an; allen Märtyrern stehen Engel in ihren Verfolgungen bei.

Engelbert, Hl. (7. Nov., Essen, Köln). Der 1185 geborene Sohn des Grafen Engelbert von Berg wird schon 1198 Propst des Georgstifts von Köln, 1199 Dompropst und 1216 zum Erzbischof erwählt, 1217 konsekriert. Besonders bemüht um die Einführung der neuen Bettelorden in seinem Sprengel, tritt er auch gegen jede Bedrückung durch die Klostervögte auf. Sein Neffe Friedrich von Isenberg, Klostervogt in Essen, erschlägt ihn 1225 bei Gevelsberg.

Ein prächtiger Schrein von 1633 im Kölner Dom enthält seine Gebeine und zeigt ihn auf dem Deckel in Pontifikalkleidung mit Stab.

Enoch → Henoch

Eoban, Hl. (5. Juni / 7. Juni, Fulda), wird als bischöfl. Begleiter des hl. Bonifatius bei der Bekehrung der Friesen in der Nähe von Dokkum 754 erschlagen. Seine Reliquien kamen nach Erfurt. Eine Statue am Triangel des Erfurter Domes, 1350, stellt ihn in pontifikaler Meßkleidung mit Buch und Stab dar.

Ephraim und Manasse → Jakob

Epimachus → Gordianus

Epiphanius, Hl. (21. Jan. / –), in Pavia 438 geboren und dort seit 466 als Bischof tätig, ist ein Vermittler des Friedens, ein Helfer der Armen und Gefangenen. Er stirbt 497, wurde in Pavia beigesetzt, seine Überreste kamen aber 962 nach Hildesheim: »durch Bischof Othwin und den Priester Thangward heimlich entwendet.«

Der Epiphanius-Schrein des 12. Jh. und eine Halbfigur am Bogenfeld von St. Godehard in Hildesheim aus dem 13. Jh. stellen ihn in pontifikaler Meßkleidung mit Buch und Stab dar; ebenso ist er mit → Godehard der Begleiter der Madonna am großen Bronze-Taufbecken des 13. Jh. im Dom.

Eraclius → Heraklius

Erasmus (französ. Érasme, Arras, Elme, Telme, Erme; italien. Erasmo, Elmo, Ermo; span. Elmo, Telmo), Hl. (2. Juni). Der Bischof von Antiochia, um 300, verbirgt sich nach den ältesten Legenden 7 Jahre auf dem Libanon, um die Diokletianische Christenverfolgung durch inständiges Gebet abzuwenden. Ein Rabe bringt ihm Nahrung, bis er auf Geheiß eines Engels nach Antiochia zurückkehrt, vor Gericht gestellt und ins Gefängnis geworfen wird. Mehrfach von Engeln befreit, bringt man ihn nach Sirmium. Er wird Diokletian und später Maximian gegenübergestellt und überwindet alle Martern »in strahlender Schönheit«.

Im Hirs. Pass. des 12. Jh. (23) bringt ein Rabe dem sitzenden E. Brot, darunter hängt E. gefesselt am Balken, mit siedendem Blei übergossen und mit Rudern geschlagen. Gelegentlich stellen ihn Wandgemälde, Statuen und Altartafeln des 15. Jh. mit durch die Fingernägel getriebenen Pfriemen dar (Kaufbeuren, Statue in der Blasius-Kapelle) oder mit an die Holzkufe genagelten Händen (1435, Schwerin, Museum). In einen Kessel mit kochendem Öl gestellt, fächeln Engel ihm Kühlung zu; das herausspritzende Öl aber trifft den Kaiser, der den heiligen Mann um Heilung anfleht, als er unbeschadet entsteigt. Er wird vor den Jupiter-Tempel geführt, wo die Statue zu Staub zerfällt, ein riesiger Drache herausfährt und von E. vertrieben wird. Er bekehrt daraufhin Tausende und tauft sie, wird vom Erzengel Michael nach Formia (Kampanien) geleitet, von Engeln ernährt und entschläft sanft nach 7jähriger segensreicher Tätigkeit. Seine Überreste werden nach Gaeta gebracht, wo auf 19 Tafeln eines Altars um 1400 zahlreiche weitere Martyrien dargestellt sind. Hier noch nicht, aber von da an bleibt sein häufigstes Kennzeichen eine Seilwinde, mit der man ihm die Gedärme herausgezogen habe. Das äußere Zeichen einer Winde, das ihn dort zum Patron der Schiffer bestimmte, scheint als nicht verstandenes Gerät die Legende erst gebildet zu haben. Den 14 → Nothelfern zugezählt, bleibt in den zahlreichen Darstellungen des 15. Jh., die ihn als Nothelfer bei Kolik und Geburtsschmerzen anrufen, die Winde sein ständiges Attribut. – Das vor Gewittern auf der Mastspitze der Schiffe sichtbare St.-Elms-Feuer wird auf ihn als St. Elmo in Portugal und Italien bezogen: Er soll während eines Gewitters gepredigt haben, und während ringsum die Blitze zuckten, blieb über ihm und seinen Gefährten der Himmel hell.

Seine nach Magdeburg gelangten Reliquien werden von Kardinal Albrecht von Brandenburg in das Stift der von ihm gegründeten Erasmus-Bruderschaft auf dem Moritzberg bei Halle übertragen. Die bedeutendste Darstellung zeigt ihn mit den Zügen des Kardinals zusammen mit dem hl. Mauritius auf der Tafel des Mathis Nithart Gothart 1521/23 (München, A. P.).

Erentrudis, Hl. (30. Juni, Graz, Salzburg), ist die erste Äbtissin des auf dem Nonnberg in Salzburg von ihrem Oheim, dem → hl. Rupert, gegründeten Benediktinerinnenklosters. Sie ist mit ihm aus Worms gekommen und stirbt 718.

Außer einem Relief des 13. Jh. am Bogenfeld der Nonnberg-Kirche sind Darstellungen erst vom Ende des 14. Jh. an erhalten, die sie im langen ungegürteten Gewand und Mantel, mit Wimpel, Weihel und Schleier, Stab und Kirchenmodell als Patronin von Nonnberg wiedergeben.

Erhard, Hl. (8. Jan., Regensburg), wird als Wanderbischof bezeichnet, der zu Beginn des 8. Jh. in Regensburg, seiner besonderen letzten Wirkensstätte, stirbt und als Patron von Niedermünster dort begraben wird.

Die Messe zelebrierend, stellt ihn ein Blatt des zw. 1002 und 1025 im Auftrag der Äbtissin Uta von Niedermünster gemalten Evangelistars dar (München, Bayer. Staatsbibl.). Seine Heiligsprechung erfolgte 1052, seine erst im 11. Jh. verfaßte Lebensbeschreibung berichtet von der durch ihn vollzogenen Taufe der → hl. Odilia im 7. Jh., bei der diese das Augenlicht erhielt. Bei manchen Darstellungen liegen daher Augen auf dem Buch, das er trägt. Als Bischof mit Stab und Buch ist er neben Odilia, Benedikt, Scholastika und Rupert als Relieffigur auf der Dachschräge des Dionysius-Schreines von 1440 in St. Emmeram, Regensburg, dargestellt.

Erik, Hl. (18. Mai), nach dem Tode seines Vaters 1150–60 jugendlicher König von Schweden. Die Legende rühmt sein tugendsames und für den christl. Glauben tätiges Leben. Mit seinem Bischof Heinrich zieht er siegreich gegen Finnland, beweint die Gefallenen, die der Taufe nicht mehr teilhaftig werden, gründet Klöster und Kirchen. Da überfällt ihn der Dänenprinz Magnus am Himmelfahrtstag während der Messe: »Sie haueten und erstachen ihn unwürdiglich.« Eine blinde Witwe, in deren Haus die Diener den Leichnam bringen, berührt ihre Augen mit seinem Blut und wird sehend.

Ohne offizielle Heiligsprechung wurde er unmittelbar zum Landesheiligen Schwedens. Als jugendlicher Herrscher in glänzender Rüstung mit Krone, Reichsapfel, Schwert und Banner sind Schnitzfiguren und Altartafeln, teilweise deutscher Herkunft, in Schweden von ihm erhalten, eine Tafel des Hermen Rode von etwa 1484 befindet sich seit 1958 in der Kunsthalle von Hamburg.

Ermelindis, Hl. (29. Okt.). Die 510 geborene Tochter einer angesehenen Familie verläßt ihr Elternhaus, als man sie gegen ihren Willen verheiraten will, und zieht als Klausnerin nach Bevecum (Beauvechin). Als 2 Edelleute ihr nachstellen, verbirgt sie sich in Meldradium (Melden, Maillard), wo sie nach 48 Jahren gegen Ende des 6. Jh. stirbt.

In der Kupferstichfolge der Heiligen der Sipp-, Mag- und Schwägerschaft Maximilians I. ist sie um 1510 modisch gekleidet dargestellt. Sie trägt ein Buch, und zu ihren Füßen liegen 2 vornehm gekleidete Jünglinge; es sind die, die zu Tode kamen, als sie ihr nachstellten. Eine Statuette am Bronzegrabmal Maximilians in Innsbruck stellt sie ebenso dar.

Erminold, Hl. (6. Jan.). 1035 geboren und in Hirsau erzogen, dessen Blütezeit unter Abt Wilhelm entscheidend auf ihn wirkt. Otto von Bamberg beruft ihn als ersten Abt in sein neugegründetes Kloster Prüfening in Regensburg. Ein unzufriedener Laienbruder bringt ihm mit einem Knüttel eine Kopfverletzung bei, an der er 1121 stirbt.

Sein prächtiges Hochgrab von 1283 in Prüfening stellt ihn in voller pontifikaler Meßkleidung mit Stab und Buch dar, eine Statue von 1610 am Hochaltar als Mönch mit Abtstab.

Ernst, Hl. (7. Nov.). Als Abt von Zwiefalten legt er 1146 sein Amt nieder, um 1147 mit Otto von Freising am 2. Kreuzzug teilzunehmen. Er stirbt nach späteren Legenden grausam gemartert, wie ihn eine Altartafel von 1620 in der Kapuzinerkirche von Dinkelsbühl und eine Altarfigur in Zwiefalten darstellen: Nur mit einem Lendentuch bekleidet, mit heraushängendem Eingeweide an einen Baum gefesselt, sind ihm Hände und Füße abgehauen. Am Boden liegen Abtstab und Mitra.

Esau → Jakob

Esdra → Esra

Eskil, Hl. (12. Juni), der angelsächsische Glaubensbote, zieht um die Mitte des 11. Jh. nach Schweden und wird als Apostel Södermanlands zum Bischof geweiht. Als er 1080 bei einem Opfergelage die Teilnehmer belehren will, steinigen sie ihn.

Darstellungen in Schweden, teilweise deutschen Ursprungs, stellen ihn in pontifikaler Meßkleidung mit Buch und segnend erhobener Hand dar, mit Steinen auf seinem Mantel.

Esmeria, Ismeria → Sippe, Hl.

Esra (Esra 1–10). Von Artaxerxes Longimanus 458 mit der 2. Rückführung von Juden, den Stämmen Juda und Benjamin, aus der babylonischen Gefangenschaft beauftragt, gilt er als der Organisator des Kanons der alttestamentlichen Schriften und ist der Neuordner des gottesdienstlichen Lebens in Jerusalem mit unermüdlichen Ermahnungen.

Die Konkordantien des 14./15. Jh. ordnen ihn dem hohepriesterlichen Gebet, Joh. 17, zu (8).

Esther (Esth. 1–10 und apokryphe Stücke zu Esth. 1–7). Nachdem Ahasver (Artaxerxes = Xerxes) seine ihm trotzende Gemahlin Vasthi verstoßen hat, werden die schönsten Mädchen des Landes für ihn aufgeboten. Die Strahlendste unter ihnen, die als Waise von ihrem jüd. Oheim Mardochai erzogene E., wird Ahasvers Gemahlin. Mardochai läßt durch sie dem König 2 Verräter nennen und rettet das Leben des Königs. Der ehrgeizige Ratgeber des Ahasver, Haman – selbst am Verrat beteiligt –, wälzt die Schuld auf die noch nicht aus Babylon fortgezogenen Juden, um mit diesen auch Mardochai vernichten zu können. E. erfährt von Mardochai die ihr, ihm und ihrem Volk drohende Gefahr, entschließt sich, den Tod auf sich zu nehmen, der ihr droht, wenn sie ohne Aufforderung vor den König tritt, um ihn zur Rücknahme des vernichtenden Edikts zu bitten. Ihre Haltung und strahlend geschmückte Erscheinung entwaffnet den Despoten, gnädig senkt er sein Zepter ihr entgegen. Zweimal fällt sie vor innerer Anstrengung in Ohnmacht – erst in die Arme ihrer Dienerin, dann in die Arme des Herrschers – und bittet zunächst nur, er möge mit seinem Rat Haman an ihrem Tische speisen, bittet dabei um eine weitere Mahlzeit, entlarvt Haman durch kluge Fragen und bewirkt die Belohnung Mardochais, der gekrönt, hoch zu Roß durch die Stadt geleitet wird, wie Haman es für sich selbst glaubte beanspruchen zu können. An dem Galgen, den Haman in seiner Wut als höchsten für Mardochai hatte errichten lassen, wird er nun selbst aufgehängt. Die mörderische Verordnung wird aufgehoben.

Bilder zur E.-Erzählung sind schon in der Synagoge von Dura-Europos (Syrien) 244/45 n. Chr. vorhanden. Eine der ersten abendländischen Darstellungen enthält die sog. Gumpertsbibel, ca. 1295, in Erlangen. Als Vorbild für verschiedene Fürbitteszenen gilt E. in den Armenbibeln und Konkordantien des 14. Jh. und wird vom 15. Jh. an (Witz, 1435 bis 1436, Heilsspiegelaltar, Basel) ein besonderes Thema der Malerei des 16. und 17. Jh. (Burgkmair, 1528, München, A. P.; Rembrandt, 1665, Leningrad u. a.). Das in vieler Beziehung Beispielhafte und Sinnbildliche hat immer wieder besondere Darstellungen veranlaßt: Ungerufen, unvorbereitet das Antlitz der Gottheit zu sehen ist tödlich. Vasthi trotzt und wird verstoßen. Das Zepter neigt sich aber der mit starkem Bewußtsein erfüllten, geschmückten E., die es wagt, sich selbst zu opfern, und so nicht nur sich selbst rettet, sondern auch die Wahrheit an den Tag bringt.

Eucharius (französ. Euchaire, Eucaire; span. Euquerio), Hl. (8. Dez. / 9. Dez., Trier, Limburg). Der erste Bischof von Trier soll noch ein Schüler des Petrus gewesen sein, der ihn mit → Maternus als Glaubensboten nach Gallien schickt. Vermutlich fällt sein Wirken erst ins 2./3. Jh., seine Verehrung wird schon 455 bezeugt, seine Legende ist im 8. Jh. nachweisbar.

Eine erste Darstellung findet sich im Psalter Erzbischof Egberts von Trier zu Ende des 10. Jh. Ein Relief vom Neutor in Trier, Ende 12. Jh., zeigt ihn in bischöflicher Gewandung mit dem Modell des Trierer Doms in Händen. Im Hirs. Pass. des 12. Jh. (23) erweckt er seinen Gefährten Maternus aus einem Sarkophag mit dem Stabe des Petrus. Auf der alten Eucharius-Kapelle in Trier wurde durch Auffindung der Gebeine des → hl. Matthias das vom 10. Jh. an bezeugte Eucharius-Matthias-Kloster erbaut. Späteren Darstellungen als Bischof mit Stab, Buch und Kirchenmodell ist gelegentlich ein Drache, Teufel oder Höllenhund zu seinen Füßen beigegeben, ohne Bezug zur Legende. Bei einer Statue des 17. Jh. am Portal des Kirchhofs von St. Matthias steht sein Fuß auf einer Venus-

Figur. Die Trierer Tradition erzählt, daß er eine Venus-Statue gestürzt und das heutige Marktkreuz an seine Stelle gesetzt habe.

Eufemia → Euphemia

Eudoxia → Petrus (Kettenfeier) und → Stephanus (Translatio).

Eugenia, Hl. (16. Sept. / 26. Sept.), wird als Nichte der → hl. Odilia und Tochter des elsässischen Herzogs Adalbert nach dem Tode Odiliens Äbtissin von Hohenburg und stirbt 720.

Mit Buch und Stab als Äbtissin wird eine Federzeichnung des 12. Jh. erwähnt, ein Glasfenster in Straßburg gibt sie im 14. Jh. in weltlicher Kleidung wieder.

Eulalia, Hl. (10. Dez.). Die jugendliche spanische Märtyrerin verläßt 12jährig heimlich ihr Elternhaus, um vor dem Statthalter von Merida Einspruch gegen die Verfolgung ihrer Glaubensgefährten zu erheben. Sie wird festgenommen, gefoltert und dem Feuertode übergeben.

Prudentius rühmt 405 ihr Martyrium unter Diokletian, spätere Legenden lassen sie den Tod in einem Feuerofen erleiden und berichten, wie ihre befreite Seele als weiße Taube gen Himmel flog. Im Hirs. Pass. des 12. Jh. (23) hängt sie mit den Händen an einem Querbalken, von links versengt ihr ein Mann mit einer Fackel das Antlitz. Spätere Darstellungen geben ihr einen Miniaturofen als Attribut in die Hand, einen Palmzweig und die Taube.

Eulogius → Eligius

Euphemia (Eufemia), Hl. (16. Sept. / –). Als die »Gute« oder als »Wohlklang« in der Leg. Aur. gedeutet. Sie geht als Senatorentochter Roms zum Richter Priscus in Chalcedon, bekennt sich öffentlich zum Christentum und stärkt alle von der Diokletianischen Verfolgung Betroffenen. Vor ihren Augen läßt Priscus alle enthaupten, aber sie wird dadurch nur mutiger und wirft ihm sein Unrecht vor. Geschlagen und ins Gefängnis geworfen, will ihr der Richter Gewalt antun, da verdorrt seine Hand. Der Hausmeister soll sie überreden, aber weder gelingt es ihm, die Tür aufzuschließen, noch sie mit dem Beil zu zertrümmern, er wird besessen und tötet sich selbst. Auf ein eisernes Rad gebunden, das auf ein Zeichen glühend gemacht werden soll, zerspringt das Rad, zerreißt den Werkmeister, dessen Eltern nun das Feuer schüren, aber ein Engel stellt E. auf einen höheren Ort, wo alle sie sehen können. Man legt eine Leiter an, um sie herabzuholen; einer wird gelähmt, ein anderer unsinnig und will sich selber umbringen, denn E. sei von Engeln bewacht. Der Schreiber des Priscus soll nun alle Lotterbuben der Stadt zu ihr ins Gefängnis führen – als er eintritt, sieht er so viele leuchtende Jungfrauen um sie stehen, daß er gläubig wird. Der Richter läßt E. an den Haaren aufhängen, 7 Tage ohne Nahrung zwischen »ungefügen« Steinen pressen, aber die Steine zerfallen zu Staub, und ein Engel ernährt sie. Zu den wilden Tieren in die Grube geworfen, legen diese ihre Schwänze zusammen »als zu einem Stuhl, darauf sie ruhen könne«. Der Henker stürzt in die Grube, stößt ihr sein Schwert in die Seite, sie stirbt, und der Richter wirft dem Henker zur Belohnung sein seidenes Kleid und einen goldenen Gürtel zu, doch ein Löwe erfaßt und verschlingt ihn, nur Knochen und der Gürtel werden gefunden. Der Richter aber »zerfleischte sich selbst«. E. wird mit Ehren begraben, durch ihr Verdienst bekehren sich alle Juden und Heiden von Chalcedon im Jahre 280.

Darstellungen sind selten. Auf der Altartafel des Bertold von Nördlingen von 1415 in Bonn ist die Heilige in langem, fließendem Gewand, den Mantel zierlich raffend, mit Palmzweig und Schapel (dem modisch gefalteten

Schleiertuch auf dem Haupt) wiedergegeben. Löwe, Lilie und Schwert können als Attribut hinzukommen. Brustbilder in Mosaik-Medaillons des 5. Jh. tragen ihren Namen in Parenzo und Aquileia. Im Hirs. Pass. des 12. Jh. (23) wird sie in einer Pfanne über Flammen gehalten, ein Henker durchbohrt sie mit dem Schwert, genau so kopiert im Zwief. Mart. (24).

Eustachius (italien. Eustachio, Stae; fläm. Staas), Hl. (20. Sept.). Placidus, dem Jäger und »Heermeister« des Kaisers Trajan (98–117), erscheint bei der Jagd auf einer Felskuppe ein Hirsch, der zwischen seinem Geweih den Gekreuzigten in großem Strahlenglanz trägt. Er stürzt vom Pferd und hört die Worte: »Warum verfolgst du mich? ... Ich bin Christus, der den Himmel und die Erde erschaffen hat, ich ließ das Licht aufgehen und teilte die Finsternis.« Die Erscheinung wiederholt sich anschließend auch seiner Frau in der Nacht; Christus erscheint, Placidus läßt sich mit Frau und Söhnen taufen und erhält den Namen Eustachius. Die Prüfung, die Christus ihm bei der 2. Erscheinung vorausgesagt hat, tritt ein: Eine Seuche tötet alle Knechte und Mägde, alles Vieh, und alle Rosse gehen ein, Räuber überfallen das Haus, mit Frau und Kindern kann er nur das nackte Leben retten. Sie besteigen ein Schiff nach Ägypten, der Fährmann begehrt die Frau als Lohn, E. verweigert dieses, soll ins Meer gesturzt werden, kommt mit den Kindern an Land, muß einen Fluß überqueren. Er bringt erst den einen Sohn hinüber, und während er noch mitten im Fluß steht, um den anderen zu holen, schleppt ein Wolf den einen, ein Löwe den anderen von dannen, Ackerleute verjagen den Wolf, Hirten den Löwen, nehmen die Knaben ins gleiche Dorf mit, wo sie getrennt aufgezogen werden. E. gerät in ein anderes Dorf, wo er sich als Knecht verdingt. Trajan vermißt seinen Feldherrn, von Feinden bedrängt, und läßt ihn in allen Landen suchen; nach 15 Jahren finden ihn die Ritter und führen ihn mit großen Ehren zurück. Er muß nun neu Mannschaft werben, unerkannt kämpfen seine Söhne im siegreichen Feldzug an seiner Seite. Bei der Rast erkennen sich die Söhne als Brüder im Hause einer Witwe, die ihr Gespräch belauscht – sie ist die Mutter, geht zum Heermeister und wird nun auch von diesem als seine wiedergefundene Frau erkannt. Alle kehren nach Rom zurück, Kaiser Hadrian (117–138) nimmt sie als Nachfolger des Trajan mit einem großen Ehrenmahl in Empfang. Am nächsten Tag soll eine Opferfeier für den Sieg stattfinden, E. und die Seinen weigern sich, teilzunehmen. Sie werden einem Löwen »in der Spielbahn vorgeworfen«; der aber neigt sich vor ihnen. Da läßt der Kaiser sie in einen ehernen Stier stoßen, unter dem Feuer brennt. Darin geben sie ihren Geist auf, aber ihre Leiber findet man nach 3 Tagen unversehrt; Christen bestatteten sie an edler Stätte und bauten eine Kirche darüber.

E. gehört zu den 14 → Nothelfern, wird in schwierigen Lebenslagen angerufen und vom 14. Jh. an häufiger einzeln dargestellt. Sein Martyrium ist schon im Zwief. Mart. (24) zeichenhaft, aber deutlich wiedergegeben: In einem Medaillon erscheint oben der Hirsch mit dem Antlitz Christi im Geweih; E. steht links, mit der einen Hand deutend, mit der andern die Augen beschattend, darunter der Stier; Flammen schlagen aus seinem geöffneten Leibe und lassen 4 Köpfe sehen. Der kennzeichnende Beginn der Legende ist 1430 mit dem neu gesehenen Reiz von Tier- und Pflanzenwelt von Pisanello dargestellt (London, Nat. Gallery). Dürers Kupferstich von 1505 zeigt dann schon die übergenaue Erfassung des Sichtbaren für die Vorstellung des ganzen Vorgangs. Im 15. Jh. treten mehrfach Verwechslungen mit dem → hl. Hubertus, Bischof von Lüttich, ein. Ritterlich mit Plattenpanzer und hohen Sporenstiefeln bekleidet, das Schwert an der Seite, steht E. antlitzmäßig als einer der Stiftersöhne auf einem Flügel von Dürers Paumgärtner-Altar von 1495 und hält eine

Fahne, auf der ein Hirschkopf das Kruzifix im Geweih trägt (München, A. P.). Der Teil eines Nothelfer-Altars von 1480/90, auf dem E. mit Christophorus und Georg dargestellt ist, wird dem ›Kreis des jungen Grünewald‹ zugeschrieben (Stuttgart, Staatsgalerie).

Eustasius, Hl. (29. März / 2. April), ein Schüler und Begleiter des → hl. Kolumban d. J., von diesem 613 als Abt von Luxueil zurückgelassen, zieht (nach der 641 verfaßten Vita des Jonas von Bobbio, der Gründung Kolumbans, der 615 dort stirbt) missionierend weiter bis nach Bayern und stirbt 625.

Reliquien bewahrte eine seiner bekanntesten Wallfahrtsstätten, das Benediktinerinnenkloster Widdersdorf (Vergaville) bei Dieuze (Lothr.), wo für Hirnverletzte, Irrsinnige und Besessene Heilungen stattfanden, Anfang 13. Jh. sogar ein Spital zu seinen Ehren gebaut wurde; noch 1524 lieh man seine Reliquien zu Heilungen nach Straßburg aus. Reliquien wurden aber 1486 auch in das bis dahin zum Hl. Anstatt genannte Wallfahrtskirchlein bei Seitingen (Kr. Tuttlingen) übertragen, dessen Verehrung mit der des E. auch in der Hauptfigur des Hochaltars von 1710 verschmilzt (eventuell Anstatt = Anastasius gedeutet und auf einen Märtyrer, 628 in Persien enthauptet, bezogen – An-stas-ius = eventuell Eu-stasius?). Ein Schlußstein im Chor des auf der Höhe über dem Ort Ersingen liegenden Kirchleins zeigt E. als Benediktiner, einen Besessenen heilend, eine der Glocken wird ihm 1515 geweiht, 1585 eine bis ins 18. Jh. bestehende Bruderschaft zum Hl. Eustasius gegründet.

Eva → Adam und E.

Evangelisten, die Schreiber der 4 Evangelien, Matthäus, Markus, Lukas und Johannes. Als Autorenbild werden sie in den Evangeliaren (dem liturgischen Buch, das nur die 4

Evangelien enthält) vom 6. Jh. an, jeweils ihr Evangelium schreibend, vorangestellt. In diesen ersten Darstellungen werden dem Markus die Sophia oder ihm und Lukas als inspirierende Lehrer → Petrus und → Paulus beigegeben, während Johannes seinem Schüler Prochoros diktiert. Vom 7./8. Jh. an bleibt ein bestimmter Typus gültig: Es ist die frontal oder im Profil sitzende Gestalt mit dem Pult an der Seite, auf dem das aufgeschlagene Buch liegt; darin oder in den auf dem Schoß liegenden Blättern schreibend, die Feder spitzend oder eintauchend, sie sinnend erhebend oder auf das oben erscheinende Symbol (→ Evangelistensymbole) deutend, in Wolkenzonen horchend oder in strenge Architekturen eingeordnet. Eine überreiche Folge, die in der Buchmalerei, in der Ausmalung der Chöre bis zum Ende des Mittelalters die Hauptrolle spielt und die auf Elfenbeinen, an Chorgestühlen, Kanzeln, Taufbecken noch weiterhin zu finden ist. Die großartigsten Beispiele enthält das Reichenauer Evangeliar Ottos III. vom Ende des 10. Jh. (München, Bayer. Staatsbibl., Clm. 4453). Eine seltene Zusammenstellung, Mitte 12. Jh., als Lesepult ist in Freudenstadt erhalten; die 4 Gestalten – holzgeschnitzt – stehen mit dem Rücken gegeneinander, halten das Pult in Schulterhöhe über sich, das aus den zugehörigen Symbolen an den 4 Seiten Weihrauch spenden kann. Große Einzelfiguren erscheinen in der Altargestaltung vom 15. Jh. an; für die einzelne Biographie → Johannes, → Lukas, → Markus, → Matthäus (s. a. Aminadab).

Evangelistensymbole. Auf die große Vision des → Hesekiel (Hes. 1,5 ff.) beziehen sich die ersten Auslegungen; Irenäus von Lyon (2. Jh.) deutet das »Viergetier« als vorausgeschaut auf die Evangelisten. Erst bei Hieronymus und Gregor von Tours (540–594) klärt sich die Zuordnung, die dem Matthäus den Menschen oder Engel zuweist, denn er schildert das menschliche Sein Christi, Lukas deutet mit dem Stier am innigsten auf den Opfertod

Christi hin, Markus betont die Kraft der Auferstehung und Todesüberwindung mit dem Löwen und Johannes die Himmelfahrt mit dem Adler. Ausführliche Verse halten diese tiefsinnige Symbolsprache, die die Grundlage für die Darstellungen bildet, in den Evangeliaren des 8.–13. Jh. fest. Als erste Wiedergabe gilt die Apsismalerei in S. Pudenziana, Rom, um 400. Das »Viergetier« erscheint in eigenartiger Zusammenfassung der 4 Symbole als eine Figur in einem Echternacher Evangeliar aus Karden/Mosel, um 775 (Trier, Dombibliothek). Den Evangelisten zugehörend, werden die Symbole auch stellvertretend für diese angebracht; unabdingbar umgeben sie die Darstellungen der »Majestas Domini« (→ Christus) und erfüllen die abendländische Kunst allenthalben, während sie in der byzantinischen nach dem Bilderstreit nicht mehr zu finden sind. Als geflügelte Köpfe oder auch in ganzer Gestalt tragen sie die Schriftrolle als Offenbarungsurkunde, aus der der Evangelist abschreibt, oder lagern bei späteren Einzelfiguren zu Füßen des Evangelisten. Eine ausführliche Auslegung findet sich bei → Lukas in der Leg. Aur.

Eventius und Theodulos, Hll. (3. Mai / –), 2 Priester z. Z. Kaiser Hadrians (117–138), die ins Gefängnis geworfen werden. Sie unterstützen den ebenfalls gefangengehaltenen Papst → Alexander bei der Bekehrung und Taufe von vielen weiteren heidnischen Gefangenen. Unverletzt entsteigen sie dem feurigen Ofen, in dem man sie dem Martyrium aussetzt, und werden enthauptet.

Meist mit Papst Alexander dargestellt, trägt E. auf der Tafel Zeitbloms von 1504 (Augsburg, Museum) über dunklem Talar ein helles, langes, ärmelloses »Rochett«, ein Birett auf dem Haupt und zeigt in ein aufgeschlagenes Buch. Theodulos im dunklen Talar mit Schulterkragen und »Gelehrtenschal« trägt ein Buch im Arm. Beide stehen auf einem flammenden Scheiterhaufen.

Evergislus (Ebregesilus), Hl. (24. Okt., Köln). Ein Kölner Bischof des 5. Jh. aus Tongern wird in der 1055 in Köln geschriebenen Legende als Schüler des → hl. Severinus geschildert, der ihn zum Diakon weiht und dem er als Bischof von Köln nachfolgt. Um 450 in Tongern, wo er den Götzendienst ausrotten will, von Räubern erschlagen, hat Erzbischof Bruno 955 seine Gebeine nach Köln überführen lassen.

Eine verlorene Statuette am Anno-Schrein stellte ihn nach Zeichnung in pontifikaler Meßkleidung mit Pallium, Mitra, Palmzweig und Spruchband dar; im Glasfenster von St. Gereon, Köln, Ende 14. Jh., trägt er auch ein Schwert, ebenso auf dem Altarflügel des Meisters der Hl. Sippe, um 1500 (Berlin, Staatl. Museen).

Ewalde, Hll. (3. Okt., Essen, Köln, Münster, Paderborn). 2 angelsächsische Brüder, nach ihrer Haarfarbe als der weiße und schwarze Ewald unterschieden, ziehen als Glaubensboten, vom → hl. Willibrord in Echternach angefeuert, zu den heidnischen Sachsen und werden ermordet. Pippin d. Ä. ließ ihre Überreste nach Köln übertragen. Aus ihrem Schrein ist eine kostbare gestickte Leinendecke des 9. Jh. mit der Darstellung des Tierkreises um den Annus (den Jahresgott) in St. Kunibert, Köln, erhalten; auf den Türen des Reliquienschranks von 1400 und an einem Wandtabernakel aus dem Anfang des 15. Jh. in St. Kunibert sind sie in priesterlicher Meßkleidung dargestellt mit Schwert (bzw. Keule), Buch, Palmzweig, zu denen auf späteren Darstellungen auch noch ein Kelch kommt.

Exuperantius, Leidensgefährte und Diener der → hll. Felix und Regula.

Exuperius (französ. Exupère, Exupéry, Spire), Hl. (22. Sept.) ist einer der 4 Ritter der → Thebäischen Legion, die um 302 unter Maximian zu St-Maurice im Wallis den Tod finden. Ein Glasfenster im südl. Querarm des Straßburger Münsters stellt ihn um 1240 in Kettenhemd, Kettenhaube und Topfhelm, Kettenbeinschutz, mit Schwert und kreuzgeschmücktem Schild dar. An der Nordseite des Langhauses des Straßburger Münsters zeigt ihn ein Glasfenster aus der 1. Hälfte 14. Jh. im Waffenrock über dem Kettenhemd mit Schwert und Lanze. Am Chorgestühl der Kathedrale von Lausanne, Anfang 15. Jh., trägt er einen Rock über der Plattenrüstung und schultert das Schwert.

Ezechiel → Hesekiel

F

Fabian, Hl. (20. Jan.), 236–250 Papst. Seine Wirkensmöglichkeit unter den Kaisern Gordian und Philippus Arabs wird während der Christenverfolgung des Kaisers Decius durch Enthauptung beendet.

Da sein Kalendertag mit dem des → hl. Sebastian zusammenfällt, ist er öfter mit diesem zusammen dargestellt. Seine älteste Wiedergabe in Deutschland findet sich auf dem Flügelaltar von Hoyer (Nordschleswig, Dänemark) aus dem 15. Jh., wo er nur in Talar, Rochett und Kappa, aber mit Tiara auftritt. Spätere Darstellungen zeigen ihn in Pontifikaltracht mit Amikt, Alba, Dalmatika und Pluviale, als Attribut Buch und Kreuzstab, auch Schwert und Palme, wie auf dem Lübecker Glasfenster von 1472 in der Katharinenkirche, auf einer Altartafel von 1497 in Breslau; weitere Darstellungen des 16. Jh. in Boritz und Helbigsdorf (Sachsen) und spätere.

Fausta, Hl. (20. Sept. / –), erleidet unter Kaiser Maximian 307 als christl. Jungfrau das Martyrium in Cycicum (Propontis), als sie sich weigert, den Göttern zu opfern. Nach der Legende versucht man sie zu durchsägen, treibt Holznägel in ihren Leib und bringt sie schließlich in einem Kessel mit siedendem Pech zu Tode.

Ein Wandteppich vom Beginn des 15. Jh. im Kunstgew.-Museum von Köln stellt sie mit Säge und Nägeln als Attributen dar.

Faustinus → Simplicius und F.

Felicitas, Hl. (23. Nov.), eine christl. Witwe in Rom, wird unter Kaiser Antoninus (138–161) mit ihren 7 Söhnen vor den Richter geführt. Die Söhne unentwegt zur Standhaftigkeit ermahnend, werden diese vor ihren Augen nacheinander zu Tode gemartert, schließlich sie selbst hingerichtet.

Ihre Verehrung ist vom 5. Jh. an bezeugt (Medaillon in Parenzo, Homilien Gregors d. Gr.). Mit den ausgebreiteten Armen die rechts und links sich an sie drängenden Söhne umfangend, gibt sie das Zwief. Mart. des 12. Jh. (24) wieder; im gleichzeitigen Büchlein ihrer Verherrlichung in Admont trägt sie die 7 Häupter der Erschlagenen in einer Schale. Altartafeln um 1500 in Neustift (Tirol) legen die 7 Häupter in den Schoß der Thronenden; in den Staatl. Museen, Berlin (um 1510/20) trägt sie sie auf einem Brett; im W.-R.-Museum in Köln umringen kleine jugendliche Gestalten die stattliche Matrone mit Spruchbändern, eine Grisaillemalerei des Bartholomäus-Meisters. Hier wie auch auf weiteren Darstellungen sind ihr Palme und Buch, auch Schwert als Attribut beigefügt. Eine Tafel des Bartholomäus Bruyn, um 1530, stellt sie mit den Söhnen im Kessel, unter dem ein mächtiges Feuer brennt, dar; einer der Söhne umfaßt ein großes danebenstehendes Kreuz, dem Gekreuzigten entspricht gegenüber eine betende Mater dolorosa; rechts kniet der Stifter mit dem Wappen der Hackenay (Priv.-Bes.; Ausst. Stuttgart, Staatsgalerie 1958/59).

Felix, Hl. (26. März / –), seit 386 Nachfolger des Bischofs Brito von Trier, von seinem Zeitgenossen Sulpicius Severus als »heiligmäßig« bezeichnet, baut in Trier die später St. Paulin genannte »Märtyrerkirche«. Er legt 398 sein Amt nieder und stirbt um 400.

Erst 1761 in Pontifikalkleidung mit Stab und Kirchenmodell in St. Paulin dargestellt.

Felix und Adauctus, Hll. (30. Aug.). Als christl. Priester wird Felix vor Diokletian und Maximian gebracht und soll im Serapis-Tempel opfern. Er bläst die Götterstatue an – sie stürzt um, ebenso geschieht es mit dem Standbild des Merkur und der Diana. Ein geweihter Baum wird von seinem Blasen aus den Wurzeln gerissen und zerschmettert Bild und Altar, die davor stehen. Ergriffen und zur Richtstätte geführt, springt einer aus den Zuschauern auf ihn zu, küßt ihn, bekennt sich als Christ und wird mit ihm enthauptet. Da man seinen Namen nicht kennt, wird dieser Adauctus – der Hinzugekommene – genannt. Von Christen in der Grube, die der Baum gerissen hat, um 287 bestattet, wollen die Heiden die Gebeine wieder ausgraben und werden von bösen Geistern erfaßt.

F. allein steht im Hirs. Pass. des 12. Jh. (23) im langen Superpelliceum mit der »lingua« am Hals und weiten, langen Ärmeln (der außergottesdienstlichen Tracht der Geistlichen im 12. Jh.), im Zwief. Mart. des 12. Jh. (24) mit A. als kleinere Halbfigur im unteren Zwickel des 2. Septemberblattes, F. mit Tonsur und A. als Jüngling. Eine Darstellung von 1447 im Kunstgew.-Museum zu Breslau zeigt F. in langem Talar, einen Buchbeutel haltend, A. in pelzverbrämtem Rock und Mantel, eine flache Mütze auf langen Haaren, eine Tasche hängt am Gürtel, einen Buchbeutel trägt auch er in der Hand.

Felix von Cantalice, Hl. (18. Mai), »Bruder Deo gratias«. In Cantalice (bei Rieti) 1515 geboren, verbringt der Hirtenknabe viele Andachtsstunden vor einem in einen Baum eingeschnitzten Kruzifix, tritt mit 30 Jahren in den Kapuzinerorden ein, wird nach Rom geschickt, wo er im dortigen Kapuzinerkloster 40 Jahre das Amt des Almosensammlers ausübt. Seine unermüdliche Geduld und Freundlichkeit begleitet er beim Empfang auch der geringsten Gaben mit »Deo gratias«, was ihm den Namen gibt. Er stirbt 1587, wird 1625 und 1712 heiliggesprochen.

Darstellungen des 18. Jh. zeigen ihn mit Bettelsack und Rosenkranz: in Eppan, in Mauterndorf (1755) und im Württ. Landesmuseum Stuttgart.

Felix von Fritzlar, Hl. (5. Juni / –), Mönch in dem von → Bonifatius gegründeten Benediktinerkloster Fritzlar und wird bei der Christianisierung der Sachsen von diesen ermordet.

Ein Reliquienschrein des 15. Jh. im Dom zu Fritzlar stellt ihn mit Buch und Palme in der mit einer Kapuze versehenen geschlossenen Flocke dar.

Felix und Nabor (französ. auch Avold), Hll. (12. Juli), 2 röm. Legionäre aus dem Heer des Maximinians Herkuläus, werden um 307 als Christen enthauptet.

Ihre Reliquien ruhen im Obergeschoß des Dreikönigsschreins von Köln, wohin auch sie zusammen mit den Dreikönigsreliquien aus Mailand von Rainald von Dassel übertragen worden sind. An der hinteren Schmalseite des Schreins sind sie in Kettenpanzer und Kettenkapuze, mit Überwurf und Schild dargestellt, etwa vorhandene Attribute sind verloren. Im Glasfenster des 14. Jh. im Kölner Dom (Nordquerschiff) tragen sie ebenfalls Kettenpanzer, darüber Waffenrock und Schapel und als Attribut Schwert und Palme. Ein Mosaik von 487 hält sie in S. Vittore bei S. Ambrogio in Mailand fest.

Felix, Regula und Exuperantius, Hll. (11. Sept., Chur, Eichstätt). Die Geschwister Felix und Regula fliehen nach der Vernichtung der → Thebäischen Legion bei Agaunum nach Zürich, wo sie mit Exuperantius als Leidensgefährten enthauptet werden. Wie → Dionysius und andere Märtyrer sollen sie ihr Haupt bis zu dem Ort, an dem sie bestattet werden wollten, getragen haben. Über dieser Stätte wurde das Züricher Großmünster erbaut.

Ein Steinrelief, um 1130–40, stellt Felix und Regula am Großmünster als Patrone von Zürich sitzend mit Buch und Palme dar, im Hirs. Pass. des 12. Jh. (23) tragen sie ihre Häupter und die Märtyrerpalme, wie es auch spätere Darstellungen zeigen. Alle 3 gemeinsam kommen nur auf einer Altartafel des Hans Leu, 1506, in Zürich vor; Statuen von 1520 in Reute (Baden) geben Felix und Regula nicht mehr ohne Kopf, in ganzer Gestalt stehend, die Häupter im Arm, wieder.

Felix von Valois, Hl. (20. Nov. / –). Aus der Gegend von Valois stammend, 1127 geboren, stiftet er mit → Johannes von Matha den Trinitarierorden zur Befreiung der christl. Gefangenen aus den Händen der Sarazenen und stirbt 1212.

Bei der einzigen in Deutschland bekannten Einzeldarstellung, einer Statue von 1782 in Griesbach (Ndb.), trägt er über dem langen Rock ein mit Kreuzchen geschmücktes Skapulier, offenen Mantel mit Kapuze, in der Linken ein geöffnetes Buch (Ordenssatzung), in der Rechten die Fahne, die er als Wegbereiter zum Ausharren ermahnend voranzutragen pflegte. Darstellungen mit Johannes von Matha bringen als Attribut den Hirsch mit dem blauroten Kreuz im Geweih, der nach der Legende den beiden in Cerfroid erschien, wo sie ihr Kloster gründeten.

Ferreolus (französ. Ferréol, Fargeau, Ferjus, Phreux; italien. Ferreolo, Ferruccio), Hl. (16. Juni / –), ein Geistlicher, der mit seinem Diakon vom hl. Irenäus um 180 als Glaubensbote nach Besançon geschickt wird, dort 30 Jahre wirkt, dann durch eine Christenverfolgung eingekerkert, an einer Winde hochgezogen, gegeißelt, mit Nägeln durch Füße, Brust und Gelenke gemartert und schließlich enthauptet wird.

In priesterlicher Meßgewandung mit Nägeln in der rechten, Kettengeißel in der linken Hand, stellt ihn ein Blatt der Sipp-, Mag- und Schwägerschaft Maximilians I. dar, ebenso eine Miniatur von Kölderer und eine Statuette am Grabmal Maximilians in Innsbruck.

Fiacrius, Hl. (30. Aug. / –), ein Ire, verläßt seine Heimat, um in Einsamkeit Gott dienen zu können. Er erhält vom

Bischof Faro von Meaux (626–672) ein Waldstück und richtet sich eine Einsiedelei ein, die später zu einem Kloster wird.

Die Legende berichtet, daß der Garten sich von selbst bildete, als er mit seinem Stab die Erde berührte. Schaufel, Grabscheit und Rosenkranz sind seine Attribute, die ihn als Patron der Gärtner ausweisen. Im späteren Mittelalter auch bei Hautkrankheiten fürbittend angerufen, zeigen ihn Darstellungen mit entblößtem, von Geschwüren bedecktem Bein. Nach ihm wurden die Mietwagen, die vor der ihm geweihten Kirche in Paris ihren Stand hatten, »Fiaker« genannt. 2 Statuen, eine von 1470 aus Wörnersberg (Stuttgart, Württ. Landesmuseum), eine von 1500 in der Kunsthalle Karlsruhe, zeigen ihn in geöffnetem Rock und Mantel, mit breitrandigem Hut bzw. Kapuze, mit Spaten, Rosenkranz und wundenbedecktem Bein.

Fidelis von Sigmaringen, Hl. (23. März / 24. April, Feldkirch), als Markus Roy 1578 in Sigmaringen geboren, nach juristischem Studium 1612 als Kapuziner geweiht, als Prediger und Seelsorger tätig, wird nach Graubünden geschickt, um dort für seinen Orden rekatholisierend zu wirken. Kalvinisten, die ihn zu einer Predigt aufgefordert haben, erschlagen ihn 1622 mit einem Streitkolben und durchbohren ihn mit einem Schwert.

1729 selig-, 1746 heiliggesprochen, geben ihn volkstümliche Darstellungen des 18. Jh. als Kapuziner mit Palme, Streitkolben und Schwert wieder.

Fides – Spes – Caritas, → Sophia.

Fides (französ. Foy; italien. Fede; span. Fé; engl. Faith), Hl. (6. Okt. / –). Die 13jährige wurde wegen ihres standhaften Glaubensbekenntnisses unter Maximinian Herkuläus um 307 auf einem glühenden Rost gemartert und in Agen (Frankreich) enthauptet. Ihre Reliquien, 855 von

Agen nach Conques übertragen, wo F. als »Sainte Foy« verehrt wird (und ein bedeutendes Goldschmiedewerk, um 1000, sie darstellt), kamen 1094 nach Schlettstadt. Hier zählt St. Fides seither zu den Heiligen des Elsaß.

In der Initiale E eines Psalteriums aus dem Allerheiligen-Kloster Schaffhausen von 1253 (Zürich, Zentralbibl.) trägt sie ein Buch. Mit Märtyrerpalme stellen sie ein Glasfenster, Anfang 14. Jh., im Straßburger Münster und ein Wandgemälde von 1614 am Turm von St. Fides in Schlettstadt dar; in beiden Beispielen trägt sie einen Rost in der Hand.

Findanus, Hl. (15. Nov.), ein vornehmer Ire aus Leinster. Er führt, nach einem Gelöbnis aus der Gefangenschaft befreit, eine Wallfahrt nach Rom aus, tritt 851 in das Kloster Rheinau ein, wo er seit 856 ein Reklusendasein bis zu seinem Tode 878 durchhält.

Eine Rheinauer Buchmalerei von 1200 (Zürich, Zentralbibl.) stellt ihn mit Albe und Pluviale dar. Auf den Reliefdarstellungen seines Lebens an seinem Grabmal von 1710 trägt er als Benediktiner die geschlossene Flocke mit Kapuze und als Attribute ein Buch mit dem Fürstenhut darauf und eine Taube auf der Schulter. Denn nach der Legende sah er die Reliquien des → hl. Blasius, als sie nach Rheinau kamen, in Gestalt einer Taube erst auf dem Altar, dann in der Krypta der Kirche. Wieder erblickte er die Taube auf seiner Schulter, ehe er die Reliquien nach St. Blasien übertrug.

Firminus, Hl. (25. Sept.). Nach der Legende in Pamplona geboren, von einem Priester Honestus unterrichtet, nach Toulouse zum Bischof Honoratus geschickt, von diesem zum Priester und Bischof geweiht, wirkt er als Verkünder des Christentums in Agen, Clermont, Angers und Beauvais. Hier wird er bei einer Christenverfolgung eingekerkert und gegeißelt, in Amiens 290 enthauptet.

In Pontifikaltracht mit Stab, offenem Buch, Geißeln und Strick an einer neben ihm stehenden Säule, davor sein abgeschlagenes Haupt mit Mitra, stellt ihn ein Holzschnitt der Heiligen der Sipp-, Mag- und Schwägerschaft Maximilians um 1500 dar, ebenso eine Federzeichnung von Kölderer und eine Statuette am Grabmal Maximilians in Innsbruck.

Florentius (italien. Florenzio, Fiorenzo; fläm. Floris)

Florentius, Hl. (7. Nov. / 21. Juli, in Straßburg: 7. Nov.). Der vornehme Ire kommt bis ins Elsaß, wo er sich bei der Mündung der Hasel in die Breusch als Einsiedler niederläßt. Nach der Legende heilt er die Tochter des Königs Dagobert und soll dafür so viel Land bekommen, wie sein kleiner Esel während der »Toilette« des Königs umschreiten könne. Der König verspätet sich, der Esel galoppiert – so ergibt sich ein umfangreiches Gelände, der spätere reiche Grundbesitz des Klosters Niederhaslach. Nach dem Tode Arbogasts wird F. Bischof von Straßburg, stirbt 614 und wird noch im 7. Jh. heiliggesprochen.

Ein Steinrelief in Niederhaslach von 1160 gibt ihn in pontifikaler Meßkleidung mit Stab und Buch wieder; am Bogenfeld des Westportals ist seine Legende Anfang 14. Jh. dargestellt. Ein Glasfenster des 14. Jh. im Straßburger Münster und ein anderes des 15. Jh. in Niederhaslach bezeugen seine weitere Verehrung.

Florentius, Hl. (10. Okt., Köln), Ritter der → Thebäischen Legion im Gefolge des → hl. Gereon und mit diesem enthauptet, gehört zu den Stadtpatronen Kölns und wird mit diesen dargestellt (→ Gereon). Mit → Kassius auch Patron des Münsters von Bonn.

Florian, Hl. (4. Mai, Linz). Die Legende bezeichnet ihn als röm. Heeresbeamten in Österreich, der als Christ bei der

Diokletianischen Verfolgung nach Lauriacum zieht, um die dort gefangengehaltenen Christen zu befreien. Er wird aber selbst gefangen vom Präfekten Aquilinus, dem Gerichtsherrn ausgeliefert und nach vielen Martern 304 mit einem Mühlstein um den Hals in die Enns geworfen. Seine Leiche, von den Wellen auf einen Felsen geworfen und von einem Adler bewacht, findet eine fromme Frau und läßt sie bestatten, wo später das Stift St. Florian über seinem Grabe entstanden ist.

In seiner Jugend soll er ein brennendes Haus durch sein Gebet gerettet haben – aber erst im 15. Jh. führt dieser Legendenteil zum ständigen Attribut eines Wasserkübels, mit dem er ein brennendes Haus löscht. Nur als ritterlichen Heiligen zeigen ihn eine Wandmalerei um 1150 in Stift Nonnberg (Salzburg) und eine Buchmalerei im Psalterium des 12. Jh. in St. Florian; ebenda erscheint sein Bild in Missalien des 13. und 14. Jh. und in einer Statue des 13. Jh. Die vom 15. Jh. an zahlreichen Darstellungen geben ihn in der ritterlichen Rüstung der Zeit mit Banner, Schild und Lanze, aus einem Kübel Wasser auf ein brennendes Haus schüttend, meist auch den Mühlstein am Arm oder zu Füßen. Der Mühlstein verbindet seine Legende mit der des → Quirinus. Neuerdings auf seine Legende bezogen sind die 7 Tafeln Altdorfers, um 1520/30, für einen nicht mehr zu bestimmenden Altar. Sie enthalten: Abschied (Florenz, Uffizien), Gefangennahme (Nürnberg, German. Nat.-Museum), Vor dem Statthalter (Nürnberg, German. Nat.-Museum), Stäupung (Melnik, Slg. Lobkowitz), Brückensturz (Florenz, Uffizien), Bergung der Leiche (Nürnberg, German. Nat.-Museum), Wundertätige Quelle (Berlin, Priv.-Bes.).

Florinus, Hl. (17. Nov., Bozen-Brixen, Chur), wird als Sohn eines Angelsachsen und einer christl. Jüdin geschildert, die auf der Rückkehr von einer Pilgerfahrt nach Rom sich im Vintschgau niedergelassen haben. Vom Pfarrer von

Remüs in Graubünden erzogen, wirkt F. als dessen Nachfolger im 9. Jh. an der dortigen Peterskirche. Die Legende erzählt, wie er den Meßwein holen soll, ihn einer armen Frau für ihren kranken Mann schenkt und Wasser nachfüllt, das sich am Altar in Wein verwandelt.

Die älteste Darstellung am Lucius-Schrein in Chur zeigt ihn nur mit einem Buch in Händen. Erst vom späten 15. Jh. an kommt er in priesterlicher Meßkleidung vor, in Händen Kanne und Kelch. In einer Wandmalerei der Liebfrauenkirche von Oberwesel empfängt die neben ihm kniende Frau den Wein. Weitere Darstellungen sind bekannt im Hochaltar von Chur, im Dom von Frankfurt 1505, im Agatha-Kirchlein von Disentis, von 1518 in Brigels und von 1516 im Memorienbuch des Florinus-Stifts von Koblenz. Schon 950 kamen seine Reliquien in das Marienkloster von Koblenz; für sie entstand dort im 11. Jh. das ihm zugeeignete Florinus-Stift.

Foillan, Hl. (31. Okt.). Mönch, laut der Vita Bedas aus irischem Hochadel, nach der Vertreibung aus England von der Pippin-Familie aufgenommen, 655/56 ermordet. Missionierte in England, Nordfrankreich und dem heutigen Belgien, gründete mit Gertrud von Nivelles das Kloster Fosse bei Namur, wo er bestattet wurde. Reliquien des Märtyrers in der Aachener Kirche St. Foillan.

Franz(iskus) (französ. François, Francis; italien. Francesco, Cecco, Ciccio; ung. Ferenc)

Franziskus von Assisi, Hl. (4. Okt.). Dem reichen Tuchhändler Piero Bernadone von Assisi wird 1182 ein Sohn geboren und Johannes getauft. Der Jüngling bekommt aber den Rufnamen »Francesco« wegen seiner Vorliebe für die französ. Sprache und ritterlich-höfisches Leben. In schwerer Krankheit und Gefangenschaft erlebt er tiefgehende innere Wandlung und erklärt, 1203 aus Perugia befreit, den neckenden Rittern, seine Braut heiße »Armut«. Stufenweise löst er sich vom Vater und väterlichen Besitz, führt 1207–09 ein Einsiedlerleben in Portiuncula, wo ihm der Aufbau von 3 zerstörten Kirchen zugeschrieben wird. Von hingebungsvoller Opferbereitschaft erfüllt, vernimmt er in Gebet und Vision 1205 in Spoleto, 1206 in S. Damiano seinen Auftrag nach den Worten der Jüngeraussendung Matth. 10,6–14: »Machet die Kranken gesund, reinigt die Aussätzigen, wecket die Toten auf, treibet die Teufel aus ... weder Gold noch Silber sei in euren Gürteln, traget weder Röcke noch Schuhe ... umsonst habt ihr empfangen, umsonst gebet es auch.« Diese seine göttliche Berufung zur Armut, zu hilfreicher Tat und Predigt legt er seiner Regel mit der Gründung des »Ordens der Minderbrüder« (Minoriten) 1209/10 zugrunde, von Papst Innozenz III. 1209 gebilligt (nach dessen Vision von einem zu seinen Füßen aufwachsenden Palmbaum, während der arme unbekannte Mönch die berstenden Mauern der Laterankirche stützt). Ebenso, aber auf Dominikus bezogen, von Fra Angelico 1430 dargestellt. Anschließend gründet er 1212 den Orden der Klarissen (→ hl. Klara).

Eine Begegnung mit dem → hl. Dominikus und ein Traum, der beide bestätigt, wird bei Dominikus erzählt, während Benozzo Gozzoli in Montefalcone die Legende F. zuschreibt! Dessen Tätigkeit als Wanderprediger 1213 bis 1215 führt ihn bis nach Südfrankreich, läßt den »poverello« weithin bekannt und innig verehrt werden; durch seine »süße Rede« wird er »Troubadour-Minnesänger Gottes« genannt. Missionierend dringt er 1219 bis zum Sultan von Ägypten vor und bietet dessen mohammedanischen Priestern die Feuerprobe an: Er ist bereit, durch ein Feuer zu schreiten, um zu beweisen, welcher Glaube der richtige sei. Der Sultan wagt diese Entscheidung nicht und weist alle Geschenke zurück. F. erreicht 1223 nochmals von Honorius III. die Bestätigung seines Ordens, aber seine äußerste Demut – nicht zu befehlen, sich unterzuordnen, zu gehorchen – bewegt ihn neben den Streitigkeiten um die Auslegung der Ordensregel 1220, von der Leitung des Ordens zurückzutreten. Er stiftet 1221 den sog. Dritten Orden (Tertiarierorden) für alle Weltleute, Männer und Frauen, die eine christl. Lebensführung erstreben und üben wollen, und zieht sich 1222 in die Einsamkeit von Alverna (La Vernia), einem kleinen Kloster, zurück. Hier empfängt er am Michaelstag 1224 (nach anderer Aufzeichnung am Tag der Kreuzfindung) die Stigmata: Der Gekreuzigte in Gestalt eines Seraphs, von 6 Seraphflügeln überhöht und bedeckt, oder von einem solchen getragen, neigt sich ihm; seitdem trägt er, vom Leidenserlebnis Christi durchdrungen, die Wundmale an Händen, Füßen und an der Seite und verheimlicht sie, so daß sie erst bei seinem Tode erkannt werden. Zahlreiche Heilungen und Wunder folgen dem »Pater seraphicus« auch nach seinem Tode 1226. Seine Brüder bestatten ihn in Assisi, wo über seinem Grabe die Kirche S. Francesco unmittelbar nach der Heiligsprechung 1228 errichtet wird.

Durch seine Predigt und seinen vorbildlichen Wandel entstehen schon zu seinen Lebzeiten zahlreiche Klöster auch jenseits der Alpen; sie erlangen in den wachsenden Städten neben denen der Dominikaner entscheidende Bedeutung für Armenpflege, Seelsorge und Predigt. Immer wieder betonen die Legenden seine sanftmütige Demut allen Menschen und auch der armen Kreatur gegenüber – alle sind ihm Schwester und Bruder, auch Sonne, Mond und Tod, wie es sein »Sonnengesang« ausdrückt und wie es die verschiedenen Legenden der »Vogelpredigt« zeigen. Seine Verehrung breitet sich durch Fülle und Innigkeit der unmittelbar nach seinem Tode aufgezeichneten Legenden aus. Sie sind erhalten in seinem »Testament«, enthalten in den 1128 verfaßten »Legenden der drei Gefährten«, die mit den Tagebuchnotizen des Bruders Leo (dem ständigen Begleiter des F.) 1318 als »Speculum perfectionis« zusammengefaßt worden sind. Eine 1255 entstandene Schrift des

Ordensgenerals Johannes von Parma wird wegen der religiösen Erregung, die sie hervorgerufen hat, verboten, doch ist der Auszug des Gerhard von Borgo San Donnino »Introductoris in Evangelium aeternum liber« erhalten (diese Schriften gehen auf die Visionen des Joachim von Floris zurück, der ein neues Reich des Hl. Geistes mit einem »Ordo seraphicus« prophezeite – man fand darin eine Bestätigung für die Bezeichnung des F. als »Pater seraphicus«). Der »Vita« (Lebensbeschreibung) des Franziskanerbruders Thomas von Celano (1200–55) folgt die des späteren Ordensgenerals, des → hl. Bonaventura (1221–74), als »Legenda maior« 1260 verfaßt. Auf diesen Grundlagen beruhen die 60 Taten und Wundererzählungen der Leg. Aur.; sie setzen sich fort in der 1297 entstandenen »Postille zur Apokalypse« des Petrus Johannis Olivi (einem der Lehrer Dantes) und dem »Arbor vitae crucifixi Jesu« des Ubertino von Casale 1305 (der von Dante wegen seines einseitigen Armutsfanatismus getadelt wird). Etwas später entstehen die »Fioretti« des Ugolino von Monte Giorgio. Auswahlen aus allen diesen werden in die deutschen Passionalien des 14./15. Jh. aufgenommen.

Schon bald nach der Heiligsprechung setzen die Darstellungen ein. Bis zu 20 Legendenszenen sind bei den Meistern der Pisaner Kreuze zu finden, hier auch die ersten Idealbildnisse in brauner strickgegürteter Kutte, hager in Gestalt und Antlitz, wie sie auch in viele spätere Darstellungen übergegangen sind, während die liebeströmende Innerlichkeit und Erfülltheit des franziskanischen Wesens aus den großen Folgen Giottos (?) an den Wänden von S. Francesco in Assisi (um 1290) und S. Croce in Florenz (um 1320/30, von Giotto bzw. der Giotto-Schule, auch Daddi zugeschrieben) v. a. in der italien. Malerei des 15. Jh. neu aufgenommen werden. – Früheste Darstellungen in Deutschland sind als Legendenzyklus an Glasfenstern der Franziskanerkirche von Erfurt um 1230/40 bekannt. Die Einzelgestalten sind in Initialen schon kurz nach 1234 in einem Augsburger Psalter, mit Dominikus in einem Gebetbuch von 1253, mit Klara im Würzburg-Psalter von 1255 in Maihingen, mit anderen Heiligen auf Antependien und Altartafeln häufig im 15. und 16. Jh., als Skulptur bis ins späte 18. Jh. nachweisbar. Von den Legenden kommt die *Vogelpredigt* schon kurz nach 1228 in einem oberrheinischen Psalter vor, um 1325–30 in einem Glasfenster von Königsfelden. Am verbreitetsten – und einem attributiven Kennzeichen entsprechend – sind die Darstellungen der *Stigmatisation:* eine der ersten im Legendar der Dominikanerinnen vom Hl. Kreuz zu Regensburg, nach 1271; weitere auf einem Sanddruck von 1425 (Dresden, Kupferstichkab.), im Kreuzigungsbild des Maulbronner Altars von 1432 (Stuttgart, Staatsgalerie), auf einem Kupferstich des Meisters E. S. um 1450/60, auf der Tafel eines schwäbischen Meisters mit Schmerzensmann und Stiftern (Köln, W.-R.-Museum), Mitte 15. Jh., auf der Altartafel des Hans Fries von 1501 (Nürnberg, German. Nat.-Museum), auf einer Wandmalerei aus dem Kreis der Ulmer Malerei der 2. Hälfte des 15. Jh. (1465?) in der Franziskus-Kirche Ersingen (Kr. Ehingen), auf einer Tafel Altdorfers (Berlin, Staatl. Museen), um 1510.

Franz von Borgia, Hl. (10. Okt.), ein spanischer Edelmann, 1510 geboren, tritt 1528 in den Dienst Kaiser Karls V. und ist 1539–45 Vizekönig von Katalonien, 1543 Herzog von Gandia. Nach dem Tode seiner Gemahlin tritt er 1546 in den Jesuitenorden ein, wird 1561 Generalkommissar der spanischen Provinzen, siedelt 1561 nach Rom über, wo er 1565 3. General des Ordens wird. Unermüdlich pflegt und tröstet er Kranke und Sterbende und richtet seine Mühe ganz besonders auf den Ausbau des Ordens. Er stirbt 1572, wird 1624 selig- und 1671 heiliggesprochen.

In Jesuitentalar und Mantel dargestellt, trägt er Buch, Totenkopf mit Krone oder Herzogshut als Zeichen seines Verzichts auf Rang und Besitz, so als Statue von 1647 in der Jesuitenkirche von Landshut. Verbreitet waren volkstümliche Andachtsbilder, die ihm eine Monstranz als Ausdruck seiner Verehrung der Eucharistie beigeben.

Franz von Paula, Hl. (2. April). In Paola (Kalabrien) 1416 geboren und schon in jungen Jahren einem strengen Einsiedlerleben zugewandt, stiftet er 1454 den Orden der Paulaner oder Minimi (= »noch bescheidener als die franziskanischen Minoriten«). Er legt eine verschärfte Franziskanerregel zugrunde, mit der er, 1474 bestätigt, auch in Deutschland Niederlassungen gründet. Zahlreiche Heilungen und Totenerweckungen werden ihm zugeschrieben, glühende Kohlen soll er ohne Schaden in der Hand gehalten, auf seinem Mantel stehend die Meerenge von Messina durchfahren haben. Als er vom Papst 1482 nach Frankreich geschickt wird, stirbt König Ludwig XI. in seinen Armen. In dem ihm von Karl VIII. erbauten Kloster Plessis-les-Tours stirbt er 1507 nach einem Leben strengster Askese 91jährig und wird 1519 heiliggesprochen.

Dargestellt 1662 in der Martinitz-Kapelle der Marienkirche von Alt-Bunzlau (Böhmen).

Franz Xaver (französ. François Xavier; italien. Francesco Saverio; span. Francisco Javier), Hl. (3. Dez.), auf Schloß Xaver (Javier) bei Pamplona (Navarra) 1506 geboren, beginnt 1525 seine Studien in Paris, schließt sich 1533 dem → hl. Ignatius von Loyola an und erhält 1537 die Priesterweihe. Als päpstlicher Legat fährt er 1541 nach Goa in Ostindien, 1549 nach Japan, wo eine erste christl. Gemeinde entsteht. Nach Goa 1551 zurückkehrend, unternimmt er 1552 eine Missionsreise nach China, stirbt aber auf der Insel Sancian, nach der Legende völlig verlassen, aber von Engeln getröstet.

Erst 1619 selig- und 1622 heiliggesprochen, ist er neben dem → hl. Aloysius der am meisten verehrte und dargestellte Heilige des Jesuitenordens. Er trägt dann meist einen gegürteten Talar, Superpellizeum, Stola, auch Schultermäntelchen und Birett, hat Kruzifix mit Lilienstengel, auch ein flammendes Herz und zu Füßen einen Inder, den zu taufen er sich anschickt, wie Standbilder in Groß-Pöchlarn 1773, in Starnberg und anderenorts ihn zeigen. Das für die Jesuitenkirche in Antwerpen 1620 von Rubens gemalte große Altarbild (heute mit der Bildskizze in Wien, Kunsthistor. Museum) stellt ihn auf einem Podest dar, mit einer Hand auf die Gloriole der Glaubenspersonifikation über ihm deutend, die andere Hand segnend ausgestreckt zu den ringsumher gelagerten, hinzudrängenden Gestalten von Kranken und Sterbenden, deren Heilung durch den Glauben die Legende berichtet. Zerbrochene gehörnte Götzen stürzen aus einer mächtigen Tempelfassade.

Frauen am Grabe → Christus (zwei = Matth. 28,1–6; drei = Mark. 16,1–8 und Luk. 24,10; nur Maria Magdalena = Joh. 20,1–3).

Fridolin, Hl. (6. März). Die Legende läßt ihn im 10. Jh., aus Irland kommend, in Poitiers für den Glauben tätig sein, die Gebeine des hl. Hilarius erheben und, durch einen Traum bewogen, nach Alemannien ziehen. Hier gründet er das Kloster Säckingen auf einer Rheininsel, die ihm der »Kaiser Chlodwich« geschenkt haben soll (vermutlich König Ludwig das Kind, 900–911). Von dort missioniert er das Gebiet im Umkreis von St. Gallen. Die einstige Zugehörigkeit des Hofes Glarus zum Stift Säckingen führt im 14. Jh. zur Übernahme des F.-Bildes in Siegel und Banner des Landes Glarus, dessen Kantonspatron er später wird. Einen Toten soll er erweckt haben, um durch dessen Aussage ein gerechtes Urteil in einem Rechtsstreit zu bewirken. Dieser, Ursus genannt, wird ihm in Gestalt eines Knaben oder auch Skeletts als Attribut zu seinen Füßen beigegeben.

Er trägt in Darstellungen Benediktinertracht und Abtstab; zahlreiche Einzelbilder sind vom späten 15. Jh. an am Oberrhein und in der nördl. Schweiz entstanden,. eine Statuette von 1764 am Fridolinsschrein im Fridolinsmünster von Säckingen. Aus der Mitte des 18. Jh. stellt ihn eine geschnitzte Statuette (Stuttgart, Württ. Landesmuseum) dar, ein Skelett in gleicher Größe an der Hand fassend.

Friedrich, Hl. (18. Juli), Bischof von Utrecht. Die Legende läßt ihn einen aufrechten Kämpfer gegen Irrlehren sein. In Streitigkeiten Kaiser Ludwigs d. Fr. (814–840) soll er die Partei der Kaisersöhne ergriffen haben. Das zieht ihm den Haß der Kaiserin Judith zu, auf deren Veranlassung hin er 838 in Utrecht bei der Messe ermordet wird.

Als Bischof in Pontifikalkleidung mit Stab, Palme und Schwert bildete ihn eine Silberstatuette ab, deren Stich im Verzeichnis des Haller Heiltumsschatzes Anfang 16. Jh. erhalten ist. Am Grabmal des Bischofs Friedrich Chr. von Plettenberg im Dom von Münster steht seine Statue (1706).

Fronto, Hl. (25. Okt. / –), der erste Bischof von Périgueux, soll als Jünger des hl. Petrus nach Gallien geschickt worden sein, um dort den Glauben zu predigen. Als er eines Tages nach der Epistel in seinem Stuhl eingeschlafen sei, sei ihm Christus erschienen und habe ihn veranlaßt, mit ihm nach Tarascon zu gehen, um das Totenamt für die dort verstorbene → hl. Martha zu halten und diese auch mit ihm ins Grab zu legen. Als inzwischen in Périgueux die Gesänge zu Ende sind, der Diakon zur Evangelienlesung den Segen des Bischofs erwartet und ihn weckt, schickt dieser ihn fort, um Ring und Handschuhe zu holen, die er am Grabe der hl. Martha habe liegenlassen – auf diese Weise das Wunder seiner doppelten Anwesenheit zu bezeugen.

Mit dem auf dem Flügel des Magdalenenaltars (Lukas Moser, 1431, Tiefenbronn) im Nimbus als → Lazarus bezeichneten Bischof scheint mir in diesem Zusammenhang doch durchaus dieser und nicht F. gemeint zu sein, zumal in der Leg. Aur. Lazarus mit → Maximin eindeutig als Bischof von Marseille erwähnt wird und F. zur späteren Legende der hl. Martha gehört.

Fünf marokkanische Märtyrer → marokkan. Märtyrer

Fußwaschung als Willkommensgeste → Abraham und die drei Männer (1. Mose 18,4); als Akt der Demut und als Akt der Reinigung, d. h. der Sündenvergebung → Christus beim Abendmahl (Joh. 13,1–17) und → Maria Magdalena.

G

Gabriel, Hl. (18. März / 29. Sept.). Der Erzengel wird Bote (griech. angelos), Vertrauter oder auch Stärke Gottes genannt. Er ist es, der dem Joseph im Traum mit der frohen Botschaft (euangelion = evangelium) erscheint (Matth. 1,20), diese Maria (Luk. 1,26) und auch den Hirten (Luk. 2,9) verkündet.

Die Verkündigung an Maria bleibt von der Katakombenmalerei des 2. Jh. an eine der typischen und häufigsten Darstellungen. G. tritt zunächst in antikem Idealgewand mit mächtigen Flügeln, die Rechte zu großem Gestus erhoben, in der Linken den Lilien- oder Kreuzstab, nach ältester Tradition von links, auf Maria zu (Ausnahmen erst im 16. Jh.: Isenheimer Altar, Altdorfer u. a.). Darstellungen des späteren Mittelalters geben G. Diakonkleidung (Alba, Dalmatika) und das prächtig ausgebreitete Pluviale, den bischöflichen Chor- oder Rauchmantel. Ein Spruchband umschlingt seinen Stab mit den Worten des »Englischen Grußes«: »Ave Maria gratia plena, Dominus tecum.« Im Malerbuch (5) hat er noch die Aufgabe, der mit den Jungfrauen im Tempel sitzenden Maria das Himmelsbrot zu reichen und zu segnen. Wird eine Erzengelreihe über der Darstellung der Geburt gegeben, so trägt sein Spruchband die Worte: »der die göttlichen Ähren hervorsprießen läßt«. Mit dem »Hifthorn« als Jäger jagt er das Einhorn (→ Maria). G. ist es auch, der dem → Zacharias im Tempel die Geburt seines Sohnes → Johannes verkündet (Luk. 1,11) (im Malerbuch aber → Michael!). Mit Michael als »Engelsfürst« bezeichnet, stehen beide als Begleiter Mariens im Chor oder hüten Eingang und Ausgang an Kirchenportalen, wie an der Klosterkirche von St-Gilles, 12. Jh. Im AT richtet G. den zu Boden gestürzten → Daniel auf, erklärt ihm seine Geschichte und prophezeit ihm die Ankunft des Messias (Dan. 8,16 und 9,20 ff.).

Gad, der Sohn Jakobs von Silpa, der Magd Leas (1. Mose 30,11).

Gad, ein Prophet, der → David wegen der Volkszählung straft, erster jüd. Geschichtsschreiber (1. Sam. 22,5; 2. Sam. 24,11–14).

Gajus. Gefährte des → Paulus (s. Paulus, Apg. 19,29 und 20,4; Rom. 16,23; 1. Kor. 1,14).

Gallion, Landvogt von Achaja, nimmt in Korinth die Klagen der Juden gegen → Paulus nicht an (Apg. 18,12–17).

Gallus (französ. Gall, Gau, Jal; span. Galo), Hl. (16. Okt., St. Gallen). Der von feurigem Eifer beseelte irische Glaubensbote, 550 geboren, wird von seinen frommen, adligen Eltern ins Kloster Bangor zur Ausbildung gegeben. Mit → Kolumban, der ihn zum Priester weiht, macht er sich 590 auf und gelangt über Gallien nach Alemannien. Die Legenden nennen den Fluß Lindimacus, den See Turicinum, wo beide grausame und einen abergläubischen Kult ausübende Menschen antreffen. G. zerstört ihre dämonische Stätte und wirft die Götzenbilder in den See. Die erbitterten Heiden greifen G. und Kolumban an, aber deren Unerschrockenheit und ihr von göttlicher Gewißheit erfülltes Wesen bekehrt die verblüffte Menge. Nachdem er den Ort für eine Kirche geweiht hat, zieht Kolumban weiter, der erkrankt zurückbleibende G. findet den Weg zu einem Priester Willimarus (Mullimarus, Vilmar), dessen Diakon Hiltibald alle für Einsiedler geeigneten Orte kennt und ihn mit Magnaldus (einem »seiner drei Kapläne«) zu einem Berg, aus dem reichlich gesundes Wasser fließe, ausschickt. Nach Gebet und Fasten machen sie sich auf den Weg, den ihnen Luzifer mit Feuer zu verwehren sucht und den erschöpften Wanderern als kein Ende nehmend erscheinen läßt. Aber fastend und betend ziehen sie weiter. Magnaldus bittet um Rast und Stärkung, G. will nichts genießen, stürzt aber und nimmt dies zum Zeichen, das ihm sein Stock mit dem daran befindlichen Reliquiensäckchen gewiesen habe. Er fischt, sie braten die Fische, essen und legen sich schlafen, nachdem G. erklärt hat, keine Furcht vor wilden Tieren zu haben, denn auch → Daniel sei von den Löwen kein Unheil geschehen. Da kommt ein Bär und macht sich über die Reste des Mahles her. G. befiehlt ihm, Holz für Feuer und Bau herbeizuschaffen, wofür er alle Tage Brot erhalten solle, aber auch alle anderen wilden Tiere abwehren müsse. Andere Legenden erwähnen, daß G. dem Bären einen Dorn aus dem Fuß gezogen und ihn dadurch gefügig gemacht habe (daß der Bär den Apfelbaum plündert, im Hirs. Pass. des 12. Jh. (23) bei → Magnus und → Kolumban). Beim nun beginnenden Bau erweist sich ein Balken als zu kurz, und die Wand kann nicht errichtet werden. G. läßt alle Bauleute in seiner Zelle am Gebet und Mahl heiligen Brotes teilnehmen – als sie zurückkommen, kann der Balken in richtiger Länge eingefügt werden: Es handelt sich um das 612 errichtete Bethaus an der Steinach, an dessen Stelle 719 das große berühmte Kloster St. Gallen erbaut wird, für das der Plan von 803/23 einen so ausgedehnten Wirtschaftsbezirk um die große Kirche bezeugt. G. schaut den Tod des Kolumban, 615, und hält eine Totenmesse für ihn; Heilungen werden ihm zugeschrieben, ehe der 90jährige 645 »seliglich« stirbt. In einem Kästchen, das er bei sich getragen hat, findet man eine spitzige blutige Kette, die Wunden an seinem Leibe entsprechen dieser, mit ihr hat er sich kasteiend gegürtet, man legt sie mit in sein Grab.

Als Benediktiner in langärmeliger Flocke und Kapuze mit Abtstab (er soll aber die Würde abgelehnt haben) zwischen 2 Türmen stehend, bildet ihn die Darstellung des Hirs. Pass. des 12. Jh. (23) ab; ihr entspricht die im Zwief. Mart. (24) gezeichnete Szene: G. steht mit Magnaldus, der den Reisesack mit Stock geschultert trägt, vor Willimarus (Mullimarus oder Vilmar), der sie aussendet. Das vom Mönch Tutilo um 900 geschnitzte Elfenbeinrelief in St. Gallen zeigt G. mit übergezogener Kapuze, wie er dem aufgerichteten Bären Brot reicht, die Linke segnend erhoben; links tritt der Bär mit großem Balken zu G., zwischen beiden steht der Kreuzstab. Vom 15.–18. Jh. lassen sich zahlreiche Schnitzfiguren nachweisen, die G. mit dem Holz tragenden Bären zeigen (Lorenz-Kapelle, Rottweil; St. Stephan, Augsburg – beide um 1490 – u. a.). Von einer in St. Gallen vorhandenen Wandmalerei (unter Abt Immo 975–984) sind nur die Verse Ekkehards, 1001–22, erhalten.

Gamaliel, Schriftgelehrter, Fürsprecher der Apostel im Hohen Rat (Apg. 5,34), Lehrer des → Paulus (Apg. 22,3) und Onkel des → Nikodemus, mit dem er → Stephanus beerdigt hat. Im Mittelalter zu den Heiligen gerechnet, da er Paulus freiließ und Christ wurde. Ferner → Stephanus (»Findung und Translatio«).

Gamelbertus, Hl. (17. Jan.). Zu Anfang des 8. Jh. in Michaelsbuch bei Metten (Ndb.) geboren, will ihn sein Vater als jungen Adligen für den Kriegsdienst erziehen lassen. Aber er entschließt sich, als Hirte auf dem väterlichen Gut zu dienen, wird Priester und betreut nach dem Tode des Vaters als Pfarrer 50 Jahre die ihm als Erbe zufallende Kirche von Buch (= Michaelsbuch). In hohem Alter noch nach Rom wallfahrend, stirbt er Ende 8. Jh. Sein Kult wurde erst 1909 öffentlich gestattet.

In Talar und Birett gibt ihn erst ein Email auf dem Einband einer Armenbibel von 1414 (München, Bayer. Staatsbibl.) aus Kloster Metten wieder. Spätere Darstellungen, wie eine Statue von 1763 in Michaelsbuch, lassen ihn als Weltpriester mit Stab (= Schippe) und Schlüssel und dem von einem Putto getragenen Hut als Seelsorger erscheinen.

Gangolf (französ. Gengoulph, Gengoult), Hl. (11. Mai, Bamberg). Der Adlige aus Varennes-sur-Amance bei Langres wird um 760 ermordet. Seine Vita hat Hrotsvith von Gandersheim (930–968) modifiziert. Bei ihr ist er ein dem König Pippin nahestehender Heerführer und Jäger. Dürstend trinkt er eines Tages unterwegs von einer Quelle in einem blühenden Garten. Er erwirbt den Platz und wird von seinen Freunden verhöhnt ob des zu hohen Preises, zumal der Quell versiegt. Doch erweist sich, daß G. dem armen Besitzer hatte helfen wollen. Er lädt seine Freunde zum Mahl; während dieses gerüstet wird, stößt er seinen Stock in den Boden seines Gartens, geht, zum Mahl gerufen, erst zu den Armen, diesen Speise austeilend. Am nächsten Morgen begehrt er Wasser zum Waschen – es ist keines vorhanden – und schickt seinen Knappen, er solle im Garten den Stock herausziehen. Da senkt sich ein Wölkchen, und plötzlich sprudelt hier die dort einst versiegte Quelle und wird durch sein Gebet heilkräftig. Einige Zeit nach seiner Vermählung wird ihm berichtet, daß seine Frau ihn mit einem Priester betrüge. Er befragt die ihre Unschuld kühn Behauptende, verlangt aber, daß sie zum Beweis ihre Hand in den Quell tauche – da zieht sie den Arm bis auf die Knochen verbrannt heraus. Er gewährt ihr Verzeihung, verbannt sie aber aus seinen Gemächern und schickt den Priester außer Landes. Von der Frau zurückgerufen und nachts eingelassen, damit er G. ermorde, verletzt der Priester G. tödlich und entflieht mit ihr. Wunder ereignen sich am Grabe des feierlich bestatteten G.; als seine Frau diese höhnt, ereilt sie eine schändliche körperliche Strafe, und der betrügerische Priester stirbt an einer bösen Krankheit, die ihn innerlich zerreißt.

Das Hirs. Pass. des 12. Jh. (23) zeigt ihn um 1160 als jugendlichen Laien, ein Handkreuz tragend. Spätere Darstellungen geben ihn meist als Ritter, mit Lanze und dem Schwert, mit dem er erschlagen wurde, wie im Hochaltar von St. Gangolf in Neudenau bei Heilbronn, Ende 15. Jh., auch mit Säbel, Fahne und Handkreuz wie in der Gangolfskapelle von Wolpertswende (Kr. Ravensburg). In Neudenau an der Jagst wird G. zusammen mit Martin und Mauritius in den alten Wallfahrtsort an einer Heilquelle und einem Pferdeheiligtum einbezogen, wie seine Kirchen oft Quellen oder Brunnen zugeordnet sind. Auf den Hochaltarflügeln sind Teile der Legende dargestellt. Mehrfach erscheint sein Bild in der ehem. Stiftskirche von Lautenbach (Elsaß); das benachbarte Schweighausen besitzt eine Wallfahrtskapelle St-Gangolphe von 1446 mit Fresken seiner Legende. Außer als Pferdepatron gilt G. als Helfer bei Gelenks-, Haut- und Augenkrankheiten sowie bei gefährdeten Ehen.

Gebhard, Hl. (27. Aug., Feldkirch). Der Sohn des Grafen Ulrich von Bregenz, 949 geboren, wird in der Domschule von Konstanz erzogen und nach dem Tode des Bischofs Gaminolf 979 selbst Bischof von Konstanz. Er gründet 983 das Benediktinerkloster Petershausen und wird schon unmittelbar nach seinem Tode 995 als Heiliger verehrt.

Eine wohl früheste erhaltene Darstellung von 1175 vom Portal in Petershausen (Karlsruhe, Bad. Landesmuseum) zeigt ihn in pontifikaler Meßkleidung mit Bischofsstab und Kirchenmodell; nur als Bischof geben ihn Anfang 16. Jh. ein Werkstattbild des Meisters von Meßkirch in Donaueschingen und ein Glasfenster im Freiburger Münster. Erst im 18. Jh. kommen Darstellungen auf, die ihm Stock und Totenkopf beigeben: Er soll das Haupt des → hl. Gregor als Reliquie von Rom nach Konstanz gebracht und mit seinem Stock einen auf allen vieren kriechenden Lahmen, indem er ihn daran aufrichtete, geheilt haben.

Geist, Heiliger, wird schon auf der Grundlage von Genesis 1,2 – der Geist Gottes schwebte über den Wassern – in Gestalt einer Taube feststehendes christl. Zeichen. Aber erst nach den Verkündigungen an Joseph und Zacharias (Matth. 1,18 und Luk. 1,15), die den Geist nennen, sind es dann die Worte Gabriels an Maria (Luk. 1,35): »der heilige Geist wird über dich kommen«, die von den ersten frühchristl. Darstellungen an (Lucina-Katakombe, 2. Jh.) die Taube mit erscheinen lassen. Ausdrücklich genannt – und daher ausschlaggebend für die ebenfalls seit frühchristl. Zeit häufigen Darstellungen der Taufe Christi im Jordan – ist das Bild der Taube, die sich bei der Taufe herabsenkt (Matth. 3,16; Mark. 1,10; Luk. 3,22; Joh. 1,32). Außer den feurigen »Zungen« (= Flämmchen, Apg. 2,1–4) über den Häuptern der Maria und der Apostel wird der Hl. G. als Taube bei der Darstellung von Pfingsten (s. a. Christus) ein feststehendes Zeichen (Älteste Darstellung im Rabula-Evangeliar 586, Florenz, Laurenziana), in späteren Darstellungen kommen auch fackelartige Strahlen, Flämmchen und Tauben dazu vor. Die Wiedergabe des Hl. G. in menschlicher Gestalt (wie auch überhaupt der Trinität) wird von den Kirchenschriftstellern schon in frühchristl. Zeit verboten (8, 9). Noch Lukas von Tuy drückt (Anfang 13. Jh.) aus: In Gestalt einer Taube sei der Geist bei der Taufe, als feurige Zungen an Pfingsten herabgekommen; Taube und Zunge können so dargestellt werden, dürfen aber nicht adäquat mit dem Wesen der Gottheit aufgefaßt werden. Doch treten vom 12. Jh. an immer wieder einzelne Darstellungen auf, die die Dreieinigkeit in 3 menschlichen Gestalten wiedergeben (→ Dreifaltigkeit).

Auf Jes. 11,2 bezieht sich die Fülle der symbolischen Auslegungen für das ganze Kirchengebäude mit den »Sieben Gaben des Heiligen Geistes«. Bildlich treten sie als Tauben beim Thron Salomonis (→ Mariensymbolik), auch bei Maria im Stammbaum Christi auf und rahmen schon eine ›Orans‹ (Betende Maria) auf einem Thermensarkophag, Rom (43/2). Ihre Umschriftworte heißen nach Jesaja: Sapientia, Intellectus, Consilium, Fortitudo, Sciencia, Pietas, Timor Dei. Schriftstellen des AT, die sich auf den Hl. G. beziehen, bringt v. a. die Leg. Aur., dazu auch die Worte Christi bei Joh. 14,26: »der Tröster, der Heilige Geist, welchen mein Vater sendet in meinem Namen« (ferner Joh. 16,7 und 13; Joh. 20,22) und bei Matth. 28,19: »taufet im Namen des Vaters, des Sohnes und des Heiligen Geistes«.

Gekrönte, Hll. Vier → Coronati

Gelasius, Hl. (21. Nov. / –), 492–496 Papst, wird besonders für seine tatkräftigen Bemühungen um die Neuordnung der Messefeier gerühmt, die er mit den hll. → Ambrosius und → Gregor betrieben hat.

Eine erste Darstellung bringt ein Fuldaer Sakramentar in Göttingen um 975. Immer wird er in pontifikaler Meßkleidung mit Tiara und Kreuzstab abgebildet. Erst vom späten Mittelalter an und im Barock finden sich häufiger Darstellungen.

Genesis bezeichnet insgesamt das ganze 1. Buch Mose 1–50 (Ende der Josephsgeschichte). Wörtlich aber und für die Darstellungen der Schöpfungsgeschichte steht G. für das »Hexaëmeron«, das → Sechstagewerk (s. a. Adam).

Genovefa (französ. Geneviève; italien. Ginevra), Hl. (3. Jan.). Die Legende läßt Engel über der Wiege des 422 in Nanterre geborenen Kindes singen, das später die Patronin von Paris wird. Das Mädchen hütet Schafe, ihr frommer Eifer wird von Germanus, dem Bischof von Auxerre, erkannt, der der 10jährigen mit dem Hinweis, es statt Gold und Perlen zu tragen, ein kupfernes Medaillon mit dem Kreuzzeichen zu tragen gibt und sie für ein heilig zu führendes Leben weiht. G. heilt ihre durch ungerechte

Vorwürfe erblindete Mutter, Bischof Germanus muß die gegen sie erhobenen Verleumdungen als Zauberin zurückweisen. 16jährig geht sie zu einer Tante nach Paris, bei der sie auch wohnen bleibt, nachdem sie den Schleier als Braut Gottes empfangen hat. Den Mut und Widerstand der Bevölkerung stärkend, tritt sie Attila betend entgegen und erreicht, daß er mit den Hunnen abzieht. Als durch die Belagerung der Franken Hungersnot ausbricht, gelingt es ihr, mit Schiffen aus der Stadt zu kommen. 2 Drachen, die an einer Seine-Biegung den Schiffen Untergang drohen, werden durch ihr Gebet für immer vertrieben; mit reich beladenen Schiffen kommt G. zurück und kann allen das Notwendige austeilen. Ihre große Nächstenliebe wirkt Heilungen und hilfreiche Taten: Sie errettet einen 4jährigen Knaben aus einem Brunnen; mit ihrem Pallium, das sie über ihn wirft, erwacht er zum Leben. Beim Bau der Kirche von St-Denis geht den Bauleuten das Getränk aus, sie läßt den Kelch holen, der sich auf ihr Gebet hin füllt, sie spendet allen, und der Kelch bleibt gefüllt, bis der Bau vollendet ist. Ihr eigentliches Attribut aber bleibt die Kerze, die ihr ein Teufel ausbläst und ein Engel wieder anzündet; auch wenn Kerzen beim Kirchgang oder in ihrer Kammer erlöschen, entzünden sie sich wieder, wenn sie sie in die Hand nimmt. Partikel ihrer Kerzen bewirken Heilungen; auch zur Abwehr gegen Feuer wird G. angerufen. Als der Merowinger Childerich die Stadttore schließen läßt, damit G. die Gefangenen nicht befreie, eilt sie herbei, die Tore öffnen sich von selbst, und die Schlüssel bleiben in ihrer Hand. Auch nach ihrem Tode, 512, ereignen sich noch zahlreiche Wunder an ihrer Grabstätte unter dem heutigen Pantheon. Doch wurden ihre Gebeine schon 100 Jahre später in die Kirche St-Etienne-du-Mont übertragen und in einem kostbaren Schrein beigesetzt.

Einzeldarstellungen geben sie in zeitentsprechend modischer Tracht, über der Kerze in ihrer Hand Engel und Teufel, in der anderen Hand ein kelchartiges Gefäß und die Schlüssel von Paris, auch öfter Schafe zu ihren Füßen. Als Patronin von Paris steht sie mit der Kerze in den Archivolten des nördl. Seitenportals der Notre-Dame in Paris (13. Jh.). Szenen aus ihrem Leben und ihre Wunder geben die Fresken des Puvis von Chavannes, 1876–98, im Pantheon, Paris, wieder. Zahlreiche Einzeldarstellungen des 15. und 16. Jh. sind im süddeutschen Raum erhalten. Ein Altarflügel in Ellhofen bei Weinsberg von 1518 stellt die Errettung des Knaben und die vom Engel entzündete Kerze dar. Diese Szene zeigt auch ein Grisailleflügel des Hugo von der Goes (Wien, Kunsthistor. Museum, um 1470).

Unabhängig von dieser Heiligenvita ist die von den deutschen Volksbüchern aufgenommene Kreuzzugslegende der G., die mit ihrem Sohn Schmerzensreich vertrieben und im Walde von einer Hirschkuh ernährt wird. Von Ludwig Richter in Zeichnungen und einem Ölbild von 1841 dargestellt (Hamburg, Kunsthalle).

Georg (französ. Georges; italien. Giorgio; span. Jorge; niederl. Joris), Hl. (23. April, Limburg). Auf mehrere Legenden beruft sich die Leg. Aur., wobei die hier erstmals aufgenommene Legende vom Drachenkampf die bekannteste, aber späteste, erst im 11. Jh. aufkommende ist, während die angeschlossenen Martyrienszenen auf älteste Fassungen zurückgehen. Diese nennen einmal einen Arianerbischof Georg von Alexandrien, der nach zahllosen Martyrien immer wieder von → Michael zum Leben erweckt wird, andere beziehen sich auf einen Perserkönig Dadian, der in späterer Legendenfassung als Richter Dacian die Martern des Christenbekehrers Georg unter Diokletian veranlaßt. Diese Fassung hat ihren reichsten Niederschlag im Lüb. Pass. des 15. Jh. (4) gefunden. G. wird dort Jürgen genannt, und der Drachenkampf schließt an, nachdem G. alle Martern überstanden hat, gevierteilt worden war und von den Cherubim mit Michael wieder zum Leben und zu herrlicher Schönheit gebracht ist. Die ganze Schilderung entspricht der Georgsdichtung des Reinbot von Durme (1231–53) und des Sigmund von Freine, einem englischen Gedicht vom Ende des 12. Jh., das die Rolle des die Kreuzritter unterstützenden Helden betont. Hier kommen → Demetrius und → Theodor als seine Brüder vor, die ihm in einer älteren Überlieferung als Heilige zur Seite stehen und neben ihm die meistverehrten Hll. der Ostkirche sind.

Nach der Leg. Aur. haust in der Stadt Silena in Lybia ein Drache in einem See vor der Stadt und verpestet diese mit seinem Gifthauch. 2 Lämmer müssen ihm täglich geopfert werden, um seinen Grimm zu stillen. Als nun keine mehr aufzutreiben sind und schon viele Söhne und Töchter haben geopfert werden müssen, trifft das Los die Königstochter, die nach herzzerreißendem Abschied von den Eltern an den See vor der Stadt geht. Da kommt G. von ungefähr dahergeritten und verspricht ihr Hilfe. Der Drache erscheint, mit dem Zeichen des Kreuzes schwingt G. die Lanze, durchbohrt das Untier, das zu Boden stürzt. Er veranlaßt die Königstochter, ihren Gürtel zu lösen, diesen um den Hals des Drachen zu schlingen und ihn – der ihr wie ein Hündlein folgt – in die Stadt zu ziehen, wo alle die Flucht ergreifen wollen. Aber G. winkt ihnen und verspricht den Drachen zu töten, wenn sie sich zu Christus bekehren ließen. Er erschlägt den Drachen, der König läßt sich mit allem Volk taufen, und 4 Paar Ochsen müssen das gewaltige Gewicht des Drachen aus der Stadt schleppen. Hier setzt dann eine dem → Ambrosius bekannte ältere Legende ein, derzufolge Georg bekümmert erlebt, wie viele Bekehrte durch die Verfolgungen unter den Kaisern Diokletian und Maximian wieder ungläubig werden. Er legt sein ritterliches Kleid ab, gibt sein Gut den Armen und tritt mitten unters Volk mit den Worten: »Alle Heidengötter sind böse Geister, unser Herr aber hat Himmel und Erde erschaffen.« Da läßt ihn der Richter Dacian greifen, mit Nägeln blutig reißen und ihm Salz in die Wunden reiben. Im Gefängnis wird G. von Christus, der ihm erscheint, getröstet und gestärkt. Ein Zauberer soll ihn nun mit einem Giftbecher bezwingen, aber G. macht das Kreuzzeichen über dem Trank und erleidet keinen Schaden, der Zauberer bekehrt sich und wird enthauptet. Aufs Rad geflochten, steigt G. ebenso unversehrt herab und geht auch aus dem Kessel mit siedendem Blei »wie aus einem guten Bad« unverletzt hervor. G. ist nun bereit, zu tun, was der Richter begehre. Dieser ruft das Volk zusammen, das mit G. in den Tempel gehen soll. G. kniet und betet, Feuer fällt vom Himmel und verbrennt Tempel, Götzenbilder und Priester, die Erde aber tut sich auf und verschlingt alle Trümmer. Da läßt der Richter G. von Pferden durch die Stadt schleifen (nach anderen Versionen zerreißen oder vierteilen) und schließlich enthaupten.

Byzantin. Darstellungen bringen G. vom 9. Jh. an als Krieger, in Hoftracht oder als Märtyrer. Im Abendland erscheint er als Krieger: um 1220 an der Gnadenpforte des Bamberger Doms, um die Mitte des Jahrhunderts in einem Glasfenster in Heimersheim (Koblenz) und in vielen späteren Darstellungen, meist mit dem Drachen. Von den Martyrien wird das Reißen schon im Hirs. Pass. des 12. Jh. (23) gebracht, ebenfalls im Zwief. Mart. (24) zusammen mit dem Rädern; es kommt um 1300 in den Glasfenstern der Esslinger Stadtkirche St. Dionys vor, wo zudem Bleikesselmarter und Enthauptung dargestellt sind. Die Radmarter greifen auch einige Buchmalereien des 13. Jh. auf (Regensburger Dominikanerinnenlegendar und ein Zisterzienserpsalter: hier die 7 Schwerter als Radspeichen) (34) und schließlich das steinerne Maßwerk der Tübinger Stiftskirche St. Georg aus dem letzten Viertel des 15. Jh.

Erste Drachenkampfdarstellungen kommen vom 12. Jh. an vor. Sie füllen in mehr oder weniger reicher Form Bogenfelder (Esslingen, Frauenkirche, 1400–20; Tübingen, 4.

Viertel 15. Jh.), Flächen der Wandmalerei und Altartafeln, von denen Scharenstetten (Kr. Blaubeuren, 1440/50, aus dem Ulmer Münster) und Schongauers Hälfte der Bergheimer Tafel, um 1460 (Colmar, Museum Unterlinden) genannt seien. Als besonders schöne plastische Darstellung sei Donatellos Statue mit dem Drachenkampf auf dem Sockel, um 1417, Florenz (Or S. Michele und Museo Nazionale) genannt. Eine besonders reiche und reizvolle Szenenfolge, die in dieser Form nur im Malerbuch (5) berichtet wird, füllt die Wandflächen des Georgskirchleins von Schenna (Tirol) um 1400: Georg vor Diokletian, drohende Soldaten hinter und neben ihm (stechen eigentlich nach ihm); er wird vom Felsen in den See gestürzt, liegt im Gefängnis, die Füße im Block; an Stelle der Radmarter wird er hier in einer Tonne gedreht, in die eifrige Schergen glühend gemachte Nägel treiben, aber ein Engel hält die Spindel fest; dann werden ihm glühende Stiefel angezogen, nochmals betet er im Gefängnis, wo neben ihm Glycerius kniet, dessen Ochsen er lebendig gemacht hat; mit den Füßen an je 2 Pferde gebunden, soll er zerrissen werden, wird schließlich enthauptet, neben ihm die tote Kaiserin Alexandra, deren Seele ein Engel in Empfang nimmt; als Schluß wird der Sarkophag mit den Reliquien dargestellt, den mehrere Männer nicht forttragen können. – Ein ebenso reicher Zyklus nach der Leg. Aur. füllt die Tafeln eines dem Ulrich Meyenblüt zugeschriebenen Altars von 1460 (Köln, W.-R.-Museum). Hier wird die Bestattung als Abschluß gegeben. – Von plastischen Gruppen seien 3 hervorgehoben: die Bronze der Brüder Martin und Georg von Klausenburg 1383 in Prag, die St.-Jürgen-Gruppe des Bernt Notke 1489 in Stockholm, holzgeschnitzt wie die des Henning von der Heide im Annenmuseum von Lübeck von 1504. In prächtigster Großartigkeit aber reitet G. lebensgroß aus der offenen Bogenform des Hochaltars von Weltenburg – 1721 von Egid Quirin Asam – dem Beschauer entgegen, das Flammenschwert in den Rachen des neben ihm hochaufzüngelnden Drachen stoßend, vor dem die Königstochter mit entsetzter Gebärde nach rückwärts entweicht.

Als »profane« Vertreter von → Michael und → Gabriel stehen G. und → Martin in großer Gestalt (14. Jh.) am Münster von Basel, und zwar an den ihnen geweihten beiden W-Türmen.

Auf die Reinbot-Dichtung geht die häufige Bezeichnung der Königstochter als »Margarete« zurück, nach ältester Tradition auf die Kaiserin Alexandra bezogen, die nach der Enthauptung von Engeln im Himmel den neuen Namen erhält. Zusätzlich erzählt die Leg. Aur., wie G. in weißer Rüstung als »herrlicher Jüngling« den Kreuzrittern vor Jerusalem erschienen sei; von Gott zur Erde zurückgeschickt, habe er sie unterstützt, die Sarazenen zu erschlagen und Jerusalem zu erobern (die Grundlage der Georgsritter-Bruderschaften).

Hingewiesen sei noch auf die ältesten in der Georgslegende wieder auftauchenden Vorstellungen von der heldischen Bekämpfung und Befreiung aus der Drachengewalt des Bösen durch ein neues Bewußtsein. Als Apoll-Typhon, Perseus-Andromeda, Herakles-Hesione, ja noch als Roger-Angelica (Ingres, 1819) sind sie als Bild und Dichtung greifbar.

Gereon, Hl. (10. Okt., Köln), ist Anführer der → Thebäischen Legion von 318 Mann, die, von Diokletian gerufen, mit Maximian die Christen bekämpfen sollen. G. läßt sich von Papst Marzellus bestärken, alle legen vor Maximian in Köln die Waffen nieder und bieten sich mit entblößtem Nacken dar. Zweimal wird jeder Zehnte enthauptet, aber von G. ermutigt, leisten alle weiter Widerstand. Sie werden um 300 in Köln insgesamt erschlagen und in einen Brunnen geworfen. Mit G. werden seine Gefährten, → Mauritius, → Kassius und → Viktor, Patrone von Köln, verschiedentlich werden diesen → Florentius, Mallusius,

→ Innocentius, Konstantius und → Kandidus zugezählt. Über dem angeblichen Brunnen auf dem christl. Römerfriedhof vor den Toren von Köln läßt die Legende durch die Kaiserin → Helena die Kirche St. Gereon errichten (deren noch bestehender Ovalbau, Begräbniskirche der Merowinger, vom 11. Jh. an Kryptaanlage und Anbauten erhielt, im 13. Jh. ummantelt wurde).

Eine wohl älteste Darstellung im Zwief. Mart. des 12. Jh. (24) zeigt G. jugendlich in Halbfigur, sein Haupt in Händen haltend, unter ihm ragen die Köpfe der Enthaupteten aus dem Brunnen, während in 7 Bogenstellungen rundum die Körper je zu zweien angeordnet sind. Ein beingeschnitzter Reliquienschrein in Basilikaform (nach Inventar von 1720 als »heidnisch tempelein« bezeichnet, Stuttgart, Württ. Landesmuseum, kölnisch um 1180) stellt G. mit Kassius, Viktor und Mauritius als Gewappneten an den 4 Ecken dar. Im 12. Jh. werden ein Silberreliquiar und ein Tragaltar mit der Figur Gereons in Xanten genannt. Verbrannt ist 1944/45 die Statuette am Chorgestühl vom Anfang 14. Jh. in St. Gereon, die ihn als Sieger über einen zusammengekrümmten König zeigt. 1385 erscheint er am großen Westfenster des Altenberger Doms. Zahlreiche Darstellungen im Kölner Bereich geben ihn im 15. und 16. Jh. in prächtiger Rüstung mit Banner, Lanze, Schild und Schwert wieder, ein Kreuz auf Banner und Waffenrock – so z. B. auf dem rechten Flügel des Dreikönigsaltars von Stephan Lochner, 1440/50, im Kölner Dom.

Gericht, Jüngstes (Weltgericht). Den Worten des Malerbuches (5) folgen die Darstellungen der östl. Kunst fast wörtlich (von Schäfer in den Anmerkungen genannt). Auch die große Mosaikwand von Torcello um 1200 richtet sich noch ziemlich genau nach diesen Vorbildern, die gleichfalls in anderen abendländischen Werken wenigstens teilweise aufgenommen sind, wie im Hortus der Herrad von Landsberg, 1159/70 (38). Für den westl. Typus ist das

Torcello. Mosaiken um 1200

Im obersten Streifen: Anastasis = Auferstehung und Niederstieg zur Hölle. Groß oben links Gabriel, oben rechts Michael, einen kleinen Drachen zu Füßen.

1 Christus mit Kreuzstab tritt auf die von ihm zerbrochenen Torflügel und Satan. Rechts und links fallen Schlüssel, Riegel und Nägel. Links faßt Christus Adam an der Hand; hinter diesem steht Eva, dahinter David und Salomo. Rechts weist Joh. d. T. auf Christus; hinter Joh. d. T. stehen die Propheten. Links und rechts, unter den Propheten, befinden sich kleine, durch die Auferstehung Erlöste.
2 Christus thronend in Mandorla auf zweifachem Regenbogen; IC-XC = Jesus Christus. Seine ausgebreiteten Arme weisen nach links auf Gesegnete, nach rechts auf Verdammte.
3 Maria.
4 Joh. d. T.
5 Gabriel.
6 Michael.
7 6 Apostel.
8 6 Apostel.
9/10 Engel, Heilige und Selige.
11 2 Seraphim. Die Räder zwischen ihnen = Throne (→ Engel); zwischen den Rädern geht von den Füßen Christi aus der Feuerstrom zur Hölle.
12 Cherubim zu Seiten der Leidenswerkzeuge über dem Altar.
13 Altar; davor knien Adam und Eva.
14 Michael.
15 *Gabriel.*
16 2 Engel mit Posaunen.
17 Engel mit dem aufgerollten Himmel.
18 2 Engel mit Posaunen.
19 Wilde Tiere und Vögel geben die von ihnen Verschlungenen zum Gericht heraus.
20 Terra (Erde), auf dem Meeresdrachen, von Fischen umspült, gibt die Ertrunkenen zum Gericht heraus.
21 Michael mit der Seelenwaage. Nicht erhalten, nur nach Beschreibungen bekannt: bei Michael Schutzengel mit Seelen, darunter 17 Seelen mit Rollen (= Sündenverzeichnissen).
22 Heilige, Patriarchen und Propheten, Herrscher (= die weltlichen Stände) und Bischöfe (= die geistlichen Stände).
23 2 Teufel mit Stöcken und »Sündensäcken«.
24 2 Engel stoßen Verdammte in die Flammen, in denen der Höllenfürst mit dem Antichrist auf dem Schoß thront. Die Armlehnen des Throns sind die Rachen, von denen die Seelen verschlungen werden.
25 Abrahams Schoß mit kleinen, sich an ihn drängenden Seelen.
26 Maria orans (= Betende Maria).
27 Dismas, der gerechte Schächer.
28 Die Paradiesestür mit Cherub.
29 Michael.
30 Petrus (Michael und Petrus als Türöffner und Führer).
31 Das »sechsfache Feuer«: die Zone des Zähneknirschens, des nicht ruhenden Wurmes, des Gehenna-Feuers, des finsteren Tartarus, des nicht erlöschenden Feuers, des äußeren Feuers.

+ HANAC :
1
10
9
10
7
5
3
2
4
6
8
11
11
12
19
16
14
13
15
17
18
20
22
21
23
24
29
25
26
27
28
30
31
Riedl

S. Angelo in Formis (bei Capua). Wandgemälde von 1071(?)

1 Christus.
2 Engel mit Posaunen.
3 Auferstehende.
4 Gabriel.
5 Michael.
6 Engel, links 5, rechts 4.
7 12 Apostel.
8 Michael, mit beiden Händen ein Spruchband über sich haltend.
9 Engel mit Spruchbändern. Auf dem Spruchband links der Ruf: »Kommet her, ihr Gesegneten!«, auf dem Spruchband rechts: »Weichet von mir, ihr Verfluchten!«
10 Die Chöre der Gerechten, erkennbar als Herrscher, Bischöfe, Mönche.
11 Die Verdammten (teilweise zerstört).
12 Heilige und Märtyrer im Diakongewand. Hinter ihnen die Bäume des Paradieses mit Adam, Eva, Abel und Seth (auch nur als 4 »Gerechte« ausgelegt).
13 Die von Teufeln erfaßten, in die Flammen und den Höllenpfuhl geworfenen Seelen.

2
2
2
2
3
3
1
4
5
6
6
7
7
8
9
9
10
11
12
13
Riedl

Wandgemälde von S. Angelo in Formis bei Capua (1071?) als bestimmendes Beispiel zu nennen. Hier fehlt die Altarzone mit Adam und Eva (diese hier nur als kleine Nebenszene zwischen den Chören), fehlen die von Meer und Tieren zurückgegebenen Toten, die differenzierten Höllenzonen. In den zahllosen späteren Darstellungen, besonders vom 12. Jh. an, erscheint fast immer Michael mit Seelenwaage (dem alten, schon aus dem ägyptischen Totenbuch bekannten Thema) und Posaune, vielfach wird auch Abrahams Schoß aufgenommen, entscheidend aber werden der riesige Höllenrachen, als dessen 1. Darstellung die Genesis-Paraphrase des Caëdmon um 1000 gilt (Oxford, Bodleian Library, 54), und die mit einer Kette gefesselten Verdammten. Auch Satan ist meist gefesselt, selten thronend und ohne Antichrist dargestellt. Engel mit allen Leidenswerkzeugen treten zu Christus, Engel mit den Urteilen auf den Spruchbändern neben Michael. Inhaltlich setzt die Leg. Aur. die Vorstellungen des J. G. als bekannt voraus. Die Matthäus-Worte, die zwischen den Gleichnissen von den klugen und törichten Jungfrauen und von den getreuen Knechten und dem ungetreuen Knecht stehen, werden bei den Darstellungen häufig in Inschriften hervorgehoben: »Es wird kommen der Menschensohn in seiner Herrlichkeit und alle heiligen Engel mit ihm, er wird sitzen auf dem Stuhl seiner Herrlichkeit und vor ihm versammelt alle Völker, er wird sie scheiden wie der Hirte, die Schafe zur Rechten und die Böcke zur Linken, und wird sagen zu denen zur Rechten, kommet her, ihr Gesegneten meines Vaters, und zu denen zur Linken, weichet von mir, ihr Verfluchten, in das ewige Feuer, das bereitet ist dem Teufel und seinen Engeln.« Aber außer auf Matth. 24 und 25; Luk. 21,25; Joh. 5,28/29; Apok. 6,12–14 und 21,1; 2. Petr. 3,7–13 beziehen sich die Vorstellungen vom J. G. auch auf Kommentare und Visionen, sie vereinigen in Predigt und Spielen die Matth. 24 vorausgehende Parusie (2. Ankunft, → Christus), das Erscheinen des → Antichrist mit den 15 Vorzeichen des J. G., die sich in der Hauptsache auf die Apokalypse, auf Daniel u. a. beziehen.

Besondere Wandlungen sind v. a. für den Typus Christi als Weltenrichter aufzuzeigen. Er thront weiterhin meist auf dem Regenbogen, mit Segensgestus den Gerechten, mit dem Buch (mit Siegeln nach der Apok., als Schuldbuch nach Auslegungen) oder abweisender Geste den Verdammten zugewandt. Das Schwert des Wortes (auch 2 Schwerter oder Lilienstab und Schwert), von seinem Munde ausgehend, kommt vom 13. Jh. an (Fränk. Psalter, Bamberg) bis ins späte Mittelalter vor; v. a. aber überwiegt vom 13. Jh. an der die Wundmale zeigende Salvator. Die aus geöffneten Gräbern oder Sarkophagen Auferstehenden gehören ebenso konstant zur Darstellung, wie Maria und Joh. d. T. und die als »Beisitzer« in einer Reihe oder geteilt sitzenden Apostel. Die im Malerbuch (5) aufgezählten Chöre treten schon in S. Angelo mit Kirchenfürsten, Kaiser und Kaiserin auf, jeweils an der Spitze von Ordensangehörigen, als Gerechte werden sie von Michael oder Petrus an das Paradiesestor geführt, das auch als Turm oder Schloßbau ausgestaltet sein kann. Nach dem Malerbuch sitzen hinter dem Tor im Garten des Paradieses Maria zwischen 2 Engeln und der gute Schächer → Dismas. Die Vorschrift des Malerbuchs bedingt noch bis über das Mittelalter hinaus den Platz für die Darstellungen. Es sind die nach Westen gerichteten Bogenfelder der Kirchenportale, wie wir sie vom 12. Jh. an aus zahlreichen Beispielen der französ. und deutschen Kathedralen kennen. In Mosaik oder Wandmalerei ist außerdem der Platz für das J. G. an der westl. Chorbogenwand, auch an der Innenwand der Westfront. Den großen Beispielen der italien. Kunst (von Cavallini, Giotto, Orcagna, Angelico, Signorelli bis Michelangelo) stehen bedeutende deutsche gegenüber: in Müstair (um 800), auf der Reichenau (St. Georg, um 1000), in Burgfelden (1060), Stuttgart-Mühlhausen (Veitskapelle, 1422), Ulm 1471, Breisach

1488–91 von Schongauer. In der Buchmalerei finden sich früheste Beispiele in einem Evangeliar in St. Gallen (Kodex 51) von 750, im Utrecht-Psalter von 830, bedeutsam in seiner großartigen Abkürzung im Perikopenbuch Heinrichs II. um 1010, Reichenau (München, Bayer. Staatsbibl.). Im 12. Jh. steht dem schon zitierten Hortus deliciarum der Herrad von Landsberg das Blatt im Liber Scivias Domini der Hildegard von Bingen (ausgemalt nach 1170) mit der einzigartigen Darstellung eines Weltuntergangs gegenüber. Den östl. Zug des »Feuerstroms« nimmt ein sächsisches Evangeliar von 1194 (Wolfenbüttel, Herzog-August-Bibl.) auf, bedeutend ist auch das Weingartner Missale (unter Abt Berthold, 1200–36, New York, Pierpont Morgan Library).

Sowohl in der Buchmalerei wie in den Glasfenstern wird vom 13. Jh. an eine abgekürzte Darstellung üblich: meist nur mit den Engeln mit Leidenswerkzeugen, hin und wieder mit Maria und Joh. d. T. und den Auferstehenden, aber seltener mit Aposteln. In 5 Einzelszenen bringen die Emailtafeln des Klosterneuburger Antependiums 1180 die posauneblasenden Engel, die Auferstehenden, das himmlische Jerusalem mit Engeln und Seligen in Abrahams Schoß, den Salvator auf Thronsitz, von 2 Engeln mit Leidenswerkzeugen begleitet, den Höllenrachen mit Verdammten in Feuerflammen. Einmalig bleibt der sog. Engelspfeiler im südl. Querhaus des Straßburger Münsters um 1230, wo in den übereinander gestaffelten Zonen die 4 Evangelisten mit ihren Symbolen am Sockel, 4 Engel mit Posaunen, 3 Engel mit Kreuz, Lanze und Dornenkrone den Salvator umgeben, der über Auferstehenden thront. Ausführliche Weltgerichtsbilder entstehen in der Tafelmalerei des 15. Jh.: so Stephan Lochners Altar nach 1442 (Köln, W.-R.-Museum), Rogier van der Weydens Altar in Beaune von 1444/49, Memlings Altar in der Marienkirche von Danzig, 1473. Die Vorstellungen des 15. Jh. spiegeln sich v. a. auch in den Holzschnitt-Blockbüchern »Von den fünfzehn Vorzeichen des Jüngsten Gerichts«. Eine neue, grandios gesteigerte Auffassung tritt schon mit Michelangelos Wand in der Sixtinischen Kapelle (Rom, 1534/41) auf und dann mit den gewaltigen Fassungen von Rubens für die Jesuitenkirche zu Neuburg/Donau 1617 und 1620 als »Kleines und Großes Jüngstes Gericht« (beide München, A. P.). Noch einmal nimmt Rodin 1890 auf großen Bronzeportalen den Wirbel aufsteigender und stürzender Gestalten auf.

Germanus, Hl. (21. Febr.). In Trier geboren, entschließt sich der 17jährige nach dem Tode seiner Eltern zum Einsiedlerleben und gibt sein Vermögen den Armen. Später wird er Mönch in Remiremont und Luxueil, dort zum Priester geweiht und Abt in dem vom Alemannenherzog Gondon gegründeten Kloster Grandval (Schweizer Jura). Als er dem Nachfolger Gondons, Athich, Vorwürfe macht, weil dieser Arme, Kirchen und Klöster beraubt, ermorden ihn Ende 7. Jh. dessen Söldner.

Außer auf dem Siegel von Grandval, 1326, und einem Altargemälde des 17. Jh. in der Germanus-Kapelle von Buonas (Schweiz) ist G. in einem Glasfenster von 1524 im Freiburger Münster in Flocke, mit Buch, Abtstab und Palme abgebildet.

Gertrud von Helfta, Hl. (15. Nov. / 16. Nov.). Schon 5jährig kommt die 1256 geborene G. ins Kloster Helfta, wo sie von der Äbtissin Gertrud von Hackeborn, einer durch feinsinnige Bildung ausgezeichneten Frau, erzogen und selbst Nonne wird.

Begnadet und berühmt durch ihre mystischen Schriften, stirbt sie, auch Gertrud d. Gr. genannt, 1302, wird aber erst 1678 in das röm. Heiligenverzeichnis aufgenommen. Daher finden sich erst vom 17. Jh. an Darstellungen: Ein Kupferstich von 1709, ein Altargemälde von 1750 in Mauterndorf und eine Statue von 1759 in Engelszell/O. Ö. zeigen G. mit Buch und Kruzifix in ekstatischer Gebärde. Eine Altarstatue in Zwiefalten von 1750 stellt sie in Nonnenkleidung mit Abtstab dar, sie zeigt auf ihr geöffnetes Herz, in dem ein kleines Jesuskindlein zum Vorschein kommt; auf dem Spruchband in ihrer Hand steht: »In corde Gertrudis invenietis me.«

Gertrud von Nivelles, Hl. (17. März), 626–664, Tochter Pippins d. Ä., wird in dem von ihrer Mutter Itta gegründeten Kloster Nivelles in jungen Jahren als Äbtissin eingesetzt. Auf der Darstellung im Hirs. Pass. des 12. Jh. (23) schneidet ihr die Mutter die Haare ab. Ihr außerordentlicher frommer Eifer für die Betreuung von Kranken, Witwen, Pilgern und Gefangenen läßt sie zur besonderen Patronin von Spitälern werden, die im Mittelalter allenthalben ihren Namen tragen. Spätere Legenden machen sie auch zur Patronin der Feld- und Gartenfrüchte: Ihr Gebet vertrieb eine Mäuse- und Rattenplage und die Mäuse, die sie beim andächtigen Spinnen störten.

Teilweise als Nonne, teilweise in fürstlicher Kleidung und gekrönt dargestellt, trägt sie ein Kirchen- (eigentlich Spital-)Modell, auch Buch und Palme. Der Darstellung am Gertrudis-Schrein von 1298 in Nivelles folgen ein Glasfenster aus dem 14. Jh. in Klosterneuburg und eine Figur des Steinaltars Mitte 14. Jh. in Magdeburg. Häufig werden ihre Darstellungen erst im 15. und 16. Jh., und zwar mit den überall an ihr heraufkletternden oder auf ihrem Buch sitzenden Mäusen: so z. B. auf dem Wandgemälde in der Stiftskirche von St. Goar, Ende 15. Jh., oder an der Altarstatue von 1511 in Adelberg (Württ.) mit der falsch verstandenen Bezeichnung → »Cutubilla« = Nivigella.

Gervasius (französ. Gervais) und **Protasius** (französ. Protais; italien. auch Trovasio), Hll. (19. Juni). Die Zwillingssöhne des → hl. Vitalis und der Valeria werden unter Nero in Rom gefangen und nach Mailand gebracht. Hier will sie der Graf

Astasius zwingen, seine Götter, die stumm bleiben, um einen Sieg anzurufen und ihnen zu opfern. Als sie sich weigern und ihn auf Christus als ihren größeren Herrn hinweisen, läßt er G. mit Bleigeißeln zu Tode peitschen und P. enthaupten. So im Hirs. Pass. des 12. Jh. (23) dargestellt.

Nach der Legende werden sie von einem Anhänger bestattet, der ihre Geschichte in ihr Grab legt. Ein Traum läßt Bischof Ambrosius die Überreste finden und unter dem Altar der von ihm gegründeten Kirche 386 beisetzen – der späteren Basilika von S. Ambrogio, wo ihre Namen an dem goldenen Altarschrein des Wolvinus von 824/59 prangen und die Überreste 1864 festgestellt wurden: Denn sie waren nur angeblich von Rainald von Dassel, als dieser die Dreikönigsreliquien nach Köln brachte, nach Breisach übertragen worden, wo ihre Gestalten am Lettner von 1496, am Rahmen eines Wandschrankes von 1497 und am Schrein von 1496 sowie auch auf einem Flügel des Hochaltars von 1526 dargestellt wurden.

Gesmas, der böse Schächer, zur Linken Christi bei der Kreuzigung.

Gideon (Richt. 6; 7; 8) ist der »streitbare Held«, dem der Engel des Herrn verkündet, daß er die Midianiter schlagen und Israel befreien solle. Mehrfach bittet G. um ein Zeichen: Er legt ein Vlies auf die Tenne, das am Morgen naß vom Tau, die Umgebung aber trocken sein soll; er findet es am trockenen Ort und drückt eine Schale Wasser heraus. Aber er fordert noch den Gegenbeweis: Das Fell soll trocken bleiben, die Tenne ringsum naß sein.

Das »Vlies des Gideon«, meist ausgebreitet sichtbar zwischen dem Engel und ihm, gehört vom 12. Jh. an in der Buchmalerei und in Glasfenstern zum wesentlichen Kreis der → Mariensymbolik für die unbefleckte Empfängnis, die Verkündigung an → Maria und auch zur Geburt des Jesuskindes. Die mehrfache Bitte um ein Zeichen, die

Flucht der Midianiter, als G.s Leute zur mittleren Nachtwache mit Posaunen und Fackeln in Krügen, die sie zerschlagen, angreifen, ferner die Züchtigung der Ältesten von Sukkoth mit Dornen (sie gaben kein Brot für seine Krieger und höhnten ihn), schließlich G.s Tod und Bestattung werden in Armenbibeln und typolog. Gegenüberstellungen des 14./ 15. Jh. mehrfach herangezogen.

Gisilarius, Schüler und Helfer des → hl. Rupert von Salzburg, s. a. Chunialdus.

Gnadenstuhl → Dreifaltigkeit

Goar, Hl. (6. Juli, Limburg, Trier), aus vornehmer Familie z. Z. Childeberts (511–558). Er wandert aus Aquitanien an den Rhein und baut seine Zelle am Platz seiner heutigen Patronatskirche in St. Goar. In dieser sind Darstellungen vom Ende 14. Jh., spätere auch im weiteren rheinischen Umkreis erhalten.

Er ist meist in priesterlicher Gewandung mit Kirchenmodell, Buch und Kelch dargestellt, auf einen Teufel tretend, dessen Verleumdungen ihm schwer zu schaffen machten. Die weitere Legende läßt ihn 2 Priester, die dem Hungertode nah waren, mit der Milch von 3 Hirschkühen retten; ein Schiff soll er vom Untergang bewahrt haben, und, als der Bischof von Trier ihn unfreundlich empfängt, Hut und Mantel an einem Sonnenstrahl aufgehangen haben. Im Zwief. Mart. des 12. Jh. (24) ist er eine Hirschkuh melkend dargestellt, im Hirs. Pass. (23) zwischen 2 Schlangen der Initiale. Seine Gastfreundschaft durch einen Topf hie und da bezeichnet, läßt ihn in der Gegend zum Patron der Töpfer werden. Als Jahr seines Todes gilt 575.

Godehard (Gotthard), Hl. (4. Mai / 5. Mai, Hildesheim). Geboren 960, im Benediktinerkloster Niederaltaich (Bayern) erzogen, wird dort 990 Mönch und 996 Abt. In Hersfeld ist G. Abt 1005–12. Kaiser Heinrich II. beruft ihn 1022 als Bischof nach Hildesheim. Seine unermüdliche Tätigkeit läßt ihn 30 Kirchen bauen oder mindestens weihen. Er stirbt 1038 und wird 1131 heiliggesprochen.

Bald danach ist sein dem Rogerus von Helmarshausen zugeschriebener Schrein im Domschatz von Hildesheim entstanden, mit seiner Darstellung als Bischof mit Buch, während er auf dem Bogenfeld des Seitenschiffportals von St. Godehard (um 1230?) als Halbfigur ein Kirchenmodell trägt, das in späteren Darstellungen sein Attribut bleibt. Eine abgewandelte Legende schreibt ihm zu Unrecht im 15. Jh. die des hl. Goar zu: 3 böse Verleumder sollen, dem Hungertode nahe, durch Milch von 3 Hündinnen von ihm gerettet sein, was wieder zu neuer Anschuldigung führte; und auch hier soll er, beim Bischof vorgeladen, den Hut an einem Sonnenstrahl aufgehangen haben (Lüb. Pass., 4).

Goliath → David

Gomorrha → Lot

Gordianus und Epimachus, Hll. (10. Mai). Nach der Legende stirbt E. unter Decius († 251) in Alexandria nach grausamsten Martern in unterirdischem Gefängnis, zum Feuertod verurteilt, während G. erst unter Kaiser Julian Apostata (361–363) auf Befehl des Statthalters Apronianus in Rom enthauptet wird, nachdem seine ganze Familie getauft worden war. Sein Leib, den Hunden vorgeworfen, blieb aber bis zur Bestattung unversehrt und wurde mit den Überresten des E., die von Alexandrien nach Rom gebracht worden sein sollen, in der Katakombe an der Via Labicana beigesetzt. Von daher werden beide zusammen genannt. Beider Reliquien wurden 774 durch Königin Hildegard in das Benediktinerkloster Kempten gebracht.

Seltene Darstellungen geben erst im 15. Jh. (z. B. die Schnitzfiguren im Hochaltar von Dietersheim bei Bingen)

G. in Rüstung mit Schwert und Palme, E. in bürgerlicher Zeittracht mit Barett, Mantel und Buch; das neue Kruzifix in seinen Händen vertritt viell. die Eisenhaken und den spitzen Stein, mit denen er gemartert wurde.

Gorgonius, Hl. (11. März / 9. Sept.), ein Märtyrer unter Diokletian in Rom, der in der Katakombe an der Via Labicana mit der Bezeichnung »ad duas lauras« (zu den zwei Lorbeerbäumen) beigesetzt und schon im Jahr 354 mit Fest verehrt wird. Seine Reliquien kamen im 10. Jh. durch 2 Lorscher Äbte über Metz und Lorsch nach Minden in Westfalen.

An einem Goldschmiedewerk aus Minden, einer Chormantelschließe des Reineke van Dresche von 1484 (ehem. Berlin, Schloßmuseum), ist er als Ritter in Plattenpanzer mit Schwert und Schild dargestellt; ebenso zeigt ihn eine Silberstatuette (Anfang des 16. Jh.) im Dom von Minden.

Gott, hebräisch **Jahwe, Jehova, Immanuel, Zebaoth,** → Dreifaltigkeit, → Sechstagewerk, → Christus, Gnadenstuhl. Die ungeheure Ehrfurcht vor dem Wesen der Gottheit wirkt sich, der Anschauung des AT entsprechend, auch für die Darstellungen in der christl. Kunst aus. Die Worte des Dekalogs, 2. Mose 20,4: »Du sollst dir kein Bildnis noch Gleichnis machen«, gelten auch von frühchristl. Zeit an als bestimmendes Verbot für Darstellungen Gottes, v. a. dann 2. Mose 33,20: »Mein Angesicht kannst du nicht sehen, denn kein Mensch wird leben, der mich siehet … meine Hand aber will ich ob dir halten, bis ich vorübergehe«. Selten gebliebene frühchristl. Szenen an Sarkophagen, wie die von Wulff (43/2) genannte, zeigen einen bärtigen Alten, dem Kain und Abel ihr Opfer bringen. Die Hand Gottes bleibt das eindeutige Zeichen auch der frühchristl. Darstellungen bei Berufung des Moses und Isaaks Opferung, bei Verkündigung an Maria, Taufe, Verklärung, Ölberg, Kreuzigung, Himmelfahrt und Pfingsten, ebenso weiterhin in der mittelalterl. Kunst bis über das 12. Jh. hinaus, besonders in der Buchmalerei. Eine Ausnahme macht der Utrecht-Psalter von 830 mit einer als Gottvater anzunehmenden Darstellung (Utrecht, Univ.-Bibl.).

Die späteren Psalterillustrationen nehmen ausschließlich Darstellungen aus dem NT, wie sie die Worte des Petrus Lombardus († um 1160): »Materia itaque huius libri est totus Christus« (Die Substanz dieses Buches ist ganz und gar Christus) und des Albertus Magnus (1193–1280): »Constat quod totus liber iste Christus est« (Es steht fest, daß dieses ganze Buch Christus ist) bestätigen. V. a. sind es dann die Worte Christi bei Matth. 11,27 und Joh. 14,9: »Niemand kennet den Vater, denn nur der Sohn« und: »Wer mich siehet, der siehet den Vater«, die – zugleich ältere Vorstellungen begründend – Christus als »Pantokrator« und daher Gottvater Christus-ähnlich auch in Szenen der Schöpfungsgeschichte erscheinen lassen, wie noch bei Meister Bertram im Petri-Altar von 1379 (Hamburg, Kunsthalle). Wird vom 12. Jh. an Gott als der »Alte der Tage« nach Dan. 7,9 in den sich entwickelnden Darstellungen des »Gnadenstuhls« (→ Christus) teilweise genannt (9), aber meist noch bis ins 14. Jh. hinein Christus-ähnlich mit Kreuznimbus dargestellt, so tritt die vollständige Erscheinung des würdig-mächtigen Greises erst vom 14. Jh. an und besonders in den Stundenbüchern des 15. Jh. auf, meist mit → Adam und Eva im Paradies. Sie bleibt bestimmend für die großen Darstellungen wie Dürers Allerheiligentafel von 1511 (Wien, Kunsthistor. Museum), Raffaels Disputa von 1509/11 (Rom, Vatikan) und Michelangelos Erschaffung Adams, 1508/12 (Rom, Sixtinische Kapelle). Entsprechend der Bezeichnung Gottes als Kaiser des Weltalls bei Dante, findet sich die kaiserliche Krone im Allerheiligenbild Dürers u. a., doch bei Dürer auch die sonst verbreitete päpstliche Tiara im Holzschnitt des Gnadenstuhls von 1511. Mit grandioser Steigerung wird diese Auffassung Gottes in Denkmälern der Barockzeit gestaltet; hier tritt dann auch das erst nachreformatorisch zu belegende Zeigen des Dreiecks mit dem Auge Gottes über den riesigen Altaraufbauten und in den Götterhimmeln der Kuppel- und Deckenfresken auf.

Gotthard → Godehard

Gregor der Große, Papst, Hl. (12. März / 3. Sept.), ist am bekanntesten durch die große Anzahl seiner Schriften (Briefe, Predigten, Dialoge, Homilien, Moralia in Hiob, Kirchengesänge) und als einer der 4 latein. Kirchenväter. Als Sohn einer Senatorenfamilie in Rom 540 geboren, übt er von 572–573 das Amt eines Richters aus, aber der Schmerz über die Welt ergreift ihn, und nach dem Tode seines Vaters läßt er aus seinem Vermögen 6 Klöster in Sizilien bauen, richtet das eigene Haus als Kloster zum hl. Andreas ein, in das er selbst als Mönch eintritt. Zahlreiche Wohltaten, Bittgänge und wunderbare Wirkungen werden seinen Gebeten und Bemühungen, auch als Abt 585, zugeschrieben, und als Papst Pelagius II. an der Pest stirbt, fällt die Wahl auf G., der sich ihr aber widerstrebend entziehen will. Er läßt sich verkleidet in einem Faß verborgen aus der Stadt bringen, um in einer Höhle als Eremit zu leben. Aber eine Lichtsäule, an der Engel auf- und niedersteigen, führt zur Entdeckung, und 590 wird er zum Papst geweiht. Bei neuerlichem Ausbruch einer Seuche läßt er ein vom → hl. Lukas gemaltes Marienbild einer Prozession vorantragen, hört Engel das »Regina coeli« singen, fügt eine Strophe hinzu und sieht einen Engel auf dem Hadriansgrabmal das blutige Schwert in die Scheide stecken – als Zeichen der beendeten Seuche. Von da an soll man das Grabmal »Engelsburg« genannt haben. G. schickt Priester zur Mission nach England, da ihm selbst – nachdem er die ungläubigen »schönen« englischen Jünglinge auf dem Markt gesehen hat – die Reise zu unternehmen verwehrt wird. Er stirbt 604.

Die Leg. Aur., die seine Lebensbeschreibung nach der des Paulus Diaconus (8. Jh.) und des Johannes Diaconus mit aufgenommen hat, berichtet zahllose Züge seiner äußersten Demut und Kasteiung »bis zum Herzbruch« und schwerer Krankheit, die er auf sich nimmt, um den Kaiser Trajan aus dem Fegefeuer zu lösen. Dessen Stimme hat er wahrgenommen, während er über das Trajansforum zur Peterskirche geht und über den gerechten Heiden weinen muß. Um seiner besonderen Guttat willen kann Trajan geholfen werden: Er hat von einem Kriegszug Abstand genommen, um einer hilflosen armen Witwe für ihren unschuldig getöteten Sohn zum Recht zu verhelfen (die erweiterte Legende läßt den Sohn des Kaisers, mutwillig reitend, den Sohn der Witwe töten, das Gesetz verlangt für die Untat Blendung, der Kaiser opfert ein eigenes Auge, damit dem Sohn doch eines bliebe). Von vielen weiteren Legendenberichten ist bekannter geworden die Verwandlung einer Oblate in ein Stückchen Fleisch und dessen Rückverwandlung, als die ungläubige Frau, die die Oblaten gebacken hat, ihren Zweifel an den Worten der Eucharistie mit Lachen äußert, von G. aber durch das sichtbare Wunder bekehrt wird. Für die späteren Darstellungen wird die Erzählung der Ereignisse nach seinem Tode (605) wesentlich: Neider beschuldigen den Toten, den Kirchenschatz unrechtmäßig ausgegeben zu haben, und schicken sich aus Rache an, seine Bücher zu verbrennen. Da greift sein Freund und Diakon Petrus ein, er offenbart, daß er wisse und gesehen habe, wie der Hl. Geist in Gestalt einer Taube G. beim Schreiben inspiriert habe. Da er aber bei Todesfolge versprochen habe, dieses nicht zu äußern, möge sein Schwur auf das Evangelium den Wert der Bücher mit seinem unmittelbaren Tod bezeugen. Stürbe er nicht, so mögen die Bücher verbrannt werden – er schwört feierlich und gibt ohne Schmerzen seinen Geist auf.

Als Autorenbild bringen die Sakramentare vom 9. Jh. an seine Darstellung in pontifikaler Tracht mit Kasel und Pallium und tonsuriert. Erst im späten Mittelalter trägt er auch Pluvium, die dreikronige Tiara und den Kreuzstab mit den 3 Balken. Die wohl älteste Darstellung aus dem 9. Jh. zeigt ihn stehend, von einer Portalbogenstellung gerahmt, mit Buch auf einem Einzelblatt (einem Evangeliar des 11. Jh. vorgeheftet, Stuttgart, Württ. Landesbibl.). Schreibend mit der Taube auf der Schulter, die später sein ständiges Symbol bleibt, bringen ihn ein Sakramentar aus Fulda von 975 (Göttingen, Univ.-Bibl.) und eine Elfenbeintafel vom Ende des 10. Jh. (Wien, Kunsthistor. Museum), wo er unter Architekturrahmung zwischen Vorhängen sitzt, in der unteren Zone 3 eifrige Schreiber. Daß aber wirklich der Hl. Geist als Taube ihn inspiriert habe, wird in folgenden Darstellungen zur besonderen Szene des mit dem Griffel ein Loch in den Vorhang bohrenden Schreibers: so in dem schönen Einzelblatt des Registrum Gregorii von 983 (Trier, Stadtbibl.), im Sakramentar von St. Gereon von 996 (Paris, Bibl. Nat.) und in den beiden Hirsau-Zwiefaltener Handschriften des 12. Jh. (23,24). Gelegentlich taucht in Holzschnitten des 15. Jh. auch die Prozession mit dem Marienbild auf. Am häufigsten und großartigsten aber begegnen G. und die Kirchenväter → Ambrosius, → Augustinus und → Hieronymus in allen Zusammenstellungen mit den 4 Evangelisten und ihren zahlreichen Beziehungen zur Zahl 4. So sind sie vom 13. Jh. an in Glasfenstern und an Chorgewölben, am Chorgestühl, an Kanzeln und Altären zu finden. Hier ist dann nicht nur die Taube das Symbol G.s, sondern auch der aus den Fegefeuerflammen aufsteigende Kaiser Trajan, wie auf Pachers Kirchenvätertafel von 1490 (München, A. P.).

Die Erzählung der ungläubigen Hostienbäckerin verwandelt sich erst im 14. Jh. in die andersartige Darstellung der Gregorsmesse: Hier sind weder die Hostie noch die Frau – noch auch die ergänzende Legende von den 30 Messen, mit denen G. einen Mönch, der sein Armutsgelübde gebrochen hatte, aus dem Fegefeuer erlöste – dargestellt, sondern der Schmerzensmann auf dem Altar, der umgeben von Leidenswerkzeugen vor G. und den ringsum knienden Bischöfen und Kardinalen erscheint. Ein Stich des jüngeren Israhel van Meckenem, um 1495, bezeichnet genau die alte Ikone in S. Croce in Gerusalemme, die den Rompilgern als erste Wiedergabe des Wunders galt. Auch von Dürer 1511 gestochen, auf etwas älteren Schrotblättern und Holzschnitten erhalten, im Fresko bereits um die Mitte des 14. Jh. vom Waltensburger Meister in St. Georg, Rhäzuns (Graubünden) in voller Ausführlichkeit der G.-Legende gemalt, war diese Szene am großartigsten auf der zerstörten Altartafel des Bernt Notke, um 1504, im Dom von Lübeck dargestellt und mehrfach von Künstlern aus seinem Kreis wiederholt. Gegen 1490/1500 entstand eine Tafel des Bartholomäusmeisters, nach 1510 ein auf Seide gemaltes Temperabild des Meisters von St. Severin (beide Köln, W.-R.-Museum), um 1480 eine szenisch vereinfachte, geschnitzte Reliefgruppe von Gregor Erhart (Berlin, Staatl. Museen).

Gregorius Maurus, Hl. (15. Okt. / –), Anführer einer röm. Heeresabteilung von christl. Afrikanern, wird mit diesen unter Maximian in Köln um 300 hingerichtet. Seine Reliquien findet Erzbischof Anno von Köln während seines Episkopats 1056–74 und läßt sie neben der Grabstätte des hl. Gereon in St. Gereon, Köln, bestatten. G. ist daher Mitpatron der Kirche, wird aber auch mit dem hl. Gereon als Stadtpatron genannt und abgebildet. Wandmalereien des 13. Jh. in der Taufkapelle und Krypta von St. Gereon zu Köln stellten ihn dar. Eine Altartafel von 1420 aus St. Gereon (Berlin, Staatl. Museen) und Altäre in St. Andreas (Bartholomäus Bruyn, 1540), ebenfalls Köln, in der Krypta von 1535 von St. Gereon sowie der Sebastian-Altar von 1635 in St. Gereon zeigen ihn als Mohr, gerüstet mit Schwert, Banner und Schild. Auf letzteren und auf seinem Waffenrock durchdringen sich ein gerades und ein schräges Kreuz als sein besonderes Zeichen. Ebenso noch auf einem Stich von 1646 und auf der Altartafel des Anton Woensam von 1520 (München, A. P.), wo auch die Enthauptung seiner Legionäre dargestellt ist.

Gregor von Nazianz, Hl. (9. Mai / 2. Jan.), um 328/330 geborener Kirchenvater der Ostkirche, 380–383 Patriarch von Konstantinopel. Er wird in der östl. Kunst mit der Taube als Symbol des Hl. Geistes, auch mit den Personifikationen von Weisheit und Keuschheit dargestellt, selten im Westen, so von Ignaz Platzer in St. Nikolaus auf der Kleinseite in Prag 1769.

Gregor von Spoleto, Hl. (24. Dez. / 23. Dez.), wird als Priester in Spoleto nach zahlreichen Martern unter Diokletian enthauptet. Erzbischof Bruno von Köln (925–965) ließ seine Reliquien in den Kölner Dom übertragen. Dort stellt ihn ein Glasfenster aus dem Anfang des 14. Jh. im südl. Querhaus in priesterlicher Meßkleidung mit Buch und Schwert dar; ein Kölner Missale von 1626 fügt auf einem Stich auch noch die Märtyrerpalme hinzu.

Gregor von Tours, Hl. (540–594), Bischof von Tours, Verfasser des Geschichtswerks der »Gesta Francorum«, oft zitiert und mit seinem Zeitgenossen, dem hl. Papst → Gregor, verwechselt. In Deutschland nicht, in Frankreich mehrfach verehrt und dargestellt: seinen blinden Vater mit der Leber eines Fisches heilend und ein Kind vom Tode erweckend.

Gudula (Gudila), Hl. (8. Jan.), eine adlige Jungfrau, wird von der → hl. Gertrud von Nivelles in deren Kloster als ihr Patenkind erzogen und stirbt 712. Erst 1047 kamen ihre Gebeine nach Brüssel in die damalige Michaelskirche, seitdem Ste-Gudule. G. wurde daraufhin auch zur Stadtpatronin erhoben.

In Deutschland fast nur auf Kölner Altären dargestellt: mit Buch und Laterne auf einer Tafel der 2. Hälfte 15. Jh. (W.-R.-Museum), auf einem Altarflügel des Joos von Cleve von 1520 in St. Marien im Kapitol (wo sich ein Teufelchen an ihre Laterne krallt), auf einem Flügel des Bartholomäus Bruyn von 1550 in St. Severin. Als Nonne – die sie aber nicht war – bringt sie ein Stich der Sipp-, Mag- und Schwägerschaft Maximilians, wo ihr ein Teufel die Kerze mit einem Blasebalg ausbläst: Denn als sie nachts zu einer weit entfernten Kirche aufbricht, um dort die Nacht im Gebet zu verbringen, versucht der Teufel wiederholt, die Laterne (auch Kerze) der ihr vorangehenden Magd auszulöschen, doch entzündet sich diese stets wieder von selbst durch das andauernde Gebet der Heiligen.

Gumpertus, Hl. (15. Juli, Bamberg, Würzburg, Fulda). Der fränkische Abt und Bischof schenkt 786 das auf seinem Besitz von ihm gegründete Benediktinerkloster Karl d. Gr. und erhält dafür Privilegien. Nach anderem Bericht ist es ein Graf Guntpert, dem die Mitte des 8. Jh. von ihm gegründete Stiftskirche in Ansbach ihren Namen St. Gumpert verdankt, der ein ebenfalls nach ihm genanntes Kloster an der Reget 768 dem Bischof von Würzburg übermacht. G. soll Nachfolger des 754 verstorbenen Bischofs werden, lehnt aber aus übergroßer Bescheidenheit ab.

Ein Glasfenster um 1500 in der Stiftskirche St. Gumpert zu Ansbach stellt ihn in pontifikaler Meßkleidung als Bischof mit Stab und Kirchenmodell dar.

Gunthildis, Hl. (22. Sept.), die hl. Dienstmagd, die sich durch besondere Mildtätigkeit auszeichnet und nur innerhalb der Diözese Eichstätt verehrt wird. Mit Milchkübel oder Kanne, mit einem Käslaib und mit einem Fäßchen am Gürtel, eine Kuh zu Füßen, wird sie dargestellt als Statue um 1470 und 1500 in Biberbach, im 17. Jh. in Schambach. Altargemälde zeigen sie zusammen mit den hll.

Adelheid und Kunigunde in der 2. Hälfte 17. Jh. in Wörmersdorf und 1710 in Wachenzeil.

Eine gleichnamige, ebenfalls nur in der Diözese Eichstätt verehrte Heilige ist eine Angelsächsin, die mit → Lioba, → Walburga u. a. nach Eichstätt gekommen und nur mit diesen im Pontifikale Gundekars II. († 1075) dargestellt ist.

Gutmann → Homobonus

H

Habakuk (Abacuc), einer der 12 kleinen → Propheten, um 605–597, wird von einem Engel, der als Michael bezeichnet sein kann, an den Haaren vom Felde weggetragen und mit Essenstopf und Krug über die Löwengrube → Daniels gehalten, um diesen zu ernähren (Dan. 14,32, nur Vulgata).

Schon 431 an der Holztüre von S. Sabina in Rom und einzeln manchmal mit Krug oder Topf in den Reihen der Prophetenfolgen dargestellt.

Hagar, die Magd Saras, die mit ihrem Sohn Ismael in die Wüste geschickt wird (→ Abraham).

Haggai (Aggai), einer der 12 kleinen → Propheten, um 520, als Verkünder des »Hauses der Herrlichkeit«, das gebaut werden wird.

Mit Geldbeutel (nach den Worten: »Mein sind Silber und Gold, spricht der Herr«) manchmal bei Prophetendarstellungen bezeichnet, im Credo dem Apostel → Bartholomäus zugeordnet (→ Apostel).

Halvard (Hallward), Hl. (14. Mai / –), Stadtpatron von Oslo und mit dem → hl. Olaf verwandt, wird mit einem Pfeil erschossen, als er gegen 3 Männer eine schwangere Frau verteidigt, die jene wegen eines angeblichen Diebstahls töten wollen. Seine mit einem Stein beschwerte Leiche wird aber schwimmend aufgefunden.

Mit Pfeil und Mühlstein in kurzer Laientracht stellen ihn einige Werke des 15./16. Jh. in norwegischen Kirchen dar, hauptsächlich aus Lübecker Werkstätten.

Ham, einer der 3 Söhne → Noahs

Hanna, Prophetin → Anna

Hanna, Mutter des → Samuel, 1. Sam. 1–28, wird von der 2. Frau ihres Mannes Elkana wegen ihrer Kinderlosigkeit geschmäht. Weinend im Tempel betend, will der Hohepriester sie wegen Trunkenheit verweisen, sie erklärt sich ihm, er segnet sie. Sie kehrt zu Elkana heim, und als der Sohn geboren, weiht sie ihn dem Herrn, wie sie es gelobt hat. Als Gegenbild sowohl zum Opfer → Joachims wie auch zur Darbringung (→ Christus) in Armenbibeln und anderen typolog. Werken (8) vom 14. Jh. an bildlich verbreitet.

Hanna, Mutter des → Tobias

Hannas, Hoherpriester und Schwiegervater des → Kaiphas, bei Luk. 3,2 als zur Zeit Christi amtierend genannt. In Darstellungen des → Judas, der die Silberlinge erhält oder zurückbringt, meist mit dargestellt. Er richtet als erster im Verhör die Frage nach seiner Lehre an Christus und schickt ihn gebunden zu Kaiphas (Joh. 18,13 und 24, → Christus). Kaiphas und dem Hohen Rat werden Petrus und Johannes aus dem Gefängnis vorgeführt und freigelassen (Apg. 4,6).

Hedwig (französ. auch Avoie; engl. Avoice; poln. Jadwiga), Hl. (17. Okt. / 16. Okt., Berlin). Die 1174 (?) geborene Tochter des Grafen Berthold von Andechs wird von ihrer Tante, der Äbtissin des Benediktinerinnenklosters Kitzingen, dort erzogen und 1186 mit dem Herzog Heinrich I. von Schlesien vermählt; nach 22jähriger Ehe geloben beide Enthaltsamkeit. 1201/02 gründet sie das Kloster Trebnitz, das sie für 1000 Nonnen, Zöglinge und Dienstpersonal veranschlagt. Sie lebt dort nach dem Tod Heinrichs (1238), in Werken der Nächstenliebe aufgehend, bis zu ihrem Tode 1243 und wird schon 1267 heiliggesprochen. Als

Landespatronin Schlesiens ist sie meist in langem Kleid und Mantel, den Herzogshut über Wimpel, Weihel und Kopftuch, dargestellt. Ihr Attribut ist ein Kirchenmodell, auf ihre Gründung Trebnitz bezogen. Viele Darstellungen zeigen sie mit einer Marienstatuette in der Hand, die sie ständig bei sich getragen habe, um sie immer wieder andächtig betrachten zu können. Auch Schuhe sind ihr gelegentlich attributiv beigegeben, da sie sich selbst im Winter durch Barfußgehen kasteite. Der Bischof verordnete ihr Schuhe, aber sie überlistete ihn, indem sie die Schuhe wohl trug, aber in der Hand.

Darstellungen finden sich vom 14. Jh. an fast ausschließlich in Breslau, Trebnitz und im Gebiet Schlesiens. Auf einem Blatt des Lübener Hedwigscodex, 1353 von Nikolaus Pruzie geschrieben (lange Zeit Besitz des Piaristenklosters Schlackenwerth, heute im J. Paul Getty Museum, Malibu in Kalifornien), ist sie in prächtig goldgesäumtem Mantel, ein Kopftuch über den Locken und barfuß mit Marienstatuette, Buch und Rosenkranz vor einem Thronbaldachin stehend wiedergegeben; rechts und links in kleiner Gestalt kniend, wird sie von Herzog Ludwig I. von Liegnitz und seiner Gemahlin als deren heilige Ahnfrau verehrt (32).

Heilige, Fünf marokkanische → marokkanische Heilige

Heilige Sippe → Sippe

Heimsuchung (Visitatio), der bei Luk. 1,39–45 berichtete Besuch der Maria bei ihrer Verwandten Elisabeth, nach der Verkündigung und vor der Geburt Joh. d. T. Schon auf der Holztüre von S. Sabina, Rom, 431, dargestellt als die Umarmung der beiden Frauen und von da an eines der eindrucksvollsten und zartesten Themen der ganzen christl. Kunst bis zur Gegenwart (→ Maria, → Elisabeth, → Johannes d. T.).

Heinrich (französ. Henri, Ary, Riquet; italien. Arrigo, Rigo; span. Enrique; engl. Henry; schwed. Henrik)

Heinrich II., Kaiser, Hl. (15. Juli / 13. Juli, Bamberg, Basel), gehört durch seinen Großvater (den 2. Sohn Kaiser Heinrichs I.) dem sächsischen Kaiserhaus an. Geboren 973, von Bischof → Wolfgang in Regensburg erzogen, wird H. nach dem Tode seines streitbaren Vaters Heinrich des Zänkers 995 Herzog von Bayern und nach dem Tode Kaiser Ottos III. 1002 zum deutschen König gewählt, in Paderborn gekrönt. Fortgesetzte Kämpfe an den Grenzen und im Inneren des Reichs erfüllen sein Leben; dreimal zieht er mit Otto III. nach Italien. Tiefe Frömmigkeit bewegt ihn zu reichen Gründungen und Stiftungen an Kirchen und Klöster, läßt ihn teilnehmen an den beginnenden Reformen, die vom Kloster Cluny ausgehen. Die Legende sagt, er habe in Keuschheit gelebt mit seiner Frau → Kunigunde, der Tochter Siegfrieds von Lützelburg. Mit ihr wird H. 1014 in Rom vom Papst zum Kaiser gekrönt.

Zu Füßen Christi stellt beide das goldene Antependium dar, das H. dem Münster von Basel 1019 zur Weihe stiftete (heute im Musée de Cluny, Paris). Von den zu seinen Lebzeiten in der Buchmalerei wiedergegebenen Darstellungen ist besonders die im Regensburger Sakramentar zu nennen, wo er von Christus gekrönt zwischen den hll. → Ulrich und → Emmeram steht (München, Bayer. Staatsbibl.). Auch mit dem Straßburger Münster eng verbunden, stiftet H. nach einer ihn besonders ergreifenden Messe die Pfründe eines Domherrn als ›Chorkönig‹, damit dieser ihn täglich vertrete. Das Glasfenster vom Anfang des 13. Jh. zeigt ihn dort in der Reihe der deutschen Kaiser. Nach seinem Tode 1024 wird er in seiner Lieblingsgründung, dem Dom von Bamberg, bestattet, 1146 heiliggesprochen. In zeitentsprechender Idealität steht seine Gestalt um 1235 an der sog. »Adamspforte« des Ostchors des Bamberger Doms, gekrönt, in einfachem Gewand und umgeschlungenem Mantel, mit Reichsapfel und Zepter. Das ihm in späteren Darstellungen meist zugehörige Kirchenmodell trägt hier, neben ihm stehend, die Kaiserin Kunigunde. Die Legendenszene des Gottesurteils ist in der Leg. Aur. bei → Laurentius eingeschlossen; erst das Lüb. Pass. (4) bringt eine reiche selbständige Folge. Dieser entsprechen die Hauptdarstellungen an der großen Kalksteintumba (1499–1513) Riemenschneiders im Bamberger Dom. In mächtigen Gestalten, reich gewandet und gekrönt, liegen H. und Kunigunde auf der schweren Deckplatte. An den Feldern der Seiten ist zunächst das Gottesgericht abgebildet: Kunigunde, fälschlich des Ehebruchs beschuldigt, bezeugt ihre Unschuld, indem sie unverletzt über glühende Pflugscharen schreitet. Dem schwer leidenden Kaiser schneidet auf der nächsten Platte der → hl. Benedikt im Traum den Stein heraus. Von Kunigunde Abschied nehmend, zeigt ein anderes Relief den Kaiser auf dem Totenbett. Auf der nächsten Platte hält der Erzengel Michael die Seelenwaage, an deren einer Schale Teufel sich krallen, während der hl. Laurentius ein schweres goldenes Gefäß in die andere Schale senkt: Es ist der Kelch als Zeichen aller guten Taten, den H. dem Altar des hl. Laurentius in Eichstätt gestiftet hat (ein Stück, von einer Teufelskralle erfaßt, bricht ab – seitdem hat der Kelch in Eichstätt nur noch einen Henkel!). – Andere Legenden- und zahlreiche Einzeldarstellungen von H. können in mittelalterl. und späterer Zeit nachgewiesen werden. In prächtiger Kleidung, in bewegter Stellung und vom schwingenden Mantel umflattert, stellt ihn mit Zepter, Kirchenmodell und großer Bügelkrone Ignaz Günther 1759 zu Seiten des Hochaltars der Kirche von Rott am Inn dar.

Heinrich Seuse → Seuse

Heinrich von Ebrantshausen, Hl. (25. Mai), nach der Legende Graf von Abensberg-Riedenburg. Er läßt sich, von einer Wallfahrt nach Jerusalem zurückgekehrt, als Einsiedler bei Ebrantshausen (Ndb.) nieder und wird nach seinem Tode als Lokalheiliger in der dortigen Heinrichskapelle verehrt.

Erst vom 16. Jh. an als Pilger verschiedentlich dargestellt, 1689 auch als Büste reicher gekleidet und mit Fürstenhut, bedeutet ein an seiner Brust hängendes Glöckchen, daß er von Wallfahrern als Helfer bei Taubheit und Ohrenleiden angerufen wurde.

Heinrich (finn. Henrik), Apostel Finnlands, Hl. (ohne Tag), ein Engländer, wird 1152 mit einem päpstlichen Legaten – dem späteren Papst Hadrian IV. – nach Skandinavien geschickt. Als Bischof von Uppsala tätig, zieht er mit König → Erik auf einen Kreuzzug gegen die Finnen und bleibt in Finnland, um das Christentum dort weiter zu verbreiten. Ein Bauer, den er wegen eines Mordes mit kirchlichen Strafen belegen will, erschlägt ihn 1156. Sein ehem. Gefährte, Papst Hadrian IV., spricht ihn 1158 heilig.

Eine aus Lübeck stammende Altartafel von 1468 (im Museum zu Stockholm) und etliche in Schweden und Finnland erhaltene Darstellungen zeigen ihn in pontifikaler Meßkleidung, mit Stab, Buch oder Segensgestus, unter seinen Füßen den Bauern mit der Keule oder der Axt. Am prächtigsten die – vermutlich flämische – Messingdeckplatte seines Zenotaphs vom Anfang des 15. Jh. in Nousiainen (Finnland).

Helena (französ. Hélène, Alène; italien. Elena; engl. Ellen), Hl. (18. Aug.). Nach den Legenden teilweise als Stallmagd, teilweise als englische Königstochter oder nur als »um 255 in Trier geboren« bezeichnet, wird 275 Gemahlin des Constantius Chlorus, des Mitkaisers Diokletians. Ihm gebar sie den Sohn → Konstantin, doch wird die Ehe 292 aus familienpolitischen Gründen geschieden. Als Konstantin 306 selbst Kaiser wird, ernennt er seine Mutter zur

»Augusta«. 313 Christin geworden, fördert sie in jeder Weise das sich ausbreitende und durch Konstantin 312 bestätigte Christentum. Ihr schreibt die Legende v. a. die Auffindung des Hl. Kreuzes in Jerusalem zu, die Konstantin veranlaßt, die Grabes- und andere Kirchen in Jerusalem bauen zu lassen. Helena selbst wird eine Kirche über Gethsemane zugeschrieben, die sie als 79jährige wallfahrend noch gegründet habe.

H. erscheint einzeln dargestellt vom 12. Jh. an als Kaiserin gekrönt in entsprechender Zeittracht und trägt oder stützt sich auf das große Kreuz. Dazu kann ein Kirchenmodell kommen, das auf den Bau von St. Gereon in Köln hinweist, den H. über den Gräbern des hl. Gereon und der Märtyrer der → Thebäischen Legion habe errichten lassen. Auf verschiedenen Fassungen frühchristl. Zeit beruht die Kreuzfindungslegende, wie sie mit 18 Szenen in der Buchmalerei erhalten blieb, 814 (München, Bayer. Staatsbibl., Clm. 22053). Im Zwief. Mart. des 12. Jh. (24) steht H., das große Kreuz repräsentativ stützend, auf einer, ein Jude auf der anderen Seite; ihm ist die Grabschaufel beigegeben, während nebenan ein Jude aus Erdschollen Kreuzbalken herausschaufelt. Häufiger werden ganze Zyklen vom 13. Jh. an in der Wandmalerei. Der bedeutendsten Reihe, der des Piero della Francesca in S. Francesco zu Arezzo, 1452/60, entsprechen die meisten Szenen der deutschen Darstellungen im Dom von Braunschweig aus dem 13. Jh., in Duttenberg/Jagst 1485, in Loffenau bei Herrenalb 1480/90 u. a. Um 1600 schilderte Adam Elsheimer in den kleinen Tafeln eines Altars die Kreuzlegende (Frankfurt a. M., Städel). Auch die Leg. Aur. beginnt die Kreuzfindungslegende mit dem sterbenden → Adam, der seinen Sohn Seth ins Paradies schickt, um das Öl der Barmherzigkeit zu erbitten, damit er ewig leben könne. → Michael kann ihm aber nur einen Zweig vom Baum der Erkenntnis geben, und als Seth zurückkommt, ist Adam tot. Der Zweig wird auf sein Grab gepflanzt und wächst zu einem großen Baum auf. Den läßt → Salomo als Bauholz für den Tempel schlagen, aber wie auch die Bauleute sich mühen, stets ist das Stück zu lang oder zu kurz, und so wird das Holz als Steg über ein Gewässer gelegt. Die Königin von Saba erschaut in dem Balken das künftige Kreuzesholz, verehrt es, schreitet daneben durch das Wasser und warnt Salomo, der es dann vergraben läßt. Doch entsteht darüber ein Teich, in dem die Opferschafe gewaschen werden, und das auftauchende Holz macht das Wasser heilkräftig. Als nun die Zeit des Leidens Christi herangekommen ist, wird das auf dem Wasser schwimmende Holz herausgenommen und das Kreuz daraus gemacht. Dann aber liegt es in Erdentiefen verborgen, bis nach jahrhundertelanger Zeit Kaiser Konstantin, im Traum von einem Engel gewiesen, ein lichtes Kreuz mit den Worten: »In diesem Zeichen wirst du siegen« erblickt. Er zieht gegen Maxentius und bringt diesen, der ihn mit einer angesägten oder Schiffsbrücke täuschen will, selbst zum Untergang. Nun zieht H. nach Jerusalem; der befragte Levit Judas verspricht dem Hohen Rat, sein Wissen nicht kundzutun. Aber H. läßt ihn in einen trockenen Brunnen werfen; nach 7 Tagen fleht Judas um Gnade, wird herausgezogen und zeigt die nur ihm bekannte Stelle auf Golgatha, über der Kaiser Hadrian einen Venus-Tempel hatte erbauen lassen. Als dieser abgetragen wird, fördert Judas 3 tief eingegrabene Kreuze zutage. Nacheinander werden sie auf einen Leichnam, der gerade aus der Stadt herausgetragen wird, gelegt, und H. erkennt das Kreuz, das den Toten zum Leben erweckt, als das richtige Kreuz. Judas läßt sich daraufhin taufen, wird als Bischof von Jerusalem → Quiriacus genannt und muß nun noch nach den Nägeln suchen, die er schließlich wie Gold glänzend findet. Mit einem Nagel wünscht H., daß man die Zügel für das Pferd des Kaisers ausstatte, damit dieser nur noch Frieden und keinen Krieg mehr vorbereiten könne, nach den Worten des Zacharias (Sach. 14,20): »Der Zügel des Pferdes wird Heiligkeit des Herrn genannt werden« (andere Legenden in der Lit.). Für das Kreuz aber wird ein Kirchenraum in Jerusalem errichtet. Wie das Kreuz später geraubt, wieder erobert und zurückgebracht wird, erzählt die Legende des Kaisers → Heraklius mit der »Kreuzerhöhung« (s. a. Silvester mit dem Magier Zambri und den 41 Meistern, die H. zu Konstantin schickt, Leg. Aur.).

Hemma, Hl. (29. Juni / 27. Juni), um 970 als Gräfin von Friesach-Zeltschach geboren, mit dem Grafen Wilhelm an der Sann verheiratet, wird als Gründerin des Frauenklosters Gurk verehrt. Als ihre Söhne nach dem Tode ihres Mannes sittenlose Bergknappen haben bestrafen lassen und von diesen ermordet werden, überläßt sie 1043 ihren reichen Besitz dem Kloster, ihre Güter im Admonttal dem Bischof von Salzburg. Sie stirbt 1045 in Kloster Gurk, wo sie auch bestattet wird. Ihre Verehrung wurde 1287 kirchlich gutgeheißen, 1938 der Heiligsprechungsprozeß abgeschlossen.

Dargestellt erst Ende 15. Jh. in Stift Admont in zeitentsprechender Tracht mit Krone über einer Haube, zweitürmigem Kirchenmodell (= Admont) und einer Rose, die ohne Legendenzeugnis auf ihre Nächstenliebe symbolisch gedeutet wird. (Die Grabmalgestalt in St. Emmeram in Regensburg, um 1280, stellt Königin H. [† 876], die Gemahlin Ludwigs d. Deutschen, dar.)

Henoch (Enoch), nach 1. Mose 4,17 der Sohn → Kains, nach 1. Mose 5,18–24 und Luk. 3,37 der Sohn Seths (→ Adams Tod) und Stammvater von Methusalem, Lamech und → Noah. Und »da er ein göttliches Leben führte, nahm ihn Gott hinweg und er ward nicht mehr gesehen«.

Die jüd. Apokryphen und die Sagen der Juden (19,21) legen den Grund zu Ausführungen, die in der Leg. Aur.

bei dem Niederstieg → Christi zur Hölle H. und → Elias besonders erwähnen als die 2 hochbetagten Männer, die den Tod nicht gekostet haben und aufbehalten sind bis zur Zeit des → Antichrist, gegen den sie fechten sollen, von dem sie erschlagen werden, dann aber nach 3½ Tagen auffahren. Letztere Ereignisse, ausführlich in der Apok. 11,3–12 geschildert und durch den Beatus-Kommentar des 9. Jh. bekannt, lassen H. und Elias als Propheten predigend auftreten, vom Tier aus dem Abgrund (= dem Antichristen) getötet werden, tot liegen bleiben und auferstehend in einer Wolke gen Himmel steigen. Am eindrucksvollsten stellt dies die sog. »Bamberger Apokalypse« dar (Reichenauer Handschrift von 1020 in Bamberg, Staatl. Bibl.), wo auch die im Text genannten »Säcke« (= netzartige Trauergewänder) sie umhüllen. Um 1170 erscheint die Darstellung in einer Salemer Handschrift zum Text einer Vision aus dem Liber Scivias Domini der → Hildegard von Bingen (Heidelberg, Univ.-Bibl.). Große Folgen, wie die Teppiche von Angers (Angers, Museum, 1377–81) und die zahlreichen englischen Apokalypsen des 13./14. Jh., enthalten das Thema mehr oder weniger ausführlich. Es gehört zu den im 15. Jh. entstehenden Text-Holzschnittfolgen von den 15 Vorzeichen des Jüngsten Gerichts.

H.s Entrückung wird auf den Klosterneuburger Emailtafeln von 1181 als Gegenüberstellung zur Himmelfahrt und ebenso in den Armenbibeln des 14. Jh. gebracht, kommt in dieser Zusammenstellung auch auf Glasfenstern vor (Esslingen, Franziskanerkirche, Ende 13. Jh.). → Gericht.

Heraklius (Eraclius), Hl. (ohne Tag). An die Legenden von der Kreuzfindung der → hl. Helena schließt die Eroberung des Kreuzes mit der Zerstörung des Grabestempels in Jerusalem durch Chosroes II. 614 an. H., Kaiser von Byzanz, besiegt Chosroes 627 und bringt das zurückgewonnene Kreuz nach Jerusalem. Hier schließt sich nun zunächst das Stadttor von selbst, und erst als H. Rüstung und kaiserliche Insignien ablegt, barfuß und im härenen Hemd mit dem Kreuz anklopft, öffnet ein Engel das Tor, durch das auch Christus geschritten. Das Kreuz wird in einem erneuerten Bau aufgestellt. Schon 629 wird das Fest der Kreuzerhöhung (exaltatio sanctae crucis) eingesetzt.

Zu Pferd das Kreuz tragend, erscheint H. im Hirs. Pass. des 12. Jh. (23), ebenso im Zwief. Mart. (24). Szenen von der Besiegung des Chosroes (»Cosdras«) und der Rückführung des Kreuzes sind den Zyklen der Kreuzfindungsdarstellungen des 15. Jh. meist angeschlossen (→ Helena). Hier kommt auch der auf seinem Thron sitzende Cosdras = Chosroes I. (531–578) vor (Loffenau bei Herrenalb um 1480/90), mit einem Hahn und dem geraubten Kreuz (legendenmäßig anachronistisch!) sich göttliche Verehrung anmaßend. Die ganze H.-Legende ist in einem Wandmalereizyklus der 1. Hälfte des 14. Jh. in Fraurombach (Hessen) dargestellt.

Herennius → Archus

Heribert (italien. Ariberto, Eriberto), Hl. (16. März / 30. Aug., Köln), 970–1021, Sohn des Grafen Hugo von Worms. Der Lebensbeschreibung des Lantbertus, mit legendenhaften Zügen neu gefaßt von Rupert von Deutz, 1120, folgen die Darstellungen der Emailplatten auf den Dachschrägen des zw. 1166 und 1170 von 2 unbekannten Meistern gefertigten goldenen Reliquienschreines in St. Heribert, Köln-Deutz. An einer Schmalseite thront H., pontifikal gekleidet, als Erzbischof von Köln zwischen Humilitas und Caritas. An den Langseiten sitzen die 12 Apostel vollplastisch mit dem Credotext auf ihren Spruchbändern, zwischen ihnen Propheten auf Emailplatten mit korrespondierenden Sprüchen. Die 12 Emailtondi geben nacheinander: Graf Hugo und der weise Jude Aaron schauen, im Traum liegend, die Geburt voraus, die über ihnen stattfindet und ihnen dann von einer Dienerin angezeigt wird. Der Ausbildung des Knaben in Kloster Gorze bei Metz folgt die Diakonweihe und Kanzlerernennung 994. Kaiser Otto III. beruft ihn 999 zum Erzbischof von Köln, überreicht ihm den Stab des hl. Petrus und die Kölner ›Regalien‹, vom Papst erhält H. die Bestätigungsurkunde. Er reitet über die Alpen zurück (drohende Gebirgsspitzen und wilde Tiere sind angedeutet), schickt Pallium und bischöfliche Insignien voraus und betritt Köln barfuß. Es folgt eine sog. Bischofsprüfung vor der Weihe, das Evangeliar auf dem Altar öffnet sich von selbst. Maria erscheint ihm und seinem Freund Pilgrim im Traum und weist ihn an, die Abtei Deutz zu gründen (1003). Da die Bauleute kein geeignetes Holz für ein Kreuz finden, läßt H. sich in seinem Obstgarten zu Mittag decken, erschaut in einem Birnbaum eine Kreuzform und läßt den Baum schlagen. Bei einer Bittprozession um Regen von St. Severin nach St. Pantaleon in Köln sehen die Beteiligten eine Taube um H. kreisen; nach der Messe und anschließendem Gebet in seinem Hause regnet es. Bei einer Predigt am Palmsonntag hört H. einen Besessenen schreien – er betet für ihn und heilt den Herangebrachten. Kaiser Heinrich II., bei dem H. verleumdet wird, erscheint zornig in Köln, wird durch einen Traum gewarnt, bittet H. um Verzeihung, sucht H. nach der Mitternachtsmesse nochmals auf und umarmt ihn, da ihm kundgeworden, sie würden sich nicht mehr sehen. Tod und Bestattung des H. in Deutz schließen die Reihe der Darstellungen, die einzig in ihrer Art bleiben. Kanonisation und Erhebung der Gebeine fanden 1147 statt, der einfache Eichenholzschrein, den die prächtige Goldhülle umgibt, wird als der der Erhebung angesehen. Daß H. mit Otto III. der angeblichen Gruftöffnung Karls d. Gr. in Aachen beiwohnte, beim Tode Ottos in Paterno anwesend war und dessen Überreste nach Aachen zur Beisetzung neben Karl d. Gr. brachte, erzählt die Lebensgeschichte des Rupert von Deutz.

Hermann (latein. Arminius; französ. Germain; italien. Ermanno; niederl. Harmen)

Hermann, Hl. (– /28. Dez.), ein Einsiedler, der sich aus Niederaltaich, wo er Mönch ist, zurückzieht, 1322 in Frauenau bei Zwiesel am Regen (Ndb.) eine Marienkapelle gründet und 1326 stirbt. Bestattet in der Vorhalle der Benediktinerpropstei Rinchnach, erscheint seine Verehrung bildlich erst auf einem Altar von 1720 in St. Hermann bei Bischofsmais, wo er mit Skapulier und Kapuze über langem Rock dargestellt ist.

Hermann Joseph, Hl. (7. April / 21. Mai). Schon mit 12 Jahren tritt der in Köln 1150 Geborene in das Prämonstratenserkloster Steinfeld (Eifel) ein, wo er mit der Sorge für den Speisesaal und später für die Sakristei betraut wird.

Seine besonders innige Verehrung der Madonna, die ihm auch in Visionen erscheint, und seine ekstatische Andacht während der Messe, die ihn jeweils den Kelch mit 3 Rosen erfüllt sehen läßt, führen zu Verehrung und Darstellung, meist in langem, gegürtetem Gewand, mit Mantel und Kapuze, ein Messer in breiter Scheide am Gürtel hängend und den Kelch mit 3 Rosen tragend, Ende 15. und Anfang 16. Jh. Spätere Darstellungen bringen ihn auch in Chorkleidung, einen Lilienstengel in der linken Hand und das Jesuskind auf dem rechten Arm tragend, wie es Maria ihm auf seine inständigen Bitten hin im Traum reicht. Dargestellt von van Dyck, 1620/30 (Wien, Kunsthistor. Museum), u. a.

Hermenegild, Hl. (13. April), des Westgotenkönigs Leovigild Sohn, 570 mit Ingundis, der Tochter Sigiberts I. von Austrasien, vermählt, entsagt, durch sie und Bischof Leander bewogen, dem arianischen Bekenntnis. Sein darüber empörter Vater läßt ihn 584 gefangennehmen und 585 in Tarragona enthaupten, als er sich weigert, die

Kommunion aus der Hand eines arianischen Bischofs zu empfangen.

Die einzige Darstellung in Deutschland ist eine Statue von 1671 am Johannes-Altar der Vinzenz-Kirche in Breslau; er ist fürstlich gekleidet und trägt ein Beil als Attribut.

Hermes (französ. auch Erne, Terme; italien. Ermete), Hl. (28. Aug. / –). Die Legende des röm. Stadtpräfekten ist mit der des hl. Papstes → Alexander (105–115) verknüpft. Durch diesen mit seiner Familie zum Christentum bekehrt, verliert er noch unter Trajan (98–117) – oder erst unter Hadrian (117–138) – sein Amt und wird unter scharfer Bewachung getrennt von Alexander gefangengehalten. Im Beisein des Kerkermeisters → Quirinus erscheint aber die von einem Engel geleitete Geistgestalt des Alexander ohne Fesseln aus dem anderen Kerker, um H. im Glauben zu stärken. Quirinus verlangt ein weiteres Zeichen, das mit der Heilung seiner Tochter → Balbina durch Alexander (der ihn dazu die Ketten Petri suchen läßt) eintritt und Quirinus bekehrt. H. wird als erster enthauptet, in der nach ihm genannten Katakombe an der Via Salaria bestattet und sein Fest schon 354 in Rom eingesetzt.

Im Hirs. Pass. des 12. Jh. (23) steht er in prächtig pelzbesetztem Kleid und Mantel, eine Krone als Märtyrerattribut in der Hand. Die Bekrönung einer Altartafel von Conrad Laib (1449?) im Salzburger Museum Carolino Augusteum gibt ihn Ende 15. Jh. ebenfalls reich gekleidet, der lange Rock ist pelzverbrämt, der Mantel gefüttert, Schwert und Tasche hängen am metallbeschlagenen Gürtel. Auf dem vielfach über ihn hinweggeschlungenen Spruchband stehen die in der Legende zitierten Worte seiner Antwort an den Richter: »Praefecturam non perdidi, sed mutavi in nomine Domini« (Ich habe mein Amt nicht verloren, sondern im Namen des Herrn umgewandelt).

Herodes Ascalonita, der Edomiter, König von Juda 37–4 v. Chr., der von Augustus bestätigte Usurpator. Nachdem er die letzten Makkabäer (auch seine Frau Mariamne und ihre gemeinsamen Söhne) hatte umbringen lassen, fürchtet er noch immer um den Bestand seiner Herrschaft, und als die »Weisen aus dem Morgenland nach einem neugeborenen König der Juden« fragen (Matth. 2,1–19), veranlaßt er den Kindermord (→ Christus).

Herodes Antipater, einer der Söhne des H. Ascalonita, der Vierfürst, 4 v. Chr. – 40 n. Chr., der seine Frau verstößt, um sich mit der Frau seines Bruders Philippus, Herodias, zu verbinden. Von → Johannes d. T. öffentlich darob getadelt, läßt er Johannes ins Gefängnis werfen und auf Verlangen der Herodias, die ihren Wunsch der zu Gefallen des Königs tanzenden Tochter → Salome suggeriert, enthaupten (Matth. 14,1–12; Mark. 6,14–29; Luk. 3,19). Zu diesem Herodes wird Christus von Pilatus geschickt (Luk. 23,7–12); H. läßt ihm das weiße Kleid (= Narrenkleid) anlegen (→ Christus, Passion).

Herodes Agrippa I., Enkel von H. Ascalonita, 40–44 n. Chr., läßt → Jakobus d. Ä. enthaupten, → Petrus ins Gefängnis setzen (Apg. 12,1–23), überhebt sich und geht »vom Engel des Herrn geschlagen« elend zugrunde.

Herodes Agrippa II., Tetrarch, 44–100 n. Chr., der mit seiner Gemahlin Berenice in dem Verhör von Cäsarea → Paulus‹ Verteidigungsrede anhört, sehr beeindruckt ist, ihn aber, da er sich auf den Kaiser berufen hat, gefangen nach Rom schickt (Apg. 25 und 26).

Bekannt sind frühchristl. Auslegungen und Spieltexte des 10. Jh. In der Klosterkirche von Lambach bei Linz/Donau sind Wandmalereien vom Ende des 11. Jh. aufgedeckt worden mit folgenden Szenen: H. vor Augustus, H. erschreckend vor der Erscheinung eines gerechten Herrschers, H. versucht mit 100 Talenten seinen Sohn Antipater von der Verschwörung abzubringen, Selbstmordversuch mit dem Apfelmesser, von Achiad verhindert; am Baldachin über seinem Lager erscheinen dabei 3 kleine Teufel.

Hesekiel (Ezechiel), um 587–574 v. Chr. einer der 4 großen → Propheten, wird mit diesen in den Zusammenstellungen der 4 → Evangelisten und der 4 → Kirchenväter abgebildet; als eines der ersten Beispiele gilt das in der Bibel Karls d. Kahlen, 843 (Paris, Bibl. Nat.). Einzeln tritt er an die Spitze auch der 12 kleinen Propheten an Kirchenportalen, auf Glasfenstern und Wandmalereien in mächtiger, bärtiger Gestalt, mit dem von seiner inneren Erregung bewegten Mantel. Kann als erste Darstellung überhaupt das seltene Beispiel der Synagogenausmalung von Dura-Europos (Syrien) von 245 n. Chr. genannt werden (22), so bleibt die eindrucksvollste Gestalt die des von seinen Visionen erfüllten Greises, die Michelangelo an der Sixtinischen Dekke zw. 1508 und 1512 ausführte. Historisch gehört er zu der ersten Gruppe der von Nebukadnezar 587 ins babylonische Exil geführten Juden. Auf die Worte bezogen: »Unter den Gefangenen am Wasser Chebar sitzend, tat sich der Himmel auf, und Gott zeigte mir seine Gesichte« (Hes. 1), stellt ihn eine Miniatur der Bibel von Heisterbach, um 1240 (Berlin, Staatsbibl.), dar: zwischen 2 Bäumen, die Hand Gottes aus Wolken über sich. Einzelne Szenen seiner Schau können schon vom 4. Jh. an nachgewiesen werden. Von entscheidender Bedeutung ist gleich die erste (Hes. 1,1–28) mit dem Viergetier (Tetramorph = Viergestalt), den geflügelten Rädern und den Cherubim (letztere nochmals Hes. 10,1–21 geschildert) in ihrer feuerflammenden Bewegung. Ihr riesiges Ausmaß geht weit über die Torwächtergestalten hinaus, die ihm als letzter äußerer Niederschlag chaldäischer Sternenweisheit in Babylon begegnen. Diese Begegnung wird mit den entsprechenden Worten der Apokalypse (Apok. 4 und 5) zum

Urbild der 4 → Evangelistensymbole, die in zahllosen Verwandlungen mit den Evangelisten und mit dem thronenden Christus (als »Majestas Domini«) ein Hauptthema der mittelalterl. Kunst sind. (Als Doppelbild von Hes. 1 und Apok. 4,5 erscheint eine Darstellung in der o. g. Bibel Karls d. Kahlen.) Die ganze Folge der gewaltigen Gesichte mit der Vorschau der Zerstörung Jerusalems (die erst 597 durch Nebukadnezar mit der 2. Deportation des größeren Teils der Juden eintritt) wird zum weit ausgreifenden Bild der an seine Mitgefangenen gerichteten Warnung und Mahnung und endet mit Offenbarung vom Wiederaufbau des Tempels (Hes. 40 ff.) und des als Gottesstadt leuchtenden Jerusalems (auch hier dem himmlischen Jerusalem der Apok. 21 gleichend) als messianisch aufrichtende Zukunftsprophezeiung.

Die Kommentare der Kirchenschriftsteller nehmen schon von → Gregor d. Gr. an Hes. 44,1–3: »Porta haec clausa erit et ne aperietur« als Hinweis für die »verschlossene Pforte«, die vom 12. Jh. an zu einem der meistzitierten und dargestellten Teile der Mariensymbolik wird und H. auch attributiv beigegeben sein kann. Ausführliche Zyklen der ganzen Bildinhalte bringen die großen spanischen Bibeln des 9./10. Jh. und in der deutschen Wandmalerei die Gewölbefelder der Unterkirche von Schwarzrheindorf von 1151.

Spätere sind v. a. in der französ. Buchmalerei des 13./14. Jh. bekannt. In allen diesen Beispielen wird das Verschlingen des Buches (meist eine Schriftrolle, die ein Engel reicht, wie Apok. 10) dargestellt, das auch bei der Bibel Karls d. Kahlen angedeutet ist. Es folgt das Abschneiden, Wägen, Verbrennen und Zerstreuen der Haare – wie ein Sichabtrennen von den Greueln des Götzendienstes und der Verderbnis, dem die ungeheuerlichen Strafen und Vernichtungen folgen.

Hieram → Hiram

Hieronymus (französ. Jérôme; italien. Geronimo, Girolamo; span. Jeronimo; engl. Jerome), Hl. (30. Sept.), ist einer der 4 großen latein. → Kirchenväter. In Stridone (Dalmatien) 340 geboren, schicken ihn die christl. Eltern zur Ausbildung nach Rom, wo er sich – nach der Legende – mehr zu Cicero und Plato hingezogen fühlt als zu den Schriften der Bibel, bis ihm im Traum ein Engel die Bücher aus der Hand nimmt und vor den himmlischen Richter zieht. Er setzt seine Studien in Trier und Aquileia fort, fährt 373 nach Palästina und zieht sich von dort zunächst als Einsiedler in die Wüste Chalcis bei Antiochia zurück. Von Papst Damasus 379 nach Rom gerufen, bleibt er dessen Berater und »Geheimsekretär« bis zu dessen Tode 384. Seine Bischofsweihe wird erst in den Legenden des 15. Jh. als Kardinalswürde ausgelegt. Da Damasus ihn mit der Bibelübersetzung beauftragt hat, begibt sich H. wieder nach Palästina und läßt sich in Bethlehem nieder, wo er Kloster und Schule gründet. Die gesamte Fassung, Anordnung und Übersetzung der hebräisch, griechisch und lateinisch nur in einzelnen Büchern vorliegenden Hl. Schrift, kurz »Vulgata« bezeichnet, ist sein Werk. Er stirbt in Bethlehem 420.

Die ersten Darstellungen geben ihn meist als Bischof in der Form des Autorenbildes, einigen der großen karoling. Bibeln des 9. Jh. mit seinem Vorwort (dem Auftrag des Damasus) einleitend vorausgesetzt. Eine ganzseitige Darstellung enthält die »Vivianus-Bibel« von 843 (für Karl d. Kahlen, Paris, Bibl. Nat.). Hier wird die Abreise von Rom mit dem Schiff nach Jerusalem geschildert, wie H. Unterricht im Hebräischen erhält, übersetzt, diktiert, wie Bücher um Bücher zu ihm hin- und von ihm fortgetragen werden. Reichenauer und Kölner Evangeliare des 11. Jh. greifen das Autorenbild des diktierenden Bischofs in einfacher Form wieder auf, eines aus dem Kölner Priesterseminar läßt mit einer architektonischen Rahmung schon an die erst im 15. Jh. auftretenden Darstellungen des »Gehäuses« denken. Häufig findet man H. in der Buch- und in der Wandmalerei durch das ganze Mittelalter in den Zusammenstellungen der 4 → Kirchenväter mit den 4 → Evangelisten, → Evangelistensymbolen und 4 großen → Propheten: meist die Zwickel der Chorgewölbe ausfüllend oder plastisch am Chorgestühl, an Kanzeln und im hohen »Gespreng« der Altäre (Blaubeuren u. a.). Die schon 615 verfaßte Löwenlegende ist bildlich zuerst 1162 im Zwief. Mart. aufgenommen (24) und stellt H. als Diakon dem Löwen gegenüber, der den Esel, das Schaf und den Widder weidet. Es wird erzählt, wie ein hinkender Löwe die Mönche in die Flucht jagt, H. aber ihm einen Dorn aus der Tatze zieht, die Wunde pflegt und der geheilte Löwe als Haustier bleibt, um täglich den das Holz für die Mönche herbeitragenden Esel auf die Weide zu führen. Dabei schläft er einmal ein – eine vorüberziehende Karawane raubt den Esel. Beschuldigt, den Esel gefressen zu haben, muß der Löwe nun das Holz herbeitragen, bis er eines Tages die zurückkehrende Karawane mit dem Esel als Leittier erblickt. Mit donnerndem Schweifschlagen und Brüllen holt er den Esel zu H. zurück. Dieser nimmt aber die Karawanenleute freundlich auf und erhält reichen Lohn für das Kloster. Die in Briefen von H. selbst erzählte Begebenheit, wie er sich in der Wüste, Anfechtungen bekämpfend, die Brust schlug, wird im 15. Jh. in Legende und Darstellung aufgenommen.

Es entstehen Tafelbilder und v. a. Holzschnitte und Stiche, die den Eremiten H., meist mit einem Stein in der Hand vor einem Kruzifix kniend oder sitzend, mit dem Löwen an der Seite in felsiger Landschaft oder Höhle zeigen: besonders ausdrucksvoll z. B. ein Holzschnitt von Altdorfer und ein Stich von Dürer, beide 1512, und die Darstellung von Leonardo da Vinci, 1475/80 (Rom, Vatikan). Daneben steht die erst im 15. Jh. aufkommende Legende, die H. zum Kardinal macht und weiter ausführt, wie der 7 Sprachen Beherrschende »allezeit las und schrieb und sein Leben verzehrte im Lesen und an den Büchern«. So schildert ihn M. Pacher im Kirchenväteralter (München, A. P.). Als Tafelbild und Graphik entstehen die bekannten Darstellungen des »Hieronymus im Gehäus«. Von Dürer schon der Stich von 1491, der den Kardinal im reich ausgestatteten Raum zeigt, dem Löwen den Dorn ausziehend, vor 3 Pulten mit aufgeschlagenen Bibeln, die je den Anfang der Genesis in hebr., griech. und latein. Lettern enthalten. Dem berühmten Kupferstich von Dürer von 1514 geht weiterhin eine ebenfalls reiche Darstellung eines Holzschnitts von 1511 voraus. 2 Tafeln von Lucas Cranach d. Ä. greifen das Thema auf (1525, Darmstadt, und 1526, Florida, Priv.-Bes.) und geben ebenso wie eine dritte in Berlin den Kardinal jeweils als Bildnis des Albrecht von Brandenburg, schreibend in einer von Tieren reich bevölkerten Landschaft sitzend. 4 ausgeprägte Darstellungen des büßenden H. in reicher Landschaft von Cranach sind von 1502, 1515, 1518 und 1525 in Wien, Berlin und Innsbruck erhalten, ein Holzschnitt dazu von 1509. Kennzeichen der Einzelfiguren bleiben für die nächste Zeit Kardinalskleidung, Löwe, Buch und manchmal auch Stein und Totenkopf, um auf die Eremitenzeit hinzuweisen. So bildet ihn Pencz 1548 als weltlichen Gelehrten mit Schreibgerät, Totenkopf und Löwen (Stuttgart, Staatsgalerie). Permosers Marmorstatuette von 1689 (Leipzig, Stadtbibl.) stellt den Eremiten mit Totenkopf, Stein und Löwen dar. Auch Statuen des 18. Jh. zeigen ihn teilweise als Eremiten, den Kardinalshut zu Füßen, oder als Kardinal, Totenkopf und Kruzifix betrachtend (Nonnberg/Salzburg und Dießen, Joachim Dietrich 1738).

Hilaria, Hl. (2. Aug. / –). Die königliche Mutter der → hl. Afra wird, als ihre Dienerinnen den Leichnam der Afra gefunden und in einen Sarg gelegt haben, mit diesem und ihrem Bruder, dem Bischof Dionysius, in ihrem Haus (auch als Gruftkapelle in der Legende bezeichnet) eingeschlossen. Die vom Richter ausgesandten Soldaten zünden es auf dessen Befehl an, und alle erleiden das Martyrium des Feuertodes.

Ein Tafelbild Hans Holbeins d. Ä. stellt 1490 die Szene dar (Eichstätt, Bischöfl. Hauskapelle). Einzeln wird H. auch später gelegentlich mit Palme in Händen und gekrönt dargestellt.

Hildegard von Bingen, Hl. (17. Sept.). Prophetissa, wie sie die lateinischen, Hiltgart Sibylla, wie sie die ersten deutschen Urkunden Anfang 13. Jh. nennen, ist durch ihre visionären Werke eine der größten deutschen Mystikerinnen, durch ihre naturwissenschaftlichen Schriften auch »erste Ärztin« und durch ihr Leben, ihren Briefwechsel eine der bedeutendsten Erscheinungen des 12. Jh. Die Tochter des rheinfränkischen Edelfreien Hildebert von Bermersheim/Alzey, 1098 geboren, wird bei ihrer Verwandten Jutta von Sponheim mit einigen Gefährtinnen in deren Klause am Kloster Disibodenberg erzogen. Sie gründet nach deren Tode in erstaunlicher Selbständigkeit ihr eigenes, nicht mehr vorhandenes Kloster auf dem Rupertsberg bei Bingen und das heute noch bestehende Tochterkloster Eibingen bei Rüdesheim, beginnt unter dem ständigen Druck der sie überkommenden Gesichte zu schreiben, wird darin von Bernhard von Clairvaux bestärkt: Er macht die Echtheit ihrer Aussagen vor Papst Eugen auf der Synode von Trier 1148 geltend. Außergewöhnlich in ihrer Zeit: Sie predigt – die Klausur verlassend – auf dem Marktplatz in Trier, berät Kaiser Barbarossa in Ingelheim, reitet noch in hohem Alter nach Maulbronn und Zwiefalten, »von innerem Licht beauftragt, ihre himmlische Belehrung mitzuteilen«, bis zu ihrem Tode 1179.

Ihre früheste Darstellung ist das zw. 1160 und 1170 gemalte Autorenbild in ihrem ersten, 1141–47 verfaßten, visionären Werk »Liber Scivias Domini« (Wisse die Wege des Herrn). Die mit 35 meist ganzseitigen Miniaturen ausgestattete Handschrift ist seit 1945 verschollen. Eine Kopie wurde vor der Bergung 1939 in Eibingen hergestellt. Nach den Worten des Textes sitzt H. von himmlischen Lichtstrahlen überflutet und schreibt auf eine Wachstafel, was der durch ein Klausurfenster schauende Propst Volmar von Disibodenberg, ihr jahrzehntelanger Mitarbeiter (symmista = Miteingeweihter, nennt sie ihn), aufs Pergament überträgt und grammatikalisch richtigstellt. Ähnlich ein nächstes Bild in der Salemer Handschrift vom Ende 12. Jh. in Heidelberg (Univ.-Bibl.); besonders reizvoll die Wiedergabe mit einer ihrer Chorfrauen und Volmar in der erst Anfang 13. Jh. hergestellten Abschrift ihres letzten Werkes »Liber divinorum operum – Buch der göttlichen Werke« (Lucca, Bibl. governativa). Vermutlich ebenfalls in ihrem Kloster entstand um 1220/30 das mit Gold auf Purpurseide gestickte Antependium (Brüssel, Musées Royaux des Arts Décoratifs): Hier steht H. als Äbtissin mit Stab wie in späteren Darstellungen. Als Prophetissa zwischen den Königen zeigt sie die Kölner Königschronik von ca. 1238 (Brüssel, Bibl. Royale).

Text und Neumen des 1152 (zur Weihe der Klosterkirche durch den Erzbischof von Mainz) entstandenen Spiels »Ordo virtutum« (Tugendreigen) der H. von Bingen hat Barbara Thornton in die Form eines Mysterienspiels übertragen. Es liegt vor in einer Schallplattenaufnahme des Westdeutschen Rundfunks Köln mit dem Ensemble für mittelalterliche Musik »Sequentia« (1982).

Hilgefortis → Kümmernis

Himerius (französ. Imier), Hl. (12. Nov. / 14. Nov., in Basel: 13. Nov.), ein adliger Einsiedler (550–612) aus Pruntrut/Porrentruy (Schweiz), macht, nach einer Pilgerfahrt aus Palästina zurückkehrend, in seiner Einsiedelei im Tal der Suze ein Landstück urbar, das ihm der Bischof Marius von Lausanne geschenkt hat. Auf einer Arados genannten Insel, einer Station seiner Rückkehr, soll er die Einwohner von einem Greifen befreit haben, dessen Klaue er mitbrachte; diese wurde noch 1596 in Grandval gezeigt.

Auf einem Schlußstein des Berner Münsters von 1517 und auf einem Wandgemälde in St. Peter, Basel, Ende 15. Jh., ist H. daher mit einem Greifen dargestellt.

Hiob (**Job;** italien. Giobbe) im Lande Uz, vor 612 v. Chr., wird in 42 Kapiteln des AT als der Geprüfte geschildert, der in schwerster Schicksalsversuchung und körperlichem Leiden, in Verlassenheit und Verspottung mit standhaltender Gerechtigkeit, Demut und Gottesfurcht ausharrt. Der Satan zweifelt vor dem Herrn an H.s frommer Gelassenheit, ihm wird erlaubt, alles zu nehmen, nur nicht sein Leben. Nacheinander treffen die Boten ein, die die Vernichtung seiner Herden, den Tod aller Söhne und Töchter melden. H. zerreißt sein Kleid – aber lobt Gott. Nochmals erhält Satan Macht. Böse Schwären befallen H.s Leib; er sitzt auf dem Aschenhaufen und schabt sich mit Scherben. Seine Frau will ihn verleiten, Gott abzusagen und zu sterben – aber H. versündigt sich nicht. Seine Freunde Eliphas, Bildad und Zophan (und Elihu) kommen, ihn zu trösten, erkennen ihn kaum, sitzen 7 Tage und Nächte schweigend mit ihm auf der Erde, »denn sie sahen, daß sein Schmerz groß war«. In gesteigertem Wechselgespräch wiederholen sich dann die Klagen H.s, die tadelnden und mahnenden Worte der Freunde. Er nennt sie leidige Tröster ohne Erbarmen, die unnütze Dinge ohne Weisheit vorbringen. Da antwortet der Herr H. aus den Wettern, hält ihm seinen Vorwitz vor und läßt die Herrlichkeit und Macht der Schöpfung vor ihm erstehen, aber auch die bösen Gewalten → Behemoth und → Leviathan. H. bekennt sich vor der höheren Erkenntnis als überheblich und unwürdig. – Gott legt den Freunden ein Opfer auf – denn sie hätten nicht recht geredet, schaut auf H., wendet sein

»Gefängnis«, da er für die Freunde bat, und läßt ihm zwiefältig alles werden, was er je gehabt hat.

Erste Darstellungen v. a. H.s mit den 3 Freunden sind in der Synagoge von Dura-Europos (Syrien) vom Jahr 244/245 aufgedeckt worden (22). Frühchristl. Sarkophage (Junius Bassus, 359) nehmen das Thema auf, byzantin. und mittelalterl. Buchmalerei bringt die Freunde teilweise gekrönt oder H. nimbiert – wohl nach den → Hesekiel-Worten 14,14–20: »Hiob, der große Gerechte, wie Noah und Daniel würden errettet werden.«

Die ausführlichsten Zyklen enthalten eine Handschrift des → Gregor, Moralia in Hiob (Paris, Bibl. Nat.), 2. Hälfte 12. Jh., und eine Mainzer Handschrift um 1260, Herzogenburg (Bibl. des Augustiner-Chorherrenstiftes), aus der viele der späteren typolog. Gegenüberstellungen stammen. Als größere Einzeldarstellung sei Dürers Tafelbild des Jabach-Altars von 1500 genannt (Frankfurt, Städel). In einer großartigen Folge von 21 Kupferstichen greift der englische Künstler William Blake 1825 das Thema auf. Oskar Kokoschka schuf 1917 einen Zyklus von 14 Lithographien mit dem Titel »Das Drama Hiob«.

Hippolytus (französ. auch Apollis, Plé, Pol; italien. Ippolito), Hl. (13. Aug., St. Pölten), der Kerkermeister des → hl. Laurentius, wird von dessen Standhaftigkeit bekehrt und mit seiner Amme Konkordia und 19 Angehörigen seiner Familie unter Kaiser Valerian 258 zum Tode verurteilt. Während man diese enthauptet, wird er selbst an wilde Pferde gebunden und zu Tode geschleift.

Eine erste deutsche Darstellung im Hirs. Pass. des 12. Jh. (23) zeigt H., die Füße mit einem derben Strick an den Hals eines dahinjagenden Pferdes gebunden, den Kopf auf dem Boden schleifend. Spätere Darstellungen bringen ihn vom 15. Jh. an als Ritter und geben ihm die Marterwerkzeuge der ausführlichen Legende: Knüttel, Hechel, Strick, dazu Lanze und Palme. Eine ritterliche Statue im Hochaltar der St.-Veits-Kapelle von 1510 in Stuttgart-Mühlhausen zeigt ihn in Rüstung mit Mantel, Schwert, Schild. Seines Martyriums wegen ist er in bäuerlichen Gegenden zum Patron und Beschützer der Pferde neben → Wendelin und → Leonhard geworden.

Das nach ihm benannte St. Pölten ist das älteste karoling. Reichskloster auf österreichischem Boden.

Hiram (Hieram, Huram), König von Tyrus 969–936 v. Chr. (2. Sam. 5,11), sendet Boten zu → David mit Zedernholz, Zimmerleuten und Steinmetzen, um David ein Haus zu bauen. H. schickt auch Knechte zu → Salomo (1. Kön. 5,15–26), als er hört, daß man ihn nach dem Tode Davids, den er liebte, zum König gesalbt habe. Salomo bittet um Zedernholz für den Tempelbau, gibt H. Weizen und Öl im Tausch und schließt einen Friedensbund mit ihm.

Hiram, Baumeister und Erzbildner (2. Chron. 2,2–14). Als Sohn einer israelitischen Witwe, deren Mann tyrischer Erzmeister gewesen war, wird H. von König Hiram zu Salomo geschickt. Salomo hat um einen weisen Mann gebeten, der verstehe, mit Gold, Silber, Erz und Purpur zu arbeiten. H. macht für den Tempel die beiden Säulen Jachin und Boas (als Geburt – Tod, Tag – Nacht und in weiterer Bedeutung in der mittelalterl. Symbolik verbreitet), die beiden Cherubim für die Bundeslade, Cherubgestalten an den Wänden, den Vorhang mit blauem und rotem Purpur und Scharlach auf weißer Leinwand mit Cherubim darauf, schließlich das »Eherne Meer auf 12 Ochsen aus Erz« (1. Kön. 6 und 7; 2. Chron. 3 und 4).

Hiram Adoniram, der Aufseher über die zehntausend Arbeiter und Zahlmeister (1. Kön. 4,6 und 5,28).

Die mittelalterl. Symbolik ist erfüllt von der Auslegung und der gegenseitigen Beziehung dieser Beschreibungen. In späteren Legenden verschmelzen die 3 Gestalten zu einer, die mit Salomo verfeindet ist und von 3 bösen Gesellen ermordet wird.

Das »Eherne Meer« wird als mächtiges Bronzetaufbekken 1220/30 von Rainer von Huy (Lüttich, St-Barthélemy) dargestellt und auf den Emailtafeln des Lettner-Ambos von Nikolaus von Verdun (Klosterneuburg), 1181, in Beziehung gesetzt zur Taufe im Jordan und zum Durchgang durch das Rote Meer.

Hiskia, König von Juda 727–700 v. Chr. (2. Chron. 29–32; 2. Kön. 18–20), erlangt besondere Bedeutung durch Wiederherstellung und Reinigung des Tempels, durch den Abzug des Jerusalem belagernden assyrischen Heeres, den sein Gebet mit dem Erscheinen eines Engels bewirkt, durch die Heilung seiner dreitägigen Krankheit, deren Genesung → Jesaja mit dem Zeichen des zurückgehenden Schattens der Sonnenuhr bekräftigt. Aber die Bewunderung seiner Zeitgenossen führt ihn in Versuchung: Als der König von Babel ihm Geschenke überreichen läßt, zeigt er den Gesandten die Tempelschätze und erregt so den Zorn Jesajas. Wiedergaben in den Konkordantien (8) des 14. Jh. stellen diese Szenen jeweils der Tempelreinigung Christi, der Heilung des Sohnes des Hauptmanns, der Verfinsterung der Sonne bei der Kreuzigung, den Geschenken, die die Drei Könige bringen, der Versuchung Christi gegenüber. Je eine Altartafel von 1426 in Stams und um 1450 in Schleißheim ziehen das Beispiel der Sonnenuhr heran. Die ausführlichen Berichte über die Belagerung Sanheribs und der wunderbare Abzug des Heeres sind in der mittelalterl. Kunst nicht bekannt.

Hochzeit zu Kana → Christus (Joh. 2,1–11). Schon in der Katakombenmalerei kenntlich durch die 6 im Text genannten Krüge, von denen aber meist nur 5, gelegentlich auch 7 und in Ausnahmen nur 1 Krug in den so überaus zahlreichen späteren Darstellungen vorkommen.

Hochzeit, Königliche → Christus (Gleichnisse)

Hölle. Aus ältesten vorchristl. Traditionen stammen die Vorstellungen und Bezeichnungen der für die Darstellungen sich verfestigenden Begriffe und Ausdrücke: Hades (= Unterwelt), auch personifiziert, inferus, abyssus (= Abgrund), Höhle und Höllenrachen, Vorhölle, Fegefeuer, limbus patrum, Purgatorium und Inferno.

Für den Niederstieg zur Vorhölle = die Höllenfahrt Christi, als Voraussetzung für die Auferstehung, → Christus; für die eigentliche Darstellung der Hölle, Jüngstes → Gericht. Christl., literarische Höllenvisionen sind schon vom 2. Jh. an nachweisbar, entscheidend für die Darstellungen bleibt der Text des Malerbuchs (5). Später ist auch die Göttliche Komödie Dantes teilweise bestimmend.

Holofernes → Judith

Homobonus (**Gutman;** italien. Omobono), Hl. (13. Nov. / –), ein frommer, hilfreicher Kaufmann des 12. Jh. in Verona. Seine Zeitgenossen rühmen, wie er sanftmütig und selbstlos den Armen sein letztes Brot gibt und besseres mittags in seinem Korbe findet. Auf Betreiben des Sicardus, Bischof von Cremona, wird der 1194 Verstorbene 1198 kanonisiert, da sich viele Wunder an seinem Grabe ereigneten.

Ein Glasfenster von 1518 (Basel, Histor. Museum) stellt ihn mit Almosentasche am Gürtel und 2 ihm zu Füßen knienden Bettlern dar, denen er in die emporgehaltene Schale Almosen spendet. Eine Schere soll ihn als Patron der Schneiderzunft kennzeichnen.

Hosea (Osee, Oseas), einer der 12 kleinen → Propheten, um 719–691. Das unreine Weib, das er nehmen und schließlich zur Reinheit erheben soll, gilt als prophetisches

Bild, wie Gott sein sündig gewordenes Volk nach vielen Leiden erhöhen und erlösen wird.

Ein Glasfenster, 1110–20, im Dom von Augsburg stellt ihn mit rotem Spitzhut, Schriftrolle und Spruchband (Hos. 5,2: »ego eruditor omnium«) dar. An den Chorschranken von 1220/30 im Bamberger Dom steht er Jonas im Gespräch gegenüber. Die Prophetenreihe von Amiens gibt ihm die Frau seines 1. Kapitels klein an die Seite, während er sich in dem Glasfensterzyklus der Stadtkirche St. Dionys in Esslingen, um 1300, mit großartiger Geste auf sein aufgeschlagenes Buch zeigend, prophetisch dokumentiert: »Ich will Barmherzigkeit und nicht Brandopfer, Erkenntnis mehr als Opfer« (Hos. 6,6ff.).

Hrabanus Maurus, Hl. (11. Febr. / 4. Febr.). In Mainz um 780 geboren, in Fulda erzogen, kommt er in die größte und berühmteste Klosterschule seiner Zeit, nach St-Martin in Tours, als Alkuin, der Berater Karls d. Gr., dort Abt ist. Als Leiter der Schule und seit 822 als Abt in Fulda tätig, wird er 847 Erzbischof von Mainz, wo er 856, berühmt durch Wirksamkeit und weitverbreitete Schriften, als ein universalgerichteter Gelehrter angesehen stirbt.

Sein Hauptwerk »De laudibus sanctae crucis« (Lob des Hl. Kreuzes) ist in zahlreichen Abschriften mit Illustrationen aus dem weiteren Verlauf des Mittelalters bekannt. In den ersten Exemplaren ist er selbst auf Autorenbildern einmal mit Alkuin vor dem hl. Martin, dann auch vor Papst Gregor IV., das Werk diesem widmend, schließlich auch unter dem Kreuz kniend, jeweils in Albe, Tunika und Tonsur auf dem eine Seite überziehenden Bildgedicht dargestellt. Allein aus dem 9. Jh. sind 5 vermutlich in Fulda entstandene Exemplare erhalten; beispielhaft für die Ikonographie des späten Mittelalters sind die Illustrationen der Regensburg-Prüfeninger Abschrift des 12. Jh. (München, Bayer. Staatsbibl.). Als Bischof in pontifikaler

Kleidung mit Stab und Buch ist eine Statue in der Bekrönung des Hochaltars von Seligenstadt aus dem Jahr 1715 bekannt.

Hubertus (französ. Humbert, Imbert; italien. Umberto, Oberto; niederl. Huybrecht, Lubrecht), Hl. (3. Nov.), verlegt als erster Bischof von Tongern 716 seinen Sitz nach Lüttich, wo er 727 stirbt. Legenden versetzen ihn an den Hof Pippins und geben ihm fürstliche Abstammung. Er gilt durch seine Tätigkeit für die Verbreitung des Christentums in dieser Gegend als Apostel der Ardennen.

Erst das 15. Jh. macht ihn zum weltlichen Jäger, dem ein mächtiger Hirsch mit dem Kruzifix zwischen dem Geweih erschien und ihn bekehrte, unbegründet aus der → Eustachius-Placidus-Legende übernommen. So sind Darstellungen verbreitet, die ihn als Jäger mit dem Hirsch, mit Hifthorn und Hunden zeigen und ihn durch namentliche Bezeichnung gegen Eustachius absetzen. Einzeln auch als Bischof dargestellt in Pontifikalkleidung, auf diese Weise unterschieden von → Meinulph, der als Diakon gekleidet einen Hirsch als Attribut hat. Ein Jagdhorn und ein Buch mit dem kleinen Hirsch mit Kruzifix darauf sind dann seine Kennzeichen, wie ein Tafelbild um 1450, Lochner zugeschrieben (München, A. P.), zeigt.

Hülferin → Kümmernis

Hugo (französ. Hugues, Guigues, Huet, Huguenin, Hulin; italien. Ugo, Ugolino)

Hugo von Grenoble, Hl. (1. April), in Châteauneuf bei Valence 1053 geboren, Kanonikus an der Kathedrale in Valmée, wird 1080 Bischof von Grenoble, ein eifriger Anhänger Papst Gregors VII. Er gründet, durch einen Traum veranlaßt, die »Große Kartause von Grenoble« und stellt das dafür erforderliche Land dem → hl. Bruno und seinen

6 Gefährten zur Verfügung. Er stirbt 1132 und wird 1134 von Papst Innozenz II. heiliggesprochen. Wenn auch selbst nicht Kartäuser, wird er doch später oft als solcher dargestellt, mit Mitra und Bischofsstab als Attributen. Dem zur Gründung führenden Traumgesicht entsprechen auf Darstellungen 7 Sterne, die ihm die Ankunft des hl. Bruno ansagten, wie etwa auf der Tafel Anton Woensams 1535 (W.-R.-Museum, Köln, aus der Kölner Kartause).

Hugo von Lincoln, Hl. (17. Nov. / –). In Burgund 1135 geboren, schon 1143 Augustiner-Chorherr in Villard-Benoit, tritt er 1160 in die Kartause von Grenoble ein, wird dort 1165 Priester und 1175 von König Heinrich II. zur Leitung des ersten englischen Kartäuser-Klosters Wigham berufen, 1186 zum Bischof von Lincoln ernannt. Er stirbt 1200 in London und wird 1220 kanonisiert.

Er kann als Bischof in Pontifikaltracht mit Stab, meist aber als Kartäuser dargestellt sein, auch dann mit Stab und Mitra wie auf der Tafel Anton Woensams von 1535 (Köln, W.-R.-Museum); hier sind seine Attribute ein Schwan und ein Kelch, aus dem ein Jesuskind steigt, nach der Legende des 13. Jh., derzufolge bei der 2. Elevation der Messe diese Erscheinung gesehen wurde. Der Schwan aber sei, als er in Lincoln einzog, erschienen, immer zutraulicher geworden und habe sich bei seiner Abwesenheit öfter zu seinem Wohnsitz bewegt, um zu sehen, ob H. zurückgekehrt; war dieser zurück, so hielt der Schwan mit Flügelschlag und Schnabelhieb Besucher von ihm fern.

Humbert, Hl. (7. Okt. / –), ein Mönch des Benediktinerklosters Burbach bei Fritzlar, wo er an einem Reliquienschrein der Stiftskirche dargestellt ist, ohne daß weitere Nachrichten über ihn bekannt sind.

Huram → Hiram

Hyazinth (italien. Giacinto; span. Jacinto), Hl. (16. Aug. / 17. Aug.), ein Verwandter des Bischofs Ivo von Krakau aus polnischem Adel, Ende 12. Jh. geboren, tritt 1218 in Rom in den Dominikanerorden ein. Dominikus schickt ihn nach Polen zurück, auf dem Weg gründet er in Friesach (Kärnten) ein erstes Dominikanerkloster. Auf die Gründungen in Polen folgen weitere in Schlesien, Pommern, Preußen und Rußland. Er stirbt 1257, wird aber erst 1594 kanonisiert.

Von dieser Zeit an entstanden Darstellungen, die ihn als Dominikaner zeigen mit kleinem Madonnenbild, Buch oder Monstranz bzw. Ziborium. Ein Engel mit Lilie zu seinen Füßen weist auf sein heiliges Leben hin; mit Marienstatuette und Ziborium soll er in Kiew, wo er 5 Jahre wirkte, trockenen Fußes über den Dnjepr schreitend, den belagernden Tataren entkommen sein. Heilungen und zahlreiche Wunder werden ihm zugeschrieben.

I/J

Jael (Richt. 4,17–22). Die Prophetin Deborah ruft zum Widerstand Israels gegen die Kanaaniter unter Sisera auf. Sisera wird besiegt, flieht und wird von J. aufgenommen. Während er schläft, schlägt J. ihm einen Nagel in die Schläfe.

J. gilt neben → Judith als Heldin Israels. Vorbildlich in den typolog. Beispielen des 14. Jh. (Speculum, 8), wird die Szene auch auf einer Zeichnung des Meisters von Flémalle um 1440 (Braunschweig) und 1495 am Chorgestühl des Augsburger Doms wiedergegeben.

Jahwe → Gott

Jakob, Jakobus (französ. Jacques, Jaquot, Cot, Jammes, Jeaume; italien. Jacopo, Giacomo, Lapo; span. Jaime, Jago, Diego; engl. James, Jim)

Jakob (1. Mose 25,19 ff.), der dritte der Patriarchen des AT, Sohn → Isaaks und → Rebekkas, Zwillingsbruder des Esau. Sein Name wird als »Fersenhalter« ausgelegt, da er bei der Geburt den Esau festgehalten, um dessen Erstgeburt zu verhindern, die der Herangewachsene dem Esau um ein Linsengericht abkauft. So gewinnt J., der häusliche, von Rebekka begünstigt, vor Esau, dem auch von Aussehen rauhen, schweifenden Jäger, den Erstgeburtssegen des blinden, sich sterbend fühlenden Isaak. Denn Rebekka hat J. mit dem Kleid Esaus versehen, ihm Hände und Hals mit Fell bedeckt (1. Mose 27). Vor dem Zorn des betrogenen Esau flieht J. zu → Laban, dem Bruder seiner Mutter. Auf dem Wege hat er ein Traumgesicht: Eine Leiter ragt von der Erde zum Himmel; Engel steigen daran auf und nieder; Gott der Herr aber steht zuoberst und segnet J., der erwachend den Stein zu seinen Häupten als

Altar mit dem Namen Bethel (Haus Gottes) weiht. 7 Jahre dient J. dem Laban um seine schöne Tochter Rahel, erhält aber, von Laban getäuscht, erst die ältere, unschöne Lea, muß weitere 7 Jahre um Rahel dienen, bis er nach weiteren 6 Jahren sich von L. trennen will und als Lohn fordert, daß alles gefleckte Vieh ihm gehören, alles einfarbige Laban bleiben solle. Er läßt allem Vieh in Streifen geschälte Stäbe in die Tränke legen, und der nächste Wurf bringt lauter gefleckte Tiere zur Welt. Mit diesem Zuwachs an Reichtum flieht J., bringt aber den ihn verfolgenden Laban zu einem Bündnis. Dem ihm feindlich entgegenkommenden Esau schickt er die Hälfte seiner Herden als Geschenk und kommt ungehindert über die Furt. Hier erscheint ihm in der Nacht als unbekannter Mann der Engel des Herrn, mit dem er ringt, bis ihm die Hüfte verrenkt wird und er ausruft: »Ich lasse dich nicht, du segnest mich denn.« Mit dem Segen erhält er den Namen »Israel« (= Kämpfer Gottes) und versöhnt sich mit Esau. An der Geburt des Benjamin stirbt Rahel in Bethlehem, und J. errichtet ihr ein Grabmal. J. erreicht seinen sterbenden Vater Isaak; gemeinsam mit Esau kann er ihn beim Hain Mamre, dem Erbbegräbnis → Abrahams, bestatten.

Zwölf sind die Söhne Jakobs, die er von Lea, den Mägden und Rahel hat, von letzterer die jüngsten, Joseph und Benjamin, seine Lieblinge. Besonders den Träumer → Joseph (Sonne, Mond und 11 Sterne – auch Garben – neigen sich vor ihm) liebt er, auch wenn er ihn für seinen Hochmut straft. Seine Brüder aber hassen ihn und werfen ihn in eine Grube, als J. ihn mit einem bunten Rock, den er besonders für ihn hatte machen lassen, zu ihnen aufs Feld schickt. Ruben verhindert, daß sie ihn töten; da verkaufen sie ihn für 20 Silberlinge an die Karawane der Ismaeliten nach Ägypten. Den Rock aber ziehen sie ihm aus, tauchen ihn in das Blut eines Böckleins, bringen ihn zu J., der seinen Liebling als von wilden Tieren zerrissen betrauert. Joseph wird an Potiphar, den Kämmerer und obersten

Verwalter des Pharao, verkauft. Potiphars Frau will ihn verführen, er flieht, sie entreißt ihm seinen Mantel und verleumdet ihn damit, so daß er ins Gefängnis geworfen wird. Dort legt er Mitgefangenen, dem Bäcker und Mundschenk des Pharao, Träume aus, die sich erfüllen. Der Pharao erfährt dieses und läßt Joseph kommen, um ihm seine Träume von den 7 fetten und 7 mageren Kühen (die die ersteren fressen) auszulegen. Joseph rät ihm, Scheunen zu bauen und allen Reichtum von 7 guten Jahren für 7 Hungerjahre zu speichern. Joseph wird »Landesvater«, erhält eine Priestertochter zur Frau, mit der er die Söhne Ephraim und Manasse hat. Bei Ausbruch der »mageren Jahre« hört man »allenthalben« von den Vorräten Ägyptens, auch J. schickt 10 Söhne aus, um Getreide zu kaufen. Joseph erkennt seine Brüder, prüft sie, indem er ihnen vorwirft, Kundschafter zu sein; Simeon muß als Geisel bleiben. Zwar erhalten sie Getreide, sollen aber als Wahrheitsbeweis mit dem jüngsten Bruder abermals kommen. Sie erscheinen mit Benjamin, Joseph läßt sie bewirten, und als sie ihn immer noch nicht erkennen, den Abziehenden einen silbernen Becher in Benjamins Getreidesack legen. Scheinbar des Diebstahls überführt, soll Benjamin gefangengesetzt werden, Ruben bietet sich als Bürge, da offenbart sich Joseph, küßt Benjamin und schickt alle zu J., um mit diesem zu kommen und das Angebot des Pharao anzunehmen, der ihm Land und Nahrung für seine Söhne, Kinder und Kindeskinder bietet.

J. (= Israel) zieht mit allem, was er hat, nach Ägypten (1. Mose 46 und 47). Auf dem Wege bei Sabe opfernd, hört er die Worte des Herrn: »Fürchte dich nicht, ich will dich zu einem großen Volk machen, mit dir nach Ägypten ziehen und will dich auch wieder herausführen.« 17 Jahre lebt J. in Ägypten, fühlt seinen Tod nahen und läßt Joseph mit dessen Söhnen Ephraim und Manasse kommen (1. Mose 48). Er segnet diese mit überkreuzten Armen, indem er Ephraim dem Erstgeborenen Manasse trotz Josephs

Einspruch vorzieht. Er segnet (1. Mose 49,1–27) seine Söhne mit besonderer Charakteristik. Sie vertreten die 12 Stämme Israels: Ruben, Simeon, Levi, Juda, Sebulon, Isaschar, Dan, Gad, Asser, Naphtali, Joseph und Benjamin. Juda wird mit prophetischen Worten besonders ausgezeichnet, die von der christl. Symbolik herangezogen und dargestellt werden: der Löwe Juda als Messias und Held, daneben die Eselin mit dem Füllen und der Weinstock. J. stirbt (1. Mose 49 und 50), Joseph erbittet vom Pharao, daß er den Vater in Kanaan im Hain Mamre, dem Erbbegräbnis Abrahams, bestatten dürfe.

Die Josephsgeschichten sind schon in jüdisch-hellenistischen Kreisen der vorchristl. Zeit, novellistisch und episch reich ausgeschmückt, verbreitet und bilden die Grundlage – von Origines an über → Augustinus zu den Kirchenschriftstellern des 12. Jh. wie Rupert von Deutz, Honorius und zahlreichen anderen – für die typolog. Gegenüberstellungen zu Szenen des NT. Früheste Bilderfolgen sind in den Mosaiken von S. Maria Maggiore, 5. Jh., und in der sog. Wiener Genesis (26) des 6. Jh. erhalten (Wien, Österr. Nat.-Bibl.). Für J.s Traum von der Leiter und dem Kampf mit dem Engel sind vom 9. Jh. an Einzeldarstellungen bekannt (54,55). Die frühesten in die Symbolik und Typologie einbezogenen Wiedergaben sind in den Emailtafeln des Lettner-Ambo in Klosterneuburg, 1181, in Glasfenstern des 13. Jh. und in reichster Fülle in den Handschriften der Bible moralisée, den Armenbibeln u. a. Handschriften des 13/14. Jh. (8) zu finden. Einzelne Szenen dann v. a. in der niederländischen Malerei des 17. Jh. verbreitet; von Rembrandt: Joseph und Potiphars Weib, 1655 (Berlin, Staatl. Museen); Jakob segnet Ephraim und Manasse, 1656 (Kassel). Im 19. Jh. malten die Nazarener, so Overbeck und Cornelius (Fresken für die Casa Bartholdy in Rom, heute Nat. Galerie Berlin) Josephsszenen, im 20. Jh. u. a. HAP Grieshaber (Zyklus in der ev. Stadtkirche Stuttgart-Untertürkheim 1970).

Jakobus der Ältere, Hl. (25. Juli), der Sohn des → Zebedäus und der Maria Salome (→ Hl. Sippe, → Marienleben), gehört als → Apostel besonders zu Berufung, Aussendung, Verklärung, Abendmahl, Gethsemane, Himmelfahrt und Pfingsten (→ Christus). Die Legende läßt ihn gleich nach der Himmelfahrt in Spanien predigen und Jünger werben mit der Prophezeiung, daß der Tote einst dort Unzählige bekehren würde. In Samaria und Jerusalem verkündet er weiter das Evangelium, bis ihn Herodes Agrippa enthaupten läßt (Apg. 12,2). Die Legenden schließen nun die Übertragung seiner Gebeine nach Spanien an, wo sein Grab angeblich um 820 gefunden und vom 11. Jh. an zu der berühmten Wallfahrtsstätte Compostela wird.

Hirs. Pass. und Zwief. Mart. (23,24) geben im 12. Jh. den Enthaupteten ohne Zutat, eine Prüfeninger Handschrift mit Apostellegenden um 1170 (München, Bayer. Staatsbibl.) bringt die Szenen vom Zauberer Hermogenes, den er überwindet, von Dämonen befreit und dessen Zauberbücher er ins Meer werfen läßt; er heilt einen Lahmen auf dem Wege zur Richtstätte (die von Mantegna aufgenommene Szene in Padua, Eremitani-Kapelle), bittet den Henker um eine Flasche Wasser, damit er den Josias, der ihm den Strick umgelegt und sich ebenfalls auf dem Hinrichtungsplatz bekehrt, taufen könne. – Andere Legenden stellen die Relieftafeln des Jakobus-Altars von 1520 in der Schloßkirche von Winnental (Württ.) dar: Predigt; Verbrennung der Bücher des Hermogenes; Enthauptung; Verschiffung des Leichnams; Einkehr eines pilgernden Ehepaars mit ihrem Sohn in ein Wirtshaus, ihr Fortgehen, nachdem der Wirt heimlich einen Silberbecher in den Rucksack des Sohnes geschoben hat, der seine Tochter verschmähte; für den entdeckten angeblichen Diebstahl wird der Sohn, der sich für den Vater anbietet, gehenkt – da gewahren die Eltern ihn von Jakobus gehalten; dem ungläubigen Richter fliegt das Brathuhn vom Teller als

Beweis, daß Tote lebendig werden können: Der Sohn wird lebend vom Galgen genommen, der betrügerische Wirt gehenkt. – Spanische Darstellungen bringen ebenfalls zahlreiche Wunder: den Steinblock, der sich von selbst zum Sarkophag schließt, den Wagen mit den wilden Rindern, die den Sarkophag an die Stelle fahren, wo später die Wallfahrtskirche gebaut wird. Diese Szene auch im Hintergrund auf der Tafel der Enthauptung des J. vom Heller-Altar, 1508, abgebildet (Frankfurt, Städel; Dürer?). Ein Kupferstich Schongauers stellt die Schlacht von Clavigo (Compostela) 844 dar: Auf dem Pferd vorstürmend, überwindet J. mit den Seinigen die Mauren. – Einzeldarstellungen geben J. auch in Idealtracht, durch dic Muschel gekennzeichnet; vom 14. Jh. an ist er der Pilger mit Hut, Mantel, Pilgerstab, umgehängter Tasche und Flasche. In älteren Darstellungen sind Buch und Rolle noch Zeichen seiner Tätigkeit als Verkünder; das Schwert als Zeichen seiner Enthauptung trägt er am Dreikönigsschrein, 1186 (Köln, Dom), und am Eleutherius-Schrein, 1247 (Tournai); im 15. Jh. hat er gelegentlich einen Rosenkranz. Als Patron der Jakobus-Bruderschaft, dem die Pflege von Waisenkindern obliegt, kann J. 2 Kinder zu Füßen seiner Darstellung haben. Allen Pilgern und Wallfahrern ist er der ausgesprochene Schutzherr.

Jakobus der Jüngere, Hl. (1. Mai / 3. Mai), der Sohn des Alphäus und der Maria Kleophas (→ Hl. Sippe, → Marienleben), erwählt zum Kreis der 12 Apostel (Matth. 10,3), ist nach dem Tod des → Jakobus d. Ä. Haupt der Gemeinde in Jerusalem. Er soll von der Zinne des Tempels seinen Glauben widerrufen und wird auf Anstiften des Hohenpriesters Hannas im Jahr 62 mit einer Walkerstange erschlagen.

Die aus Tunika und Mantelüberwurf bestehende Idealtracht der Apostel bleibt für den selten allein, meist im Zusammenhang mit den 12 Aposteln dargestellten J. verbindlich; Buch oder Rolle weisen auf seine führende und verkündende Stellung hin. Für die Beigabe der Walkerstange ist das früheste bekannte Beispiel ein deutsches Email des 12. Jh. im ehem. Dom von Arbe (Dänemark); an fast allen Schreinen des 13. Jh. ist sie sein kennzeichnendes Attribut; sie unterscheidet sich in den späteren zahlreichen Werken (Predellen und Chorgestühl) durch den Formenwandel von einfacher Keulenart zu dem vom 14. Jh. an nachweisbaren sog. »Wollbogen«, der bei den Tuchwalkern gebräuchlichen durchlochten Platte an langem Stab. Ein Tafelbild der Donauschule von 1518 gibt sein Martyrium (Stuttgart, Staatsgalerie). In den Darstellungen des Prüfeninger Apostellebens von 1170/80 (München, Bayer. Staatsbibl.) spricht Christus als Auferstandener mit J., löst sein Fasten und Schweigen; er soll als Bischof predigen; dann wird er vom Dach gestürzt und mit der Walkerstange erschlagen. Sein Tod als Märtyrer, gestürzt und erschlagen, hier noch mit Keule, wird im Hirs. Pass. und im Zwief. Mart. des 12. Jh. (23,24) gebracht. Er soll eine goldene Platte als Bischof von Jerusalem auf dem Haupt getragen haben. Auch wird erzählt, wie er einen unschuldig Gefangenen auf den Turm seines Gefängnisses steigen läßt und den Turm zur Neigung bringt, damit der Gefangene herabsteigen kann.

Jacobus intercisus (Jakobus der Zerschnittene), Hl. (27. Nov. / –), ist als Sohn vornehmer und christl. persischer Eltern in Bêt-Lâpat geboren. Er wächst am Hof des Königs Jezdegerd auf und verleugnet seinen Glauben. Als er sich nach des Königs Tod durch inständige Bitten seiner Mutter und seiner Frau wieder bekehrt, läßt ihn der Nachfolger auf dem persischen Thron, Bahrem, 421 grausam zu Tode martern, indem ihm alle Glieder einzeln abgeschnitten werden.

Außer einem Holzschnitt im Lüb. Pass. (4), 1480, ist die einzige bekannte deutsche Darstellung eine Altartafel des späten 15. Jh. im Freisinger Klerikalseminar. Sie stellt J. mit Lendentuch bekleidet dar, während 2 Henkersknechte ihr grausames Werk schon begonnen haben.

Januarius (französ. Janvier; italien. Gennaro; span. Jenaro), Hl. (19. Sept.), Bischof von Benevent, wird 304 unter Diokletian in Puteoli (bei Neapel) enthauptet, nachdem er unverletzt aus einem glühenden Ofen hervorgegangen ist und wilde Tiere, die man auf ihn gehetzt hat, sich ihm zahm zu Füßen legen. Seine Reliquien, 835 von Neapel nach Benevent übertragen und 1491 nach Neapel zurückgebracht (wo er Titelheiliger des Doms ist), sind Grundlage seiner dortigen besonderen Verehrung mit den Ampullen, deren trockenes Blut flüssig erscheint, wenn sie an seinem Hauptfest in die Nähe seines Hauptes gebracht werden. In Neapel vor allem bei Erdbeben und Ausbrüchen des Vesuvs angerufen.

Teile seiner Reliquien kamen 838 nach Mittelzell/Reichenau, wo sie ein Reliquienschrein des 12. Jh. mit Figur im Marien-Markus-Münster bewahrt. Das 873 bestätigte Januarius-Kloster in Murrhardt (Württ., → Walderich) wurde von 12 Reichenauer Mönchen besiedelt, eine J.-Statue von ca. 1440 ist in der dortigen Stadtkirche erhalten. Früheste deutsche Darstellungen finden sich im Hirs. Pass. des 12. Jh. (23), wo J. mit verbundenen Augen auf einen Stab gestützt steht und ein Henker ihm Haupt und rechten Zeigefinger abschlägt. Im Zwief. Mart. (24) sinkt er, als »Jacinctus« bezeichnet, mit abgeschlagenem Haupt hin. Als Bischof zeigt ihn ein Altarflügel von 1515 in Denkendorf (Württ.). Auf dem Januarius-Altar des Altomonte in St. Stephan, Wien, 1715, steht er in pontifikaler Kleidung auf Wolken über einer Ansicht von Neapel; Engel reichen ihm Krone und Palme, Schwert und Bischofsstab; auf einem Buch trägt er die beiden Ampullen; mit den Löwen seiner Legende zu Füßen ist er nochmals am Sockel dargestellt.

Japhet, einer der drei Söhne → Noahs

Ida, die Verehrungswürdige (ohne Tag), um 1250 als Tochter eines Weinhändlers in Löwen geboren. Zunächst Begine, tritt sie dann in das Zisterzienserinnenkloster bei Mecheln ein. Ihr außerordentlicher Büß- und Gebetseifer macht sie schon als Begine bekannt, ihre mystische Begabung wird in der Lebensbeschreibung ihres Beichtvaters hervorgehoben. Sie stirbt 1300, wurde aber nie selig- oder heiliggesprochen. Erhalten ist eine Altarstatue von 1760 in der ehem. Zisterzienserinnenkirche von Engelszell/Donau als Zisterzienserin mit einem Kruzifix als Attribut in Händen, das sie andächtig betrachtet.

Ida von Herzfeld, Hl. (4. Sept., Münster, Paderborn), stiftet die Kirche von Herzfeld (Westf.), wo sie nach dem Tode ihres Mannes, des Sachsenherzogs Egbert, in großer Frömmigkeit mit Werken der Nächstenliebe bis zu ihrem Tode 820 lebt. Eine spätmittelalterl. Legende berichtet, wie ein von Jägern verfolgter Hirsch bei ihr Schutz sucht. Dieser und das Kirchenmodell von Herzfeld sind die beiden Attribute, die sie an dem Taufstein von 1523 und auf einer Bronzeplatte des 16. Jh. in Herzfeld kennzeichnen.

Jehova → Gott

Jeningen, Philipp → Philipp J.

Jephta (Richt. 11). Als Hauptmann zur Verteidigung Israels gegen die Amoriter gerufen, gelobt J., er werde, wenn er siege und mit Frieden heimkehre, dem Herrn opfern, was ihm aus seinem Hause entgegenkomme. Es tritt ihm aber seine einzige Tochter entgegen. Da zerreißt er seine Kleider, sie aber bittet nur um Aufschub, damit sie mit ihren Gespielinnen auf den Bergen ihre Jungfrauschaft beweine, und kehrt, um geopfert zu werden, zurück.

Darstellungen finden sich in den typolog. Beispielen (Kreuzestod Christi, → Maria) des 14. Jh. (8) und in den Kupferstichbibeln des 16.–17. Jh.

Jeremia (italien. Geremia), um 626–585, mit den Klageliedern und 52 Büchern, die → Baruch aufgezeichnet haben soll, im AT vertreten, der 2. der 4 großen → Propheten, die vom 9. Jh. an in der Buchmalerei mit den 4 → Evangelisten zusammen dargestellt werden: z. B. in einer Bibel aus Tours, in Bamberg, um 839/43, und in der Bibel Karls d. Kahlen von 843 (Paris, Bibl. Nat.). An der Spitze der Zyklen mit den 12 kleinen Propheten und einzeln ist er in den folgenden Jahrhunderten häufig an Kirchenportalen, in Glasfenstern und Wandmalereien, an Chorgestühlen, Sakramentshäusern und Kanzeln zu entdecken. Als früheste Darstellung kann die an der Wand der Synagoge von Dura-Europos (Syrien), 245 n. Chr., genannt werden, als bekannteste und bedeutendste die von tiefer Besinnung erfüllte Gestalt an der Sixtinischen Decke von Michelangelo, 1511.

Bei den Reformen des Königs Josia (der 609 gegen den Ägypterkönig Necho bei Megiddo fällt) tritt J. 629 prophetisch hervor, unablässig vor Abgöttern und vor dem drohenden Untergang durch Nebukadnezar warnend. Ein eiserner Stab erscheint ihm in einer Vision als die »Rute des Zorns«, und der kochende, schwebende Topf wird ihm Anlaß, einen irdenen vor der Priesterversammlung als Zeichen zu zerbrechen. Stab und Topf kommen gelegentlich als Attribut vor; meistens trägt J. aber nur eine Buchrolle (bzw. ein Buch) mit seiner auf göttliche Weisung verfaßten mahnenden Verkündigung, in Leiden und Untergang auszuharren und die messianische Hoffnung nicht aufzugeben. Diese von Baruch aufgeschriebenen »Gesänge« werden im Tempel vorgelesen, aber König Jojakim wirft sie zerschnitten ins Feuer. Baruch schreibt sie aus dem Gedächtnis neu auf.

J. erlebt, was er prophezeit hat: die beiden Wegführungen aller besitzenden Juden durch Nebukadnezar nach Babylon 597 und 587 mit der Zerstörung Jerusalems. Seine Leidensstationen werden zu den besonderen Beispielen in den typolog. Handschriften des 13./14. Jh. (8) dargestellt: Er beklagt Josias Tod (2. Chron. 35, zu »Christus weint über Jerusalem«); er wird vom obersten der Priester geschlagen und als Volksverderber an den Pranger gestellt (Jer. 20, zu Geißelung Christi); er wird als Aufwiegler geschlagen und ins Gefängnis geworfen, seine Prophezeiung vor König Zedekia verachtet (Jer. 37,15 und 17, zu Geißelung und Pilatus-Verhör); er wird in die Schlammgrube geworfen (Jer. 38,6, zu Grablegung), aus der er zwar von Abimelech gerettet wird, aber bis zur Zerstörung von Jerusalem im Gefängnis ausharrt. Mit wenigen verarmten Landsleuten zurückbleibend, entstehen seine Klagelieder an den Resten der Mauer von Jerusalem.

Bemüht, die restlichen Einwohner von der Flucht nach Ägypten – auf ausdrückliche Weisung des Herrn – zurückzuhalten, muß er schließlich selbst mitziehen. Er nimmt mit, was er von den heiligen Gefäßen aus dem Brand des Tempels hat retten können, und verbirgt sie auf dem Weg am Berg des Moses. Nach Legenden weissagt er in Ägypten den kommenden Überfall Nebukadnezars, wird gesteinigt und stirbt 587.

Jesaja (Isai), der erste der 4 großen → Propheten, durch seine Verheißung der Geburt des Messias schon von frühchristl. Zeit an dargestellt (auf Sarkophagen des 3./4. Jh. etwa auch bei der Jordantaufe mit seinen Worten 40,32, in Wandmalereien von El Bagauat, Ägypten [43/3]). J. erlebt, um 715–701 nachweisbar, mit den jüd. Königen Usia, Jothan, Ahas, → Hiskia und Manasse Reformen, Abfall, Kämpfe und Fehlurteil sowie die politische Lage zwischen den Kleinreichen und den Großmächten Assur, Babylon und Ägypten. So sind seine (von der Bibelforschung ihm nur zugeschriebenen) Bücher 1–39 erfüllt von Warnung, Mahnung, Klage und Drohung kommender Zerstörung der Völker ringsum, Judas inbegriffen. Doch enthalten sie auch die so besonders bekannten und von den Darstellungen der typolog. Handschriften (8) sowie auf Spruchbändern herangezogenen Worte Jes. 7,14: »eine Jungfrau wird einen Sohn gebären, ... Immanuel geheißen«; Jes. 9,5: »uns ist ein Kind geboren«; Jes. 11,1: »es wird ein Reis aufgehen«; Jes. 25,7 und 8: »er wird den Tod verschlingen«; Jes. 40,3: »die Stimme eines Predigers in der Wüste« (die Mark. 1,3 aufgreift).

Als Einzelgestalt trägt er meist Buchrolle, Spruchband und einen blühenden Zweig. Nur Michelangelo betont die jugendliche Frische seiner Messias-Verkündung. Mehrfach in der Buchmalerei ist seine geheimnisvolle Vision (Jes. 6) mit dem Herrn im Allerheiligsten dargestellt, umgeben von sechsflügeligen Seraphim, von denen einer herabfliegt, um ihm mit einer glühenden Kohle die Lippen zu berühren, damit alle Missetat von ihm genommen sei und er den Auftrag vernehme, die Herzen des Volks zu verstocken, sie aus Illusionen zu reißen (Jes. 6,9 wird als Hinweis auf die Synagoge und ihre Darstellung verstanden): Randszenen in der Vivianus-Bibel von 843 (Paris, Bibl. Nat.), Vollbild im Reichenauer J.-Kommentar von 1020 (Bamberg, Staatl. Bibl.). In der Glas- und Buchmalerei, in den typolog. Handschriften wird die wunderbare Errettung von Sanheribs Assyrerscharen dargestellt (vgl. auch Rubens, München, A. P.), besonders aber die Heilung des Königs Hiskia (2. Kön. 20,1 ff.; Jes. 38,1 ff.; 2. Chron. 32) durch J. mit dem Zeichen der 10 Grad zurückkehrenden Sonnenuhr als Gegenüberstellung zur Verfinsterung der Sonne bei der Kreuzigung Christi gebracht. Hiskias Tempelreinigung wird Gegenbild zur Tempelreinigung Christi (→ Christus); seine gefährliche Überheblichkeit, mit der er den babylonischen Gesandten seine Schätze (legendär auch die Tafeln des Moses) zeigt, wird der Versuchung

Christi gegenübergestellt. Die als Deutero-Jesaias bezeichneten Bücher Jes. 40 bis 65, großartig durch die hymnische Prophezeiung des messianischen Heils, werden als »Neuer Himmel, neue Erde« (nach Jes. 65,17) ergänzend schon zum Jüngsten → Gericht herangezogen, in byzantin. Werken auch als Paradies bezeichnet (5).

Als Attribut trägt J. einen blühenden Zweig, die »virga« der Mariensymbolik (s. d., = seine Verheißung des aus der »Wurzel Jesse« aufsteigenden »Stammbaums Christi«). Eine Säge, mit der er von Manasse zu Tode gemartert worden sei (21), ist dargestellt in Bibeln des 13. Jh. (Heisterbacher um 1240, Berlin, Staatsbibl.; andere in Würzburg und Hamburg, 1255) und in der Deckenmalerei von Brauweiler. Für die ganze christl. Symbolik gilt sein prophetisches Wort, von Johannes nach Jes. 53,7 zitiert: »Siehe das Lamm Gottes.«

Jesse (Isai) Röm. 15,12; Matth. 1,5; Ruth 4; 1. Sam. 16; Jes. 11,1–10), Vater → Davids, in den mittelalterl. Darstellungen der »Wurzel Jesse« oder des Stammbaums Christi (→ Christus) der meist schlafend liegende Träger des reich verzweigten Baumstamms mit den jüd. Königen der Salomo-Linie in den aufsteigenden Ästen (Matth. 1,1–16).

Jesus → Christus

Jethro (Reguel) (2. Mose 2,16 ff.), der Priester und Patriarch der Midianiter, zu dem → Moses flieht und eine seiner 7 Töchter, Zippora, zur Frau erhält, nachdem er ihnen gegen die Hirten am Brunnen und beim Tränken der Schafe beigestanden war. – Darstellungen in den typologischen Beispielen, in Klosterneuburg, in Armenbibeln u. a. (8).

Ignatius von Loyola, Hl. (31. Juli). Im spanischen Baskenland auf Schloß Loyola 1491 (oder 1493) geboren, führt er zunächst ein weltzugewandtes, freies Soldatenleben. Nach der Verwundung bei der Belagerung von Pamplona erfüllt ihn das Lesen des Lebens Christi und der Heiligen so, daß er geheilt seine Waffen auf dem Montserrat aufhängt und sich als Bettler nach Manresa zurückzieht. Dort schreibt er sein Exerzitienbüchlein, entschließt sich, nur noch Gott zu dienen, und studiert nach einer Pilgerfahrt 1523 ins Hl. Land 1524–26 in Barcelona, Alcalá und Salamanca, 1528–35 in Paris. Hier zum Priester geweiht, schließt er sich mit Gleichgesinnten zusammen und gründet 1540 die »Gesellschaft Jesu«. Er wird selbst 1541 zu deren Generaloberen gewählt und bleibt ihr kraftvollster Leiter bis zu seinem Tode 1556. Erst 1609 seliggesprochen, erfolgte die Heiligsprechung 1622.

Einzeldarstellungen finden sich in den zahlreich entstehenden Jesuitenkirchen; sie geben ihm priesterliche Meßkleidung oder die Tracht der »Societas Jesu«, die aus Talar mit breitem Zingulum, Mantel und Birett besteht. Sein einziges Attribut ist in den deutschen Kunstwerken ein Buch mit seinen Konstitutionen. Ein Altarbild von Rubens, 1619/20 für die Jesuitenkirche in Antwerpen gemalt (eine Ölskizze in Wien, Kunsthistor. Museum), stellt Wunder des hl. I. dar, u. a. eine Besessenenheilung.

Ildephonsus, Hl. (23. Jan.), ein vornehmer Spanier, 605 in Toledo geboren, erhält seine Ausbildung in der Schule des hl. Isidor von Sevilla, wird Mönch, später Abt in Agalia bei Toledo, zuletzt Erzbischof von Toledo 657, wo er 667 stirbt. Seine besondere Marienverehrung brachte er in einer Schrift »Liber de illibata virginitate B. M. V.« zum Ausdruck.

Das von Rubens 1630/32 für seine Bruderschaft in der Jakobus-Kirche von Brüssel gemalte Mittelbild des Ildefonso-Altars (Wien, Kunsthistor. Museum) stellt seine Vision dar, wie Maria ihm ein kostbares Meßgewand überreicht. – Darstellungen des ausgehenden Barock zeigen I. als Benediktiner: Eine Altarfigur von 1782 in St. Peter,

Salzburg, hält eine Tafel mit dem Bild der Immaculata in der Hand, eine andere in der ehem. Abteikirche von St. Trudpert, ebenfalls Salzburg, zeigt auf den aufgeschlagenen Seiten eines Buches den Titel seiner Schrift.

Immaculata → Maria

Immanuel (»mitten unter uns ist Gott«) → Gott, (auch Name für → Christus)

Ingenuin → Albuin

Innocentius, Hl. (22. Sept.), ist als christl. Soldat mit Mauritius und anderen Gefährten der »Agaunensischen Legion« (Teil der → Thebäischen Legion) seines standhaften Glaubens wegen enthauptet worden. Am Anno-Schrein Ende 12. Jh. in Siegburg ist er thronend in langem Rock, dem auf der Schulter geschlossenen Mantel und gekrönt dargestellt, trägt Schwert und Palme in Händen. Spätere Darstellungen geben ihn in der jeweils zeitentsprechenden Rüstung wieder, wie die Statue in Magdeburg (um 1230), wo ihn Krone, Lanze und Schild auszeichnen und er auf den Schultern einer halbfigurigen gekrönten Herrscherkonsole steht (vermutlich Maximian, der ihn verurteilte).

Joachim (italien. Gioacchino), Hl. (16. Aug. / 26. Juli). Die apokryphen Evangelien (16,17) schildern ihn als greisen Priester, dessen Opfer im Tempel vom Oberpriester zurückgewiesen wird, da er keine Nachkommen habe. Der ihm verheißend erscheinende Engel trifft ihn auf dem Felde bei seinen Herden, seine Frau → Anna in ihrem Haus und weist beide an, sich zu begegnen. Sie begegnen sich an der »Goldenen Pforte«, und das verheißene Kind – Maria – wird geboren; J. und Anna begleiten es beim Tempelgang. Bei Darstellungen der Hl. Sippe ist der Platz J.s neben oder hinter der hl. Anna. Seit den ausführlichen Fresken

Giottos in der Arena-Kapelle in Padua (1305ff.) ist die ganze Folge auch in Zyklen deutscher Wand- und Glasmalerei vertreten. Es sind besonders Altartafeln, die vom 14. Jh. an seine Darstellung im Rahmen des ganzen → Marienlebens einschließen: so etwa der Buxtehuder Altar Meister Bertrams, 1410 (Hamburg, Kunsthalle) und einzeln erhaltene Tafeln aus Ulm (Stuttgart, Staatsgalerie) und in Augsburg, Dom (1493 von Holbein d. Ä.). Als Priester aus der Tempelszene kennzeichnen ihn Einzelfiguren vom 15. und 16. Jh., als Hirte Figuren der Barockzeit. Trägt er Buch oder Rolle, weisen diese auf seine priesterliche Tätigkeit, ein Lamm auf seine Herden hin. Trägt er 2 Tauben auf dem Buch oder in einem Körbchen (wie sonst nur Joseph oder die Magd bei der Darbringung), bedeuten sie seine vergebliche Opfergabe. Auch ein Marienkind kann er auf dem Arm halten, schließlich kommt auch eine Gebetsschnur als Attribut vor (1516, Stuttgart, Staatsgalerie).

Job → Hiob

Jodokus (französ. Josse, Just; niederl. Joos), Hl. (13. Sept. / 13. Dez.). Als sein älterer Bruder in ein Kloster eintritt, verzichtet auch J., ein bretonischer Fürstensohn, auf die ihm zufallende Herrschaft, schließt sich, um fliehen zu können, Pilgern an und gründet die Einsiedelei Runiac, aus der später die Benediktinerabtei St-Josse-sur-mer entstehen wird. Die Legenden lassen seine Zelle von einem Fluß umgeben sein, Fische und Vögel, die er füttert, werden zahm. Dreimal erscheint ihm Christus als Bettler, jedesmal teilt er sein Brot, bis nichts mehr übrigbleibt; er schaut den Herrn, und durch das Fenster sieht er Schiffe mit Nahrungsmitteln landen. Nach Rom wallfahrend, hat er heilige Gespräche mit dem → hl. Martin. Nach Versuchungen und Heilungen stirbt er 669, »wie ein Engel anzusehen«; 40 Jahre wird sein Leib im Grabe, »als ob er lebe« gesehen. J. ist Patron von Pilgern. Legenden und

Kult gelangten über Prüm (Eifel) an zahlreiche Wallfahrtsorte, an denen er mit → Jakobus d. Ä. verehrt wird. Darstellungen sind vom Ende des 15. Jh. an bekannt: In Rock, Pelerine und breiten Schuhen, mit Pilgertasche, Stab, Muschel am breiten Hut und einer kleinen Krone zu Füßen zeigt ihn der Stettener Altar von 1488 (Stuttgart, Württ. Landesmuseum), in großer Gestalt der Jakobus-Altar von 1520 in der Schloßkirche Winnenden. Statuen finden sich ferner an 2 Altären des Hans Raphon, 1506 (Hannover, Niedersächs. Landesmuseum). Mit Haustieren, die sich an ihn schmiegen (nach späterer Legende wird er als Patron für diese angerufen), zeigt ihn eine Statue von 1750 in St. Jost zu Biever bei Trier.

Joel, um 500 v. Chr., einer der 12 kleinen → Propheten, der mit dem Bild der Heuschreckenplage auch das künftige Unheil und Gericht apokalyptisch verkündet. Mit seinen prophetischen Worten (Joel 3,1): »Ich will meinen Geist ausgießen über alles Fleisch, Söhne und Töchter sollen weissagen, die Ältesten Träume haben …«, von Petrus in der Pfingstpredigt (Apg. 2,16) als Bestätigung zitiert, wird er in byzantin. Werken (Chiliandri, Katholikon, Athos) Pfingstdarstellungen zur Seite gestellt. In den Prophetenzyklen kann sein Attribut ein Füllhorn sein, doch meist zeichnen ihn, besonders in der Glas- und Buchmalerei des 13. und 14. Jh., Buch und Spruchband aus. – An der Sixtinischen Decke Michelangelos hält er in ernster Betrachtung eine Schriftrolle mit beiden Händen; die von kahler, mächtiger Stirnwölbung zurückflatternden Haarbüschel zeigen seine innere Erregung an.

Johannes (französ. Jean; italien. Giovanni, Vanni, Gian; span. Juan; engl. John; niederl. Jan)

Johannes Chrysostomus (Johannes Guldenmund), Hl. (27. Jan. / 13. Sept., in der Diözese Innsbruck: 11. Sept.), wird als einer der 4 großen griech. → Kirchenväter verehrt. In Antiochia 354 geboren, von seiner Mutter Anthusa erzogen, von dem Rhetor Libanus unterrichtet, läßt er sich 372 taufen, tritt in ein Kloster ein, wird 381 Diakon, 386 Priester und Prediger an der Patriarchalkirche von Antiochia, 397 Patriarch von Konstantinopel. Seine berühmten Predigten und seine vorbildliche Haltung erregen Neid und Feindschaft; seine Gegner erlangen, daß er 404 in die Verbannung nach Kukusus in Armenien und 407 nach Pituys in Kolchis geschickt wird, wo er den Strapazen der Reise erliegt. Die Leg. Aur. erzählt die intrigenreichen Kämpfe, Auseinandersetzungen und Wunder seines Lebens mit überreicher Ausführlichkeit. Doch haben ihn andere Legenden dem deutschen Mittelalter, besonders im 15. Jh., als J. Guldenmund beliebt gemacht: Die Madonna fordert ihn zum Kusse auf, ein goldener Schein spielt seitdem um seinen vorher zum Reden ungeschickten Mund und läßt ihn zum berühmten Prediger werden; Verheißungen gehen seiner Geburt voraus; der früh zu hohem Amt Geförderte entflieht in die Einsamkeit, wird ein sich als sündig anklagender Büßer, an dem sich schließlich in märchenhafter Erzählung nach zahlreichen Wundern alle Voraussagen erfüllen.

Holzschnitte des späten 15. Jh. geben ihn als von Haaren bedeckten Eremiten wieder (Lüb. Pass., 4). Als Kirchenvater ist er um 1160 in einer Buchmalerei in Stift Admont mit abendländischer pontifikaler Meßkleidung, Pallium und Mitra dargestellt. Eine Wandmalerei um 1500 im Spital des Nikolaus von Kues zu Bernkastel-Kues gibt ihn im Pluviale, die rechte Hand zum Redegestus erhoben.

Johannes Evangelista, Hl. (27. Dez.). Sich selbst am Anfang und am Ende der → Apokalypse zur Niederschrift als »Ich, Johannes« bekennend und so in den großen Bildzyklen der Offenbarung dargestellt (Miniaturen der Bamberger Apokalypse, 1014–20; Teppiche von Angers, 1377–81; Dürers Holzschnittfolgen, 1498 und 1511). Dem Verfasser der 3 Briefe kann sein Schreiber Prochoros zugesellt sein, der Adler des Autorenbildes in den Evangeliaren bleibt sein Attribut (→ Evangelistensymbole), betont durch Inschriften, die den Himmelsflug seiner Gedanken unterstreichen; im Redentiner Osterspiel des 15. Jh. stehen, dem Nikodemus-Evangelium (16,17) folgend, die Worte: »Er hat sich aufgeschwungen als ein Adler wie Lazarus auf die Worte ›komm heraus‹.« Entsprechend den Abendmahlsdarstellungen an die Brust Christi gelehnt (Joh. 13,23), erscheint J. in Einzelszenen der Buchmalerei schon im 12. Jh., nach 1300 im Andachtsbild der oberrheinischen Christus-Johannes-Gruppen (Beispiele in den Hauptmuseen von Berlin-West, Freiburg i. Br., Stuttgart und in der Klosterkirche Heiligkreuztal/Oberschwaben).

Ausführlich erzählt u. a. die Leg. Aur. von seiner Wirksamkeit in Kleinasien, wo er während der Domitianischen Verfolgung, als er im Artemis-Tempel in Ephesos nicht opfern will, ergriffen und nach Rom gebracht wird. Dort an der Porta latina (dem heutigen S. Giovanni a Porta Latina, 12. Jh., und S. Giovanni in Oleo, 1509) soll er der Marter im Ölkessel erlegen sein, wie es schon das Hirs. Pass. des 12. Jh. (23), Dürers Apokalypse, ein Altar Anfang des 16. Jh. (Stuttgart-Mühlhausen, Veitskapelle) u. a. darstellen. Das Ölfäßchen als Attribut kommt am Dreikönigsschrein 1186/96 und selten auch später vor. J. entsteigt aber unversehrt, wird nach Patmos verbannt, wo er das Buch der »himmlischen Offenbarung« vollendet, wie es Darstellungen immer wieder neu verdeutlichen. Nach dem Tod Domitians wird er nach Ephesos zurückkehrend mit großen Ehren empfangen. Seltene Wiedergaben (Burgkmairs Darstellung der Basilika S. Giovanni in Laterano, 1502, Augsburg, Staatsgalerie, und Giottos Fresko in der Peruzzi-Kapelle in S. Croce, Florenz) bringen die Erweckung der hier ihm entgegengetragenen, soeben verstorbenen → Drusiana. Von der Erzählung der Jünglinge mit den Edelsteinen wird die Taufe des Philosophen Craton (→ Kraton) am Bronzetaufbecken des Rainer van Huy in St-Barthélemy, Lüttich, neben Szenen, die Joh. d. T. betreffen, um 1120/30 dargestellt. Aristodemus, der Oberpriester des Artemis-Tempels, will nach Unruhen (die Goldschmiede fürchten den Verkaufsverlust ihrer Diana-Amulette!) J. veranlassen, doch zu opfern oder das Gift zu trinken, an dem 2 Verbrecher vor Augen des J. tot umgefallen sind. J. schlägt das Kreuz über dem Kelch, das Gift entweicht als Schlange (wie es sein Attribut seit dem 14. Jh. festhält), er trinkt ohne Todesfolge, wirft seinen Mantel auf die Verbrecher. Sie erwachen zum Leben, und Aristodemus bekehrt sich. Als kleine Szene schon am Maurinus-Schrein aus St. Pantaleon, 1170 (Köln, Domschatz), in ausdrucksvoller Großartigkeit an dem genannten Altar von Mühlhausen. Dieser und schon das Zwief. Mart. des 12. Jh. (24), ebenso Burgkmair (s. o.) bringen, wie J. nach seiner letzten Predigt »Kindlein liebet euch untereinander« vor aller Augen in das neben dem Altar vorbereitete Grab steigt und in großer Lichterscheinung stirbt. Noch aus dem Grabe segnet er seine Diakone.

Schon an St-Martin in Tours sind Joh. d. T. und Joh. Ev. mit dem Lamm zwischen ihnen dargestellt. Glasfenster von 1235/40 im Straßburger Münster stellen sie einander gegenüber. Aus dieser Zeit stammt der Streit zweier Nonnen (den Cäsar von Heisterbach berichtet), wessen Verehrung besser sei – die des Täufers oder die des Evangelisten –, und die Nonnen im ehem. Kloster Katharinenthal (Schweiz) trennen sich im 15. Jh. streitend in Baptistinerinnen und Evangelisterinnen. In neuer Einheitlichkeit stehen sich beide J.-Gestalten 1432 als Grisailletafeln am Genter Altar der Brüder van Eyck gegenüber; auf Darstellungen des Thrones Salomos und auch sonst erscheinen sie schon im 14. Jh. häufiger. Von tiefem Symbolgehalt erfüllt, bringt Altdorfer ca. 1520 die beiden J.-Gestalten in großer Landschaft bedeutend zusammengefaßt (Museum der Stadt Regensburg). Die Forschung kann J. Ev. nicht als den »reichen Jüngling«, als den, »den der Herr liebhatte«, als den Schreiber des Evangeliums, der Briefe und der Apokalypse in einer Person anerkennen oder seine Identität mit dem auferweckten → Lazarus begründen. Sie unterscheidet den Autor der Apokalypse von dem, der sich selber als Verfasser des Evangeliums nennt (Joh. 21,24): »Dies ist der Jünger, der von diesen Dingen zeuget.« (Honorius Augustodunensis weist im »Elucidarium« mit den Worten »Johannes, aus dem Leibe hinweggenommen und in diesem Hinweggenommensein für tot gehalten, aber zum Leben zurückkehrend« auf die vermutete Identität mit Lazarus hin.)

Aufschlußreich bleibt auch Joh. 18,25: »... es folgten ihm nach Simon Petrus und ein anderer Jünger. Dieser Jünger war ein Bekannter des Hohenpriesters und ging mit Jesus hinein in die Halle des hohenpriesterlichen Hauses. Petrus stand draußen vor dem Tor. Da ging der andere Jünger, der Bekannte des Hohenpriesters, heraus und sprach mit der Türhüterin und führte Petrus hinein.« J. ist der den Aposteln zugehörige Einzelne, der unter dem Kreuz von Golgatha steht, wie ihn Matthis Nithart Gothart, genannt Grünewald, im Isenheimer Altar, 1512–16, und auf Tafeln in Basel, Kunstmus., und Karlsruhe, Kunsthalle, festgehalten hat.

In den Apostelberufungen der drei Synoptiker (Matth. 10,1–4; Mark. 1,16–20; Luk. 6,13–16) werden die Brüder Johannes und Jakobus als die Söhne des → Zebedäus bezeichnet, wie sie dann die → Hl. Sippe mit reichen Darstellungen bringt. Matth. 20,20 bittet die Mutter der Zebedäussöhne um Bevorzugung, in Markus 3,13 charakterisiert Jesus sie als die »Donnersöhne« (in Kommentaren als Zeugnis ihrer besonderen Kraft der Aussage gedeutet). Deutlich sind es bei Matth. 4,18 die einfachen »Fischer und Taglöhner«, wie sie bis heute in der christlichen Bilderwelt stehen. Von den Pharisäern (Apg. 4,13) werden sie bei der Apostelverfolgung als »ungelehrte Leute, Laien« bezeichnet. Als Märtyrer gelten sie nach dem Apostelabschied in der Leg. Aur. (Hans Baldung Grien, 1521, W.-R.-Museum). Es trennt sich so für den heutigen Betrachter diese Gestalt von der des Evangelisten Johannes; dessen einzelne, überragende Persönlichkeit erscheint in neuer Bedeutung. Neue Literatur nimmt hier Hinweise Rudolf Steiners auf und läßt diese Klarstellung sichtbar werden.

Johannes der Täufer, Hl. (24. Juni = Geburt und 29. Aug. = Enthauptung), der »Vorläufer« und »Wegbereiter« Christi, der (Luk. 1,17) »vor dem Herrn hergehen wird mit der Kraft und dem Geist des Elias«, auch als Prophet angesprochen und in den Darstellungen der Prophetenreihen oft an erster Stelle, in der Leg. Aur. auch als Engel bezeichnet (Mal. 3,1: »Siehe, ich sende meinen Engel vor mir her«) und in der östl. Tradition meist mit großen Flügeln dargestellt. Er bleibt eine der bekanntesten und verbreitetsten Gestalten von frühchristl. Darstellungen an: jugendlich oder bärtig, erkenntlich am Fellgewand (das teilweise mit einem Tierkopf endet), mit Kreuzstab, Schwert und dem Lamm auf einer Scheibe oder einem Buch, gelegentlich auch zu Füßen. Vereinzelt werden auch ein Baumstumpf (Matth. 3,10; Luk. 3,9) mit der Axt (die an die Wurzel gelegt ist) und eine »Worfschaufel« (Matth. 3,12; Luk. 3,17) dargestellt. Das wesentliche Ereignis seines Lebens – die Taufe Christi (→ Christus. Matth. 3,1–17; Mark. 1,2–11; Luk. 3,1–22; Joh. 1,19–34) – bleibt vom 2./3. Jh. an (Luciana-Gruft und Sarkophage) in nur wenig veränderten Formen ein Hauptthema der christl. Kunst. Die Geschichte seiner Geburt (Luk. 1,5 ff.), vom 5. Jh. an dargestellt, die Szenen seines Todes (Matth. 14,1–12; Mark. 6,14–29), in der Buchmalerei vom 10. Jh. an wiedergegeben, werden von da an immer reicher aufgegriffen und ausgestaltet; Zyklen umfassen in der Ostkirche bis zu 20 Szenen (in den Athosklöstern). Umfangreiche Zyklen, ebenfalls in Florenz, dessen Schutzheiliger J. ist. Bis zu 16 Szenen finden sich auch auf abendländischen Altären (wie dem von Blaubeuren, 1493). Sie stellen dar, wie J.s greiser Vater, → Zacharias, im Tempel opfernd, die Verheißung durch den Erzengel Gabriel erhält, daß ihm ein Sohn geboren werde. Zacharias zweifelt, bittet um ein Zeichen, wird vom Engel mit Stummheit geschlagen. Die folgende Szene, die Heimsuchung (→ Christus, → Marienleben) – → Elisabeth wird von Maria besucht (in der Legende bleibt Maria dienend bis zur Geburt des J.) –, geht der Geburt des J. unmittelbar voraus. Elisabeth, nach der Namensgebung befragt, weiß aus ihrer Eingebung, daß der Knabe Johannes heißen soll, entgegen der Familientradition; gleichzeitig schreibt Zacharias den Namen auf ein Wachstäfelchen, erhält die Sprache zurück und äußert sich hymnisch, wie es die genannten Darstellungen immer wieder neu gestalten. Den kleinen J. stellt als neues und besonderes Thema die Renaissancemalerei zusammen mit dem Jesuskinde und der Madonna dar, v. a. Raffael in einer Reihe von Bildern. Nach den Legenden begegnen sich die Heranwachsenden in der Wüste, wo J. (Mark. 1,6; Matth. 3,4) »mit rauhem Kamelhaar bekleidet, von Heuschrecken und wildem Honig ernährt« geschildert wird.

Predigend und taufend tritt J. am Jordan auf (»ändert euren Sinn«), von → Herodes bespitzelt, vorbeugend von Soldaten umgeben, von den Pharisäern zur Rede gestellt, ob er der Messias sei – bis sich ihm in gewaltiger Schau das göttliche Eintreten in den Menschensohn vollzieht, den er taufend als das »Lamm Gottes« erkennt. Die Wasser wallen auf (eine sich so lange haltende älteste Bildtradition), als Taube gesehen, senkt sich der Geist unter der Hand Gottes aus den Wolken herab mit den Worten: »Dies ist mein lieber Sohn, an dem ich Wohlgefallen habe«, oder auch: »Heute habe ich ihn gezeugt« (→ Christus). J. weiß, wie es die Inschriften dann auch mehrfach wiedergeben: »Er muß wachsen, ich aber muß abnehmen« (so steht es u. a. über J. am Isenheimer Altar geschrieben).

Es folgt die Gefangennahme durch Herodes Antipater, dem er die unrechtmäßige Verbindung mit seiner Schwägerin Herodias öffentlich vorgeworfen hat. Die haßerfüllte Herodias bewegt ihre Tochter Salome, als diese dem von ihrem Tanz entzückten Vater einen Wunsch äußern soll, das Haupt des J. zu fordern. J. wird enthauptet, Salome bringt der Mutter das Haupt auf einer Schale. Die ausführlichen Reihen fügen in die Hauptszenen nach der Geburt die Beschneidung, den Abschied von den Eltern, Tauf- und Predigtszenen ein, auch gelegentlich (Matth. 11,2–3), wie der gefangene J. Jünger zu Christus schickt. Nach syrischen Legenden des 4. Jh., die von der Leg. Aur. aufgenommen sind, begraben → Andreas und → Johannes den Leichnam, das Haupt wird dreimal aufgefunden und neu bestattet – schließlich erfolgt die Verbrennung der Gebeine durch die Ungläubigen in Sebaste mit der Rettung von Reliquien.

Das Einzelbild der Salome mit dem Haupt des J. tritt erst im 16. Jh. mehrfach auf, v. a. in verschiedenen Fassungen Cranachs d. Ä., während die sog. Johannes-Schüssel in plastischer Form schon vom 13. Jh. an eine Rolle im Grabkult der Johannes- und anderer Bruderschaften (Naumburg, 1225, Denkendorf, Württ., 15. Jh.) spielt, über den Türen der Johannes-Kapellen angebracht, an einem Johannes-Tag auf den Altären aufgestellt wird (so am Tag der Enthauptung, dem 29. Aug.). Meist als der erste kommt beim Niederstieg zur Hölle J. an der Hand Christi herauf (→ Christus).

Als Mittler im Jüngsten Gericht ist sein Platz zur Linken Christi, ebenso in der aus dem Jüngsten Gericht abgeleiteten, verkürzten Form der sog. Deesis (ausgelegt auch als Christus zwischen Neuem und Altem Testament, 8), wie sie der Naumburger Meister am ehem. Lettner des Mainzer Domes (heute im Bogenfeld des südl. Ostchorportals) dargestellt hat. Häufig auf Altarflügeln des 15. Jh. ist seine Gegenüberstellung mit Johannes Evangelista wie an Jan und Hubert van Eycks Genter Altar von 1432 und als Einzelbild von Altdorfer, 1520 (Museum der Stadt Regensburg) – zurückgehend auf Gepflogenheiten wie im ehem. Kloster Katharinenthal (→ Johannes Ev.) und die Zusammenlegung des Altarpatroziniums in Süddeutschland.

Johannes a S. Facundo, Hl. (12. Juli / –), in Sahagun (Spanien) 1419 geboren, im dortigen Benediktinerkloster erzogen und 1445 zum Priester geweiht, wirkt als Seelsorger in Burgos, bemüht, sich weiteres Wissen in Salamanca zu erwerben, tritt mit 49 Jahren (1468) in den Augustinerorden ein und stirbt 1479 »eines heiligen Todes«.

Zunächst 1601 nur seliggesprochen, 1690 kanonisiert, zeigt ihn eine Altarfigur von 1772 in Maxglan bei Salzburg in langem Rock, Ledergürtel, Kapuzenmantel, in der Rechten ein Kruzifix.

Johannes Gualbertus, Hl. (12. Juli). Aus Florentiner Adel 995 geboren, tritt er 1013 in das Benediktinerkloster S. Miniato ein, läßt sich 1030 in der Vallombrosa genannten Einöde bei Camaldoli nieder, wo er ein Kloster erbaut, aus dem der spätere Orden der Vallombrosaner entsteht.

Eine Altarfigur des frühen 18. Jh. in St. Trudpert in Salzburg zeigt ihn in umgürteter Flocke mit Kapuze, ein Kreuz in der Rechten, das sowohl seine Liebe zum Gekreuzigten als auch seine Schau bezeichnet, nach der das Kruzifix von Florenz bei S. Miniato sich ihm geneigt und ihn zum Eintritt in das Kloster bewogen hat.

Johannes vom Kreuz, Hl. (24. Nov. / 14. Dez.). In Avila 1542 geboren, tritt er 1563 in den Karmeliterorden ein, den er unter Verfolgung und größten Schwierigkeiten zusammen mit der → hl. Theresa reformiert. Asketische und mystische Schriften machen ihn berühmt; er stirbt 1591, wurde aber erst 1726 heiliggesprochen und 1926 durch Papst Pius XI. den Kirchenlehrern eingereiht.

In der Abtsmühle von Schärding (Obb.) stellt ihn eine Altarfigur von 1677 des Johann Peter Spaz aus Linz in langem gegürtetem Karmeliterrock, Mantel, Kapuze und Skapulier dar, in Händen ein geöffnetes Buch mit der Inschrift »Pati et contunni«.

Johannes von Capistrano, Hl. (23. Okt.), in Capistrano (Abruzzen) 1386 geboren, studiert in Perugia Rechtswissenschaften und wird 1412 dort Richter. Parteikämpfe bringen ihn 1416 in Gefangenschaft; befreit, findet er Aufnahme im Franziskanerorden, wird 1420 Priester und übt fast 40 Jahre lang eine apostolische Wirksamkeit in Italien, Deutschland, Böhmen, Polen aus. Als Kreuzzugsprediger (gegen die Türken) 1455 auftretend, rettet er 1456 durch seine Entschlossenheit Belgrad; er stirbt noch im selben Jahr.

1690 kanonisiert, zeigen ihn Altarfiguren des 18. Jh. im Franziskaner-Observanten-Habit auf einem besiegten Türken stehend, ein Kreuz in der Rechten, eine Fahne in der linken Hand: so z. B. in Wartenberg (Ostpreußen) und in St. Stephan, Wien; ein Altargemälde in Straubing fügt einen Stern über seinem Haupt zu.

Johannes von Gott, Hl. (8. März), in Montemor Novo (Portugal) 1495 geboren, entläuft als Knabe mehrfach den Eltern, ist Hirte und kämpft später als Söldner im Heer Karls V. gegen Franzosen und Türken, ist schließlich in Nordafrika, im Dienst eines adeligen Verbannten, tätig. 1538 veranlaßt ihn in Granada eine Predigt des sel. Johannes von Avila zu einem neuen Leben strengster Entsagung und Nächstenliebe. Er gründet 1540 den Orden der Barmherzigen Brüder, stirbt 1550, wird 1630 seliggesprochen und 1690 kanonisiert.

Dargestellt in der Tracht seines Ordens – langem Rock mit Ledergürtel und skapulierartigem Obergewand –, kennzeichnen ihn Darstellungen des 18. Jh. mit einer Dornenkrone und einem Kranken: z. B. in Imbach und Eisenstadt/Oberberg (Österr.).

Johannes von Matha, Hl. (8. Febr.). In Faucon (Provence) 1160 geboren, studiert er in Paris, erwirbt die Doktorwürde und wird Priester. Eine Vision bei seiner ersten Messe veranlaßt ihn, mit dem → hl. Felix von Valois den Trinitarierorden zum Loskauf der Gefangenen zu gründen, den Papst Innozenz III. 1198 bestätigt. J. stirbt 1213.

Seine außerordentliche Verehrung wurde 1665 »approbiert«, 1694 auf die ganze Kirche ausgedehnt. Darstellungen sind erst vom Ende des 17. Jh. an nachzuweisen. Eine Wandmalerei und eine Altarfigur von 1782 in der Salvator-Kirche zu Binabiburg (Ndb.) zeigen J. in Ordenstracht, einem langen, gegürteten Rock, Mantel und einem mit einem Kreuz vor der Brust versehenen Skapulier, gekennzeichnet außerdem durch eine zerbrochene Kette und einen Hirsch mit dem Kruzifix zwischen dem Geweih.

Johannes von Montfort, Sel. (24. Mai / –). Der einem am Bodensee ansässigen Adelsgeschlecht entstammende Ritter des Templerordens, 1177 in der Schlacht von Rama schwer verwundet, stirbt in Nicosia (Zypern). Er wird durch Wunder, die sich an seinem Grab ereignet haben, in Nicosia als Seliger verehrt, bis die Türken 1571 Zypern besetzen. Seine weitere Verehrung ist im 18. Jh. in Tettnang und Langenargen bezeugt: hier wird er als Ritter mit Schwert und Schild, auf dem das Montfort-Wappen dargestellt ist, gezeigt. Als Steinfigur von 1700 steht er in Langenargen in einer Portalnische an der Kirche, wo ihn ebenfalls ein Ölgemälde von 1723 abbildet.

Johannes von Nepomuk, Hl. (16. Mai, Salzburg), in Pomuk (Böhmen) um 1350 geboren, studiert kanonisches Recht in Prag und Padua, wird 1372 als Kleriker und Notar in der erzbischöflichen Gerichts-Kanzlei zu Prag genannt, schließlich als Generalvikar des Erzbischofs. Sein energisches Auftreten für die Rechte der Kirche gegenüber dem König und seine Predigten machen ihn beim Volk berühmt und dem König lästig. Die Königin wählt ihn zum Beichtvater. Dem König Wenzel, der wissen will, was für Sünden seine Frau bekannt hat, verweigert N. standhaft den Bruch des Beichtgeheimnisses. N. wird gefangengesetzt, gefoltert und 1393 von der Moldaubrücke in den Fluß gestoßen. Sein ans Ufer gespülter Leichnam wird im Dom bestattet, wo eine spätere Grabinschrift das Todesjahr fälschlich mit 1383 angibt. – Schon bald als Märtyrer verehrt, fand man 1719 bei der Öffnung des Grabes Gebeine und Zunge unversehrt. 1729 erfolgte die Heiligsprechung.

Die große Zahl seiner Darstellungen als Brückenheiliger beginnt schon vor der Heiligsprechung. Der Angehörige des Domkapitels trägt Talar, Rochett, Almutia mit Hermelin oder Mozzetta, Birett, oft auch Beffchen. Fast immer hält er ein Kruzifix, oft auch eine Märtyrerpalme in Händen. 5 Sterne (sie umstrahlten den Leichnam bei seiner Auffindung und werden oft als die 5 Buchstaben des latein. Wortes TACUI, »ich habe geschwiegen«, gedeutet) umgeben sein Haupt; auch ein Bettler, dem er eine Münze reicht, kann zu seinen Attributen kommen; häufig trägt er statt des Kruzifixes seine Zunge oder hält die Finger an den Mund. Als Doppelgestalt, zweiseitig, steht er schon seit 1683 auf der Prager Karlsbrücke. Bereits von 1724 ist eine Statue von Ernst Merten in Duderstadt. Ein Altarbild in Hechingen, Ende 18. Jh., zeigt die Auffindung seines Leichnams. In München haben ihm die Künstlerbrüder Asam ihre 1733 gegr. Privatkirche gewidmet.

Johannes und Paulus, Hll. (26. Juni), zwei frühchristl. Märtyrer, deren Reliquien im 3. Jh. in einem Palast auf dem Coelius in Rom beigesetzt wurden. Zu ihren Ehren errichtete Pammachius um 400 die Kirche SS. Giovanni e Paolo. Die Legende des 5. Jh. versetzt beide in diese Zeit als Palastbeamte der Konstantia, der Tochter Kaiser Konstantins. Julian Apostata habe sie heimlich im Palast enthaupten und begraben lassen, als sie ihm den Dienst verweigerten.

Die ersten Darstellungen finden sich sowohl im Hirs. Pass. als auch im Zwief. Mart. des 12. Jh. (23,24), dann an einem Reliquienschrein in Mittelzeil, Reichenau, 1. Hälfte 14. Jh., spätere vom 15. Jh. an besonders in Süddeutschland und Österreich, wo J. und P. als Wetterheilige verehrt wurden. Vorher nur in Idealtracht abgebildet, geben ihnen die Darstellungen der Barockzeit fürstliche Gewandung und als Attribute Spieß, Knüttel, Schwert, Hellebarde, auch Palme und Buch. Als Wetterheilige werden sie durch eine Garbe kenntlich gemacht. Überwiegt eine antikische Soldatengewandung, so kann die fürstliche Kleidung trotzdem durch einen Lorbeerkranz anstelle des Helmes angedeutet sein. In der Kirche in Margarethenberg a. d. Alz/Obb. trägt J. ein Kanonenrohr und Blitze, P. Wolken, aus denen Hagel niederfällt.

Jonas (Jona), einer der 12 kleinen → Propheten, vor 612 v. Chr., dessen von jeher als beispielhaft aufgefaßte Geschichte schon in Katakombenmalerei und an frühchristl. Sarkophagen häufig dargestellt wird. J. fürchtet den Auftrag des Herrn, im sündhaften Ninive den Untergang zu verkünden, und flieht auf einem Schiff. Der Herr läßt einen Sturm ausbrechen, die Schiffsleute bedrängen J., er bietet sich selbst zur Sühne und wird ins Meer geworfen. 3 Tage und Nächte fleht er im Bauch des Fisches den Herrn an, da speit ihn der Fisch aufs Land. Er prophezeit Ninive die Vernichtung, Volk und Herrscher tun in

Säcken Buße und fasten – da wendet Gott erbarmend das angedrohte Übel ab (das erst 614 v. Chr. eintritt, auch von → Jesaja, → Nahum, → Tobias prophezeit). J. aber zürnt, macht eine Hütte vor der Stadt, um dennoch auf deren Zerstörung zu warten. Dem in der Sonne Schmachtenden läßt Gott eine Kürbisstaude schattenspendend aufwachsen, doch verdorrt die Staude bei Nacht, und dem darob recht Verdrießlichen, der lieber sterben als leben will, muß Gott sagen: »Dich jammert die Staude, die du nicht gepflanzt, die in einer Nacht aufwuchs – wieder verdarb – wie sollte mich nicht jammern der großen Stadt ...«

Die Fülle der bekannten Darstellungen bringt in einprägsamer Bildhaftigkeit, wie J. ins Meer geworfen, vom Fisch verschlungen, wieder an Land gespien wird und unter der Staude sitzt. Mit Spitzhut und Spruchband füllt er ein Glasfenster, 1120, des Augsburger Doms. Als kleine Elfenbeingestalt steht er unbekleidet und kahlköpfig in einer der Nischen des Turmreliquiars aus dem Welfenschatz von 1175 in Berlin, und an der Georgenchorschranke, um 1220/30, des Bamberger Doms bedeckt den Kahlköpfigen zur Hälfte ein faltenreicher Mantelumwurf: Denn die mittelalterl. Auslegung besagt, daß er die Haare im Bauch des Walfischs verloren habe. Michelangelo läßt ihn an der Sixtinischen Decke jugendlich, in spannungsgeladener Drehung, über die Schulter nach oben schauen, ein mächtiges Fischmaul zur Seite.

In den typolog. Reihen – schon am Lettner-Ambo von Klosterneuburg, 1181 (39), dann in den Glasfensterfolgen von 1300 an – wird der vom Fisch verschlungene J. als Gegenbild der Grablegung, der ans Land Gespiene der Auferstehung zugeordnet.

Jonathan → David und Saul

Josaphat → Barlaam und J.

Joseph (italien. Giuseppe; span. José, Pepe; russ. Josif, Osip; arab. Jusuf).

Joseph, Sohn Jakobs und Rahels. Für seine mit Vater und Brüdern eng verflochtene Geschichte, 1. Mose 37–50, → Jakob

Joseph, Hl., »Nährvater Jesu« (19. März / 19. März und 1. Mai). Für die Darstellung schildern ihn die apokryphen Evangelien ausführlicher als die Evangelien und setzen den nach Matthäus in Bethlehem ansässigen J. des Matthäus-Stammbaums dem aus Nazareth nach Bethlehem wandernden J. des Lukas-Evangeliums gleich. Als Greis von den anderen Bewerbern um die Hand Mariens (→ Maria, Leben) unterschieden, gibt er mit diesen seinen Stab am Altar im Tempel ab und empfängt den blühenden Stab, über dem auch eine Taube schweben kann. Der Hohepriester vollzieht die Verlobung (Sposalizio) durch das Ineinanderlegen der Hände von Maria und Joseph. Es folgt meist der Traum Josephs, der vom Engel belehrt wird, daß er seine vom Hl. Geist überschattete Frau nicht verlassen darf. Die Wanderung zur Zählung nach Bethlehem fehlt in zyklischen Reihen manchmal. Bei der Geburt des Kindes (→ Christus) hat J., nach ältesten Vorschriften auf seinen Stab gebeugt, zu Füßen Marias zu sitzen. Er ist es, der die Frauen → Salome und → Zelomi von Bethlehem holt, Kerze oder Laterne hält, bei Anbetung der Hirten und Verehrung der Hll. Drei Könige scheu zur Seite steht oder hinter einem Vorhang vorlugt. Nach einem weiteren Traum sieht man ihn bei der Flucht nach Ägypten mit Wanderstab, Sack und Feldflasche, den Esel führend. Er trägt meist das Körbchen mit den Opfertauben bei der Darbringung im Tempel und wird erst im späten Mittelalter als der Zimmermann in Tätigkeit gesetzt. Trägt er in Einzeldarstellungen im Mittelalter bürgerliche Kleidung, so wandelt sich diese in der Barockzeit antikisch ab. Als Attribute kann er einen Krückstab (Alter), einen Wanderstab (Weg nach Bethlehem und Flucht), als Zimmermann Säge, Beil oder Bohrer in der Hand haben: Erst die Barockzeit läßt ihn das Jesuskind auf dem Arme halten mit Lilie und blühendem Stab.

Joseph von Arimathia, Hl. (17. März / –), ein begüterter Ratsherr, der als Anhänger Christi erst nach dessen Tode auftritt (→ Christus) und von Pilatus die Erlaubnis erbittet, den Leichnam vom Kreuz nehmen zu dürfen. Er ist bei Kreuzabnahme und Grablegung meist inschriftlich als der bezeichnet, der die Nägel herauszieht (aber auch → Nikodemus), der Christus an den Schultern faßt, in den Sarkophag legt, dem er sein für sich selbst bestimmtes Felsengrab zur Verfügung stellt.

Die Leg. Aur. erzählt: Als die Juden hörten, daß J. Christus ins Grab gelegt habe, »legten sie ihn in eine Kammer, versiegelten die und wollten ihn nach dem Sabbat töten. In der Nacht aber der Auferstehung hebt Christus das Haus auf an den 4 Enden, trocknet J.s Tränen, küßt ihn und führt ihn heraus, ohne daß die Siegel zerbrechen«, dargestellt im Passional der Äbtissin Kunigunde um 1320 (Prag, Staatsbibl.). Bei der Zerstörung Jerusalems durch Titus sieht dieser eine dicke Mauer und läßt sie aufbrechen; da sieht man einen alten Mann darin sitzen in weißem Haar, der sagt: »Ich bin Joseph von Arimathia, die Juden haben mich eingemauert, aber ich wurde bis zu dieser Stunde mit himmlischer Speise ernährt, im göttlichen Licht getröstet.«

Diese Legendenzüge werden in der mittelalterl. Gralsdichtung besonders ausführlich weitererzählt. Hier ist es dann J., der im Abendmahlskelch – der Kristallschale aus der Krone des gestürzten Luzifer – das Blut Christi aus der Seitenwunde auffängt und sie – als Gral – nach Westen bringen läßt.

In Einzeldarstellungen, die vom 15. Jh. an bekannt sind, trägt J. reiche bürgerliche Kleidung mit großer Kappe oder Spitzhut und hält 3 Nägel, Dornenkrone und Schale oder ein ziboriumartiges Gefäß in Händen: z. B. in der Lorenz-Kapelle in Rottweil, um 1500, oder auf einem Triptychonflügel von Bartholomäus Bruyn 1524.

Josua (italien. Giosue), der Begleiter und spätere Feldherr des Moses (2. Mose 24,13 und 33,11), den dieser zu seinem Nachfolger bestimmt (4. Mose 27,18). J. wird mit Kaleb als Kundschafter ausgesandt (4. Mose 13,6 und 16). Sie bringen eine riesige Weintraube als Zeichen der Fruchtbarkeit des verheißenen Landes zurück. J. ist nach dem Tode des Moses der Held und kriegerische Führer Israels.

Seine Geschichte der Eroberung Kanaans (um 1200, Jos. 1–24) ist in der abendländischen Kunst in beispielhaften Folgen zu finden. Eine Reihe der Szenen enthalten die Mosaiken von S. Maria Maggiore, Rom, 4./5. Jh., andere in feinster Federzeichnung finden sich auf der 10 Meter langen »Josua-Rolle« (ein Pergament aus dem 7. Jh., Rom, Vatikan, kopiert nach einem verlorenen Original des 5. Jh.). Die meisten Szenen werden in die Gegenüberstellung der typolog. Reihen (8) aufgenommen: So sind J. und Kaleb mit der Traube auf den Emails des Klosterneuburger Lettner-Ambos von 1181, die Durchschreitung des Jordan am Bronzetaufbecken des Hildesheimer Doms von 1250 dargestellt. Sprichwörtlich bekannt bleiben die vom Posaunenschall stürzenden Mauern von Jericho und der Ausspruch, den J. bei der Verfolgung der Amoriter tut: »Sonne steht still zu Gibeon, Mond im Tale Ajalom« (Aggalon, Oktateuch der Serailbibl., Konstantinopel). Die Folge bekannter Darstellungen enthält die Szenen: J. schickt Kundschafter nach Jericho; diese, von Rahab verborgen, werden von ihr am Seil über die Stadtmauer herabgelassen und kehren zurück; der gestaute Jordan wird trockenen Fußes durchschritten; 12 Männer aus den 12 Stämmen setzen das Steindenkmal; die Beschneidung der auf der Wüstenwanderung geborenen Kinder; die Erscheinung des Engels mit dem Schwert und die Verkündigung, wie Jericho erobert werden soll; die 7 Priester mit den 7 Posaunen und der Bundeslade, die 7mal die Stadt umschreiten, bis am 7. Tage die Mauern stürzen; die Eroberung der Stadt Ai; der König wird gehängt; Diebstahl Achans und dessen Steinigung; List der Gibeoniten; Sieg über die 5 Amoriterkönige; Verfolgung der Amoriter.

J. als Ritter an der Hand des ihn über den Jordan führenden Moses stellt ein Glasfenster von 1479 dar (Nürnberg, Lorenz-Kirche).

Irene, Hl. (5. April / 1. April). Sie wird als christl. Jungfrau in Aquileia unter Diokletian mit ihren Schwestern verfolgt, gefangen, nach Thessalonike verschleppt und dort dem Feuertode überantwortet.

Eine (die einzige bekannte) Altarfigur von 1772 in der Georgskirche von München-Bogenhausen gibt sie bürgerlich gekleidet mit Mantel und Kopftuch wieder, mit Palmzweig in den Händen, einen Scheiterhaufen zu Füßen.

Isaak, der beim Besuch der 3 Männer dem Abraham verheißene Sohn, durch das Bild der Opferung besonders und durch die Geschichte seiner Söhne Jakob und Esau von der frühchristl. Kunst an eine vertraute Gestalt.

Darstellungen und Literatur, → Abraham und → Jakob.

Isai → Jesse

Isebel → Elias

Isidor (span. Isidro), Hl. (15. Mai / 4. April), ein Bauer aus Madrid, um 1070 geboren, zeichnet sich durch eifrige Gebetsübung, Wohltätigkeit und treue Pflichterfüllung aus. Als sein Herr feststellen will, ob er durch seine Gebete seine Arbeit vernachlässige, sieht man 2 weiße Stiere, von einem Engel geleitet, pflügen, während I. im Gebet daneben kniet. Er stirbt 1130 »eines heiligen Todes«, wurde aber erst von Papst Gregor XV. 1622 heiliggesprochen. So sind Darstellungen in Süddeutschland und Österreich erst nach dieser Zeit häufiger bekannt. Sie geben ihn als Bauer in Hemd, Kniehose, kurzem Rock, derben Schuhen, barfuß je nach Gegend, werktäglich oder sonntäglich angetan, Hut oder Mütze haltend. Er ist der Patron der Bauern. Seine Attribute sind Pflug, Gabel oder Dreschflegel, Sense oder Spaten; dazu Rosenkranz und manchmal auch ein Kruzifix. Den Pflügenden, über dem segnende Engel schweben, stellt Joseph von Führich (Mannheim, Kunsthalle, 1839) dar. Auf einem Seitenaltar in Rott am Inn, 1770, zeigt Ignaz Günther den Heiligen mit einem Dreschflegel als Attribut.

Ismael → Abraham

Ismeria → Sippe, Hl.

Jubal → Tubalkain

Juda, der vierte Sohn → Jakobs, wird dargestellt als Löwe Juda im Liber Floridus des Lambert von St-Omer, (Handschriften in Gent, 1125, Wolfenbüttel u. a.).

Judas (italien. Giuda)

Judas Ischarioth, zum urspr. Jüngerkreis der Berufung (Matth. 10,4) gehörend, wird zur tragischen Gestalt des Verräters. Die Legenden (Leg. Aur. bei Matthias u. a.) versuchen, eine Begründung seines Schicksals durch eine der Ödipus-Sage entsprechende Erzählung. Er schließt sich Christus an, um Vergebung für Vatermord und Mutterehe zu erlangen, verfällt aber weiterer Täuschung als der »Schaffner«, der bei Matthäus, Markus und Lukas als geizig (bei Johannes: »der, der den Beutel trug mit dem was gespendet ward, doch er war ein Dieb«), in der Legende als betrügerisch erscheint. Er geht zu den Pharisäern, als er sich beim Mahl Simons des Aussätzigen über das kostbare Wasser ärgert, das ein Weib über das Haupt Christi gegossen hat, und spricht bei Maria und Martha, als erstere die Füße Christi mit köstlicher »Narde« salbt: »Diese Salbe hätte um 300 Groschen verkauft werden können.« Denn es war der Satan in ihn gefahren, und die Pharisäer boten ihm 30 Silberlinge, wenn er verraten würde, wie Christus zu greifen sei (Matth. 26,6–16; Mark. 14,3–11; Luk. 22,3–6; Joh. 12,3). In den Abendmahlsdarstellungen wird er immer mit dem Beutel in der Faust, beim Judaskuß, den mittelalterl. Spielordnungen entsprechend, auf mehreren Glasfenstern und Altartafeln mit dem gelben Rock und dem roten Haar des Verräters gekennzeichnet. In größeren Zyklen der Passion fehlt, wenn auch oftmals nur als kleine Nebenszene, nie sein Tod als Erhängter (nach Matth. 27,3–10; Apg. 1,16–19), der in der Leg. Aur. drastisch ausgelegt wird (für Darstellung, → Christus). In Höllendarstellungen zum Jüngsten Gericht wird auch häufiger der am Baum Erhängte angebracht.

Judas Makkabäus, die Heldengestalt, die mit gesteigerter Messias-Erwartung als 3. der 5 Makkabäersöhne des Hohenpriesters Mattathias um Unabhängigkeit und Reinheit des kultischen Judentums gegen die Tyrannei und Tempelschändung des Antiochus IV. Epiphanes von Syrien (175 bis 164 v. Chr.) kämpft und 162 fällt. Er wird mit seinen Brüdern Johannes, Simon, Eleasar und Jonathan, die teils rühmlich, teils verräterisch in diesen Kämpfen zugrunde gehen, in den beiden apokryphen Büchern des AT und weiteren Apokryphen geschildert und in den typolog. Zyklen als Gegenbeispiel zu Tempelreinigung, Gefangennahme, Kreuzigung und Beweinung herangezogen (8), auch als Prophet thronend neben der Kreuzigung auf einem Glasfenster um 1300 in der Stadtkirche St. Dionys zu Esslingen dargestellt.

Als besonderes Vorbild für die christl. Märtyrer gelten der Greis Eleaser und die 7 Söhne der Witwe mit ihrer Mutter, die grausam gemartert und getötet wurden, da sie sich den Geboten des Antiochus nicht fügten. Sie werden daher auch neben christl. Märtyrern sowohl im Hirs. Pass. als auch im Zwief. Mart. des 12. Jh. (23,24) dargestellt. Ein 1504 gestifteter Makkabäer-Schrein in St. Andreas, Köln, stellt auf seinen vergoldeten Messingplatten ebenfalls ihre Martyrien dar.

Judas Thaddäus und Simon Zelotes, Hll. (28. Okt.). Als Simon und Judas am selben Tag verehrt, zusammen genannt als die beiden letzten »Zwölfboten« der Apostelreihe. Beide gelten auch als Brüder Jakobi d. J., als Söhne des Alphäus und der Maria Kleophas in der → Hl. Sippe. An den Schreinen des 12./13. Jh. meist mit Buch oder Rolle dargestellt, trägt J. – auch Lebbäus, der Beherzte, genannt – als Attribut vom 13. Jh. an Beil oder Hellebarde, auch Schwert und Steine (die seine Henker erschlagen). Nach der Leg. Aur. schickt ihn der Apostel → Thomas nach der Himmelfahrt zu König Abgar von Edessa, wobei die Geschichte des Abgar-Bildes Christi erzählt wird (→ Christus). Dann – nach Pfingsten und Apostelabschied – wirkt J. in Syrien und Mesopotamien mit S., der zunächst in Ägypten lehrt, gelangt nach Persien, wo beide dem Feldhauptmann des Königs von Babylon, Baradach, Sieg und Frieden prophezeien, wie sie sich unmittelbar am nächsten Tage ereignen. Als Götter in Menschengestalt zu König Xerxes geführt, taufen sie ihn, den ganzen Hofstaat und viele Tausende im Land. Wiederholt zum Vernichten der feindlichen Gewalten aufgefordert, ist ihr ständiges Wort: »Nicht zu töten, sondern lebendig zu machen sind wir gekommen.« Nach zahlreichen Wundertaten, mit denen sie die Machtlosigkeit der Zauberer beweisen und die Abgötter stürzen, erregen die Zauberer im Lande einen Aufstand der Priester, die beide Apostel erstechen, nach anderen Legenden enthaupten oder J. mit einer Keule, S. mit einer Säge zu Tode martern lassen. Ein gewaltiges Unwetter erschlägt Priester und Zauberer. Die Leichen der beiden Heiligen läßt der König suchen, bestatten und eine große Kirche darüber bauen.

Szenen mit Baradach und Xerxes sind in der Vita et passio apostolorum, einer Prüfeninger Handschrift von 1170/80, dargestellt (München, Bayer. Staatsbibl.). Kupferstiche von Schongauer (1491) und Israhel van Meckenem (um 1500) geben J. und S. mit Keule bzw. Hellebarde und Säge wieder, wie das den vielen Darstellungen an den Predellen der Altäre des 15./16. Jh. entspricht.

Judas, Levit, → Quiriacus, → Zachäus

Judith (italien. Giuditta). Mit dem »Buch Judith« beginnen die Apokryphen des AT. Holofernes, der Feldhauptmann Nebukadnezars (→ Achior), belagert Bethulia, eine Stadt bei Samaria, Vorposten von Jerusalem. J., die fromme und schöne Witwe, entschließt sich, die verzweifelt Eingeschlossenen zu retten. Sie gibt sich den assyrischen Wächtern als verfolgte Fliehende aus, die dem Holofernes Wichtiges raten könne. Holofernes, entzückt von ihrer Schönheit, bittet sie zu seinem Gelage. Als seine trunkenen Diener gegangen, liegt er selbst trunken auf dem Bett. J. ergreift sein über ihm hängendes Schwert und schlägt ihm das Haupt ab, verbirgt es im mitgebrachten Sack und erreicht mit ihrer Magd die Heimkehr nach Bethulia. Sie läßt das Haupt über die Mauer hängen, erschreckt fliehen die führerlosen Assyrer, werden von den Verfolgern geschlagen, und J. wird als die große Erretterin gefeiert.

In den typolog. Handschriften des 14. Jh. (8) wird J. mit dem Haupt des Holofernes als Heldin neben → Jael, die Sisera tötet, und Tomyris, die Cytus das Haupt abschlägt (Rubens 1633, Paris, Louvre), der Maria, die den Teufel besiegt, gegenübergestellt. Im 15./16. Jh. sind Darstellungen bekannt von J. mit der Magd, die den Sack oder einen Korb mit dem Haupt auf dem Kopfe trägt (Botticelli 1470, Florenz, Uffizien; Ghirlandaio 1480, Berlin, Staatl. Museen). Wie stark das Thema die Künstler in dieser Zeit bewegt, zeigt auch die Bronzegruppe Donatellos, um 1460, in Florenz. Zahlreiche äußerst realistische Fassungen, die J. mit dem abgeschlagenen Haupt zeigen, malte Cranach d. Ä. zw. 1526 und 1536 (Stuttgart, Wien, Gotha u. a.).

Jünglinge im Feuerofen → Daniel

Jüngstes Gericht → Gericht

Juliana, (französ. Julienne; span. Illana)

Juliana, Hl. (16. Febr.), verweigert dem Richter Eulogius von Nicodemia als Christin die Ehe, wird nackt ausgezogen, mit Ruten geschlagen, an den Haaren aufgehangen und – nachdem flüssiges Blei auf ihr Haupt gegossen wurde – gefesselt und in den Kerker geworfen. In Engelsgestalt erscheint ihr der Teufel, aber sie hört nur eine Stimme vom Himmel, erkennt, fesselt und schlägt den Teufel mit den Ketten, die von ihr abfallen, zieht ihn hinter sich her, als man sie aus dem Kerker holt, und wirft ihn auf dem Marktplatz in die Latrine. Sie wird dann aufs Rad gespannt, das ein Engel zerstört, der sie dann heilt, anschließend in einen Kessel mit siedendem Blei gesetzt, bleibt unbeschädigt und wird enthauptet – der Teufel erscheint und muß fliehen, der Richter ertrinkt mit 30 Mann auf einer Meerfahrt.

Das Hirs. Pass. des 12. Jh. (23) bringt J. mit dem zu Boden geworfenen Teufel und, statt des Ölkessels, in Flammen stehend; im Zwief. Mart. (24) faßt sie einen riesigen Teufel an den Haaren und hält eine mächtige Kette, um ihn zu schlagen. An einem Ostchorpfeiler von Worms, um 1125 bis 1130, steht sie als Hochreliefgestalt in die Wand eingelassen auf dem Teufel, nach dem ein Engel hinter ihr sticht (bzw. die Fessel hält?), mit der Inschrift: »Otto me fecit, Adelbraht monetarius.« In späteren Darstellungen tritt sie mit Buch und Märtyrerkrone auf, den Teufel meist in bittflehender Gebärde zu Füßen wie am Chorgestühl von St. Stephan, Wien, Ende 15. Jh.

Juliana von Mont Cornillon (von Lüttich), Hl. (5. April / 7. Aug.). Auf eine Vision der Augustinerchorfrau, die um 1192 in Retienne bei Lüttich geboren wurde und 1258 in Fosses bei Namur starb, geht die Einführung des Fronleichnamfestes 1264 zurück.

Julitta und Quiricus (französ. Cyr, Cerdre, Cergue; portug. Querido), Hll. (30. Juni / –). Eine vornehme Christin von Ikonium flieht mit ihrem 3jährigen Söhnchen Qu. während der Diokletianischen Verfolgung über Seleukia nach Tarsus. Dort wird sie aber ergriffen und vor den Richter gebracht. Als er sie angesichts des Kindes mit Riemen schlagen läßt, zerkratzt das empört schreiende Kind dem Richter, der es herzen und zu sich bekehren will, das Antlitz. Da schleudert er es vom Richterstuhl, daß es tot liegen bleibt, und läßt J. enthaupten.

Ein Altarflügel aus Tramin um 1500 zeigt J. in bürgerlicher Tracht, matronenhaft mit Mantel und Kopftuch, den kleinen Qu. in langem Kleid an der Hand führend.

Jungfrauen, kluge und törichte, → Christus (Gleichnisse), → Gericht, Jüngstes

Justina, Hl. (7. Okt.), von Maximinian Herkuläus, dem Mitkaiser Diokletians, als christl. Jungfrau in Padua zum Tode verurteilt, wird von einem Soldaten unmittelbar danach, ehe der Henker kommt, mit dem Schwert durchbohrt. Ihre Verehrung ist durch Venantius Fortunatus schon für das 4./5. Jh. bezeugt.

Der Türflügel eines Reliquienschreins in der Kirche vom ehem. Lügumkloster (bei Tondern, Nordschleswig, Dänemark), um 1300 und eine Altartafel in Geisenheim (Rheingau) um 1500 geben sie in langem Kleid und Mantel mit Buch und Schwert bzw. auch mit Palme und Krone wieder.

Justina und Cyprian von Antiochien, Hll. (26. Sept. / –). J., die schöne Jungfrau aus Antiochia, lehnt alle Heiratsanträge eines Verehrers ab, da sie sich Christus anverlobt habe. Der abgewiesene C. versucht, sie mit allen Mitteln eines Zauberers, der sich teuflischer Mächte bedient, für sich zu gewinnen. J. widersteht allen Versuchungen und bewahrt sich jeweils mit dem Zeichen des Kreuzes, das sie über sich macht. C. erkennt seine Ohnmacht, bekehrt sich, wird getauft, Diakon und schließlich Bischof von Antiochia. Durch die Diokletianische Verfolgung werden beide ergriffen und um 280 nach Nikomedia gebracht. Sie werden in einen mit geschmolzenem Pech gefüllten Kessel geworfen, und der heidnische Priester will ihnen ihre Kraft nehmen, da verbrennt er selbst im herausschlagenden Feuer. Nun läßt man sie enthaupten.

Im Zwief. Mart. des 12. Jh. (24) richten 2 kleine Teufel ihre Bogenschüsse auf die mit vor der Brust erhobenen Händen stehende J. in langem Gewand. Ihre Pfeile fliegen über sie und den neben ihr stehenden C. hinweg, an den sich ein kleiner Teufel klammert; darunter die Inschrift: »Cyprianus magus postea martyr.« – Ein Stück der Wandmalerei im Kapitelsaal von Brauweiler aus der 2. Hälfte 12. Jh. stellt beide unbekleidet in einem Kessel stehend dar, die Hände lobpreisend erhoben. J. allein steht auf einer Altartafel um 1400 (Köln, W.-R.-Museum) in jungfräulicher Tracht, einen Palmzweig in der Linken, die Rechte segnend erhoben, während am Boden neben ihr eine kleine Teufelsfigur kauert. Mit Einhorn gibt sie Moretto auf einem Altarbild von 1530 (Wien, Kunsthistor. Museum) wieder.

Justinus → Aureus und J.

Justus (italien. Giusto), Hl. (18. Okt. / –). Von christl. Eltern in Auxerre geboren, zieht J. mit seinem Vater auf die Suche nach einem Onkel, der als Knabe geraubt und als Sklave verkauft worden war. Sie finden ihn in Amiens, doch gerät J. auf der Heimreise in die Hände der Häscher des Rictiovarus, der als erbitterter Christenfeind J. enthaupten läßt, als dieser weder seinem Glauben entsagen noch den verborgenen Aufenthalt seiner Begleiter verraten will. Der Enthauptete nimmt sein Haupt und trägt es zu seinem Vater.

Um 1150 ist J. in dem sog. Cicero-Kodex von Corvey, wo ein Teil seines Hauptes als Reliquie bewahrt wurde, dargestellt in kurzem, gegürtetem Rock, engen Beinkleidern und Mantel, die Märtyrerpalme in Händen. Die Silberbüste aus der Kirche in Flums (Zürich, Landesmuseum) gibt den jugendlichen Heiligen um 1500 ohne Kopf, das abgeschlagene Haupt in Händen, wieder.

Ivo (französ. Yves, Evain; span. Ibo; engl. Evan, Ives), Hl. (27. Okt. / 19. Mai). In Kermartin (Bretagne) 1253 geboren, schicken seine christl. Eltern ihn mit 14 Jahren zum Studium der Rechte, der Philosophie und Theologie nach Paris. Er beginnt seine Laufbahn als Offizial des Bischofs von Rennes, ist anschließend in gleicher Stellung in Tréguir tätig, wird 1284 Pfarrer von Trédrez und Louannes. Seine asketische und dem Gebet hingegebene Haltung, seine selbstlose Tatkraft, mit der er sich für Arme und Bedrängte vor dem weltlichen und geistlichen Gericht einsetzt, geben ihm den Ehrentitel »Advokat der Armen«, als er 1303 stirbt. Von Papst Klemens VI. 1347 kanonisiert, gilt der ehem. Jurist als Patron der Juristen.

In engen Beinkleidern, halblangem Rock mit Gürtel, Gelehrtentalar und Barett und mit Buch als Attribut stellt ihn eine Altarfigur von 1450 in Vic (Lothringen) dar, während ihn ein Glasfenster von 1524 in der Universitätskapelle des Freiburger Münsters in klerikaler Tracht wiedergibt, ein Schriftstück in Händen, Bücher zu Füßen. Ähnlich auch spätere Darstellungen.

Iwan, Hl. (24. Juni / –). Zwischen Prag und Karlstein 14 Jahre lang in einer Höhle verborgen, soll er der Sohn eines dalmatinischen Fürsten gewesen sein, der sich zum gebeterfüllten Einsiedlerleben entschlossen hat. Eine von Jägern verfolgte Hindin, die bei ihm Zuflucht sucht, führt zu seiner Entdeckung. Er stirbt um 900; über seinem Grab ist später ein Benediktinerkloster erbaut worden. Krückstock oder Wanderstab und die von Pfeilen getötete Hindin sind die Attribute des in langem Kleid mit Gürtel, Mantel und Mütze, den Wanderhut über der Schulter, Dargestellten, wie eine Altarstatue des frühen 18. Jh. in Alt-Bunzlau, eine spätere des 18. Jh. in Postubitz ihn wiedergeben.

K

(siehe auch C)

Kain, s. a. Brudermord bei → Abel. In jüd. und christl. Legenden findet die tragische Gestalt des K. nach 1. Mose 4,1 ff. eine ausführliche Fortsetzung. Die Darstellung seines Todes kann besonders in italien. und französ. Werken des Mittelalters nachgewiesen werden (Fassade des Doms in Modena, Kapitell des Doms in Monreale, Kapitell in Autun u. a.).

Der blinde Lamech, ein eifriger Jäger, wird von seinem Sohn Tubalkain geführt. Dieser glaubt, ein Wild im Busch zu sehen; Lamech schießt und trifft Kain tödlich. Aufs höchste entsetzt, erschlägt er den Knaben.

Bei 1. Mose 4,23 und 24 bezichtigt sich Lamech, einen Mann und einen Knaben erschlagen zu haben: »Kain soll siebenmal, Lamech aber siebenmalsiebzig gerächt werden.« Die typolog. Reihen bringen den Brudermord als Gegenbeispiel zum Judaskuß, zu Geißelung und Kreuzigung (8).

Kajetan von Tiene (französ. Gaétan; italien. Gaetano, Gaggio), Hl. (7. Aug.). Aus venezianischem Adel 1480 in Vicenza geboren, von seiner Mutter dem geistlichen Stand gelobt, studiert er zunächst Rechtswissenschaften, wird aber 1516 Priester. Von 1523 an in Rom, Venedig und Neapel tätig, widmet er sich besonders der Krankenpflege und gründet 1524 die Theatinerkongregation, die von Papst Klemens VII. unmittelbar bestätigt wird. Er selbst übernimmt die Leitung in Neapel. Im Bußgewand auf Brettern schlafend, stirbt er 1527, ist 1671 von Papst Klemens X. kanonisiert und 1672 zum Patron des Kurstaates Bayern erwählt worden.

Einzelstatuen wie die von 1745 in der Gallus-Kirche

von Pofitsch und eine andere 1781 in Kloster Reisach/Inn zeigen ihn in gegürteter Sutane mit kurzem Kapuzenmantel; als Attribut deutet ein Rosenkranz auf sein anhaltendes Gebet, ein Totenkopf auf seine Weltentsagung, ein Jesuskind auf seinen Armen auf seine innige Liebe zum Erlöser.

Dem Patronat geht die Gründung der Theatinerkirche in München 1662 (als Dankvotivkirche für die Geburt des Erbprinzen) voraus, die 1688 bzw. 1768 (Fassade) nach dem Vorbild von S. Andrea della Valle in Rom vollendet wurde; seine Marmorstatue steht in einer der Fassadennischen; ein Altargemälde von Sandrart, im südl. Querschiff, 1667, zeigt K. als Pesthelfer. In der 6. Nordkapelle des Überlinger Münsters ein Altarrelief von G. A. Machein mit K.s Vision der Milch spendenden Madonna (1721).

Kaleb → Josua

Kallistus (Calixt), Papst, Hl. (14. Okt.). Ein von Juden verbannter Sklave wird als Freigelassener in Rom Diakon des Papstes Zephirinus und 217 dessen Nachfolger. Er gilt als einer der bemerkenswertesten Päpste der Frühzeit. Sein Martyrium findet nach der Legende noch unter Kaiser Alexander Severus (222–235) statt, der ihn einkerkern läßt. Im Gefängnis predigt, heilt und tauft er, bis man ihn aus dem Fenster wirft und in einen Brunnen stürzt.

Im Hirs. Pass. des 12. Jh. (23) wird er rechts aus einem Turm zum Fenster hinaus, links kopfüber mit einem Mühlstein um den Hals in einen Brunnen geworfen. Eine weitere Darstellung zeigt »König Alexander«, auf dessen Befehl die Getauften enthauptet und ihre Köpfe auf den Zinnen der Stadtmauer zur Schau gestellt werden. Das Zwief. Mart. des 12. Jh. (24) gibt die Stadtmauer mit den Köpfen und 2 Henkern, darunter K. nur noch mit dem Kopf aus einem Brunnen ragend. Eine Altarfigur in Mailing (Obb.) zeigt ihn in Pontifikalkleidung, mit Tiara,

Kreuzstab und Buch. Ein Altarflügel (Nürnberg, German. Nat.-Museum) um 1500 und eine Statuette am Chorgestühl (1487) im Wiener Dom geben ihn mit den gleichen Attributen wieder.

Kandidus (candidus = der Reine), Hl. (22. Sept.), nach der Legende einer der Obersten der → Thebäischen Legion, der auf Befehl Kaiser Maximians 302 in Agaunum (St-Maurice, Wallis) mit den ›Dezimierten‹ enthauptet wurde.

In Kettenpanzer, Kettenbeinschutz, Mantel und Topfhelm gibt ihn ein Glasfenster um 1250 im Straßburger Münster wieder, die Lanze in der Rechten, einen Schild mit Kreuzzeichen am linken Arm. Am Chorgestühl der Kathedrale von Lausanne trägt er im frühen 16. Jh. Plattenrüstung mit kreuzgeschmücktem Waffenrock und ein Schwert in der Linken.

Das ihm zubenannte Kandidus-Kirchlein von Kentheim bei Hirsau zeigt in den Wandmalereiresten des Chors, Ende 13. Jh., einen der 23 Heiligen des Namens K. Dieser wird hier beim Zelebrieren der Messe ergriffen und mit einer Lanze durchstochen.

Kantius, Kantianus und Kantianilla, Hll. (31. Mai / –), drei christl. Geschwister der Familie der Anicier, fliehen unter Diokletian aus Rom nach Aquileia, nachdem sie in Rom ihre Besitztümer verkauft, den Armen gespendet und ihre Sklaven freigelassen haben. Sie werden aber in Aquileia ergriffen und auf Befehl des Präfekten enthauptet. Ihre Reliquien gehörten im 11. Jh. zu den besonders verehrten im Dom zu Hildesheim und ruhen in dem um 1200 entstandenen Epiphanius-Schrein, an dessen Schmalseite sie dargestellt sind: Kantius und Kantianus in anliegenden Beinkleidern, kurzem Rock mit Gürtel und Mantel, Kantianilla lang gewandet mit Mantel und Schleier. Alle drei tragen einen Stab in Händen, der vermutlich urspr. ein Schwert war. – Nach späterer Legende stellt eine Tafel des Krainburger Altars um 1520 (Wien, Kunsthistor. Museum) ihre Flucht im zweispännigen Wagen mit einem zusammenbrechenden Pferd und ihre Enthauptung dar.

Kanut, Hl. (19. Jan. / 10. Juli), 1040 geboren, 1080 König von Dänemark, strebt als eifriger Christ nach Ausbreitung des Glaubens. Streng bedacht auf das Ansehen der Geistlichen, die Beobachtung der Kirchengebote und Zehntsteuern, erwachsen ihm Widerstände; in der St.-Albans-Kirche von Odense wird er 1086 ermordet, nach der Legende durchbohrt ihn ein Speer vor dem Altar.

Wandgemälde in Heidberg und Skive (Jütland), kurz vor und um 1500, stellen ihn einerseits in schaubenartigem Rock, in Strümpfen und »Ochsenmaulschuhen«, andererseits in Rüstung dar. Beide Male trägt er ein Schapel aus Rosen, Schwert und Banner. Das Siegel der Kanutsgilde von Landskrona zeigt ihn thronend in langem Gewand und Mantel, gekrönt, mit Zepter und Reichsapfel, ein Holzschnitt um 1490 in Plattenrüstung mit Krone, Banner und Schwert.

Karl Borromäus, Hl. (4. Nov.). Als Graf Borromeo 1538 in Arona (Lago Maggiore) geboren, studiert er die Rechte in Pavia, wird von Papst Pius IV., seinem Onkel, nach Rom berufen, 1560 zum Kardinal und Erzbischof von Mailand ernannt, wo er seit 1565 residiert. Wiedereröffnung, kraftvolle Durchführung und Abschluß des Konzils von Trient werden als sein besonderes Verdienst genannt. Seine asketische Strenge, die er auch vom Ordensklerus verlangt, und seine Aufhebung des Humiliatenordens veranlassen einen Mönch, auf ihn zu schießen. Seine selbstlose, aufopfernde Seelsorge und seine Bittgänge bei der Pest von 1576 erschüttern seine Gesundheit. Er stirbt 1584. 1610 spricht ihn Papst Paul V. heilig.

In den Darstellungen des 17. und 18. Jh. trägt er Talar, Rochett, Mozzetta und Birett, als Attribut meist ein Kruzifix. Dazu können ein Strick um den Hals (Zeichen der Pestbittgänge), Totenkopf, Pfeile (Pest), Mitra und Kardinalshut am Boden neben dem barfüßig Stehenden kommen. Ein Gelöbnis Kaiser Karls VI. führte nach dem Pestjahr von 1713 zum Bau der Karl-Borromäus-Kirche in Wien, die 1716–39 Johann Bernhard Fischer von Erlach und sein Sohn Josef Emanuel errichten.

Karl der Große (französ. Charlemagne), (28. Jan.). 742 geboren, übernimmt er nach dem Tode seines Vaters Pippins d. Kl. (751 zum König der Franken gesalbt) 768 Titel und Regierung gemeinsam mit seinem Bruder Karlmann, nach dessen Tod 771 die Alleinherrschaft. Er wird am 25. Dezember 800 in Rom zum Kaiser gekrönt und beendet sein tatenreiches Leben in Aachen, wo er 814 in seiner Pfalzkapelle, dem Aachener Münster, in einem röm. Marmorsarkophag – mit Proserpina-Darstellung – beigesetzt wird.

Die geschichtliche Bedeutung seiner überragenden Persönlichkeit spiegelt sich in Legenden und späteren Darstellungen als riesiger Wuchs mit übernatürlichen Kräften. Sie ist in seinen Kriegszügen, Romfahrten, der umfangreichen Christianisierung und der kulturellen Ordnung des ersten großen, unter ihm entstehenden abendländischen Reiches genugsam begründet. Die bewundernd anerkennende Verehrung, die ihm Kaiser Otto III. mit der legendären Gruftöffnung zollt, wird auf Friedrich Barbarossas Veranlassung zur Heiligsprechung von 1165 (bzw. 1176: Verehrung »gestattet, nicht anerkannt«). Ihr entspricht die nimbiert thronende Darstellung an der Schmalseite des silbervergoldeten Karlsschreins (Aachen, Domchor) von 1215, in den seine Gebeine durch Kaiser Friedrich II. eigenhändig eingeschlossen wurden.

Als zeitgenössische Darstellungen gelten neben der Metzer Reiterstatuette (Paris, Louvre) die Münzen, die Stuckfigur in der Klosterkirche St. Johann in Müstair (Graubünden) und die nur in Nachzeichnungen erhaltenen Mosaiken in Rom. Aus der Fülle der Legenden (sie sind einzeln in 9 verschiedene andere der Leg. Aur. eingestreut und erst in späteren Sammlungen zusammengetragen) erscheint als früheste Darstellung die der Deckelplatten des genannten Karlsschreins von 1215: die Beichte und Sündenvergebung durch das vom Engel gereichte Spruchband (»Brief«); Weihe und Übergabe von Reliquien (der Dornenkrone durch den Kaiser von Byzanz); der verloren geglaubte Handschuh mit den Blumen vom Kreuzholz erreicht den Wegreitenden mit einem Sonnenstrahl; er beweint die in einer Kapelle Eingeschlossenen, sein Gebet befreit sie; er sieht den ausreitenden Rittern nach, schaut ihren Tod voraus, muß festgehalten werden, damit er sie nicht zurückruft; er wird vom → hl. Jakobus d. Ä. im Traum zur Hilfe gegen die Mauren aufgefordert, betet zum hl. Jakobus, und die Mauern von Pamplona stürzen in sich zusammen. – Wieder andere Szenen enthält die Dichtung – wie das Rolandslied von 1130 mit seinem reichen Nachleben in der Volkskunst Siziliens.

Kaspar → Drei Könige

Kassian, Hl. (13. Aug., Bozen-Brixen). Der von Säben-Brixen vertriebene Bischof soll in Bayern das Evangelium verkündet haben und wird mit dem hl. Kassian von Imola gleichgesetzt, den seine Schüler mit Griffeln zu Tode marterten.

Eine Altartafel von 1498 in St. Kassian, Regensburg, stellt ihn in Pontifikaltracht thronend dar, mit Stab und aufgeschlagenem Buch, auf dem seine Hand ruht.

Kassius, Hl. (10. Okt., Köln), mit → Gereon zu den Märtyrern der → Thebäischen Legion gehörend, mit diesem enthauptet, wird den 4 Kölner Stadtpatronen zugerechnet und ist zugleich mit → Florentius Patron des Kassius-Münsters in Bonn.

Darstellungen im rheinischen Gebiet bringen ihn ritterlich gerüstet mit Schild, Schwert und Lanze.

Kastor, Hl. (13. Febr., Trier), Schüler des hl. Maximin von Trier († 349), wird von diesem zum Priester geweiht. Er läßt sich in Karden/Mosel nieder, vereinigt dort Gefährten zu einem vorbildlichen, heilig erfüllten Leben und stirbt in Karden um 400. – Bischof Weomodus († 791) erhob seine Gebeine, um sie in der Paulinus-Kirche von Karden beizusetzen. Bischof Hetti († 847) ließ die Reliquien 837 nach Koblenz in die von ihm erbaute Kirche St. Kastor überführen.

Darstellungen, die ihn in priesterlicher Meßkleidung mit Buch und Kirchenmodell zeigen, sind vom 13. Jh. an im rheinischen Gebiet erhalten, die frühesten auf dem Siegel des Kastor-Stiftes und in der Apsis des Kastor-Münsters.

Kastorius, Klaudius, Sempronianus, Nikostratus und Simplicianus, Hll. (8. Nov. / –), sind 5 von Diokletian verfolgte Märtyrer. Diokletian läßt sie mit Stachelgeißeln (»Skorpionen«) martern, in Bleisärge einschließen und in den Fluß werfen. Die 4 ersten sind Steinmetzen gewesen und haben sich geweigert, Götterbilder zu meißeln; Simplicianus soll durch sie bekehrt worden sein. Die aus dem Wasser erhobenen Leichname sollen in Rom in der Katakombe ad duas lauros an der Via Labicana bestattet, von da in die Kirche der hll. Viergekrönten (Quattuor → Coronati) übertragen worden sein. Nachdem die vergessenen Namen der eigentlichen Viergekrönten – Severius, Severianus, Carpophorus und Victorinus – wieder geoffenbart worden waren, wurde bestimmt, sie gemeinsam mit den 5 obigen zu verehren. Reliquien des hl. Kastorius kamen 1053 nach Tegernsee.

Alle gelten in Handwerkertracht mit Hammer und Meißel, auch mit Reißschiene, Zirkel und Zeichenbrett als Patrone der Steinmetzen, Maurer und Bildhauer. Die Marmorgruppe von Nanni di Banco stellt alle vier um 1415 an Or S. Michele in Florenz dar. Als Märtyrer mit Hammer bringt sie das Zwief. Mart. des 12. Jh. (24), als Gekrönte ein Grabstein von 1513 des Hüttenmeisters Denk in Steyr, als Patrone ein Siegel der Steinmetzhütte von St. Stephan, Wien, 1651. Kastorius allein ist als Altarfigur 1620 in der Sakristei der Klosterkirche von Tegernsee, im Tegernseer Psalter von 1515 (München, Bayer. Staatsbibl.) und weiteren Darstellungen, meist in langem Kleid mit Mantel, Hut oder Mütze und Spitzhammer, bekannt.

Kastulus, Hl. (26. März, München), der Kämmerer des Kaisers Diokletian, bietet als Christ in seiner Wohnung neben dem Palast verfolgten Glaubensgenossen ein sicheres Versteck und ist eifrig für den Glauben tätig. Angezeigt, läßt ihn der Präfekt lebend in eine Grube stürzen und mit Sand zuschütten.

K.s Reliquien kamen nach Moosburg (Obb.) und wurden 1604 nach Landshut übertragen. An der Stiftskirche von Moosburg zeigt ihn ein Bogenfeld von 1175; zahlreiche Darstellungen sind vom 15. Jh. an in Oberbayern erhalten. In Moosburg nur in Tunika und Mantelpallium mit Märtyrerpalme wiedergegeben, zeigen ihn spätere Bildwerke meist in Rüstung mit Mantel und Fürstenhut (auch Barett), mit Schwert, Banner oder bewimpelter Lanze, mit Palmzweig und gelegentlich auch mit dem kennzeichnenden Spaten seines Martyriums. Nach anderen Legenden vorangehende Martern sind manchmal durch einen Baum, an den er gebunden worden, angedeutet. – Eine Altarfigur von Hans Leinberger ist zw. 1513 und 1515 für den Hochaltar in der Stiftskirche von Moosburg entstanden.

Katharina von Alexandrien, Hl. (25. Nov.). Als sich des Kaisers Sohn um die gelehrte Königstochter von Cypern bewirbt, sieht diese in einem Spiegel, daß der Bewerber ihr nicht an Adel, Schönheit, Reichtum und Weisheit entspreche. Ein Einsiedler weist sie auf Christus als den Besten und rät ihr, sich an die Madonna zu wenden, die sie bei 2 Erscheinungen abweist, bis sie sich taufen läßt. Da erlebt sie »im Traume entzückt«, wie das Jesuskind ihr den Verlobungsring an den Finger steckt. Sie wird aufgefordert, in Alexandria am Opferfest des Kaisers Maxentius teilzunehmen, tritt diesem entgegen und beweist ihm mit gelehrten Worten, daß seine Götter Abgötter geworden seien. Der Kaiser läßt 50 Philosophen kommen, K. widerlegt und überzeugt alle, so daß sie sich zu Christus bekennen. Sie werden vom enttäuschten und erzürnten Kaiser unmittelbar dem Feuertod überantwortet. K. wird gegeißelt, im Kerker bringt ihr eine weiße Taube Nahrung, ein Engel tröstet sie. Von Träumen erschreckt, bittet die Kaiserin den Kerkermeister um Einlaß zu K. – beide schauen Engel, die ihre Wunden salben. Sie bekehren sich, von K. überzeugt, mit 200 Rittern zu Christus. Der Kaiser läßt sie nach grausamen Martern alle enthaupten und befiehlt, ein Rad mit spitzen Messern und Nägeln aufzurichten, um auch K. zu martern. Blitz und Donnerschlag zerstören das Rad und erschlagen die Henker. Aufs äußerste gereizt, läßt der Kaiser K. enthaupten. Engel tragen ihren Leib auf den Sinai und legen ihn in ein »zierliches Grab aus Marmelstein«.

Verlobung, Disputatio mit dem Feuertod der Weisen, das zerspringende Rad, Enthauptung und Grablegung durch die Engel sind vielfach dargestellt schon in der Buchmalerei des 13. Jh. und später auf Altären. Ein umfassender Freskenzyklus von Masolino in S. Clemente, Rom, 1428, enthält fast alle Legendenszenen. Die Einzelgestalt der K. ist bereits vom 12. Jh. an in überaus zahlreichen Darstellungen bekannt: Gekrönt, meist in fürstlich betonter Kleidung, ist ihr Kennzeichen oft nur das Stück eines Rades mit Nägeln, dazu Schwert und Palme, unter ihren

Füßen mehrere der besiegten Philosophen oder als einzeln gekrönte Gestalt der Kaiser.

Als Nothelferin gegen Leiden, Gehemmtheit der Zunge angerufen, gehört sie, oft mit → Barbara und → Margareta dargestellt, zu den ›Virgines capitales‹. Als Patronin nehmen sie die Universitäten, aber auch die Wagner und Müller in Anspruch.

Katharina von Siena, Hl. (30. April / 29. April). Schon mit 7 Jahren legt die 1347 in Siena als Tochter eines Wollfärbers geborene K. das Gelübde der Jungfräulichkeit ab, verweigert 15jährig als Tertiarierin des Dominikanerordens die Ehe und nimmt Schmähung und niederen Küchendienst auf sich, bis Eltern und Verwandte, vom Ernst ihres Strebens überzeugt, ihr den Eintritt ins Kloster gewähren. Außer asketischer Strenge gegen sich selbst, äußerster Hingabe in der Pflege von Kranken und Armen, zeigt sich mehr und mehr ihre seherische Begabung, in ekstatischen Zuständen des Gebets werden ihr Erscheinungen zuteil; Christus reicht ihr den Brautring. Statt eines goldenen Ringes wählt sie in einer solchen Entrückung die Dornenkrone und empfängt die Wundmale. Mit inständigen Gebeten erfleht sie für Mutter und Vater Lösung aus dem Fegefeuer, deren Schuldpein sie auf sich nimmt. Legenden berichten ferner, wie sie bei einer Teuerung Brot aus dem als verdorben geltenden Mehl bäckt und ihre Umgebung damit ernähren kann. Erhalten sind auch Briefe an höchste weltliche und geistliche Persönlichkeiten, die ihren Rat in den Wirren der Zeit verlangen. So soll sie 1376 die Rückkehr des Papstes von Avignon nach Rom bewirkt und den Frieden von Florenz vermittelt haben. Sie stirbt 1380 in Rom, ist in S. Maria sopra Minerva beigesetzt und 1461 heiliggesprochen worden.

Deutsche Darstellungen sind von da an besonders in Dominikanerinnen-Klosterkirchen nachweisbar und stellen sie mit langem gegürtetem Gewand, Skapulier, Wimpel, Weihel und Schleier dar, mit der Dornenkrone darüber. In Händen trägt sie ein Herz, aus dem Flammen ihrer glühenden Verehrung schlagen oder ein Kreuz hervorwächst. Seltener sind ihr auch Buch, Lilie und Rosenkranz beigegeben. Mit → Gereon stellt sie eine Reliefplatte von 1520 dar (Nürnberg, German. Nat.-Museum).

Katharina von Vadstena, Hl. (24. März), die 1331 geborene Tochter der→ hl. Birgitta von Schweden, vermählt sich 1345, lebt aber mit ihrem Mann in jungfräulicher Ehe bis zu dessen Tode und bleibt von da an die treue Begleiterin ihrer Mutter, mit der sie 1372 die Pilgerfahrt ins Hl. Land unternimmt. Sie bringt, als die Mutter in Rom stirbt, die Gebeine in das von dieser gegründete Kloster Vadstena (Schweden), wird dort 1374 Vorsteherin, bekommt 1379 die päpstliche Bestätigung mit der Regel des Birgittinerinnenordens und stirbt 1381.

In der Tracht ihres Ordens hält sie als Attribut Buch und Ampel oder Lampe, diese oft auf dem Buch, dazu einen Lilienstengel, wie Holzschnitte des 15. Jh. in München und Maihingen zeigen. Auf einem Wandteppich des 13./14. Jh. aus Wimpfen (Darmstadt, Hess. Landesmuseum) ist ihr der Hirsch beigegeben. Dieser erschien ihr bei einer Wallfahrt, als ein vornehmer Mann sie mit Gewalt zur Ehe zwingen wollte, und verhinderte diesen, sie zu ergreifen.

Kilian, Hl. (8. Juli, Würzburg). Legenden betonen die Zugehörigkeit des vornehmen Iroschotten zur Klosterregel des → hl. Kolumban und schildern, wie er strebt, dienender Bruder zu sein, wie er die Einsamkeit aufsucht, schließlich, um Wissenschaft bemüht, die Bischofsweihe erhält und für die Bestätigung seines inneren Auftrags, Glaubensbote zu sein, nach Rom pilgert. Im ostfränkischen Gebiet um Würzburg wird ihm zur Ausbreitung des Glaubens die Predigterlaubnis erteilt. Mit seinen Schülern, dem Priester Kolonat und dem Diakon Totnan, stürzt er heidnische Altäre und Götterbilder, erreicht zahlreiche Bekehrungen und vollzieht endlich auch an Herzog Gozbert die Taufe. Doch zieht er sich den Haß von dessen Gemahlin und ehem. Schwägerin Geilana zu, als er die Trennung ihrer unrechtmäßigen Ehe verlangt. In Abwesenheit des Herzogs läßt sie K. und seine Gefährten 689 beim nächtlichen Gebet heimlich überfallen und enthaupten und über dem Kapellenort einen Pferdestall errichten, den aber die Pferde scheuen. Dem heimkehrenden Gozbert sollen die vom Wahnsinn geschlagenen Mörder die Tat gestanden, einer Einsiedlerin, die die blutgetränkte Erde gesammelt hatte, den Ort gewiesen haben, über dem zunächst Teile des ältesten Dombaus und nach Erhebung der Gebeine 752 über diesen die Neumünsterkirche als Grablege errichtet wurde.

9 Darstellungen enthält eine der ältesten mit Bildern ausgestatteten Legendenhandschriften aus Fulda um 975 (Hannover, Nieders. Landesbibl.). Eine Elfenbeinplatte des 11. Jh. (Buchdeckel des K. zugeschriebenen Evangeliars, Würzburg, Univ.-Bibl.) zeigt die Enthauptung; das Hirs. Pass. des 12. Jh. (23) stellt die 3 Märtyrer und ihren Henkersknecht dar. Mit Liborius als Mitpatron steht er neben Christus am Tragaltar des Rogerus von 1100 im Dom von Paderborn, als Siberstatuette des 15. Jh. ebendort. Andere und einzelne Darstellungen lassen sich erst vom 14. Jh. an nachweisen, so in den 4 Tafeln des Münnerstädter Altars von Veit Stoß, 1504; Riemenschneider arbeitete um 1500 die Büste des K. zwischen Kolonat und Totnan in der Neumünsterkirche zu Würzburg (nur in Kopien erhalten), wie meist in pontifikaler Meßkleidung mit Mitra, Stab und Schwert.

Kindermord, bethlehemitischer, → Christus

Kirchenväter. Die 4 latein. Kirchenväter sind → Ambrosius, Bischof von Mailand, 340–397, → Hieronymus, Kardinal, 340–420, → Augustinus, Bischof von Hippo, 354–430, und

→ Gregor I., d. Gr., 540–604, Papst 590–604. Sie werden zusammen mit den 4 Evangelisten, den 4 → Evangelistensymbolen und den 4 großen → Propheten schon auf den Vorsatzblättern der karoling. Bibeln des 9. Jh. dargestellt, vom 13. Jh. an besonders auch in den Zwickeln der Chorgewölbe, vom 14. Jh. an auf Altartafeln in monumentaler Großartigkeit: so auf dem Altar aus Kloster Neustift bei Brixen, 1475–79, von Michael Pacher (München, A. P.). Zahlreiche Wiedergaben, auch an Kanzeln, eine der bedeutendsten die des Pilgram von 1514 (Wien, St. Stephan). Die 5 griech. Kirchenväter sind → Johannes Chrysostomus, → Basilius d. Gr., → Athanasius, → Gregor von Nazianz und Cyrillus von Alexandrien.

Kis, Vater des Saul, → Samuel

Klara (französ. Claire; italien. Chiara), Hl. (12. Aug. / 11. Aug.). Die Tochter aus der ritterlichen Familie Offreduccio von Assisi, 1194 geboren, wird von ihrer Mutter Ortolana sorgfältig erzogen, denn ihr hat ein Traum vor der Geburt des Kindes gezeigt, daß ein Licht von diesem ausgehen werde, um die christl. Welt zu erleuchten. K. ist schon früh entschlossen, ihr Leben Gott zu weihen, hört → Franziskus predigen, kommt mit ihm in Beziehung, bittet um seinen Beistand und entflieht heimlich nachts mit einer Freundin aus dem Elternhaus nach Portiuncula. Franziskus schneidet ihr feierlich die Haare ab, bekleidet sie mit dem groben Bußgewand – in schwesterlicher Liebe legt sie die Gelübde von Armut, Keuschheit und Gehorsam in seine Hände ab. Ihren Angehörigen, die sie am Morgen finden und zurückholen wollen, zeigt sie durchs Gitter ihr geschorenes Haupt. Ihr Entschluß ist damit endgültig. Franziskus gründet für sie und ihre Gefährtinnen den »Zweiten Orden der Armen Frauen«; die Benediktiner von S. Angelo überlassen ihnen das Kirchlein San Damiano, wo K. als Äbtissin der sich rasch vermehrenden klösterlichen Gemeinschaft vorsteht, in die auch ihre Mutter und 2 Schwestern eintreten. Mehrfach greifen spätere Darstellungen den Bericht ihres Todes 1253 im Beisein des Papstes Innozenz IV. auf. Die Innigkeit ihrer Gebetsvertiefung und franziskanische Überzeugung kommt in ihren Briefen, Schriften und der selbst verfaßten Regel zum Ausdruck. Überaus liebevoll, zart in Wesen und Gesundheit schildern sie die Legenden mit zahlreichen wunderbaren Heilungen und Begebenheiten. Der später als Klarissen- oder Franziskanerinnenorden bezeichnete Orden findet nach der 1255 erfolgten Heiligsprechung und der 1260 vollzogenen Translatio (in die für sie erbaute Kirche S. Chiara von Assisi) auch in Deutschland ungeheuere Verbreitung.

Der von Thomas von Celano 1256 verfaßte Lebens- und Legendenbericht wird schon im 14. Jh. in einem Nürnberger Klarissenkloster übersetzt, neben anderen Fassungen ist die mit 26 Legendenszenen ausgemalte alemannische der Klarissin Magdalena Steimerin (vor 1492, Karlsruhe, Bad. Landesbibl.) ein besonderes Beispiel ihrer verbreiteten Verehrung in Deutschland.

Dargestellt wird K. schon kurz nach 1255 in einem Würzburg-Eichstätter Psalter, kurz vor 1271 in einem Dominikanerinnenlegendar in Regensburg und an einem Reliquienkästchen im Dom von Regensburg (34). Einer Urkunde von 1362 entsprechen Szenen auf Altarflügeln in Nürnberg und Bamberg sowie zahlreiche spätere. Zunächst barfuß, im strickgegürteten braunen Gewand mit Kopftuch – auch mit Kranz darüber – und einer brennenden Lampe in Händen wiedergegeben, trägt K. in späteren Darstellungen vom 14. Jh. an Sandalen, Wimpel, Weihel und Schleier, als Attribute Kreuz, Buch, Äbtissinnenstab und als besonderes Kennzeichen die silberne Pyxis der Legende, in Form einer Monstranz, zurückgehend auf die Assisi 1240 belagernden Sarazenen. Als diese schon die Mauer des Klosters erstiegen haben, läßt sich K., schwer erkrankt, vor die Pforte tragen, hält das Sakrament in ekstatischem Gebet bewegt empor und bringt die davon Erschreckten zur Flucht.

Klaudius → Kastorius

Klemens Romanus, Papst, Hl. (23. Nov.). Umrahmt von abenteuerlichen Familienlegenden (→ Zachäus) des Verlierens, Wiederfindens und Christwerdens läßt sich herausstellen, wie K. als junger Gelehrter bei den Philosophen den Beweis für die Unsterblichkeit der Seele sucht und eine Predigt des Apostels Barnabas hört. Von ihm bekehrt, getauft und zu Petrus geführt, erfährt er von diesem die Bestätigung der Unsterblichkeit und wird von ihm zum Nachfolger bestimmt. Nach dem Tod des Petrus will er diese persönliche Wahl nicht annehmen, überläßt erst Linus, dann Cletus den bischöflichen Thron Roms, wird aber dann gezwungen, Papst zu sein (88–97), wie es die frühen Papst-Verzeichnisse angeben. Kaiser Trajan (98–117) verbannt ihn mit vielen anderen Christen zur Zwangsarbeit in die Marmorbrüche des Chersones, wo alle schwer an Wassermangel leiden. K. vereint sich mit allen Christen zum inständigen Gebet, schaut ein Lamm, das mit dem rechten Fuß scharrt, gräbt an diesem Ort – es sprudelt ein Quell. Zahlreiche Menschen lassen sich taufen. Davon unterrichtet, läßt ihn Trajan mit einem Anker am Hals ins Meer stürzen, seine Mitchristen töten. Lange Zeit erscheint am Jahrestag seines Todes sein Sarg in marmornem Tempel aus dem Wasser, wird schließlich gefunden und seine Reliquien in die ihm geweihte Kirche S. Clemente in Rom übertragen.

Die wohl früheste deutsche Darstellung zeigt ihn im Zwief. Mart. des 12. Jh. (24) bischöflich gekleidet, von 2 jugendlichen Gestalten mit einem Mühlstein am Hals aus einem Boot ins Meer gelassen. Vom 13. Jh. an (Glasfenster im Straßburger Münster und in St. Kunibert zu Köln) sieht man ihn in pontifikaler Kleidung mit Tiara und Kreuzstab (1 oder 2 Balken), vom 14. Jh. an mit dem Anker. Spätere Werke (Chorgestühl der Petrikirche in Lübeck und Hallescher Heiltumsschatz im Liber Ostensionis von 1525) geben ihm auch Lamm, sprudelnden Quell und einen seiner Sprüche bei. Ein Spruch lautet: »Denn der Herr selbst, als ihn einer fragte, wann sein Königreich komme, sagte: ›Wenn zwei eins sind und das Äußere wie das Inwendige, und der Mann mit dem Weibe, weder Mann noch Weib.‹« K. wird auch als Patron der Bergleute verehrt wie → Barbara und → Daniel.

Kleophas → Sippe, Hl., → Maria K.

Kleophas, einer der Jünger von Emmaus, → Christus

Könige → Drei Könige

Königliche Hochzeit → Christus (Gleichnisse)

Koleta (Nicoleta), Hl. (6. März), die in Corbie 1381 geborene Coleta Boilet. Zunächst Begine, dann Franziskanertertiarierin, seit 1407 Klarissin. Sie gilt als Reformatorin des Klarissenordens. Einer ihrer Visionen entstammt die Darstellung der Hl. → Sippe. 1447 in Gent gestorben, wurde sie 1740 selig- und 1807 heiliggesprochen.

In Klarissentracht mit Buch und Kruzifix zeigt sie eine Altarfigur von 1736 in Pisching (Österr.). Lamm und Lerche, die ihr stets im Leben zur Seite gewesen sein sollen, sind ihr gelegentlich beigegeben.

Koloman, Hl. (13. Okt., Eisenstadt, St. Pölten, Wien). Der irische Pilger wird 1012 auf der Pilgerschaft zum Hl. Land in Stockerau bei Wien verdächtigt, ein böhmischer Spion zu sein, gefoltert und, da kein Eingeständnis erreicht wird, unschuldig an einen Baum geknüpft. Dort hängt er unverwest, und als ein Jäger dies feststellen will, einen Spieß in seine Seite sticht, fließt Blut heraus. Als Heiliger losgelöst und begraben, überführt man ihn 2 Jahre später nach Kloster Melk, einer Hauptstätte seiner Verehrung.

Darstellungen sind aber erst vom Ende des 15. Jh. an bekannt: Sie zeigen K. in Pilgertracht mit kurzem oder längerem gegürtetem Rock, Mantel, Pilgerhut, Pilgerstab, Beinkleidern und Schuhen. Ein Fäßchen oder eine Pilgerflasche hängen an seinem Gürtel. Buch, Kreuz und Rosenkranz können dazukommen. Der Strick, mit dem man ihn aufknüpfte, eine Spießspitze, Zange, Rutenbündel und Steine ergänzen seine Kennzeichnung nach den Legenden. Eine Altarfigur des 16. Jh. in der Trenbach-Kapelle des Domes von Passau, eine Statuette des 16. Jh. an der Kanzel und am Kaiser-Friedrich-Grabmal in St. Stephan zu Wien, eine Statue am Hauptportal von Kloster Melk von 1718 u. a. geben ihn so wieder.

Kolonat → Kilian

Kolumba, Hl. (31. Dez.), stirbt als christl. Jungfrau unter Kaiser Aurelian (270–275) in Sens den Märtyrertod. Eine Bärin schützt sie im Kerker gegen einen Mann, der sie vergewaltigen will, ein Wunder verhindert ihren Feuertod. Nachdem man sie gefesselt und mit eisernen Haken blutig gerissen hat, schlägt man ihr das Haupt ab.

In der Reihe der im 15./16. Jh. bekannten Darstellungen trägt sie modisch betonte Tracht und ein aufgeschlagenes Buch; die Bärin ist ihr zu Füßen oder an ihr aufsteigend gezeigt. Daß ihr statt der Märtyrerpalme auch eine Pfauenfeder gegeben wird, um zu zeigen, daß die Geißeln sie nur wie eine solche berührten, ist aus der Legende der → hl. Dorothea übernommen. Eine Altartafel des Meisters des Bartholomäus-Altars, Anfang 16. Jh. (Köln, W.-R.-Museum), stellt K. besonders reizvoll dar.

Kolumban der Ältere (Kolumkil), Hl. (9. Juni / –), 521 bis 597, Apostel Irlands, ist Gründer zahlreicher klösterlicher Gemeinschaften in Irland und besonders auf der Insel Iona, wo er 563 mit 12 Gefährten landet. Seine ganz besondere Naturverbundenheit und Tierliebe wird in Legenden geschildert. Verse, Abschreiben der Hll. Bücher, leuchtende Visionen werden ihm zugeschrieben.

Kolumban der Jüngere, Hl. (23. Nov.), der Apostel Alemanniens, 540 in Irland geboren, zieht nach der Gründung bedeutender Klöster wie Durrow und Kells (wo später die berühmten Handschriften entstehen) 590 mit 12 Schülern, darunter → Gallus, über Luxeuil und Bregenz in die Schweiz und nach Oberitalien, wo ihm der Langobardenherzog Agilolf Land an der Trebbia schenkt. Hier gründet er 612 das Kloster Bobbio und stirbt dort 615. Ein später entstandener Sarkophag im Museum von Bobbio stellt aus seiner Legende die Szenen dar, wie er durch eine Taube das Wort Gottes empfängt, eine Schar Besessener heilt, einer der 5 Krüge der Hochzeit zu Kana ihm überreicht wird (→ Magnus).

Konrad (italien. Corrado), Hl. (26. Nov., Freiburg i. Br.). Der um 900 geborene Sohn des Grafen Heinrich von Altdorf, in der Domschule von Konstanz erzogen, Kanonikus und Propst des Domstifts, wird 934 von Bischof Ulrich von Augsburg zum Bischof von Konstanz geweiht. Dreimal unternimmt er die Wallfahrt nach Jerusalem; Mildtätigkeit und tiefe Frömmigkeit zeichnen ihn besonders aus. Die Legende betont seine außerordentliche Selbstbeherrschung: Als während des österlichen Pontifikalamtes eine Spinne in den Kelch gefallen war, trank er ohne Scheu, die Spinne aber kam, als er sich später zum Mittagstisch setzte, wieder aus seinem Munde hervor. Ihm wird der Rundbau einer Hl.-Grab-Kapelle am Dom von Konstanz um 960 zugeschrieben, die er dem

→ hl. Mauritius und seinen Gefährten der → Thebäischen Legion weiht, deren Reliquien er von seinen Reisen mitgebracht hat. Er stirbt 975 und ist 1123 heiliggesprochen worden.

An die früheste Darstellung auf der Stickerei einer Glockenkasel des 12. Jh. aus St. Blasien (in St. Paul, Kärnten) reihen sich spätere im Bereich der Konstanzer Diözese. In pontifikaler Meßkleidung mit Mitra und Stab wiedergegeben, trägt er seit dem 15. Jh. als Attribut Buch und Kelch, auf dessen Rand oder der daraufliegenden Patene eine Spinne sitzt, wie es eine Altarfigur aus Hausen von 1488 (Stuttgart, Württ. Landesmuseum) oder die Rückseite des Blaubeurer Hochaltars von 1494 zeigen.

Konstantin der Große, 288–337, (21. Mai), als heilig nur in der Ostkirche verehrt. Röm. Herrscher seit 306, ist er der erste christl. röm. Kaiser, der mit dem Edikt von Mailand 313 die Christenverfolgungen aufhebt und 325 das Christentum zur Staatsreligion erklärt. Die Legende läßt ihm schon in Gallien und wiederholt in Rom im Traum das Christus-Monogramm mit den Worten: »In diesem Zeichen wirst du siegen (In hoc signo vinces)« erscheinen. Er setzt es auf die Feldzeichen und siegt über Maxentius, der ihm die Herrschaft streitig gemacht hat. Auf K. gehen die Kirchengründungen von Alt-St.-Peter in Rom (325), der Grabeskirche in Jerusalem, der Geburtskirche in Bethlehem und der nicht erhaltenen Apostelkirche sowie der Urbau der Sophienkirche in Konstantinopel zurück, das 326 seine neue Residenz wird.

Die Legende läßt ihn schon von Papst → Silvester, der ihn vom Aussatz geheilt hat, getauft werden, wie es das Zwief. Mart. des 12. Jh. (24) darstellt, wenn auch seine eigentliche Taufe erst 337 durch Bischof Eusebius auf dem Totenbett stattgefunden hat. Den antiken Darstellungen folgen besonders an französ. Kirchenfassaden des 12.–13. Jh. Reiterstatuen. Einzelfiguren sind auch später selten; auf Wandgemälden und Altartafeln kommt K. neben seiner Mutter → Helena in den Zyklen der Kreuzfindung vor.

Korbinian, Hl. (8. Sept. / 20. Nov., in der Diözese Bozen-Brixen: 9. Sept.; München, Bozen-Brixen), bei Melem 675 geboren. Er pilgert, um Mönch zu werden, nach Rom; Papst Gregor II. beauftragt ihn, das Evangelium in Bayern zu verbreiten. Er wird der bischöfliche Gründer von Freising. Herzog Grimoald weist ihn aus, da seine in unrechtmäßiger Ehe mit ihm lebende Gemahlin, die er auf Veranlassung des K. verstoßen hat, auf Mord sinnt. Grimoalds Nachfolger Huginbert ruft K. zurück, doch stirbt er bald darauf.

Seine frühesten Darstellungen im Sakramentar des 11. Jh. in Freising und auf dem Siegel des Freisinger Andreas-Stifts (12. Jh.) geben ihn pontifikal gekleidet mit Kasel oder Bischofsstab, Buch, auch Kirchenmodell wieder. Seine eigene Legende wird erst nach 1470 in Darstellungen aufgenommen. Eine Tafel des Hochaltars von Weihenstephan von Jan Pollak (München, A. P.), 1483, zeigt, wie er einen Bären, der ihm selbst oder einem reisenden Kaufmann das Pferd zerrissen hat, zwingt, die Gepäckstücke bis nach Rom zu tragen; eine 2. Tafel stellt seinen Tod dar. Von da an ist der mit Gepäck beladene Bär sein Attribut, wie noch an der Statue Ignaz Günthers von 1489 in Rott am Inn.

Kordula, Hl. (22. Okt.), eine Gefährtin der → hl. Ursula, hat sich beim Herannahen der Hunnen im unteren Schiffsraum verborgen, verläßt aber ihr Versteck freiwillig, um sich dem Martertod der anderen nicht zu entziehen.

Ein Glasfenster von ca. 1220 in St. Kunibert zu Köln gibt sie in langem, reich gefälteltem Gewand und Mantel wieder, gekrönt als Zeichen sowohl ihrer königlichen Abkunft als auch des Martyriums, auf das ebenfalls Palme und Lanze hinweisen; sie steht auf einem Schiff, ein Mann und eine Frau (Stifter?) heben bittend die Hände zu ihr empor.

Kornelius (französ. Corneille; niederl. Cornelis, Kees). Papst, Hl. (14. Sept. / 16. Sept.), aus der vornehmen röm. Familie der Kornelier, Papst 251–253. Unter Kaiser Decius verbannt, soll er in Civita Vecchia gestorben sein. Doch berichtet die Leg. Aur. den brieflichen Trost des Bischofs → Cyprian, demzufolge er, nach Rom zurückgekehrt, mit Bleiklötzen geschlagen wird, da er nicht im Marstempel opfern will. Zur Richtstätte geführt, heilt er auf dem Wege die Frau eines Ritters. Beide bekehren sich mit 20 Kriegsknechten und werden mit ihm gemartert bzw. enthauptet.

In der Calixtus-Katakombe bestattet, läßt sich seine Verehrung und Darstellung in Deutschland schon im Hirs. Pass. des 12. Jh. (23) ganzfigurig und halbfigurig im Zwief. Mart. (24) mit Cyprian nachweisen, dann vom 14. Jh. an mehrfach (z. B. Krypta in St. Severin, Köln). – Zahlreiche Wiedergaben sind besonders aus dem späteren 15. und 16. Jh. bekannt, wo er auch zu den als Nothelfer verehrten Vier → Marschällen → Antonius Eremita, → Hubertus und → Quirinus gehört. In pontifikaler Meßkleidung mit Tiara und Kreuzstab, selten auch mit Buch dargestellt, gibt ihm erst Lochner um 1450 (München, A. P.) das Horn als Attribut, das ihn von Hubertus ebenso wie dessen bischöfliche Tracht unterscheidet. Lochner gibt ihm außerdem nicht Tiara, sondern Cappa magna. Den Patron der ehem. Abteikirche von Kornelimünster stellt im dortigen Kirchenschatz eine Reliquienbüste von 1355/85 dar; ein Hornreliquiar aus dem späten 15. Jh. ebenda. Über dieses nicht in seinem Leben erwähnte Attribut bemerkt ein »Heiltumsfahrtbüchlein« von 1790, das für die seit dem Bau der Kornelius-Kapelle am Chor von Kornelimünster stattfindenden Wallfahrten geschrieben wurde: »Von diesem Horn ist zu merken, daß es eigentlich eine Klaue des Vogels, genannt Greif, sei (seye), welche dieser Vogel für schuldige Dankbarkeit für die Wohlthat der Erledigung von der fallenden Seuche (so selbige durch das Gebet des Hl. Kornelius und von ihm gemachten Kreuzzeichen erhalten), zu den Füßen des Hl. Kornelius ab und niedergelegt, welche Klaue fortan dem Hl. Kornelius zu einem ordentlichen Trinkgeschirr gebraucht, woher dann auch kommt, daß dieser Hl. Papst noch in unsern Zeiten mit der Klaue eines Vogel Greif, so gleichsam die Gestalt eines Hornes hat, abgebildet wird.«

Korona → Corona

Koronati, Quattuor, → Coronati

Kosmas (französ. Côme; italien. Cosimo) **und Damian,** Hll. (27. Sept. / 26. Sept.). Die christl. Zwillingsbrüder aus Ägea in Kilikien sind Ärzte, die die Kranken unentgeltlich heilen und so viele vom Christentum überzeugen. Als die Diokletianische Verfolgung sich verbreitet, läßt sie der Präfekt Lysias mit Ketten gefesselt ins Meer werfen. Ein Engel rettet sie, ein Feuer, in dem sie vernichtet werden sollen, verbrennt die Umstehenden und läßt sie unverletzt. An Kreuze gebunden, kehren die auf sie abgeschossenen Pfeile und geschleuderten Steine zu den Schergen zurück und erschlagen diese. Schließlich werden sie um 303 mit 3 weiteren Brüdern enthauptet.

Ein Mosaik in der ihren Namen tragenden, von Papst Felix IV. 520/30 errichteten Kirche in Rom gilt als erste Darstellung. Im 9. Jh. bringt Bischof Altfried von Hildesheim ihre Reliquien nach Essen, dessen Patrone sie bleiben. Urkundlich nennt sie um 1170 die Stadtkirche von Bad Cannstatt als Patrone. Sie sind die Schutzheiligen der Familie Medici (als solche bildnismäßig von Rogier van der Weyden 1459 dargestellt, Frankfurt, Städel) und zeigen sich vom 15. Jh. an in zahlreichen Darstellungen als Patrone der Ärzte und Apotheker. In Essen hält sie die Federzeichnung eines Sakramentars von 965 (Düsseldorf, Hauptstaatsarchiv) mit Palmen und Märtyrerkrone fest. Barhäuptig, mit Beinlingen und kurzen Mänteln sind sie dem goldgetriebenen Einband des Evangeliars der Äbtissin Theophanu um 1050 eingeprägt (Essen, Münsterschatz), ähnlich im 12. Jh. am Epiphanius-Schrein (Hildesheim, Dom). Im Zwief. Mart. des 12. Jh. (24) stehen beide neben dem sein Schwert schwingenden Henker.

Die Attribute von Salbenbüchse und Flasche sind ihnen schon auf der Essener Deckplatte eigen, außer Palme und Schwert können in den vom 15. Jh. an zahlreichen Darstellungen Uringlas, Mörser und Eimer dazukommen, gelegentlich ein Apothekerkästchen mit Schubladen (Kaufbeuren, Ende 15. Jh.).

Von den verschiedenen Wundern der Legende sind einige in Bildern bekannt geworden: So, wie das Kamel mit menschlicher Stimme veranlaßt, daß D. mit K. und den anderen 3 Brüdern bestattet wird; denn K. hat bestimmt, er wolle nicht neben seinem Bruder begraben werden, da dieser die Gaben der geheilten Palladia nicht zurückgewiesen hatte, um diese nicht zu beleidigen. – Ein Tafelbild aus Ditzingen (Stuttgart, Württ. Landesmuseum), um 1500, zeigt, wie die Ärzte, von Engeln assistiert, einem schlafenden Kranken das böse zerfressene Bein abnehmen und ihm ein gesundes – das D. einem gerade gestorbenen Mohren abgenommen – ansetzen.

Kraton, ein Weltverachtung lehrender Philosoph, den → Johannes Evangelista in Ephesos von seiner verkehrten Anschauung abbringt, bekehrt und tauft. Dargestellt am Taufbecken des Rainer van Huy, dem »ehernen Meer« (Lüttich, St-Barthélemy), 1107/18 (→ Hiram und → Salomo).

Kreszentia, Hl. (15. Juni / –), die Pflegemutter des → hl. Vitus (Veit), die gemeinsam mit ihm und seinem Lehrer Modestus, ihrem Mann, flieht und mit beiden gemartert, getötet und begraben wird.

Ein Glasfenster von ca. 1250 im Straßburger Münster stellt sie mit Palme und Lampe dar. Statuen vom Ende des 15. Jh. zeigen sie mit Kerze und Buch (Oberstadion, Eichstätt u. a.), einmal auch wie Veit im Ölkessel sitzend (Wasenweiler, Baden). Mit Veit und Modestus, entschlafen unter einem Baum, von einem Adler bewacht, stellen sie das Hirs. Pass. und das Zwief. Mart. des 12. Jh. (23,24) dar; am Martyrium ist sie auch in der Veitskapelle von Mühlhausen/Neckar, 1428, beteiligt.

Kreuzerhöhung → Heraklius

Kreuzfindung → Helena

Krispinus (französ. Crépin) **und Krispinianus** (französ. Crépinien), Hll. (25. Okt., Osnabrück), 2 vornehme röm. Brüder, fliehen vor der Diokletianischen Verfolgung nach Soissons. Sie erlernen das Schusterhandwerk und machen den Armen unentgeltlich Schuhe, wodurch sie viele für den Glauben gewinnen. Dem Präfekten Rictiovarus überantwortet, läßt dieser ihnen Pfriemen unter die Fingernägel stecken, die Haut in Striemen schneiden; da es nicht gelingt, sie mit einem Mühlstein zu ertränken, werden sie enthauptet.

Ihre Reliquien kamen im 9. Jh. in den Dom zu Osnabrück, wo sie ein Schrein des 13. Jh. zeigt; gleichzeitig ein nach Borgä (Finnland) verschlagener Prachtkelch. Im Zwief. Mart. des 12. Jh. (24) nur halbfigurig als jugendliche Laien dargestellt, treten sie vom 15. Jh. an häufig teilweise in kurzem Handwerkerrock mit Schurz und Stiefeln auf, teilweise in Mantel, Hut, pelzbesetzter Mütze (Salzburg/Nonnberg 1475) als Patrizier mit Barett (Kaikar, Anfang 16. Jh.). Attributiv tragen sie Schwert, Palme und Mühlstein als Märtyrer, ein Buch als Verkünder, Schuh, Schustermesser, Ahle oder Zange als Kennzeichen ihres Berufs. Bei den Schusterarbeiten stellt sie eine Predella in der Gottesackerkirche von Delitzsch (Sachsen) dar. In Pontifikalkleidung mit Mitra, Stab, Messer und Ahle läßt sie das Totenschild der Schustergilde von Münster 1663 (Münster, Landesmuseum) erscheinen, ohne daß sie Bischöfe waren.

Kümmernis, Kumerana, Liberata (französ. Livrade), Wilgefortis (»Virgo fortis«), Hilgefortis, St. Hülferin wird die volkstümliche, besonders in Südtirol verehrte Heilige genannt. Sie ist in den Legenden als sizilianische oder portugiesische Königstochter bezeichnet, die um 130 Christin wird, die Ehe verweigert, von ihrem Vater in den Kerker geworfen und gemartert wird. Auf ihr Gebet um Verunstaltung, damit sie nicht mehr begehrenswert erscheint, und um die Gnade, Christus ähnlich zu werden, wächst ihr ein Bart. Der erzürnte Vater läßt sie ärmlich gekleidet ans Kreuz schlagen und höhnt, so möge sie ihrem himmlischen Bräutigam gänzlich gleichen. Die Sterbende predigt 3 Tage lang, bekehrt mit vielen anderen auch ihren Vater, der eine Sühnekirche errichtet und das Bild seiner Tochter darin aufstellt. Vor diesem Bild spielt betend ein in Not geratenes Geigerlein, da wirft die Angeflehte einen silbernen Schuh herab. Des Diebstahls bezichtigt, bittet der Jüngling, vor der Hinrichtung noch einmal vor dem Bilde spielen zu dürfen, da fällt ihm der zweite Schuh als rettender Beweis zu.

Unter dem Namen »Marter der hl. Julia« zeigt eine Tafel des Hieronymus Bosch (Venedig) um 1510 die Gekreuzigte inmitten einer entsetzten Menge. Ein Holzschnitt (Wilgefortis bezeichnet) des Hans Springenklee, Anfang 16. Jh., zeigt den Geiger vor einem Altar, von dem K. schon einen Schuh herabgeworfen hat; ein Holzschnitt im Lüb. Pass. (4) kombiniert das Volto-Santo-Bild (→ Christus), von dem die K.-Legende eigentlich herrührt, mit dem vor dem Lucca-Kreuz knienden Geiger auch im Text.

Kunibert, Hl. (12. Nov., Köln, Trier). Ein um 600 geborener vornehmer Franke, am Hof Chlotars II. erzogen, wird Archidiakon in Trier, 623 Bischof von Köln, gründet die Klemens-Kirche, die Vorgängerin der Kunibert-Kirche des 13. Jh., und stirbt 663.

Nach lokalen Legenden sind auf einem Glasfenster der Kunibert-Kirche in Köln von 1220/30 u. a. der Abschied von seinem Vater und die Taube über seinem Haupt bzw. seiner Schulter dargestellt: Kurz nach seiner Wahl soll ihm die Taube bei der Messe in der St.-Ursula-Kirche die Grabstätte der → hl. Ursula geoffenbart haben. In der Urkunde der Lupus-Bruderschaft von 1240, auf 2 bemalten Steinaltären von 1350 in St. Kunibert und späteren, nur im Bereich von Köln bekannten Darstellungen ist er als Erzbischof in Kasel und Pallium, mit Mitra, Stab, Kirchenmodell und Buch, oftmals auch mit Taube, wiedergegeben.

Kunigunde, Hl. (3. März / 3. März, im deutschen Sprachraum, außer in Bamberg: 13. Juli; Bamberg, Basel), des Grafen Siegfried von Lützelburg Tochter, mit → Heinrich II. d. Hl. 999 vermählt, mit diesem 1002 in Paderborn zur deutschen Königin, 1004 in Rom zur Kaiserin gekrönt. Sie gründet mit Heinrich Dom und Bistum Bamberg, vor 1017 das Benediktinerinnenkloster Kaufungen, in das sie sich nach Heinrichs Tod 1024 bis zu ihrem eigenen Tod 1033 (1039?) zurückzieht. Von Papst Innozenz III. 1200 heiliggesprochen.

Nach ihrer ersten Darstellung am Basler Antependium von 1019 sind ihre bekanntesten Wiedergaben die am Bogenfeld der Gnadenpforte, um 1220/30, und die als Statue neben Heinrich am Gewände der Adamspforte des Bamberger Doms. Das langfließende Gewand und der Mantelumwurf der Frühzeit weichen später in zahlreichen Werken modischer Zeittracht. Krone und Zepter kennzeichnen sie immer, oft auch der Reichsapfel, wesentlich neben Handkreuz und Kirchenmodell eine Pflugschar, teils in Händen, teils unter ihren Füßen. Dieses Attribut weist auf das Gottesurteil der Legende, derzufolge sie, unbeschadet über glühend gemachte Pflugeisen schreitend, ihre Unschuld beweist. Bei den Darstellungen mit Heinrich an der Tumba Riemenschneiders von 1510 im Bamberger Dom ist ihr Wunder mit der »Kristallschüssel« zu erwähnen: Die Handwerker am Dom von Bamberg sollen ihren Lohn aus der Schale, die sie hält, selbst entnehmen – keiner aber kann mehr Pfennige ergreifen, als er nach seiner Leistung verdient hat! Besonders dramatisch bildet ein schwäbisch-bayerischer Meister zw. 1505 und 1508 die Szenen ihrer Legende auf 7 Tafeln einer Altarfolge ab, der Stiftung Herzog Albrechts IV. und seiner Gemahlin Kunigunde für ein Antoniterkloster (München, Bayer. Nat.-Museum).

Kutubilla → Cutubilla, → Gertrud von Nivelles

L

Laban, der Bruder → Rebekkas, der zu → Elieser, dem Brautwerber → Isaaks, an den Brunnen kommt (1. Mose 24,29). → Jakob, der Sohn Isaaks, zieht zu L., dem Bruder seiner Mutter, und wirbt um dessen Töchter → Lea und → Rahel (1. Mose 29–31).

Ladislaus (ung. László), Hl. (27. Juni / 29. Juli). Ungarns christl. Nationalheld, Sohn Belas I., 1040 geboren, wird 1077 nach dem Tod seines Bruders Geisa König. Er bemüht sich um den Aufbau eines christlich geführten Staatswesens und sucht mit der Einberufung der Synode nach Szaboles auch religiöse Vertiefung zu erreichen. Er stirbt 1095, wird 1192 von Papst Cölestin III. heiliggesprochen.

Wie das ehem. alte Chorgestühl (1945 verbrannt) von St. Stephan, Wien, stellt ihn auch die spätere Altarfigur des 17. Jh. in der Pfarrkirche von Siegendorf mit Rüstung, Mantel, Krone, Zepter und Reichsapfel dar.

Lambertus, Hl. (17. Sept. / 17. Sept., im dt. Sprachraum: 18. Sept.; Aachen, Freiburg i. Br., Luxemburg). Vornehme und wohlhabende Eltern geben den 640 geborenen Sohn dem Bischof Theodard von Maastricht zur Ausbildung. Nach dessen Ermordung wird er 672 sein Nachfolger, lebt aber, 675 durch den Hausmeier Ebroin vertrieben, 7 Jahre verbannt in Kloster Stavelot. Nach Maastricht zurückgekehrt, bemüht er sich besonders um die Bekehrung der »heidnischen Toxandren«. Rachsüchtige fränkische Edelinge überfallen und töten ihn um 706 in seinem Hause.

Im Hirs. Pass. und im Zwief. Mart. des 12. Jh. (23,24) wird L. zu Füßen eines Gebäudes liegend mit Pfeilen erschossen. Seine Statuette am Remaclus-Schrein des 13. Jh.

in Stavelot zeigt ihn pontifikal gekleidet mit Bischofsstab und Buch, ebenso geben ihn spätere Darstellungen, z.B. seine Statue vor dem Freiburger Münster von 1719. Teilweise sind ihm auch Schwert oder Lanze als Zeichen seiner Ermordung beigegeben. Auf dem Triptychonflügel des Bartholomäus Bruyn (München, Bayer. Nat.-Museum) hält er ein Kirchenmodell.

Nach den Legenden trägt er als jugendlicher Diakon, um den Weihrauch zu entzünden, glühende Kohlen im Chorhemd, ohne daß dieses verbrennt, und wacht in eisiger Nacht im härenen Hemd vor dem Kruzifix in der Kirche, unschuldig der Ruhestörung bezichtigt.

Lamech, Vater Jabals, Jubals und → Tubalkains (1. Mose 20–22), auch.→ Noahs (1. Mose 28–29), tötet → Kain.

Landelinus, Hl. (21. Sept. / 22. Sept., Freiburg i. Br.), ein schottischer Königssohn, verläßt seine Heimat, um in Deutschland ein Einsiedlerleben zu führen. Er kommt bis in die Ortenau (Baden), wo er einige Zeit bei einem Manne Edulph lebt, sich aber dann tiefer in die Waldeinsamkeit zurückzieht. Graf Gisiko hält L. für einen Zauberer und läßt ihn durch seine Jäger überfallen und enthaupten. Edulph mit Frau und Töchtern bestatten ihn an dem später Münchweiher genannten Ort, wo eine vielbesuchte Wallfahrtskirche errichtet wurde.

Das dort im 14. Jh. prächtig aufgebaute Hochgrab wurde im 16. Jh. durch ein schlichtes ersetzt, doch blieben seine Gebeine in der Mensa des Hochaltars, an dessen Rückseite ihn eine Platte des 16. Jh. darstellt. Die im Bauernkrieg stark beschädigte Platte des Hochgrabs (Karlsruhe, Bad. Landesmuseum) zeigt ihn als Leichnam auf faltenreichem Bahrtuch liegend. Er wird von allen Seiten durch Edulph mit Frau und Töchtern und durch Engel mit Weihrauchgefäßen zur Bestattung gerichtet (lange falsch gedeutet).

Landricus, Hl. (17. April / –). Der Sohn des Grafen Modalgerius von Hennegau soll auf Wunsch seines Vaters Kriegsdienst leisten. Seine Standhaftigkeit erreicht, daß ihm erlaubt wird, die Tonsur zu empfangen und dann auch Priester zu werden. Als Bischof von Metz verzichtet er nach dem Tode seines Vaters auf sein Bistum und übernimmt die von diesem gestifteten Klöster in Hautmont bei Maubeuge und Soignies. Als deren Abt stirbt er zu Beginn des 8. Jh.

In Pontifikalkleidung stellt ihn mit Bischofsstab, Buch und Rasiermesser (Tonsur!) der Kupferstich in »Die Heiligen der Sipp-, Mag- und Schwägerschaft Maximilians« um 1500 dar. Ferner sind eine Federzeichnung und die Statuette am Grabmal Maximilians in Innsbruck aus Stephan Godis Werkstatt, 1515, erhalten.

Laurentius, Hl. (10. Aug.). Seinem Archidiakon L. gibt Papst → Sixtus II. (257–258), als L. ihm zutiefst bekümmert zur Hinrichtung folgen will, den Auftrag, den Kirchenschatz Leidenden und Armen auszuteilen. Er tröstet seinen Lieblingsschüler mit der Verheißung, daß er ihm in 3 Tagen nachfolgen werde. Kaiser Valerian (253–260) erhebt Anspruch auf die Schätze. Um L. zur Herausgabe zu zwingen, wird er mehrfach gegeißelt. Er erbittet sich 3 Tage Zeit, läßt die durch den Verkauf der Schätze geheilten und christlich gewordenen Armen kommen und weist auf sie als die nun vorhandenen wahren Schätze des Himmels hin. Der erboste Valerian läßt L. mit Bleiklötzen schlagen, zwischen glühende Platten legen, versucht vergeblich, ihn zum heidnischen Opferdienst zu zwingen, und befiehlt, den Unerschütterten über stetig unterhaltenem Feuer auf einem Rost langsam zu Tode zu martern. Sein Kerkermeister → Hippolytus, durch die Standhaftigkeit des L. bekehrt, begräbt ihn. Über dem Grabe wurde 330 durch Konstantin die Kirche S. Lorenzo fuori le mura in Rom errichtet. In der Krypta ruhen seine Gebeine mit denen des → Stephanus in einem antiken Sarkophag. Ein

Mosaik am Triumphbogen der unter Papst Pelagius II. (579–590) erweiterten Kirche zeigt L. mit Pelagius, → Stephanus mit → Hippolytus. L. und Stephanus gelten als die Stadtpatrone Roms.

Das Mosaik in der sog. Grabkapelle der Galla Placidia in Ravenna, um 450, zeigt ihn schon mit dem Rost als Attribut. Im Hirs. Pass. und im Zwief. Mart. des 12. Jh. (23,24) wird er auf dem Rost liegend wiedergegeben, Henker schüren das Feuer und halten L. mit langen Feuerhaken fest. Die Märtyrerfenster der Stadtkirche St. Dionys und der Frauenkirche in Esslingen geben ihn um und nach 1300 ebenso wieder. Mit Albe, Amikt, Dalmatika und Manipeln steht er einzeln um 990 auf einem Blatt des Tropars aus Prüm (Paris, Bibl. Nat.).

In Deutschland mehren sich vom 13. Jh. an die Darstellungen des besonders beliebten Märtyrers, meist gemeinsam mit → Stephanus. Die beiden gelten als die ›Protomärtyrer‹ (= die besonders vorbildlichen oder Erzmärtyrer). Immer kennzeichnet L. der Rost; Evangelienbuch (das er als Archidiakon zu tragen hatte) und Palme können dazukommen, auch Geldbeutel und Brote als Hinweis auf die für die Armen verwendeten Schätze. Gelegentlich finden sich auch Rauchfaß und Prozessionskreuz.

Einzelne Szenen seiner Legende sind auf Tafeln des Altars in der Lorenz-Kapelle zu Chur, Anfang 16. Jh., erhalten. Bekannter ist Riemenschneiders Platte an der Tumba → Heinrichs II. im Bamberger Dom mit der Darstellung seines Eintretens für den Kaiser. Mit Buch und Rost ist er auf der Grisailletafel des Mathis Nithart Gothart abgebildet (Frankfurt, Städel), 1509/12.

Lazarus, Hl. (17. Dez.), der Bruder von Maria Magdalena und → Martha, den → Christus aus dem Grabe erweckte. Er ist schon in den frühesten Darstellungen der Katakombenmalerei und auf den frühchristl. Sarkophagen als den Tod überwindendes Symbol besonders häufig dargestellt.

Die Legende läßt ihn als Herzogssohn auf die Eitelkeit der Welt verzichten. Die Juden geben ihn zusammen mit seinen Schwestern und mit seinen Freunden Maximin und Cedonius auf einem Schiff ohne Ruder und Segel dem Wind und den Wogen auf dem Meere preis. Das Schiff landet in Marseille, wo L. zum Bischof gewählt wird.

Eine ausführliche Darstellung ist auf dem Magdalenenaltar des Lukas Moser (1431) in Tiefenbronn gegeben. Ebenda wird L. auch inschriftlich und besonders einprägsam als Bischof bezeichnet – doch hat man in dieser Figur trotz der Inschrift auch den in der Legende der hl. Martha erwähnten Bischof → Fronto von Périgueux sehen wollen, was aber im Zusammenhang mit diesem Altar bezweifelt werden muß, da Fronto sonst unbekannt, L. aber weiterhin einzeln – wenn auch selten – im 16. Jh. als Bischof mit Stab und Buch dargestellt wird. Dürer schildert ihn um 1500 als Bischof auf einem Flügel des Jabach-Altars zusammen mit Simeon (München, A. P.). Die Legenden lassen ihn unter Kaiser Claudius (41–54) friedlich entschlafen oder aber, von Domitian (81–96) bedroht und zum heidnischen Opfer vergeblich aufgefordert, geschleift und in den Kerker geworfen werden, wo ihm Christus erscheint und ihn ermutigt, ehe er enthauptet wird. Seine Reliquien verehrte man in Autun (Figurenreste eines L.-Grabes aus der Kathedrale St-Lazaire, um 1170, sind im Musée Rolin).

Widersprüche in Evangelien und Legenden, neu von der historisch-theologischen Forschung aufgegriffen, führten zu der Vermutung, der Joh. 11,1–46 erweckte Lazarus sei der, »den der Herr liebhatte«, sei der »reiche Jüngling« – sei → Johannes der Evangelist.

Lazarus, nach dem Gleichnis Luk. 16,19–31 vom »reichen Mann und armen Lazarus«, → Christus, Gleichnisse, und → Abrahams Schoß.

Auf diesen L. bezogen sich die ersten 1624 gegründeten

Aussätzigen-Krankenhäuser des Lazaristen-Missionsordens des Vinzenz von Paul (1576–1660) mit der späteren Bezeichnung ›Lazarett‹.

Lea, → Labans älteste, häßliche Tochter, wird → Jakobs erste Frau (1. Mose 29–31).

Lebbäus, Beiname des Apostels → Judas Thaddäus.

Leo I. der Große, Papst, Hl. (11. April / 10. Nov.), rettet als Papst (440–461) zweimal Rom, indem er sowohl Attila und den Hunnen als auch Geiserich und den Vandalen mutig und mit solcher Würde entgegentritt, daß Attila neben ihm → Paulus und → Petrus mit gezücktem Schwert geschaut haben soll, wie es Raffael in den Stanzen des Vatikans monumental wiedergegeben hat. Als hervorragender Prediger und Verteidiger der kirchlichen Rechte gehört er zu den besonderen Gestalten seiner Zeit. Nach der Legende soll ihm Petrus, das Pallium überreichend, erschienen sein.

In Deutschland genannte Darstellungen beziehen sich meist inschriftlich auf Papst → Leo IX.; auf dem Fresko Raffaels, 1512/15, in den Stanzen des Vatikans, weicht der erschreckte Attila nicht nur vor dem ihm entgegenreitenden Papst zurück, sondern wendet sich auch geblendet ab von den mächtig Schwerter schwingenden Gestalten des Paulus und Petrus, die ihn vom Himmel herunter abwehren.

Leo IX., Papst, Hl. (19. April, Basel, Freiburg i. Br., Trier). Bruno, der Sohn des elsässischen Grafen Hugo von Egisheim und der Gräfin Hedwig von Dagsburg, 1002 geboren, in Toul von Bischof Berthold erzogen, wird 1027 dessen (2.) Nachfolger und mit dem Namen Leo 1049 Papst, der sich um die v. a. von Cluny ausgehenden Reformen besonders bemüht. Er stirbt 1054 und wurde unmittelbar danach als Heiliger verehrt.

Seine Legende erzählt, wie er einen aussätzigen Bettler in sein eigenes Bett legt, dargestellt im Hirs. Pass. des 12. Jh. (23). Das Zwief. Mart. (24) gibt ihn pontifikal gekleidet wieder, mit Stab und Mitra thronend und inschriftlich bezeichnet. Schreibend, mit verehrendem Zisterzienser, zeigt ihn das Mainzer Zisterzienserbrevier vor 1260 (Hamburg, Staats- und Univ.-Bibl.) auf prächtiger Initialseite. Nimbiert steht er, ebenso gekleidet, in einer Handschrift in Bern, Ende 11. Jh., ferner in einem Glasfenster von 1512 im Freiburger Münster. Lokale Legenden gehören zu seiner Verehrung im Elsaß (Brunnenfigur in Egisheim).

Leodegar (französ. Léger, Iger, Ligier), Hl. (2. Okt. / 3. Okt., Trier, Basel). Von vornehmer Herkunft, 616 geboren, wird er bei seinem Onkel, Bischof Dido von Poitiers, ausgebildet, zum Diakon geweiht und zum Archidiakon ernannt. Abt in Kloster Maixent und 659 Bischof von Autun, entflieht er nach Luxeuil, kehrt nach der Ermordung König Childerichs II., der ihn wegen seiner Vorhaltungen verfolgt hat, nach Autun zurück, wo ihn aber sein ausgesprochener Gegner, der Hausmeier Ebroin, der Teilnahme an der Ermordung des Königs verdächtigt, ihn mit einem Bohrer blenden und der Zunge berauben läßt. Als L. trotzdem weiterpredigt, seinen und des Ebroin Tod weissagt, wird er 680 enthauptet. Geschehnisse an seinem Grab und den Tod des Ebroin erzählen besonders elsässische Legenden, wo L. der Patron der Abteikirchen von Gebweiler und Murbach ist.

In pontifikaler Kleidung mit Kreuz und Krone in Händen, aber auch mit Bohrer und Schwert, wird er im 12. und mehrfach im 16. Jh. dargestellt. – Das Zwief. Mart. des 12. Jh. (24) gibt ihn halbfigurig mit Pallium, Handkreuz und Krone in Händen. Ohne Kennzeichen stellt ihn das Kreuzgangrelief auf dem Odilienberg, um 1200, dar. Bei dem 1482 erneuerten Passionskreuz von Luzern von 1171 findet sich der Bohrer als Attribut; ein Miniatur-Einzelblatt aus der 2. Hälfte des 13. Jh. gibt auch die Marter der Blendung wieder. Seine Enthauptung ist auf einer Altartafel in der Herzogskapelle von St. Stephan, Wien, um 1500, dargestellt. Ein Glasfenster, eine Statue und Münzen von Luzern und Murbach sind aus dem 16. und 17. Jh. bekannt. Statt des Bohrers kommt auch ein Pfeil als Attribut vor.

Leonhard (**Lienhard;** französ. Léonard, Liénard; italien. Leonardo, Nardo; niederl. Leendert), Hl. (6. Nov.). Die am Merowingerhof lebende fränkische Adelsfamilie läßt den um 500 geborenen Sohn durch Erzbischof → Remigius (440–534) von Reims taufen (Szene 1) und unterrichten (Szene 2), »bis er der Tugend Meister war«. Von Mitleid erfüllt, besucht er täglich die Gefangenen und erreicht bei König Chlodwig (bzw. Chlotar I.) ihre Freilassung (Szene 3). Er verweigert die Übernahme eines Bistums, zieht sich in die Waldeinsamkeit bei Limoges zurück, predigt von seiner Zelle aus und heilt die herankommenden Krüppel und Hilfsbedürftigen (Szene 4). König und Königin ziehen zur Jagd in diesen Wald; L. hört die Königin klagend rufen, da ihre schwere Stunde gekommen sei. Auf Bitten des Königs betet L. am Lager der Königin, und sie schenkt dem ersehnten Knaben das Leben (Szene 5). Mit Gold und Silber will der König L. beschenken; dieser bittet aber nur um so viel Waldgelände, wie er mit seinem Esel in der Nacht umreiten könne (Szene 6, wie das auch etwa 100 Jahre später in Niederhaslach, Elsaß, die Florentius-Legende ähnlich erzählt und darstellt). L. gründet das Kloster Noblac bei Limoges in seinem Waldstück, wo er um 570 als Abt stirbt und auch weiterhin verehrt worden ist (die Daten der verschiedenen Legenden schwanken zw. 559 und 620).

Zahlreichen Gefangenen zerspringen die Ketten durch sein eigenes oder durch das an ihn gerichtete Gebet vor und nach seinem Tode. Besonders auch als Nothelfer für

Pferde angerufen, werden im späten Mittelalter Hufeisen in solcher Fülle in die ihm geweihten Kirchen als Votivgaben geopfert, daß sie, zu Ketten gefügt, um die Kirche gelegt werden.

Eine überaus große Zahl von Bildwerken stellt den so beliebten und verehrten Nothelfer ländlicher Gebiete vom 13. Jh. an als Benediktinerabt gekleidet mit Buch und Stab dar (erst in späteren Beispielen gelegentlich mit Mitra). Sein Attribut ist die Kette, oft mit Halsring und Schloß, auch ein kleiner durch sie Gefesselter, die Füße im Block. Eine auch farbig besonders reizvoll erhaltene Wandmalerei von ca. 1420 in der Stadtkirche St. Dionys zu Esslingen zeigt in 6 Bildern (s. o.) die Legende bis zur Klostergründung. L.s besondere Verehrung wird in zahlreichen bayerischen Gemeinden seit dem 11. Jh., seit 1718 v. a. in Tölz, mit dem sog. Leonhardiritt auch heute noch am 6. Nov. gefeiert.

Leopardus (französ. Liébaud), Hl. (30. Sept.), wird als Kämmerer Julian Apostatas (332–363 bzw, 361–363) gegeißelt und enthauptet, weil er sich weigert, diesem nach seinem Abfall Weihrauch zu streuen. In Otricoli bestattet, kamen seine Gebeine 994 durch Otto III. nach Aachen, heute aus dem Bleisarg in ein nach altem Muster 1912 hergestelltes Kupferreliquiar mit Darstellungen übertragen. Eine gemalte Schranktür der Sakristei stellt ihn Ende 15. Jh. in einem pelzgefütterten Gewand dar, mit Palme und Schwert in Händen.

Leopold III. (französ. auch Liébaut), Hl. (15. Nov., Gurklagenfurt, Linz, St. Pölten, Wien). Der 1073 geborene Sohn des Markgrafen Leopold II. wird in Melk von Bischof Altmann von Passau erzogen und übernimmt nach dem Tode seines Vaters 1095 die Markgrafschaft Österreich bis zu seinem eigenen Tode 1136. Papst Innozenz VII. sprach ihn 1485 heilig, 1663 wurde er Landespatron von Österreich.

Die wohl früheste Darstellung ist ein Glasfenster des 13. Jh. in der Krypta von Klosterneuburg/Wien. Erst von seiner Heiligsprechung an mehren sich die Bildwerke, die L. in Österreich in Mantel mit Hermelinkragen oder in Rüstung und Mantel, immer mit Herzogshut darstellen. Hinzu kommen ein Banner mit dem österreichischen Wappen und ein Kirchenmodell, das auf seine Stiftung Klosterneuburg hinweist, wie sie nach der 1416 geschriebenen Legende 1508 Rueland Frueauf (Wien, Kunsthistor. Museum) darstellte. Frueauf hat 1507 auch in 4 Tafeln die »Schleierlegende« besonders reizvoll festgehalten (Stift Klosterneuburg).

Leviathan, die bei Hiob 40 genannte Gewalt des Bösen, → Hiob, → Luzifer, → Satan, → Teufel.

Liberata → Kümmernis

Liberius, Hl. (23. Sept. / –), Papst (352–366). In der Leg. Aur. nur verschiedentlich als ketzerisch-arianischer Anhänger Kaiser → Konstantins genannt, tritt er anders in einer späteren Legendenfassung auf, die 1515 vom Kanonikus Reitzmann als »Das Maria-Schnee-Wunder« mit Holzschnitten erschien und die auf dem Flügel des ehem. Maria-Schnee-Altars aus der Stiftskirche von Aschaffenburg von Mathis Nithart Gothart 1517/19 bildlich erhalten ist (Freiburg, Augustinermuseum). Hier hat L. in der Nacht vom 4./5. August den gleichen Traum wie der röm. Patrizier Johannes. Beiden trägt die Madonna auf, eine Kirche zu errichten, da wo am Morgen frischer Schnee gefallen sei. L. eilt von einer Prozession begleitet herbei, findet, wie auch Johannes, die Bestätigung des Traumes durch den in Grundrißform auf dem Esquilin gefallenen Schnee. L. vollzieht mit einer Hacke den ersten Bodenaushub, hier entsteht eine der ältesten und berühmtesten Kirchen Roms: S. Maria Maggiore. Die Legende ist auch schon 1423 durch eine Tafel Masolinos in Neapel bekannt.

Liborius, Hl. (23. Juni / 23. Juli, Essen, Paderborn), Bischof von Le Mans. Die Legende schreibt ihm eine 49jährige segensreiche Tätigkeit zu und erwähnt, wie er seinem Freund, dem → hl. Martin von Tours, im Tode beisteht (um 397 bzw. 401). Er selbst muß um diese Zeit sein Leben ebenfalls beendet haben. Bischof Aldricus von Le Mans überließ seine Reliquien 836 dem Bischof Badurad von Paderborn.

Am Tragaltar des Rogerus von 1100 im Dom zu Paderborn erscheint L. als Patron des Domes in pontifikaler Meßkleidung, noch ohne Mitra, aber mit Stab und Buch. Er ist vom 15. Jh. an mehrfach dargestellt, so im Schrein von Adelberg, Ulrichskapelle, 1510, und ebenda als Konsolfigur des Chores. Er trägt als Attribut kleine Steinchen auf dem aufgeschlagenen Buch, da die lokale Verehrung ihn als Fürbitter und Helfer bei Steinleiden anrief. Die Legende des 18. Jh., daß ein Pfau der Übertragung der Gebeine vorangeflogen sei, geht mißverstehend auf die bei Prozessionen seinem Schrein vorangetragenen Pfauenfedern zurück.

Lienhard → Leonhard

Lioba, Hl. (28. Sept., Freiburg i. Br., Fulda, Mainz, Würzburg), verwandt mit dem → hl. Bonifatius. Ihre angelsächsische Mutter läßt die zu Beginn des 8. Jh. geborene L. im Kloster Wimborne erziehen und den Schleier nehmen. Im Traum fing nämlich vor der Geburt eine Kirchenglocke auf ihrem Schoß bei Berührung zu läuten an; da der Traum auf ihr Kind gedeutet wurde, beschloß sie, es dem Herrn zu weihen. – Um 750 beruft Bonifatius L. zur Äbtissin des von ihm gegründeten Klosters (Tauber)Bischofsheim und als Oberleiterin der übrigen von ihm gestifteten Klöster. Ihr Tod tritt um 780 ein.

Darstellungen sind erst vom 17. Jh. an im Dom und im Benediktinerinnenkloster von Fulda bekannt und geben sie als Äbtissin in faltiger Flocke mit Wimpel, Weihel und Schleier, mit Stab und Buch, auf dem ein der Legende entsprechendes Glöckchen steht.

Liutger → Ludgerus

Livinus (französ. Liévin; engl. Lieven), Hl. (12. Nov.), ein Schotte aus altem Adelsgeschlecht, wird vom → hl. Augustinus – als dieser nach der Legende in Schottland weilt – getauft, später dessen Schüler und in Italien von ihm zum Priester geweiht. L. kehrt nach Schottland zurück und wird zum Bischof gewählt. Nach langen Jahren segensreichen Wirkens bestellt er einen Nachfolger und beschließt, nach Brabant zu ziehen, um dort das Evangelium auszubreiten. Fanatische Einwohner fügen ihm schwerste Mißhandlungen zu, reißen ihm mit einer Zange die Zunge aus und enthaupten ihn.

Eine deutsche Darstellung findet sich erst um 1480 in Veitsberg (Thüringen); in Pontifikalkleidung trägt L. eine Zange mit einer Zunge in der Hand.

Longinus, der bei Matthäus, Markus und Lukas genannte Hauptmann unter dem Kreuz, bei Johannes nur einer der Kriegsknechte, der die Seite Christi öffnet (→ Christus, Passion). Die frühchristl. Legende erst gibt ihm den Namen Longinus und bezeichnet ihn als blind, so daß er nur von einem Begleiter geführt den Lanzenstich ausführen kann und durch einen Tropfen des Hl. Blutes sehend wird, wie es die späteren Darstellungen mehr oder weniger ausführlich wiedergeben.

Lorenz → Laurentius

Lot (1. Mose 18,20ff. und 1. Mose 19). Der Herr hat beschlossen, das sündige Volk von Sodom zu vernichten und offenbart dieses → Abraham. Abraham bittet um Schonung der Gerechten, und L. wird durch 2 Engel veranlaßt, mit Weib, Töchtern und Schwiegersöhnen die Stadt zu verlassen. Sie sollen sich aber nicht umsehen und nicht stehen bleiben, denn das werde ihr Tod sein. Sie fliehen aus der Stadt; Feuer regnet auf Sodom und Gomorrha. L.s Frau aber wendet sich um und erstarrt zur Salzsäule. Da die Schwiegersöhne nicht mitgegangen sind, legen sich die Töchter zu ihrem Vater, nachdem sie ihm Wein zu trinken gegeben haben, um Söhne zu bekommen und den Stamm zu erhalten. So entstanden die Moabiter und Ammoniter.

Schon in der Wiener Genesis des 6. Jh. dargestellt, auch in den Mosaiken von S. Maria Maggiore, Rom, um 390, wird das Thema erst in den typolog. Beispielen des 14. Jh. neu aufgegriffen; so ist es in der Welislaw-Bibel von 1340 mit mehreren Bildern vertreten (Prag, Staatsbibl.). Vom 16. Jh. an werden die Darstellungen häufiger.

Lubentius, Hl. (13. Okt., Limburg, Trier), vom → hl. Maximin († 353) zum Priester geweiht, wirkt er in Kobern/Mosel. Seine Gebeine wurden nach Dietkirchen/Lahn übertragen, wo man ihn als Schutzpatron des ehem. Archidiakonats verehrte. Er ist noch heute Patron der Kirche von Dietkirchen, die ein Kopfreliquiar des Heiligen (1477) besitzt.

Darstellungen vom Ende des 15. Jh. an zeigen ihn in priesterlicher Meßkleidung mit Kelch und Buch, auf seine Tätigkeit hinweisend.

Lucia, Hl. (13. Dez.). Mit ihrer kranken Mutter wallfahrtet L. von Syrakus ans Grab der → hl. Agatha nach Catania. Gebet und Erscheinung heilen die Mutter, die ebenfalls Christin wird. L. bittet, ihr Vermögen den Armen opfern zu dürfen und den Verlobten abzuweisen. Dieser erfährt den Verkauf des Erbteils und überantwortet L. dem Präfekten, dem die Diokletianische Christenverfolgung untersteht. Er will L. ins Dirnenhaus bringen lassen, aber ein Ochsengespann und »tausend Männer« sind nicht imstande, die Gefesselte von der Stelle zu bewegen. Weder ein Zauberer noch rund um sie entzündetes Feuer und über sie gegossenes siedendes Öl können ihr etwas anhaben. Da stößt man ihr ein Schwert durch die Kehle: Sie verkündet den nahen Frieden des Christenreiches, da Maximian gestorben, Diokletian vertrieben sei, und stirbt erst (im Jahre 310), als ein Priester ihr die Hostie gereicht hat.

Hirs. Pass. und Zwief. Mart. des 12. Jh. (23,24) geben die an Hals (bzw. Händen) und Füßen Gefesselte, von Männern und Ochsengespann vergeblich gezogen; in Hirsau ist es der prächtig gekleidete Paschavius, der ihr das Schwert durch den Leib stößt, in Zwiefalten ein Jüngling. – 15 Szenen enthält die von Bruder Rudolfus in Metz geschriebene Legende (Berlin, Kupferstichkab.), Ende 12. Jh., die auf die Fassung des Sigebert von Gembloux, Metz, Ende 11. Jh., zurückgeht, entsprechend der Leg. Aur. – Auf dem Glasfenster der Frauenkirche in Esslingen, 1. Viertel 14. Jh., durchstößt ein Henker mit langem Schwert der betend Stehenden den Hals. Gekrönt steht L. mit Schriftband als eine von 6 heiligen Begleiterinnen um den → hl. Franziskus mit Vögeln in einem oberrheinischen Psalter, kurz nach 1235 (Karlsruhe, Bad. Landesbibl.) – 7 Legenden mit teils latein., teils französ. Text und Darstellungen des 14. Jh. erwähnt Künstle (11); eine völlig andere Fassung enthält das Lüb. Pass. (4). Ergänzende Fassungen berichten, daß sie ihre schönen Augen ausgerissen und sie auf einer Schüssel ihrem Verlobten geschickt habe, doch habe ihr die Madonna noch schönere Augen wiedergegeben.

Einzelne Darstellungen treten in Deutschland erst vom späten 15. Jh. an häufiger auf. Sie geben L. weiterhin zahlreich mit Palme und Buch; Schwert oder Dolch durchstoßen ihren Hals; seltener sind Feuerflammen zu ihren Füßen gezeigt. Seltener noch sind die auf einer Schüssel liegenden Augen hinzugefügt. Bei Dante (Inferno II,97) ist L. Trägerin himmlischen Lichtes. Sie wird in Sizilien für Augenleiden angerufen. Entsprechend läßt Mathis Nithart Gothart auf der Grisailletafel des ehem. Heller-Altars von 1509 zu Füßen der mit einem Palmwedel Stehenden eine Anzahl zur Augenheilung verwendeter Heilkräuter aufwachsen (Karlsruhe, Staatliche Kunsthalle). Zeigen einzelne seltene Darstellungen eine Lampe oder Kerze als Attribut, so wird damit auf ihren Namen – Lichtträgerin – angespielt. Das gilt auch, wenn sie bei weihnachtlichen Feiern in Schweden mit brennender Kerzenkrone erscheint.

Lucius, Hl. (3. Dez. / 2. Dez., Basel, Chur, Feldkirch, Freiburg i. Ü., St. Gallen, Sitten). Im 5./6. Jh. Glaubensbote vom Stamm der Pritanni im nördlichen Churrätien. Nach einer Legende des 9. Jh., die »Pritanus« zu »Britannicus« umdeutet, ein britischer König, der seine Heimat verläßt, um in Rätien das Evangelium zu verkünden; dort findet er den Märtyrertod.

Als Patron von Werden zeigt ihn eine Wandmalerei von 1052 in der später profanierten Lucius-Kirche. Zahlreiche Darstellungen befinden sich im Dom von Chur, in dessen Krypta seine Gebeine zu karolingischer Zeit beigesetzt wurden. Hier steht seine Figur an seinem Schrein von 1252 und an dem Sakramentshaus von 1482. Altäre von 1499 und 1511 enthalten Statuen und Bilder seiner Legende: So wird sein Martertod als Ertrinkender nach der Steinigung wiedergegeben (Katharinen-Altar, 1510). Ein Ulmer Holzschnitt von 1486 in Lirars Chronik von Schwaben zeigt, wie er einen Bären, der einen seiner Ochsen zerrissen hat, zwingt, mit dem anderen den Pflug zu ziehen. Bei allen bekannten Statuen ist L. fürstlich gekleidet in Mantel mit Schulterkragen, trägt Zepter, Reichsapfel, oft auch einen Wanderstab in Händen bzw. im Arm, und immer kennzeichnet ihn eine große Krone.

Ludgerus (Liutger, Ludger), Hl. (26. März, Essen, Hildesheim, Münster, Osnabrück). Der vornehme Friese, 744 geboren, wird als Schüler des → hl. Gregor in Utrecht und des Alkuin in York dort zum Diakon und 777 zum Priester geweiht, ehe er als Glaubensbote in Friesland wirkt. Von einfallenden Sachsen vertrieben, zieht er, ohne dort Mönch zu werden, nach Montecassino. Dem zurückgekehrten L. gibt → Karl d. Gr. 5 Gaue als Missionsgebiet und betraut ihn 794 mit der Verwaltung des Bistums Münster. Die Bischofsweihe erhält er 804, stirbt 809 in Billerbeck und wird nach seinem Wunsch in der Krypta des von ihm gegründeten Klosters Werden bestattet.

Erste Darstellungen des 11. Jh. in Handschriften seiner Legende aus Werden (Berlin, Staatsbibl.) und im Verbrüderungsbuch des Abtes Wibald von Stablo (Münster, Staatsarchiv), 12. Jh., zeigen ihn in Albe, Kasel bzw. Dalmatik und seitlich gehörnter Mitra. Bischofsstab und Buch trägt er auf dem Siegel der Ludgerikirche in Münster, 1279. Später auch mit Pluviale und großer Mitra wiedergegeben, ist L.s Attribut ein Kirchenmodell, das entweder Werden oder Münster darstellt, dazu Wildgänse zu seinen Füßen, da er sein ganzes Missionsgebiet auf wunderbare Weise von diesen befreit habe; doch ist nach späteren Legenden nur sein in der Nähe der Werdener Abtei gelegener Landbesitz gemeint. Eine andere Legende führt die Gänse auf den Schwan zurück, der ihm gedient habe. Sein Kelch mit Inschrift von 788 repräsentiert eine der ersten deutschen Kelchformen.

Ludmila, Hl. (16. Sept. / 15. Sept.), die Gemahlin des ersten christl. Herzogs von Böhmen, Boriwojs (den Methodius getauft hatte), wird nach dem Tode ihres Sohnes mit der Vormundschaft und Erziehung ihres Enkels → Wenzel betraut. Dadurch der Eifersucht und dem Haß ihrer Schwiegertochter Drahomira ausgesetzt, zieht sie sich nach Tetin zurück und wird 921 auf Drahomiras Veranlassung von 2 gedungenen Mördern erdrosselt. Als Landespatronin Böhmens ist sie dort in zahlreichen Bildwerken erhalten.

Meist in langem, gegürtetem Kleid, mit Mantel, Wimpel und Kopftuch, darüber den Herzogshut, dargestellt, trägt L. als Attribut ein zu Streifen zusammengelegtes Tuch mit herabhängenden Enden um den Hals. So auf der Tafel des Theoderich von Prag, um 1365 (Prag, Rudolfinum), und auf einem Flügel des von Herzog Wenzel gestifteten Altars in Aachen. Die Statue in der Herzogskapelle des Stephansdoms zu Wien aus der Mitte 14. Jh. zeigt sie in sternbesetztem Kleid, lose umgeschlagenem Mantel, eine Krone auf den Locken und ein Seil in der Linken.

Ludwig (französ. Louis, Clovis, Ludovic; italien. Luigi, Lodovico; engl. Lewis)

Ludwig Bertran, Hl. (10. Okt. / –). Der 1526 in Valencia Geborene tritt 1545 in den Dominikanerorden ein, wird 1547 zum Priester geweiht und 1551 zum Novizenmeister ernannt. Er begibt sich 1562 nach Neu-Granada, in opfervollster Tätigkeit unter den Indianern wirkend. 1569 nach Spanien zurückkehrend, wird er Prior von S. Onufrio bei und später in Valencia, wo er 1581 stirbt.

Erst 1608 selig-, 1671 heiliggesprochen, stellen ihn eine Statue von 1725 in der Adalbert-Kirche zu Breslau und eine Altarfigur von 1746 in der ehem. Dominikanerkirche zu Wimpfen dar. In Dominikanerhabit mit Ledergürtel, Skapulier und Kappa mit Kapuze wiedergegeben, trägt er als Attribut einen Wanderstab, um den sich eine Schlange windet, einen Kelch, aus dem Schlangen hervorkriechen, und eine Pistole, deren Lauf durch ein Kruzifix umgebildet ist: Die Schlangen, mit denen ihn die Indianer vergiften wollen, lassen ihn zwar schwer erkranken, aber auf wunderbare Weise gesunden; die Pistole, die ein Meuchelmörder auf ihn abschießt, verwandelt sich ebenso wunderbar in ein Kruzifix, das er diesem entgegengehalten hat.

Ludwig der Heilige, als Louis IX König von Frankreich (25. Aug.). Schon mit 11 Jahren wird der 1215 zu Poissy geborene L. in Reims zum König gekrönt und regiert bis 1236 unter der Vormundschaft seiner Mutter Bianca. Er gilt als Beispiel eines milde und gerecht für das Wohl seiner Untertanen sorgenden christl. Königs. Die Legende erzählt, wie er immer von seiner Schüssel Essen austeilt, Armenpflege und Spitalbau einrichtet. Frau und Kinder dürfen zur Fastenzeit weder Diadem noch Kränze tragen, er selbst kasteit sich und pflegt den Armen zur Osterzeit die Füße zu waschen. Er unternimmt 2 Kreuzzüge: Der erste, 1248, führt zur Eroberung von Damiette, endet aber mit seiner Gefangennahme und wunderbaren Errettung aus einem Schiffbruch 1250. Der zweite, gegen Tunis, 1270, vernichtet sein Heer und ihn selbst durch eine Seuche. In Kreuzform läßt er sich sterbend auf Asche legen. Seine Überreste werden nach St-Denis gebracht und dort bestattet. Papst Bonifaz VIII. sprach ihn 1297 heilig.

In Deutschland begegnen seltene Darstellungen vom Ende des 15. Jh. an und zeigen ihn meist in Rüstung, Mantel, Krone und Reichsapfel. Außer 5 Lilien auf seinem Schild kennzeichnen ihn besonders eine Dornenkrone und ein Kreuznagel in der Hand. Für diese Reliquien, die er vom 6. Kreuzzug mitgebracht haben soll, wurde die »Sainte Chapelle« in Paris errichtet.

Ludwig von Toulouse, Hl. (19. Aug. / –), der älteste Sohn Karls II. von Neapel, Großneffe König Ludwigs d. Hl., 1274 geboren, ist 1288–95 als Geisel für seinen Vater in Aragon und Barcelona. Dort gewinnt er Zuneigung zum Franziskanerorden, entsagt seinem Erstgeburtsrecht zugunsten seines Bruders Robert und tritt 1296 in den Orden des → hl. Franziskus ein. Unmittelbar zum Erzbischof von Toulouse geweiht, stirbt er schon 1297 und wird 1317 heiliggesprochen.

Bedeutend dargestellt von Simone Martini, 1317, Neapel (Museo Nazionale), und als Bronzestatue von Donatello um 1420, Florenz (Museo S. Croce). Die vereinzelten Darstellungen in der deutschen Kunst geben L. im 15. und 16. Jh. als Franziskaner strickgegürtet und mit Sandalen oder als Bischof in prächtigem Pluviale mit Mitra, Stab und Pontifikalhandschuhen, z. B. eine Tafel von Hans Baldung Grien (Frankfurt, Städel), um 1520.

Lüfthildis, Hl. (22. Jan. / 23. Jan.), eine Einsiedlerin vornehmer Herkunft, die im 8. oder 9. Jh. auf dem Lüftelberg bei Meckenheim lebte. Ihre Verehrung wird von Cäsarius von Heisterbach um 1220 erwähnt.

Da ihre Lebensbeschreibung aber erst 1607 erschien, sind Darstellungen erst aus dem 17. Jh. in der Kirche von Staffel/Ahrweiler bekannt, wo sie in modischem Kleid, Umwurf und Kopftuch mit einem Rosenkranz darauf erscheint, in der Rechten ein Kirchenmodell, in der Linken eine Spindel. Das Kirchenmodell kennzeichnet sie als Patronin dieser Kirche, die Spindel weist auf ihre Fürbitte bei Kopf- und Ohrenleiden hin: Denn mit einer silbernen Spindel, mit der sie bei Lebzeiten spann, wurden Leidende an den Ohren berührt; auch soll sie mit dieser Spindel bei einem Grenzstreit eine Grenze gezogen haben, die sich im Weiterschreiten hinter ihr als tiefer, noch heute vorhandener »Lüfthildis-Graben« öffnete.

Luitgard von Wittichen (16. Okt.), wird lokal verehrt, ist aber weder selig- noch heiliggesprochen worden. Als Bauernkind im Kinzigtal 1291 geboren, findet sie mit 12 Jahren Aufnahme in einem Beginenhaus in Oberwolfach. Nach großen Schwierigkeiten kann sie in Wittichen (Schwarzwald) mit mühsam zusammengebettelten Mitteln, etwa 32 Jahre alt, eine Klause für Tertiarierinnen des Franziskanerordens gründen, der sie bis zu ihrem Tode 1348 vorsteht.

Auf ihrer im 17. Jh. entstandenen Grabplatte in Wittichen ist sie als Franziskanerin mit Buch und Rosenkranz dargestellt, während ein Stich des 18. Jh. sie mit dem Modell des Klosters Wittichen und einem Herzen, aus dem Flammen schlagen, wiedergibt. Auf dem Kanzeldekkel von Wittichen steht das Kirchenmodell neben ihrer Statuette.

Lukas Evangelista, Hl. (18. Okt.). Der aus Antiochia stammende gerühmte Arzt (Kol. 4,14) ist nach späteren Legenden auch Maler des ersten Madonnenbildes. Als Begleiter des → Paulus auf dessen 2. und 3. Reise, der Romreise, und während der Gefangenschaft erwähnt, lassen ihn Legenden einen Martertod erleiden, doch berichtet die Leg. Aur. mit dem Zeugnis des → Hieronymus, daß er mit 84 Jahren in Bithynien (nach anderen in Böotien) nach Abfassung seines Evangeliums voll Hl. Geistes sein Leben vollendet habe. Seine Gebeine sollen 356/57 in die Apostelkirche von Konstantinopel übertragen worden sein.

Als Autorenbild in den Evangeliaren, schreibend am Pult sitzend, kennt ihn die ganze mittelalterl. Buchmalerei vom 7. Jh. an. Sein Symbol, der Stier, ist in halber oder ganzer Gestalt, geflügelt und mit einer Buchrolle über oder neben ihm, sein stetes Zeichen für die Innigkeit der Opfergesinnung, die sein Evangelium erfüllt, wie es in vielen Inschriften ausgedrückt wird. In mächtiger Form tritt sein Symbol auch schon in frühchristl. Mosaiken auf (S. Pudenziana, Rom, Ende 4. Jh., S. Vitale, Ravenna, 547). Mit den 3 anderen → Evangelisten und ihren Symbolen stellt ihn die mittelalterl. Kunst in den Zwickeln der Chorgewölbe, an Kanzeln und Taufsteinen dar. Einzeln auch an Altären, das Stiersymbol als kleines oder auch lebensgroßes Attribut neben sich (Riemenschneider, Berlin,

Staatl. Museen), trägt er in zeitentsprechender Gelehrtentracht ein Schreibgerät am Gürtel hängend oder ein Täfelchen mit einem Marienbild in der Hand (Lochner, Köln, W.-R.-Museum). Als Maler an der Staffelei vor der Madonna sitzend, bilden ihn zahlreiche Darstellungen des 15. Jh., besonders in den Niederlanden, ab. Der Lukas-Altar des Maleramtes von Hermen Rode (Lübeck, St.-Annen-Museum) stellt auch seinen Tod dar. Er ist daher der Patron der Maler, der Lukasgilden, über das Mittelalter hinaus aufgegriffen 1809 als Bund der Lukasbrüder, den die Maler Pforr und Overbeck gründen.

Lullus, Hl. (16. Okt., Fulda, Mainz), der angelsächsische Mönch aus Kloster Malmsbury, 705 geboren, zieht als Diakon nach Deutschland, um dem hl. → Bonifatius bei der Verkündigung des Evangeliums beizustehen. Von Bonifatius zum Priester geweiht, konsekriert ihn dieser 752 zu seinem Coadjutor und Nachfolger auf dem bischöflichen Stuhl von Mainz. Er stirbt nach segensreichem Wirken 786 in dem von Sturmius gegründeten, von L. wiederbelebten Kloster Hersfeld.

Die Malerei eines Reliquienschreins aus dem 15. Jh. in Fritzlar (Stiftskirche) stellt ihn in pontifikaler Meßkleidung dar, in der Linken den Bischofsstab, mit der rechten Hand segnend.

Luzifer. Der »Lichtträger« ist, ehe er vor Beginn der Schöpfung stürzt, ein Erzengel (→ Engel, Engelsturz, → Sechstagewerk und seine Gestaltverwandlung bei → Teufel). Er ist der Versucher bei → Adam und Eva in Schlangengestalt, steht in Hiob 40–41 als Leviathan dem Behemoth gegenüber, wie in Psalm 74,13–14 die Leviathan-Köpfe den Drachenköpfen, wird in der → Apokalypse Diabolus dem → Satan gegenüber bezeichnet. In den Liber-Floridus-Hss. des Lambert von St-Omer (Gent, 1125, Wolfenbüttel, Mitte 12. Jh., u. a. Hss.) wird er als Beelzebub mit dem Satan dargestellt, bei Herrad von Landsberg (38) hält der → Antichrist L. und Satanas im Schoß. In den Christus-Darstellungen zu Psalm 91 erscheint die Doppel- bzw. vierfache Gestalt als Drache-Löwe und Basilisk-Schlange. Auch bei → Michaels Drachenkampf treten gelegentlich Drache und Schlange sich umschlingend auf. Ausgesprochen und dargestellt ist die Doppelgestalt bei → Hildegard von Bingen im »Liber divinorum operum« (Anfang 13. Jh., Lucca, Bibl. governativa). Auch in Initialen können sich Schlange und Drache vereinen, beispielhaft im Brandenburger Evangelistar zu einer Matthäus-Seite, Anfang 13. Jh. (Brandenburg/Havel, Domkapitel). Als → Hölle personifiziert, wird L. von Satan in der Vorhölle angeredet (Leg. Aur.), nach dem Nikodemus-Evangelium (16,17). In anderer Fassung sehen die auferstandenen Söhne des → Simeon, wie L. und Satan sich zum Streite stellen. Einheitlich ist das Thema dieser Doppelgestalten in der mittelalterl. Kunst nicht zu fassen; als letztes großes Beispiel mag Dürers Kupferstich Ritter, Tod und Teufel von 1513 gelten.

Hingewiesen sei auf die grotesken Leuchter des Thomas Seitz im Chor von St. Mang in Füssen, 1724: Luzifer als »Lichtträger« in Tiergestalt mit Fledermausflügeln.

Lydia, Hl. (3. Aug.), die Purpurkrämerin in Thyatira bei Philippi, die Paulus ein gastliches Haus bietet (Apg. 16,14 und 15).

M

Magdalena → Maria Magdalena

Maginus, Hl. (25. Aug. / –). Als Glaubensbote in Katalonien das Evangelium verkündend, wird er durch die Verfolgung des Maximinus Thrax (235–238) ergriffen und enthauptet. Daß er bei Blatternerkrankung angerufen wird, hat sich aus lokalem Gebrauch ergeben.

Ein Holzschnitt des 15. Jh. (Basel, Kunstmuseum) stellt ihn in langem Rock, Mantel, Reisehut mit Nackenschutz, Wanderstab und der gezahnten Sichel dar, mit welcher er enthauptet worden sein soll.

Magnus (»St. Mang«), Hl. (6. Sept., Augsburg, Feldkirch, Innsbruck, München, Rottenburg, St. Gallen), ist nach der Legende Gefährte von → Kolumban und → Gallus im 7. Jh. In einer Reihe von Wundererzählungen überwältigt er einen Drachen und zwingt einen Bären, von seinen Äpfeln abzulassen. Er wirkt nach der Vita seines Freundes Theodor im 8. Jh. im Allgäu und gründet eine klösterliche Gemeinschaft, aus der später das Benediktinerkloster St. Mang in Füssen über seiner Grabstätte entsteht.

Als früheste Darstellungen werden eine Miniatur des 10. Jh. in St. Gallen und ein Wandbild (mit Gallus) in der Krypta von St. Mang in Füssen, um 1000, genannt. Im Hirs. Pass. des 12. Jh. (23) steht er in langärmeliger Kukulle, die mantelartig seine Hände bedeckt, und tonsuriert im Portal einer Kirchenfassade. Einzeln wird der apfelfressende Bär wiedergegeben. Neben diesem steht M. im Zwief. Mart. (24). Statuen vom späten 15. Jh. an geben ihn mit Stab und Buch wieder, meist einen Drachen zu Füßen, dem er auch gelegentlich seinen Stab in den Rachen stößt. Die Ausstattung von St. Mang in Füssen durch Joh. Jakob

Herkomer und andere Maler, um 1715–22, ist ganz auf die Legende des Hl. bezogen. Einige Legendenszenen hat 1745 Johannes Zick in der Klosterkirche zu Schussenried dargestellt. Zahlreiche Kirchen und Kapellen im Allgäu tragen seinen Namen. Auch heute noch wird in Schussenried und Wangen ein silberner St.-Mang-Stab bei Bittprozessionen gegen Feldschäden über die Felder getragen. Aufbewahrt in Wangen (kath. Pfarrkirche St. Martin), Werk eines augsburgischen oder schwäbischen Goldschmiedemeisters um 1500, ist er mit Reliquiar und Ostensorium ausgestattet, enthält als Reliquie ein Stück vom hölzernen Wanderstab des M. und zeigt gravierte und figürliche Heiligengestalten, in der Curva M. selbst. Gelegentlich wird M. als Nothelfer gegen Acker- und Gartenschädlinge unmittelbar angerufen.

Magnus, Hl. (6. Aug. / –), Bischof von Apulien, unter Kaiser Decius mit Keulen geschlagen und vielfältig gemartert. Den vor einem Altar Knienden durchbohrt ein Kriegsknecht mit dem Schwert, wie es ein Holzschnitt im Lüb. Pass. um 1480 darstellt (4). M. wird auch Magnaldus genannt.

Majestas → Christus

Makarios, Hl. (10. März / –), Bischof von Jerusalem (313 bis 334), als Nachfolger des Bischofs Hermon und in der Legende der Kreuzfindung durch die → hl. Helena genannt. Dargestellt auf einem Altarflügel der Pfarrkirche von Schweidnitz, 1492, in pontifikaler Meßkleidung mit Mitra und Buch sowie einem Kreuzstab, der auf seine Beteiligung bei der Kreuzfindung hinweist.

Makkabäer → Judas Makkabäus

Malachias → Maleachi, einer der 12 kleinen →Propheten.

Malachias, Hl. (3. Nov. / –), 1095 geboren, 1119 Priester, 1124 Bischof von Connor, 1129 Nachfolger des Erzbischofs Cellach von Armagh. Auf einer Romreise besucht er den → hl. Bernhard von Clairvaux, mit dem er freundschaftlich verbunden bleibt. Auf einer dritten Romreise erkrankt M. und stirbt 1148 in Rom. Er wurde 1190 heiliggesprochen. Teilweise als Prälaten, teilweise als Erzbischof mit Kreuz und Buch geben ihn Darstellungen vom 15. Jh. an wieder, z. B. eine Votivtafel von 1534 in Kloster Lichtental/Baden-Baden.

Malchus → Petrus

Maleachi (Malachias), der letzte der 12 kleinen → Propheten, um 440. Auf ihn gehen die prophetischen Worte zurück: »Ich will meinen Engel senden, der vor mir her den Weg bereiten soll, … den Propheten Elias« (Mal. 3,1 und 23).

Manasse → Jakob (Ephraim und Manasse)

Manasse, gottloser König von Juda, Sohn → Hiskias (2. Chron. 33,11). Im Gefängnis büßend dargestellt in der Speculum-Handschrift (8) als Gegenbild zu Magdalena, die die Füße Christi salbt.

Mangoldus, Hl. (17. Febr. / –). Der Abt des 1084 gegründeten Cluniazenserklosters St. Georgen (Schwarzwald) wird von einem seiner Mönche ermordet.

Ein Relief am Chorgestühl des 17. Jh. in Friesenhofen (Württ.) bildet ihn ab in Flocke mit Kapuze, den Abtstab in der Rechten, von einem Schwert durchbohrt.

Manoah (Richt. 13,1–25), der Vater → Simsons. Nach der Verkündigung, daß er einen Sohn haben werde, opfert er mit seinem Weibe und sieht in der Flamme den Engel aufsteigen.

Mehrfach als Gegenbild zu neutestamentl. Darstellungen (8) herangezogen. Eindrucksvoll das Gemälde von Rembrandt 1641 (Dresden, Staatl. Gem.-Galerie).

Marcellus, Hl. (16. Jan.). Der 307 gewählte Papst ordnet die kirchliche Verwaltung, die durch die Diokletianische Verfolgung zerrüttet ist. Als Streitigkeiten durch die vom Glauben wieder Abgefallenen entstehen, verbannt ihn Maxentius. Er stirbt 309.

Marciana, Hl. (9. Jan. / –). Als die gottgeweihte Jungfrau um 300 in Cäsarea (Mauretanien) ein Diana-Bild zerstört, wird sie auf Befehl des Richters in eine Gladiatorenschule eingeschlossen; doch entgeht sie der beabsichtigten Entehrung durch ein Wunder. Man verlangt ihren Tod durch wilde Tiere: Im Amphitheater an einen Pfahl gebunden, springt ein Löwe sie an, läßt aber schnuppernd von ihr ab; ein wütend gemachter Stier verletzt sie, aber erst ein Leopard zerreißt sie tödlich.

Ein flämischer Schnitzaltar von 1510 in Grip/Kristiansund (Norwegen) stellt sie in langem Gewand und Mantelumwurf mit modischer Haube dar; ein Leopard, Kleider im Maul tragend, tritt neben ihr hervor.

Mardochai (Mardochäus), Esthers Pflegevater (Esth. 6,7ff.). Geschmückt auf des Königs Pferd gesetzt, ist er das Vorbild für Christus am Palmsonntag in typolog. Werken (8).

Margareta (französ. Marguerite, Margot; italien. Margherita, Rita; engl. Margaret, Meg; niederl. Griet).

Margareta, Hl. (20. Juli). Zur Zeit der Diokletianischen Verfolgungen begehrt der Stadtpräfekt Olybrius, als er sie Schafe hüten sieht, die schöne christl. Jungfrau in Antiochia (Pisidien) zur Frau. Da sie sich standhaft weigert, ihrem Glauben zu entsagen, läßt er sie mit eisernen Kämmen reißen, mit Fackeln brennen und ins Gefängnis werfen. Mehrfach erscheint ihr der Versucher als ein riesiger Drache und windet sich um sie, um sie zu verschlingen. Er zerbirst durch das Kreuzzeichen, das M. über ihn macht, und sie entsteigt seinen Krallen unbeschädigt. Zur Richtstätte geführt, betet sie vor ihrer Enthauptung für ihre Verfolger und alle, die ihr Gedächtnis anrufen würden, besonders die Frauen in Kindsnöten; daher gilt sie für diese als Nothelferin. Mit → Barbara und → Katharina gehört sie zu einer häufig dargestellten Dreiergruppe, den beliebten Nothelferinnen. Kommt → Dorothea hinzu, sind es die ›Virgines capitales‹.

Als älteste Darstellung gelten die Szenen in einer Handschrift aus Fulda, Ende 10. Jh. (Hannover, Niedersächs. Landesbibl. 189). Im Hirs. Pass. des 12. Jh. (23) schlingt sich der Drache um M. als Buchstabe, in dem oben böse blickend Olybrius sitzt. In den Darstellungen seit dem 13. Jh. tritt sie, den Kreuzstab in ihn stoßend, auf den Drachen oder sie entsteigt dem Berstenden, wie auf einem Wandbild der Friedhofskirche Nagold, 13. Jh.; doch trägt sie den Drachen auch auf dem Arm oder führt ihn, in Anlehnung an die → Georgslegende und die Königstochter Margarete dort, an der Leine (Meister der Sterzinger Altarflügel, Stuttgart, Staatsgalerie, Mitte 15. Jh.). – Ihre Attribute sind außerdem Fackel, Kamm, Stabkreuz, Palme und Buch.

Margareta von Cortona, Hl. (22. Febr.). In Laviano 1247 geboren, lebt sie vom 16. bis zum 25. Jahr mit einem Edelmann, ohne mit ihm die Ehe einzugehen. Er stirbt, sein Hund führt sie zu dem seit Tagen verschwundenen Leichnam, dessen schon verwesender Anblick ihre Bekehrung bewirkt. Als Tertiarierin des Franziskanerordens gibt sie sich in Cortona bis zu ihrem Tode 1297 strenger Buße hin, hat himmlische Erscheinungen und wird 1728 durch Papst Benedikt XIII. heiliggesprochen.

In der Franziskanerkirche von Bad Tölz (Obb.) kniet sie als Altarfigur in langem Kleid, Strickgürtel, Mantel und Kopftuch. Ein Rosenkranz hängt an ihrem Gürtel, Buch und Totenkopf liegen vor ihr am Boden, 2 Engelchen halten Geißel und Bußgürtel, ein Hund steht neben ihr.

Margareta von Ungarn, Hl. (28. Jan. / –). Die Tochter Belas IV. von Ungarn, 1242 geboren, wird dreieinhalbjährig aufgrund eines Gelübdes von ihrem Vater in das Dominikanerinnenkloster von Veszprim gebracht. Mit 10 Jahren tritt sie in das von ihrem Vater gegründete Dominikanerinnenkloster auf der Haseninsel von Budapest ein und stirbt dort 1270.

Ein Holzschnitt und ein Wandteppich aus dem Ende des 15. Jh. (Basel, Histor. Museum) stellen sie im gegürteten langen Kleid, Skapulier, in offenem Mantel, mit Wimpel, Weihel und Schleier dar, in Händen ein Buch als Symbol für ihren Gebetseifer und einen Lilienstab als Zeichen für die gelobte Jungfräulichkeit, die sie trotz päpstlichen Dispenses die ihr angetragene Vermählung mit Herzog Boleslaw d. Fr. und anderen Fürsten ausschlagen ließ.

Maria. Quelle für das Marienleben und seine Darstellung in Buch- und Wandmalerei, auf Glasfenstern und Altartafeln, Chorgestühlen und Holzschnitten sind nicht nur Luk. 1 und 2, sondern die apokryphen Evangelien (16,17), insbesondere das des Jakobus.

Die ausführliche Vorgeschichte beginnt mit dem Elternpaar → Joachim und → Anna, dessen Kinderlosigkeit als Schande angesehen wird. *Joachims Altaropfer* weist der Hohepriester zurück. Joachim verbirgt sich bei seinen Herden, ein Engel verkündet ihm, daß er zu seiner Frau zurückkehren und ihr an der *Goldenen Pforte* begegnen solle. Auch Anna, die trauernd ein Vogelnest mit den die

Jungen fütternden Alten betrachtet, erscheint der ihr trotz ihres Alters Nachkommen verheißende Engel. Das Kind – Maria – wird geboren (die *Mariengeburt* häufig dargestellt im späten Mittelalter als Wochenstube, z.B. von Dürer, oder in einem Kirchenraum, so bei Altdorfer, als Hinweis auf die Bedeutung der M. als Ecclesia). Von Anna sorgfältig unterwiesen (selten dargestellt) und dem Tempeldienst gewidmet, schreitet die kindliche Gestalt (in der Legende dreijährig) selbständig die Treppen empor, wo der Hohepriester sie mit den Tempelfrauen empfängt, eine häufig abgebildete Szene: *Mariä Tempelgang.*

Hier schalten die Zyklen die Szene mit den 12 Auserwählten aus den 12 Stämmen ein, die ihre Stäbe zum Orakel in den Tempel bringen. Allein der Stab des alten → Joseph – er ist königlichen Geschlechts – blüht; eine Taube erscheint darauf, ihm wird M., die Jungfrau, angetraut (*Verlobung* oder *Sposalizio* genannt. Als Gegenbild erscheint die Szene mit den Stäben bei → Aaron, auf den Klosterneuburger Emailtafeln, 1181, und von da an vielfach in der Typologie dargestellt). Es folgt die von frühester Zeit an beliebteste und häufigste, Hoffnung auf das Heil erweckende Darstellung der *Verkündigung* (»Der Englische Gruß«) des Erzengels Gabriel an M., die das purpurne Garn für den Tempelvorhang spinnt oder auch aus einem Brunnen Wasser schöpft (s. Symbolik). Der Brunnen wird dann zur Lilienvase, in den späteren Darstellungen betet M. an einem Pult vor aufgeschlagenem Buch. Inschriften oder Spruchbänder enthalten fast immer die Worte des Engels: »Ave Maria, gratia plena, Dominus tecum« und die Antwort der M.: »Ecce ancilla Domini, fiat mihi secundum verbum tuum«, während darüber die Taube des Hl. Geistes, auch Gottvaters Hand, später Gottvater selbst, in Engelwolken erscheint. Von einem Lichtstrahl getragen, wird manchmal vom 14. Jh. an ein Christuskind mit kleinem Kreuz einbezogen.

Nicht in allen Folgen enthalten ist der *Traum Josephs* (Matth. 1 und Apokryphen), der vom Engel angewiesen wird, M. nicht zu verlassen, als »Rechtfertigung Mariä« bezeichnet (Erfurt, Augustinerkirche um 1380/90: Joseph und M. sitzen nebeneinander in einer Baldachin-Architektur mit Engeln, der eine gleiche in der Krönung Mariä vom selben Altarwerk entspricht, Berlin, Staatl. Museen, und Frankfurt, Städel).

Selten fehlt die zu den Hauptszenen gehörende *Heimsuchung*, die Begegnung von Maria und → Elisabeth, der Mutter → Johannes d. T., auch in die Darstellungsfolgen des Täuferlebens nach Luk. 1 einbezogen. Als Einzelgestalt herausgehoben wird die *Maria in der Erwartung* manchmal, noch seltener finden sich Joseph und M. auf dem Weg nach Bethlehem mit Ochs und Esel. Es folgt als eines der wichtigsten Bilder die *Geburt des Jesuskindes* mit Hirtenverkündigung und Verehrung, anschließend (nach Lukas) die seltenere *Beschneidung* und fast immer die zugehörige *Darbringung im Tempel* (das jüd. Reinigungsopfer ist in der Leg. Aur. ausführlich als Lichterfest geschildert, trägt im Mittelalter daher auch die Bezeichnung *Mariä Lichtmeß*, wie es Lochner 1447 darstellt, Darmstadt, Hess. Landesmuseum).

Nach Matthäus folgt die *Verehrung der Hll. Drei Könige* mit Herodes-Szene, Kindermord, Traum der Könige und dem Traum Josephs, der die *Flucht nach Ägypten* veranlaßt, die von einer Reihe apokrypher Legenden umrahmt sein kann: das aufwachsende Ährenfeld, das die Flüchtenden verbirgt; der sich neigende Palmbaum; die umstürzenden Götter; die bekehrten Räuber; das spielende Jesuskind, dessen tongeformte Vögelchen lebendig werden; M., die den stets mitwachsenden Rock Christi strickt, u. a.

Der *Rückkehr aus Ägypten* geht abermals ein Traum Josephs voraus. – Das letzte Bild der Reihe zeigt dann das ihren Sohn suchende Elternpaar. Es findet ihn als *Zwölf-*

jährigen Jesus mit den Schriftgelehrten im Tempel. Manchmal geht hier die kleine Einzelszene der M. mit dem eine Schiefertafel tragenden Jesuskind an der Hand voraus.

Der Folge nicht immer angeschlossen sind die besonders auch einzeln dargestellten Bilder, wie z. B. der *Abschied Christi von Maria* (Dürers Marienleben), während die *Marienklage* genannte Darstellung mehr der »Pietà«, dem »Vesperbild« (→ Christus) angehört.

Ein großes Thema, um Legenden bereichert, ist dann der *Marientod* (byzantinisch »Koimesis«; östl. Kirchen tragen diesen Namen): Der einsam wohnenden M. (»am Berg Sion«, aber auch Ephesos wird genannt) erscheint ein Engel mit leuchtendem Palmzweig und verkündet ihr den Tod. Sie bittet, daß die Apostel zugegen sein möchten. Von Wolken herbeigetragen, einem innerlichen Rufe gefolgt, umstehen sie das Lager der Sterbenden; Christus nimmt die kleine Seelengestalt der Entschlafenen auf den Arm. Spätere Darstellungen bereichern die Szene durch Raum und Tätigkeit der Apostel mit Sterbekerze und Weihrauch; aus aufgeschlagenem Buch werden die Sterbegebete gelesen.

Nach der Legende wird dann die Grabtragung gebracht, bei der die Hände des Hohenpriesters, der den Leichnam vernichten und mit Bewaffneten verhindern will, daß er in das Tal Josaphat gebracht wird, an der Bahre erstarrend kleben bleiben – bis → Petrus ihn heilend löst und bekehrt.

Der *Himmelfahrt* vorausgehend, können Engel den Leichnam aus dem Sarkophag heben, ehe er sich in strahlender Lichtaura, von Engeln unterstützt, emporschwingt. Die das leere Grab umstehenden Apostel schauen der Emporschwebenden nach → Thomas, der zu spät gekommene Zweifler, erhält die *Gürtelspende* zur Bestätigung. Die Kleider aber bleiben zur Stärkung der Gläubigen im Sarkophag. Sie gehören zu den (noch heute gezeigten) Reliquien (Trier, Aachen, Prato u. a.).

Erst vom 13. Jh. an wird die Aufnahme M.s in den Himmel zu der immer großartiger und festlicher dargestellten Szene der *Marienkrönung*. Meist beruhen die Wiedergaben auf den 1216 von Cäsarius von Heisterbach niedergeschriebenen Visionen und Legenden, doch sind ältere Vorstellungen mit einer Hymne des 2. Jh. vorhanden, die M. schon als Braut Christi und Ecclesia bezeichnen, in der Ostkirche die Panagia, die Allerheiligste Maria-Sophia nennen.

Mariensymbolik. Wie die schon genannte Hymne verbreiten sich durch die nachfolgende Hymnendichtung und ihre Ausdeutung mit Bezug auf Prophetenstellen, Psalmworte und ganz besonders auf das Hohelied Vorstellungen, die nur in einzelnen Zügen bei Darstellungen zu finden sind, eine geschlossene Zusammenfassung erst vom 15. Jh. an zeigen und insgesamt dann die Bedeutung der *Maria Immaculata* tragen, deren Fest am 8. Dez. vom Offizium in Rom 1476 empfohlen wird, und entsprechend wird von Papst Sixtus IV. die Sixtinische Kapelle 1483 auf den Namen der Unbefleckten Empfängnis geweiht. Eine spätere Einzelform versinnbildlicht die M. Immaculata in Werken des 18. Jh. als auf Wolken oder der Erdkugel stehende jungfräuliche Gestalt, eine Schlange unter den Füßen (Ignaz Günther, Feichtmayer u. a.).

Eine vollständige Reihe dieser Symbole, die vom 12. Jh. an auch in Litaneien aufgenommen sind, ist in dem gedruckten Marienpsalter des Hermann Nitzewitsch 1493/96 festgehalten und bildlich u. a. erhalten in dem Wasserfaß-Altar 1420 aus Köln (Bonn, Rhein. Landesmuseum), in einem Holzschnitt von 1513, dem Glockendon-Gebetbuch für Herzog Wilhelm von Bayern, Nürnberg, 1535, noch bei Tintoretto 1570/80 (Stuttgart, Staatsgalerie) und Beispielen der Ostkirche, wie dem »Brunnen des Lebens«, Athos-Schüle (Aachen, Suermondt-Museum, 17./18. Jh.) u. a.

Sie heißen fast alle nach dem Hohenlied:

Electa ut sol – Sonne
Pulchra ut luna – Mond
Stella maris – Meerstern (Nach Eusebius, auch schon bei Uta von Regensburg, Anfang 11. Jh.)
Speculum sine macula – fleckenloser Spiegel
Pellis Gideonis – (vgl. Richt. 6,36–40, das vom Tau benetzte Fell, → Gideon)
Turris David cum propugnaculis – Der elfenbeinerne Turm mit Schutzwehren
Civitas Dei – Gottesstadt = Himmlisches Jerusalem der Apokalypse
Porta coeli – Himmelspforte
Porta clausa – Das verschlossene Tor (Hes. 44,2)
Fons signatus – Versiegelter Born (besonders auf Salomo bezogen)
Fons hortorum – gottempfangende Quelle des Heils (Malerbuch)
Puteus aquarum viventium – Lebensbrunnen (Apokalypse)
Hortus conclusus – Verschlossener Garten
Plantatio rosae – Rosenstrauch
Lilium inter spinas – Lilie unter Dornen
Oliva speciosa – Köstliche Olive
Virga Jesse – Reis Jesse (Wortspiel virga = virgo, Jes. 11,1)
Virga Aaron – der blühende Stab → Aarons
Mandelzweig – Mandorla (daher: die in unverletzter Schale wachsende Mandel, als spitzovaler Rahmen dann allgemein verbreitet)
Zimtstrauch
Balsamstaude
Zeder
Palme
Zypresse

Dazu können dann noch kommen: das *Einhorn* (s. u.), → Moses mit dem feurigen Busch und die auch Christus zugehörigen Symbole des *Pelikans*, der sich für seine Jungen die Brust aufreißt, des *Adlers*, der seine Jungen auffliegen und in die Sonne sehen lehrt, des *Löwen*, der seine Jungen mit seinem Hauch brüllend zum Leben erweckt, des *Phönix*, der sich selbst verbrennend neu ersteht; gelegentlich auch Bundeslade, siebenarmiger Leuchter, Vogel Strauß, Manna-Urne, Angelschnur, Taube ohne Galle, Honigwabe, Myrthe, Jerichorose. Zahllose Gegenüberstellungen finden sich in den typolog. Büchern (8). Außerdem ist es das »Defensorium inviolatae virginitatis beatae Mariae virginis« des Franz von Retz († 1427), aus dem Beispiele in Blockbüchern von 1445 an auf einem Altar von 1426 aus Stams u. a. vorkommen.

Als Einzeldarstellung ist vom 13. Jh. an auf Tafeln, Teppichen und an Chorgestühlen die *Einhornjagd* bekannt, eine mystisch dichterische Anspielung auf die Menschwerdung Christi: In Gestalt von Hunden jagt der Erzengel → Gabriel als Jäger mit den Tugenden M.s das Einhorn, das seine Zuflucht im Schoße der Jungfrau sucht, denn nach dem Physiologus, dem mittelalterl. Tierfabelbuch, verliert das Einhorn seine Wildheit, wenn es den Schoß einer Jungfrau erreicht (6). Rosenstrauch und beschlossener Garten werden von den Bildern der *Maria im Rosenhag* einzeln aufgenommen, auch als *Madonna mit dem Rosenstrauch* (München, Bayer. Nat.-Museum 14. Jh.), als *Maria in den Dornen* (Petrus Christus, 1444, Essen, Folkwang-Museum), als *Weinstrauchmadonna* (Marburg, Elisabeth-Kirche, Bogenfeld des Westportals von 1283), als *Maria auf der Rasenbank*, *Maria in den Erdbeeren* (Solothurn), schließlich als *Paradiesgärtlein* (1410/20, Frankfurt, Städel) oder nur als *Maria auf der Rasenbank*.

Erst vom 15. Jh. an entsteht die volkstümliche *Mater dolorosa:* die »Schmerzensreiche Mutter Gottes« mit den 7

Schwertern in der Brust (Holzschnitt von 1444 u. a.). Mit einem Schwert ist M. schon sowohl bei der Kreuzigung als auch bei der Darbietung und Beschneidung nach den Worten Simeons dargestellt (Luk. 2,34 und 35). Die Wiedergabe der Mater dolorosa steht im Zusammenhang mit den Reihen des *Schmerzensreichen Rosenkranzes* mit 5 oder 7 Szenen (»roten Rosen«): 1. Kindermord oder Simeons Weissagung und Beschneidung; 2. Flucht nach Ägypten; 3. Der verlorene zwölfjährige Jesus; 4. Kreuztragung; 5. Kreuzigung; 6. Kreuzabnahme; 7. Grablegung. Die Rosenkranz-Verehrung und die entsprechenden Darstellungen kommen besonders auf, als 1475 die Dominikaner in Köln M. zur Königin des Rosenkranzes erklären, da ja die Dominikanerlegenden erzählen, wie M. dem → hl. Dominikus die Gebete (»Gesetze«) des Rosenkranzes gelehrt bzw. ihm den Rosenkranz überreicht habe.

Diese Gebete enthalten dann auch den *Freudenreichen Rosenkranz* (»weiße Rosen«): 1. Verkündigung; 2. Heimsuchung; 3. Geburt des Jesuskindes; 4. Darbringung oder Drei Könige; 5. Wiederfinden des zwölfjährigen Jesus; 6. Auferstehung; 7. Himmelfahrt Christi oder Pfingsten.

Daran schließt sich der *Glorreiche Rosenkranz* an (»goldene Rosen«): 1. wiederholend die Auferstehung; 2. Himmelfahrt Christi; 3. Pfingsten; 4. Marientod und Himmelfahrt; 5. M. als Beisitzerin beim Jüngsten Gericht, verbunden mit dem *Schutzmantel.* Als besondere Beispiele seien genannt eine Tafel von 1490, »Allegorie des Rosenkranzgebets« (Stuttgart, Staatsgalerie), ferner das Wandgemälde von 1499 in der Pfarrkirche zu Weilheim/Teck, ein Schnitzaltar zu den Sieben Freuden von 1488 und ein anderer zu den Sieben Schmerzen, beide von Douvermann, 1522 (Kalkar, Pfarrkirche).

In Dürers *Rosenkranzfest* von 1506 (Prag, Stift Strahow) teilt M. Kränze aus Rosen an Papst Julius III., Kaiser Maximilian und deren Gefolge aus.

Zu den frühesten *Einzeldarstellungen* gehören die später in den russischen Ikonen festgehaltenen byzantin. Typen, die teilweise auch im Abendland aufgenommen werden. Ihre Entstehung und besondere Verehrung begründet das Konzil von Ephesos 431: *Blachernotissa*, die Muttergottes des Zeichens, die aus der ältesten Form der *Orans* hervorgegangene Stehende mit betend erhobenen Händen, das Kind halbfigurig in Scheibe (Aura) vor der Brust. Sie und auch die anderen Typen tragen das Mantelkopftuch *(Maphorion)* mit der Borte und drei Sternen darauf, einen auf der Stirn, zwei auf der Brust. – *Platytera*, von gleicher Form, trägt statt des Kindes auch ein Christus-Antlitz vor der Brust. – *Panagia*, die Allerheiligste, von Engeln umgeben, mit und ohne Kind. – *Hodegetria*, die Wegbereiterin, trägt das Kind meist auf dem linken Arm; das Kind hält eine kleine Schriftrolle und segnet mit der anderen Hand. – *Eleüsa*, die das Kind herzende, auch küssende M., ähnlich *Glykophilousa*, die auch vom Kind, häufig auf dem rechten Arm, gestreichelt oder geküßt wird. – *Nikopoia* (Kyriotissa), die frontal sitzende Madonna, das Kind in der Mitte auf den Knien. – *Galaktatrophousa*, *Laktatrophousa*, die das Kind nährende M., erst seit dem 8. Jh. bekannt.

Feierlich und streng dargestellt in Wand- und Buchmalerei, Mosaiken, Glasfenstern, Elfenbein, Holz und Stein, wandelt sich die abendländische Gestaltung im Zusammenhang v. a. mit Mystik und Minnedichtung. Der erst vom 12. Jh. an so zahlreich und mit immer neuem Liebreiz dargestellten M. mit dem Kinde, der »Madonna«, tritt eine Vorstellung aus der Apokalypse (Apok. 12,1 ff.) zur Seite: Die vom Drachen verfolgte Frau, die das Kind zur Welt bringt, das Michael rettet, und die »von der Sonne bekleidet, von Sternen bekrönt auf dem Monde steht«, als *Mondsichel-Madonna* oder *Apokalyptische Madonna* bezeichnet. Die Darstellungen bringen meist einen flammenden Sonnenstrahlenhintergrund, die mit 12 Sternen gebildete Krone, v. a. aber die von Engeln aufwärts oder abwärts gehaltene Mondsichel mit einem oft teuflischen Antlitz.

Auf älteste Vorstellungen des german. »Mantelschutzes« geht das erst vom 13. Jh. an häufig auftretende Bild der *Schutzmantelmaria* zurück. Ein entsprechendes griech. Gebet wird von Karl d. Gr. aufgenommen (»Unter deinen Schutz, heilige Gottesgebärerin – Theotokos – flüchten wir unsere Gebete«). In den 1219 verfaßten »Miraculi« des Cäsarius von Heisterbach ist der Anruf um diesen Schutz mit zahlreichen Erzählungen erreichter Hilfe verbunden. Diese Erzählungen sind größtenteils in der Leg. Aur. enthalten und spielen auch in der mystischen Dichtung des 14. Jh. noch eine große Rolle. Das gemütstiefe Gebet, das M. auch als hilfreiche Beisitzerin beim Jüngsten Gericht kennt, macht sie zur *Fürbitterin*, zur Mutter des Erbarmens, deren Fest als »Madonna della misericordia« am 24. Sept. gefeiert wird. Als Schutzmantelgestalt wird M. zunächst noch mit dem Kinde dargestellt, das einen Mantelzipfel faßt, unter den sich übereinandergestaffelt die Schutzflehenden in bürgerlicher Kleidung in die Mantelfalten drängen (Aachen, 1420, aus Herlazhofen; Rottweil, Lorenz-Kapelle, 1430, aus Gösslingen). Dann erscheint M. ohne Kind, den Mantel ausbreitend (1470, Friedrich Schramm zugeschrieben, Berlin, Staatl. Museen). Schließlich wird der Mantel von Engeln gehalten, während sich rechts und links kniend die Stände der geistlichen und weltlichen Herrschaft, Papst und Kaiser mit ihrem Gefolge reihen.

Hier schließen die sog. *Pestbilder* des 14. und auch noch 15. Jh. nach der Vision des → hl. Dominikus an: Er sieht Christus in der Luft schweben, der mit 3 Lanzen die Welt, die voller Laster ist – besonders Hoffart, Unkeuschheit und Habgier – verderben will; M. eilt ihm entgegen und bittet für die Menschen. An die Stelle Christi tritt in den Bildern meist ein zürnender Gottvater, der Pfeile schleudert; Christus als Schmerzensmann und Maria mit Schutzflehenden erbitten Gnade; die Pfeile zerbrechen und werden abgeleitet.

In diesen Zusammenhang gehören auch die selteneren Beispiele der *Schreinmadonna*, die auf die Legende des seine Brüder suchenden Mönches (in den »Miraculi« des Cäsarius von Heisterbach, 1219) zurückgehen. Mehrere Werke des 14. Jh. bilden die sitzende oder stehende M. mit dem Kinde als ein in der Mitte auseinanderklappbares Schnitzwerk, das im Inneren einen »Gnadenstuhl« (→ Christus) oder Christusszenen enthält und auf den beiden zur Seite zu drehenden Flügeln den von M.s Händen gehaltenen Mantel mit den Schutzflehenden zeigt. Besonders viele Beispiele sind im Deutschordensgebiet beheimatet (eines der schönsten, von 1390, in Nürnberg, German. Nat.-Museum).

In diesem Zusammenhang ist interessant, daß die griech. Kunst eine aufschließbare Silensfigur kannte, die außen häßlich war, innen aber eine schöne Göttergestalt enthielt (Alkibiades bezog diese Figur auf Sokrates am Ende des Gastmahls).

Eine besondere Darstellung ist schließlich die der M. als Sedes Sapientiae (Sitz der Weisheit) oder M. auf dem *Thron Salomonis*, nach älterer und in dem Text des Bernhard von Clairvaux gegebener Auslegung auf den Ratschluß der Erlösung als der Menschwerdung Christi gedeutet. Zum Thronsitz der Madonna führen Stufen, auf denen rechts und links Tugenden, Veritas und Caritas an der Spitze, aufsteigen, die nach Luk. 1,46–55 genannt werden. Jesaja, Hesekiel u. a. Propheten können von den oberen Stufen an rechts oder links erscheinen, über M. auch die 7 Tauben des Hl. Geistes. Nach 1. Kön. 10,18–20, der Schilderung des Thrones Salomos, begleiten 12 Löwen die 6 Stufen und repräsentieren die 12 Stämme und die 12 Apostel, während, von den Stufen gerahmt, Christus als der neue Salomo oder Salomo selbst dargestellt sein kann

(Gurk, Kärnten, Dom, Wandmalerei, um 1230/60; Altaraufsatz aus Bebenhausen, 1335, Stuttgart, Staatsgalerie; Brixen, Johannes-Taufkirche: Fresken um 1250 u. a.).

Als geschnitztes Einzelwerk in der Reihe der Andachtsbilder des 14. Jh., die aus dem mystisch-innigen Gefühlsleben der Frauenklöster entspringen, ist *Maria im Wochenbett* in zahlreichen Beispielen erhalten – ein Thema, das wegen seines allzu nahen irdischen Bezugs kirchlicherseits verboten wird (1330 aus Heggbach, München, Bayer. Nat.-Museum; um 1400 aus Buchau, Stuttgart, Württ. Landesmuseum).

Mehrfach nachzuweisen ist im 15. Jh. *Maria im Ährenkleid,* das nach der Legende die Tempeljungfrauen für sie strickten. Mit Inschrift erhalten gibt ein Schrotblatt von 1450/60 das verschollene Dombild von Mailand wieder, das Caterina Sforza, Gemahlin Gian Galeazzo Viscontis, 1380 gestiftet hatte. Von Hinrik Funhof ist eine Tafel der Ährenkleidmadonna von 1485 erhalten (Hamburg, Kunsthalle), ein anderes Beispiel in Soest, Wiesenkirche, 1465.

Erwähnt werden müssen auch die in der volkstümlichen Verehrung hochstehenden *Schwarzen Madonnen.* Diese Bildwerke sind nur selten durch Farbveränderung, Alter, Kerzen und Weihrauch geschwärzt, sondern nachweislich schwarz angelegt mit Beziehung auf das Hohelied 1,5: »Ich bin schwarz, aber schön« (»Niger sum sed formosa«). Konrad von Würzburg beruft sich ca. 1270 in seiner »Goldenen Schmiede« auf diese Worte: »Du sprichest vrouwe reine, daz du swarz unt schoene.« In diesem Zusammenhang kann auf eine Eigenart älterer Vorstellungen hingewiesen werden, die den schwarzen Göttinnen antiker Kulte zugrunde liegt.

Fest steht für das ganze Mittelalter die Tradition der Farbe (nach Malerbuch und Johannes Damascenus), die den blauen *Himmelsmantel* und das purpurne Gewand für die Regina Coeli – die Königin des Himmels – vorschreibt, während bei Darstellungen der Geburt des Jesuskindes das weiße Kleid der jungfräulichen Magd betont sein kann, weißgolden aber die zur Krönung Entrückte erscheint. In Ausnahmen trägt M. den Purpurmantel bei der Anbetung der Könige. Roter Mantel und rotes Gewand mit Perlen und Edelsteinsäumen treten in der niederländischen Malerei vom Anfang des 15. Jh. an besonders häufig auf (z. B. Jan van Eyck, Lucca-Madonna, Frankfurt, Städel) und entsprechen etwa der ausführlichen Vision des Heinrich → Seuse in seinen »Hundert Betrachtungen« von 1348: »Der Mantel auf dem Bilde war ganz in Rot und Purpurfarbe mit orientalisch seltener Arbeit, Perlen und Edelsteinen.«

Der Ausdruck *Schöne Madonna* – ein rein kunsthistorischer Stilbegriff – bezieht sich auf die so besonders liebreich sich neigenden Gestalten um und nach 1400.

Ein »Neujahrsblatt« mit ausführlichem Wunschtext (Holzschnitt von 1450/60) bringt Maria mit Christkind und Engeln auf einem Schiff zu den Gläubigen, »aus Alexandria herfahrend«.

Die folgenden Daten der *Marienfeste* wurden während des II. Vatikanischen Konzils bestätigt oder neu festgelegt:

1. Jan.	Hochfest der Gottesmutter
23. Jan.	Vermählung Mariä (Sposalizio – Verlobung)
2. Febr.	Mariä Lichtmeß (oder Reinigung = Darbringung)
11. Febr.	Erscheinung von Lourdes
25. März	Verkündigung
– –	Freitag nach dem Passionstag = erster der Sieben Schmerzenstage (Festum spasmi)
(1. Mai	Patronin Bayerns)
1.–31. Mai	Marienmonat
24. Mai	Schutzmantelfest (Festum auxilii christianorum)
– –	Samstag nach dem 2. Sonntag nach Pfingsten = Herz Mariä

2. Juli	Heimsuchung
16. Juli	Skapulierfest vom Berge Karmel
5. Aug.	Mariä Schnee (ad nives), → Liberius
15. Aug.	Mariä Aufnahme in den Himmel
22. Aug.	Fest Mariä Königin
8. Sept.	Mariä Geburt
12. Sept.	Mariä Namensfest
15. Sept.	Zweiter Siebenschmerzenstag
24. Sept.	Festum Beatae Mariae Virginis de mercede: Barmherzigkeitstag
7. Okt.	Rosenkranzfest (zur Erinnerung an den Sieg über die Türken in der Seeschlacht bei Lepanto am 7. Okt. 1571 von Pius V. empfohlen, 1716 nach den Siegen des Prinzen Eugen von Clemens XI. vorgeschrieben)
21. Nov.	Mariä Tempelgang
8. Dez.	Mariä Unbefleckte Empfängnis (Goldene Pforte)
18. Dez.	Mariä Erwartung

Loreto. Die Legende berichtet: Als die Türken 1291 Nazareth bedrohten, wurde das Haus der M. von Engeln nach Dalmatien und, als es auch dort nicht in Sicherheit war, nahe Recanati bei Ancona (Adriaküste) auf das Grundstück einer Witwe Lauretta entrückt. Der unmittelbar entstandene Wallfahrtsort Loreto fand zahlreiche Nachfolge in den »Loretokapellen«. Eine diesbezügliche »Lauretanische Litanei«, in der älteste Hymnen und Anrufungen der »Maria lauretana« vereint sind, wurde 1691 festgelegt und mehrfach erweitert.

Maria Ägyptiaca (2. April). Lebt als Dirne 17 Jahre in Alexandria, schließt sich aus Neugier Pilgern an, die nach Jerusalem fahren, wird von unsichtbarer Gewalt gehindert, die heilige Stätte zu betreten, bis ihr durch ein Marienbild ihre Sündhaftigkeit bewußt wird. Ein Unbekannter schenkt ihr 3 Münzen, sie kauft 3 Brote und zieht sich als Büßende in die Wildnis jenseits des Jordan zurück. Dort findet nach 47 Jahren der Mönch Zosimus die vollkommen mit Haaren bedeckte M. und reicht ihr die Kommunion. Sie bittet ihn, nach Jahresfrist wieder über den Jordan zu kommen. Als er zurückkehrt, sieht er sie tot liegen, in den Sand geritzt die Bitte, sie zu begraben (Lüb. Pass.: Ein Brief in ihrer Hand enthält diese Bitte und ihren bis dahin unbekannten Namen). Als Zosimus noch überlegt, erscheint ein Löwe (im Lüb. Pass. zwei) und gräbt mit seinen Tatzen das Grab, in das Zosimus sie bettet.

Selten als einzelne Gestalt in langem, anschließendem Kleid, manchmal auch, der Legende entsprechend, unbekleidet dargestellt, von Haaren ganz bedeckt, mit 3 Broten in den Händen. Der Tod der M. Ä. ist das Thema eines Triptychons von Emil Nolde, 1912 (Hamburg, Kunsthalle).

Maria Kleophas, so genannt als Tochter des Kleophas, des 2. Mannes der → hl. Anna, Maria Alphäus genannt als Frau des Alphäus und Mutter der Söhne → Jakobus d. J., → Barnabas, → Simon Zelotes und → Judas Thaddäus, und **Maria Salome** genannt als Tochter des Salomas, des 3. Mannes der hl. Anna, Maria Zebedai genannt als Frau des → Zebedäus und Mutter der Zebedäus-Söhne → Jakobus d. Ä. und → Johannes. Sie sind mit → Maria Magdalena die nicht immer eindeutig bezeichneten Frauen unter dem Kreuz oder am Grabe (→ Christus), die schon auf Elfenbeintafeln des 4. Jh., in der Buchmalerei vom 10. Jh. an und später in der Gruppe der Trauernden unter dem Kreuz dargestellt werden. Einzelne Statuen sind selten und stammen meist aus einer Gruppe des Hl. Grabes (vgl. Lit. zu Maria Magdalena), wo sie mit Weihrauchfaß in der einen und Salbenbüchse in der anderen Hand wiedergegeben sind. Beide Marien gehören nach den apokryphen Evangelien (16,17) den vom 15. Jh. an häufig werdenden

Darstellungen der → Hl. Sippe an. – Andere Legenden schließen die beiden Marien der Meerfahrt der Maria Magdalena an. Ort und Kirche Les Stes-Maries-de-la-mer (Provence) bewahren ihr Gedächtnis.

Maria Magdalena (französ. Madeleine; engl. Magdalen, Maud).

Maria Magdalena, Hl. (22. Juli). »Aus königlichem Geschlecht, edel, reich und minniglich, trug ihr Gemüt hoch«, beginnt die Legende. »Eine Burg Magdala ist ihr Besitz, und weil es ihr so wohl ist, wird sie zur Sünderin.« Sie hört von Christus, der im Haus Simons des Aussätzigen speise, wagt nicht, sich unter die Gerechten zu setzen, fällt Christus zu Füßen, die sie mit ihren Tränen wäscht, salbt und mit ihren Haaren trocknet. Anschließend an diese Szene, die nach Luk. 7,36 Simon den Pharisäer betrifft (also einen anderen als Simon den Aussätzigen), werden bei Luk. 8 einige Frauen genannt, die Christus folgen, darunter M. M., »der er sieben Teufel austreibt«. In das Haus der → Martha in Bethanien (Luk. 10,38–42) tritt Christus ein, Maria, ihre Schwester, setzt sich ihm zuhörend zu Füßen. Als Schwestern des → Lazarus sind Maria und Martha bei der Erweckung zugegen (Joh. 11, → Christus).

Dreimal wird, vor Ostern, das Haus Simons des Aussätzigen in Bethanien genannt; sowohl bei Mark. 14 als auch bei Matth. 26 gießt ein Weib köstliches Wasser (oder Narde) auf Christi Haupt; die Jünger murren ob der Verschwendung. Nach Joh. 12 salbt M. M. ebendort 6 Tage vor Ostern im Beisein von Lazarus und Martha die Füße Christi und trocknet sie mit ihren Haaren, worüber Judas sich tadelnd äußert.

Die frühesten Darstellungen in einfachster Form finden sich im Hirs. Pass. des 12. Jh. (23), wo M. M. im Beisein eines Engels die Füße Christi mit ihren Haaren trocknet, und im Zwief. Mart. (24) ohne Engel.

Die Gleichsetzung der Sünderin einerseits mit Maria, der Schwester Marthas und des Lazarus, andererseits mit der von Teufeln befreiten Magdalena, dem Weib bei Markus und Matthäus, wird schon 373 im Kommentar Ephraims des Syrers vollzogen und trotz Origines, der sie trennt, von → Gregor d. Gr. (590–604) wieder bestätigt und geht von da in Legende und Vorstellung, Darstellungen und Spiele ein.

Besonders die Spiele haben schon im 10. Jh. Vorstufen mit den »Tropen« (Versen) des Tutilo von St. Gallen: In darstellender Feier erscheinen junge Geistliche als → Frauen am Hl. Grabe. Die Szene geht in die späteren Spiele ein und ist als plastische Gruppe von 1300 an nachweisbar, kommt weiterhin in zahlreichen Darstellungen der Frauen am Grabe auf Elfenbeintafeln (schon im 4. Jh.), in Buch- und Wandmalerei sowie auf Glasfenstern vor.

Erst vom 14. Jh. an wird M. M. bei Kreuzigungsdarstellungen nicht nur in der Gruppe der Frauen, sondern am Kreuzfuß und ebenso bei der Grablegung mit besonderem Trauergestus hervorgehoben.

M. M. ist die erste, der der Auferstandene am Grabe erscheint (Mark, 16,9), ausführlicher bei Joh. 20,14–18, wo die sich Umwendende Christus als Gärtner ansieht, befragt, plötzlich erkennt, ihn aber nicht berühren darf: das so verbreitete, meist »Noli me tangere« (»Berühre mich nicht«) genannte Bild. Es ist schon auf einer Elfenbeintafel des 4. Jh. dargestellt, um 1015 an der Bronzetür des Hildesheimer Doms, wird von Buch- und Glasmalerei seit dem 12. Jh. aufgegriffen und weiterhin immer wieder in neuer Eindringlichkeit erfaßt.

Als einzelne Heilige überaus häufig, von der Mitte des 13. Jh. an nachweisbar, bleibt die Gestalt der M. M. bis ins 18. Jh. meist durch besonders prächtige Kleidung ausgezeichnet (wie sie die Regieanweisungen der Spiele besonders im 15. Jh. enthalten), betont durch das Attribut der Salbenbüchse.

Erst im 15. Jh. tragt M. M. in Einzeldarstellungen lange, gelöste Haare, selten aber erscheint sie, der Legende der → Maria Ägyptiaca entnommen, unbekleidet, mit Haaren bedeckt, wie sie das urspr. Mittelstück des Tiefenbronner Altars von Lukas Moser, 1431, und die eingesetzte Schreinfigur von 1525 (Berlin, Staatl. Museen) bringen und wie sie Donatello ohne Engel, 1460 (Florenz, Baptisterium) und Riemenschneider 1490/92 (München, Bayer. Nat.-Museum) darstellen, aber nur der eigenen Legende entsprechend von Engeln getragen.

Ausnahmsweise wird ihr auch von etwa 1500 an statt der Salbenbüchse ein Totenkopf und ein Kruzifix beigegeben, woraus sich ab 1630 das Bild der Büßenden Magdalena, der »reuigen Sünderin«, mit diesen Attributen in einer Höhle liegend, entwickelt.

Die frühchristl. Legende der Meerfahrt und Ankunft in Marseille ist nach der Fassung der Leg. Aur. fast wörtlich und einzigartig im Magdalenenaltar von Lukas Moser 1431 in der Kirche von Tiefenbronn bei Pforzheim dargestellt. M. M. ist mit Martha, Lazarus, Maximin und Cedonius von den christenfeindlichen Juden in einem Schiff ohne Steuer und Segel Wind und Wogen preisgegeben, dem Meer überantwortet. Das Schiff erreicht Marseille; die Geretteten warten an der überdachten Landestelle auf Einlaß. Diesen erbittet M. M. als Traumerscheinung vom schlafenden Königspaar. Im Bogenfeld trocknet M. M. die Füße Christi mit ihren Haaren; es ist das Mahl beim Pharisäer (Luk. 7), der mit dem Stern auf der Judenhaube unter seiner Pelzmütze und mit den im Brokat seines Mantels eingewebten Teufelchen als der »Gleißner« (4) gekennzeichnet ist. Zugleich sind Lazarus, Martha und Petrus zugegen (Joh. 12): Petrus (4), der dem Maximin, als einem der 72 Jünger, Hilfe für die Ausgewiesenen besonders ans Herz gelegt hat. M. M., die nach der Bekehrung des Königspaars (nach langer legendärer Zwischenerzählung) sich in die Wüste zurückgezogen hat, läßt durch einen Einsiedler dem inzwischen zum Bischof gewählten Maximin sagen, er möge am Ostertage allein in der Kirche sein. Er reicht der von Engeln Hereingetragenen vor ihrem Tode die Kommunion, eine auch in der Buchmalerei des 13. Jh. einzeln vorkommende Szene (36).

M. M. stirbt und wird in Aix bestattet, das Magdalenenwallfahrtsstätte bleibt, ebenso wie Vézelay, wohin nach der Zerstörung von Aix die wiedergefundenen Reliquien – nach der Legende durch Karl d. Gr. angeordnet – übertragen werden.

Maria Magdalena von Pazzi, Hl. (25. Mai). Aus der florentinischen Adelsfamilie der Pazzi 1566 geboren, tritt sie 1582 in das Kloster der Karmeliterinnen ein. Qualvolle körperliche Leiden und seelische Belastungen überwindend, wird sie zu einer der hervorragendsten Mystikerinnen ihres Ordens. Sie stirbt 1607 und wird 1669 heiliggesprochen.

Eine Altarstatue von 1683 in St. Maria in der Schnurgasse zu Köln (der ehem. Karmeliterinnenkirche) stellt sie im langen, gegürteten Kleid mit Skapulier, Mantel, Wimpel, Weihel und Schleier dar, ein Herz als Sinnbild ihrer Gottesliebe in der Rechten. Eine Altarfigur von 1772 in Maxglan (Salzbg.) zeigt sie ebenso, doch zudem mit einer Geißel.

Maria peccatrix. Ihre Legende ist im Hirs. Pass. des 12. Jh. (23) dargestellt. M. führt mit ihrem Oheim Abraham ein erbauliches Einsiedlerleben, bewohnt die »cella exterior«, der Oheim die »cella interior«. Ein junger Mönch verführt M., sie flieht mit ihm, endet, von ihm verlassen, in einem Frauenhaus. Von einem Traum belehrt, vertauscht Abraham sein Einsiedlergewand mit ritterlicher Kleidung, findet M. und überredet sie, zurückzukommen. In der »cella interior« sühnt M. in strenger Buße ihren Fehltritt.

Hrotsvith von Gandersheim hat der Legende im 10. Jh. eine dichterische Form gegeben.

Marina, Hl. (17. Juni / 17. Juli). Als Kind verheimlicht die von der Mutter Verlassene dem Vater ihr Geschlecht und wird von diesem, der Mönch geworden ist, unter dem Namen Marianus ebenfalls ins Kloster aufgenommen. Eine Frau beschuldigt sie, der Vater ihres unehelichen Kindes zu sein. Schweigend nimmt M. die vom Abt auferlegte Buße auf sich. Als aber nach ihrem Tode der Leichnam zum Begräbnis gerichtet wird, erkennt man ihre Unschuld, die auch die Verleumderin bestätigt.

Auf dem Heiligenaltar von Oberstadion/Ehingen, 1458, hält M. als Nonne auf einem Leintüchlein ein unbekleidetes Kind; der Nimbus bezeichnet sie als Marina.

Marinus → Anianus und M.

Markus Evangelista, Hl. (25. April). Der Autor des 2. Evangeliums ist Schüler des → Petrus, nach der Legende ein Levit mit Beinamen Johannes, den Petrus tauft und dessen Mutter jenes Haus in Jerusalem gehört (Apg. 12,12), in das Petrus – vom Engel aus den Ketten gelöst – eintritt. Er begleitet → Paulus mit → Barnabas auf der ersten Reise, ist in Rom mit Petrus zusammen (Kol. 4,10), der ihn nach der Legende veranlaßt, das Evangelium zu schreiben, ihn zunächst nach Aquileia, anschließend nach Alexandria schickt, um das Evangelium zu verkünden.

Als Bischof von Alexandria überfallen ihn christenfeindlich gesinnte Einwohner am Altar und schleifen ihn mit einem Strick um den Hals zu Tode. Diese Szene zeigen die ersten Darstellungen des 12. Jh. im Hirs. Pass. (23) und Zwief. Mart. (24). – Ein Unwetter hindert die Mörder, ihn zu verbrennen; sein Leichnam bleibt unberührt liegen, bis Christen ihn bestatten können (Tintoretto, Venedig, Accademia). Mit verschiedenen Wundern und verschiedenen Daten wird die Überführung der Gebeine nach Venedig berichtet, die vermutlich erst im 9. Jh. erfolgte. Über seinem Grabe entsteht dort der Dom S. Marco. Eine Markus-

Reliquie wird 830 von Bischof Ratold von Verona dem Abt Erlebald von der Reichenau feierlich übergeben. Der »Markus-Steinsarg« des 11. Jh. – heute inmitten eines gotischen Maßwerkgehäuses des 15. Jh. – mag sie enthalten haben, ehe sie in den kostbaren Schrein mit Silberreliefplatten aus der 1. Hälfte 14. Jh. (heute in der Schatzkammer des Marien-Markus-Münsters) aufgenommen wurde. Teile der M.-Legende werden auf den Platten dargestellt. Mit den anderen Evangelisten ist das Autorenbild des M. in den Evangeliaren vom 7. Jh. an vertreten. Schreibend am Pult sitzend, ist über oder neben ihm sein Symbol, der Löwe, in ganzer oder halber Gestalt geflügelt sichtbar, die Kraft seiner Auferstehungsverkündung häufig in inschriftlich beigefügten Versen ausdrückend. Zusammen mit → Matthäus, → Lukas, → Johannes und deren Symbolen wird M. in der ganzen Kunst des Mittelalters an Chorgewölben, an Kanzeln und Taufsteinen dargestellt, selten einzeln in pontifikaler Meßkleidung als Bischof von Alexandria.

Die fünf marokkanischen Märtyrer, Hll. (16. Jan. / –). Vom → hl. Franziskus werden 5 »Minderbrüder« – Berardus, Otto, Petrus, Adjutus und Accursius – 1219 zur Verbreitung des Christentums nach Marokko geschickt. Sie treffen auf wütenden Widerstand, werden eingekerkert und schwersten Mißhandlungen ausgesetzt. Der Sultan persönlich spaltet ihnen den Schädel und läßt ihnen dann noch das Haupt abschlagen. Durch Sixtus IV. wurde ihr Kult 1481 in allen Zweigen des Franziskanerordens gestattet.

2 Flügel eines Altars des Meisters von St. Severin, um 1500, stellen sie alle mit einem Schwert dar, Franziskus, ein Kruzifix in seiner Rechten, in ihrer Mitte (Köln, W.-R.-Museum).

Die Vier heiligen Marschälle, Hll. (ohne Tag), gelten als eine Ergänzung der 14 Nothelfer. Es sind → Antonius Eremita, → Hubertus, Bischof von Lüttich, Papst → Kornelius und → Quirinus von Neuß. Allgemein bei pestartigen Seuchen angerufen, aber auch als Fürbitter in persönlichen Nöten, sind sie v. a. in der Kölner Kirchenprovinz heimisch mit den Orten Neuß, Kornelimünster, St. Hubert (Ardennen) und den Antoniterklöstern am Niederrhein. Wie die Marschälle an Fürstenhöfen empfand man sie als himmlische Sachwalter. Die Bezeichnung tritt in einer Urkunde von 1478 zum ersten Mal auf, doch wird hier berichtet, daß ihre Verehrung schon lange bekannt sei und bis in früheste Zeiten zurückreiche, wofür u. a. eine Urkunde von 1358 genannt wird. Verehrung und Darstellungen halten sich nicht über das Ende des 17. Jh. hinaus. – Die bildliche Wiedergabe der Vier Marschälle nimmt die ihrer verbreiteten Einzelbilder auf: z. B. ein Wandgemälde in der Pfarrkirche von Ahrweiler, Mitte 15. Jh.; das Sakramentshäuschen in Kampen von 1461 u. a.

Martha, Hl. (29. Juli), die Schwester der Maria und des → Lazarus von Bethanien, meist nach Luk. 10,40 als die eifrig sorgende Schaffnerin zitiert. Die Legende läßt sie mit Geschwistern und Begleitern von den Juden in ein segel- und steuerloses Boot auf dem Meer ausgesetzt werden und durch ein Wunder in Marseille landen, wie es der Magdalenenaltar des Lukas Moser von 1431 in Tiefenbronn darstellt. Dessen einer Flügel zeigt M. auf einer von goldenen Sternen und goldenen Dämonengestalten durchzogenen Wolkenzone, eine Salbenbüchse in der Hand, die sonst nicht ihr Attribut ist. Die weitere Legende weist sie nach Tarascon, wo sie einen Unheil verbreitenden Drachen mit Kreuzzeichen und Weihwasser bändigt und an ihrem Gürtel nach Arles führt. Nur das Glasfenster in der Katharinenkapelle des Münsters von Straßburg um 1350 und die Büste des ehem. Halleschen Heiltumsschatzes, Anfang 16. Jh., geben ihr über dem Kopftuch eine Krone (nach der Leg. Aur. war M. aus königlichem Geschlecht). Sonst trägt sie ein schlichtes Kleid und Mantel, Weihwedel oder Weihwasserkessel – aber auch eine Kanne, Schüssel oder Schlüsselbund am modisch gerafften Kleid und hat den Drachen zu ihren Füßen, an einem Strick oder einer Kette. Die niederländische Malerei des 16. Jh. stellt sie mit großer Küchenszene in den Vordergrund, während eine kleine Szene im Hintergrund Maria zu Füßen Christi sitzend wiedergibt.

Als Schaffnerin stellt sie Tintoretto um 1570/80 (München, A. P.) hinter Maria dar, während sie Velazquez 1617 (London, Nat. Gallery) mit der in der niederländischen Malerei dieser Zeit so beliebten Küchenszene abbildet.

Daß Bischof → Fronto von Périgueux, der ihr nach der Leg. Aur. die Totenmesse hielt und sie in das Grab legte, auf dem Flügel des Magdalenenaltars von Tiefenbronn dargestellt ist, bleibt zweifelhaft, denn → Lazarus, der inschriftlich bezeichnet ist, gehört in den Altar- und Legendenzusammenhang.

Martin (von Tours), Hl. (11. Nov., Eisenstadt, Hildesheim, Mainz, Rottenburg, Salzburg). In Sabaria (Ungarn) 316 geboren, schon 10jährig »Katechumene«, muß er auf Wunsch des Vaters mit 15 Jahren in den Kriegsdienst einer röm. Reiterabteilung Galliens eintreten, scheidet aber mit 18 Jahren aus und wird von Bischof Hilarius von Poitiers getauft. Vor die Taufe schiebt die Legende die Begegnung des ritterlichen Reiters mit dem nackten Bettler am Stadttor von Amiens, dem er die mit dem Schwert geteilte Hälfte seines Mantels schenkt; in der Nacht erscheint ihm Christus mit dem Mantelstück bekleidet: Er war es, der ihn als Bettler prüfte. M. kehrt nach Ungarn zurück, tauft seine Mutter, wendet sich gegen dortige Arianer, wird ausgewiesen und zieht sich nach mancherlei Wundern und Abenteuern über Mailand (wo ihm → Ambrosius begegnet sein mag) auf die Insel Gallinaria bei Genua zurück. Er führt ein Einsiedlerleben, bis ihn Bischof Hilarius 360 nach Poitiers ruft. Er gründet, nun selbst zum Bischof gewählt, das im 9. Jh. so berühmt gewordene Kloster seines Namens in Tours, wo er 397 stirbt, unermüdlich für die Bekehrung von Ungläubigen und Arianern wirkend.

Außer zahlreichen weiteren Wundern betonen die Legenden besonders seine schlichte Lebensart und demütige Haltung: Er putzt selbst seine Schuhe und sitzt nicht auf der bischöflichen Kathedra, sondern auf einem Bauernschemel. Als er seinen Rock einem Armen gibt und der für ihn auf dem Markt neu gekaufte zu kurze Ärmel hat, bekleiden ihn Engel während der Messe: Diese Szene ist auf einer Tafel des 1498 bezeichneten Heller-Altars von Dürer (?), Frankfurt, Städel, dargestellt. Auf den weithin bekannten Schutzherrn der Franken gehen die zahlreichen Martinskirchen auch in Deutschland zurück. Eine erste Darstellung auf einer Buchmalerei des 9. Jh. aus Fulda (Rom, Vatikan) zeigt ihn als Bischof und Patron von Tours, dem → Hrabanus Maurus sein Buch überreicht. Auch weiterhin wird M. häufig als Bischof in Buch- und Glasmalerei oder als Skulptur bis ins 18. Jh. dargestellt (Weltenburg, 1720; Amorbach, 1754). M. ist pontifikal gekleidet, mit Stab, Buch und Kirchenmodell; zu seinen Füßen kauert der Bettler mit dem Mantelstück; nach anderer Legende kann er ihm auch ein Geldstück oder seine Tunika reichen, die er dem nackten Bettler in der Kirche geschenkt haben soll. Aus einer weniger bekannten Legende stammt das Attribut einer Gans, besonders vom Ende des 15. Jh. an in Bayern und Österreich nachweisbar: Diese soll sein Versteck verraten haben, als er sich der Wahl zum Bischof entziehen wollte. Sie wird zur »Martinsgans« und bezeichnet ihn als Patron der Gänsezucht; am Martinstag waren entsprechende Tribute abzuliefern. Mit der Gans tritt vom Ende des 15. Jh. an auch der Pokal als Attribut auf: Nach der Legende gab M. beim Mahl des Kaisers, als dieser ihm den Pokal zuerst reichen ließ, diesen nicht dem Kaiser zurück, sondern zuerst seinem ihn begleitenden Priester.

M. wird einzeln vom 15. Jh. an auch als jugendlicher Ritter in jeweils zeitentsprechender Tracht, mit dem Schwert den Mantel teilend, wiedergegeben. Aber am bekanntesten ist doch die Gestalt des Reitenden, der sich, den Mantel teilend, zum Bettler umwendet. Mehrfach in der Buchmalerei des 12. Jh. – Hirs. Pass. (23), Zwief. Mart. (24) u. a. – reizvoll dargestellt, verdienen v. a. die großen plastischen Werke, wie das des Naumburger Meisters von 1230/40 in Bassenheim und viele spätere (Basel, Regensburg, Lucca u. a.) Hervorhebung.

Manchenorts hat sich bis heute der »Martinsritt« am 11. November erhalten, bei dem Kindern und Armen während eines Umritts Gaben gespendet werden. M.-Patronate weisen auf eine fränk. Gründung hin.

Auf die in Paris aufbewahrte Mantelreliquie des M. (Mantel = cappa) wird sowohl die Bezeichnung »Kapelle« für die Palastkirche schon der Merowinger wie auch Karls d. Gr. – das Aachener Münster – wie die der amtierenden Geistlichen als »Kapellani« zurückgeführt.

Martina, Hl. (30. Jan.). Nach einer apokryphen Passio soll die Tochter eines röm. Konsuls im Apollo-Tempel opfern. Vor der Statue schlägt die sich als Christin bekennende M. ein Kreuz: Das Götterbild zerbirst, der Tempel stürzt ein. M. wird nun einer Reihe von Foltern überantwortet; himmlischer Beistand hilft ihr, sie zu überstehen. Gegeißelt und mit Haken gerissen, wird sie im Amphitheater den Tieren vorgeworfen, aber der Löwe, der sie verschlingen soll, legt sich ihr zu Füßen. Als M. auf einen Holzstoß gestellt wird, erlischt das Feuer durch einen Gewitterregen; schließlich wird M. um 230 enthauptet. In Rom wird ihr und dem hl. Lukas eine Kirche geweiht; 1634 werden ihre Überreste in einem Tonsarg gefunden; Papst Urban VIII. läßt die Kirche SS. Luca e Martina wiederherstellen; der Hauptaltar enthält ihr Standbild von Menghini, Mitte 17. Jh. Eine Seite im Hirs. Pass. des

12. Jh. (23, für Abb. s. 24) stellt sie farbig dar: Stehend bietet sie sich, ihr geschorenes Haupt neigend, das abgenommene Kopftuch in Händen, dem schwertschwingenden Henker dar. An einem kleinen Ast der Initiale hängt die Schere, mit der man ihr die Haare nahm; darunter steht sie mit Kopftuch, eine Hand dem Löwen entgegenstreckend, der, seinerseits eine Tatze hebend, zu ihr emporblickt. Andere Darstellungen sind in Deutschland nicht bekannt.

Martyrius → Sisinnius

Maternus, Hl. (14. Sept. / 11. Sept., Aachen, Essen, Köln, Limburg, Trier), nahm als erster beglaubigter Bischof von Köln 313 an einer röm. Synode teil, 314 am Konzil von Arles. Er ist nach späteren Legenden ein Schüler des → Petrus, der ihn mit → Eucharius und → Valerius nach Gallien ausgesandt haben soll; er soll Bischof von Tongern und Köln geworden und nach dem Tode des Eucharius und Valerius in Trier das Bischofsamt übernommen haben. Dort sei er entschlafen und bestattet.

Schon die frühesten Darstellungen im Egbert-Psalter (Cividale) aus dem 10. Jh. und am Tragaltar von St. Viktor (Xanten), Ende 12. Jh., geben ihn in pontifikaler Meßkleidung wieder. Die aus späterer Zeit erhaltenen Denkmäler gehören ebenso fast ausschließlich dem Köln-Trierer Gebiet an. Als Attribut sind ihm verschiedentlich 3 Mitren (Köln – Tongern – Trier) beigegeben, auch ein dreitürmiges Kirchenmodell oder 3 Kirchen, schließlich 3 über einem Kelch schwebende Hostien. Zeigt er neben dem Bischofsstab einen Krückstock, so soll dieser nach der Legende der Stock des hl. Petrus sein, mit dem M., als er bei seiner Ankunft im Elsaß tot umfiel, durch Eucharius und Valerius wieder zum Leben erweckt wurde, wie es das Zwief. Mart. des 12. Jh. (24) darstellt. Mehrere Kirchen im Elsaß tragen seinen Namen.

Mathilde (französ. auch Mahaut, Maude; italien. auch Mafalda), Hl. (14. März, Fulda, Paderborn). Die Tochter des sächsischen Grafen Dietrich, in Enger Ende 9. Jh. geboren, wird bei ihrer Großmutter, der Äbtissin von Herford, erzogen, vermählt sich 909 mit Herzog Heinrich von Sachsen, dem späteren König Heinrich I., und ist die Ahnfrau des ottonischen Königshauses. Nach Heinrichs Tode (936) gibt sie sich ganz den Werken der Barmherzigkeit hin. Auf ihre Stiftung gehen die Klöster Quedlinburg, Polde, Enger und Nordhausen zurück.

Gemeinsam mit ihrem Sohn → Bruno, Erzbischof von Köln, ist sie in der Chronik von St. Pantaleon Anfang 13. Jh. (Düsseldorf, Hauptstaatsarchiv) und ebenda als Brustbild dargestellt. Eine goldene Pyxis weist auf ihre Stiftungen hin, bei späteren Darstellungen ein Kirchenmodell. Ein Relief um 1400 am Chorgestühl im Dom von Nordhausen und eine Statuette am Friedrichsgrab des 16. Jh. in St. Stephan zu Wien geben sie in langem, gegürtetem Kleid, Mantelpallium und Krone wieder.

Matthäus, Matthias (französ. Matthieu, Maheu, Méheut, Macé; italien. Matteo, Maffeo).

Matthäus Evangelista, Hl. (21. Sept.), einer der 12 → Apostel, nach Mark. 2,14 Levi, der Sohn des Alphäus, nach Luk. 5,27 Levi, der Zöllner. Er selbst berichtet (Matth. 9,9), wie Christus ihn vom Zolltisch wegberuft und mit ihm beim Mahle sitzt: zuerst in der Buchmalerei des 10./11. Jh. dargestellt (980 im Reichenauer Evangelistar Erzbischof Egberts, Trier, Stadtbibl.; Mitte 11. Jh. im Echternacher Evangelienkodex Aureus, Nürnberg, German. Nat.-Museum; Mitte 11. Jh. im Goldenen Evangelienbuch Kaiser Heinrichs III., Madrid, Escorial). Als bedeutende Berufungsszene sei das Werk von Caravaggio 1597/98 in der Contarelli-Kapelle von S. Luigi dei Francesi, Rom, genannt. M. hat seinen unbetonten Platz bei allen Darstellungen der Fußwaschung, des Abendmahls, von Himmelfahrt, Pfingsten, Marientod, Marienhimmelfahrt und Apostelabschied. Wie es die Federzeichnungen eines Apostellebens aus Prüfening, Mitte 12. Jh. (München, Bayer. Staatsbibl.) darstellen, zieht er ins Mohrenland (Äthiopien), um das Evangelium zu verkünden, überwindet die Drachen der Zauberer und erweckt den Sohn des Königs Egippus zum Leben; eine Kirche wird ihm erbaut, die Königstochter Ephigenia tritt ins Kloster ein. Der Bruder des Königs verlangt nach dessen Tod Ephigenia zur Ehe – M. erklärt ihm vor allem Volk, daß sie die Braut eines höheren Königs sei, worauf der Wütende M. am Altar von rückwärts mit dem Schwert durchbohren läßt. Dieses Martyrium stellen das Hirs. Pass. und das Zwief. Mart. des 12. Jh. (23,24) dar. – Das Schwert ist Attribut des M. an den Schreinen des 12./13. Jh. (Köln, Dreikönigsschrein; Aachen, Marienschrein), während 1248 (am Eleutherius-Schrein in Tournai) die Hellebarde auftritt, die bei den meisten späteren Einzeldarstellungen als Apostel an Stelle des Schwertes sein deutliches Kennzeichen bleibt (gelegentlich zum Beil mit langem Stiel verkümmert). Buchrolle und Buch sind ihm meist ebenfalls beigegeben, zumal wenn er vom 15./16. Jh. anstatt in Manteldrapierung in Gelehrtentracht mit Barett oder als bürgerlicher Zolleinnehmer mit Beutel, Zollstab oder Zahlbrett wiedergegeben wird.

Seine häufigste Darstellung aber ist das Autorenbild, das ihn vom 7. Jh. an am Pult sitzend und schreibend zeigt, in den Evangeliaren seinem Evangelium vorangestellt, begleitet von seinem Symbol, dem Engel oder Menschen, auf den die Inschriften hinweisen: »Wie Christus durch die Geburt ein Mensch wurde und vom Engel verkündet ward«. Ein großer Engel führt dem greisen M. auf dem Bilde Caravaggios um 1597 die Hand (Berlin, Staatl. Museen).

Mit den anderen → Evangelisten und ihren Symbolen

vereint bringt ihn die Wandmalerei besonders in den Gewölbezonen, zeigen ihn Taufsteine und Kanzeln mittelalterlicher und späterer Zeit.

Matthias, Hl. (24. Februar, Trier), wird nach der Himmelfahrt Christi durch das Los – im Zwief. Mart. des 12. Jh. (24) dargestellt – von → Petrus und den 11 Aposteln an Stelle des → Judas Ischarioth den »Zwölfboten« eingereiht. Er wirkt nach verschiedenen Legendenfassungen 1. in Judäa für den Glauben, wird wegen seiner Heilungen, Bekehrungen und gelehrten Predigten beim Hohen Rat verklagt, zum Tode verurteilt, gesteinigt und »nach römischem Brauch« mit dem Beil enthauptet. Doch soll er 2. auch friedlich entschlafen oder 3. gekreuzigt und in Rom in S. Maria Maggiore bestattet worden sein.

Einzeln selten dargestellt, sind auch Bilder der Legenden nicht bekannt. In der Regel ist er den Apostelgruppen bei Pfingsten, Marientod, Mariä Himmelfahrt und Apostelabschied eingefügt. In den meist auf Predellen dargestellten Reihen Christi mit den Aposteln, auch in Wandgemälden oder Tafeln, hat er seinen Platz, besonders wenn sich sein Spruchband auf das Credo bezieht. Sonst tritt → Paulus an seine Stelle. – Außer Buch oder Buchrolle sind Beil, Hellebarde oder Schwert seine Attribute, ferner ein Kreuz, wenn auf die 3. Legendenfassung Bezug genommen wird; auch Steine zu seinen Füßen kommen vor.

Mauritius, Hl. (22. Sept., Chur, Freiburg i. Ü., Sitten). Der ritterliche Anführer des afrikanischen Teils der → Thebäischen Legion, die nur aus Christen besteht, wird, als alle sich weigern, den alten Göttern zu opfern, von Maximian zw. 287 und 300 in Agaunum/Rhône nach mehrmaligem Dezimieren mit allen anderen Führern – die Leg. Aur. nennt → Kandidus, → Innocentius, → Exuperius, → Viktor und Constantinus – enthauptet. Über den Grabstätten entstand später das Kloster St-Maurice d'Agaune.

Nach einer ersten Darstellung um 993 im Graduale von Prüm (Paris, Bibl. Nat.) bringt das Hirs. Pass. des 12. Jh. (23) den prächtig im Kettenhemd mit bewimpelter Lanze Reitenden. Das Zwief. Mart. (24) läßt ihn mit Schild und Lanzenfahne zwischen der rechts und links der Enthauptung preisgegebenen Legion stehen. Weitere Darstellungen schließen sich im 12. und 13. Jh. als Einzelgestalt an, die größte Zahl kann für das 15. und 16. Jh. genannt werden. Sie geben M. in zeitentsprechender Rüstung mit Fahne oder Lanze, Schwert und Schild (dieser öfter mit Adler oder Kreuz, gelegentlich mit 3 Mohrenköpfen, so in Stuttgart, Württ. Landesmuseum, 1520), teils mit, teils ohne Kopfbedeckung. Besonders wird er als Patron des Erzbistums, des Domes und des Mauritius-Klosters von Magdeburg verehrt und dargestellt. Erhalten ist am Dom die Steinfigur in Kettenrüstung, 2. Hälfte 13. Jh., und am Altar des Doms ein Standbild von 1467. Dem Namen der Thebäischen Legion entsprechend, wird M. häufig als Mohr charakterisiert, am prächtigsten und großartigsten zusammen mit → Erasmus auf der Tafel des Mathis Nithart Gothart, genannt Grünewald, von 1526 (München, A. P.).

Maurus (engl. Seymour)

Maurus, Hl. (15. Jan.). Der Sohn des röm. Senators Equitius wird Schüler des → hl. Benedikt, errettet einen Klosterbruder aus dem Fluß, wird nach Gallien geschickt, wo er das Kloster Glanfeuil gründet und 580 an der Pest stirbt.

Deutsche Darstellungen finden sich im Hirs. Pass. und im Zwief. Mart. des 12. Jh. (23,24), dann erst wieder im 18. Jh. Altarstatuen – z. B. eine in Weltenburg 1721, eine andere in Göttweig 1770 – zeigen ihn teils als Prälaten in Talar mit Rochett, Mozzetta und Abtstab, teils als Benediktiner in Flocke mit Kapuze, ein Brustkreuz an der Kette, einen Teufel zu Füßen, über dem er – nach der legendären Vita – einen Exorzismus sprach.

Maurus, Hl. (22. Aug. / –), ein Priester, der vermutlich zu Ende des 3. Jh., nachdem er eine große Anzahl von Mitgefangenen im Kerker getauft hat, wie diese auf Befehl des Präfekten Lampadius enthauptet wird. Seine Reliquien gelangten durch Bischof Gerard I. (1013–48) nach Florennes, dem von dessen Vater gegründeten Benediktinerkloster.

Der in den Maas-Werkstätten des 13. Jh. entstandene Prachtschrein (im Besitz des Herzogs von Beaufort) stellt ihn in Albe, Dalmatik und Kasel sitzend dar, Schwert und Kirchenmodell seiner Patronatskirche in Händen.

Maximilian, Hl. (12. Okt., Graz, Linz, München, Passau, Salzburg), Sohn reicher Eltern, verteilt nach deren Tod seinen Besitz an die Armen und pilgert nach Rom, von wo er durch Papst → Sixtus II. (257–258) als Glaubensbote in seine Heimat – Norikum – geschickt wird, dort 20 Jahre als Wanderbischof tätig ist und schließlich als Bischof von Lorch/Enns 283 oder 284 in Cilli in der Steiermark den Märtyrertod durch Enthauptung erleidet.

Darstellungen vom 15. Jh. an im österreichischen Gebiet zeigen ihn – wie die Statue an einem Mittelschiffpfeiler von St. Stephan, Wien – in Pontifikalkleidung mit Schwert, Palme und Bischofsstab. In der Reihe der Schutzheiligen Österreichs bildet ihn ein Holzschnitt Dürers von 1515 ab.

Maximin, Hl. (29. Mai, Trier), aus Aquitanien stammend, kommt, nachdem sein Bruder Bischof von Poitiers geworden ist, nach Trier, wo er Geistlicher und 332 als Nachfolger des hl. Agricius Bischof wird. Er setzt sich besonders gegen die Arianer ein, stirbt 349, als er seine Verwandten in Poitiers besucht, und wird dort bestattet. Aber 353 überträgt man seine Reliquien nach Trier.

Wie bei → Korbinian fraß ein Bär nach der Legende des 8. Jh. auf der Reise nach Rom sein Lasttier und mußte, dem heiligen Mann gehorchend, daraufhin das Gepäck nach Rom und auf der Rückreise tragen, bis M. ihn nach Ankunft auf deutschem Boden verabschiedete.

Im Zwief. Mart. des 12. Jh. (24) lädt ein Diener dem Bären, der sein Saumtier gefressen hat (der blutige Rest des Eselskopfes liegt am Boden, aus dem Maul des Bären ragt ein Eselsbein), das Gepäck auf, M. und sein Begleiter mit Hängetaschen und Abtstab folgen. – Ein Glasfenster des 16. Jh. (aus Trier? Heute in Hamburger Privatbesitz) stellt M. in Pontifikalkleidung mit Buch und Bischofsstab dar, begleitet von einem mit seinem Reisegepäck beladenen Bären.

Seine Grabstätte wurde zu der als Wallfahrtsort berühmten im 7. Jh. gegründeten Benediktinerabtei, von der die zum größten Teil rekonstruierte Kirche von 1680–98 Zeugnis gibt. Ausgrabungen legten 1917 eine spätantike, in karoling. Zeit umgebaute, im 10. Jh. überbaute Krypta (mit karoling. Wandgemälden) frei.

Maximus, Hl. (19. Okt. / –), ein Diakon, der um 249 unter Kaiser Decius verfolgt und von einem Felsen zu Tode gestürzt wird. Seine Reliquien überführte Kaiser Otto II. zu Ende des 10. Jh. nach Merseburg.

Darstellungen auf Altarflügeln vor und um 1500 (im Merseburger Dom) und ein Relief am Chorgestühl ebenda von 1520 zeigen M. als Diakon mit Buch und Palme.

Mechthildis, Hl. (19. Nov.). Aus dem Adelshaus von Hakkeborn 1241 geboren, kommt M. mit 7 Jahren in das Kloster Rodersdorf und nach 10 Jahren zu ihrer Schwester Gertrud in das Zisterzienserinnenkloster Helfta, wie diese Äbtissin geworden ist. Als sie 1299 starb, war sie durch ihre Begabung für mystisch vertiefte Betrachtungen berühmt geworden.

Erst im 18. Jh. dargestellt, trägt sie als Zisterzienserin in langem, gegürtetem Kleid, Skapulier, Mantel, Wimpel, Weihel und Schleier ein Buch, das auf ihre Schrift »Buch der besonderen Gnade« hinweist: vgl. ein Altargemälde von 1750 in St. Gertraud zu Mauterndorf und eine Altarfigur von 1759 in Stift Engelszell/O. Ö.

Medardus (französ. Médard, Méard, Mard), Hl. (8. Juni, Trier). Gegen Ende des 5. Jh. als Sohn eines fränkischen Freien geboren, wird er 530 Bischof von Vermand (Picardie), verlegt seinen Sitz nach Noyon, wird 532 auch Bischof von Tournai als Nachfolger des → hl. Eleutherius und stirbt um 550. Seine hingebungsvolle Liebe zu Armen und Notleidenden läßt ihn schon früh weitere Verehrung finden. Als 2. Patron der Abtei Brauweiler zeigt ihn dort im 12. Jh. ein Relief und im späten 13. Jh. eine Wandmalerei im Chor der Kirche in pontifikaler Meßkleidung mit Bischofsstab. Spätere Darstellungen geben ihm ein Herz als Zeichen seiner besonderen Nächstenliebe in die linke Hand.

Meinrad, Hl. (21. Jan., Chur, Einsiedeln, Freiburg i. Br., Rottenburg, St. Gallen). Gegen Ende des 8. Jh. geboren, auf der Reichenau erzogen und zum Priester geweiht, tritt er als Mönch in eine mit einer Schule verbundenen Zelle am Zürcher See ein, wo er Vorsteher wird. Seine besondere Liebe zur Einsamkeit läßt ihn bis 835 am Etzel und dann im Finsternwald – dem späteren Kloster Einsiedeln – ein Einsiedlerleben führen. 2 Räuber, die er mit Brot und Wein bewirtet hat, erschlagen ihn 861 mit einer Keule. 2 Raben, die er aufgezogen und ernährt hat, verfolgen die Mörder und veranlassen ihre Gefangennahme. Zunächst auf der Reichenau bestattet, wurden seine Reliquien 1039 an den Ort seines Todes zurückgebracht. Aus der Zelle des Heiligen war inzwischen das Benediktinerkloster Einsiedeln geworden.

Als Benediktiner in Flocke und Kapuze stellen Holzschnitte des 15. Jh. in Einsiedeln seine Legende in mehreren Szenen dar; ein Holzschnitt seines Martyriums und die ausführliche Legende werden im Lüb. Pass. von 1480 (4) wiedergegeben. Ein Altarflügel vom Anfang des 16. Jh. in Konstanz (Rosgarten-Museum) bringt ihn mit einem Raben, einem Krug und einem Brot. Darstellungen des 17. Jh. geben ihm auch eine Keule bei.

Meinulphus, Hl. (4. Okt. / 5. Okt., Paderborn). Reicher adliger Herkunft, Ende 8. Jh. geboren, wird er unter Bischof Hathumar in der Domschule von Paderborn erzogen, ins Domstift aufgenommen und zum Diakon geweiht. 837 gründet er das Kanonissenstift Böddeken an jener Stelle, die ihm ein Hirsch mit einem Kreuz zwischen dem Geweih gezeigt hatte.

Eine Darstellung des 12. Jh. auf einem Siegel aus Kloster Böddeken zeigt ihn als Diakon mit Palme und Buch, ein weiteres Siegel von 1429 fügt ein Kreuz hinzu. Erst 1455 treten ein Kirchenmodell und ein Hirsch auf: So gibt ihn eine Figur in der Walpurga-Kapelle von Alfen/Paderborn, Mitte 15. Jh., wieder.

Melchior → Drei Könige

Melchisedek, der Priesterkönig von Salem, tritt → Abraham mit Brot und Wein entgegen. Als Hinweis auf das Meßopfer schon in Ravenna (S. Vitale, 539/47) und häufig in den Gegenüberstellungen zu Messe und Abendmahl von Klosterneuburg (1181) an wiedergegeben, ist seine Darstellung auf einer Tafel vom Heilsspiegel-Altar des Konrad Witz (1435/36, Basel, Kunstmuseum) nach dem Text des Speculum (8) neben anderen des 15. und 16. Jh. zu nennen.

Mercherdach (Muirdach), Sel. (9. Febr. / –), verläßt seine irische Heimat 1067 und siedelt sich auf dem Michaelsberg in Bamberg an, zieht von da 1072 nach Regensburg. Die Äbtissin Willa von Obermünster räumt ihm das

Kirchlein »Weih-St.-Peter« ein. Hier lebt er als Rekluse, mit dem Abschreiben von liturgischen Büchern beschäftigt, stirbt 1081 und wird als Seliger verehrt.

Seine Grabplatte aus der Mitte des 14. Jh. in der Mercherdach-Kapelle von Obermünster/Regensburg stellte ihn in langem, gegürtetem Rock und Mantel, eine Tasche am Gürtel, mit Reisestab dar, über seinem Haupt »Merchertechus« bezeichnet (vermutlich mit der Totalzerstörung von Obermünster 1944 zugrunde gegangen).

Messe von Bolsena. In der Kirche S. Cristina von Bolsena soll sich 1263 folgendes Wunder ereignet haben: Ein deutscher Priester betet auf der Wallfahrt nach Rom, von Zweifeln an der Transsubstantiation bewegt, um ein Zeichen, und nach den Wandlungsworten der Messe färbt ein Blutstropfen aus der Hostie das Hostientüchlein (Korporale) rot. Nach anderer Überlieferung soll ein Tropfen aus dem Kelch als Blut auf dem Tuch erschienen sein, und als der Priester es heimlich in sein Gewand hüllt, diesem die Hostienform eingeprägt haben. Eine entsprechende Reliquie ist im Dom von Orvieto erhalten.

Ein Wandgemälde von Raffael in den Stanzen des Vatikans deutet die Szene an, die im Beisein eines Papstes und staunender Teilnehmer stattfindet.

Messe des hl. Gregor → Gregor

Micha weissagt dem König Ahab Niederlage und Tod und wird deshalb von Zedekia geohrfeigt (1. Kön. 22,8 ff.). Dargestellt in typolog. Bildern gegenüber Christi Verhör vor Pilatus und der Geißelung (8).

Micha, einer der 12 kleinen → Propheten, Zeitgenosse Jesajas. Er prophezeit, daß aus Bethlehem, der kleinsten Stadt Judas, das Heil kommen werde. Daher ist ihm als Attribut ein Kind (= Bethlehem) beigegeben.

Michael (französ. Michel, Mihiel, Michaud; ung. Mihaly), Hl. (29. Sept.), Erzengel, mit »Quis ut Deus« (»Wer ist wie Gott«, auch »Antlitz Gottes«) bezeichnet. Er wird in der christl. Kunst (nach Apokalypse, Malerbuch und Leg. Aur., auf älteren Traditionen beruhend) schon vor Beginn der Schöpfung als der den → Luzifer stürzenden Kämpfer dargestellt (z. B. in der Buchmalerei des 12. Jh.). Er ist der in so zahlreichen Werken erscheinende Drachentöter, der in mächtiger Bewegung, gerüstet und mit großen Flügeln, den Drachen zu seinen Füßen mit der Lanze durchbohrt; gelegentlich tritt an die Stelle des Drachen eine kleine Teufelsgestalt oder eine Gruppe von 2 Drachen (Amboplatte, Como, Museum, 12. Jh.; Portal von S. Michele in Pavia, 11. Jh.; Antiphonar von St. Peter, Salzburg, 1130, u. a.).

In den Darstellungen der → Apokalypse befreit er die Frau mit dem Kinde, tötet den Drachen (Apok. 12,7 und 8), stürzt den anderen Drachen (Apok. 20,2 und 3) in den Abgrund und wird beim Erscheinen des Antichrist auch diesen töten (Kommentare zur Apokalypse).

Die in der Buchmalerei vom 9. Jh. an vorkommenden Szenen sehen in ihm den Engel mit dem Schwert, der → Adam und Eva austreibt, den Lebensbaum bewacht und Seth ein Zweiglein vom Baum der Erkenntnis reicht (→ Helena, Kreuzfindung). Er zeigt → Hagar die Quelle, hindert →Abraham, den Isaak zu töten, teilt das Rote Meer, führt Israel ins Gelobte Land, kämpft mit dem Teufel um die Seele des → Moses. Er erscheint vor → Bileams Eselin, vor → Josua und → Manoa, schlägt das Heer des Sanherib. Er gilt als einer der Drei Männer bei Abraham und ringt mit →Jakob. Rettend erscheint er den Jünglingen im Feuerofen (→ Daniel) und hält → Habakuk an den Haaren über die Löwengrube. Im NT wird er auch als der dem → Zacharias den Sohn Verkündende bezeichnet.

Seine besondere und am häufigsten dargestellte Aufgabe erfüllt er beim Jüngsten → Gericht. Seine Posaune erweckt die Toten aus den Gräbern; er trägt die »Waffen Christi« –

Kreuz, Nägel, Dornenkrone und Lanze – oder veranlaßt die Engel, sie zu tragen. Er ist der Seelengeleiter (der ältesten Vorstellung von dem ägyptischen Thot und dem Hermes »psychopompos« in Hellas entsprechend) und hält die Seelenwaage, so wie er noch heute im Totenoffizium angerufen wird: »Sed signifer sanctus Michael repraesentat eas in lucem sanctam« (»Daß der Bannerträger Sankt Michael sie – die Seelen – ins heilige Licht führe«), wie es ähnlich Inschriften und Verse am ehem. Anno-Schrein und am Maurinus-Schrein von 1183 ausdrücken: »Signifer aethereis« oder »princeps aetherius – exime nos« (»Bannerträger, Fürst aus ätherischen Himmelsbereichen, entrücke uns«), denn er empfängt auch die Seligen im Paradies, wie → Petrus an der Himmelspforte.

Als Herold bilden ihn byzantin. Elfenbeintafeln des 5. Jh., als Priester am Altar (= seine Erscheinung am Monte Gargano) (4) zeigt ihn das Zwief. Mart. des 12. Jh. (24). Darstellungen mit Kirche und Synagoge besagen: Er war Fürst der letzteren und ist Fürst der Kirche. Als ritterlichen Helden und Führer tragen Langobarden und Normannen sein Bild auf ihren Bannern; als Schutzherrn des Hl. Römischen Reichs Deutscher Nation ruft ihn ein Kampfgesang des 9. Jh. an; der Ritterschlag der Knappen geschieht im Namen Gottes, St. Michaels und St. Georgs.

Zahllos wie die Darstellungen sind Kirchen und Klöster als Stätten seiner Verehrung, meist auf Bergen gelegen, und sein Fest wird auf dem Konzil von Mainz 813 durch Ludwig d. Fr. festgelegt mit der Bezeichnung: in der bisher der Verehrung des Wotan geheiligten Woche von Herbstbeginn an.

Von frühchristl. Zeit an ist M. mit dem Erzengel → Gabriel der Madonna zugeordnet. Daß er mit diesem an der inneren Ausmalung des Kirchenportals rechts und links darzustellen sei, bestimmt das Malerbuch; spätere Darstellungen zeigen beide auch außen (St-Gilles).

Mit → Raphael und → Gabriel bilden ihn manche Tobias-Bilder des 15. Jh. ab. Selten tritt auch der 4. Erzengel, → Uriel, dazu (im Mosaik von S. Maria Maggiore, Rom, 4./5. Jh., hinter dem Jesuskind; in S. Apollinare Nuovo, Ravenna, 6. Jh.; über dem Altar von La Daurade, Toulouse, 9. Jh.; an der bemalten Holzdecke von St. Michael zu Hildesheim, Anfang 13. Jh.; u. a.).

Mirjam, Schwester des → Aaron und → Moses, erhebt den Lobgesang nach dem Durchzug durch das Rote Meer, wird vom Aussatz geheilt. Ihr Tod (4. Mose 20,1) wird → Maria Magdalenas und → Marias Tod gegenübergestellt.

Modestus, Hl. (15. Juni), der Pfleger, Erzieher und Begleiter des → hl. Vitus (Veit).

Monika, Hl. (4. Mai / 27. Aug.). Die Mutter des → hl. Augustinus, um 330 in Tagaste (Numidien) geboren, bekehrt durch ihre vorbildliche Haltung ihren Mann Patritius, folgt ihrem Sohn nach Mailand und sieht ihre inständigen Gebete erfüllt, als er sich dort dem Christentum zuwendet. Auf der Rückreise nach Afrika stirbt sie 387.

Darstellungen sind erst aus dem 15. Jh. bekannt: als Matrone in langem, gegürtetem Kleid mit losem, teilweise über den Kopf gezogenem Mantel, aber auch mit Wimpel, Weihel und Schleier, wie sie Michael Pacher (München, A. P.) oder der Tuchersche Altar in der Frauenkirche zu Nürnberg um 1450 und einige spätere Darstellungen wiedergeben. Meist bezeichnet sie ein Spruchband; ein Kruzifix oder ein Rosenkranz können ihr beigegeben sein, wie bei einer Halbfigur um 1500 (Stuttgart, Württ. Landesmuseum).

Morandus, Hl. (3. Juni, Straßburg). In der Umgebung von Worms 1075 geboren, unternimmt er nach der Priesterweihe eine Wallfahrt nach Compostela, tritt auf der Rückkehr in das Benediktinerkloster Cluny ein und wird als Prior des Cluniazenserordens in das Kloster St. Christoph bei Altkirch im Elsaß berufen. Elsässische Legenden berichten Heilungen und Wohltaten; besonders rühmen sie, daß M. sich auf deutsch verständlich machen konnte, was den Mönchen dort sonst nicht möglich gewesen war. Er stirbt 1115.

Sein Grabstein (12. Jh.) stellt ihn in priesterlicher Meßkleidung mit Buch dar. Als Benediktiner mit Stab, in Flocke und Kapuze mit Barett zeigt ihn seine Kaiser Friedrich II. gewidmete Vita des 13. Jh. Stiche des 18. Jh. legen ihm Rebmesser und Traube auf das Buch: Er wird im Elsaß als Patron der Winzer verehrt.

Moses (französ. Moïse), der Repräsentant und die bedeutendste Gestalt des AT, wird zeitlich unter Ramses II. (1301–1234) und Merenptah (1234–1220) angesetzt. Die ihm zugeschriebenen Bücher, der Pentateuch (= »fünfteiliges Buch«), enthalten – nach den letzten Fassungen des 5. Jh. – im 1. (= Genesis) die Schöpfungsgeschichte und die der Patriarchen von Abraham bis Joseph, im 2. (= Exodus) den Auszug aus Ägypten, im 3. (= Leviticus) die kultischen Vorschriften, im 4. (= Numeri) die Gesetze, im 5. (= Deuteronomium = 2. Gesetz) besonders die Auslegung der Gesetze.

Erste Darstellungen seiner Geschichte sind von frühchristl. Zeit an in einzelnen Szenen und Folgen bekannt: Aus Furcht vor der wachsenden Zahl der Israeliten befiehlt der Pharao, alle neugeborenen Knaben zu töten (Vorbild für den Kindermord des Herodes im NT). – Die Mutter des M. setzt ihr Kind in einem Binsenkörbchen aus. Es wird von der Tochter des Pharao gefunden; sie nimmt das Kind als ihres an. – Der Herangewachsene erschlägt den Fronvogt, flieht zu den Midianitern, vertreibt die Hirten am Brunnen und läßt die Herden der 7 Töchter Jethros (Reguel) trinken. – Er heiratet Zippora, eine der 7

Töchter, und hütet als Hirte die Herden Jethros. – Der Herr erscheint ihm im Feurigen Busch (2. Mose 3,1ff., in der mittelalterl. Darstellung meist Christus, seltener Maria mit dem Kinde, ganz selten Gottvater). – Er erhält den Auftrag zum Auszug aus Ägypten. Sein Stab wird zur Schlange und wieder zum Stab (Glasfenster des Gerlachus, um 1150/60, Münster, Museum). Zur Rückkehr entschlossen, begegnet er → Aaron; dieser küßt ihn. Beide fordern, da der Pharao gestorben ist, von dessen Nachfolger den Auszug des Volks. Dieser verweigert ihn mit neuer Bedrückung (die Israeliten müssen das Stroh zum Ziegelbrennen selbst suchen und trotzdem die gleiche Zahl an Ziegeln herstellen). – Vor dem Pharao bewirkt Moses sein erstes Wunder: Aarons Stab läßt er zur Schlange werden und die auch in Schlangen verwandelten Stäbe der Zauberer des Königs verschlingen. – Nach stets wiederholter Forderung erreichen M. und Aaron den Auszug durch die sprichwörtlich gewordenen 10 Plagen: Wasser wird zu Blut, Frösche, Stechmücken, Ungezlefer, Tierpest, Blattern, Hagel, Heuschrecken und Finsternis plagen und erschrecken Mensch und Tier, schließlich, nach dem Verzehren des Passahlammes (2. Mose 12,3ff.), dem Zeichnen der Türen mit dem Blut des Lammes, geht der Würgengel vorbei und tötet nur Ägyptens Erstgeburt. – Eine Wolke geht bei Tag, eine Feuersäule bei Nacht den Ausziehenden voran, M. teilt mit seinem Stab das Rote Meer, das sich über dem Streitwagen des Pharao und seinem Heer vernichtend schließt. – Für die immer wieder murrenden und »nach den Fleischtöpfen Ägyptens« verlangenden Israeliten erreicht M. durch seine Gebete, daß das bittere Wasser einer Quelle süß wird, Wachtelschwärme zugleich mit dem Mannaregen fallen, daß er Wasser aus dem Felsen schlagen kann (2. Mose 17,6 und 4. Mose 20,11: eine der häufigsten Darstellungen schon in Dura-Europos, Syrien, 245, und an den Sarkophagen des 3.–4. Jh.). – Gegen den Ausbruch einer tödlichen Krankheit (feurige Schlangen) errichtet M. den gesundmachenden Kreuzesstab mit der ehernen Schlange (dargestellt schon auf den Holztafeln der Tür von S. Sabina, Rom, um 432), das Gegenbeispiel zum Kreuztod (4. Mose 21,6–9). – Den Sieg über die Amalekiter erreicht M. durch ganztägiges, ununterbrochenes Gebet, währenddessen Aaron und Hur seine Arme stützen. – Jethro besucht ihn und bringt ihm Zippora mit seinen beiden Söhnen, die zurückgeblieben waren.

Auf dem Sinai hört M. die Verheißung des Herrn, der dem Volk, das den Berg nicht betreten darf, in einer Gewitterwolke erscheint. M. hört die 10 Gebote und Gesetze, verkündet sie, errichtet einen Altar, opfert, steigt mit Aaron und 70 Ältesten wieder auf den Berg, wo ihnen eine Schau des Herrn über einem Himmel von Saphir zuteil wird. M. wird 6 Tage von der Herrlichkeit des Herrn in einer Wolke bedeckt, fastet 40 Tage und erhält die Anweisungen für Kult und Kultgeräte: den siebenarmigen Leuchter, den Vorhang und die priesterliche Kleidung für → Aaron (2. Mose 28,4–39) sowie die beiden Tafeln mit den 10 Geboten (2. Mose 31,18; 5. Mose 5,6ff.). Das durch sein Ausbleiben ungeduldige Volk zwingt Aaron, das Goldene Kalb herzustellen und vor ihm zu opfern (2. Mose 32,1–6). M. kommt vom Berge und zerbricht zornig die Tafeln (2. Mose 32,15–20, dargestellt in der Gebhard-Bibel von Admont, 1138), zerstört das Goldene Kalb und läßt diejenigen, die es angebetet haben, töten. Nochmals auf den Berg steigend, bittet M. darum, den Herrn sehen zu dürfen, und erhält die Antwort: »Kein Mensch wird leben, der mich sieht … die Hand Gottes wird er über sich haben, ihn von rückwärts vorbeigehen sehen.« (2. Mose 33,20–23). Er soll neue Tafeln selbst aushauen, erhält die Gebote nochmals und schreibt sie auf. Als er nun mit den Tafeln herabkommt, erglänzt sein Antlitz (2. Mose 34,29–35): »Da nun Mose vom Berge Sinai ging, hatte er die zwei Tafeln des Zeugnisses in der Hand, und wußte nicht, daß die Haut seines Angesichts glänzte.« Die Übersetzung des alttestamentl. Wortes »karan« mit dem griechischen »dedoxastai« (= ausstrahlte) in der Septuaginta und mit »facies cornuta« (gehörnte Stirn) in der Vulgata gab Moses statt der Strahlen die Hörner, mit denen er seit dem 11. Jh. dargestellt wird. Frühe Beispiele finden sich in der Gebhard-Bibel von Admont, 1138 (35); im Liber Scivias Domini der → Hildegard von Bingen, 1170 (Heidelberg); in französischen und englischen Handschriften aus dem Ende des 12. Jh.

In die abschließenden 3 Bücher sind Wiederholungen eingestreut. Zum Darstellungskreis gehören der Tod → Mirjams, die Aussendung und Rückkehr der Kundschafter (4. Mose 13,23 ff.), → Josua und Kaleb mit der Traube, der Untergang der Empörer (= der Rotte Korah) im Erdbeben (4. Mose 16,31–33), Eherne Schlange (4. Mose 21,6–9), Aarons Erwählung (4. Mose 17,17–23: Aarons Stab grünt und trägt Mandeln) und Tod (4. Mose 20,25–29), → Bileam und die Eselin (4. Mose 22,5–35).

Im letzten Kapitel des 5. Buches Mose steigt M. auf den Berg Nebo, von dem aus er das Gelobte Land sehen, aber nicht betreten darf. Er stirbt, sein vom Herrn im Tal bereitetes Grab wird von niemandem gefunden. Legenden und Judas 9 fügen hier den Kampf → Michaels mit dem Teufel um die Seele des Moses an.

Von den Darstellungen in der Synagoge von Dura-Europos (Syrien) (245) und den Sarkophagen des 2.–4. Jh. an finden sich einzelne Szenen und größere Folgen in den Mosaiken von S. Maria Maggiore, Rom (4./5. Jh.), in den Bibeln der Buchmalerei des 9., 12. und 13./14. Jh., in den Portal-Archivolten des 12.–15. Jh. Zahlreiche Beispiele von Gegenüberstellungen und Beziehungen zum NT finden sich in den typolog. Werken vom Lettner-Ambo in Klosterneuburg, 1181, den Emblemata biblica u. a. an (8). Eine größere Folge wird 1481/83 in der Sixtinischen Kapelle von Botticelli, Ghirlandaio, Signorelli, Perugino, Rosseli, Pinturicchio gemalt. Einzeln zeigen M. z. B. das

Glasfenster im Augsburger Dom von 1120, bedeutende plastische Werke wie der Moses-Brunnen des Claus Sluter in Dijon 1396–1405 und Michelangelos gewaltige Gestalt am Grabmal Papst Julius' II., 1516, in S. Pietro in Vincoli, Rom. Aus neuerer Zeit mag auf Werke von Barlach und Chagall hingewiesen werden.

Aus den Hauptszenen ergeben sich die ständigen Kennzeichen des M.: Er trägt die Gesetzestafeln, den Stab, der auch eine Schlange sein kann (oder auch das Kreuz mit der ehernen Schlange), und vom 12. Jh. an die meist als Hörner gebildeten Strahlen seiner Erleuchtung.

Muirdach → Mercherdach

N

Nabor und Felix → Felix und N.

Naboth. Isebel läßt ihn verleumden und steinigen, damit Ahab dessen Weinberg für sich erwerbe. Der über Ahab und Isebel ausgesprochene Fluch des → Elias (1. Kön. 21) geht in Erfüllung (2. Kön. 9,21–37).

Als Gegenbild zu Christus vor Pilatus in Armenbibeln des 13./14. Jh. u. a. (8).

Naëman, der Feldhauptmann des Königs von Syrien, ist aussätzig. Auf Geheiß des Propheten → Elisa badet er siebenmal im Jordan und wird geheilt (2. Kön. 5,1–19). Vom 13. Jh. an als Gegenbild zu Taufe und Aussätzigenheilung in Speculum und Konkordantien (8), auch in der Heisterbacher Bibel von 1240 (Berlin, Staatsbibl.) dargestellt.

Naëmi → Ruth

Nahum, einer der 12 kleinen → Propheten, vor 612 v. Chr., weissagt die Zerstörung Ninives als tröstliche Aussicht für Israel.

Ohne Attribut in allen Prophetenzyklen dargestellt. An der Goldenen Pforte der Marienkirche zu Freiberg (Sachsen), um 1250, tritt er auf den Herrscher Assyriens, der sich die Haare rauft.

Narzissus, Hl. (18. März / 29. Okt.), Bischof von Gerona, flieht mit seinem Diakon Felix vor der Diokletianischen Christenverfolgung über die Alpen. Auf dem Wege verlangt der Teufel eine Seele von ihm, N. zwingt ihn, statt dessen einen Drachen zu töten, der, Wege sperrend, alle, die aus einer Quelle Wasser schöpfen wollen, mit seinem Gifthauch umbringt (dargestellt im Hirs. Pass. des 12. Jh., 23).

Als N. in Augsburg ankommend kein Quartier findet und bei → Afra und ihren »Gespielinnen« Unterkunft erbittet, bekehrt er diese unmittelbar durch sein Tischgebet. Er macht Afras Oheim Dionysius zum Bischof von Augsburg und kehrt mit Felix nach Gerona zurück; beide erleiden dort das Martyrium.

Von Ulrich Apt Ende 15. Jh. auf einem Altarflügel in Pontifikalkleidung mit Stab und Mitra dargestellt, den Drachen neben sich; ebenso auf einem I. S. bezeichneten Altarflügel um 1510/25 (beide in München, A. P.).

Natalie → Adrianus

Nathan, Prophet, nach 2. Sam. 5,14 einer der Söhne → Davids und dessen Berater und Mahner (2. Sam. 12 und 1. Chron. 17). Er wirft David das Unrecht an Uria und Bathseba vor, prophezeit ihm aber die Nachfolge seines Hauses. Er ist der Stammvater jener bei Lukas 3,31 aufgezählten Vorfahrenreihe, die in Darstellungen (→ Christus, Stammbaum) nicht aufgenommen ist.

Eine Elfenbeintafel um 870 zeigt ihn vor David (Paris, Bibl. Nat.). In Armenbibeln und Konkordantien (8) zur Sünderin, die die Füße salbt, zum Gleichnis vom großen Schuldner u. a. herangezogen.

Nathanael, der israelitische Name für den Apostel → Bartholomäus. Er ist genannt bei Joh. 1,45 und 21,2.

Nazarius, Hl. (28. Juli / –), ein röm. Märtyrer, der auf Bitten seiner Eltern während der Neronischen Verfolgung nach Mailand ausweicht. Im Kerker soll er die beiden Märtyrer → Gervasius und Protasius ermutigt haben; mit seinem Schüler Celsus, den er getauft hat, wirkt er in Gallien. Verfolgt und ins Meer geworfen, entsteigen beide unversehrt. N. kehrt nach Mailand zurück und wird dort im Jahre 68 enthauptet. → Ambrosius soll seine Überreste gefunden und in die Apostelbasilika vor der Porta Romana in Mailand übertragen haben.

Als Krieger in Schuppenpanzer und Mantel mit Palme und Schwert stellt ihn eine Silberbüste (1789) in der Pfarrkirche von Schwyz dar.

Nebukadnezar (italien. Nabucco) → Daniel. König von Babylon 604–562 v. Chr., (vielfach in typolog. Werken herangezogen, 8). Er führt 598 und 587 die Juden in die Gefangenschaft nach Babylon und zerstört 587 Jerusalem.

Nehemia, jüd. Statthalter um 430 v. Chr., bittet und erhält von Artaxerxes (465–424) Unterstützung zum Aufbau von Jerusalem. Er zieht nachts in die zerstörte Stadt ein (Neh. 2,11) – eine Szene, die als Gegenbild zu »Christus weint über Jerusalem« in der Biblia picturata (8) dargestellt ist. Er liest den aus der babylonischen Gefangenschaft zurückgekehrten Juden die Gesetze des Esra vor und sorgt für ihre Durchführung.

Nepomuk → Johannes von Nepomuk

Nereus und Achilleus, Hll. (12. März / 12. Mai), die legendären Diener einer hl. Jungfrau Domitilla, die sie vor ihrem eigenen Martertod zum Glauben bekehrt hat. Sie werden enthauptet.

Ein Epigramm des Papstes Damasus (366–384) bezeichnet sie als Soldaten; als solche zeigen sie Statuen in Unterfischen (Obb.) mit dem Schwert in Händen (1550). Eine lavierte Federzeichnung von Rubens stellt alle drei mit Märtyrerpalmen dar.

Nicoleta → Koleta

Nikasius, Hl. (14. Dez. / –). Um 400 Bischof von Reims, wird durch die in Gallien einfallenden Vandalen mit seiner Schwester, seinem Diakon Florentius und seinem Lektor Jucundus erschlagen. Ein Schwerthieb spaltet seinen Schädel.

In Pontifikalkleidung mit Stab, den halb abgeschlagenen Schädel mit Mitra in der Hand, gibt ihn ein Flügel des von Nikasius Hackeney, einem Kölner Patrizier, gestifteten Altars von Joos van Cleve (?), Anfang 16. Jh., wieder (München, A. P.), ebenso um 1500 ein Altar mit der → Hl. Sippe (Köln, W.-R.-Museum) und noch um 1550 ein Triptychonflügel des Bartholomäus Bruyn in St. Severin, Köln.

Nikodemus, dem angesehenen Schriftgelehrten, Mitglied des Hohen Rats, wird sein nächtliches Gespräch mit Christus (Joh. 3,1–21) zum Vorwurf gemacht, als er die Pharisäer, die Christus verfolgen, auf das Gesetz weist (Joh. 7,50–52). An diese Stelle knüpft die Legende an, die N. als Neffen des Gamaliel bezeichnet. Dieser habe N. als vom Rat Ausgestoßenen und halbtot Geschlagenen aufgenommen, gepflegt und schließlich begraben (vgl. Leg. Aur. bei Stephanus und Kreuzerhöhung). Gamaliel soll N. auch als Maler eines Christus-Bildes bezeichnet haben. Diese Legende greift dann die Volto-Santo-Legende auf (→ Christus).

Wesentlich für Darstellungen ist die Beteiligung des N. an der Kreuzabnahme (Joh. 19,39–42, → Christus), die ihn als den, der die Nägel herauszieht, festlegt. Von den frühesten Beispielen der Buchmalerei des 10. Jh. an dargestellt, wird ihm das erst im 2./3. Jh. entstandene N.-Evangelium (→ Christus, Höllenfahrt) zugeschrieben mit der Schilderung der Vorhölle, der Befreiung der »Vorväter« durch den Auferstandenen.

Nikolaus (französ. auch Colart, Colin; italien. auch Nicola, Cola; niederl. Niels, Claes; ung. Miklos; russ. auch Kolja)

Nikolaus von Flüe, Hl. (21. Sept., Basel, Chur, Freiburg i. Ü., Freiburg i. Br., St. Gallen, Sitten / 25. Sept.), ein Bauer, 1417 in Flüeli (Unterwaiden) geboren, steigt 1459 zum Ratsherrn und Richter auf, zieht sich aber 1467 als Einsiedler (Frau, Kinder und Besitz verlassend) auf eine Alpe, dann in eine Klause der Ranftschlucht zurück, wo er 19 Jahre als »Bruder Klaus«, nur vom Sakrament ernährt, lebt und als Ratgeber von allen Seiten aufgesucht wird. In Stans vermittelt er 1481 den Frieden zwischen den uneins gewordenen Eidgenossen, stirbt 1487 und wird seit 1669 den ›Seligen‹ zugezählt. Seit 1947 heiliggesprochen.

Den Statuetten aus der Frühzeit des 16. Jh. in der Schweiz schließt sich ein deutsches Schnitzwerk am Chorgestühl von Herrenberg (Württ.) um 1517 an, das ihn bärtig mit knöchellangem, ungegürtetem Rock, barfuß, mit Rosenkranz, Krückstock oder Kreuz darstellt.

Nikolaus von Myra (von Bari), Hl. (6. Dez., Basel, Chur, Freiburg i. Ü., St. Gallen, Sitten). Als Bischof von Myra in Lykien (Kleinasien) stirbt er um 350. Sein zerbrochener Sarkophag wird noch heute in der wiederhergestellten Unterkirche von Myra (= heute Demre) von Wallfahrern der östl. Kirche verehrt. Die 1087 von Piraten (Soldaten u. a. werden genannt) entwendeten Gebeine brachte man nach Bari und errichtete dort eine Grabkirche, in der weitere Verehrung stattfand. Legenden identifizieren ihn mit dem Abt Nikolaus von Sion († 564), da auch diesem fürsorgliche Mildtätigkeit nachgerühmt wurde. Über die byzantin. Tradition wird N. einer der am meisten verehrten Heiligen Rußlands.

Nördlich der Alpen setzt seine Verehrung mit bestimmenden Legendenbildern um 1000 ein. Als Bischof mit Stab ist er im 12. Jh. in der Buchmalerei nachzuweisen, teils in griech. Pontifikaltracht, teils dieser angeglichen. Vom 13. Jh. an bleibt es bei der üblichen Pontifikalmeßkleidung mit Stab, Pallium und Mitra. – Die bekannteste und am meisten dargestellte Legende gibt ihm als einzelner Gestalt das Attribut von 3 Goldkugeln (Äpfel, auch Goldbarren); diese hat er – meist wird ein Fenster angedeutet – 3 armen, oft schlafend im Bett liegenden Mädchen zugeworfen, die ihr Vater in ein Freudenhaus verkaufen wollte. Einer der ersten Darstellungen auf einem Glasfenster in Bücken/Weser um 1240 reiht sich das Bogenfeld des Querschiffs von St. Martin in Colmar 1263 an, wo auch die von N. gerufenen Freier heraneilen. – Schon 1162 wird die Befreiung der 3 unschuldig verurteilten Ritter (als Jünglinge, Grafen, kaiserliche Hauptleute u. a. bezeichnet) im Zwief. Mart. des 12. Jh. (24) wiedergegeben. Hier sind die Ritter in den Block gespannt, während N. dem schlafenden Kaiser → Konstantin erscheint und für ihre Lösung bittet. An einem weiteren Glasfenster in Bükken rettet sie N., indem er das Schwert des Henkers abwehrend ergreift. Ein einzelner Gefangener zu Füßen der Bischofsgestalt kann attributiv auf diese Legende hinweisen. – Häufiger steht neben der Gestalt des N. ein großer Bottich mit 3 unbekleideten Knaben darin – es sind die von einem bösen Wirt zerstückelten Jünglinge, die N. zum Leben erweckt. – Die besonders in der östl. Kunst verbreitete Legende der Errettung von 3 Pilgern aus Seenot (die von Ephesos Ausfahrenden waren im Begriff, das für eine christl. Kapelle bestimmte Hl. Öl in den Diana-Tempel zurückzubringen) findet sich auch in der abendländischen Kunst, macht N. zum Patron der Schiffer und gibt ihm gelegentlich auch einen Anker als Attribut. – Erst vom 15. Jh. an verbreitet sich die Legende von den Getreidehändlern: N. erbittet bei einer Hungersnot in Myra von jedem der für den Kaiser in Rom bestimmten Schiffe nur 100 Scheffel und versichert, daß durch sein Gebet nichts bei der Ablieferung fehlen würde, was sich bewahrheitet; N. aber kann seine Gemeinde auf Jahre hinaus ernähren und sogar Saatgut austeilen. Attributiv können bei Darstellungen vom 16. Jh. an 2 oder 3 Brote auftreten, die N. auch als Patron der Bäcker bis in die Volksgebräuche kennzeichnen.

Nikolaus von Tolentino, Hl., (10. Sept.). Legenden lassen ihn 1245 auf der »Engelburg bei Aconita« (= S. Angelo bei Pontano) geboren werden, nachdem ein Engel den Eltern eine Wallfahrt zum Grabe des → hl. Nikolaus von Myra geraten hat. N. läßt sich 1255 in den Augustiner-Eremitenorden aufnehmen, wird 1275 nach Tolentino geschickt, wo er wunderbare Bestätigungen durch Engel erlebt, die er um den Altar stehen sieht. Seine Gebete wirken heilend. Er überwindet den Teufel, der ihm die Ampel am Altar zerbricht und anderen Schaden anzutun versucht (der Holzschnitt im Lüb. Pass. um 1480,4, zeigt ihn bei dieser Szene fälschlich als Bischof).

In seine Darstellung im schwarzen Augustiner-Eremitengewand, mit Lederriemen gegürtet, geht als Attribut die Reinheit seiner Gesinnung als Lilienstengel ein, seine Frömmigkeit als Kruzifix (auch ein mit Lilien umwundenes Kruzifix); der Stern auf seiner Brust soll ihm kurz vor dem Tode im Oratorium vorangegangen und noch jahrelang an seinem Todestage über dem Grabe erschienen sein. Er trägt eine Schüssel mit 2 gebratenen Vögeln in Händen; diese wollte er in schwerer Krankheit, wegen gelobter Kasteiung, nicht genießen; als er sich auf Gebot des Priors gehorsam fügt, um einen Bissen zu nehmen, fliegen die Rebhühner, lebendiggeworden, davon. Trägt N. dazu ein Buch, so kann darauf stehen: »Praecepta patris mei serva tu« (= Befolge die Gebote meines Vaters). Den Gesang der Engel hörend, tröstet der Sterbende seine Brüder. Sein Tod erfolgt 1305, die Heiligsprechung 1446.

Erst von da an sind Darstellungen seiner Gestalt auch in Deutschland bekannt: die früheste als Wandgemälde um 1450 in Zeil bei Oberstaufen (Allgäu), dann Holzschnitte sowie eine Wiedergabe auf einem Flügel des Sebastian-Altars vom Ende 15. Jh. in Köln (W.-R.-Museum), schließlich spätere wie noch ein Bild Johann Wolfgang Baumgartners um 1750 in Stuttgart (Staatsgalerie). – Verwechselt mit dem → hl. Nikolaus von Myra, stellt ihn eine Tafel von Giovanni di Paolo, um 1450, fälschlich als Retter mit Lilienstengel aus Wolken über einem gefährdeten Schiff dar.

Nikomedes, Hl. (15. Sept.). Den röm. Märtyrer bezeichnet die Legende als Schüler des → hl. Petrus und Priester, der Felicula, die zu Tode gemarterte Gespielin der → hl. Petronilla, aus der Kloake zieht und sie begräbt. Als er den Heiden nicht opfern will, wird er mit einer Keule (Bleiklötzen) zu Tode geschlagen. Über seinem Grabe entstand in Rom an der Via Nomentana eine Grabkirche.

Eine silberne Reliquienstatuette stellt ihn mit der Keule in priesterlicher Meßkleidung um 1450 in Borghorst (Westf.) dar (nicht zutreffend ist seine Ausstattung als Bischof in der bezeichneten Darstellung von 1558 am Epitaph der Jakoba von Tecklenburg in der Nikolaikirche von Lippstadt).

Nikostratus → Kastorius

Nimrod (1. Mose 10,8 und 9), → Abraham; Urenkel Noahs, als gewaltiger Jäger bezeichnet; Legenden lassen ihn gegen Abraham feindlich auftreten.

Noah (1. Mose 6,6 ff.), der erste der »Erzväter und Patriarchen des AT, war ein frommer Mann und hatte 3 Söhne: Sem, Ham und Japhet«. Da der Herr beschlossen hatte, die Menschheit wegen ihrer Bosheit zu vernichten, gibt er Noah den Auftrag, eine Arche zu bauen, in die er mit Frau, Söhnen, deren Frauen und je einem Paar von allem Getier hineingehen solle. Gott selbst schließt die Arche; nach 40 Tagen vernichtender Flut landet die Arche auf dem Ararat. N. läßt einen Raben hinaus, der, hin- und wiederfliegend, sich auf dem Aas niederläßt. Eine erste Taube kehrt zurück, eine zweite bringt ein Ölbaumblatt, erst die dritte kehrt nicht zurück. N. kann die Arche verlassen, baut einen Altar, vollzieht das Opfer, wird mit seinen Söhnen von Gott gesegnet, das Zeichen des Bundes zwischen Gott und der Erde erscheint als Regenbogen.

Dann pflanzt N. Weinberge, liegt trunken und entblößt im Zelt (»Noahs Schande«). Ham findet ihn, sagt es – spottend – seinen Brüdern, diese gehen rückwärts ins Zelt, bedecken ihren Vater, ohne ihn anzusehen. N. erwacht, verflucht Ham und segnet Sem und Japhet.

Die Geschichte Noahs gehört zu den nachhaltigsten Vorstellungen aus dem AT; sie hat sich von frühchristl. Zeit an eingeprägt und wird in den Katakomben und an Sarkophagen dargestellt (N. allein in einer Art Kasten, über ihm die Taube mit einem Ölzweig, in der Petrus-Marcellinus-Katakombe, Rom, 3. Jh., ebenfalls in der Synagoge von Dura-Europos, 245). Erste Beispiele der Buchmalerei – Flut, Arche mit den Tieren, Noah, Opfer Noahs, Noahs Schande – finden sich in der Wiener Genesis des 6. Jh. Zusammen mit Szenen der Schöpfungsgeschichte wird N. mit der Arche als Einleitung zu den reichen Folgen der spanischen Apokalypsen des 9. und 10. Jh. aufgenommen. In der übrigen Buchmalerei fehlen zu dieser Zeit Darstellungen und treten erst vom 12. Jh. an wieder vielseitig in den großen Bibeln (Salzburg u. a.) auf, besonders aber in Chroniken, Enzyklopädien und ähnlichen Texten: Chronik des Otto von Freising (Jena), 1177; Lambert von St-Omer, Liber floridus (Gent, Univ.-Bibl.), 1122; Orosius aus Zwiefalten (Stuttgart, Württ. Landesbibl.), 1160, mit großartiger Arche (24). Fast jede Szene wird dann in die Typologie einbezogen, die v. a. die Arche als Gegenbild zu Kirche und Taufe, die das Ölblatt bringende Taube zu Pfingsten, Noahs Schande zu Verspottung, Dornenkrönung, Entkleidung, Sem – Japhet, die N. bedecken, zu Grablegung u. a. bringt (z. B. im Klosterneuburger Lettner-Ambo von 1181, in der Bible moralisée des 13. und den entsprechenden Werken des 14. Jh.) (8).

Eine ausführliche Folge ist in den Mosaiken von Monreale, 1180/90, erhalten – wie später, 1447 von Paolo Uccello im Chiostro verde (S. Maria Novella, Florenz) und 1470/85 im Campo Santo zu Pisa von Benozzo Gozzoli. Häufig kommt die Arche vom 13. Jh. an in Glasfenstern vor; vom 14. Jh. an sind Bau der Arche (Meister Bertram, Petri-Altar, 1379/83, Hamburg, Kunsthalle), Arche und Noahs Schande (Erzväter-Altar, 1460, Kiel, Nikolaikirche) auf Altartafeln und an geschnitztem Chorgestühl zu finden (Maulbronn 1460/70, Herrenberg 1516). Mehrfach wieder aufgegriffen wird N.s Opfer in der klassizistischen Malerei zu Anfang 19. Jh. (Gottlieb Schick, 1805, Stuttgart, Staatsgalerie; Joseph Anton Koch, Frankfurt, Städel).

Noitburgis, Hl. (31. Okt.), die Nichte Pippins d. Mittleren (678 Majordomus des ganzen Frankenreichs), begleitet ihre Tante Plektrudis, als diese – Witwe geworden – sich in das Kölner Marienkloster zurückzieht. Dem Drängen der Verwandten, die sie verheiraten wollen, widersteht sie mit inständigen Gebeten, Gott möge ihr das ihm geweihte Leben beenden. Sie findet in jugendlichem Alter Erhörung durch einen sanften Tod.

Erst eine Miniatur der Skizzenhandschrift zu der Holzschnittreihe der Sipp-, Mag- und Schwägerschaft Maximilians gibt sie um 1500 in weitem Faltenkleid, mit aufgelösten Haaren und 2 brennenden Kerzen wieder. Neben ihr erhebt sich ein Toter von der Bahre. Nach der Legende erstrahlte helles Licht (die Kerzen) bei ihrer eigenen Aufbahrung zu ihren Häupten, und der neben ihr Aufgebahrte erwachte zum Leben.

Norbert, Hl. (6. Juni, Paderborn), 1085 aus altem Adel in Gennep geboren, wird Stiftsherr im nahegelegenen Xanten. Ein gefährliches Gewitter bringt ihn zu verinnerlichter Schau. Er gibt daraufhin seine Stellung bei Erzbischof Friedrich I. von Köln und bei Kaiser Heinrich V. auf, verzichtet nach einer Zeit büßender Betrachtung auf Pfründe und Vermögen, das er Armen überläßt, und bittet 1118 Papst Gelasius II. um die Vollmacht zu predigen. In Premontre gründet er 1120 den Prämonstratenserorden, bekämpft 1124 die schwärmerischen Anhänger des Tanchelm und wird Erzbischof von Magdeburg, äußerst bemüht um Reformen. Er stirbt 1136, wurde aber erst 1582 heiliggesprochen.

Verehrung und Darstellungen setzen schon im späten 15. Jh. ein und finden sich besonders im 17.–18. Jh. Meist in Pontifikalkleidung, selten in der Tracht seines Ordens (langer Rock, Skapulier, Kappa, Kapuze), öfter auch in außerliturgischer Amtstracht (Talar, Rochett, Mozzetta) wiedergegeben, trägt er Bischofs- oder Kreuzstab, Kelch oder leuchtende Monstranz. Zu seinen Füßen kann eine kleine Teufelsgestalt auf seine Teufelsaustreibungen in Nivelles, Maastricht und Viviers deuten; ausnahmsweise wird ihm auch ein Buch (Ordensregel) oder ein Kirchenmodell beigegeben. Nur in den spätmittelalterl. Werken weist der Kelch mit oder ohne Spinne darauf hin, daß bei der Messe in einer Krypta eine giftige Spinne in den Kelch fiel. N. trank im Vertrauen auf die hl. Kommunion, und die Spinne kam zur Nase wieder heraus (→ Konrad). Ein Altarflügel von Altengönne um 1500, Darstellungen in Niederglaucha, Kloster Mansfeld u. a., besonders in Sachsen, bilden ihn weiterhin mit dem Kelch ab.

Notburga von Bühl, aus dem Klettgau, Hl. (26. Jan.), eine königliche Schottin, die nach dem Tode ihres Mannes fliehen muß, im badischen Klettgau Zuflucht findet und dort 9 Kinder zur Welt bringt, von denen eines ungetauft stirbt. Sie selbst wurde in Bühl begraben und verehrt.

Vom 15. Jh. an als Matrone in langem Kleid, Mantel und Kopftuch dargestellt, manchmal auch in fürstlicher Kleidung, trägt sie meist die 9 Kinder im Mantelbausch (Holzfigur um 1420, Ulm, Museum). 8 Kinder im Mantelbausch, das 9. Kind im Brustlatz, zeigt die Darstellung an einer Altartafel in Oberstadion (Württ.), Ende 15. Jh. An der Holzfigur vom 18. Jh. in Bühl liegt ein totes Kind zu ihren Füßen. Auf einem Altarbild (Freiburg, Diözesanmuseum), ebenfalls 18. Jh., steht ein lebendes Kind neben ihr.

Notburga von Hochhausen, Hl. (– / 15. Sept.). Zwei Legenden (1816 in die Deutschen Sagen der Brüder Grimm aufgenommen und auf den Erzählungen des Reinhard von Gemmingen-Michelfeld beruhend) lassen N. einmal die Tochter König → Dagoberts, dann aber auch die eines Königs von Hornberg/Neckar sein. Dagobert will die sich weigernde N. mit dem Wendenkönig Samo vermählen. Auch die Hornberger Königstochter soll, nachdem ihr ritterlicher Verlobter von einer Fahrt in fremde Lande nicht zurückgekehrt, gegen ihren Willen verheiratet werden. Beide N.-Gestalten fliehen in eine Höhle, um als Eremitinnen nur noch Christus anzugehören. In der ersten Legendenfassung wird N. von der Milch einer Hirschkuh ernährt, in der zweiten trägt ein weißer Hirsch die Fliehende über den Neckar in die einer Michael-Kapelle benachbarte Höhle und bringt ihr täglich Brot auf seinem Geweih. In beiden Legenden wird N. vom Vater entdeckt, der sie mit Gewalt aus der Höhle herausziehen will und ihr den Arm ausreißt. Eine Schlange bringt ihr heilende Kräuter. Als die von der Umgebung als heilig Verehrte stirbt, sieht man Engel ihre Seele gen Himmel tragen. Weiße Stiere sollen den Wagen mit ihrer Leiche an den Ort gebracht haben, über dem später die heutige Kirche von Hochhausen/Neckar gebaut wurde.

In Hochhausen stellt eine Grabplatte aus der 2. Hälfte 14. Jh. N. in langem Faltengewand, einarmig und mit einer Schlange in der rechten Hand dar. Ein Tafelbild Martin Schaffners bildet sie Anfang 16. Jh. mit der Schlange zur

Seite ab, den am Ellbogen abgerissenen Arm mit der linken Hand vorzeigend, neben den hll. Barbara, Margareta, Agatha, Apollonia und Scholastika (Berlin, Staatl. Museen). Nach der Öffnung des Grabes 1517 wurden ihre Gebeine erneut beigesetzt. Es müssen nicht erhaltene Außentafeln eines heute aus Teilen wiederhergestellten Altars und die von etwa 1500 stammenden Wandmalereien in Hochhausen ihre Legende enthalten haben (s. K. Jäger, Handbuch für Reisende in den Neckargegenden, von Cannstadt bis Heidelberg, und in dem Odenwalde. 1824). Übriggeblieben sind nur 2 aus den Altartafeln ausgeschnittene Brustbilder, die N. darstellen (heute einzeln gerahmt im Chor). Die sehr verblaßten Wandbilder lassen viele der genannten Legendenzüge – noch nicht einheitlich festgestellt – erkennen.

Notburga von Rattenberg, Hl. (14. Sept. / 13. Sept., Bozen-Brixen, Feldkirch, Graz, Innsbruck, Linz, München, Passau, Salzburg). Die hl. Dienstmagd, 1268 in Rattenberg geboren, 1285 Magd des Herrn von Rothenburg, gilt als Beispiel aufopfernder Pflichttreue, tätiger unablässiger Nächstenliebe aus tiefer Frömmigkeit. Sie stirbt 1313, Kult und Verehrung wurden aber erst 1862 durch Papst Pius IX. bestätigt.

Darstellungen kamen im 18. Jh. auf; eine der bekanntesten ist die in Rott am Inn, 1762, von Ignaz Günther. – Meist in sonntäglicher bäuerlicher Tracht der Gegend und mit jeweils verschiedenen Attributen wiedergegeben: Korb, Milchkübel, Schlüsselbund, Brote, Sichel und Garbe, auch Rechen. Im Korb soll sie sich selbst abgesparte Lebensmittel den Armen gebracht haben; auf Anruf ihres Dienstherrn, was sie da trage, hätten sich die Lebensmittel in Essig und Späne verwandelt. Sichel und Garbe sagen aus, daß sie bei dem Bauern von Eben ausgemacht hatte, am Vorabend von Sonn- und Festtagen beim Vesperläuten mit dem Mähen aufzuhören, um sich in dem nahegelegenen Rupertskirchlein auf den Feiertag vorzubereiten; als aber der Bauer darauf drang, die Arbeit beim Läuten fortzusetzen, hing sie die Sichel in die Luft – wo sie hängen blieb, bis sie sie nach ihrer Andacht wieder in die Hand nahm.

Nothelfer, die hll. Vierzehn, schon im 9. Jh. angerufen und verehrt. Doch werden ihre in persönlichem Beistand wirksam versprochenen Hilfen erst im Lauf des Mittelalters in einer festgelegten Reihe und in Darstellungen mit hinweisenden Attributen deutlich.

In den Legenden bitten sowohl → Dionysius wie auch → Blasius, → Dorothea u. a. vor ihrem Tod um die Gnade der Fürbitte und erhalten die Verheißung, bei Anrufung hilfreich vermitteln zu dürfen.

Eine Urkunde von 1248 erwähnt einen Nothelfer-Altar in der Frauenkirche von Krems (Ablaßbrief des Bischofs Konrad von Passau). Anfang 14. Jh. zählt ein Gedicht aus Kloster Windberg ihre Namen auf (München, Bayer. Staatsbibl.). Der Patrizier Nikolaus Schrenk stiftet 1348 für den Nothelfer-Altar der Peterskirche in München ein Ewiges Licht und das Wachs dazu; in diese Zeit fallen erste bekannte Darstellungen in Regensburg: eine Wandmalerei, 1331, in der Dominikanerkirche, ein Glasfenster von 1365 im Dom. Eine Urkunde des Bischofs Johannes von Regensburg bestätigt 1426 die Stiftung einer Frühmesse am Nothelfer-Altar der Vitus-Kirche von Wunsiedel. Eine verbreitete Verehrung und Darstellung setzt aber erst von 1445/46 an ein, als der Klosterschäfer Hermann Leicht von Frankenthal durch zweimalige Erscheinung aufgefordert wird, den hll. Nothelfern an seinem Weideplatz eine Kapelle errichten zu lassen. Eine unmittelbar darauf erbaute Kapelle wird 1525 im Bauernaufstand zerstört; der Neubau von 1543 ist der Vorläufer der berühmten Wallfahrtskirche Vierzehnheiligen von 1744 des Balthasar Neumann.

St. Georg, Ritter mit Drachen – angerufen gegen Seuchen der Haustiere.
St. Blasius, heilte ein Kind, das eine Gräte verschluckte – angerufen gegen Halsleiden.
St. Erasmus, mit dem Marterzeichen der Winde – angerufen gegen Leibschmerzen.
St. Pantaleon, mit Salbfläschchen und Uringlas – ist Patron der Ärzte.
St. Veit, heilt den Diokletian-Sohn – angerufen gegen Epilepsie.
St. Christophorus, das Christkind tragend – angerufen gegen unvorbereiteten Tod.
St. Dionysius, sein Haupt in Händen – angerufen gegen Kopfschmerzen.
St. Cyriakus, mit Teufel und geheilter Diokletian-Tochter – angerufen gegen Anfechtung in der Todesstunde.
St. Achatius, mit Dornenzweig – angerufen gegen Todesangst und Zweifel.
St. Eustachius, mit Kruzifix im Hirschgeweih – angerufen in allen schwierigen Lebenslagen.
St. Ägidius, als Abt aus der Wildnis gerufen – angerufen zur Ablegung einer guten Beichte.
St. Margareta, mit dem Drachen – Patronin der Gebärenden.
St. Barbara, mit Kelch und Hostie – Patronin der Sterbenden.
St. Katharina, mit den überwundenen Philosophen – angerufen gegen Leiden der Zunge und schwere Sprache.

Je nach örtlichen Patronaten finden sich zugesellt die Madonna, → St. Dorothea, → St. Oswald, → St. Magnus von Füssen für besonderen Beistand, oder ausgewechselt Erasmus gegen Nikolaus oder Dionysius gegen Papst Sixtus II. oder Agidius gegen Leonhard wie bei Burgkmairs Tafel der Basilika S. Pietro 1501 (Augsburg, Staatsgalerie). In gedrängter Zusammenstellung zeigt eine Tafel von 1490 in

Wien die Nothelfer (Kunsthistor. Museum). Drei Tafeln als Rest eines Nothelfer-Altars mit bedeutenden Einzelgestalten, um 1480/90, aus dem Frankfurter Dom mit der Zuschreibung an den Kreis des jungen Grünewald befinden sich im Dompfarrhaus zu Frankfurt, im German. Nat.-Museum Nürnberg, in der Staatsgalerie Stuttgart. Als eigenes, frühes Werk Grünewalds anerkannt sind die beiden Flügel des Altars in der ev. Pfarrkirche von Lindenhardt/Oberfranken (auch Bindlacher Altar genannt); hier führen Georg und Dionysius die Schar der hll. Nothelfer an. Als Nothelfer bezeichnet und diesen eingereiht sind gelegentlich auch die Vier → Marschälle, → Antonius Eremita, → Hubertus, → Kornelius und → Quirinus.

O

Obadja (Abdias), einer der 12 kleinen → Propheten, um 587 v. Chr. in Juda, kündet eine mächtige Vision von der Strafe und der Vergeltung, die am Hause Esau in Edom geübt werden wird wegen des an → Jakob begangenen Frevels. Im Mittelalter wurde die Gestalt des Propheten identisch mit dem O., der 1. Kön. 18,4 als Hofmeister Ahabs um 885–835 bezeichnet wird. Dieser rettet 100 Propheten vor dem Mordbefehl der Königin Isebel in Höhlen, wo er sie mit Brot und Wasser versorgt. Daher ist er häufiger mit einem Wasserkrug und Brot dargestellt.

Oda, Hl. (23. Okt.). Die Legende schildert sie als Tochter Childeberts, verheiratet mit Herzog Boggis von Aquitanien. Nach dessen Tod übernimmt sie 688 einige Jahre die Vormundschaft für ihren Sohn, um dann nach Austrasien zu ziehen, wo sie sich in Amay niederläßt und Werken der Barmherzigkeit lebt. Sie stirbt 722 und wird in der von ihr gestifteten Kirche bestattet.

Ihre Überreste ruhen in einem Prachtschrein aus der 1. Hälfte des 13. Jh., an dessen Schmalseite sie im langen Kleid, Mantelumwurf und Gebände mit einem Buch in Händen erscheint. – Am Grabmal Maximilians I. in der Hofkirche zu Innsbruck und ähnlich in der Kupferstichreihe der Sipp-, Mag- und Schwägerschaft Maximilians I. wird sie in Kleid und Mantel, mit Wimpel, Weihel und Schleier dargestellt, ein Brot in der einen, ein Gewandstück in der anderen Hand, einen bzw. drei Bettler zu Füßen.

Odilia (Ottilia), Hl. (13. Dez., Freiburg i. Br.). Seine blind geborene Tochter will Herzog Athich (Eticho – Adalrich) töten lassen. Der Mutter Bethsvinda gelingt es, sie durch eine Amme in das Kloster »Palma« (Baume-les-Dames?) zu retten. Sie erhält dort das Augenlicht, als der durch einen Engel zu ihr gewiesene Wanderbischof → Erhard von Regensburg sie tauft. Diese Szene ist im Zwief. Mart. des 12. Jh. (24) dargestellt. Ihr jüngerer Bruder läßt sie holen, der unzugänglich zornige Vater schlägt ihn nieder. O. erweckt ihn zum Leben, muß aber fliehen. Vor dem sie verfolgenden Vater verbirgt sie sich in einer Höhle bei Arlesheim (dessen »Dinghof« ihrem Vater gehört); ein Felsspalt schließt sich, herabstürzende Steine verwunden den Vater schwer. O. flieht weiter, versöhnt sich aber mit dem gesundeten Vater und erhält von ihm den Platz auf der Hohenburg, um ein Kloster erbauen zu lassen (das später nach ihr benannte Kloster Odilienberg). Als Äbtissin steht sie auch ihrer 2. Gründung am Fuße des Berges vor: Niedermünster mit Spital und heilkräftiger Quelle, dessen Platz ihr der → hl. Johannes d. T. in einer Vision gezeigt hatte.

Die Sterbende schickt ihre Schwestern zum Gebet. Als sie zurückkommen, finden sie O. tot. Von ihren inständigen Gebeten ins Leben zurückgerufen, erklärt O.: »Warum beunruhigt ihr euch? → Lucia war bei mir und ich sah und hörte, was man mit Augen nicht sehen, mit Ohren nicht hören, sondern nur mit dem Herzen wahrnehmen kann.« Dann ergreift sie selbst den Kelch, hebt ihn, nimmt die Kommunion und stirbt (720). Der Kelch wurde 1546 noch auf dem Odilienberg gezeigt.

Darstellungen geben O. im 13. Jh. (Glasfenster im Straßburger Münster) noch in weltlicher Kleidung wieder, modisch entsprechend einige spätere. Vom Ende des 14. Jh. an wird sie häufig als Augustinerin im schwarzen, gegürteten Kleid, mit Skapulier, Mantel, Wimpel, Weihel und Schleier, manchmal auch als Benediktinerin wiedergegeben. Ein Äbtissinnenstab ist ihr meist, selten auch eine Krone über dem Schleier beigegeben (Stuttgart, Württ. Landesmuseum, um 1390; Arlesheim, Dom, Ende 15. Jh.).

Ein Kelch weist auf ihre Todeslegende hin; seltener kommt ein Hahn vor, der auf das erweckte Augenlicht gedeutet wird, doch sind dafür ihr eigentliches Kennzeichen die Augen, die sie in Händen oder auf einem Buch trägt. Zu ihren Füßen kann in Flammen ihr Vater Athich knien, den sie durch ihr Gebet aus dem Fegefeuer erlöst; vgl. besonders eine oberrheinische Tafel um 1520 (Karlsruhe, Kunsthalle) und die Grisaille des Holbein d. Ä. zugeschriebenen Hohenburger Altars von 1509 (Prag, Nat.-Galerie). Die Patronin des Elsaß und von Arlesheim wird auch von Blinden und allen an den Augen Leidenden als Schutzpatronin angerufen. Goethe erinnert sich in »Dichtung und Wahrheit« (3. Teil, 11. Buch) seiner Teilnahme an einer Wallfahrt zum Odilienberg während seiner Straßburger Studienzeit.

Olaf, Hl. (29. Juli). Der spätere König von Norwegen, Olaf II., um 990 im Exil geboren, in Rouen getauft, kann erst 1015 nach Norwegen zurückkehren, die von Olaf I. begonnene Christianisierung des Landes fortsetzen und dessen politische Einheit herstellen. Seine allzu große Strenge verursacht einen auch vom Dänenkönig Kanut geschürten Aufstand; O. muß sein Land wiederum verlassen und fällt bei der Rückeroberung 1030 in Stiklestad.

Als älteste Darstellung wird die stark beschädigte Figur von ca. 1250 in Hölö (Södermanland, Schweden) genannt. Mehrere spätere Wiedergaben finden sich im deutschen Küstengebiet, wie die Stuhlwange im Dom und die Statue von ca. 1490 im Annenmuseum zu Lübeck, die ihn in zeitentsprechender Rüstung mit Mantel, Krone und Hellebarde zeigt. Die Hellebarde kann auch eine Streitaxt sein; beide weisen auf seinen Tod. Weiterhin zeichnen ihn häufiger Zepter und Reichsapfel aus, statt dessen kann ihm auch ein Humpen oder Doppelpokal beigegeben sein, unter seinen Füßen ein Krieger oder ein Drache mit gekröntem Menschenkopf – das überwundene Heidentum oder das von ihm getötete Meerungeheuer. Der Humpen geht aus der Legende hervor: Vor der Schlacht von Stiklestad bat Olaf um einen Trunk Wasser. Vom Bischof gesegnet, verwandelt es sich in Bier, das O., da Fasttag sei, nicht trinken wollte; ein zweiter Trunk Wasser wurde zum Honigmet und wiederum von ihm abgewiesen; als aber das Wasser, das zum drittenmal herbeigeholt wurde, sich in Wein verwandelte, trank O., nachdem der Bischof es ihm ausdrücklich befohlen hatte.

Auf diese Legende zurückgehend, entwickelte sich der kultische Brauch, »St. Olafs Minne« zu trinken.

Onuphrius (engl. Humphrey), Hl. (10. Juni / –). Ein abessinischer Fürstensohn, im Kloster Hermopolis erzogen und Mönch geworden, verzichtet auf die ihm angebotene fürstliche Nachfolge, um die Einsamkeit aufzusuchen. Er findet sie in einem der abgelegenen Felsenklöster von Göreme (Kappadokien), wo er 60 Jahre in andächtiger Betrachtung und Lehre lebt. Kurz vor seinem Tode, Ende 4. Jh., findet ihn der hl. Paphnutius und reicht ihm die Kommunion, die er sonst an allen Sonn- und Feiertagen – wie es Paphnutius aufzeichnete – von einem Engel erhalten hat. Sein Name wird auf den Esel »onos« bezogen, der ihn als Lehrenden über die weiten Strecken in die klösterlichen Siedlungen getragen habe.

In einem der Felsenräume von Göreme ist eine älteste Darstellung als Ritzzeichnung erhalten, andere finden sich in der östl. Kunst. Zahlreiche deutsche Darstellungen geben den Einsiedler im 15. und 16. Jh. wieder. Unbekleidet, dicht behaart, mit wallendem Haar und Bart, einen Blätterschurz oder Laubkranz um die Lenden, trägt er eine Krone auf dem Haupt oder auf einem Kissen in der Hand (Schwäbisch Hall, St. Michael, 1521). Auch ein Zepter kann auf seine Herkunft weisen. Krückstock, Paternosterschnur oder Kette um den Leib zeichnen ihn als Büßer; ein Doppelkreuz soll seine besondere Bemühung als Eremit um die Nachfolge Christi, aber auch den kappadokischen Kirchenlehrer bedeuten. Ein Kelch mit Hostie darüber, eine Hostie in der Hand oder von einem Engel gereicht, beziehen sich auf die von Paphnutius geschriebene Legende.

O. gilt als Helfer in der Todesstunde. Seine Schädelreliquie, vom Papst an Heinrich d. Löwen gesandt, soll von diesem in seine Münchner Burgkapelle (später in die Residenz Braunschweig) überführt worden sein. Nichts davon ist erhalten, aber an dem heute dort stehenden Haus, Marienplatz 17, mit Inschrifttafel, stellt ihn ein großes neues Mosaik dar.

Oriphiel → Uriel

Oseas → Hosea, einer der 12 kleinen → Propheten.

Oskar → Ansgar

Oswald, Hl. (5. Aug., Basel, Graz). Der 603 geborene König von Northumbrien flieht nach dem Tode seines Vaters nach Jona, wo er sich taufen läßt. Er erobert 634 sein Land zurück, bemüht sich um die Christianisierung und fällt 642 im Kampf gegen den heidnischen König Penda von Mercien. Schottenmönche brachten seine Legende und Verehrung nach Deutschland, wo nach dem Text des englischen Mönches Reginald 1171 ein Spielmannsepos entstand, das besonders im Lüb. Pass. (4) nacherzählt ist.

Als älteste Darstellung gilt eine Wandmalerei um 1150 in Stift Nonnberg / Salzburg, die O. in königlichem Gewand und Mantel wiedergibt, mit Krone und Märtyrerpalme (= sein Tod im Kampf gegen die Heiden). Später wird er meist mit Zepter und Reichsapfel, einem Wappen mit Lilien und Löwen als englischer König gekennzeichnet, wie ein Spruchband der Statue von ca. 1510 am Turm von St. Oswald in Zug (Schweiz) aussagt: »S. Oswald rex anglie.« Eine Fahne mit 3 Löwen trägt er ritterlich gerüstet auf einer Altartafel in Graz, Mitte 15. Jh. Die zahlreichen weiteren Darstellungen in Deutschland, Österreich und in der Schweiz deuten mit ihren Attributen auf die Legenden hin: Seine Statue am Turm des Münsters von Freiburg um 1300 trägt ein pyxisartiges Gefäß. Auch in Form eines Doppelpokals vorkommend, gibt dieser an, wie bei seiner Krönung das Chrisamöl fehlt (bzw. ranzig geworden ist); ein Rabe bringt das Öl in kostbarem Gefäß mit versiegeltem Brief, → St. Peter sende es und habe es selbst geweiht; ein anderer Rabe (Holzschnitt im Lüb. Pass., 4) trägt einen Ring herzu (oder fort!), er vermittelt Brief- und Ringtausch mit der Königstochter, die O. nach schwerem Kampf mit dem heidnischen Vater heimführen und heiraten kann. – Besonders erwähnen die Legenden O.s Mildtätigkeit: Bei einem Gastmahl wird ihm berichtet, daß Arme um Gaben bittend vor dem Tore ständen – er läßt alle Speisen herausreichen und zerstückelt die silberne Platte, auf der sie angerichtet waren, um die Stücke auch noch verteilen zu können (Deckengemälde in St. Oswald in Otterswang bei Schussenried, 1778 von Meinrad von Ow, neben weiteren Darstellungen aus der Legende).

Gnaden- und Wallfahrtskapellen finden sich zahlreich in ländlichen Gegenden (Bayer. Wald, Schwarzwald, Tirol), wo O. als Patron der Schnitter und des Viehs angerufen wird und zu den ›Wetterherren‹ gehört: Je nach Wind an seinem Jahrestag richten sich Ernte und Aussaat.

Otmar (französ. auch Audemer, Omer), Hl. (16. Nov., Basel, Chur, Freiburg i. Br., St. Gallen). Der in der Domschule von Chur erzogene Alemanne wird nach seiner Priesterweihe 719 zum Vorsteher der → Gallus-Zelle ernannt. Er läßt sich von Pippin als Abt bestätigen, fürchtet den wachsenden Reichtum seines Klosters, kleidet sich einfach, reitet nur auf einem Esel statt auf einem Pferd, baut ein Leprosenkrankenhaus und nimmt Kranke, Blinde, Arme, die er auch nachts selbst betreut, in einem weiteren Bau auf. Die Verteidigung seiner Klostergerechtsame bringt ihn in Gegensatz zu den fränkischen Gaugrafen Wann und Ruthard. Die Legende bezeichnet sie als teuflische Widersacher, die den Verleumdungen eines Lampertus glauben, O. pflege unsittlichen weiblichen Verkehr. Jedenfalls wird O. von ihnen gefangengesetzt, soll zum Hungertod verurteilt werden, wird aber zu lebenslänglicher Haft auf die Rheininsel Werd gebracht, wo er 759 stirbt. Sein Biograph Walafried Strabo berichtet, daß man seinen Leib nach 10 Jahren völlig unverwest fand und nach St. Gallen überführte; die ihn abholenden Brüder hatten ein Weinfäßchen als Wegzehrung mitgenommen, es blieb auf dem Hin- und Rückweg stets neu gefüllt, auch wurde ein die ganze Gegend verwüstender Sturm auf wunderbare Weise von Schiff und Wagen ferngehalten. Nach der Heiligsprechung 864 übertrug man die Gebeine 867 nochmals in die über der Krypta errichtete Otmarskirche von St. Gallen, vermutlich in den (heute leeren) 1964 bei Ausgrabungen gefundenen Sarkophag.

Das Fäßchen – »Lägelin« – der Legende bleibt sein Attribut in den Darstellungen, die ihn vom 15. Jh. an als Benediktinerabt mit Stab und Buch wiedergeben (Rottweil, Lorenzkapelle 1490, u. a.). Gelegentlich wird er auch in Pontifikaltracht gezeigt (Pacher, St. Wolfgang, 1480). Die älteste Darstellung – im Hirs. Pass. des 12. Jh. (23) – gibt O. in einfacher Kukulle, von den beiden Türmen seines Klosterbaus gerahmt.

Ottilia → Odilia

Otto von Bamberg (französ. Otton, Odon, Eudes), Hl. (2. Juli / 30. Juni, Bamberg, Eichstätt, Görlitz, Speyer), der »Pommernapostel«. Aus adliger fränkischer Familie 1062 geboren und in Eichstätt erzogen, kommt O. 1082 als Kaplan an den Hof des Polenherzogs Wladislaw, als dieser

Judith, die Schwester Kaiser Heinrichs IV., heiratet. Heinrich IV. ernennt ihn 1091 zu seinem Kanzler und beauftragt ihn mit dem Bau des Doms von Speyer. Nach der Bischofsweihe in Rom 1106 kehrt er nach Bamberg zurück. Mehrere Klostergründungen werden ihm zugeschrieben; sein ausgleichendes Wesen bemüht sich besonders um die Auseinandersetzungen Heinrichs IV. mit seinem Sohn; er bewirkt die Lösung vom Bann und die Beisetzung Heinrichs IV. in Speyer. Als Boleslaw von Polen 1121 das selbständige Pommern bezwungen hat, zieht der sonst so bescheiden und anspruchslos lebende O. mit reichsfürstlichem Glanz nach Pommern, um den christl. Glauben zu verbreiten. Er wirkt nicht nur durch sein würdiges Auftreten, sondern auch durch sein Verständnis: So läßt er den großen Nußbaum in Stettin, der heidnischen Göttern geweiht war, nicht abhauen, sondern bestimmt, daß sein Schatten und seine Früchte die Einwohner weiterhin erfreuen sollen. Lange Zeit hernach schicken Groß- und Kleinbauern Wachs ins Michaelskloster nach Bamberg, damit die Kerzen an O.s Grabe nicht ausgehen. Seine Fürsorge in Bamberg geht so weit, daß er, als ein ungewöhnlicher Schneefall im Mai 1125 die Saaten vernichtet, zur Jakobi-Messe Brot aus seinen Vorräten backen, Sicheln und andere Werkzeuge verteilen läßt, damit gearbeitet und nicht gebettelt werde. Er stirbt 1139 in Bamberg und wird 1185 durch Papst Klemens II. heiliggesprochen.

Noch zu Lebzeiten hält ihn eine Wandmalerei in Prüfening zw. 1125 und 1130 fest und stellt ihn ebenso wie das Michelsberger Totenbuch von Bamberg und die Heiligkreuzer Vita (Ende 12. Jh.) in Pontifikaltracht, mit Kasel bzw. Pluviale, Bischofs- oder Abtstab und Buch dar. In Betrachtung eines geöffneten Buches sitzend, gibt ihn der Kupferstich in der Reihe der Sipp-, Mag- und Schwägerschaft Maximilians I. um 1510 wieder, mit Kirchenmodell, als Gründer von Prüfening, eine Altarfigur des Hochaltars in Prüfening von 1610.

P

Pamphilius, Hl. (28. April / 16. Febr.). Der als besonders gelehrt gerühmte Bischof von Sulmona wird nach einer im 11. Jh. geschriebenen Vita auch als 309 gestorbener Märtyrer bezeichnet.

Eine Darstellung auf einer Votivtafel von 1475 (Köln, St. Kunibert) zeigt ihn neben → Augustinus in bischöflicher Pontifikalkleidung mit Stab und geöffnetem Buch.

Pankratius (französ. Pancrace, Blancard, Camprace), Hl. (12. Mai). Der verwaiste Knabe eines reichen Phrygiers reist mit seinem Onkel Dionys nach Rom. Papst → Kornelius († 253) nimmt ihn in die Kirche auf. Nach dem Tode des Onkels wird P. von einem der Verfolgungsbefehle Kaiser Diokletians erfaßt und – nach der Legende 14jährig – enthauptet. Sein Grab wird in der Katakombe unter der heutigen Kirche S. Pancrazio in Rom verehrt.

Einige Kleinkunstwerke des 12./13. Jh. zeigen ihn in prächtiger Tunika und pelzgefüttertem Mantel, ebenso ein Blatt der Bibel aus Hamersleben (Halberstadt, Gymnasialbibl.) von 1222, das ihm Märtyrerpalme und Schwert gibt. Darstellungen des 15. und 16. Jh. bilden ihn ritterlich gerüstet ab, auch mit Barett oder Herzogshut. Eine Altarfigur von ca. 1740 in Raitenhaslach b. Burghausen/Obb. stellt ihn mit Helm in antikisierender Soldatentracht dar.

Die Bauernregel zählt ihn mit → Servatius und → Bonifatius zu den ›Eisheiligen‹.

Pantaleon, Hl. (28. Juli / 27. Juli). Der Sohn eines heidnischen Vaters und einer christl. Mutter erkennt als Kind seine Heilkräfte, wird in der Arzneikunst ausgebildet und von einem weisen Priester Hermolaus bekehrt und getauft. Als er im Beisein seines Vaters durch Anrufung Christi einen Blinden sehend macht, bekehrt sich auch der Vater. Den zum Leibarzt Kaiser Maximians Berufenen verleumden neidische Kollegen; verklagt und verhaftet, wird ihm sein christl. Glaube vorgehalten, aber seine Standhaftigkeit kann durch Geißelung, Gebranntwerden, Hunger und andere Martern nicht erschüttert werden. Schließlich spaltet ein Schwertschlag, der ihn enthaupten soll, dem an einen Ölbaum gebundenen P. das Haupt. Daß ihm die Hände mit einem Nagel auf dem Kopf festgehalten werden, begegnet nach nicht nachzuweisender Legende erst in Darstellungen vom 15. Jh. an, bleibt dann aber P.s Kennzeichen.

Ein Evangeliar des 12. Jh. aus St. Pantaleon (Köln, Stadtarchiv) stellt P., prächtig byzantinisierend gekleidet, mit Mütze dar, eine Geißel in Händen. Erst vom 15. Jh. an kommt er häufig vor, meist in den → Nothelfer-Darstellungen, in betont vornehmer, bürgerlicher Kleidung und öfter mit den an den Kopf genagelten Händen (Regensburg, Emmeram-Schrein, Mitte 15. Jh.; München, Altarflügel, 1455/60, A. P.). Er kann auch nur einen Nagel in der Hand halten, eine Salbenbüchse in der anderen; ferner kommt eine ärztliche Bestecktasche, am Gürtel hängend, vor.

P. ist Patron des für die Goldschmiedekunst des 12. Jh. berühmten Klosters St. Pantaleon und einer der Stadtpatrone von Köln.

Pantalus, Hl. (12. Okt.), ein Bischof von Basel, der nach der Legende die → hl. Ursula mit ihren Jungfrauen auf der Rückreise von Rom nach Köln begleitet und dort ebenfalls von den Hunnen getötet wird.

1270 soll sein Haupt nach Basel zurückgebracht worden sein, eine Silberbüste – für diese Reliquie angefertigt – befindet sich heute im Histor. Museum, Basel. In Pontifikalkleidung mit Bischofsstab ist P. auf einer der Verschlußtüren der Basler Münsterorgel dargestellt, mit Stab, Buch und Palme auf einem Altarflügel von 1601 im Freiburger Münster.

Paphnutius → Onophrius

Paschalis Baylon (französ. Pascal, Pascaud, Pacaud), Hl. (17. Mai), 1540 geboren, tritt 1564 als Laienbruder in den Franziskanerorden strengster Observanz ein, dient als Klosterpförtner und zeichnet sich in jeglicher Arbeit, durch größte Bußstrenge und Andacht zum Hl. Sakrament aus. Er stirbt 1592 und wird 1690 heiliggesprochen.

Im Franziskanerhabit, einen Behälter mit dem Hl. Sakrament in der Hand, gibt ihn eine Altarfigur des frühen 18. Jh. in Ehingen (Württ.) wieder. Auf dem Altargemälde des Cosmas Damian Asam in der Schutzengelkirche von Straubing kniet er vor einer Monstranz, die ein Engel über ihm hält.

Paternus (französ. auch Patier, Pair), Hl. (10. April / 13. April), ist ein irischer Rekluse in dem von Bischof Meinwerk gestifteten Abdinghofkloster zu Paderborn. Er sagt den großen Stadtbrand von 1058 voraus und kommt selbst dabei um, da er seine an das Kloster angebaute und verschlossene Zelle seinem Gelübde entsprechend nicht hat verlassen wollen.

Am Fürstenbergdenkmal von 1618 im Dom zu Paderborn stellt ihn ein Relief als Benediktiner dar, mit Buch als Hinweis auf sein anhaltendes Gebet und einer brennenden Kerze als Symbol für sein Gelübde und Reklusendasein.

Patricius (französ. auch Paris, Parizet; engl. Patrick, Pat), Hl. (17. März), Ende des 4. Jh. in Boulogne (nach anderen Legenden in Schottland) geboren, wird von Seeräubern verschleppt, als Sklave in Irland verkauft und muß die Schafe des Stammesfürsten Micho hüten. Er entflieht nach

Gallien. Nach Aufenthalten in den Klöstern von Marmoutier und Lerins soll ihn der hl. Germanus von Auxerre zum Bischof geweiht haben; doch wird auch eine Romfahrt mit Weihe und Auftrag des Papstes Cölestin I. berichtet; er sollte die von Bischof Palladius eingeleitete Christianisierung Irlands fortsetzen. Sein jahrzehntelanges erfolgreiches Wirken im 5. Jh. gibt ihm den Namen Apostel Irlands. Durch ihn sollen alle Schlangen und giftigen Tiere die Insel verlassen haben. Mit einem Kleeblatt habe er die Geheimnisse der Dreifaltigkeit den Heiden erklärt.

In Süddeutschland als Hirte und Schützer des Viehs besonders verehrt, stellt ihn eine Altarfigur, um 1400, in der Kirche von Hohenstadt/Aalen dar: mit Stab und Buch, bischöflich gewandet; sie wird alljährlich von Wallfahrern verehrt. In Pontifikaltracht mit Buch und Stab, eine Kuh und Schafe zu Füßen, gibt ihn eine Statuette von 1733 in Eggenroth/Ellwangen wieder. Als Hirte, mit Ketten an Händen und Füßen, von Schafen umgeben, Stab und Mitra von Engeln über ihn gehalten, zeigt ihn ein Altargemälde des 18. Jh. in Hohenstadt.

Sowohl Leg. Aur. (3) wie Lüb. Pass. des 15. Jh. (4) bringen ausführliche weitere Legenden. So die des Hammeldiebes, den sein vom Schmause aufgetriebener Leib während der Predigt schändlich den Umstehenden verrät. Um die starrsinnigen Ungläubigen zu bekehren, hatte P. durch sein Gebet erreicht, daß sich der Eingang zur höllischen Welt öffnete. Viele gingen auf seinen Rat bußfertig hinein, erlebten die Schrecken, kamen wieder und ließen sich bekehren; andere kamen nicht wieder heraus. Nach P.s Tode begehrte ein Edelmann, um vor seinem Hinscheiden zu sühnen, den inzwischen in einem Kloster verwahrten Schlüssel. Christus ständig anrufend, gelangte er durch zahlreiche Qualen, wie sie Schilderungen beim Jüngsten Gericht entsprechen, über eine Brücke ins Paradies, muß den Weg dann wieder zurück nehmen, erreicht, an allen Stationen der Qual unbehelligt vorbeigehend, die Erdenwelt und darf »nach dreißig Tagen entsühnt und selig sterben«. Ein Holzschnitt im Lüb. Pass. (4) stellt P. zwischen Engel und Teufel hinter aufzüngelnden Flammen dar.

Patroklus (französ. auch Patre, Parre), Hl. (21. Jan.), in Troyes 259 unter Kaiser Valerian wegen seines standhaften Bekenntnisses enthauptet. Seine Gebeine brachte Erzbischof Benno von Köln nach Soest und gründete dort das Patroklus-Stift, auf dessen Siegel von 1140 sich die erste Darstellung befindet, eine weitere von 1166 in der Hauptapsis der Patroklikirche. Beide geben ihn in vornehmer Laienkleidung mit Palme und Handkreuz wieder. Als Stadtpatron von Soest erscheint er vom 13. Jh. an ritterlich gerüstet mit Schwert, Schild und gelegentlich auch mit Fahne. Als himmlischen Schutzherrn der Stadt zeigt ihn auch eine Tafel von ca. 1475 in der Marienkirche zu Lübeck.

Paulus (span. Pablo; ung. Pál)

Paulus, Hl. (29. Juni, Berlin; Fest der Bekehrung: 25. Jan.). Im Jahre 5 n. Chr. in Tarsus geboren, erhält der Saulus genannte Sohn eines strengen Pharisäers den üblichen hebr. Unterricht und erlernt – wie es die Thora vorschreibt – das Handwerk seines Vaters als Zeltteppichweber. Vom Vater vererbt, besitzt er das röm. Bürgerrecht, spricht und schreibt griechisch und geht zu seiner weiteren Ausbildung nach Jerusalem, wo → Gamaliel als sein Lehrer genannt wird. Sein durchgreifendes Temperament verbindet ihn den fanatischen, die Christen verfolgenden Pharisäern; auf seine Veranlassung wird im Jahr 35/36 → Stephanus gesteinigt; viele von dessen Anhängern werden verfolgt. Saulus erhält den Auftrag, in Damaskus weitere Verfolgungen zu leiten, stürzt kurz vor Damaskus, von der übermächtigen Erscheinung Christi getroffen, zu Boden und wird blind nach Damaskus geführt. → Ananias heilt ihn und tauft ihn auf den (erst Apg. 13 erwähnten) Namen Paulus; vgl. Bild und Inschrift in der Vivianus-Bibel von 843 (Paris, Bibl. Nat.). P. predigt in der Synagoge von Damaskus, wird verfolgt, Freunde lassen ihn in einem Korb über die Stadtmauer im Jahre 38 entfliehen. P. zieht sich nach Arabien zurück. Als er dann etwa 39 n. Chr. nach Jerusalem kommt, ist dort inzwischen → Jakobus enthauptet, → Petrus aus dem Gefängnis befreit. Aufenthalte zur Verkündigung des Evangeliums in Tarsus und Antiochien erfüllen die nächsten Jahre (etwa 39–44). Nach einer ersten großen Reise, 50/51, findet etwa im Jahre 52 eine Auseinandersetzung mit Petrus über die Gleichberechtigung von Juden- und Heidenchristentum statt (dargestellt in den Mosaiken von S. Sabina, Rom, u. a. im 4.–5. Jh.).

Aus dem Verlauf der folgenden großen Reisen seien nur die Ereignisse genannt, die zu besonderen Darstellungen geführt haben: In Paphos stürzt der Zauberer Elymas (»Bar-Jesus«) blind zu Boden. In Lystra werden durch Heilung eines Lahmen P. und sein Begleiter als Erscheinung von Zeus und Hermes angesehen; man schleppt Opfertiere herbei, um sie als Götter zu verehren. In Ikonium hört → Thekla seine Predigt und wird bekehrt. Eutychos, ein Knabe, stürzt bei einer Predigt in Troas tödlich vom Fenstersims und wird auferweckt (wie auch nach der Leg. Aur. der Knabe Patroklus in Rom). Die Predigt des P. auf dem Areopag in Athen vor dem Altar des unbekannten Gottes gehört zu den bedeutendsten Ereignissen. Schließlich schildert P. selbst wörtlich die Leiden und Strapazen seiner Reisen, immer wieder belastet durch Hunger, Durst, Verfolgung, Auspeitschung, Steinigung und Gefangenschaft, erfüllt von Broterwerb durch sein Handwerk (in Korinth kehrt er deshalb bei einem Teppichweber ein), von Predigt und Briefwechsel mit den neuen Gemeinden. In den Darstellungen kommt eine zeitliche oder örtliche Bestimmung der verschiedenen Gefangenschaften selten genau zum Ausdruck, meist ist es ein für alle anderen stehendes Bild. Der letzte Zusammenstoß mit der Behörde von Cäsarea bedingt durch sein röm. Bürgerrecht die Versendung nach Rom mit dem Schiffbruch und Aufenthalt in Malta, etwa im Jahr 60/61. Die ihm zugestandene Bewegungsfreiheit in Rom ist mit mancherlei Legenden belegt; dargestellt wurden Begegnung und Abschied von Petrus, ihr gemeinsames Auftreten vor Nero mit dem Sturz des Magiers Simon. Ihr Martyrium, nach den historischen Fakten nicht am gleichen Tag, wird aber meist zusammen abgebildet, wie im Hirs. Pass. des 12. Jh. (23) auf einer ganzen Seite. Bei der Enthauptung des P. im Jahre 67 entstehen nach der Legende 3 Quellen aus seinem Blut (an der Stelle der späteren Kirche S. Paolo alle Tre Fontane, Rom). Plantilia, eine fromme Frau, die Paulus ihre Schleier gegeben hatte, damit dieser sich die Augen verbinde, erhält ihn als Reliquie zurück und sieht in ihrer Vision Petrus und P. mit Siegeskronen in Rom einziehen. Ein Hirt findet das Haupt des P., das mit dem Leichnam feierlich vereint wird. Die zunächst in der Katakombe S. Sebastiano bestatteten Gebeine erhalten Ende 4. Jh. eine Grabstätte, über der die Basilika S. Paolo fuori le mura (St. Paul vor den Mauern) in Rom errichtet wurde.

Von den Papstbullen und Goldgläsern des 4. Jh. an bleibt der Typus für alle Darstellungen des P. feststehend: ein länglich-kahler Schädel, spitz zulaufender langer Bart; barfuß in Tunika und Mantel (»Mantelpallium«), hält P. eine Rolle oder ein Buch. So gibt ihn das Wandbild der Domitilla-Katakombe des 4. Jh. wieder, ebenso eine Elfenbeintafel des 6. Jh. und besonders die des Echternacher Meisters vom Ende des 10. Jh.

Erst vom 13. Jh. an findet sich das Attribut des Schwertes (Marienschrein in Aachen, 1236, u. a.). So tritt er weiterhin einzeln und in Szenen in der Wand- und Buchmalerei, auf Glasfenstern, Altartafeln und in Altarfiguren bis ins 18. Jh. auf. Ausgewählte Szenenreihen sind zuerst in den karoling. Bibeln (Vivianus-Bibel aus Tours, 840, in

Paris, Bibl. Nationale, und Bibel von S. Paolo aus Corbie, 870, in Rom, S. Paolo fuori le mura) wiedergegeben. Spätere Beispiele finden sich in der Gumpertsbibel von 1170 (Erlangen, Univ.-Bibl.) und in der Heisterbacher Bibel von 1240 (Berlin, Staatsbibl.). Bedeutende Zyklen der Monumentalkunst enthalten die Mosaiken in der Cappella Palatina in Palermo und im Dom zu Monreale um 1185. In mehreren größeren Haupt- und kleinen Nebenszenen hat Hans Holbein d. Ä. das Paulus-Leben auf der Spitzbogentafel »Die Basilica S. Paolo fuori le mura« 1504 dargestellt (Augsburg, Staatsgalerie). Häufig wird auch der Sturz vor Damaskus wiedergegeben, mit am bedeutendsten von Michelangelo in der Cappella Paolina (Rom, Vatikan), 1542/45, und von Caravaggio 1601 in der Cappella Cerasi (S. Maria del Popolo, Rom). Oft dargestellt wird auch die Enthauptung; der Sturz des Magiers Simon mit P. vor Nero ist auf einer der Tafeln des Altars aus der Peterskirche in München von Jan Pollak, 1490, erhalten (München, A. P.). – Von den genannten Ereignissen sind in den Raffael-Kartons (für die Sixtinischen Teppiche, London, Victoria and Albert Museum) dargestellt: der überwältigte Zauberer Elymas in Paphos auf Zypern; die beabsichtigte Opferverehrung in Lystra und die Predigt auf dem Areopag. – Thekla, die Predigt hörend, bildet das Mittelstück auf der auch die Plantilla und die nach dem Martyrium überlieferten Szenen enthaltenden o. g. Holbeintafel. P. im Gefängnis ist als größeres Einzelbild zweimal – 1627 und 1630 – von Rembrandt gestaltet (Stuttgart, Staatsgalerie und Nürnberg, German. Nat.-Museum).

Häufig dargestellt ist die gedachte Szene der »Traditio Legis« – der Gesetzesübergabe –, z. B. schon 359 am Sarkophag des Junius Bassus (hier noch in ganz antikem Typus): Christus, thronend in der Mitte, gibt dem links von ihm sitzenden oder knienden P. Schriftrolle oder Buch, dem Petrus den Schlüssel. So auch auf einer Elfenbeintafel des 10. Jh. vom ehem. Antependium des Doms zu Magdeburg (Berlin, Staatsbibl.) und gelegentlich vom 12. Jh. an auf Portalbogenfeldern.

Als Überwinder des Alten durch das Neue Gesetz stellt P. ein Blatt des Zwief. Collectars von 1160 (24) zwischen → Salomo, → Propheten, → Petrus, → Jakobus, → Johannes und → Lukas dar.

Paulus Eremita, Hl. (15. Jan. / 10. Jan.). Der viel verehrte und oft dargestellte »Vater des Einsiedlerlebens«, 228 in Ägypten geboren, ist »reicher Leute Kind aus Theben«. Er flieht in die Thebanische Wüste, als sein Schwager, nach Besitz verlangend, ihn als Christen bei einer Verfolgung unter Decius anzeigt. Den in einer Felsenhöhle einsam dem Gebet und der Betrachtung Lebenden sucht der → hl. Antonius, der erfahren hat, daß es einen noch besseren Einsiedler gebe, als er selbst zu sein glaubt. Wegweisend begegnet er einem »Hippokentauren«, einem früchtetragenden »Satyros«, zuletzt einem Wolf. P. aber hat seine Zelle verschlossen und läßt sich erst nach langen, beschwörenden Bitten herbei zu öffnen. Dann aber fallen sich die Greise freundschaftlich in die Arme, verharren im Gespräch, und der Rabe, der sonst täglich ein Brot gebracht hat, erscheint mit zwei Broten. Noch auf der Heimkehr schaut Antonius den Tod des P., kehrt zurück und findet den 113jährigen entschlafen. Während er überlegt, wie er P. bestatten möchte, kommen zwei Löwen, scharren die Grube, und Antonius legt den Toten hinein. Den ihm als Vermächtnis zugedachten, aus Palmstroh geflochtenen Rock des P. nimmt er als hochverehrte Reliquie mit.

Das Zwief. Mart. des 12. Jh. (24) bildet P. mit Antonius unter einem Baum an einer Quelle sitzend ab, der Rabe bringt das doppelte Brot. – Vom 15. Jh. an ist P. als Einzelgestalt bärtig, in dunklem, faltenreichem Mantel, mit Krückstock und barfuß dargestellt. – In einem Blätterkleid steht P. als Portalfigur um 1442 an St. Justinus in

Höchst; den aus Palmstroh geflochtenen Rock trägt er auf der Tafel des Isenheimer Altars (Mathis Nithart Gothart, 1516, Colmar, Unterlinden-Museum); auch hier bringt der Rabe den beiden ins Gespräch vertieften Eremiten einen Doppelwecken.

Pelagia, Hl. (8. Okt. / –), gilt als eine der sog. »großen Büßerinnen«. Sie stammt aus Antiochien, ist Schauspielerin und Tänzerin, deren Kunst und Schönheit umworben werden. Über ihren Leichtsinn, ihre Genuß- und Prunksucht weint der Bischof Nonnus von Edessa bittere Tränen, bis P. von einer seiner Predigten innerlich ergriffen wird, sich bekehren und taufen läßt. Sie spendet Schmuck und Schätze den Armen und bezieht auf dem Ölberg in Jerusalem unter dem Namen Pelagius in Männerkleidern eine Zelle. Dort stirbt sie 280 nach kurzer Zeit an den harten Bußübungen, die sie sich auferlegt hat.

Im Hirs. Pass. des 12. Jh. (23) wird sie als »prima choreutriarum pantomimiarum« bezeichnet und dargestellt, prächtig geschmückt und gekleidet auf einem mit einem kostbaren Teppich belegten Esel reitend, ein Musikinstrument in der Linken. 2 jugendliche Begleiter im pelzbesetzten Gewand tragen ebenfalls Musikinstrumente und führen das Reittier am Zügel. – Aus späterer Zeit ist nur eine Stuckfigur des 18. Jh., mit Buch und Schatzkästchen zu Füßen, über einem der Beichtstühle der Stiftskirche von Buchau bekannt.

Pelagius, Hl. (28. Aug. / 1. Sept., Freiburg i. Br.), ein frommer Laie, der in Istrien 283 das Martyrium während der sog. Numerianischen Verfolgung erleidet. Seine Gebeine wurden 904 von Bischof Salomon nach Konstanz gebracht. P. wurde Mitpatron des Münsters und des damaligen Bistums.

Im Zwief. Mart. des 12. Jh. (24) wird er, an einen Baum gebunden, gesteinigt. Als vornehmer Laie ist er 1470 im

Bogenfeld einer der Hauptportaltüren des Konstanzer Münsters dargestellt, mehrfach auf Holzschnitten und 1465/70 am Chorgestühl des Münsters. Eine P. geweihte Kirche von 1050 war die Vorgängerin der Chorherrenstiftskirche von Denkendorf b. Esslingen a. N.

Petronilla (französ. auch Perrine, Perrette; engl. Parnelle, Pernel), Hl. (31. Mai), wird in den Legenden des 5./6. Jh. als Tochter des → hl. Petrus bezeichnet, die lange krank ist und die Petrus heilt. Sie verweigert die Ehe mit dem »Comes Flaccus« und bittet Gott um eine dreitägige Frist, da sie lieber sterben als ihrem Keuschheitsgelübde untreu werden wolle, empfängt die Kommunion und stirbt, wie sie es erbeten hat, am 3. Tag. Nach ihrem Tode im Jahr 98 wurde sie in der Domitilla-Katakombe beigesetzt und schon im 4. Jahrhundert verehrt. Papst Paul I. (755–767) übertrug ihre Gebeine in das alte kaiserliche Mausoleum an der Südseite des Querhauses von Alt-St.-Peter.

Ein Wandgemälde des 4. Jh. in der Domitilla-Katakombe stellt P. als Führerin der vornehmen, verschleierten Veneranda dar; im Hirs. Pass. des 12. Jh. (23) steht sie mit vor der Brust erhobenen Händen als Orans, während das Zwief. Mart. (24) die im Bett liegende Kranke zeigt, deren ausgestreckte Hand Petrus mit beiden Händen ergreift. – Ein Altarflügel des frühen 15. Jh. (Bonn, Rhein. Landesmuseum) stellt P. im langen, gegürteten Kleid mit Mantel und Zackenkrone dar (eine Legende läßt sie aus kaiserlichem Geschlecht stammen, worauf die Übertragung der Gebeine in das kaiserliche Mausoleum Bezug nehmen könnte); als Attribut hält sie einen Schlüssel. Diesen und einen Besen trägt sie auf einem Wandgemälde in der Stiftskirche zu St. Goar, Ende 15. Jh. Beide Attribute kennzeichnen sie als Verwalterin des Hauses des hl. Petrus in Rom, als die sie die Legendenfassung des Lüb. Pass. des 15. Jh. (4) beschreibt.

Petrus (französ. Pierre, Père, Pernet, Perotin; italien. Pietro, Piero; span. Pedro; niederl. Pieter, Piet; schwed. Per; russ. Pjotr)

Petrus, Hl. (29. Juni). »Du bist Simon, Jonas' Sohn, du sollst Kephas heißen, das ist verdolmetscht: Fels (Petrus)«, sagt Christus zu ihm, als → Andreas, der Bruder, ihn zu Christus geführt hat (Joh. 1,38–42; Mark. 1,16–18). In den Darstellungen ist diese Szene meist als Berufung am See Genezareth wiedergegeben (Matth. 4,18–22; Mark. 1,16–20). Nach dem Bekenntnis von Cäsarea wird der Name nochmals bestätigt: »Auf diesen Felsen will ich meine Gemeinde bauen« (Matth. 16,18).

Von dieser Namengebung an erscheint P. stets an der Seite Christi (→ Christus, → Apostel), besonders hervorgehoben in den Darstellungen von der Heilung seiner Schwiegermutter (Matth. 8,14), der Erweckung der Jairus-Tochter (Mark. 5,22; Luk. 8,41) und dem Wandel auf dem Meer: P. will dem auf den Wassern erscheinenden Christus folgen und ruft: »Herr, hilf, ich versinke« (Matth. 14,27–31). Seine Aufgabe wird ihm beim »reichen Fischzug« (Luk. 5,3–10, vgl. Joh. 21,1–23) als »Menschenfischer« angekündigt. Ein andermal wird er von Christus am Stadttor beauftragt, zu angeln und dem ersten Fisch, den er fängt, die Silbermünze zu entnehmen, mit der der Stadtzoll, der Zinsgroschen, bezahlt werden kann (Matth. 17,23–27). Die Bezeichnung Zinsgroschen wird auch im Zusammenhang mit dem Ausspruch: »So gebet dem Kaiser, was des Kaisers ist« gebraucht; hier steht nur Christus mit den Pharisäern ohne P. (Matth. 22,21; Mark. 12,17; Luk. 20,25). Nach seinem Bekenntnis von Cäsarea (Matth. 16,19) werden P. »die Schlüssel des Himmelreichs« übergeben; mit → Johannes und → Jakobus gehört er zur »Verklärung« (Matth. 17,1–8; Mark. 9,2–13; Luk. 9,28–36) und zum »Ölberg«. Hervorgehoben wird P. auch in der »Fußwaschung« (Joh. 13,5–10), da er sich nicht würdig fühlt, sich von Christus die Füße waschen zu lassen. Bei der Gefangennahme Christi schlägt er in seinem Eifer Malchus, dem Diener des Hohenpriesters, das Ohr ab (Luk. 22,50–51; Joh. 18,10). Drastisch und oft in 3 Szenen auseinandergelegt, steht er im Hof des Hohen Rats am Kohlenbecken und leugnet den Knechten gegenüber seine Zugehörigkeit, die von der auf ihn weisenden Magd behauptet wird. Der meist auf einer Mauerkante krähende Hahn verdeutlicht den Vorgang. Manchmal sitzt P. dann weinend vor der Tür (Joh. 18, 15–27; Matth. 26,69–75; Luk. 22,54–62; Mark. 14,66–72). Mit Johannes sieht man ihn erst am Ostermorgen vor dem leeren Grab (meist als kleine Nebenszene zur Auferstehung, nach Luk. 24,34). Nur durch den Zuruf des Johannes erkennt P., von »reichem Fischzug« zurückkehrend, den am Ufer erscheinenden Auferstandenen, gürtet sich und stürzt ihm durch das seichte Wasser entgegen (Joh. 21,1–19) – eine Szene, die vom ersten Fischzug und vom Wandel auf dem Meer zu unterscheiden ist. Er erhält den Auftrag: »Weide meine Lämmer.«

Die weiteren Darstellungen folgen der Apostelgeschichte: Nach dem Pfingstfest hält P. eine wirkungsvolle Predigt (Apg. 2); mit Johannes heilt er einen Lahmen, der vor die Tempelpforte getragen wird (Apg. 3); der Hohepriester setzt ihn gefangen, läßt ihn aber wieder frei (Apg. 4); Ananias leugnet, von seiner Schenkung etwas zurückbehalten zu haben, und fällt tot zu Petri Füßen; Kranke werden vom Schatten des vorübergehenden P. geheilt (Apg. 5); der Zauberer Simon bekehrt sich augenblicklich, wird von Philippus getauft, von P. der Bosheit geziehen (Apg. 8, in der Leg. Aur. derselbe, der später nach Rom kommt, s. u.). In Lydda heilt P. den gichtbrüchigen Aeneas, in Joppe erweckt er Tabitha (Apg. 9,32–42); er geht zum Hauptmann Kornelius nach Cäsarea; P. träumt von den reinen und unreinen Tieren und hört, daß er keinen Menschen unrein heißen dürfe; die Anwesenden werden zu einer gemeinsamen Schau entrückt und getauft (Apg. 10).

Nach der Enthauptung → Jakobus' d. Ä. läßt → Herodes den nach Jerusalem zurückgekehrten P. zwischen 2 Kriegsknechten, in Ketten gefesselt, ins Gefängnis werfen. Ein Engel erscheint, P. wird aufgefordert: »Gürte dich, ziehe deine Schuhe an, wirf den Mantel um und folge mir nach!« – die Ketten fallen, P. geht ungehindert an den Wächtern vorbei, muß zweimal am Haus der Maria, der Mutter des Johannes, gen. Markus, anklopfen, da die Magd Rhode nur seine Stimme erkennt und nicht glauben kann, daß er es sei (Apg. 12). Die Meinungsverschiedenheit über Judenchristentum und Heidenchristentum wird ausgeglichen (→ Paulus; Apg. 15).

Die nächsten in Darstellungen bekannten Szenen entstammen der Leg. Aur. P. ist sowohl bei Tod wie bei Himmelfahrt Mariä anwesend. Er ist auch der, der mit Paulus die Bahre trägt und den Hohenpriester heilt, dessen Hände durch seinen Unglauben und sein Bestreben, das Begräbnis zu verhindern, an der Bahre gelähmt hängen bleiben. – P. und Paulus begegnen sich in Rom, zusammen überführen sie den Magier Simon, der mit seiner magisch unternommenen Flugkunst zu Tode stürzt. Nero verliert mit ihm seinen »Hofkünstler« und läßt P. und Paulus ins Gefängnis werfen. Vor der Hinrichtung erreichen Freunde des P., daß er sich entziehen kann. Der Fliehende begegnet vor den Toren Christus mit der Frage »Quo vadis?« (Wohin gehst du?) und erhält die Antwort: »Um mich nochmals kreuzigen zu lassen.« P. kehrt um und sieht den Auferstandenen in den Wolken entschwinden. – Von ihm selbst gewünscht, erleidet P. den Tod umgekehrt ans Kreuz geschlagen im Zirkus des Nero; nach ihrer Auffindung werden die Gebeine an der von da an unmittelbar durch Verehrung ausgezeichneten Stelle begraben, über der Konstantin 324 die älteste Peterskirche errichten läßt.

Für alle in den Darstellungen vorkommenden Gestalten des P. gilt vom 4. Jh. an ein feststehender Typus, wie ihn die päpstlichen Bleibullen und Goldgläser zeigen: P. hat einen Rundkopf mit Backenbart und Lockenkranz; letzterer beibehalten noch an der Adamspforte, 1230, am Bamberger Dom und an dem meist noch frühchristlich genannten Bronzesitzbild, 1270–80, in St. Peter zu Rom, heute Arnolfo di Cambio zugeschrieben. Spätere Darstellungen kennzeichnen ihn meistens mit der cholerischen Stirnlocke. Als Apostel in Tunika und Mantel ist seine Gestalt auch weiterhin abgebildet. Als Papst zeigen ihn erste Beispiele um 1160: so etwa das Zwief. Mart. des 12. Jh. (24), das Antiphonar von St. Peter in Salzburg (35, s. u.: »Stuhlfeier«). Vom 13. Jh. an mehren sich die Werke, die P. als Papst in pontifikaler Kleidung mit Tiara darstellen. Ein oder auch zwei Schlüssel (Matth. 16,19: Schlüsselübergabe) sind sein ständiges Attribut; Kreuzstab oder Handkreuz kommen ergänzend hinzu, auch Buch bzw. Buchrolle, gelegentlich ist ein Hahn mit dargestellt. Szenenfolgen (im 4. Jh. genannt in der Vorhalle von Alt-St.-Peter) bringen vom 6. Jh. an Mosaiken (Ravenna, S. Apollinare Nuovo) und Buchmalerei (Kodex von Rossano). Mit einer Brille ist er beim Marientod oder beim Pfingstfest dargestellt zu finden, so erstmals auf dem Wildunger Altar des Konrad von Soest, 1403. Mehr oder weniger häufig werden die Bilder fast aller Ereignisse in der Buchmalerei des 9.–13. Jh. wiedergegeben.

Eines der ersten Beispiele des Kreuztodes bringt eine Initiale des Drogo-Sakramentars aus dem 9. Jh.; auf einer ganzen Seite zeigt das Hirs. Pass. (23) die Kreuzigung, kleiner das Zwief. Mart. des 12. Jh. (24). Den Darstellungen in den Mosaiken von Monreale (1185) und in der Cappella Palatina in Palermo folgen zeitlich, in Ausdruck und Auffassung vielfach weiter- und umgebildet, Beispiele der Glas-, Wand- und Tafelmalerei vom 13. Jh. an. – Aus der bedeutenden Szenenfolge der Brancacci-Kapelle (S. Maria del Carmine, Florenz) sei der Zollgroschen (nach Matth. 17,24) des Masaccio, 1427, erwähnt; ebenda die Heilung des Lahmen (Apg. 3,1–9), die auch Rethel um

1850 dargestellt hat (Leipzig, Museum der Bildenden Künste). Die Befreiung des P. und P., der dem Auferstandenen entgegenstürzt (Joh. 21), werden 1444 von Konrad Witz neu gestaltet (Basel, Kunstmuseum). – Besonders häufig wird im 15./16. Jh. die plastische Ölberggruppe. – Von wesentlicher Bedeutung für die P.-Ikonographie sind Werke Raffaels: seine Verklärung, 1520 (Rom, Pinakothek des Vatikans), die Befreiung Petri, 1513 (Rom, Stanzen des Vatikans), die Kartons für die Wandteppiche der Sixtinischen Kapelle, 1515/16 (London, Victoria and Albert Museum): Heilung des Lahmen, Tod des Ananias, die meist Jüngerberufung genannte Szene (eigentlich der erste reiche Fischzug, nach Luk. 5) und die »Schlüsselübergabe« (eigentlich »Weide meine Lämmer«, nach Joh. 21). Auch auf die großartige Szene der Kreuzigung von Michelangelo, 1546/50, in der Cappella Paolina (Rom, Vatikan) und ebenso von Caravaggio, 1601, in der Cappella Cerasi (S. Maria del Popolo, Rom) dargestellt, soll hingewiesen werden, für den Wandel auf dem Meer auf Philipp Otto Runges Bild von 1806 (Hamburg, Kunsthalle).

Als Tag des P.-Martyriums, gleichgesetzt mit dem ebenso unbekannten Todestag des Paulus, wird der 29. Juni erstmals für das Jahr 258 genannt, im Zusammenhang mit Totengedenkfeiern für die Apostelfürsten in den Katakomben von S. Sebastiano, allerdings in einer späteren Quelle. (Vermutlich starb P. im Jahr 64, Paulus 67.) Oft vereinigen die Wiedergaben beide. Ebenso anachronistisch treten sie in der »Traditio legis« (Gesetzesübergabe) auf: Christus zwischen P. und Paulus erscheinen schon am Sarkophag des Junius Bassus (Rom, Grotten von St. Peter) 359 (→ Paulus).

Am 22. Februar wird Petri Stuhlfeier (»P. in cathedra«) mit zahlreichen, örtlich verschiedenen Bezeichnungen festlich begangen, ebenso Petri Kettenfeier am 1. August. Die Stuhlfeier findet nach der Legende in Antiochia statt, wo der Statthalter Theophilus P. ins Gefängnis hat werfen lassen. Paulus bietet Theophilus seine Dienste als Künstler in allerlei Handwerk an, erreicht, daß P. zur Probe freigelassen wird und den längst verstorbenen Sohn des Theophilus erweckt. Theophilus bekehrt sich und setzt P. »auf einen hohen Stuhl«, damit alle ihn sehen und sein Wort hören sollten. Als Bischof bleibt P. 7 Jahre in Antiochia. Als »Petrus in cathedra« wird er schon im Zwief. Mart. des 12. Jh. (24) wie auch später (Brancacci-Kapelle von Masaccio, 1427, s. o.) als Papst dargestellt. Mit den in der Legende angerufenen → Nothelfern läßt Burgkmair auf einer Spitzbogentafel von 1501 (Augsburg, Staatsgalerie) P. prächtig vor der Fassade seiner »Basilica S. Pietro« thronen.

Die Kettenfeier bezieht sich in erster Linie auf die in Apg. 12 berichtete Befreiung aus dem Kerker in Jerusalem (s. o.). Die hier zurückgelassenen Ketten werden nach der Legende von Eudoxia (s. a. Stephanus, Translatio), der Tochter des Kaisers Theodosius und Frau des Kaisers Valentianus, als Reliquien einer Jerusalem-Wallfahrt nach Rom mitgebracht. Sie fügen sich zusammen mit denen, die P. als Gefangener Neros in Rom getragen hat und die von → Balbina gefunden worden sind. Von Eudoxia veranlaßt, wandelte man den röm. Festtag des Augustus am 1. Aug. in Petri Kettenfeier um. Zahlreiche Kettenwunder erzählt die Legende. In der Kirche S. Pietro in Vincoli in Rom werden die Ketten unter dem Hochaltar, in einem Renaissance-Tabernakel, aufbewahrt.

Schließlich ist es P., der in den mittelalterl. Darstellungen des Jüngsten → Gerichts das Himmelstor, die Paradiesespforte, aufschließt. Für seine Beteiligung in einer besonderen Legende, → hl. Klemens.

Petrus Damian, Hl. (23. Febr. / 21. Febr.). In Ravenna um 1006 geboren, wird er 1043 Mönch und Prior von Fonte Avellana, 1057 Kardinalbischof von Ostia. Für die Reformbestrebungen seiner Zeit wirkend, wird ihm die Versöhnung Ravennas mit dem Papst zugeschrieben. Er stirbt auf der Rückreise von seiner Vaterstadt 1072 in Faënza. Ignaz Günther stellt ihn 1763 in Rott am Inn als Prälaten mit Kreuzstab und offenem Buch dar, mit der Inschrift: »Officium maius beatae Mariae«.

Petrus Martyr, Hl. (29. April / 6. April). Als Sohn von Eltern, die als häretisch bezeichnet werden, 1205 in Verona geboren, tritt er 1221 in den Dominikanerorden ein und wird Inquisitor in Oberitalien. Durch seine erfolgreichen Predigten und seine fanatische Strenge gegen sich und andere zieht er sich den Haß der katharischen Gegner zu. Auf dem Wege von Como nach Mailand von bestellten Mördern überfallen, stirbt er 1252, von Dolchstichen durchbohrt, mit gespaltenem Schädel.

Schon 1253 kanonisiert, ist er mit zahlreichen Wundern in der Leg. Aur. erwähnt. Um 1470–80 ist er auf einem Altarflügel D. Baegerts in St. Johannes, Dortmund, Anfang 16. Jh. in St. Andreas, Köln, auf einer Altartafel als Dominikaner mit klaffender Scheitelwunde, einem Krummsäbel in der Hand und einem Dolch in der Brust dargestellt; ähnlich auf Holzschnitten der gleichen Zeit und 1745, allerdings ohne Dolch, als Altarfigur in der Dominikanerkirche von Wimpfen am Berg.

Pfingsten → Christus

Pharahildis, Hl. (4. Jan. / –), stammt aus vornehmer Familie, wird gegen ihren Willen einem Edelmann vermählt, der sie schmäht und mißhandelt, ohne ihren standhaften Willen, jungfräulich zu bleiben, erschüttern zu können. Als er nach 30jähriger Ehe stirbt, widmet sie sich Werken der Barmherzigkeit. Als Datum ihres Todes gilt die Übertragung ihrer Gebeine nach St. Bavo zu Gent im Jahr 754.

Als Witwe in langgegürtetem Kleid mit Mantel und Kopftuch zeigen sie die graphischen Blätter der Heiligen der Sipp-, Mag- und Schwägerschaft Maximilians I. und eine Statuette am Maximiliansgrab in Innsbruck von Leonhard Magt, 1517–18. Eine Wildgans und ein Häuschen, in dem zwei Frauen stehen und vor dem brotähnliche Steine liegen, weisen als Attribute auf ihre Legende: Bei strengem Frost hatte sie hungernde Wildgänse vom Feld in einen Stall getrieben, um sie am nächsten Tag wieder freizulassen; die von einem Diener geschlachteten und verzehrten Gänse wurden von ihr aus den Überresten wieder lebendig gemacht. Von einer Nachbarin vergeblich um Brot gebeten, schwor eine Frau beim Namen der hl. Pharahildis, wenn sie Brot hätte, so solle es zu Stein werden – als sie den Brotkasten öffnete, lagen Steine darin.

Philipp(us) (französ. auch Philippot, Pot; italien. Filippo, Lippo, Pippo)

Philipp Jeningen, Hl. (9. Febr. / 8. Febr.). Als 4. von 14 Kindern eines Goldschmieds in Eichstätt 1642 geboren, kann er seinen Entschluß, in den Jesuitenorden einzutreten, gegen den Widerstand des Vaters erst 1663 durchsetzen. 1672 zum Priester geweiht, als Lehrer an den Gymnasien von Dillingen und Mindelheim bis 1675 tätig, wirkt er von da an als Wallfahrtsseelsorger der Kirche auf dem Schönenberg bei Ellwangen, deren Neubau nach einem Brand mit auf seine Bemühungen zurückgeht. Als sog. »Volksmissionar« im Bereich der Fürstpropstei Ellwangen tätig, verehrt ihn die Bevölkerung als den »guten Vater Philipp«. Er stirbt 1704 und wird im Kreuzgang der Stiftskirche von Ellwangen bestattet.

Bildnismäßige Darstellungen des frühen 18. Jh. in Privatbesitz und ein späteres Ölbild von 1740 in der Willibaldsburg von Eichstätt zeigen ihn im Ordenskleid, ein Kruzifix vor der Brust, den Rosenkranz am Gürtel, mit Wanderstab und Reisehut.

Philippus, Hl. (1. Mai / 3. Mai). Der von → Christus zur Nachfolge aufgeforderte → Apostel (Joh. 1,43–46) ist mit den übrigen Aposteln in allen Zusammenhängen dargestellt, mit Buch oder Rolle vom 12. Jh. an (Dreikönigsschrein im Kölner Dom, 1185; Chorschrankenrelief der Halberstadter Liebfrauenkirche, Anfang 13. Jh.), seit dem 14. Jh. mit dem Kreuz in †-Form (= lateinisches Kreuz, crux immissa) oder dem griechischen T-Kreuz (= crux commissa) wie auf einem Relief im Lübecker Dom (1340) und einer Steinskulptur der Tübinger Stiftskirche (1480).

Philippus, Hl., von den Aposteln zu einem der 7 Diakone bestellt (Apg. 6,1–6), tauft in Samaria den Zauberer Simon, der dann von → Petrus zurückgewiesen werden muß (Apg. 8,5–25). P. wird von einem Engel befohlen, auf den Weg nach Gaza zu gehen, wo er dem Kämmerer der Königin Kandace aus Mohrenland begegnen soll. Er sieht ihn im Wagen sitzend, das Buch Jesaja lesend, und fragt ihn: »Verstehest du auch, was du liesest?«, legt ihm die Prophezeiung aus, bekehrt und tauft ihn. (Der nach Mohrenland Zurückkehrende gilt als Begründer des äthiopischen Christentums.)

Die Taufe des Mohrenkämmerers hat u. a. Rembrandt 1636 dargestellt (Hannover, Niedersächs. Landesmuseum). – Nach der Legende predigt P. 20 Jahre in Skythien. Als er vor dem Standbild des Mars opfern soll, kommt ein gewaltiger Drache hervor, tötet den Sohn des Priesters sowie 2 Tribunen, und ein Gifthauch macht alle anderen Anwesenden krank. Den Drachen mit der gestürzten Mars-Statue zeigt das Hirs. Pass. des 12. Jh. (23). P. bewirkt, daß der Drache in die Wüste geht, erweckt die Toten, heilt die Kranken und bekehrt alle. Auch seine weissagenden Töchter (Apg. 21,8–9) wirken für den Glauben, bis P. in Hierapolis in Phrygien von Heiden ergriffen, am Kreuz gesteinigt und mit seinen Töchtern begraben wird. In Beziehung zur Legende hält P. auch einen Stein oder eine Schüssel, in der sich eine Schlange ringelt.

Die Reliquien beider P., die nicht immer auseinandergehalten werden, sollen in der Apostelkirche in Rom sein.

Philippus Benitus, Hl. (23. Aug. / –). In Florenz 1233 geboren, tritt er 1253 in den Servitenorden ein, wird 1259 zum Priester geweiht und 1267 Generaloberer des Ordens. Als solcher bereist er predigend Italien, Frankreich, Deutschland und Ungarn und stirbt 1285 in Todi. Von Papst Leo X. wurde 1516 sein Kult bestätigt, nochmals von Papst Klemens 1671.

In der ehem. Servitenkirche auf dem Kreuzberg bei Bonn stellt ihn eine Altarfigur des 18. Jh. in langem Gewand, Skapulier und Kapuze dar, ein Kreuz, das er andächtig betrachtet, in Händen. Eine Altarfigur von 1767 in der Servitenkirche von Rabenstein (Böhmen) fügt als Attribut ein Buch bei.

Pilatus kann in der verschiedenartigsten Auffassung als röm. Statthalter in den Darstellungen der Passion Christi wiedergegeben werden (→Christus, Handwaschung). Eine einmalige Darstellung bringt das Sakramentar von St. Gereon, kölnisch um 1000 (Paris, Bibl. Nat.): Es zeigt P. thronend, 3 Kriegsknechte mit der Wache am Grabe beauftragend. Die apokryphe Legende (Leg. Aur.) berichtet von seiner Herkunft, seinen Beziehungen zu → Herodes, Tiberius, dem → Veronika-Tuch und dem ebenso heilenden Rock Christi, seiner Gefangennahme in Rom, seinem Selbstmord und von den bösen Geistern, die P. in einen tiefen Abgrund »bei den großen Bergen« geworfen haben sollen – worauf der Name des Gebirgsstocks am Vierwaldstätter See zurückgeht.

Pirmin, Hl. (3. Nov., Chur, Freiburg i. Br., Speyer), in den Legenden als Westgote oder Iroschotte, auch nur als

»romanischer Herkunft« bezeichnet, Abt und Wanderbischof, 723 geweiht. Seine am häufigsten genannte Gründung ist das Kloster Mittelzeil auf der Reichenau, wo er sich 724–726 aufhält und, von Herzog Theobald vertrieben, im Elsaß seine Tätigkeit fortsetzt. Hier gilt er als Gründer von Murbach (727) und Neuweiler. Auch Gengenbach und Schwarzach in Baden, ferner Hornbach (Pfalz), wo er 753 stirbt, wurden von ihm gegründet. Seine Reliquien sollen nach Innsbruck übertragen worden sein.

Das Widmungsbild für Abt Witigowo, 994, stellt ihn in pontifikaler Meßkleidung mit Hirtenstab an der Spitze der Reichenauer Mönche dar (Karlsruhe, Bad. Landesbibl.). Ein Glasfenster von 1556 in Mittelzell zeigt ihn in Albe, Stola, Mitra, das Pluviale raffend, den Bischofsstab im Arm, mit der rechten Hand eine Schlange haltend, einen Frosch zu Füßen: alles kriechende Getier, das die Insel schädigte, soll bei seiner Ankunft, ins Wasser stürzend, verschwunden sein.

Placidus, Hl. (5. Okt.). Ein Schüler des → hl. Benedikt, Sohn eines röm. Patriziers Tertullus, gründet im Auftrag seines Lehrers in Sizilien zu Anfang des 6. Jh. ein Kloster, das von Piraten überfallen und in Brand gesteckt wird; mit seiner Schwester Flavia und seinen Gefährten gemartert, wird er anschließend enthauptet.

Erst nachdem Papst Sixtus V. (1585–90) den Kult genehmigt hatte, sind Darstellungen in Deutschland entstanden. Eine Altarfigur von 1630 in Frauenzell (Ndb.) und spätere Werke stellen ihn als Benediktinermönch in Flocke und Kapuze dar, mit Abstab und auch Buch; in Frauenzell hält er statt des Buches einen Knüttel; in anderen Darstellungen des 18. Jh. trägt er Schwert, Stachelkeule oder Nagelpflöcke als Attribute.

Placidus → Eustachius

Placidus von Disentis, Hl. (11. Juli / 12. Juli), vornehmer Herkunft, gründet mit dem → hl. Sigibert das Kloster Disentis (Schweiz). Er überwirft sich mit dem Präses Viktor, dem er unrechtmäßige Eingriffe in den Besitz des Klosters nachweist. Dieser läßt P. durch seine Dienstleute enthaupten. P. nimmt das Haupt in die Hände und trägt es zu Sigibert in dessen Zelle.

In dem Agatha-Kirchlein von Disentis bildet ihn ein Wandgemälde um 1450 im pelzverbrämten Rock mit Mantel, Schwert und Palme ab. Ein Altarflügel ebendort, Ende 15. Jh., zeigt ihn mit dem abgeschlagenen Haupt in Händen. Auf dem Flügel des Hochaltars der Kathedrale von Chur, Ende 15. Jh., hält er zusammen mit dem hl. Sigibert ein Modell der Kirche von Disentis als Gründer und Mitpatron.

Plantilla → Paulus

Potentinus, Hl. (18. Juni). Die Legende des 9. Jh. schildert ihn als adligen Aquitanier, der mit seinen Söhnen Felicius und Simplicius heilige Stätten aufsucht. Von Bischof → Maximin († 349) in Trier freundlich aufgenommen, läßt er sich von diesem einen geeigneten Platz nennen, an dem er ein gottgeweihtes Leben führen könne. Maximin weist ihn nach Karden/Mosel zum → hl. Kastor, wo er mit seinen Söhnen bis zu seinem Tode bleibt. – Die spätere, romanhafte Legende des 14. Jh. macht ihn zum Sohn eines heidnischen Frankenkönigs. Christ und Diakon geworden, zum Bischof von Paderborn gewählt, bemüht er sich, seine inzwischen ebenfalls Christin gewordene Schwester aus ihrer heidnischen Umgebung herauszuführen, wird von den Heiden mit Pfeilschüssen durchbohrt und stirbt den Märtyrertod. Seine Gebeine kamen im 10. Jh. nach Steinfeld (Eifel).

Nach der älteren Legende dargestellt, steht er am Potentinus-Schrein des 13. Jh. (Paris, Louvre). Eine Wandmalerei an einem Pfeiler der ehem. Prämonstratenserkirche von Steinfeld, um 1330, zeigt ihn ritterlich gerüstet mit Waffenrock bzw. Mantel, Lanze und Schwert, eine Krone zu Füßen, die in der 2. Legende genannten Pfeile in der Hand bzw. neben dem Kopf. Ein Kupferstich des späten 16. Jh. läßt ihn, der 2. Legende entsprechend, als Diakon erscheinen, Pfeile und Buch in Händen.

Primus, Hl. (9. Juni), ein vornehmer, christl. Römer, der mit seinem Bruder Felicianus von heidnischen Priestern verklagt wird, weil beide nicht opfern wollen. Auf Befehl der Kaiser Diokletian und Maximian werden sie eingekerkert. Nach zahlreichen grausamen Martern – gebrannt, gegeißelt, Löwen und Bären vorgeworfen, die sich aber sanft zu ihren Füßen legen – werden sie schließlich enthauptet, nachdem ihre Standhaftigkeit Tausende bekehrt hat. Ihre den Hunden und Vögeln vorgeworfenen Leiber bleiben unversehrt, bis sie bestattet werden. Die Reliquien kamen später nach Salzburg.

Die Bekrönung einer Altartafel von Conrad Laib (1449?) im Salzburger Museum Caroline Augusteum stellt P. dar, fürstlich gekleidet in pelzverbrämtem Mantel, einen Spitzhut mit Randkrempe auf dem Kopf und ein vielfach gewundenes Spruchband in Händen, das ihn als Bruder des Felicianus mit Worten aus der Legende kennzeichnet.

Prokopius, Hl. (4. Juli / 25. März), ein böhmischer Weltpriester, der sich aus Liebe zur Einsamkeit in eine Höhle des wilden Sazawatales zurückzieht. Doch wird er später Abt des von Herzog Ulrich gegründeten Benediktinerklosters Sazawa und stirbt 1053. – Von Papst Innozenz III. 1204 in das Heiligenverzeichnis aufgenommen, gehört er zu den Landespatronen Böhmens.

Als Benediktiner stellen ihn 1365 Theoderich von Prag (Prag, Rudolfinum) und Ende 14. Jh. das böhmische Triptychon im Aachener Münster dar. Im 16. Jh. kommen

Wiedergaben in Pontifikalkleidung vor; die Barockzeit bevorzugt die Darstellung als Einsiedler. Sein Attribut bleibt ein Abtstab, ein Buch nur im 14.–16. Jh., ein Kreuz erst im 17. und 18. Jh. Gelegentlich liegt ihm der überwundene Teufel seiner Legende zu Füßen, den er zwang, seinen Pflug zu ziehen; auch die Geißel, mit der er den Teufel antrieb, kann hinzugefügt werden. Der ebenfalls vorkommende Hirsch soll den Höhlenaufenthalt des Heiligen dem jagenden Herzog verraten haben.

Propheten werden seit frühmittelalterl. Auffassung besonders zusammengefaßt und dargestellt als die vier großen: Jesaja, Jeremia, Hesekiel (Ezechiel) und Daniel. Ihre Vierzahl ordnet sie symbolisch zusammen mit den 4 Evangelisten, 4 Kirchenvätern, 4 Paradiesströmen, 4 Kardinaltugenden, 4 Jahres- und 4 Tageszeiten auf Seiten der Buchmalerei, an Portalen, Taufbecken, Kanzeln und Chorgestühl. Die zwölf kleinen Propheten sind: Amos, Habakuk (Abacuc), Haggai (Aggai), Hosea (Osee), Joel, Jona, Maleachi (Malachias), Micha, Nahum, Obadja (Abdias), Sacharja (Zacharias), Zephania (Sophonia).

Auf den Schultern tragen die 4 großen Propheten die Evangelisten (Glasfenster der Kathedrale von Chartres, 13. Jh., u. a.), die 12 kleinen Propheten die 12 Apostel: z. B. am Fürstenportal am Bamberger Dom, um 1230, und an einem Taufstein im Merseburger Dom, 12. Jh.; in großartigster Reihe stehen sie um 1230 an den beiden Schranken des Georgenchors im Bamberger Dom (Legende, Darstellung und Attribute s. die einzelnen Namen).

Protasius → Gervasius und P.

Q

Quartanus → Archus

Quattuor Coronati → Coronati

Quiriacus, Hl. (4. Mai / –), ist der auf diesen Namen getaufte Levit Judas der Kreuzfindungslegende, der sich der → hl. Helena gegenüber geweigert hat, den nur ihm noch bekannten Ort zu zeigen, an dem die 3 Kreuze verborgen sind. Durch die Wunder der Kreuzauffindung bekehrt, wird er Nachfolger des → hl. Makarios auf dem bischöflichen Stuhl von Jerusalem und erleidet unter Julian Apostata Martyrium und Tod durch Enthauptung. Er ist der Patron des Kreuzherrenordens.

Darstellungen des 15.–18. Jh., die ihn meist in pontifikaler Meßkleidung, aber auch nur mit Skapulier, Amikt und Pluviale zeigen, sind aus ehem. Kreuzherrenkirchen erhalten (Bentlage, Altenrheine, Aachen, St. Matthias zu Breslau werden als solche genannt). Qu. trägt als Attribute Bischofsstab, Schwert, Kreuz oder Kreuznagel in Händen.

Quiricus → Julitta und Qu.

Quirinus von Lorch (Österr.), Hl. (ohne Tag), der nach dem Avareneinfall 737 seinen Bischofssitz nach Passau verlegt haben soll, wird von Dürer zusammen mit seinem angeblichen Vorgänger, dem Bischof Maximilian, und dem → hl. Florian in einem Holzschnitt von 1515 wiedergegeben. In der Reihe der 8 Schutzheiligen Österreichs wird er als »Bischof von Lorch, Aquileia und Märtyrer« bezeichnet.

Quirinus von Malmedy (französ. auch Cerin, Cuny), Hl. (11. Okt.), wirkt als Priester und Glaubensbote um 312 unter Bischof Nikasius von Rouen in der Gegend von Vexin und wird für den Glauben enthauptet. Seine Gebeine wurden im 9. Jh. nach Malmedy übertragen.

Ein Glasfenster von 1535 in Schleiden (Eifel) stellt ihn in priesterlicher Meßkleidung ohne Schädeldecke dar; er trägt das Buch seiner Evangelienverkündung, auf dem die Schädeldecke liegt, in Händen.

Quirinus von Neuß, Hl. (30. März, Köln). Der röm. Tribun und Kerkermeister Papst → Alexanders (105–115) wird mit seiner Tochter → Balbina von diesem bekehrt, nach grausamen Martern enthauptet und in der Pretestatus-Katakombe beigesetzt. Papst Leo IX. schenkte 1050 die Reliquien seiner Schwester Gepa, Äbtissin im Kanonissenstift Neuß. Der Kult des Qu. verbreitet sich, als er, den hll. Vier → Marschällen, → Hubertus, → Kornelius und → Antonius Eremita, beigesellt, in den Diözesen Köln und Trier vom 13. Jh. an verehrt wird.

Zuerst nur ritterlich gerüstet, in der Barockzeit antikisierend als röm. Tribun dargestellt, trägt er stets Lanze oder Banner, einen Schild mit 9 Kugeln, die ihn zum Unterschied von den anderen Heiligen seines Namens für Neuß bestimmen: So zeigen ihn ein Kölnisches Tafelbild von 1450 (München, A. P.), ein Wandgemälde von ca. 1475 in der ehem. Stiftskirche zu St. Goar, eine Altarstatue von 1749 in St. Pantaleon zu Köln und etliche andere.

Quirinus von Siscia, Hl. (4. Juni). Der Bischof von Sisseck (Jugoslawien) wird in Sabaria (= Steinamanger) während der Diokletianischen Verfolgung eingekerkert und um 300 auf Befehl des Präfekten Amantius mit einem Mühlstein um den Hals in den Fluß gestürzt.

In Pontifikaltracht gibt ihn eine Statue um 1500 in der ihm geweihten Kirche von Quer (Oberpfalz) wieder; trägt er hier nur Bischofsstab und Buch, so ist seiner Gestalt in St. Wolfgang (Ndb.), 1738, auch der Mühlstein beigegeben. Die 7 Tafeln des landschaftlich so großartig durchgestalteten Altdorfer-Altars von 1520/30 geben Teile seiner Legende wieder. Die Darstellungen werden neuerdings nur auf → Florian bezogen.

Quirinus von Tegernsee, Hl. (25. März / 16. Juni). Die ältere Legende nennt ihn einen röm. Märtyrer, der unter Kaiser Claudius II. (268–270) in Rom enthauptet und in den Tiber geworfen wird. Sein Leichnam, bei Lykaonia (Bartholomäus-Insel) aufgefunden, wurde in der Pontianus-Katakombe beigesetzt. In der jüngeren Legende ist er Sohn des angeblich ersten christl. Kaisers Philippus Arabs (244–249) und wird nach dessen Tod seines Glaubens wegen enthauptet. – Seine Reliquien kamen 761 nach Tegernsee in die Salvator-Kirche, von wo aus sich sein Kult in Bayern weit verbreitete.

Schon ein Freisinger Sakramentar des 11. Jh. (Venedig, Marciana) zeigt ihn – ebenso wie Holzschnitte des 15. Jh. u. a. Darstellungen – als jugendlichen König mit Krone, Zepter und Reichsapfel. Spätere Darstellungen geben ihm Banner, Märtyrerpalme und Schild (fälschlich in Schleißheim, 1450, mit den 9 Kugeln des Quirin von Neuß). Eine Altartafel von 1525 (Hannover, Niedersächs. Landesmuseum) stellt das Modell des achtseitigen Quirinus-Brunnens aus der Kirche St. Quirin am Tegernsee neben ihn; nach der Legende entsprang eine heilkräftige Quelle unter dem Wagen, als die letzte Rast vor der Ankunft der Reliquien in Tegernsee gehalten wurde.

R

Rabanus → Hrabanus

Radegundis (Radiana), Sel. (13. Aug. / 18. Juli, Fulda), um 1430 Dienstmagd in Schloß Wellenburg, wird vom 15. Jh. an in der Gegend von Waldberg/Augsburg besonders verehrt. Die Legende stellt sie als Beispiel frommer Nächstenliebe und besonderer Berufstreue dar und läßt sie an den Bissen hungriger Wölfe sterben, die sie auf einem Weg zur Pflege von Aussätzigen angefallen haben.

Mit Mantel und Kopftuch zeigt sie eine Holzfigur um 1500 (Dillingen, Priv.-Bes.): Zwei Wölfe beißen sie rechts und links in Schulter und Oberarm; R.s ausgestreckte linke Hand hat den Kübel mit Kamm und Bürste fallen lassen, den sie zur Pflege der Kranken mit sich führte.

Rahel → Jakob

Raphael, Hl. (24. Okt. / 29. Sept.), Erzengel, »Heil von Gott«, wird schon im Mittelalter zum Begriff des Schutzengels (→ Engel). Seine besonderen Darstellungen sind mit der Geschichte des → Tobias verbunden, den er den Fisch finden und den Vater heilen läßt. Er gilt daher auch als Patron der Ärzte.

Er drückt der Synagoge das Haupt nieder (bei der Kreuzabnahme von Antelami, Relief im Dom von Parma, 1178) oder stößt sie mit dem Stabe fort (Antependium, 1230, Berlin, Staatl. Museen), er treibt den bösen Geist Asmodi in die Wüste (Tob. 8) und steht in Konkordantien der Heilung des besessenen Stummen gegenüber (8).

Rasso, Graf von Andechs, Sel. (19. Juni). Um 900 geboren, bekämpft er zweimal siegreich die einfallenden Ungarn und gründet im Anschluß an eine Pilgerfahrt nach Rom und Jerusalem auf der Amperinsel Wörth das Benediktinerkloster Grafrath (Obb.), in das er 952 eintritt und 954 stirbt. Seit 1486 eine Erhebung seiner Gebeine stattfand, sind Darstellungen geschaffen worden. Diese geben ihn ritterlich gerüstet mit Schild und Banner wieder, wie z. B. die Statue an der Preysing-Grabstätte und ein Relief von 1530 in der Frauenkirche zu München, Statuen von 1625 in Dachau und von 1640 in Reichertshausen (Obb.).

Rebekka (1. Mose 24 ff.). Zu ihr schickt → Abraham seinen Diener Elieser nach Mesopotamien, um sie als Frau für seinen Sohn → Isaak zu werben. Als Elieser am Brunnen mit seinen Kamelen rastet, kommt R., um Wasser zu schöpfen, tränkt ihn und seine Kamele. Ihr Bruder Laban bittet Elieser in sein Haus; nach erfolgter Werbung, Austausch von Geschenken und Einwilligung zieht R. mit nach Palästina. Als sie den entgegenkommenden Isaak sieht, verschleiert sie sich, folgt ihm in das Haus seiner Mutter und wird sein Weib. Als ihr Zwillinge geboren werden, erfährt sie durch eine Offenbarung, daß der Ältere dem Jüngeren dienen wird: → Esau, der erste, rötlich und rauh, → Jakob, der des Esau Ferse hielt, weiß und glatt. R. sorgt daher für ihren Liebling Jakob, daß er den Segen Isaaks erhalte (1. Mose 27 ff.).

Eine Darstellung der R. am Brunnen ist schon in der Wiener Genesis des 6. Jh. besonders reizvoll gegeben. Den Einzelheiten der Werbung werden in den Typologien vielfach Szenen aus dem NT gegenübergestellt. Die Mitwirkung der R. an der Segnung des Jakob wird selten dargestellt, aber nachdrücklich von Meister Bertram am Grabower Altar von 1379 (Hamburg, Kunsthalle), auch in der niederländischen Malerei des 17. Jh.

Regina (französ. Reine, Régine), Hl. (7. Sept.), erleidet als christl. Jungfrau in Alisia (Alise-Ste-Reine) nach vielen

Martern den Tod. Schon im 6. Jh. unmittelbar verehrt, kamen ihre Reliquien nach Osnabrück und von da nach Rhynern (Westf.).

Ihre Figur am Regina-Schrein (13. Jh.) des Doms zu Osnabrück (Domschatz) ist nicht erhalten. Der 1457 entstandene Schrein für Rhynern zeigt sie mit Krone, in langem Gürtelkleid und Mantelumhang. Sie trägt ein Kreuz, auf dem eine Taube sitzt: Im Kerker sei ihr das Kreuz Christi erschienen, von der Erde bis zum Himmel reichend, und eine Taube darauf habe ihr die himmlische Märtyrerkrone verheißen.

Reguel → Jethro

Regula → Felix, R. und Exuperantius

Reinold, Hl. (7. Jan.), entsagt als Ritter dem Waffendienst, tritt als Mönch in das Kloster St. Pantaleon zu Köln ein und wird mit der Aufsicht über die Bauarbeiten beauftragt. Neidische Steinmetzen erschlagen ihn. Dieses wurde als Märtyrertod angesehen, und Bischof Anno II. ließ daher die Gebeine nach Dortmund übertragen, dessen Schutzpatron R. ist.

Als jugendlicher Ritter, gerüstet, mit Waffenrock und Mantel, mit Schwert, Schild und Lanze wird er meistens dargestellt: in der Reinoldikirche von Dortmund als Statue, frühes 15. Jh., und in Danzig in einem Altarschrein der Marienkirche, um 1500. Sein eigentliches Attribut – den Hammer – trägt er auf einer Altartafel der Liebfrauenkirche von Halberstadt, Ende 15. Jh., am Färber-Altar in der Barfüßerkirche zu Erfurt und an einer Holzfigur von 1520 in Geiselsdorf (Ndb.). Als Mönch mit Hammer glaubt man ihn am Ulmer Chorgestühl von ca. 1470 in einer Figur zu sehen, die bisher als → Philippus gedeutet wurde. Die Legende verbindet ihn mit der Volkssage der 4 Haimonskinder als deren Jüngsten.

Remaclus, Hl. (3. Sept. / 4. Sept.). In Aquitanien um 600 geboren und seit 625 Mönch, wird er 632 Abt von Solignac und 650 Bischof von Maastricht. Mit König Sigisbert III. gründet er die Klöster Malmedy und Stablo, verzichtet auf sein Bistum, um sich seinen Gründungen bis zu seinem Tode, 668, zu widmen, und wird in Stablo beigesetzt.

Ein Retabel, das Abt Willibald von Corvey um 1150 für Stablo hatte anfertigen lassen, zeigte ihn nach späterer Zeichnung in pontifikaler Meßkleidung, aber ohne Mitra; ebenso am Hadelinus-Schrein des 12. Jh. in Visé. Sein eigener Schrein von 1260 in Stablo gibt ihn mit Mitra, ein Glasfenster in Schleiden (Eifel) in Dalmatik, Pluviale und Mitra. Sein Bischofsstab ist ihm immer beigegeben. Auf dem Glasfenster ist ein Wolf mit abgebildet: Vor den in Rudeln aus den wilden Ardennenwäldern die Klöster umschwärmenden Wölfen suchten die Mönche Schutz bei R.; er ermahnte sie, ihre klösterlichen Pflichten so zu erfüllen, daß die Anschläge des bösen Feindes wesenlos würden und damit auch die Furcht vor den Wölfen verschwände.

Remigius (französ. Remi), Hl. (13. Jan. [Todes- und Translationstag, auch in der Leg. Aur. mit besonderen Legenden berichtet] und 1. Okt. / 1. Okt.), um 440 geboren, mit 22 Jahren Bischof von Reims. Er widmet sich besonders der Christianisierung der Franken und bemüht sich um die Bekehrung der Arianer. Aus den Legenden gehen sowohl seine Sanftmut und vorsorgliche Hilfsbereitschaft als auch eine straffe Entschiedenheit hervor. Der Frankenkönig Chlodwig, der auf Bitten seiner christl. Frau gelobt hatte, sich zu bekehren, wenn ihm der Christengott den Sieg verleihe, wird am Weihnachtsfest 496 von R. getauft – da fehlt das Chrisamöl; R. betet, eine Taube bringt das Salbgefäß, das als »Heilige Ampulle« noch im Mittelalter bei der Krönung der französ. Könige genannt wird. R. stirbt

534; Legenden berichten die Übertragung seiner Gebeine in eine Krypta. Seine Grabstätte wird in der erst im 11./12. Jh. errichteten Kirche St-Remi in Reims noch heute verehrt.

Seine frühesten Darstellungen in Deutschland sind im Zwief. Mart. des 12. Jh. (24) und auf der Unterseite eines Reliquienkästchens in der Quedlinburger Schloßkirche, um 1200, nachzuweisen. Sie geben ihn in Pontifikalkleidung mit Bischofsstab und Buch wieder. Das Salbgefäß trägt er erst in späteren Darstellungen, z. B. einer Statue, Anfang 16. Jh., in Weiler bei Rottenburg/Neckar, bei der auch das geheilte Mädchen einer Legende zu seinen Füßen kauert, und einer Statue von 1550 in Lappach (Obb.), der auf dem Buch die Taube des Taufwunders beigefügt ist. Als Lehrer des → hl. Leonhard stellt ihn eine Wandmalerei von 1430 in der Stadtkirche St. Dionys zu Esslingen/Neckar dar. Ein Holzschnitt um 1480 im Lüb. Pass. (4) läßt über Chlodwig im Taufstein und dem segnend davorstehenden R. die Taube erscheinen, deren Chrisamschale R. mit der linken Hand ergreift.

Reparata, Hl. (8. Okt. / –), erleidet 12jährig vor ihrer Enthauptung unter Kaiser Decius (249–251) in Cäsarea (Palästina) standhaft grausame Martern durch Abschneiden der Brüste und Zerschneiden der Eingeweide. Als ihr Haupt fällt, fliegt eine weiße Taube gen Himmel.

Ein Wandteppich des frühen 15. Jh. (Köln, Kunstgew.-Museum) ist die einzige in Deutschland bekannte Darstellung: Ein Mantel verhüllt die untere Hälfte ihrer Gestalt, zu ihrer Rechten wird eine Hand mit einem Messer sichtbar, die ihr die Brust abschneidet, links steht eine Winde mit aufgehaspelten Eingeweiden. Über ihrer linken Schulter schwebt die Taube.

Verehrt in den Diözesen Worms und Speyer, ist sie die älteste Patronin von Florenz; über ihrem Altar trugen die Vorgängerbauten des heutigen Doms ihren Namen.

Richard (französ. auch Riquier), Hl. (7. Febr., Eichstätt). Nach der Ende des 12. Jh. geschriebenen Vita des Adalbert von Heidenheim ist R. ein angelsächsischer König, Vater von → Walburga, → Willibald und → Wunibald, 2 Heiligen, die in Eichstätt besonders verehrt werden. R. macht mit den Söhnen 720 eine Pilgerfahrt nach Rom, stirbt unterwegs in Lucca und wird dort in S. Frediano beigesetzt.

Bildwerke entstanden erst vom 15. Jh. an, v. a. in Eichstätt, wo R. meist in fürstlicher Kleidung mit Krone und Zepter dargestellt ist: So zeigen ihn die Statue von 1470 im Dom und spätere Wiedergaben wie die Legendenszenen des → Walburga-Altärchens von Jörg Seld, 1492 (München, Wittelsbacher Ausgleichsfonds). Als Pilger geben ihn nur eine Miniatur vom Anfang des 16. Jh., die Statuette von Leonhard Magt, 1517/18, am Maximiliansgrab in Innsbruck und ein Stich in der Reihe der Sipp-, Mag- und Schwägerschaft Maximilians I. wieder, wo er mit Pilgerrock und Mantel, Hut, Stab, Tasche und Rosenkranz abgebildet ist.

Richardis, Kaiserin, Hl. (18. Sept.). Die Tochter des elsässischen Grafen Erchanger, um 849 geboren, 862 Gemahlin Kaiser Karls d. Dicken (876–887), wird 881 mit diesem in Rom zur Kaiserin gekrönt. Von den Gegnern des gestürzten Kanzlers Luitward von Verona 887 grundlos des Ehebruchs beschuldigt, unterzieht sie sich der Feuerprobe (wie → Kunigunde), beweist ihre Unschuld und zieht sich in das von ihr gegründete Kloster Andlau zurück, wo sie 893 oder 896 stirbt. Ihre Gebeine wurden 1049 von Papst Leo IX. erhoben.

Älteste Darstellung, Anfang 14. Jh., ist ein Glasfenster, das R. mit Krone und Palme zeigt (Straßburg, Münster). Die Statue des 15. Jh. auf dem Richardis-Brunnen von Andlau gibt sie kaiserlich ausgestattet wieder, von einem Bären begleitet, der ihr den Platz für die Klostergründung gezeigt haben soll. Der Holzschnitt in der Reihe der Sipp-, Mag-und Schwägerschaft Maximilians I. zeigt sie im reichen, pelzverbrämten Kleid, von Flammen umgeben, als Hinweis auf die Feuerprobe. Spätere Darstellungen mit Holzstoß, Pflugschar oder Feuerkessel charakterisieren sie ähnlich.

Robert von Cîteaux (von Molesme), Hl. (29. April / –). Aus einem Adelsgeschlecht der Champagne stammend, 1027 geboren, wird er schon 15jährig Mönch, später Prior von Moutier-la-Celle, 1060 Abt von St-Michel-Tonerre. Er gründet 1075 die Abtei Molesme, die er infolge innerer Schwierigkeiten verläßt, um 1098 das Reformkloster Cîteaux zu stiften. Papst Urban veranlaßt ihn zur Rückkehr, um auch Molesme zu reformieren, wo er 1111 stirbt. 1222 erfolgte die Heiligsprechung. Von Cîteaux ging 1115 durch → Bernhard von Clairvaux der Zisterzienserorden aus.

Eine der in Deutschland ganz seltenen Darstellungen R.s zeigt ihn Bernhard von Clairvaux gegenüber in einer Altarbekrönung der ehem. Zisterzienserkirche Marienfeld (Westf.), Ende 17. Jh., mit Abtstab, Kirchenmodell, eine Mitra zu Füßen, in Zisterzienserflocke und Kapuze. Ein Alabasteraltar von Michael Kern in der hohenlohischen Zisterzienserkirche Schöntal enthält seine Figur ebenfalls mit Kirchenmodell und Flocke, wieder neben Bernhard, 1641.

Rochus, Hl. (16. Aug., Fulda, Mainz). In Montpellier Ende des 13. Jh. geboren, schenkt er nach dem Tode seiner adeligen frommen Eltern 20jährig sein Vermögen den Armen und begibt sich auf Pilgerfahrt nach Rom. Schon unterwegs und auch in Rom nimmt er sich der Pestkranken an, heilt einen Kardinal, bleibt aber arm und ohne Ansehen. Nach dem Tode des Kardinals wird er unterwegs in Piacenza selbst pestkrank, im Spital nicht geduldet und zieht sich in eine Hütte des nahen Waldes zurück. Da erscheint ein Engel zu seiner Pflege, und der Hund eines benachbarten Edelmanns bringt ihm Brot, bis er, genesen, heimzukehren beschließt. Aber in seiner Heimat für einen Spion gehalten, wirft man ihn ins Gefängnis, in dem er 5 Jahre, bis zu seinem Tode, bleibt. Erst dann wird er an dem kreuzförmigen Muttermal auf der Brust erkannt, das seit seiner Geburt immer größer und schöner geworden ist.

Sein Kult bürgerte sich in Deutschland seit den Pestnöten vom 15. Jh. an ein. Als Fürbitter wird er aber nicht nur gegen die Pest, sondern auch gegen alle anderen Seuchen angerufen. Spitäler für Pestkranke wurden nach ihm Rochus-Hospital genannt. Ein Teil seiner Gebeine wurde 1415 nach Venedig übertragen, wo man für ihn 1485 die Kirche S. Rocco erbaute.

Zahlreiche deutsche Darstellungen zeigen ihn vom 15. Jh. an in Pilgertracht mit Hut, Stab, Flasche und Tasche, seine Pestwunde am Oberschenkel durch den zurückgeschlagenen Rock sichtbar gemacht. Ein Engel steht häufig an seiner Seite, ein Hund liegt oft mit oder ohne Brot zu seinen Füßen. – Beispiele sind die Figur im Schrein des Rochus-Altars der Lorenz-Kirche, Nürnberg, und eine Altarfigur in der Rottweiler Lorenz-Kapelle, um 1500. An der Pestsäule in Wallerstein (1720–25) steht er mit Maria, Sebastian und Antonius von Padua zu Füßen der Dreifaltigkeit.

Romanus, Hl. (9. Aug.). Die Standhaftigkeit des → hl. Laurentius bei der Marter unter Kaiser Valerian 258 bekehrt R., der noch im Kerker die Taufe von L. empfängt und dann enthauptet wird. Er soll in der Laurentius-Katakombe bestattet worden sein.

Darstellungen sind an einem Altarflügel, Ende 15. Jh., im Dom von Merseburg vorhanden, ebenda am Relief des Chorgestühls von 1520, ferner an einem Schlußstein des 15. Jh. in St. Roman zu Wolfach (Baden). Sie zeigen R. als

Soldaten in Rüstung, Mantel und Barett, mit Lanze, Schild und Schwert; in Wolfach kommt noch die Märtyrerpalme hinzu.

Rosalia, Hl. (4. Sept.), Tochter des Grafen Sinibald. Sie zieht sich im 12. Jh. zunächst als Einsiedlerin in eine Höhle des Berges Quisquina bei Bivona zurück und lebt dann bis zu ihrem Tod in einer Grotte auf dem Monte Pellegrino bei Palermo, wo sie noch heute besonders verehrt wird. Ihre Gebeine wurden 1624 gefunden, erhoben und im Dom von Palermo beigesetzt. R. ist die Patronin von Sizilien.

In der deutschen Kunst selten und erst im 18. Jh. dargestellt, meist in langem Kleid, Mantel und Schleier, einen Kranz von Rosen darauf, in Händen Kruzifix und Totenkopf: z. B. in Niederaltaich, frühes 18. Jh., in St. Johann bei Salzburg, um 1750, mit Palme auch am Rochus-Altar der (1945 zerstörten) Vinzenz-Kirche in Breslau.

Rupert, Hl. (27. März / 24. Sept., Graz, Gurk-Klagenfurt, Linz, Regensburg, Salzburg), auch als iroschottischer Glaubensbote bezeichnet, wird aus Worms, wo er als Bischof gepriesen wird, von Herzog Thendo nach Bayern gerufen. Er tauft Thendo und veranlaßt ihn zu einer gemeinsamen Donauschiffahrt, um an den Ufern entlang bis nach Ungarn das Christentum zu verbreiten. Nach längerer Wirksamkeit in und um Regensburg gelangt er zu dem in Trümmern liegenden »iuvarum« (= Salzburg), gründet als erster Bischof von Salzburg eine Peterskirche und das Frauenkloster St. Erentrud auf dem Nonnberg. Er stirbt 718 (?) in Salzburg, wird aber besonders als Apostel Bayerns verehrt und war Patron des Klosters auf dem Rupertsberg bei Bingen (wie → Hildegard von Bingen erscheint auch er auf einem gestickten Antependium der Zeit um 1220/30 in den Brüsseler Musées Royaux des Arts Décoratifs).

Älteste Darstellungen finden sich in Werken der Salzburger Buchmalerei des 12. Jh., dem Antiphonar aus St. Peter in Wien (Österr. Nat.-Bibl.), einer Ausgabe des Augustinus und den Brevieren aus Nonnberg und Michaelbeuren in München (Bayer. Staatsbibl., 35). – Einem Relief des 13. Jh. in S. Zeno zu Verona folgen zahlreiche Darstellungen des 15./16. Jh. in Bayern. Erst diese geben dem bis dahin nur in Pontifikalkleidung mit Bischofsstab und Buch dargestellten R. den Salzkübel, der ihn als Förderer und Patron des Salzbergbaus kennzeichnet, in den Arm oder zu Füßen. Im Kapuzinerkloster von Altötting und am Korbiniansaltar von Ettal hält er zu Ende des 18. Jh. eine Statuette des Altöttinger Madonnengnadenbilds in Händen, das er dorthin gebracht haben soll.

Ruth (Buch Ruth 1–4). Infolge einer Hungersnot ziehen Elimelech und Naëmi aus Bethlehem ins Moabiterland, wo sowohl Elimelech als auch die beiden Söhne sterben. Naëmi überredet ihre moabitischen Schwiegertöchter zu bleiben. Ruth aber trennt sich aus großer Anhänglichkeit (»dein Gott ist mein Gott«) nicht von ihr und geht mit nach Bethlehem zurück. Sie hilft freiwillig beim Ährenlesen auf dem Felde des Boas, einem Verwandten, der sie anspricht und am Mahl der Schnitter teilnehmen läßt. R. legt sich nachts zu Füßen des Boas und spricht ihn als Erben ihres Schwiegervaters an. Boas erwirkt den Verzicht seines Vorerben und macht Ruth zu seiner Frau. Ihr Sohn Obed ist der Vater des → Jesse, dieser der Vater → Davids.

Bei den Vorfahren Christi und in der Reihe der Vorbilder für das Brautverhältnis Ecclesia – Christus werden Ruth (als Präfiguration der Kirche) und Boas (als Typus Christi) in Sequenzen mit angeführt. Darstellungen sind in der Gegenüberstellung der typolog. Werke zu finden (8); einzeln, als Allegorie des Sommers, in Poussins 4 Jahreszeiten (Paris, Louvre), 1660–64, und oft in Bildern der deutschen Romantik, von Joseph Anton Koch, Ferdinand Olivier u. a.

S

Saba, Königin von Saba, → Salomo, → Helena (Kreuzfindung)

Sabina (französ. Savine; italien., span. Savina), Hl. (29. Jan. / –), die Halbschwester des hl. Sabinianus (auch Savina – Savinianus), der, vom Vater wegen seines Glaubens bedroht, nach Troyes flieht, dort aber als Christ ebenfalls vielfältig gemartert und schließlich enthauptet wird. S. sucht ihren Bruder und wird von einem Engel im Traum nach Troyes gewiesen. Sie erfährt von seinem Glaubenstod und findet sein Grab. Dort um Vereinigung mit ihm betend, »wurde ihre Seele aufgenommen«.

Einzige Darstellung in Deutschland ist ein ziemlich zerstörtes Glasfenster des 14. Jh. in der Zisterzienserinnenkirche von Marienstern (Sachsen), das sie in langem Kleid, Mantel mit Agraffe und Krone wiedergibt. Ein Spruchband in ihrer Hand trägt die Inschrift »Sabina virgo«.

Sacharja (Zacharias), der nach Luk. 11,51 und Matth. 23,35 mit Hinweis auf Abel, nach 2. Chron. 24,20 ff. wegen seiner Bußpredigt von Joas, 827–797, erwürgte und vom Volk gesteinigte Prophet.

Sacharja (Zacharias), einer der 12 kleinen → Propheten, um 520–510, verkündet in mächtigen Visionen die zukünftige Herrlichkeit Jerusalems und die Ankunft des Messias. In Sach. 3 sieht er den Hohenpriester zwischen Engel und Satan, was als Gegenbild zu einer der Versuchungen Christi dargestellt wird. Den siebenarmigen Leuchter, sein Attribut, schaut er in Sach. 4,2. Meistzitiert ist Sach. 9,9: »Tochter Zion freue dich sehr ... Siehe, dein König kommt zu dir ... reitet auf einem Esel und auf einem jungen Füllen der Eselin.« In Sach. 11,12–13 werden die 30 Silberlinge genannt, die dem Töpfer gegeben werden. Sie kommen als Gegenbild zu Passionsszenen ebenso vor wie in Sach. 12,10–14 mit der Klage über den, den sie zerstochen haben.

In der französ. Kathedralplastik werden ihm auch die beiden geflügelten Frauen, die eine dritte im Kessel tragen, wie er sie in einer Vision schaute, beigegeben (Chartres u. a.). – Mit Jesaja gilt S. als besonderer Vorverkünder, wie ihn ein Tragaltar des 12. Jh. in Mönchengladbach und Michelangelo an der Sixtinischen Decke, Rom 1511, darstellen.

Salomas → Anna, → Sippe, → Maria, Tochter des S., Frau des → Zebedäus

Salome → Johannes der Täufer

Salome, eine der Frauen, die Joseph bei der Geburt des Kindes nach der Legende aus Bethlehem holt (→ Christus).

Salomo, König des Zwölfstämmereichs, 965–920, wird als Bild weisheitsvoller Herrschaft schon in Vorstellungen und Darstellungen frühchristl. Zeit aufgenommen (Sprüche, 6. Jh., Königl. Bibl. Kopenhagen), als Prophetenfürst im Malerbuch (5) bezeichnet und in der Nachfolge der 12 Söhne → Jakobs dargestellt, im Mittelalter als König im Stammbaum Christi mit 12 Aposteln, 12 Propheten und der Königsreihe wiedergegeben (→ Christus).

Die Ereignisse seines Lebens (1. Kön. 1–11) und ihre Darstellungen haben symbolische und sprichwörtliche Bedeutung erlangt. Beginnend mit der Nachfolge auf dem Thron: Als Adonia sich anmaßt, die Königswürde zu ergreifen, befiehlt → David: »Setzet meinen Sohn Salomo auf mein Maultier, führt ihn gen Gihon, Nathan der Prophet und Zadok der Priester sollen ihn dort salben und man soll die Posaunen blasen« (in den typolog. Gegenüberstellungen zu dem Jünger mit Eselin, zum Palmsonntag gebracht). S. wird von David selbst gesalbt und dem Volke vorgestellt. Nur die Zepterübergabe an »meinen sehr jungen Sohn« gibt ein Zwiefaltener Flavius Josephus um 1160 (24). S. auf dem Maultier ist fast wörtlich in der karoling. Bibel von 881/88 dargestellt (Rom, S. Paolo fuori le mura). Hier schließt darunter das Urteil des S. an: Der königlich thronende S. ruft als weiser Richter die Entscheidung hervor, als von 2 Frauen die eine das lebende Kind der anderen als ihr eigenes ausgibt und der anderen ihr totes zuschiebt; daß diese lieber auf ihr Kind verzichten als es durch Schwertstreich halbiert sehen will, erweist die wahre Zugehörigkeit. – Ein Glasfenster, um 1190, im Nordquerhaus des Straßburger Münsters stellt das Thema ebenso beispielhaft dar wie das Kapitell des 14./15. Jh. am Dogenpalast von Venedig. – Als früheste bildliche Dokumente können eine Darstellung aus Pompeji, 1. Jh. n. Chr., in Neapel (Museo Nazionale) und ein Sarkophag des 4. Jh. genannt werden. S., der seine Mutter Bathseba neben sich thronen läßt, wie auch seine Heirat mit der Pharaonentochter, benutzen die Typologien als Gegenüberstellungen zur Krönung Maria und anderen Szenen.

Der ausführlich geschilderte Bau des Tempels und seine Ausstattung gehen in die zahllosen Beziehungen der Symbolik des christl. Kirchenbaus und seiner Einrichtungen ein. So wird das eherne Meer vom Erzbildner des S., → Hiram, von Rainer von Huy 1120/30 zu einem Taufbecken gestaltet (St-Barthélemy, Lüttich). Als Gegenstück zur Taufe im Jordan sind ehernes Meer und Durchgang durchs Rote Meer in den Emailtafeln des Lettner-Ambos von Klosterneuburg 1181 verdeutlicht.

Legendenmäßig in Darstellungen erweitert ist der Besuch der Königin von Saba aus Reicharabien, die die Weisheit des S. durch ihre ihm vorgelegten Rätsel prüfen will. Sie erfährt, daß er nicht nur alle löst, sondern ihr noch größere Weisheit mitteilt und sie nach reichem Austausch von Geschenken entläßt. Ihre Ankunft mit der Schatztruhe auf dem Kamel stellen die Emailtafeln des Lettner-Ambos zu Klosterneuburg dem Dreikönigsbild gegenüber. – Ecclesia mit Christus und Marienkrönung finden sich ihr in Armenbibel und Speculum zugesellt. Ein Glasfenster um 1280 (aus Stetten, heute in Schloß Hohenzollern) bringt S. und die Königin als einzelne Szene, wie später Konrad Witz 1435/40 (Tafel des Heilsspiegel-Altars, Basel, Kunstmuseum). – Die mittelalterl. Legende reiht die Königin aber v. a. der Kreuzfindung durch die → hl. Helena als Vorgeschehnis ein: z. B. in den Fresken des Piero della Francesca in S. Francesco zu Arezzo, 1453–62, um 1480 in einer Wandmalerei von Duttenberg/Jagst. Auf dem Wege zu S. erkennt die Königin von Saba den Steg über ein Gewässer als das künftige Kreuzesholz. Sie beugt sich verehrend und schreitet, ohne es zu betreten, durch die Flut. Das Holz aber stammt von dem Baum, der aus einem Zweig vom Baume der Erkenntnis gewachsen war, den Seth von Michael für seinen sterbenden Vater → Adam erhalten und auf dessen Grab gepflanzt hat. S. hat diesen Baum als Bauholz für den Tempel schlagen und, als es den Bauleuten immer wieder zu kurz oder zu lang geriet, über den Flußlauf werfen lassen. Die Königin warnt S.; er läßt die Balken vergraben; ein Teich mit heilkräftigem Wasser entsteht darüber. Schließlich wurden die Balken zum Kreuze Christi herausgezogen. – Aus den Schätzen Reicharabiens, dem »Gold von Ophir«, wird der elfenbeinerne, goldbekleidete Thron Salomos gebildet, dessen 6 Stufen 12 Löwen steigend flankieren. Von Tugenden, Heiligen und Propheten begleitet, entwickelt sich hieraus die Vorstellung von »Maria auf dem Thron Salomos« (→ Maria). Ein Glasfenster des Meisters Gerlachus, um 1150–60 (Münster, Museum), gibt S. allein thronend wieder. – Zu den in der Vorhölle von → Christus Erlösten gehört auch S., der in deutschen Darstellungen selten, in byzantinischen fast immer vorkommt (Hosios Lukas, 9./10. Jh.).

Dem Preis seiner Herrlichkeit steht seine ihm von Gott vorgeworfene Abgötterei mit seinen vielen Frauen gegenüber – im Malerbuch (5) als besondere Darstellung vorgeschrieben. – S. gilt als Verfasser der »Sprüche«, des »Predigers« und des Hohenliedes. Die o. g. Handschrift der Sprüche aus dem 6. Jh. in Kopenhagen enthält sein Bild als Lehrer der Weisheit. Nach dem Hohenlied (Hohesl. 3,7 und 8) im Prunkbette liegend, von seinen 60 Rittern beschützt, wird er im Hortus deliciarum der Herrad von Landsberg 1175 dargestellt (Strasbourg, Bibl. Nat.). Mit Leier oder Harfe ist er neben David musizierend wiedergegeben am Chorgestühl im Bamberger Dom um 1370/80 und am Altar des Christoph von Urach (?) in Besigheim, 1520. Sein Reichtum, seine segensreich ordnende Regierung werden in den Schriften beispielhaft gepriesen und begründen seinen Ruhm. Sein Tod wird nur festgestellt.

Samael, Erzengel (»Gift Gottes, Gewürz Gottes«) → Engel

Samariter, der barmherzige, → Christus (Gleichnisse)

Samariterin am Brunnen → Christus (Leben)

Samson → Simson

Samuel (1. Sam. 1–16; 1. Sam. 25,1). Die Gebete Elkanas und Hannas werden erhört: S., der Sohn, wird geboren und, dem Gelübde entsprechend, dem Priester Eli zum Tempeldienst gebracht. S. hört einen dreifachen Ruf und hat eine Schau, die ihn beauftragt, zu predigen. Zum Richter erwählt, wünscht das Volk, daß er einen König wähle; S. hat wiederum ein Gesicht: Der Sohn des Kis, → Saul, der die verlorenen Eselinnen seines Vaters sucht, wird ihn befragend aufsuchen; diesen soll er salben und dem Volk vorstellen. Saul wird damit 1028 v. Chr. der erste König von Israel. Mehrfach aber muß S. dem Saul Vorwürfe machen, daß er die von ihm übermittelten Weisungen des Herrn nicht befolgt habe und nun selbst verworfen sei; S. müsse einen anderen König an seiner Statt wählen und salben – es ist → David. S. nimmt von da an nicht mehr an den Geschehnissen teil und stirbt betrauert vom Volk.

Schon in frühchristl. Zeit (Holztür in S. Ambrogio zu Mailand, 4. Jh.; sog. Itala-Fragmente des 4./5. Jh., Quedlinburg, Schloßkirche) mit Saul zusammen dargestellt, kommt S. einzeln mit Salbhorn oder Opfertier in den größeren Prophetenzyklen der Kathedralplastik des 13. Jh. vor, und mehrfach wird in den typolog. Gegenüberstellungen die Darbringung des Knaben an den Hohenpriester Eli der Darbringung Christi zugeordnet (Glasfenster Esslingen, Stadtkirche St. Dionys, um 1300, u. a.).

Saphira → Ananias und S.

Sara → Abraham

Satan (Sathan, Satanas). In der → Apokalypse 20 mit Diabolus gleichgesetzt; bei → Hiob 1,6–12 nur als Satan bezeichnet; bei Hiob 40/41 als Behemoth dem Leviathan gegenüber geschildert; nach → Jesaja 27,1 der Drache, der die »gewundene Schlange Leviathan« erwürgen wird. »Fürst des Todes« ist er beim Niederstieg Christi zur Hölle genannt – Leg. Aur. (3, S. 291). Mit der Hölle – personifiziert zu Luzifer – beginnt er ein Streitgespräch, das in Dichtung und Spielen des 15. Jh. ausführlich aufgenommen wird (→ Teufel). In der → Markus-Legende – Leg. Aur. (3, S. 308) – ruft Markus aus: »S. wird mich nicht hindern, denn Gott hat mich von den Werken des Todes entbunden.« In den Kreuzlegenden – Leg. Aur. (3, S. 703) – »sah einer, der in einen Göttertempel trat, den Satan sitzen«; ebenda heißt es (S. 938 bei Abt Moyses): »Ob du auch sprichst, du seiest tot, so ist doch S. nicht tot.« Seltene Beispiele zeigen ihn als dämonische Teufelsgestalt (Liber floridus des Lambert von St-Omer: Gent 1125 und Wolfenbüttel Mitte 12. Jh.), während er in der Symbolik fast ausschließlich als Drache gegenüber Löwe oder Schlange = Diabolus = Luzifer erscheint. Doch sind die Unterschiede in den Darstellungen nicht einheitlich. – Die späte Barock-Ikonographie wandelt → Luzifer in der Benennung zu S., wie das Auszugsblatt des Hochaltars in Straubing von Cosmas Damian Asam (vor 1739) zeigt, wo »Satan Gottvater vom Thron zu zerren sucht«. – Die Darstellung im Chorgewölbe der Klosterkirche Rot a. d. Rot (1780) schildert Luk. 10,18: »Ich sah den Satan vom Himmel fallen gleich einem Blitz.«

Saul, erster König von Israel (1. Sam. 9–31), von → Samuel 1028 gesalbt, als er auf der Suche nach den verlorenen Eselinnen seines Vaters Kis sich fragend an Samuel wendet und von diesem als der vom Herrn Bestimmte erkannt wird. Aber das eigenmächtige Vorgehen des S. gegen die ihm von Samuel übermittelten Gebote des Herrn führt zu seiner »Verwerfung« – Samuel muß einen anderen König salben: den jugendlichen → David, der als Harfenspieler zunächst die Schwermut des S. erleichtert, sein Liebling und Waffenträger wird, den S. aber bald in seinen unberechenbaren Wutanfällen bedroht, die Lanze nach ihm wirft – jene Lanze, die David, von ihm verfolgt, mehrfach im Schlafe wegnimmt und ihm als Zeichen, daß er keine Rache hege, zubringen läßt.

Dem von den Philistern verjagten, verzweifelten S. antwortet der Herr weder im Traum noch durch den Propheten. Er geht nachts verkleidet zur Wahrsagerin von Endor und bittet sie, ihm den Geist Samuels heraufzubeschwören. Die Entsetzte erkennt damit S. – der erscheinende Samuel aber kann S. nur seinen Tod verkünden, der wie geweissagt eintritt. Vergebens kämpfend, verwundet, stürzt sich S. in sein Schwert, sein Waffenträger tut desgleichen. Als S., der Rüstung beraubt, von den Feinden auf der Mauer ausgestellt wird, läßt David den Leichnam auch der gefallenen Söhne von der Mauer nehmen, beweint sie und bestattet die verbrannten Gebeine.

In der Buchmalerei des 13. Jh. kommen in Initialen einzelne Szenen, auch der Tod des S. u. a., vor (36). Über die vielfachen Gegenüberstellungen in den typolog. Werken hinaus wird die ergreifende Gestalt des S. mit David von Rembrandt 1665 (Den Haag, Mauritshuis) dargestellt. Das Bild des aus dem Jenseits beschworenen Samuel bei der Hexe von Endor mit der düsteren Todesvorhersage hat besonders in neuerer Zeit Künstler bewegt: Januarius Zick, 1752, und William Blake auf einem Kupferstich von ca. 1800.

Schmerzensmann → Christus

Scholastika (französ. Scolastique, Escolasse, Scolasse), Hl. (10. Febr.), die um 480 geborene Schwester des → hl. Benedikt. Schon als Kind Gott geweiht, lebt sie in einem Kloster in der Nähe von Montecassino, von dem aus sie einmal im Jahr ihren Bruder besucht. Ein Unwetter hindert Benedikt, als auch er sie besucht, an der Heimkehr. Ihr Gebet findet Erfüllung; Benedikt kann bleiben; in andächtigen Gesprächen verbringen sie die Nacht. Nach 3 Tagen erschaut Benedikt ihren Tod und sieht ihre Seele als weiße Taube gen Himmel fliegen.

Dargestellt im Zwief. Mart. des 12. Jh. (24): Benedikt links mit weisender Gebärde neben einem traubentragenden Weinstock sitzend, S. rechts im Bett liegend. Einer kleinen, von ihrem Antlitz aufsteigenden Taube entspricht in der oberen Blattecke eine größere, die zur Sonne fliegt, mit der Inschrift: »Anima scolasticae«. – Erst vom 15. Jh. an sind Einzelgestalten der Heiligen entstanden, wie die Gregor Ehrhards am Blaubeurener Hochaltar von 1493/94. S. trägt ein langes, faltiges Kleid, Mantel, Weihel, Wimpel, Schleier, hält Abtstab und Regelbuch in Händen.

Eine Taube sitzt meist auf dem Buch oder steigt, wie an der Kanzel von Amorbach (1749), mit ausgebreiteten Flügeln von ihrer Brust auf.

Schutzengel → Engel

Sebaldus (latein. Sebaldus, Sinibaldus; frz. auch Sebaud), Hl. (19, Aug., Bamberg, Eichstätt). Nürnberger Legenden nennen ihn einen dänischen Königssohn, der seine Verlobung mit einer französ. Prinzessin auflöst, um nach einer Romfahrt als Glaubensbote zu wirken und nach Pilgerfahrten ein Einsiedlerdasein bei Nürnberg zu führen. Über seinem Grab in dem Peterskirchlein von Nürnberg wurde 1361–72 die Sebaldus-Kirche errichtet, seine Verehrung aber erst 1424 von Papst Martin V. bestätigt; sie hat ihr besonderes Denkmal in Peter Vischers Sebaldusgrab, 1507–19, gefunden.

Seine erst vom 14. Jh. an bekannter gewordene Legende ist ausführlich dargestellt auf den Tafeln des von Sebaldus Scheyer 1508 gestifteten Altars in einer Chorkapelle des Hl.-Kreuz-Münsters von Schwäbisch Gmünd (laut Urkunden aus Dürers Werkstatt, einige Tafeln im German. Nat.-Museum, Nürnberg). Sie schildern seine Geburt als dänischer Prinz; seine Verlobung mit einer französ. Königstochter, seinen Abschied von ihr; seine durch einen Engel gereichte wunderbare Brotspeisung, mit der er auf der Rückkehr von der Pilgerfahrt nach Rom die hll. → Willibald und → Wunibald rettet; seine Predigt bei Vicenza, wo der lästernde Ketzer in einem Erdspalt versinkt und von ihm gerettet wird; die Heilung des von Heiden Geblendeten, der ihm gegen deren Verbot einen Fisch gebracht; den Eiszapfen, den sein Gebet in Brennholz verwandelt, seinen Beistand gegen Wegelagerer; seine Hilfe in Seenot, wofür zweimal an Altären feierlich Dank erstattet wird (auf den Altären steht jeweils sein Schrein, wie er sich im Innern des Peter-Vischer-Gehäuses befindet);

Ochsen spannen sich selbst vor den Wagen, um seine Leiche nach Nürnberg in das Peterskirchlein zu bringen.

Einzeldarstellungen zeigen ihn in Pilgertracht mit Stab und meist dem Modell der Sebaldus-Kirche, wie im Schrein des o. g. Altars, auf einem Glasfenster ebendort, und in zahlreichen deutschen Werken, vor allem des 15. und 16. Jh. Mit dem als hostienartige Scheibe im Tuch gefaßten »Aschenkuchen« der Willibald-Wunibald-Legende stellt ihn ein Holzschnitt der Sipp-, Mag- und Schwägerschaft Maximilians I. um 1500 dar.

Sebastian (französ. auch Bastien; italien. auch Bastiano), Hl. (20. Jan.). Den ritterlichen Anführer der Leibwache Kaiser Diokletians nennt die Legende des 5. Jh. auch Bürger von Mailand, geboren in Narbonne. Seine Stellung erlaubt ihm, seinen christl. Glaubensgenossen in den Gefängnissen Roms beizustehen, Mut zuzusprechen und immer weitere Römer zu bekehren, bis er bei Diokletian angeklagt, auf dessen Befehl an einen Baum gebunden und von den Pfeilen »numidischer Bogenschützen« durchbohrt wird. Für tot liegengelassen, nimmt ihn die Witwe des Märtyrers → Kastulus zu sich und pflegt seine Wunden. Wiederhergestellt, tritt er dem erstaunten Diokletian und den Mitkaisern öffentlich entgegen, um ihnen die grausame Sinnlosigkeit ihrer Verfolgungen vorzuhalten. Sie aber lassen ihn mit Knütteln zu Tode schlagen und die Leiche in die »cloaca maxima« werfen. Der Christin Lucina erscheint S. im Traum und weist ihr den Ort; sie holt den Leichnam heraus und bestattet ihn »zu Füßen des Apostels« (= unter der heutigen Kirche S. Sebastiano ad catacumbas, die dann zu den 7 frühchristl. Pilgerkirchen Roms gehört). Ein Steinsarg unter einem Tischaltar birgt seine Gebeine.

Seine Verehrung in Rom ist schon im 4. Jh. nachgewiesen, ein Mosaik von ca. 680 gibt ihn in S. Pietro in Vincoli wieder, eine Märtyrerkrone in Händen. In Deutschland kommen die ersten Darstellungen in der Buchmalerei des

12. Jh. vor: Hirs. Pass. und Zwief. Mart. des 12. Jh. (23,24), Brevier von Michelbeuren 1165 (36). Im 13. Jh. in Buchmalerei und Glasfenstern noch vereinzelt, werden vom 14. Jh. an und besonders im 15. Jh. plastische Werke, Tafelbilder und Holzschnitte häufig.

Die zunächst von Pfeilen durchbohrte, jugendlich bekleidete Gestalt wird nur in einzelnen plastischen Werken als Ritter mit Schild, Lanze und Schwert dargestellt (Freiburg, Münsterturm, 13. Jh.; Straßburg, Glasfenster im Münster, 14. Jh., u. a.) und trägt dann meist einen Pfeil in der Hand (Ennetach, Württ., Syrlin-Werkstatt um 1500; Regensburg, Domschatzreliquiar um 1505; Hans Holbein d. Ä., Hohenburger Altar 1509, Prag, Nat.-Galerie).

Typisch aber und überaus zahlreich bleibt der unbekleidet am Baumstamm stehende jugendliche Märtyrer, pfeildurchbohrt, das besondere künstlerische Thema der Aktdarstellung nicht nur in der italien. Kunst. Beispiele der deutschen Tafelmalerei sind u. a. ein Bild vom Meister der Hl. Sippe, um 1490 (Köln, W.-R.-Museum), eine Tafel der Wolgemut-Werkstatt, 1487, vom Hochaltar der Augustinerkirche (Nürnberg, German. Nat.-Museum) und eine weitere von Holbein d. Ä. 1516 (München, A. P.). Als einzelne Beispiele sind besonders der Holzschnitt Schongauers und die Tafel am Isenheimer Altar des Mathis Nithart Gothart hervorzuheben.

Nur selten ist einer Einzeldarstellung der Knüttel der Legende als Attribut beigegeben. S. ist der Patron der Schützenbruderschaften (eine der ersten 1484 in Mainz gegründet) und wurde v. a. in Pestzeiten als Nothelfer angerufen. (»Pestpfeile« sendet der strafende Gottvater.)

Sechstagewerk oder Hexaëmeron, Genesis oder Schöpfungsgeschichte werden die 3 ersten Kapitel des im ganzen als »Liber Genesis« bezeichneten ersten der 5 Bücher des Moses genannt und so in Darstellungen, Kommentaren und Auslegungen zitiert.

Schon Philo von Alexandrien (25 v. – 50 n. Chr.) hat darauf hingewiesen, daß hier 2 parallele Berichte vorliegen. Auf ihn berufen sich zwar die zahlreichen Kommentare aller folgenden christl. Kirchenschriftsteller, doch berücksichtigen die Darstellungen von frühchristl. Zeit an nur selten den Unterschied zwischen einer kosmischen ersten und einer irdischen zweiten Schöpfung, sondern ziehen die Geschehnisse, wenn auch mit vielen Varianten, zu einer vereinheitlichten Folge zusammen. Es stehen so nebeneinander:

1. Mose 1, 1–31:	*1. Mose 2,1–3:*
1. Tag: Der Geist über den Wassern (Taube). Es werde Licht (Engel).	7. Tag: »Und Gott ruhete einen siebten Tag.«
2. Tag: Trennung der »Feste« zwischen den Wassern.	*1. Mose 2,4–25:*
3. Tag: Das Trockene hebt sich als Erde aus den Wassern (dem Meer). Gras, Kraut, Bäume wachsen aus der Erde.	Da es noch nicht geregnet hatte ... entstehen erst aus der Feuchte Gras, Kraut und Bäume.
4. Tag: Die Lichter an der »Feste« – Sonne, Mond und Sterne – scheiden Tage, Jahre und Zeiten.	Adam wird aus dem Erdenkloß erschaffen. Adam erhält mit dem Atem die lebendige Seele.
5. Tag: Fische und Vögel entstehen.	Der Garten Eden wird mit Fruchtbäumen und mit dem Baum des Lebens sowie dem Baum der Erkenntnis bepflanzt.
6. Tag: Lebendige Tiere bringt die Erde hervor – und »laßt uns Menschen machen zum Bilde Gottes ... und schuf sie einen Mann und ein Weib«.	Die 4 Paradiesströme. Adam ist in den Garten gesetzt mit dem Gebot. Adam benennt die Tiere. Erschaffung der Eva.

Die Legenden stellen dem S. die Hierarchien voran, die um die Schöpfung bitten (Archivolten des Hl.-Kreuz-Münsters in Schwäbisch Gmünd, 1351, u. a. Beispiele). Dem 1. Tag werden mehrere Engel, die mit Inschriften zu: »Fiat lux, id est angeli naturae« zahlreich in der Buchmalerei des 12. Jh. erscheinen, und besonders der »Engelsturz« oder »Luzifers Sturz« zugeordnet: Luzifer (→ Teufel) als engelhafte Lichtgestalt verwandelt sich stürzend in einen dunklen, tierischen Dämon. Bildliche Beispiele u. a. im Regensburger Hexaëmeron, 1150 (München, Bayer. Staatsbibl.), im »Hortus deliciarum« der Herrad von Landsberg um 1175 (38), im »Liber Scivias Domini« der → Hildegard von Bingen, um 1160/70, als helle, dunkel fallende Sterne, in der Salemer Abschrift (heute in Heidelberg, Univ.-Bibl.) von 1170/75 als rahmende Szene des S., mit 3 Erzengeln, Engelchören und Engelsturz in der deutschen Genesis-Paraphrase des 12. Jh. in Wien (37), am Grabower Altar Meister Bertrams 1379 (Hamburg), im Stundenbuch der Brüder von Limburg für den Herzog von Berry 1411–16 (Chantilly), auf einem Glasfenster in der Besserer-Kapelle des Ulmer Münsters um 1420, als plastische Gruppe 1740 am Hochaltar von Michaelbuch/Metten (Obb.), schließlich auf einem Gemälde von Chagall 1923/47 (Basel, Kunstmuseum). (Text und Vorstellungen gehen auf das Hexaëmeron des Ambrosius 340–397, auf Luk. 10,18, Apok. 12,7, das Malerbuch, die Leg. Aur. und die Caëdmon-Paraphrase zurück.)

Ein Szenenreichtum – aus beiden Schöpfungsgeschichten –, wie er nach frühchristl. Berichten anzunehmen, aber nicht mehr vorhanden ist, mag noch 1218 in den Mosaiken der Vorhalle von S. Marco in Venedig gesehen worden sein. – In den karoling. Bibeln des 9. Jh. (ebenso in den spanischen Bibeln) beginnt die Schöpfung mit der Erschaffung → Adams und Evas, die auch das Malerbuch ohne S. an Engelerschaffung und Engelsturz anschließt. Sechs- bzw. Siebentagefolgen sind auf Bibelseiten des

12. Jh. (Salzburger Bibeln von Michaelbeuren und Admont, Gumpertsbibel von Erlangen, Genesis-Paraphrase, deutsch, Wien, 37) mit vielen einzelnen Variationen dargestellt, die sich im 13. Jh. als Randleisten und in großen Initialen der Buchmalerei fortsetzen. Ausführlich aber füllen sie als Skulpturen die Archivolten der gotischen Portale (s. besonders Straßburger und Freiburger Münster, Schwäbisch Gmünd, Hl.-Kreuz-Münster) und werden auch für die Glasfenster ein bedeutendes Thema (v. a. zu nennen Severikirche zu Erfurt, 14. Jh., und Stendal; einzeln erhalten sind die Erschaffung der Tiere, 1240, Elisabeth-Kirche zu Marburg, und die Erschaffung der Gestirne, Ulm, Besserer-Kapelle am Münster, 1420). – Als Zyklus der Tafelmalerei ist einzig der Grabower bzw. Petri-Altar Meister Bertrams, 1379, zu nennen (Hamburg, Kunsthalle).

Bis zum 15. Jh. wird die Schöpfergestalt fast ausschließlich in Christus-ähnlicher Art jugendlich als ewig seiender Logos mit Kreuznimbus wiedergegeben. Hinter einer Initiale N mit den Kreisen der 6 Tage steht z. B. Christus als das große schöpferische Wort nach Joh. 1 (Flavius-Josephus-Hs., Ende 12. Jh., Paris, Bibl. Nat.). Seit dem 15. Jh. wird Gottvater (→ Gott) als mächtig thronende Gestalt mit wallendem Haar und Bart oder als »König der Könige« – auch mit Kreuznimbus – v. a. für den 7. Ruhetag, wiedergegeben. Nur teilweise noch den überlieferten Darstellungen des Themas entsprechend ist die großartig neugestaltete Folge Michelangelos an der Sixtinischen Decke von 1509/10.

Sem, einer der 3 Söhne → Noahs

Sempronianus → Kastorius

Sephirot → Zefirot

Seraph → Engel, → Franziskus von Assisi, → Jesaja

Servatius (französ. Servais, Servan), Hl. (13. Mai, Aachen), als Teilnehmer der Synoden von Sardica 343 und Rimini 359 bekannt, ist Bischof von Tongern und ein Hauptgegner des Arius. Nach der Legende stammt er von jüd. Eltern aus Armenien ab und wird der → Hl. Sippe zugezählt. Ein Engel soll ihn aus Jerusalem nach Tongern geführt, ihm Ring und Stab des verstorbenen Vorgängers auf dem Bischofsstuhl von Maastricht, die auf dem Altar bereitlagen, überreicht und ihn damit selbst zum Bischof geweiht haben. Predigend erfüllt ihn der Geist, und alle verstehen ihn in ihrer Muttersprache. Hunnen und feindlich gesinnte Einwohner vertreiben ihn; er bittet in Rom um Frieden. Petrus erscheint ihm und reicht ihm einen silbernen Schlüssel, mit dem er allen, die darum bitten, das ewige Leben aufschließen möge.

Dieser Schlüssel, als Reliquie in der Servatius-Kirche von Maastricht noch heute verehrt, wird sein Attribut schon auf dem Reliquienkästchen der Äbtissin Agnes, um 1200 (Quedlinburg, Schloßkirche). Sein kostbarer Schrein in Maastricht aus dem Ende des 12. Jh. stellt ihn in pontifikaler Meßkleidung dar; zu seinen Seiten, rechts und links, tragen Engel Buch und Stab. Außer dem Schlüssel liegt teilweise in späteren Darstellungen ein Drache unter seinen Füßen, in dessen Rachen S. seinen Stab stößt – gedeutet als sein Kampf gegen Arius. Ein Wandgemälde aus dem Anfang des 16. Jh. in St. Salvator zu Duisburg gibt seine Schlüssellegende wieder. Einzeldarstellungen sind auf Glasfenstern im Dom zu Regensburg, 14. Jh., und in der Karmeliterkirche zu Boppard, 15. Jh., erhalten. Ein Wandgemälde, um 1260, auf der Westempore im Dom zu Gurk und andere Beispiele zeigen S. ebenfalls als Einzelgestalt. Ein Tafelbild von Bernhard Strigel, 1528 (Nürnberg, German. Nat.-Museum), bezieht in seiner Inschrift die 3 Holzschuhe eines Wappens fälschlich auf einen angeblichen Martertod.

Die Legenden erzählen übereinstimmend, daß S., seinen

Tod vorausfühlend, nach Maastricht ging, da er dort begraben werden wollte und 387 »selig« starb. Die zahlreichen Heilungen und Wunder, die von ihm berichtet werden, sind nicht in Darstellungen eingegangen, aber ausführlich im Lüb. Pass. (4) festgehalten. Hier und in anderen Holzschnitten der Zeit (s. H. T. Musper, Der Holzschnitt in fünf Jahrhunderten. 1944. Neuausgabe 1964) wird der Adler wiedergegeben, der den am Wegrand eingeschlafenen bischöflichen Pilger vor den heißen Sonnenstrahlen mit seinen Flügeln beschattet und schützt oder auch die ihn mit Attila bedrohenden Hunnen mit Steinwürfen abwehrt. Die Bauernregel zählt S. mit Pankratius und Bonifatius zu den ›Eisheiligen‹.

Seth → Adams Tod, → Helena (Kreuzfindung)

Seuse (Suso), Heinrich, Sel. (2. März / 23. Jan.), seliggesprochen 1831, ist einer der besonders beliebten und verehrten deutschen Mystiker. Aus dem Geschlecht der Ritter von Berg in Konstanz 1295 geboren, nimmt er den Namen seiner frommen Mutter an und tritt 13jährig in den Dominikanerorden ein. Durch strengste Kasteiung um Gelassenheit und äußerste Selbstbeherrschung ringend (unter dem härenen Hemd trägt er ein Kreuz auf dem Rücken, mit Ketten gehalten), werden ihm Visionen, Entrückungen und himmlische Einsichten zuteil, die in bedeutenden Schriften niedergelegt sind: 1326/27 im »Büchlein der ewigen Weisheit«, im »Büchlein der Wahrheit«, im großen »Briefbuch«, das die Briefe an Elisabeth Stagel (die schriftstellernde Nonne in Töss/Winterthur) und andere »geistliche Kinder« enthält, und im »Exemplar« mit seiner Selbstbiographie, dessen Originalhandschrift (Berlin, Staatsbibl.) eine Handzeichnung von ihm enthält. Den im 15. Jh. gedruckten Ausgaben wurde der erschütternde Bericht seines Lebens und Sterbens von Elisabeth Stagel vorangestellt.

Lektor und Prior geworden, muß er 1338 wegen seiner Parteinahme im Investiturstreit Konstanz verlassen. Den unermüdlichen, um Seelsorge bemühten Wanderprediger in oberdeutschen Nonnenklöstern verfolgen Krankheit und Verleumdungen übelster Art, bis er, in das Dominikanerkloster Ulm versetzt, 1348 Ruhe für die Zusammenstellung seiner Briefe und Predigten findet, die im o. g. »Exemplar« oder »Dem Seuse« in zahlreichen Abschriften Verbreitung finden. Er stirbt 1366 in Ulm; sein Grab ist nicht aufgefunden worden.

Holzschnitte von 1470/80 (Stuttgart, München) geben ihn als Dominikaner kniend wieder. Die große Tonsur umgibt ein Strahlennimbus, der in Rosenblüten endet; das auf der Brust geöffnete Gewand zeigt das IHS-Zeichen (→ Christus, → Bernhardin von Siena); rechts oben neigt sich ihm aus einem Wolkenkranz Maria, gekrönt und mit Zepter, zu; links wirft ihm ein auf einem Bäumchen stehendes, Rosen pflückendes Jesuskind die Blüten zu; unten trägt ihm ein Hund ein Tuch entgegen. – Auf einem Tafelbild, um 1470 (Schloß Lichtenstein), hält er einen Griffel und einen Kranz von Rosen empor.

Aus der Biographie geht hervor, daß er sich mit dem Griffel das IHS-Zeichen in die Haut ritzte und daß ihm ein mit einem Fußlappen spielender Hund eine Mahnung zur Geduld geworden war. Einen Kranz von Rosen erschaute eine Gottesfreundin um sein Haupt und erkannte ihn dadurch inmitten seiner Ordensbrüder.

Severinus (französ. Seurin, Saury)

Severinus von Köln, Hl. (23. Okt., Köln), Bischof von Köln um 400, wird in der Legende wegen seiner Fähigkeit gerühmt, himmlischen Gesang wahrnehmen zu können. So soll er den Tod des → hl. Martin von Tours 397 erfahren haben, als er in Köln nach der Messe die heiligen Stätten der Reliquien umschritt. Seine erst um 900 geschriebene

Legende läßt ihn in Bordeaux sterben, auf Verlangen der Kölner wurde der Leichnam überführt und in Köln bestattet.

Seine erste Darstellung ist auf einer Goldzellenschmelzscheibe in St. Severin, Köln (der 1089/99 entstandene zugehörige Schrein wurde im 19. Jh. eingeschmolzen) erhalten und zeigt ihn in pontifikaler Meßkleidung thronend, ohne Mitra, aber mit Stab und Buch. Spätere Darstellungen des 13. und 15. Jh. in St. Severin zu Köln und alle weiteren im Kölner Bereich geben ihm statt des Buches ein Kirchenmodell. Altarfiguren mit Segensgestus und Buch sind Ende 15. Jh. nach St. Severin in Keitum und nach Morsum auf Sylt gelangt.

Severinus von Noricum, Hl. (8. Jan., Graz, Linz, Passau, Salzburg, St. Pölten, Wien). Von unbekannter Herkunft, erscheint er nach dem Tode des Hunnenkönigs Attila 453 als Pilger im Gebiet zwischen Passau und Wien, um der dort noch ansässigen röm. Bevölkerung gegen die andrängenden Germanen zu helfen. Er gründet 2 Klöster, Boiotrum in Passau-Innstadt und Favianis (= Mautern bei Krems – oder Wien-Heiligenstadt?), denen er als Laie vorsteht. Er stirbt 482. Sein Leben ist beschrieben in der auch als Quelle für die Geschichte der Donauländer bedeutsamen »Vita Sancti Severini« seines Begleiters Eugippius, Abt des Klosters in Castrum Lucullianum bei Neapel, wohin die Gebeine Severins beim Abzug der Römer aus Germanien überführt worden sind.

Als Pilger mit Stab und Buch stellen diesen Schutzheiligen Österreichs die Statuen von 1470 in St. Severin zu Passau, von 1485 am Chorgestühl von St. Stephan in Wien und von 1520 in der Trenbach-Kapelle des Passauer Domes dar, auch ein Holzschnitt Dürers, 1517.

Severus, Hl. (1. Feb.). Auf den urspr. Wollweber von Ravenna läßt sich dreimal eine Taube nieder, als er, zur Bischofswahl vorgeschlagen, Nachfolger des Bischofs von Ravenna wird. Er gehört zu den Teilnehmern der Synode von Sardica 343, stirbt 348 und wird in Ravenna bestattet. Ein gallischer Priester Felix brachte seine Gebeine nach Pavia, von wo sie durch Bischof Otgar von Mainz zunächst nach St. Alban in Mainz, dann nach Erfurt übertragen wurden.

Die Deckplatte seines Grabmals aus der 2. Hälfte des 14. Jh. in der Severikirche zu Erfurt und eine Portalstatue von 1375 ebenda zeigen ihn als Bischof in pontifikaler Kleidung mit Stab oder Buch (auf der Deckplatte steht er zwischen Frau und Tochter, die Seitenplatten zeigen u. a. seine Bischofswahl). Eine spätere Statue von 1670 vom Hochaltar der Severikirche gibt ihm ein Kirchenmodell, auf dem eine Taube sitzt. Eine Statue in der Hl.-Kreuz-Kirche von Rottweil, um 1500, fügt einen »Wollbogen« (Walkerbaum, → Jakobus d. J.) als Attribut hinzu, der ihn auch sonst als Patron der Wollweber kennzeichnet.

Severus, Hl., Bischof von Trier. In der Bopparder Severus-Kirche, bei seinen Reliquien, ist ein Fresko der Legende.

Siebenschläfer, Hll. (27. Juni). Eine Legende ältester (indisch-buddhistischer) Tradition wird in frühchristl. Zeit neu erzählt: 7 Brüder, christl. Schafhirten aus Ephesos, werden ihres Glaubens wegen verfolgt, fliehen in eine Höhle und werden auf Befehl des Kaisers Decius 251 eingemauert. Im Jahre 447 will ein Bürger die Höhle als Schafstall benutzen und läßt das Mauerwerk entfernen. Die Brüder erwachen, einer läuft, um Brot zu holen, kennt niemanden mehr in der inzwischen christlich gewordenen Stadt und gibt dem erstaunten Bäcker eine Goldmünze mit dem Bild des Decius zur Bezahlung. Da geht der Bischof mit den erstaunten Bürgern zur Höhle und findet alle Brüder lebend vor.

Die in einer Höhle Kauernden bringen das Hirs. Pass.

(23), eine Wandmalerei des 12. Jh. im Kapitelsaal von Brauweiler, eine Altenberger Buchmalerei des 13. Jh. (Düsseldorf) mit dem befehlenden Kaiser. Holzschnitte sind im 15. Jh. verbreitet; das Lüb. Pass. (4) enthält die Legende.

Sigibert, Hl. (11. Juli / 12. Juli, Chur), mit dem → hl. Placidus von Disentis im 8. Jh. als Gründer einer Zelle bekannt, aus der später das Benediktinerkloster Disentis in Graubünden wurde.

Im Agatha-Kirchlein von Disentis ist er Ende 15. Jh. in Flocke, Birett und mit Abtstab wiedergegeben. Auf dem Flügel des Hochaltars von Chur hält er zusammen mit Placidus ein Kirchenmodell (= Disentis) in Händen.

Sigismund (französ. auch Simian, Simond; italien. auch Gismondo), Hl. (1. Mai / 2. Mai, Eichstätt, München, Sitten). Der arianische König der Burgunder, durch Bischof Avitius von Vienne 497 zum athanasianischen Bekenntnis bewogen, folgt 516 seinem Vater Gundobald auf dem Thron. Seine 2. Gemahlin verleumdet seinen Sohn Sigrich, den er als Empörer verdächtigt und 522 erdrosseln läßt. Den Irrtum erkennend, legt S. sich strengste Buße im Kloster St-Maurice (Agaunum, Wallis) auf. Die Franken besiegen ihn 523, nehmen ihn mit Frau und 2 Söhnen gefangen und stürzen ihn kopfüber in einen Brunnen. 3 Jahre später wird sein Leichnam gehoben und in der Johannes-Kapelle von St-Maurice beigesetzt. Im 14. Jh. kamen seine Reliquien nach Freising, das zum Mittelpunkt seiner Verehrung in Deutschland wurde.

Mit Krone, Zepter und Reichsapfel steht er im 11. Jh. am Gertrudis-Tragaltar des Welfenschatzes (Cleveland, USA), Ende 12. Jh. am Oswald-Reliquiar im Hildesheimer Dom und im 13. Jh. am Nanthelm-Schrein in St-Maurice. Um 1300 stellt ihn eine Skulptur am Freiburger Münsterturm dar, zahlreiche spätere Statuen sind in Bayern und anderswo nachzuweisen. Ein böhmisches Tafelbild zeigt ihn am

Altar aus Mühlhausen von 1380 (Stuttgart, Staatsgalerie). Seine ausführliche Legende bildet die Sigismund-Tafel von Hans Wartinger 1498 ab (Freising, Untere Domsakristei).

Silvester, Hl. (31. Dez.), ein Römer, unter dessen Pontifikat (314–335) sich die Bekehrung Kaiser → Konstantins und die Einführung des Christentums als Staatsreligion vollzog. Legenden berichten ausführlich seine Standhaftigkeit während der noch andauernden Verfolgungen: Er warnt den Statthalter, der ihn zwingen will, die von ihm verwahrten Besitztümer von Christen herauszugeben – da erstickt dieser beim Mahl an einer Fischgräte. Er heilt und bekehrt den aussätzigen Kaiser, überwindet die 12 jüd. Meister, deren letzter den Namen seines Gottes nur einem Stier ins Ohr flüstern will; der daraufhin tot umfallende Stier wird von S. erweckt: »Dein Gott kann töten, meiner aber lebendig machen.« Auch vom Gifthauch eines Drachen befreit S. Rom.

Das Hirs. Pass. des 12. Jh. (23) und das Zwief. Mart. (24) stellen die Taufe Konstantins durch S. in pontifikaler Meßkleidung mit Stab dar. Ein Glasfenster, um 1300, im Freiburger Münster und die sitzende Steinfigur der Silvester-Kapelle in Goldbach/Überlingen, 14. Jh., geben ihm Buch und letztere auch Segensgestus. Am Hochaltar Gregor Ehrhards in Blaubeuren, 1493/94, liegt der Stier der Legende zu seinen Füßen, ebenso bei zahlreichen späteren Darstellungen, mit denen er als Schützer der Haustiere angerufen wurde. Ein Tafelbild von 1490 in St. Peter zu Salzburg läßt eine sich ringelnde Schlange als röm. Drachen auf seinem Buch sehen. Mit einer Muschel in der Rechten als Zeichen der Taufe zeigt ihn eine Statue, Ende 15. Jh., in Ellwangen b. Biberach a. d. Riß.

Silvinus, Hl. (17. Febr.), stammt aus Toulouse, wirkt im 8. Jh. als Bischof im Gebiet Térouanne und stirbt 720. Die Legende berichtet, daß er mit einem Tragkorb voll Steinen auf dem Rücken eine Wallfahrt nach Rom macht und den Korb als Zeichen seiner büßenden Überwindung vor dem Portal von St. Peter niedersetzt.

Ein Holzschnitt der Sipp-, Mag- und Schwägerschaft Maximilians I. gibt ihn um 1500 in Meßkleidung vor einem Renaissance-Kirchenportal wieder, vor dem er die Trage und lose Steinplatten niedergelegt hat.

Simeon (8. Okt.), der ehrwürdige Greis, der bei der Darbringung im Tempel im Jesuskind den Messias erkennt (Luk. 2,25) und mit weissagenden Worten begrüßt. Seine Reliquien gelangten im 6. Jh. nach Konstantinopel, 1243 nach Zara (Istrien), wo für ihn und seine im Nikodemus-Evangeliar beim Niederstieg in die Vorhölle (→ Christus) genannten Söhne 1380 ein kostbarer Schrein entstand. In den Szenen der Darbringung (→ Christus) wird er meist als Hoherpriester dargestellt. Auf einem Flügel von Dürers Jabach-Altar, um 1500, steht er mit langem Bart in pelzgefüttertem Mantel, die Hände betend vorgestreckt (München, A. P.).

Simon (französ. auch Simonet; italien. auch Cione)

Simon, einer der 12 Söhne → Jakobs

Simon, einer der Makkabäer, → Judas Makkabäus

Simon → Petrus

Simon der Pharisäer (Luk. 7,36) → Maria Magdalena

Simon der Aussätzige (Matth. 26, Mark. 14, Joh. 12) → Maria Magdalena

Simon von Kyrene, der das Kreuz aufnahm, → Christus (Kreuztragung). Wird auch genannt als derjenige, der das

Blut aus der Seite Christi auffing, statt → Joseph von Arimathia (vgl. die dort angeführte Lit.).

Simon, Nachfolger des → Jakobus d. J., 2. Bischof von Jerusalem, 107 gekreuzigt.

Simon von Joppe (Apg. 9,43), Gastgeber des → Petrus

Simon der Zauberer → Petrus (Apg. 8,9–24) und → Paulus, s. a. Leg. Aur.

Simon, Vater des Kreuzfinders, → Quiriacus

Simon Zelotes, Hl. (28. Okt.), der meist mit → Judas Thaddäus zusammen genannte → Apostel; ihre Verehrung wird am gleichen Tag gefeiert. Der Beiname des S. – auch Kananäus – soll Eiferer bedeuten, die Legende nennt S. und Judas T. Brüder des → Jakobus d. J., Söhne des Alphäus und der → Maria Kleophas. Die ausführliche Legende führt S. mit Judas T. nach Persien, wo beide das Martyrium durch Enthauptung erleiden.

In den Darstellungen wechseln zunächst die Attribute. Das Zwief. Mart. des 12. Jh. (24) läßt S. und Judas T. mit dem Schwert durchbohrt werden. Auf einem Email aus Arbe, 12. Jh., durchsticht S. eine Lanze, am Dreikönigsschrein von 1200 (Köln, Dom) hält er einen Knüttel als Attribut, am Marienschrein von 1335 (Aachener Münster, Schatzkammer) ein Schwert. Erst ein Glasfenster (Esslingen, Stadtkirche St. Dionys) bringt um 1300 das Martyrium mit der Säge, die von da an ständiges Attribut bleibt (ohne legendäre Begründung): so an einer Pfeilerstatue des frühen 14. Jh. im Kölner Dom, in Doberan, 1480 in der Stiftskirche von Tübingen und in vielen anderen Beispielen.

Simpertus, Hl. (13. Okt., Augsburg). Der Sohn des Herzogs Ambertus von Lothringen und dessen Gemahlin

Simphorina tritt in das Benediktinerkloster Murbach (Elsaß) ein, wird dort Abt, entfaltet aber seine besondere Wirksamkeit als Bischof von Augsburg mit umfassender Abrundung der Diözese. Er stirbt 807, wird in der von ihm gegründeten Afra-Kirche beigesetzt und 1468 kanonisiert.

In pontifikaler Meßkleidung stellen ihn die prächtige Grabplatte von 1492 (München, Bayer. Nat.-Museum), das Epitaph des Abtes Mörlin um 1500 (Augsburg, Städt. Kunstsammlungen), eine Altartafel Ende 15. Jh. (Rottenburg, Diözesanmuseum) dar. Meist liegt ein Wolf zu seinen Füßen, der nach der Legende seinem Anruf gehorcht und das geraubte Kind der bittflehenden Mutter zurückbringt. In der Abschrift nach der Legende des 13. Jh. stellt eine Miniatur Holbeins d. Ä. diese Szene 1492 dar (zur Weihe der Simpertus-Kapelle bei St. Ulrich und Afra in Augsburg wurde dieses Werk Kaiser Maximilian I. feierlich überreicht, heute in London, Slg. Dr. Graf Seilern). Ein Holzschnitt von 1520 (Augsburg, Stadtbibl.) wiederholt die Darstellung. Die Reliquienbüste des S. im Schatz von St. Ulrich und Afra trägt auf dem Buch den Wolf mit dem Kind im Maul.

Simplicianus → Kastorius

Simplicius, Hl. (18. Juni), ließ sich mit seinem Vater, dem ebenfalls als heilig verehrten → Potentinus, nach langen gemeinsamen Pilgerfahrten in Karden/Mosel nieder. Beider Gebeine wurden im 10. Jh. nach Steinfeld (Eifel) übertragen, wo ein Wandgemälde aus der 1. Hälfte 14. Jh. S. als Ritter in Kettenhemd, Waffenrock und Mantel mit Fahne und Schwert wiedergibt.

Simplicius, Faustinus und Beatrix, Hll. (29. Juli / 30. Juli, Fulda), sind Geschwister. Die Leichname der unter Diokletian gemarterten und enthaupteten röm. Brüder werden von ihrer Schwester aus dem Tiber gezogen und im

»Coemeterium ad Ursum pileatum« beigesetzt. Beatrix wird nach der älteren Legende, die das Hirs. Pass. des 12. Jh. (23) darstellt, im Bett erwürgt.

An der Fassade der ehem. Abteikirche von Amorbach sind 1746 die Statuen der beiden Heiligen in antikisierender Soldatentracht dargestellt. Figuren an der Fassade des Doms von Fulda, Anfang 18. Jh., fügen Schild und Lanze hinzu.

Simson (Samson) (Richt. 13–16), ist die zeitlich nach 1200 v. Chr. angenommene, bewunderte Heldengestalt israelitischer Frühzeit. Die Ereignisse seines Lebens wurden bis in neuere Zeit immer wieder dargestellt; v. a. ist die mittelalterl. Symbolik erfüllt von vergleichbaren Gegenüberstellungen. Sie beginnen mit der Verkündigung an die Frau des Manoah. Die Verkündigung wiederholt sich, als die Eheleute ein Brandopfer darbringen, durch einen aus dem Opferrauch aufsteigenden Engel. Der verheißene Sohn, gottgeweiht von Geburt an (»kein Schermesser soll sein Haupt berühren«), wächst mit übermenschlichen Kräften begabt auf. Als er sich mit den Eltern auf den Weg zur Brautwerbung um die Tochter eines Philisters begibt, tritt ihnen ein Löwe entgegen. S. schwingt sich auf den Rücken des Tieres und überwältigt es, indem er ihm den Rachen auseinanderreißt. Auf dem Rückweg finden sie den Kadaver von einem Bienenschwarm besiedelt, die Waben mit Honig gefüllt, den sie genießen. – Bei der Hochzeit wird den Philistern das Rätsel vorgelegt: »Speise geht aus von dem Fresser, Süßigkeit von dem Starken.« Bedrängt um den Preis der Lösung, verrät die Frau des S. die Antwort. S. erschlägt im Zorn 30 Philister und nimmt ihnen die für die Lösung ausgemachten 30 Feierkleider ab. Der Schwiegervater gibt die Frau einem Gesellen und bietet S. seine 2. Tochter an. Aber S. fängt 300 Füchse, bindet Fackeln an ihre Schwänze und läßt sie zerstörend in Felder und Weinberge der Philister rasen. S. soll zur Buße gebunden an die Philister ausgeliefert werden – er zerreißt alle Stricke, als ob es dünne Fäden wären, nimmt einen Eselskinnbacken auf und erschlägt damit 1000 Philister. In Gaza wird er bei einer Hure in die Stadt eingeschlossen – er hebt die Stadttore aus und trägt sie meilenweit fort auf den Hebron. Dalila wird sein Weib. Bedrängt von den Philistern, soll sie das Geheimnis seiner Kraft ergründen. Dreimal versucht sie ihn mit Fesseln zu halten, die er sprengt (seine 7 an die Wand genagelten geflochtenen Locken reißt er mit dem Nagel heraus). Endlich gesteht er ihr, daß seine Stärke in seinen Haaren liege. In der Nacht schneidet Dalila sie ab, die wartenden Philister binden den der Kraft Beraubten und blenden ihn; als Gefangener muß er die Tretmühle drehen. Aber die Haare wachsen wieder, und die Kraft kehrt zurück. Einmal wird er als blinder Sänger zum Fest geholt. Er läßt sich von dem Knaben, der ihn führt, so stellen, daß er die beiden das Gebälk stützenden Säulen ergreifen und das Gebäude über allen Versammelten zusammenstürzen kann.

Eines der frühesten Bilder, ein Wandgemälde aus der 1. Hälfte des 4. Jh. in der Katakombe an der Via Latina in Rom, zeigt S. im Kampf mit dem Löwen, aufrecht mit ihm ringend nach der Art antiker Herakles-Szenen; synchronistisch ist das tote Raubtier mit Bienen um das Maul beigefügt. Auf den Bronzetüren des 11. Jh. an der Südseite des Augsburger Doms sind die Löwenbezwingung und das Erschlagen der Philister wiedergegeben. Ein Glasfenster aus Alpirsbach um 1200 (Stuttgart, Württ. Landesmuseum) zeigt S. mit den Torflügeln von Gaza. Vom 12. Jh. an mehren sich die als Gegenbeispiele zu neutestamentl. Szenen herangezogenen Darstellungen; zu Verkündigung, Geburt, Beschneidung, zwölfjährigem Jesus, Gefangennahme, Verspottung, Zerbrechen der Höllentore u. a., besonders 1181 in den Emailtafeln des Lettner-Ambos von Klosterneuburg und den daran anschließenden typolog. Werken. Der Löwenkampf ist u. a. um 1300 in der Weltchronik des Rudolf von Ems wiedergegeben (St. Gallen,

Stadtbibl.), 1470 am Chorgestühl von Maulbronn. Rembrandt hat die Themen oft gestaltet: 1628 Dalila, die S. die Haare abschneidet (Berlin, Staatl. Museen), 1636 die Blendung (Frankfurt, Städel), 1638 die Hochzeit (Dresden, Staatl. Gem.-Galerie), 1641 Manoah mit seiner Frau im Opfergebet (Dresden, Staatl. Gem.-Galerie).

Sippe, Hl. Neben die Darstellungen des Stammbaums Christi (→ Christus), die bis ins 15. Jh. bedeutungsvoll bleiben, treten mit den genealogischen Interessen der Fürstenhäuser vom 14. Jh. an auf großen Altartafeln, in Holzschnitten und plastischen Gruppen Darstellungen der Hl. S. Legendäre Züge frühchristl. Apokryphen werden zu einer begreifbaren Zusammenstellung, bei der → Johannes d. T., die Alphäus- und Zebedäus-Söhne als Vettern Christi und der → hl. Servatius ebenfalls in die Verwandtschaft einbezogen erscheinen. Üblich ist die Darstellung der → hl. Anna mit 3 Töchtern und 7 Enkeln. – Eine als Ursprung für die Vorstellung von der Hl. S. 1406 genannte Vision der → hl. Koleta bezieht sich auf Gedankengut des 1270 gestorbenen Jacobus de Caulibus. Kern dieser von Cäsarius von Heisterbach behandelten und durch die Leg. Aur. (3) verbreiteten Vorstellung ist die Trinubiumslegende von der dreimaligen Heirat der → hl. Anna. Die Überlieferung der Legende im Bild bricht das Tridentiner Konzil im 17. Jh. ab durch ihr Verbot. 1821 hat A. K. Emmerich sie wieder aufgegriffen (»Leben der hl. Jungfrau Maria«, hrsg. von Clemens Brentano).

Erste Beispiele finden sich auf der Mitteltafel des Ortenberger Altars von ca. 1420 (Darmstadt, Hess. Landesmuseum) und auf einer gleichzeitigen Tafel in Köln (W.-R.-Museum). Ferner: eine Tafel von 1473 (Soest, Wiesenkirche), die des Lukas Cranach d. Ä. von 1509 (Frankfurt, Städel), die des Martin Schaffner von 1521 (Ulm, Münster) und die Holzreliefplatten des Daniel Mauch u. a. Meister (Lorenz-Kapelle in Rottweil).

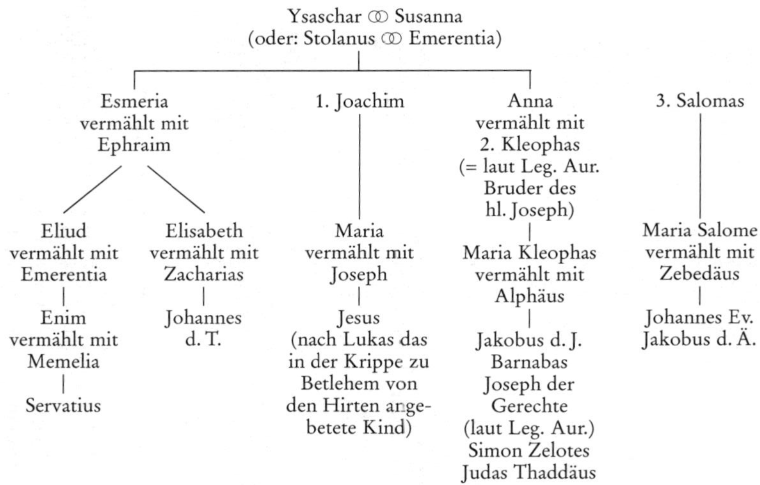
Ysaschar ⚭ Susanna
(oder: Stolanus ⚭ Emerentia)
Esmeria vermählt mit Ephraim
1. Joachim
Anna vermählt mit 2. Kleophas (= laut Leg. Aur. Bruder des hl. Joseph)
3. Salomas
Eliud vermählt mit Emerentia
Enim vermählt mit Memelia
Servatius
Elisabeth vermählt mit Zacharias
Johannes d. T.
Maria vermählt mit Joseph
Jesus (nach Lukas das in der Krippe zu Betlehem von den Hirten angebetete Kind)
Maria Kleophas vermählt mit Alphäus
Jakobus d. J.
Barnabas
Joseph der Gerechte (laut Leg. Aur.)
Simon Zelotes
Judas Thaddäus
Maria Salome vermählt mit Zebedäus
Johannes Ev.
Jakobus d. Ä.

Sisera → Jael

Sisinnius, Martyrius und Alexander, Hll. (29. Mai / –). Drei Südtiroler Märtyrer, von denen Sisinnius Diakon, Martyrius Lektor und Alexander Ostiarius ist. Der → hl. Vigilius hat sie von Mailand nach Trient mitgenommen, damit sie im Montal als Glaubensboten wirken können. Durch den Haß der unbekehrten Bevölkerung wird Sisinnius mit einer Axt erschlagen, Martyrius zu Tode geschleift und Alexander mit den Leichnamen der beiden lebendig verbrannt. Das Bogenfeld des Portals der Kirche Sanzeno (Südtirol) stellt alle drei als Diakone dar: Sisinnius mit Kelch, Martyrius mit Buch und Palme, Alexander nur mit Palme. Ihr Martyrium zeigen Reliefs des späten 15. Jh. (ehem. Altarflügel) im Chor von Sanzeno.

Sixtus II., Papst 257–258, Hl. (6. Aug. / 5. Aug., im dt. Sprachraum: 7. Aug.), ein Athener, der aufgrund des 2. Verfolgungsedikts Kaiser Valerians bei der Messe in der Kalixtus-Katakombe überfallen, mit seinen 4 Diakonen enthauptet und in der Papstgruft daselbst bestattet wird. Die für seine Darstellung wesentliche Legende läßt ihn nach einer vorhergehenden Gefangennahme die Kirchenschätze seinem liebsten Schüler und Diakon → Laurentius anvertrauen, damit dieser sie unter die Armen verteile, ehe sie der Beschlagnahme durch den Kaiser verfielen.

So trägt der in Pontifikaltracht und Tiara mit Kreuzstab und Buch von der Mitte des 15. Jh. an häufig dargestellte S. einen Geldbeutel oder auch ein einzelnes Goldstück in Händen. Er wurde besonders in Sachsen, Mittelfranken und Oberbayern verehrt. Eine bemalte Holzstatue aus der Riemenschneider-Werkstatt, um 1510, zeigt ihn so (Karlsruhe, Bad. Landesmuseum). Seine besondere Darstellung (ohne Attribute) findet er 1512 auf Raffaels Sixtinischer Madonna (Dresden, Gem.-Galerie).

Sola, Hl. (5. Dez., Eichstätt). Der angelsächsische Mönch verläßt um 750 seine Heimat, um Bonifatius zu folgen, und wird in Fulda zum Priester geweiht. Auf einem ihm von Karl d. Gr. geschenkten Gelände im Altmühltal läßt er sich 758 als Einsiedler nieder. Er stirbt 790 und vermacht seine Zelle mit allem Zubehör der Abtei Fulda, die hier die Propstei Solnhofen gründete.

Das Pontifikale Gundekars von Eichstätt stellt ihn im späten 12. Jh. als einen der Schutzpatrone Eichstätts in Albe und Glockenkasel mit offener Schriftrolle in der Hand (als sein Testament gedeutet) dar. Ein Wandteppich des frühen 16. Jh. aus Eichstätt (München, Bayer. Nat.-Museum) gibt ihn als Abt in Flocke mit Abtstab und Buch wieder, inschriftlich als »S. Sola, cognatus abbas Sulurnhofen« bezeichnet, doch war er nie Abt.

Sophia, Hl. (15. Mai). Die Legende erzählt, daß die christl. Witwe nach dem Tode ihres Mannes Mailand verläßt und in der Absicht, das Martyrium zu erleiden, mit ihren Töchtern Fides, Spes und Caritas nach Rom geht. Unter Kaiser Hadrian (117–138) angeklagt, werden die Töchter nach vielen Martern hingerichtet; sie selbst stirbt, nachdem sie sie bestattet hat. Ihr Kult ist in Rom im 6. Jh. bezeugt.

Auf symbolische Deutung gründet sich das der Legende entsprechende Spiel der Hrotsvith von Gandersheim (Ende 10. Jh.) mit dem Namen Sophia (griechisch) oder Sapientia (lateinisch) = Weisheit und der (vom 12. Jh. an dann zahlreich vorkommenden) Dreiheit der Töchter als den personifizierten »theologischen Tugenden«: Fides (= Glaube, mit Kelch, Kreuz, Buch, brennender Kerze, weiß gekleidet), Spes (= Hoffnung, mit Anker, grün gekleidet), Caritas (= Liebe, mit flammendem Herzen, rot gekleidet). So erscheinen die drei Tugenden auch bei Dante.

S. als Sapientia wird ebenfalls zu einer personifizierten Tugend, auf → Maria und Tugendkreuz (→ Christus) bezogen, auch als »Dienerin des Logos« in einem Hildesheimer Missale des 12. Jh. dargestellt. Sie bleibt als Vorstellung verbunden mit der größten frühchristl.-byzantin. Kirche, der Hagia Sophia in Konstantinopel.

Erst zu Ende des 15. Jh. entstehen persönlich aufgefaßte Darstellungen der S. als stattlicher Matrone in Zeittracht mit 3 zierlichen Töchtern, z. B. in Eschau (Elsaß), an einem Langhauspfeiler in St. Stephan, Wien u. a. S. gilt als letzte Eisheilige (15. Mai).

Sophonias → Zephania, einer der 12 kleinen → Propheten

Spes → Sophia

Stammbaum Christi oder Wurzel Jesse → Christus

Stanislaus, Hl. (7. Mai / 11. April), Bischof von Krakau. Aus polnischem Adel 1035 geboren, erzogen in Gnesen und Paris, wird S. Priester und Kanonikus in Krakau und übernimmt 1072 dort den bischöflichen Sitz. König Boleslaw II., den er mehrfach wegen Grausamkeit und Unsittlichkeit ermahnt, schließlich mit dem Bann belegt, läßt ihn 1079 während der Messe ermorden. Von Innozenz IV. 1253 kanonisiert.

In Pontifikalkleidung mit Bischofsstab und Buch ist er im 15., 16. und 17. Jh. in Breslau, Gnesen und Krakau dargestellt. Als besonderes Attribut wird ihm ein nur mit einem Tuch verhüllter, aus dem Grabe erstehender Toter beigegeben, den er als Zeuge für einen Rechtsstreit erweckte. Diese Szene zeigt ein Altarflügel vom Anfang 16. Jh. (Breslau, Museum).

Stanislaus Kostka, Hl. (13. Nov., Augsburg, Wien). In Rostkow (Masowien) 1550 geboren, aus einem der ersten Adelsgeschlechter Polens stammend, wird er 1564 mit seinem Bruder Paul zur Ausbildung in ein jesuitisches

Adelskonvikt nach Wien geschickt. Da man Schwierigkeiten mit seinem Vater fürchtet, als er in den Jesuitenorden eintreten will, nimmt man ihn in Wien nicht an. Er flieht nach Dillingen zu Petrus Canisius; dieser prüft ihn und schickt ihn nach Rom, wo er 1567 vom Ordensgeneral Franz von Borja als Novize aufgenommen wird. Er stirbt aber schon 1568 und wurde 1670 selig-, 1726 heiliggesprochen.

In italien. Jesuitentracht mit Talar, breitem Gürtel und Mantel mit steifstehendem Kragen wird er im 18. Jh. abgebildet; er trägt eine Lilie oder das Jesuskind, meist auch einen Wanderstab. Die Lilie ist Zeichen seiner Reinheit, das Jesuskind legte ihm Maria in schwerer Krankheit mit der Aufforderung in den Arm, in den Orden einzutreten. Der Wanderstab deutet auf seinen Weg von Dillingen nach Rom, als er in Deutschland keine Aufnahme fand.

Stephan(us) (französ. Étienne, Cuénin, Stève, Tève, Thévenin; span. Esteban; ung. István)

Stephan I., Papst 254–257, Hl. (2. Aug. / –). Die Legende berichtet, daß S. unermüdlich Heiden bekehrt und christl. Märtyrer bestattet. Da läßt Kaiser Valerian ihn suchen, gefangennehmen und zum Marstempel führen, wo er opfern soll. S. betet, Stücke des Tempels fallen herunter, das Volk flieht, er selbst geht frei zur Begräbnisstätte der → hl. Lucia. Da finden ihn die Häscher und enthaupten ihn am Altar, wie es das Hirs. Pass. des 12. Jh. (23) darstellt. Die Reliquie seines Hauptes wurde in Speyer verehrt; die Tafel eines verschollenen Altars von 1442 aus Maulbronn (das zur Diözese Speyer gehörte) stellt ihn halbfigurig in pontifikaler Kleidung dar (Stuttgart, Staatsgalerie).

Die im Lüb. Pass. des 15. Jh. (4) etwas ausführlicher festgehaltene Legende berichtet weiterhin von der Heilung eines blinden Töchterleins Lucilla und von der Taufe der ganzen Familie. Der dazugehörige Holzschnitt zeigt unzählige, sich zu einem großen Taufstein drängende Menschen, auf die Gewappnete mit Schwertern einhauen; einer von ihnen durchbohrt den vor einem Altar mit erhobenen Händen stehenden Papst.

Stephan, König von Ungarn, Hl. (2. Sept. / 16. Aug., Eisenstadt). Der 969 geborene Sohn des Arpadenfürsten Geisa, um 974 getauft und 995 mit Gisela, der Schwester Kaiser → Heinrichs II., vermählt, übernimmt 997 nach dem Tode seines Vaters die Herrschaft und wird am Weihnachtsfest des Jahres 1001 als erster König von Ungarn gekrönt. Er gibt seinem Reich eine christl. Verfassung, gründet 2 Erzbistümer und 8 Bistümer und stirbt 1038. An der Seite seines Sohnes → Emerich in Stuhlweißenburg begraben, wurde er mit diesem 1083 von Papst Gregor VII. heiliggesprochen.

Er wird in Rüstung und Mantel mit Krone und Reichsapfel, selten mit Zepter, meist mit Kreuz dargestellt, da er das Vorrecht hatte, sich ein Kreuz vorantragen zu lassen: Es weist auf die durch ihn bewirkte Christianisierung Ungarns hin. – Darstellungen im deutschen Bereich sind selten und erst vom späten 15. Jh. an bekannt: Eine Altartafel aus Wiener Neustadt u. eine Statuette am Chorgestühl von 1465 (beide in Wien, St. Stephan) sowie ein Holzschnitt der Sipp-, Mag- und Schwägerschaft Maximilians I. bilden ihn ab.

Stephan Harding, Hl. (17. April / –). Von einer Pilgerfahrt nach Rom nicht in seine englische Heimat zurückkehrend, tritt er in das Kloster Molesmes (Frankreich) ein, zieht mit dem → hl. Robert nach Cîteaux, wo er 1109 Abt wird und dem Zisterzienserorden 1119 die »Charta caritatis« als Verfassung zugrunde legt. Unter ihm tritt 1112 → Bernhard von Clairvaux in den Orden ein. Fast erblindet, legt S. 1133 sein Amt nieder und stirbt 1134. Er wurde erst 1623 heiliggesprochen.

In der ehem. Zisterzienserkirche von Marienfeld stellt ihn eine Altarstatue des 18. Jh. als Abt in Flocke und Kapuze mit Abtstab und Buch dar.

Stephanus, Hl. (26. Dez., Wien), Erzmärtyrer und Archidiakon (Apg. 6 und 7). Als erster zusammen mit 6 anderen Diakonen gewählt und von den Aposteln durch Handauflegung geweiht, wirkt er mit überzeugenden Predigten bekehrend. Wegen Gotteslästerung verleumdet und vor den Hohen Rat gestellt, sehen die Richter wohl sein Antlitz wie das eines Engels strahlen, halten sich aber die Ohren vor seiner flammenden Verteidigungsrede zu, mit der er sein Bekenntnis durch Berufung auf → Moses und die → Propheten ablegt, und verurteilen ihn als Lästerer zur Steinigung. Nach dem Gesetz müssen die Verleumder die ersten Steine werfen; sie ziehen ihre Kleider aus, damit sie nicht durch Berührung verunreinigt würden, und legen sie zu Füßen eines Jünglings, der Saulus heißt (→ Paulus). S. aber sieht den Himmel offen, kniet, seinen Widersachern vergebend, im Gebet nieder und stirbt. Von → Nikodemus und → Gamaliel wird er in einem neuen Grab des Ackers von Gamaliel begraben.

Hier setzen die besonders gefeierten Ereignisse der Legende ein – Wiederfindung, Erhebung und Überführung der Gebeine –, die eine Veränderung des Datums zur Folge haben. Einem Priester Lucianus erscheint z. Z. des Kaisers Honorius um 417 halbwachend dreimal Gamaliel als würdiger Greis im weißen, goldgestickten Gewand; er fordert ihn auf, die Gebeine aus den verwahrlosten Gräbern zu überführen, die an 4 Körben zu erkennen seien: an einem goldenen Korb mit roten Rosen das Grab des S., an 2 weiteren goldenen Körben mit weißen Rosen die Gräber des Nikodemus und des Gamaliel, an einem silbernen Korb mit Safran schließlich das Grab des Sohnes Gamaliels. Lucianus und die Bischöfe von Jerusalem finden die Gräber und bestatten S. in der Zionskirche. – Jahre darauf stirbt ein Senator aus Konstantinopel in Jerusalem und verordnet, neben S. begraben zu werden, dem er eine Kapelle hatte bauen lassen. Als nun dessen Frau nach Konstantinopel zurückkehren und den Sarg ihres Mannes mitnehmen will, verwechselt sie ihn mit dem des S. Auf dem Schiff hört man erst der Engel Gesang, dann aber das Wüten der Dämonen, die dem Schiff Untergang drohen, aber von → Michael, dem Engel des Herrn, in den Abgrund gedrängt werden. Der Sarg des S. wird in Konstantinopel in einer Kirche beigesetzt. – Wieder Jahre darauf wird Eudoxia, die Tochter des Kaisers Theodosius, schwer von Dämonen besessen, die ihr andeuten, nur von S. könne sie geheilt werden. Ihr Vater läßt Eudoxia nach Konstantinopel kommen, dort fordert der böse Geist die Überführung der Gebeine nach Rom. Sie wird 425 ausgeführt, die Heilung erfolgt, und nach etlichen Hindernissen (»der Sarg gab keine Ruhe«) rückt in der Krypta von S. Lorenzo fuori le mura zu Rom der Leichnam des → Laurentius (»der höfliche Spanier«) zur Seite, um S. Platz zur Bestattung zu machen. In der Krypta enthält ein antiker Sarkophag beider Gebeine. Ein Mosaik der unter Papst Pelagius II. (579–590) erweiterten Kirche stellt S. mit Pelagius, Laurentius mit → Hippolytus dar. S. und Laurentius gelten als die Stadtpatrone von Rom.

Seitdem werden die beiden Erzdiakone und Erzmärtyrer häufig zusammen dargestellt. Sie gehören zu den im Mittelalter am meisten verehrten Märtyrern. S. trägt als Diakon Amikt, Albe, Dalmatik, die meist die Stola verdeckt, selten auch Manipel und als Attribut Palme und Buch. Die Steine kommen erst im frühen 13. Jh. dazu (Bamberger Dom, Adamspforte).

Erste deutsche Darstellungen finden sich schon im 9. Jh., u. a. in einem Wandgemälde in Mals (Südtirol). Überaus zahlreiche Wiedergaben in Buch-, Wand- und Glasmalerei folgen: So bringt ein Graduale (Antiphonar oder Tropar) aus Prüm, 993 (Paris, Bibl. Nat.), die Predigt und eine Gamaliel-Szene, ein Echternacher Evangeliar des 11. Jh. (Brüssel, Bibl. Royale) Steinigung und Gamaliel-Szene. Die Gamaliel-Szene ist mit besonderem Nachdruck im Hirs. Pass. und im Zwief. Mart. des 12. Jh. (23,24) dargestellt, wo Lucianus im Bett liegend den mit den 4 Körben erscheinenden Gamaliel schaut.

Spätere Darstellungen der Buch-, Wand-, Glas- und Tafelmalerei bringen hauptsächlich nur noch die Steinigung, manchmal die Predigt bzw. Verteidigungsrede vor dem Hohen Rat. Ein reicheres Szenenbild von Adam Elsheimer (1578–1610) ist neuerdings bekannt geworden (Edinburgh, National Gallery).

Stephaton → Christus (Kreuzigung)

Stilla, Sel. (19. Juli / 21. Juli, Eichstätt), eine Tochter des Grafen von Abenberg/Schwabach, stiftet im 13. Jh. auf einem der väterlichen Burg gegenüberliegenden Hügel eine kleine Marienkirche, in der sie nach ihrem frühen Tode begraben wird. Das Grab blieb Wallfahrtsstätte auch in dem 1482 angeschlossenen Augustinerinnenkloster von Abenberg (Bayern).

Mit langem, gegürtetem Kleid, weit herabhängenden Ärmeln und einem Kirchenmodell stellt sie im 13. Jh. die reliefierte Deckplatte ihres Grabes dar. Darüber an der Wand ein Epitaph von 1680, das sie mit Mantel, Wimpel, Weihel und Schleier als Augustinerin wiedergibt, mit Kirchenmodell und Rosenkranz – doch war sie nie Ordensfrau. Eine ebensolche Darstellung von 1680 auf einer Platte, die ehemals die über ihrem Grabe befindliche Holztumba deckte, befindet sich an der nördl. Außenwand der Kirche.

Sturmius, Hl. (17. Dez. / 16. Dez., Fulda, Mainz), um 710 geboren, erhält seine erste Ausbildung in Fritzlar, schließt sich um 735 Bonifatius an, als dessen Lieblingsschüler der

Eifrige bezeichnet wird. 740 zum Priester geweiht, gründet er 744 mit 7 Gefährten das Kloster Fulda, das 751 dem Hl. Stuhl unmittelbar unterstellt und als Grabstätte des → hl. Bonifatius 754 berühmter Wallfahrtsort und bedeutende Stätte kulturellen Lebens wird. Er stirbt 779 und wird 1139 heiliggesprochen.

Erst im 16. Jh. stellt ihn eine Statue in der Gangolfskapelle von Geisa in Thüringen dar, bekleidet mit Flocke und Kapuze. An der Fassade der Kirche von Zella bei Dernbach trägt er 1730 Regelbuch und Abtstab. In Pontifikaltracht geben ihn die Statue an der Kirchenfassade von Bremen bei Geisa 1730 und eine ebensolche Anfang 17. Jh. am Portal des Abthauses von Kloster Metten (Ndb.) wieder.

Suitbert, Hl. (1. März / 4. Sept., Essen, Köln). In York (England) als Schüler des hl. Egbert ausgebildet, vom hl. Wilfrith 692 zum Missionsbischof geweiht, kommt er mit 12 angelsächsischen Gefährten als Glaubensbote unter dem → hl. Willibrord nach Deutschland und beginnt seine Tätigkeit in dem von den Brukterern besiedelten Bereich an Ruhr und Lippe. Als die einfallenden Sachsen seine Anlagen zerstören, verlegt er seine Tätigkeit auf fränkisches Gebiet und gründet auf der ihm vom Majordomus der Merowinger, Pippin dem Mittleren, und seiner Frau Plektrudis geschenkten Rheininsel das Kloster Kaiserswerth, wo er 713 stirbt.

In pontifikaler Meßkleidung mit Bischofsstab thront er an seinem im 13. Jh. entstandenen Prachtschrein in Kaiserswerth zwischen Pippin und Plektrudis. – Ein Altarflügel aus St. Kunibert in Köln (Erlangen, Univ.-Slg.) gibt ihm um 1530 als Attribut einen Stern in die Hand, der auf die Legende seiner Geburt hinweist: Zwei Strahlen aussendend, stürzt ein Stern vor seiner Geburt auf das Lager seiner Mutter; Bischof Aidan von Lindisfarne deutet ihr den Traum; der Knabe, der zur Welt käme, sei berufen, in 2 Ländern – Gallien und Germanien – zu wirken.

Sunniva, Hl. (8. Juli / –), eine irische Königstochter, die nach dem Tode ihres Vaters die Herrschaft übernimmt. Ein heidnischer König, dessen Heiratsantrag sie ausschlägt, bedroht sie mit Krieg. Sie entflieht mit wenigen Getreuen auf einem Schiff ohne Segel und Steuer. Das Fahrzeug landet auf der Insel Selje vor der norwegischen Küste; S. findet Zuflucht in einer Felsenhöhle, die aber auf ihr Gebet hin einstürzt, als König Håkon (962–995) sich S. bemächtigen will, nachdem die Bewohner des nahen Festlandes sie der Räuberei bezichtigt hatten. Ihr Leichnam wird 996 von Olaf Trygveson gefunden und in einer auf der Insel erbauten Kirche beigesetzt, 1179 in den Dom von Bergen übertragen.

Mehrere Darstellungen aus meist deutschen (Lübecker) Werkstätten des 15./16. Jh. zeigen S. als gekrönte Jungfrau in faltigem Mantel über gegürtetem Kleid mit je einem Felsblock im Arm und zu Füßen: Beispiele in den Sammlungen von Bergen, Trondheim und Oslo. In Lübeck zeigt sie ein Relief am Bergenfahrer-Gestühl in der Marienkirche, Ende 15. Jh. Auf dem Tafelbild im Museum von Stralsund, 1420, liegt ein Anker auf ihrem Felsblock.

Susanna → Daniel

Suso, Heinrich → Seuse

Sylvester → Silvester

Symphorosa, Hl. (18. Juli / –), eine Römerin, die nach dem Märtyrertod ihres Mannes Getulius mit ihren 7 Söhnen angeklagt und unter Kaiser Hadrian (117–138) in Tivoli für den Glauben getötet wird.

In zeitentsprechender Tracht des beginnenden 16. Jh. ist sie auf einem Flügel des Thomas-Altars vom Bartholomäus-Meister um 1500 in Grisaillemalerei dargestellt (Köln, W.-R.-Museum), sie trägt die Märtyrerpalme, ebenso die kleinen, um sie gedrängten Gestalten der Söhne, die in langen Röcken und Mänteln teils mit Hut, Mütze oder Barett unterschiedlich bekleidet sind. Als spätes Zeugnis ihrer Verehrung ist ein Gemälde des 19. Jh. aus der Nazarener-Nachfolge zu nennen, die Darstellung der S. mit ihren Söhnen vor Hadrian im St.-Arbogast-Kirchlein von Ballrechten-Dottingen bei Staufen im Breisgau.

Synesius → Theopompus

T

Tabitha (Tabea), von → Petrus erweckte Jüngerin aus Joppe (Apg. 9,36–42). Die Szene ist dargestellt von Masolino und Masaccio in S. Maria del Carmine in Florenz, 1427/28.

Tabra und Tabrartha → Theonestus

Teufel (Diabolus), der Versucher, der beim Sündenfall → Adams und Evas schon in frühchristl. Darstellungen als Schlange erscheint. Mit Menschenkopf ist er zuerst 1181 auf den Emailtafeln von Klosterneuburg (39) dargestellt. Den Bildern des → Sechstagewerks vorausgehend, wird er in der Buchmalerei des 12. Jh. als stürzender → Luzifer zu der Tier-Dämonen-Gestalt: bärenhaft, mit Rüssel, Klauen (Huf = Teufelsfuß!), Hörnern und gesträubten Haaren. So zeigt ihn die mittelalterl. Kunst meist allgemein als T., ohne Unterschied zu → Satan, und in Bildern der → Apokalypse, bei Versuchung Christi und Niederstieg zur Hölle (→ Christus), beim Jüngsten → Gericht, gelegentlich auch als Affe wiedergegeben. Als Drache steht ihm → Satan gegenüber. Bei Matth. 12,24 ist er als »Beelzebub, der Teufel Oberster« bezeichnet, Juliana ruft er zu: »Ich bin ein Teufel, von meinem Vater Beelzebub gesandt.« Namen wie Beelphegor, Belial u. a. kommen besonders in den Spielen des 15. Jh. vor, z. B. im Redentiner Osterspiel von 1464, wo ganze Scharen von Teufeln auftreten, ebenso in der Dichtung »Des Teufels Netz« von 1441. Bildlich sind dann Teufelsscharen in den → Antonius-Darstellungen von Schongauer (Kupferstich, um 1470) und von Mathis Nithart Gothart (Isenheimer Altar, 1512–16) drastisch in vielfältigster Weise charakterisiert. Der »Streit Christi mit dem Belial« in der Übersetzung des Nikolaus von Rohrbach, 1461 (nach Jacobus de Teramo, 1349–1415, »Litigatio Christi cum Belial«) enthält in den Federzeichnungen (München, Bayer. Staatsbibl.) weitere Teufelsgestalten.

Thaddäus → Judas Thaddäus

Thebäische Legion, eine Abteilung röm. Legionäre von 318 Mann, die in Köln um 300 unter ihrem Anführer → Gereon mit seinen Gefährten → Kassius und → Florentius als Christen enthauptet werden. Über ihren Gräbern errichtete nach der Legende die Kaiserin → Helena den Urbau von St. Gereon zu Köln.

Eine andere, ebenfalls aus Christen bestehende Abteilung unter → Mauritius, → Exuperius, → Kandidus und → Viktor wurde 302 auf Befehl Maximians in Agaunum (dem späteren Kloster St-Maurice d'Agaune, Wallis) durch Dezimierung aufgerieben. Beide Legionen waren aus Theben = Thebais, der röm. Provinz in Ägypten, herangezogen worden.

Thekla, Hl. (23. Sept.), eine schöne, vornehme Jungfrau, die → Paulus in Ikonium, im Hause des Aniseferus, predigen hört. Sie bekehrt sich unmittelbar und wird von Paulus getauft. Mit besonders feinen Einzelheiten wiederholt die mittelalterl. Legende (Leg. Aur. und Lüb. Pass.) den frühchristl. Bericht der »Acta Pauli et Theclae«: T. verweigert ihrem Verlobten die Ehe; dieser und ihre eigene Mutter zeigen sie dem die Christen verfolgenden Statthalter an. Sie wird zum Feuertod verurteilt, aber ein Regen löscht die Flammen, ein Erdbeben läßt alle Umstehenden von der Unversehrten fliehen. In Männerkleidern folgt sie dem gegeißelt aus der Stadt vertriebenen Paulus nach Antiochia, wo sich ein Jüngling Alexander um sie bewirbt. Wieder verweigert sie die Ehe, wird angezeigt und wilden Tieren vorgeworfen. Eine Löwin legt sich ihr zu Füßen, wehrt andere Tiere ab, zerreißt einen Bären, und als eine grimmige Löwin auf sie gehetzt wird, zerfleischen sich beide Tiere. T. wird in ein Wasser voll grausiger Tiere geworfen, aber Frauen (T. ist inzwischen von der »Muhme des Kaisers«, Triphemia, adoptiert worden) schütten den Tieren betäubende Würzen und Salben ins Wasser; T. entsteigt unbeschädigt. Abermals gebunden und in ein Feuer gestellt, verbrennen nur die Fesseln; die Kaisermuhme fällt bei diesem Anblick in Ohnmacht, Alexander und der Richter fürchten daraufhin des Kaisers Unwillen und lassen T. frei. Nochmals bricht sie in Männerkleidern zur Nachfolge des Paulus auf, aber er schickt sie »erschrekkend« nach Ikonium zurück, wo sie Mutter, Freunde und alles Gut verläßt, fromme Jungfrauen um sich versammelt und selbst predigt. In Armut tritt sie mit 91 Jahren die himmlische Reise an.

Die kirchlichen Sterbegebete rufen sie namentlich an; im Malerbuch gilt sie als die erste, die ›Erzmärtyrerin‹, und soll in einem Felsen, der sich für sie öffnete, gestorben sein. Eine Wandmalerei des 4. Jh. bildet sie in El Bagouat (Ägypten) ab, ein Mosaikmedaillon des 6. Jh. in Parenzo (Istrien). – Im 12. Jh. steht sie an der gemalten Decke des Kapitelsaals von Brauweiler neben Daniel, von Löwen umgeben. Das Hirs. Pass. des 12. Jh. (23) läßt sie zwischen den Flammen zweier Holzstöße stehen, die ein kleiner Scherge mit einem Blasebalg anfacht; daneben sitzt sie mit der sich an sie schmiegenden Löwin; darunter zerreißen sich die beiden Tiere. – Erst gegen Ende 15. Jh. folgen weitere Darstellungen: Auf einer Tafel im Klerikalseminar zu Freising hält T. 2 Löwen gebändigt an einer Kette. Andere Werke geben die Flammen, die sich anschmiegende Löwin oder den anspringenden Bären wieder. Ihre Schnitzfigur im Altar des Wolfskehlmeisters (Darmstadt, Hess. Landesmuseum) um 1500 steht auf einem Löwen, trägt Palmzweig und ein Tierhaupt. Ganz besonders reizvoll erscheint T. auf Holbeins d. Ä. Spitzbogentafel von 1504 (Augsburg, Staatsgalerie): Der Predigt des Paulus zuhörend, sitzt sie von rückwärts gesehen in der Bildmitte, die Lehne ihres Stuhles trägt die Inschrift »Thecl«. – Einige Altarfiguren des 18. Jh. stellen sie wieder einzeln dar: Landshut, Dominikanerkirche 1750, Maria Bühel bei Salzburg 1769, ein Stuckrelief in Buchau/Federsee aus der letzten Zeit des Jakob Willibald Ruez (1728–82). – Großartige Folgen aus ihren Legenden füllen den Alabaster-Hochaltar von 1426 in Gerona (Spanien).

Theklanus → Anianus

Theobald (französ. Thibault, Thiébault, Ubald; italien. auch Ubaldo), Hl. (1. Juni / 30. Juni). Der Sohn eines Adelsgeschlechts der Champagne, um 1033 geboren, zieht aus, um ein Einsiedlerleben in Bettingen (Luxemburg) zu führen. Im Anschluß an eine Wallfahrt nach Compostela und Rom bleibt er auf dem Rückweg in einem ehemals Salanigo genannten Ort bei Vicenza als Einsiedler, wird Priester, schließt sich dort 1056 den Kamaldulensern an und stirbt 1066. Mit **Ubaldus**, dem 1166 gestorbenen Bischof von Gubbio verwechselt, vermischt sich die Legende der beiden Heiligen in der Gründungsgeschichte des Münsters von Thann (Elsaß): Der Diener des Ubaldus nimmt nach dem Tode seines Herrn als Reliquie ein Stück des Daumens und verwahrt ihn in seinem Pilgerstab. Im Walde bei Thann erschöpft eingeschlafen, kann er erwachend den Stab nicht von 3 Tannen lösen, an die er ihn angelehnt hat. An ihrem Wipfel erglänzt ein Licht, das der Burgherr Engelhard von der nahen Engelburg aus sieht. Er kommt herunter und erkennt, daß hier eine Kirche für das Heiltum gegründet werden soll. Eine Wallfahrtskapelle entsteht unmittelbar darauf. Doch kamen Reliquien erst im 14. Jh. nach Thann in die 1307 begonnene Wallfahrtskirche, deren heutiger Bau nicht vor dem Beginn des 16. Jh. vollendet wurde. Über der Rose der Fassade und auf dem Bogenfeld der angebauten T.-Kapelle ist T. mit

2 Pilgern als Bischof dargestellt. Ein Turmreliquiar des 14. Jh. enthält die Daumenreliquie, ein kostbarer Reliquienschrein des 15. Jh. die Sandalen des Heiligen. Mit 2 Stiftern (Pilgern?) zeigt ihn sitzend eine Holzskulptur um 1450. Prächtiger gibt ihn eine andere Holzfigur von 1510 mit Bischofsstab, die Mitra von Engeln über dem Kopf gehalten, wieder.

Theobald der Kamaldulenser war nie Bischof, Thiébaut-Ubaldus bleibt Patron von Thann. Die Legende von der Daumenreliquie ist auf einem volkstümlich geschnitzten und bemalten Schrein in der T.-Kapelle dargestellt. Eine Theobald-Statue von 1519 blieb in der Stadtkirche von Wimpfen am Berg erhalten, weitere Beispiele in Bayern und Österreich geben teilweise den Priester, teilweise den Bischof wieder.

Theodor (französ. auch Theudère, Thiers, Chef; italien. auch Todaro; russ. Fjodor, Fedja)

Theodor (Theodul, Thioder = Joder), Hll. (16. Aug., Basel, Chur, St. Gallen, Sitten). Drei gleichnamige Bischöfe von Sitten werden gemeinsam kultisch verehrt, ohne daß entschieden werden kann, welcher jeweils gemeint ist. Der 1., um 350 Bischof von Sitten, wird 381 auf der Synode von Aquileia erwähnt; der 2. nahm 519 an der Synode von Agaunum teil, unter ihm wurde dort von → Sigismund, dem hl. Burgunderkönig, die Abtei St-Maurice über den Gräbern des Märtyrers → Mauritius und seiner Legion gegründet; der 3. soll 805 von Karl d. Gr. die weltliche Herrschaft über das obere und untere Wallis erhalten haben.

Aus dem Ende des 15. Jh. und Anfang des 16. Jh. sind zahlreiche Darstellungen erhalten: Sie zeigen einen Bischof in Pontifikaltracht mit Bischofsstab und Buch, dazu mit Schwert, Traube, Glocke oder Teufel mit Glocke und sind mit einem der Namen bezeichnet. Das Schwert weist auf die richterliche Gewalt hin, die Traube auf das Patronat der

Winzer: Bei Mißernten forderte T. die Winzer auf, ihm die leeren Fässer zu bringen; er legte in jedes Faß eine Beere – und die Fässer füllten sich. Eine Glocke aber hatte er in Rom vom Papst als »Wetterglocke« erhalten; ein Teufel, den er einem Besessenen ausgetrieben, mußte sie ihm nach Sitten tragen. Von dieser Sittener Wetterglocke wurden kleine Partikel entnommen und dem Guß weiterer Wetterglocken zugesetzt, damit die Fürsprache des T. beim Läuten vor einem drohenden Wetter hilfreich sein könne. Als Patron der Weingärtner ist T. auf dem rechten Innenflügel des Maulbronner Altars von 1432 (Stuttgart, Staatsgalerie) mit »yod« (= Jodes) bezeichnet. Von den zahlreichen gegen Ende 15. Jh. entstehenden Werken seien die Predella des Altars von Hausen, 1488 (Stuttgart, Württ. Landesmuseum), und der (nicht erhaltene) Schlußstein der Stuttgarter Stiftskirche genannt, ferner Figuren mit Traube auf dem Buch und Glocke zu Füßen in Bihlafingen (Württ.) und im Diözesanmuseum von Rottenburg/Neckar.

Theodor, Hl. (– / 9. Nov.). Der legendäre Bruder des → hl. Georg wird in der Verehrung mit einem Märtyrer identifiziert, dem im 4. Jh. in Konstantinopel eine Kirche geweiht wurde. Er ist vermutlich gemeint mit der Statue eines jugendlichen Kreuzzugritters am Südquerhaus der Kathedrale von Chartres und ebenfalls mit der Figur auf der Säule der Piazzetta in Venedig, wo ihm ein Drache bzw. Krokodil beigegeben ist (die Statue stammt eigentlich aus der Zeit Kaiser Hadrians, 117–138 n. Chr., und soll Mithridates d. Gr., 122–63 v. Chr. König von Pontos, dargestellt haben, ehe sie verändert und ergänzt wurde).

Theodulos, röm. Märtyrer, → Eventius

Theonestus, Tabra und Tabrartha, Hll. (30. Okt. / 27. Juni, München). Theonestus, Bischof von Philippi, wird mit seinen Diakonen Tabra, Tabrartha und → Alban vertrieben, kommt mit diesen über Rom zum → hl. Ambrosius nach Mailand, zieht weiter zum Burgunderkönig → Sigismund und von da nach Trier und Mainz, um überall die Arianer zu bekämpfen. Während Alban in Mainz von Arianern ergriffen und enthauptet wird, fliehen Theonestus, Tabra und Tabrartha nach Oberitalien, wo sie aber ebenfalls von Arianern gefangengesetzt und enthauptet werden.

Tafeln eines Altars in Kirch-Brombach (Hessen) geben Anfang 16. Jh. Teile der Legende wieder: Die Predigt und Enthauptung des Theonestus, der, sein Haupt in Händen, dem Ort zustrebt, an dem er begraben sein will; Tabra wird enthauptet, Tabrartha zur Enthauptung vorbereitet. Obwohl die beiden letzteren nie Bischöfe waren, sind alle drei im Schrein des Altars in Pontifikalkleidung mit Mitra, Buch und Bischofsstab dargestellt.

Theophilus, Vicedomus (ohne Tag). Er verwaltet in Sizilien die Kirchengüter des Bischofs von Adana. Dessen ungerechter Nachfolger bringt T. um seine Stellung. T. erliegt der Versuchung und bittet einen jüdischen Zauberer um Rat. Dieser beschwört einen Teufel; T. verschreibt ihm seine Seele, sagt der Madonna und dem Christentum ab und wird schon am nächsten Tage wieder in Amt und Würden eingesetzt. Gewissensbisse bringen ihn aber zu tiefer Reue und zu büßendem Leben. Auf seine inständigen Gebete hin erscheint ihm schließlich mehrfach die Madonna und legt ihm nachts die Teufelsverschreibung auf die Brust. T. kann sie ergreifen und verbrennen, bekennt sich dem Bischof und stirbt nach 3 Tagen »selig«. Selig- oder heiliggesprochen wurde er nicht.

Von Hrotsvith von Gandersheim (930–968) dichterisch, im Matutinale von Scheyern zw. 1206 und 1225 mit Federzeichnungen, in einem Fenster der Kathedrale von Chartres um 1200 mit den Mitteln der Glasmalerei, am Türsturz der »Porte du cloître«, des nördl. Querhausportals von Notre-Dame in Paris, um die Mitte des 13. Jh. plastisch dargestellt, sind auch andere Wiedergaben und v. a. Spiele bekannt. Die Leg. Aur. (3) nennt T. bei Marienwundern.

Theopompus (Theopemptus), Hl. (3. Jan. / –), **und Synesius,** Hl. (3. Jan. / 12. Dez.). Der Bischof T. von Nikomedia soll von dem Zauberer Synesius auf Befehl Kaiser Diokletians um 284/85 mit vergifteten Speisen getötet werden oder dem Christentum entsagen. Das Gift kann T. nichts anhaben, Synesius – vorher Theonas genannt – läßt sich daraufhin taufen. Nach zahlreichen vergeblichen Torturen wird T. enthauptet, S. lebend begraben.

Ein Altarflügel, Anfang 16. Jh. (Konstanz, Rosgarten-Museum), bildet T. als Bischof in Pontifikalkleidung, S. als vornehmen Laien ab; der halb bekleidete Knabe an der Hand des T. ist aus der Legende nicht zu begründen; der Stier neben S. weist auf dessen Zauberkunst hin: Er soll durch Worte, die er einem Stier ins Ohr flüsterte, diesen in 2 Teile gespalten haben (vgl. die entsprechende Zaubererlegende bei → Silvester).

Theresa von Avila, Hl. (5. Okt. / 15. Okt.). Die 18jährige tritt, als jüngste von 11 Geschwistern 1515 in Avila (Spanien) geboren, in das dortige Karmeliterinnenkloster ein. Mit höchster Standhaftigkeit überwindet sie schwere Krankheiten, Schmerzen und seelische Prüfungen, löst sich immer mehr vom irdischen Sein, um den Weg innerer Vollkommenheit zu beschreiten. Ihre Schriften bezeugen sie als eine besonders erleuchtete Mystikerin. Unter größten Schwierigkeiten führt sie 1560 die Reform des Karmeliterordens durch, stirbt 1582 in Alba und wird 1622 heiliggesprochen.

In Deutschland nur gelegentlich ohne besondere Attribute als Karmeliterin mit Skapulier, Mantel, Wimpel, Weihel und Schleier dargestellt, verherrlicht sie v. a. Berninis

Marmorgruppe von 1644 in S. Maria della Vittoria zu Rom, einer ihrer Visionen entsprechend in äußerster Verzückung, mit dem Engel, der einen Pfeil auf ihr Herz richtet.

Thomas (italien. Tommaso, Maso; span. Tomé; niederl. Maes)

Thomas, Hl. (21. Dez. / 3. Juli), einer der 12 → Apostel, tritt erst bei Joh. 20,24–29 besonders hervor. Er ist der »Zwilling«, der beim ersten Erscheinen des Auferstandenen im Jüngerkreis nicht zugegen war, der »Zweifler«, den der Auferstandene 8 Tage später auffordert: »Reiche deine Finger und siehe meine Hände, reiche deine Hand und lege sie in meine Seite.« Die vielfach bedeutsam dargestellte Szene, wie sie schon der Echternacher Meister um 990 auf einer Elfenbeintafel wiedergibt (Wien, Slg. Figdor), gestaltet der sog. Bartholomäus-Meister 1501 auf der Mitteltafel seines Thomas-Altars mit der gewaltsamen Realität seiner Zeit (Köln, W.-R.-Museum).

Die Attribute für den fast nur in den Apostelreihen Dargestellten ergeben sich aus den Legenden, die auf den apokryphen T.-Akten beruhen. Christus erscheint ihm und fordert ihn auf, dem Boten des Königs Gundoforus (Gundisar) nach Indien zu folgen, da der König den besten Baumeister suche, um sich einen Palast nach röm. Bauweise errichten zu lassen. T. wird mit Abbanes, dem Boten, unterwegs veranlaßt, an der Hochzeit einer Königstochter teilzunehmen; eine hebr. Musikantin wiederholt für T. einen Hymnus in seiner Sprache, worauf der Mundschenk T. ohrfeigt. T. prophezeit die eintretende Strafe: Löwen zerreißen den Mundschenk am Brunnen, ein Hund bringt die Hand, die den heiligen Glaubensboten geschlagen hat. Das Brautpaar bekehrt sich und wird gesegnet. Bei Gundoforus angelangt, zeichnet T. diesem einen Palast, erhält große Schätze zum Bau, verteilt diese aber während der Abwesenheit des Königs an die Armen, predigt und bekehrt Unzählige. Dem zurückgekehrten empörten König, der T. in den Kerker wirft, erscheint sein vor kurzem verstorbener Bruder, erklärt ihm, T. habe für ihn den prächtigsten Palast im Jenseits errichtet, worauf Gundoforus sich bekehrt und T. in fernere indische Gebiete ziehen läßt. Vornehme Frauen eines Herrscherhauses werden von T. bekehrt, der König aber läßt ihn gefangensetzen, vielfältig martern und will ihn zum Opfer vor dem Sonnengott zwingen. T. spricht den im Standbild verborgenen Teufel an, das Bronzewerk zerschmilzt wie Wachs, der außer sich geratene Oberpriester durchbohrt T. mit seinem Schwert, doch läßt ihn der König ehrenvoll begraben. Nach anderen Legenden durchzieht T. noch weitere Länder, bis er von feindlich Gesinnten mit Lanzen durchstochen wird. Auf → Johannes Chrysostomus soll die Erzählung zurückgehen, daß T. die Hll. Drei Könige getroffen und sie getauft habe.

In der »Vita et passio apostolorum«, einer Prüfeninger Handschrift von 1170/80 (München, Bayer. Staatsbibl.), wird der erste Abschnitt der Legende ausführlich in teilweise lavierter Federzeichnung wiedergegeben. Im Hirs. Pass. und im Zwief. Mart. des 12. Jh. (23,24) packt der erboste Oberpriester T. am Bart und durchbohrt ihn mit dem Schwert. Entsprechend ist das Schwert Attribut an den Schreinen des 12. und frühen 13. Jh. (Köln, Dreikönigsschrein, 1185; Aachen, Marienschrein, 1235). Vom späten 13. Jh. an geben die meisten Darstellungen ihm die Lanze; daneben setzt sich aber das Winkelmaß des »Architekten« durch, wie meist auf den Predellen mit den 12 Aposteln. Seltener sind T. im Mantelbausch getragene Steine beigegeben oder ein Steinwürfel, der ihn auch als Baumeister bezeichnen soll (aufgemalt am steinernen Taufbecken von 1367 in der Johannes-Kirche zu Schweinfurt).

Die Charakterisierung als »Zweifler« läßt T. in späteren

Legenden skeptisch prüfend erscheinen, wie in der »Gürtelspende«. Auch hier ist T. bei der Himmelfahrt Mariä nicht von Anfang an mit den Aposteln am Sarkophag vereint, zweifelt ihren Bericht an und erlebt, als er nach 3 Tagen verlangt, das leere Grab zu sehen, eine Erscheinung der Maria, die ihm ihren Gürtel reicht – eine in der italien. Kunst vom 15. Jh. an häufige Darstellung. Nach Kreuzfahrerberichten kam der Gürtel nach Italien und wird seit 1365 im Dom von Prato als noch vorhandene Reliquie verehrt.

Thomas von Aquino, Hl. (7. März / 28. Jan.). Der berühmte Scholastiker des 13. Jh. wird 1225 in Roccasecca (Kampanien) geboren und schon mit 5 Jahren als »Oblate« (gottgeweihtes Kind) in das Kloster Montecassino gebracht, 1236 zur weiteren Ausbildung nach Neapel geschickt. Dort tritt er 1243 in den Dominikanerorden ein, studiert 1244–48 in Köln, der neu gegründeten Universität, bei → Albertus Magnus. Mit philosophisch-theologischen Vorlesungen beginnt er 1252 die eigene Lehrtätigkeit in Paris. Die Abfassung des bedeutendsten Werkes seines umfangreichen Schrifttums, der »Summa Theologiae«, fällt in die folgenden Jahre. Als er 1274 zum Konzil nach Lyon berufen wird, stirbt er unterwegs im Zisterzienserkloster Fossanova; legendäre Gerüchte sprechen von Vergiftung. T. wurde 1323 heiliggesprochen, 1567 zum Kirchenlehrer, 1850 zum Patron aller katholischen Schulen und seine Lehre, der »Thomismus«, 1879 zur offiziellen Philosophie der Kirche erklärt.

Namhafte deutsche Darstellungen zeigen ihn um 1500 als Dominikaner mit Skapulier, Kappa, Kapuze, eventuell auch Birett. Als ständiges Attribut hält er ein Buch; besonders bezeichnet ihn ein Stern, Edelstein oder eine Strahlensonne auf der Brust (nach der Vision des Albertus Mandecasinus 1314; auch ein Klosterbruder sah öfter einen Stern über seinem Haupt). Kelch oder Monstranz in seinen Händen weisen auf die von seiner innigen Frömmigkeit erfüllten Hymnen und das Fronleichnamsoffizium hin, das er verfaßte. Eine Taube auf seiner Schulter bezeugt die übernatürliche Erleuchtung des »Doctor egregius« und »Doctor eximius«, eine Lilie gilt der Bezeichnung »Doctor angelicus«, mit der seine Zeitgenossen ausdrückten, daß ein Engel in ihm denke und seine engelgleiche Reinheit bestärke. Liegen Mitra und Bischofsstab zu seinen Füßen, so geben sie an, daß er alle Würden ablehnte, nach dem Tode aber zum Bischof von Umbrien erklärt wurde.

Auf seine ausführliche Legende beziehen sich seltene Darstellungen: Am Wismarer Thomas-Altar (1510) ist er im Schrein mit dessen Patronen, dem Apostel → Thomas und dem Bischof → Thomas Becket von Canterbury, wiedergegeben. Auf den Flügeln des gleichzeitigen Lübecker Altars (Lübeck, Annenmuseum) ist er Zuhörer des Albertus Magnus in Köln, Lehrer in Paris (bischöflich gekleidet); eine weitere Tafel zeigt, wie er die von böswilligen Brüdern in seine Zelle gesandte schalkhafte Jungfrau vertreibt und um Keuschheit betet.

Größere Werke der italien. Malerei zeigen ihn auf der Tafel des Traini in S. Caterina zu Pisa, 1344, umgeben von Kirchenvätern, Heiligen und Propheten, unter seinen Füßen den arabischen Gelehrten Averroës, dessen Lehre und Aristoteles-Auslegung T. bekämpfte. Die Verherrlichung seiner Verdienste um den Dominikanerorden und die Kirche stellen die Fresken des Andrea da Firenze 1365 in der Spanischen Kapelle von S. Maria Novella zu Florenz dar, seine Disputatio Filippo Lippi 1488/89 in S. Maria sopra Minerva in Rom. Ein Altarwerk des Carpaccio von 1507 (Stuttgart, Staatsgalerie) läßt ihn erhöht zwischen dem → hl. Markus und → Ludwig von Toulouse thronen, über ihm die Madonna und Engel mit dem »Cingulum«, dem Zeichen der Selbstbeherrschung und einer Anspielung auf die Gürtellegende seines Namenspatrons.

Thomas Becket von Canterbury, Hl. (29. Dez.). In London 1118 als Sohn des Kaufmanns Gilbert Becket geboren, in Oxford, Paris und Bologna ausgebildet, tritt er in den Verwaltungsdienst des Erzbischofs Theobald von Canterbury ein, wird von ihm zum Priester geweiht und zu seinem Archidiakon ernannt. König Heinrich II. macht ihn 1155 zu seinem Lordkanzler; 1162 wird T. Erzbischof von Canterbury. Als heftige Streitigkeiten um die Rechte der Kirche ihn mit dem König entzweien, muß er 1164 nach Frankreich fliehen. Zum Martyrium bereit, das ihm ein Gesicht offenbart, kehrt er zurück und wird – nicht ohne Wissen des Königs – 1170 von 4 Rittern in der Kathedrale von Canterbury vor dem Altar getötet, indem sie ihm die Mitra – »die heilige Krone mit der priesterlichen Platte (= die Schädeldecke) – abschlagen. Seine Heiligsprechung fand schon 1173 statt.

Erste Darstellungen seiner Legende entstanden 1227 in dem ihm geweihten Teil des Braunschweiger Domes (stark übermalt und ergänzt). Andere Legendenszenen sind um 1500 auf Tafeln des Thomas-Altars von Wismar dargestellt; sie enthalten die Reue des Königs am Grabe und andere Szenen. Im Schrein ist er neben → Thomas von Aquino und dem Apostel → Thomas in Pontifikaltracht mit Bischofsstab und Kirchenmodell wiedergegeben. Mit Palme und Stab steht er neben den Eichstätter Hll. → Richard, → Willibald und → Wunibald auf dem Flügel des Silberaltars von Jörg Seld (München, Wittelsbacher Ausgleichsfonds). Bekannter sind die beiden erhaltenen Tafeln Meister Franckes vom Englandfahrer-Altar 1424 aus der ehem. Johannes-Kirche in Hamburg (Hamburg, Kunsthalle). Sie geben eine dramatische Einzelheit seiner Flucht wieder (nach unbekannter Legende): Mit dem abgehauenen Pferdeschwanz in der Hand bleiben die Verfolger zurück. Zusammenbrechend, blutüberströmt, kniet er auf der 2. Tafel, hinter ihm stecken die Mörder ihr Schwert in die Scheide, trauern entsetzte Geistliche, am

Boden liegt die Mitra mit der Schädeldecke. Nach einem Stich von 1829 waren noch weitere Tafeln vorhanden und zeigten Bischofsweihe und Reue des Königs am Grabe.

Thomas von Villanova, Hl. (18. Sept. / 22. Sept.). Bei Villanova (Spanien) 1488 geboren, wird er 1514 Professor der Philosophie in Salamanca, zieht sich 1516 als Augustinereremit zurück, wird aber dann 1520 Priester und 1544 Erzbischof von Valencia. Seine wirkungsvollen Predigten und seine außergewöhnliche Wohltätigkeit tragen ihm den Namen »Apostel Spaniens« ein, als er 1555 stirbt.

Erst Mitte 17. Jh. heiliggesprochen, sind Darstellungen in Deutschland nicht vor dem 18. Jh. entstanden. Eine Altarfigur in der ehem. Augustinerkirche von Triefenstein (Ufr.) zeigt ihn in Talar, Mozzetta und Rochett, mit Bischofsstab und einem neben ihm knienden Bettler.

Throne → Engel (Hierarchie)

Tiburtius, Hl. (ohne Tag). Als sein Vater, der röm. Präfekt Chromatius, durch die Taufe von seinem schweren Gichtleiden befreit wird, läßt auch T. sich bekehren, wird angezeigt, muß über glühende Kohlen schreiten und wird enthauptet.

Eine Figur am Hochaltar von St. Jakob in Straubing stellt ihn in ritterlicher Rüstung mit Schild und Lanze dar (Ende 15. Jh.). Ähnlich zeigt ihn eine Monstranzstatuette ebenda (1623). Die Brunnenfigur auf dem Theresienplatz von Straubing (1685) gibt T. als antik vorgestellten Krieger.

Tiburtius → Cäcilia

Timotheus, Hl. (24. Jan. / 26. Jan.), wie → Titus ein Schüler des → hl. Paulus, der 2 seiner Briefe an ihn richtete, und erster Bischof von Ephesus. Unter Nero schwer gemartert, wird von Engeln getröstet, sieht den Himmel offen und die Märtyrerkrone, die Christus ihm bereithält. – Im Hirs. Pass. des 12. Jh. (23) schlägt ein Scherge auf den halb Entkleideten ein, zu dem 2 große Engel mit tröstlichen Gebärden treten.

Titus, Hl. (6. Febr. / 26. Jan.). Schüler des → hl. Paulus, erster Bischof von Kreta. Er bringt durch sein Wort einen heidnischen Tempel zum Einsturz. Legenden lassen ihn aus Gortyn stammen, wo der Rest einer ihm geweihten byzantin. Basilika des 6. Jh. steht. Himmlischer Glanz erleuchtet sein Antlitz, als er stirbt. – In einer rheinischen Handschrift des 9. Jh. zeigt ihn eine Federzeichnung zusammen mit Paulus (Düsseldorf, Landes- und Stadtbibl.).

Tobias. Die in die apokryphen Schriften des AT aufgenommene Erzählung spielt in Mesopotamien, als Salmanassar (727–722 v. Chr.) die Deportation des israelitischen Zehnstämmereichs nach Assyrien durchgeführt hatte. Des jungen T. frommer, unentwegt für seine Mitgefangenen tätiger Vater, der ebenfalls Tobias heißt, begräbt heimlich die von den Machthabern Erschlagenen. Ermüdet lehnt er an einer Hauswand, als ihm Schwalbenkot auf die Augen fällt und er erblindet. Hanna, seine Frau, ernährt die Familie durch Spinnen und erwirbt eine Ziege, deren rechtmäßigen Kauf Tobias, der Vater, anzweifelt. In dieser Not will er seinen Sohn zu einem Verwandten wandern lassen, dem er gegen einen Schuldschein geholfen hatte. Ein Wandergesell, den er sich suchen soll, erscheint wie von ungefähr – es ist → Raphael, der von Gott gesandte Erzengel. Mit ihm und seinem Hündlein macht sich T., der Sohn, auf den Weg. Ein riesiger Fisch erschreckt ihn, als er sich am Tigris die Füße waschen will. Durch seinen Gesellen ermutigt, packt er ihn an den Flossen; sie zerteilen und essen den Fisch; dann nimmt T. auf Raphaels Rat Galle, Leber und Herz heraus, da diese sich als Medizin erweisen würden. Bei den Verwandten angelangt, muß T. 3 Nächte die Fischleber auf Kohlen legen und im Gebet bei der Tochter Sara verharren, der siebenmal ein böser Geist den Verlobten getötet hat. Diesen »Asmodi« verbannt Raphael in die »oberste Wüste« von Ägypten. Von allen bösen Geistern befreit, wird Sara die Braut des T. und soll ihm mit Vieh und Gesinde nachfolgen, nachdem T. auch das Geld für den Schuldschein erhalten hat. Vom nahen Hügel aus sieht die ungeduldig wartende Mutter endlich T. kommen, das schweifwedelnde Hündlein vorauseilen. T. tritt ein und heilt den Vater mit der Fischgalle. Als sie den Gesellen belohnen wollen, offenbart sich dieser: »Ich bin Raphael, einer von den sieben Engeln, die vor dem Herrn stehen.«

Zahlreiche typolog. Gegenüberstellungen benutzen Beispiele aus der Tobias-Erzählung: Zum 4. Gebot, zur Blindenheilung u. a. in den Armenbibeln und im Speculum vom 14. Jh. an (8). – Vielfach ist der mit dem Erzengel Raphael wandernde T. in der italien. Malerei vom 15. Jh. an zu finden; immer wieder hat sich Rembrandt mit dem Thema beschäftigt (1637: Raphael offenbart sich und verläßt die Familie, Paris, Louvre; 1650: Hanna spinnend, Richmond; 1649: Zeichnung mit der Heilung, Paris, Louvre; 1645: Hanna mit dem Vater und der Ziege, Berlin, Staatl. Museen). Bis ins 18. Jh. beliebte Darstellungen sind für die Vorstellung des Schutzengels volkstümlich geworden, wie die im Bürgersaal in München erhaltene Gruppe Ignaz Günthers von 1773 zeigt.

Tomyris → Judith

Totnan → Kilian

Trudpert, Hl. (26. April, Freiburg i. Br.), ein Ire des 7. Jh., der nach Rom wallfahrtet und dort den Auftrag erhält, als Glaubensbote in Alemannien zu wirken. Nach der Legende des 10. Jh. läßt er sich im Münstertal bei Freiburg nieder und erhält Land vom Grafen Otbert. Als er bei seiner Einsiedelei eine Kirche errichten will, erschlagen ihn die Knechte Otberts, die ihm beim Roden helfen sollen. Auf dem Platz seiner Zelle entstand später die Benediktinerabtei St. Trudpert.

Als Einsiedler mit über den Kopf gezogener Kapuze, einen Rosenkranz in Händen, sitzt er auf einem Stich der Sipp-, Mag- und Schwägerschaft Maximilians I. um 1510, hinter ihm die Zelle, vor der – gleichzeitig – ein Knecht den am Boden Liegenden erschlägt. Ein Altarbild in St. Trudpert zeigt ihn in fürstlicher Kleidung, auf die in der Legende angedeutete Herkunft weisend, mit dem Beil als Attribut.

Tubalkain, Sohn → Lamechs, ist nach 1. Mose 4,22 in Reims an der Nordrose als erster Schmied dargestellt. Statt seines Halbbruders Jubal gilt er auch als Vater der Musik: auf Buchmalereien in Freiburg i. Br. und Laon (36), am Dom-Campanile in Florenz und an Orgelprospekten (St. Anna, Augsburg). Als Führer des blinden Lamech lenkt er dessen tödlichen Jagdpfeil statt auf ein Wild auf → Kain im Gebüsch. Darauf erschlägt ihn Lamech.

U

Ubaldus → Theobald

Udalrich von Zell → Ulrich von Zell

Ulrich (latein. Odalricus; frz. auch Oury, Oudry)

Ulrich, Hl. (4. Juni / 4. Juli, Augsburg, Chur, Eichstätt, Freiburg i. Br., Regensburg, Rottenburg, St. Gallen). Der Sohn des Gaugrafen Hubald von Dillingen wird 890 geboren, für den geistlichen Stand bestimmt und in St. Gallen erzogen. Er wird Kämmerer seines Oheims, des Bischofs Adalbero von Augsburg († 910), und 924 dessen Nachfolger. Die Legenden betonen U.s sich selbst vergessenden Eifer in der Wiederherstellung der von den Ungarn zerstörten Klöster und Dörfer seines Gebiets, seine Bemühung um würdige und zur rechten Zeit eingehaltene kirchliche Feiern, seine Vorsorge für die Befestigung Augsburgs mit steinernen Mauern, sein mutiges Auftreten den belagernden Ungarn gegenüber und nicht zuletzt seine stetige Fürsorge für Arme und Kranke. Seinem inständigen Gebet, mit dem er die Kämpfenden stärkt, indem er mitten unter sie tritt, wird der Sieg über die Ungarn auf dem Lechfeld 955 zugeschrieben. Das beim Ungarneinfall zerstörte Kanonikerstift – die Gründung Pippins d. Kl. von 751 – gründet er neu und bestimmt es zu seiner Grabstätte, über der im 11. Jh. eine Benediktinerabteikirche, 1474–1500 dann die Kirche St. Ulrich und Afra errichtet wurde. Er stirbt 973, wird mit dem Teppich, auf dem er auf der Erde zu schlafen pflegte, begraben und von Papst Johannes XV. 995 feierlich heiliggesprochen. Über seinem Reliquiensarg liegt heute die marmorne Grabfigur nach Placidus Verhelst von Joh. Carl Zeckel (1762). U. ist Schutzpatron von Augsburg.

Seine ersten Darstellungen, eine Kaselstickerei des 12. Jh. aus St. Blasien (in St. Paul, Kärnten) und die gravierte Kupferplatte seines Sarkophags von 1187 (Augsburg, St. Ulrich und Afra), bilden ihn wie alle späteren in pontifikaler Meßkleidung mit Kasel ab; vom 14. Jh. an kommt das Pluviale hinzu; nie fehlen Buch und Bischofsstab. Seit dem 14. Jh. ist der Fisch in seiner Hand oder auf dem Buch das ständige Kennzeichen seiner zahlreichen Darstellungen, wie eine Statue von 1488 aus Hausen es zeigt (Stuttgart, Württ. Landesmuseum). – Eine der Szenen seiner ausführlichen Legenden bringen Hirs. Pass. und Zwief. Mart. des 12. Jh. (23,24): »Um zu helfen, reitet er mit seinem Kaplan über einen angeschwollenen Fluß, ihm selbst netzt das Wasser kaum die Füße, der Kaplan aber wird bis zum Gürtel naß, obwohl er auf dem größeren Pferde saß.« – Mehrere Szenen sind auf 2 Tafeln eines unbekannten schwäbischen Malers um 1450/60 in St. Ulrich und Afra erhalten: Afra erscheint dem Schlafenden im Traum, zeigt ihm durchs Fenster St. Peter, der mit vielen Bischöfen auf dem Lechfelde sitzt; Petrus teilt ihm mit, daß er beim Kaiser die ihm zustehende Weihe über Klöster und Stifte gegen Herzog Arnulf durchsetzen solle. Dann erscheinen dem schwerkranken, auf einem Sessel ruhenden U. 2 Engel (»Jünglinge«) mit Kelch und Patene, damit er die Messe halten könne; bei der Kelcherhebung wird ihm die Segenshand Gottes aus goldenen Strahlen sichtbar; seine beiden neben ihm knienden Diakone aber sehen sie nicht. Ein weiterer Abschnitt der Tafel zeigt U. bei der Segnung Armer. Die Hauptdarstellung aber ist die Fischlegende: Als U. an einem Donnerstagabend mit dem Bischof Konrad von Konstanz zu Tisch sitzt, vertiefen sich beide die Nacht über ins Gespräch, bis am Morgen des Freitags ein Bote des Herzogs (dem U. Unrecht vorgehalten hat) einen Brief bringt. U. reicht als Botenlohn den beim Nachtessen nicht verzehrten Rest des Bratens, ein Gänsebein. Der Bote bringt es dem Herzog, um den

Bischof nun seinerseits des Unrechts überführen zu können, daß er am Freitag Fleisch esse; als der Herzog das Gänsebein aus der Umhüllung nimmt, hat es sich in einen Fisch verwandelt. – Die beiden Bischöfe, in prächtig ausgestattetem Gemach an reich besetztem Tische sitzend, stellt eine Tafel Holbeins d. Ä. 1512 dar (Augsburg, Staatsgalerie); U. reicht dem Boten das Gänsebein, während Konrad die Botschaft liest. – Ein Altarflügel von 1540 in St. Andreas zu Köln stellt U. mit Ratten zu Füßen dar: In Augsburg glaubte man, daß Erde aus der Umgebung seines Grabes Ratten vertreibe.

Ulrich von Zell (Udalrich), Sel. (10. Juli / 14. Juli, Freiburg i. Br., Freiburg i. Ü.). In Regensburg 1029 geboren, in St. Emmeram erzogen, wird er 1045 Archidiakon und Propst in Freising. Nach einer Pilgerfahrt ins Hl. Land tritt er 1061 als Mönch in Cluny ein und empfängt dort die Priesterweihe. Als Prior der Cluniazenserniederlassung von Grüningen verfaßt er 1081 und 1087 die »Consuetudines Cluniazenses«, wird Prior von Zell und stirbt dort 1093.

Eine Altarstatue von 1750 in St. Ulrich (Baden) stellt ihn als Benediktiner in Flocke dar, ein Buch (seine Consuetudines) in der Linken. Mit der Rechten segnet er einen zu seinen Füßen liegenden kleinen Knaben, der nach der Legende nicht gehen konnte und durch sein Gebet geheilt wurde. – Der Altar der Jodokus-Kapelle in Galgenen (Schweiz) stellt U. ebenfalls als Benediktiner dar, fügt aber den Abtstab hinzu; hier segnet U. den in einer Kufe zu seinen Füßen sitzenden Knaben.

Unschuldige Kinder, Hll. (28. Dez.) → Christus

Urban (französ. Urbain, Orban)

Urban, Papst, Hl. (25. Mai), 223–230 Papst, bekehrt Valerian, den Bräutigam der → hl. Cäcilia, wird unter Kaiser

Alexander Severus (222–235) wegen der Verbreitung des christl. Glaubens verfolgt, mit Bleikugeln gegeißelt und – als er sich standhaft weigert, den Göttern Weihrauch zu streuen – enthauptet. Er soll eine Verordnung erlassen haben, daß der Kelch beim hl. Opfer stets aus Silber oder Gold sein müsse; doch ist der Kelch nicht sein Attribut, das Schwert nur selten; (zum Attribut der Traube vgl. den folgenden Artikel). Eindeutig als Kirchenfürst ist er in Pontifikalkleidung mit Tiara, Kreuzstab und Buch auf der Rückseite des Blaubeurer Altars (1493) dargestellt.

Urban, Bischof, Hl. (25. Mai). Die überaus zahlreichen Darstellungen mit einer Traube verwechseln vom 15. Jh. an den in allen Weingegenden besonders verehrten Bischof (irrtümlich oft in päpstlicher Kleidung) von Autun und Langres mit dem gleichnamigen und am gleichen Tag verehrten Papst. Bischof U. verbarg sich vor seinen Verfolgern hinter einem Weinstock und hält deshalb auf Darstellungen nicht nur eine Traube, sondern häufig eine ganze Rebe mit Trauben in Händen und wird als Patron der Winzer gefeiert, zu denen der hl. Papst U. keine Beziehung hat.

Ein anderer **Urban,** der als Schüler des → hl. Gallus genannt wird und im 7. Jh. am Neckar gepredigt und den Weinbau gelehrt haben soll, wird ebenfalls am 25. Mai als Patron der Weingärtner gefeiert, ohne daß spezifische Darstellungen bekannt sind. Ihm soll die erste im ehem. Altenburg bei Cannstatt geweihte Kirche gegolten haben. Nach der Legende errichtete er ein Kreuz, um das sich eine Weinrebe schlang.

Uria → David

Uriel, Oriphiel (»Mein Name ist Gott«), der Erzengel, »der die Sänger anführt, die Tag und Nacht lobpreisen«, wird in der Vierzahl der »Verkünder« – neben den Evangelisten und Propheten – zusammen mit → Michael, → Gabriel und → Raphael dargestellt. Esdrae IV, 4 (nur Vulgata, nicht bei Luther) offenbart U. dem Esdra seine Geheimnisse: »et respondebit ad me angelus, qui missus est ad me, cui nomen Uriel.« Einem jüd. Gebet (→ Engel) entspricht ein christliches mit dem Anruf U.s in einem Evangeliar des 9./10. Jh. (Köln, Histor. Archiv) (13/2,15,16,20). Er ist schon in den Mosaiken von S. Maria Maggiore in Rom, 4./5. Jh., in S. Apollinare Nuovo in Ravenna, 6. Jh., über dem Altar von La Daurade, Toulouse, 9. Jh., wiedergegeben, in der Wand- und Buchmalerei aber erst vom 9. Jh. an häufiger nachzuweisen, wenn auch nicht immer namentlich bezeichnet. Beispiele an der Holzdecke von St. Michael in Hildesheim, Anfang 13. Jh. u. a. Noch Egid Quirin Asam hat 1718 an der Decke von Weltenburg U. in einem Stuckrelief dargestellt.

Um 1500 erscheint U. mehrfach als Namenspatron, so bei Uriel von Gemmingen, Erzbischof von Mainz (Grabmal des Hans Backofen, 1514, im Dom zu Mainz) und bei Uriel von Gorka, Erzbischof von Posen († 1488, Messinggrabplatte der Nürnberger Peter-Vischer-Werkstatt im Dom zu Posen).

Ursicinus, Hl. (20. Dez. / 24. Juli, Basel). Als Glaubensbote zieht der Mönch von Luxueil im 6. Jh. in die Schweiz, läßt sich als Einsiedler nieder und hat, als er 620 stirbt, eine Schar von Jüngern um sich versammelt, die weiter für die Verbreitung des Glaubens eintreten. Als Patron von 2 Kirchen im Juragebiet ist er schon 660 genannt; besonders verehrt wird er in St. Ursanne (Bern), wo das Siegel der Stiftskirche ihn im 14. Jh. in priesterlicher Meßkleidung darstellt, mit Buch und »heraldischer Lilie«, die auf seine vornehme fränkische Herkunft deuten soll.

Ursula (französ. auch Ourse; italien. Orsola), Hl. (21. Okt., Köln). Der durch ihre Schönheit weit berühmten Tochter des frommen christl. Königs Maurus (oder Nothus) von »Britannien« (= Bretagne) schickt der König von England Boten, um sie als Frau für seinen Sohn Aetherius zu gewinnen. U. stellt Bedingungen: Sie erbittet 3 Jahre Frist; in dieser Zeit soll Aetherius im christl. Glauben unterrichtet und getauft werden; zu 10 erlesenen Jungfrauen, denen sie selbst als 11. angehören will, sollen sich je tausend weitere gesellen, damit diese geweiht und getauft, aber auch in ritterlichen Spielen ausgebildet werden und einen Schwur auf neue Ritterschaft leisten können; Schiffe sollen gebaut werden, weltliche und geistliche Beschützer (Bischöfe, darunter → Pantalus von Basel und Maurisius von Sizilien) sollen alle Jungfrauen auf einer Fahrt nach Rom begleiten. Zu den Vorbereitungen für die Reise kommen auch Gerasina, die verwitwete Königin von Sizilien, Schwester von U.s Mutter Daria, mit Sohn und 4 Töchtern, die sich den Jungfrauen anschließen. Bei glückhaftem Wind brechen alle auf, gelangen nach Köln, wo eine Königin Sigillindis U. begrüßt. U. erfährt im Traum von einem Engel, daß sie von Rom nach Köln zurückkehren solle, um hier das Martyrium zu erleiden. Alle fahren nun weiter nach Basel, gehen von da »zu Fuß nach Rom, das nahebei«. Inzwischen erscheint auch dem Aetherius ein Engel, der ihm kundtut, er solle seiner Braut entgegenfahren. Mit Mutter, Schwester und dem Bischof Marculus von Griechenland gelangt er ebenfalls nach Rom, wo U. vom Papst Cyriakus empfangen wird und dieser sich mit vielen Bischöfen der Rückkehr nach Köln anschließt. Zwei böse christenfeindliche röm. Herren, die die Jungfrauen vergeblich für sich gewinnen wollen, bewegen hinterrücks durch Boten die Hunnen, U. und ihre Gesellschaft in Köln zu überfallen und zu töten. Das Blutbad wird bei Ankunft der Schiffe aufs grausamste verwirklicht. Zuletzt bleibt U. allein übrig. Der Hunnenfürst begehrt sie für sich und erschießt die sich verweigernd Standhafte mit seinem Pfeil (→ Kordula, die sich verborgen gehalten, wird nachträglich mit einem Pfeilschuß umgebracht).

Nach einer Inschrift des 4. Jh. in St. Ursula zu Köln baut ein Kölner Bürger eine zerstörte Kapelle über den Gräbern der Märtyrer wieder auf. Ruhm und Reliquien verbreiten sich nachweislich vom 10. Jh. an. Eine im 11. Jh. erst teilweise niedergelegte Legende, durch neue Gräberfunde und die Visionen der hl. Elisabeth von Schönau gewissermaßen bestätigt, wird zu einer Dichtung mit märchenhaften Zügen und Persönlichkeiten erweitert, deren Beziehungen von Griechenland über Sizilien und Rom bis nach England reichen und durch die Aufnahme in die Leg. Aur. weite Verbreitung finden. Eine Darstellung im Zwief. Mart. des 12. Jh. (24) zeigt U. in 2 Kreisen, von den Antlitzen der Jungfrauen umrahmt; ein Bogenschütze hat sie mit seinem Pfeil durchbohrt, ein anderer schlägt mit dem Schwert auf sie ein. Ähnlich ist die Wiedergabe einer Salzburger Buchmalerei um 1180 (Admont, Matutinale, 35). Häufig schon in der Buch- und Glasmalerei des 13. Jh. (Köln, St. Kunibert) nachweisbar, sind Einzeldarstellungen vom 14. Jh. an überaus zahlreich: U. erscheint sowohl nur mit einem Pfeil in der Hand fürstlich gekleidet als auch gelegentlich mit Schiff, Ampel (= kluge Jungfrau), Märtyrerpalme oder Fahne, meist aber von den sich an sie drängenden Jungfrauen umgeben (Statue, Ende 15. Jh., in St. Ursula zu Köln). Als Stadtpatronin Kölns steht sie auf dem Flügel von Lochners Dreikönigsaltar von 1444 (Köln, Dom) mit ihren Jungfrauen. Der Reliquienschrein-Altar in St. Ursula zu Köln (1456) stellt auf seinen Flügeln einige Szenen dar. Über dem gotischen Grabgehäuse ist 1659 ein barocker Aufbau errichtet worden, in der Schatzkammer wird ein Prachtschrein des Prinzen Aetherius von 1170 bewahrt. An seinem Ursula-Schrein von 1489 (Brügge, Johannes-Hospital) bildet Memling 6 Szenen von großem Reiz ab: Die erste Ankunft in Köln; Ankunft in Basel; Empfang beim Papst; Abfahrt von Basel; Martyrium bei der Ankunft in Köln; U. wird vom Hunnenfürsten erschossen. Eine ebenso eindrucksvolle Folge von 18 Tafeln wird dem Meister von St. Severin, um 1500, zugeschrieben: In Köln sind erhalten der Traum der U.; U. mit Eltern vor einem Altar; ihr Begräbnis (W.-R.-Museum); die anderen Tafeln befinden sich in auswärtigen Museen. Die größte geschlossene Folge bilden, prächtig in Farbe und Ausdruck die Wände eines ganzen Raumes füllend, die Darstellungen Carpaccios (1490/95, Venedig, Accademia). Ein Altar des Jörg Breu von 1522/28 enthält auf Mitteltafel und Flügeln das Martyrium und eine Einzelgestalt (Dresden, Staatl. Gem.-Galerie).

Ursus (französ. Ours, Orse; italien. Urso, Orso), Hl. (30. Sept., Basel, Chur, Freiburg i. Ü., St. Gallen, Sitten). Als christl. Bekenner einem Teil der → Thebäischen Legion angehörend, wird er auf Befehl Maximians um 300 in Solothurn enthauptet. Er ist der Patron der Kathedrale von Solothurn. Siegel des 13. Jh. geben ihn in Rüstung mit Banner und Schild, die beide das Kreuz der Thebäer tragen. Ein Triptychon Holbeins d. J. von 1522 stellt ihn, ebenfalls ritterlich gerüstet, mit Schwert und Fahne dar (Solothurn, Museum).

Utto, Sel. (3. Okt.), getauft und erzogen vom hl. → Gamelbertus, der ihm vor seinem Tode die Abtei Michaelsbuch anvertraut. Er verläßt diese aber, um sich auf dem anderen Donau-Ufer niederzulassen. Nach der Legende noch mit dem Bau einer Zelle beschäftigt, trifft ihn dort im Walde jagend Kaiser Karl d. Gr. U. hängt sein Beil an einem Sonnenstrahl auf und erbittet vom Kaiser eine Gunst. Er erhält Land, gründet das Kloster Metten, dessen Abt er dann 21 Jahre hindurch ist. Er stirbt zu Beginn des 9. Jh. Sein fortbestehender Kult wurde 1909 gutgeheißen.

Als Mönch mit Buch ist er 1070 im Pontifikale Gundekars von Eichstätt dargestellt. Eine Emailplatte hält ihn ebenso wie Gamelbertus auf dem Einband einer Armenbibel von 1414 fest (München, Bayer. Staatsbibl.): U. erscheint hier in Meßkleidung mit dem »Utto-Stab«, den ihm Papst Leo III. geschickt haben soll. – Die Deckplatte seines Hochgrabes aus dem Beginn des 14. Jh. in der Klosterkirche von Metten zeigt U. in pontifikaler Meßkleidung mit Abtstab und Buch. Erst spätere Darstellungen fügen das der Legende entsprechende Beil als Attribut hinzu.

V

Valentin, Hl. (7. Jan., Bozen-Brixen, Linz, Passau, St. Pölten), verkündet im rhätischen Gebiet als Wanderbischof das Evangelium und stirbt um 470 in Mais (Meran), wo er bestattet wird. Seine Gebeine kamen 739 nach Trient und wurden 761 von Herzog Tassilo von Bayern nach Passau übertragen. Von dort breitete sich sein Kult weithin aus. Als früheste Darstellung gilt jedoch erst ein Altarflügel von 1435 aus Neustadt (Schwerin, Museum).

In bischöflicher Pontifikaltracht stellen ihn von da an häufig gemalte und geschnitzte Werke dar, geben ihm aber einen Krüppel oder einen epileptischen Knaben zu Füßen bei, der ihn mit dem hl. Bischof

Valentin von Terni (14. Febr.) identifiziert. Dieser, der den verkrüppelten Sohn des Rhetors Kraton in Rom geheilt haben soll und 270 enthauptet wurde, hat ein Schwert und den Knaben als Attribut. Um 1500 zeigen Tafeln des Bartholomäus Zeitblom den Bischof: Über dem am Boden liegenden Knaben hebt eine entsetzte Frau die Hände; V. verweigert die Anbetung eines Standbildes vor dem Kaiser; er bekehrt den Richter aus dem vergitterten Fenster heraus; er wird enthauptet (Augsburg, Staatsgalerie). Die Leg. Aur. nennt einen am gleichen Tage gefeierten dritten hl.

Valentin, (14. Febr., Fulda, Limburg, Mainz) als armen, ehrsamen Priester, der ein blindes Mädchen geheilt haben soll und 280 enthauptet wurde. Im Zwief. Mart. des 12. Jh. (24) steht V. in einfachster priesterlicher Gewandung, sein Haupt in Händen tragend.

Nach mittelalterl. Brauch wird V. – je nach Tag und Gegend – neben → Vitus als Helfer gegen die Fallsucht angerufen. Die neuerdings aufgenommene Gepflogenheit, den Valentinstag am 14. Februar mit Blumengeschenken zu feiern, soll auf einen vierten

Valentin hinweisen, der als Mönch allen Vorübergehenden Blumen aus seinem Garten gereicht habe.

Valerianus → Cäcilia, → Tiburtius, → Urban (Papst)

Valerius, Hl. (29. Jan., Linz, Trier), Begleiter des → hl. Eucharius und Bischof von Trier. Im Psalter Erzbischof Egberts von Trier (Ende 10. Jh., Cividale, Bibl. Cap.) ist er in pontifikaler Meßkleidung mit Pallium, aber ohne Mitra dargestellt. Diese wird ihm erst auf der gravierten Rückseite der Kreuztafel in St. Matthias zu Trier gegeben, wo er Pluviale, aber kein Pallium trägt. Buch und Bischofsstab sind ständige Attribute, auch in der Barockzeit, wie die Figuren über dem Torhaus und über dem Kirchhofsportal von St. Matthias.

Valerius → Maternus

Veit → Vitus

Verena (französ. auch Varenne; italien. auch Frena), Hl. (1. Sept., Basel, Freiburg i. Br.). Die in der Hauptsache von dem St. Galler Mönch Notker Balbulus um 900 gesammelten Legenden berichten, wie die Ägypterin um 300 der → Thebäischen Legion als »Gesippin« (= aus der Sippe) des → hl. Mauritius bis nach Mailand folgt und dort gefangene Mitchristen ernährt und bestattet. Als sie von der Enthauptung des Mauritius und seiner Gefolgschaft in Agaunum hört, zieht sie dorthin, um sie zu bestatten, von da nach Solothurn, wo inzwischen auch → Viktor und → Ursus den Märtyrertod erlitten haben. Sie findet eine Klause in der später nach ihr benannten Verena-Schlucht, ernährt sich und andere mit ihr lebende christl. Mädchen durch den Verkauf von Handarbeiten, heilt Blinde und Besessene, wird aber schließlich vom christenfeindlichen Landpfleger gefangengesetzt. Als dieser erkrankt und von ihr geheilt wird, läßt er sie frei, weist sie aber aus. Sie erreicht den heutigen Ort Zurzach (das damalige röm. Kastell Tenedo), wo sie Schaffnerin eines Priesters wird. Als V. beschuldigt wird, Wein und Brot unrechtmäßig zu den Armen zu tragen, verwandelt sich der Wein in Wasser. Der Ring des Priesters, den dieser zur Fastenzeit nicht tragen will, wird ihr zur Aufbewahrung gegeben, ein Diener stiehlt ihn, fürchtet entdeckt zu werden und wirft ihn in den Rhein; ein Fischer bringt einen großen Fisch zum Geschenk, V. zerlegt ihn und findet den Ring. Der Priester läßt ihr eine Zelle bauen, wo sie bis zu ihrem Ende, 344, mit dem heilenden Wasser einer Quelle Kranken das Haupt wäscht, sie kämmt, heilt und salbt.

Erste Darstellungen geben sie mit Krug und Brot im Hirs. Pass. und im Zwief. Mart. des 12. Jh. (23,24). Spätere Wiedergaben fügen z. T. Schlüsselbund oder Fisch hinzu; ihr eigentliches Kennzeichen aber bleibt der Kamm: Glasfenster in Heiligkreuztal, 1312; Schreinfigur, 1443 (Basel, Histor. Museum); Altarflügel, um 1450 (Karlsruhe, Kunsthalle) und zahlreiche andere Beispiele.

Veronika, Hl. (4. Febr.; **Beronike** in der älteren Legendenfassung), erzählt dem Boten des kranken Kaisers Tiberius, daß sie – um immer ein Bild des Herrn bei sich zu haben, dem sie nicht von Ort zu Ort habe folgen können – ihm eines Tages mit einem Tuch auf dem Wege zu einem Maler begegnet sei, diesen um ein Abbild zu bitten. Christus habe sie befragt, sie habe ihm das Tuch gereicht und mit dem eingedrückten Antlitz zurückerhalten. Sie fährt mit dem Boten nach Rom, das Tuch erweist seine Heilkraft, Tiberius gesundet.

Erst um 1300 entstehen, vermutlich durch die Passionsspiele beeinflußt, veränderte und erweiterte Fassungen der Legende, die V. fast ausnahmslos nun den Bildern der Kreuztragung (→ Christus) zuordnen: Dem zusammenbrechenden Heiland reicht sie ihr Schweißtuch, auf dem der Abdruck seines Antlitzes erhalten bleibt. Vom 14. Jh. an häufig auch als einzelne Gestalt dargestellt, trägt sie das Tuch mit dem Antlitz sowohl des ihr lebend Begegnenden als auch des Leidenden mit der Dornenkrone ausgebreitet mit beiden Händen vor sich: das »vera ikon« – das wahre Bild. Vom 15. Jh. an kommt das Schweißtuch auch allein, von Engeln getragen, auf Predellen und in Holzschnitten als Hl. Antlitz Christi vor. Das Meister Wynrich von Wesel zugeschriebene Bild, 1378 (München, A. P.), und das des Meisters von Flémalle, 1430/40 (Frankfurt, Städel), wie auch eine Schnitzfigur am Chorgestühl von St. Stephan zu Wien, 1484, geben V. neben vielen anderen Beispielen besonders eindrucksvoll wieder.

Vier Gekrönte → Coronati

Vier hll. Marschälle → Marschälle

Vierzehn Nothelfer → Nothelfer

Vigilius, Hl. (26. Juni, Bozen-Brixen), ist etwa 385–388 Bischof von Trient und widmet sich mit großen Anstrengungen der Christianisierung. Als er aber im wilden Sarcatal eine dort verehrte Saturn-Statue zerstört, wird er von den empörten Einwohnern mit Knütteln und Holzschuhen erschlagen (um 405).

Knüttel und Holzschuhe werden in Darstellungen des 15./16. Jh., die fast nur in Tirol entstehen, seine Kennzeichen. In bischöflicher Pontifikalkleidung zeigen ihn eine Altartafel um 1490 im Dom von Trient mit Bischofsstab und Holzschuh, eine Schreinfigur, um 1500, in der Vigilius-Kirche von Tassul, eine ebensolche, um 1510/20, in der Trenbach-Kapelle des Passauer Doms. Einige weitere Beispiele bewahren seine Erinnerung.

Viktor von Agaunum, Hl. (22. Sept.), gehört zwar nicht unmittelbar der → Thebäischen Legion an, als diese von Maximian in Agaunum »dezimiert« wird, weigert sich aber, an dem der Hinrichtung des → hl. Mauritius und seiner 9 Gefährten folgenden Opfermahl teilzunehmen und wird daraufhin ebenfalls enthauptet.

Glasfenster im Straßburger Münster stellen ihn sowohl im 12. wie im 14. Jh. dar – mit Mauritius, → Kandidus, → Exuperius als Ritter der Thebäischen Legion gekennzeichnet. Mit → Innocentius erscheint er am Chorgestühl der Kathedrale von Lausanne, Anfang 16. Jh.

Viktor von Marseille, Hl. (21. Juli / –), ein röm. Hauptmann, tröstet und stärkt seine Glaubensgenossen, als sie der Bedrohung durch Maximian um 300 in Marseille ausgesetzt sind, bis man ihn selbst auch ergreift; als er am Jupiter-Altar nicht opfern will, wird er grausam gemartert; der Mühlstein, den man auf ihn legt, erdrückt ihn nicht, so daß man ihn enthauptet. Er soll auch in eine Mühle gelegt worden sein, die aber sofort stillstand.

4 Szenen eines Altars von Hermen Rode, 1482, in der Nikolaikirche zu Reval stellen Gefangennahme, Geißelung, Enthauptung unter dem Mühlstein (sic) dar, ferner die Szene, wie der Leichnam, in den Fluß geworfen, von Engeln erhoben wird. Eine Statue im Dom zu Münster (Westf.) bildet V. um 1610 als antikisch aufgefaßten Krieger mit Lanze ab, zu Füßen den Mühlstein.

Viktor von Solothurn, Hl. (30. Sept., Basel, Chur, Freiburg i.Ü., St. Gallen, Sitten). Die Legende bezeichnet ihn als Angehörigen der → Thebäischen Legion, der mit seinem Waffengefährten → Ursus in Solothurn enthauptet wurde. Seine Gebeine kamen im 5. Jh. nach Genf und gingen durch die Reformation zugrunde.

Das Siegel der Viktorskirche in Genf zeigt ihn in Rüstung, das Schwert an der Seite, in Händen das abgeschlagene Haupt, das er an die Stelle, an der er begraben sein wollte, getragen haben soll, um dort der Totengebete teilhaftig zu werden. Nach anderer Legende schaute man ihn nach seinem Tode und folgte der Aufforderung, ihm ein christl. Begräbnis und Totengebet zuteil werden zu lassen.

Viktor von Xanten, Hl. (10. Okt., Essen, Münster). Als Führer einer auch zur → Thebäischen Legion gehörenden Kohorte war er von der Dezimierung in Agaunum (→ Mauritius) nicht ergriffen worden, fiel ihr aber dann in Xanten unter Maximian zum Opfer.

Als Patron von Dom und Stadt Xanten ist V. an einem silbernen Reliquienkästchen und an einem Tragaltar des 12. Jh. im Dom von Xanten dargestellt. Ritterlich gerüstet mit Waffenrock, Schild und Lanze steht er an einem Pfeiler des Doms (Anfang 14. Jh.). Legendenszenen stellt der Viktor-Altar des Bartholomäus Bruyn, um 1522 (Köln, W.-R.-Museum), dar; das Mittelbild bringt den Beginn mit dem Segen des Papstes über dem Ausziehenden.

Vincentius von Chieti, Hl. (6. Juni / –), wird als Bischof von Chieti oder Mevania in Umbrien genannt, der in der letzten Diokletianischen Verfolgung durch Fesselung im Kerker so schwere Verwundung erleidet, daß er nach der Befreiung unter Konstantin im 4. Jh. stirbt. Seine Reliquien kamen zunächst nach Magdeburg und von da 1145 in die Prämonstratenserklosterkirche zu Breslau.

In der Vinzenz-Kirche von Breslau stellen ihn 2 Statuen von 1668 und 1678 in Pontifikalkleidung mit Bischofsstab und einer Kette in Händen dar.

Vincentius Ferrerius, Hl. (5. April). In Valencia 1346 geboren, tritt er 18jährig in den Dominikanerorden ein. Seine ausgebreitete Predigtwirksamkeit erstreckt sich über Spanien, Südfrankreich, die Schweiz, Piemont und läßt sich bis nach England, Schottland und Irland verfolgen.

Als V. 1419 in Vannes (Bretagne) stirbt, bestattet man ihn im Dom. Papst Calixt III. sprach ihn 1445 heilig.

Schon um 1470–80 ist er an einem Altarflügel von Derick Baegert in der ehem. Dominikanerkirche St. Johannes der Täufer in Dortmund dargestellt. Als Dominikaner in Kappa und Kapuze, mit Buch und Lilie, zeigt ihn eine Statue des 18. Jh. in der Welschnonnenkirche von Trier. Eine Figur auf dem Kanzeldeckel der ehem. Dominikanerkirche von Wimpfen am Berg läßt den Bußprediger als Engel des Gerichts mit Flügeln erscheinen, während am Bildstock von Waidhofen an der Thaya ein Putto das brennende Herz der Gottesliebe zu seiner Rechten hält und ein Taufbecken zu seinen Füßen darauf hinweist, daß er in Spanien Tausende von Juden und Sarazenen bekehrt und getauft haben soll.

Vincentius von Valencia, Hl. (22. Jan., Görlitz). Schon im 4. Jh. wird die Verehrung des 287 unter Diokletian Gemarterten von Paulinus von Nola und → Augustinus besonders erwähnt. In Huesca (Aragonien) geboren, in Saragossa erzogen, wird V. Diakon des Bischofs Valerius von Valencia. Von der Christenverfolgung des Richters Dacian erfaßt, wirft man ihn nackt in einen dunklen Turm; mit zerdehnten Gliedern, von Haken zerrissen, auf glühenden Rost gelegt, stirbt er, doch trösten ihn Engel und machen ihm Marterbett und Rost zu einem zarten Blumenlager. Die Leiche, auf freiem Felde den Tieren ausgesetzt, wird von Engeln bewacht, von 2 Raben verteidigt, dann aber mit einem Mühlstein ins Meer geworfen, dennoch ans Ufer getrieben, von einer frommen Witwe gefunden und bestattet. Die Gebeine wurden 1160 von Valencia nach Lissabon übertragen.

Darstellungen beginnen in einem Hennegauer Psalter des 11. Jh. (Leipzig, Univ.-Bibl.) mit dem im Bett schlafenden V., den ein Engel erweckt. Das Hirs. Pass. des 12. Jh. (23) gibt ihn an einem Balken hängend wieder, von Henkern mit Haken zerfleischt. Ausführlich bringt eine

Steintafel um 1120 im Münster von Basel seine Gefangennahme; der an eine Säule gefesselte V. wird mit Fackeln gebrannt, in den Turm geworfen, auf dem Rost gemartert, auf dem Felde den Tieren ausgesetzt; 2 Raben bewachen den Leichnam; ein Engel trägt seine Seele empor; dann wird die eingebundene Leiche von einem Schiff ins Meer versenkt, am Ufer gefunden und in einen noch im Bau befindlichen Grabbau gelegt. – Kult und Verehrung sind mit Einzelgestalten vom 14. Jh. an weit verbreitet. Immer als Diakon und meist nur mit Buch dargestellt (Breslau, Dom 1468), wird ihm auf einem Wandgemälde von 1370 in Slavêtin (Böhmen) auch eine Blume, als Hinweis auf das Blumenlager der Legende, in die Hand gegeben. Am Hochaltar von St. Jürgen in Wismar (Anfang 15. Jh.) trägt er Palme und Mühlstein, am Hochaltar der Pfarrkirche St. Vinzenz von Heiligenblut (Kärnten) um 1520 statt eines Rostes einen Feuerhaken, um ihn von dem am gleichen Altar dargestellten Laurentius zu unterscheiden.

Virgilius, Hl. (27. Nov. / 24. Sept., Graz, Gurk-Klagenfurt, Linz, Regensburg, Salzburg). Ein Ire adliger Herkunft verläßt nach seiner Ausbildung Irland mit 2 Gefährten, um auf dem Festland für den Glauben zu wirken. Nachdem er 2 Jahre am Hof Pippins d. Kl. tätig war, läßt dieser ihn durch seinen Schwager Odilo 745 nach Bayern rufen. Er wird Abt von St. Peter in Salzburg und 750 nach Salzburger Gepflogenheit auch Bischof (in Personalunion). Seine auf tiefe Gelehrsamkeit gegründeten Ansichten über die bei Isidor von Sevilla und → Beda vertretene »Antipodentheorie« – daß unter der Erde, auf der anderen Seite, ebenfalls Menschen leben (wie gelegentlich auch dargestellt: z. B. in Vezelay, 1. Hälfte 12. Jh.) – trägt ihm u. a. schwere Anschuldigungen durch → Bonifatius ein. Seine ausgebreitete Wirksamkeit – er sendet seinen Gefährten Modestus als Bischof auf Verlangen des slawischen Herzogs Cheitmar nach Maria-Saal bei Klagenfurt – verleiht ihm die Bezeichnung »Apostel Kärntens«. In den schon vorhandenen großen Urbau des Salzburger Doms läßt er mit der vermutlichen Erweiterung der Krypta die Reliquien des → hl. Rupertus bringen, mit dem er dann zusammen verehrt wird. Für den Beginn der Salzburger Buchmalerei kann auf das von ihm veranlaßte Cutbercht-Evangeliar (Wien, Österr. Nat.-Bibl.) hingewiesen werden. V. stirbt 784; sein Grab an einer Mauer in der Krypta wurde bei Grabungen 1955/57 festgestellt.

Darstellungen finden sich erst vom 15. Jh. an; ein Glasfenster von 1440 in Tamsweg (Österr.) wird als erste genannt. Einer Altardarstellung in Stift Nonnberg/Salzburg und einer Tafel aus Donzdorf (Württ.), Ende 15. Jh. (Karlsruhe, Kunsthalle), folgen zahlreiche andere im Salzburger Gebiet, die V. alle in bischöflicher Pontifikalkleidung mit Bischofsstab und Kirchenmodell wiedergeben.

Visitatio → Heimsuchung

Vitalis, Hl. (22. Sept.), gehört mit → Mauritius zu den Märtyrern der → Thebäischen Legion, die um 300 in Agaunum enthauptet wurden. Erzbischof Anno von Köln brachte sein Haupt 1069 als Reliquie aus St-Maurice (Wallis) nach Siegburg. Eine (nicht erhaltene) Statuette am dortigen Anno-Schrein stellt ihn nach einem Stich von 1767 ritterlich mit Schwert, Palme und Krone dar. Bartholomäus Bruyn gibt ihn 1530 auf der Außenseite eines Altarflügels (Köln, W.-R.-Museum) in antikischer Soldatentracht mit Schwert und Banner wieder.

Vitalis, Sel. (27. Nov. / 20. Okt., Salzburg), unbekannter Herkunft, um 700 als Bischof in Salzburg tätig, doch kaum Nachfolger des → hl. Rupertus. Seine Verehrung, 1519 von Papst Leo X. für St. Peter in Salzburg gestattet, wurde 1628 von Papst Urban VIII. auf die Salzburger Diözese erweitert.

Eine prächtige Marmorgrabplatte von 1446 in der Stiftskirche St. Peter in Salzburg gibt V. in pontifikaler Kleidung mit Stab, Buch und einigen aus seiner Brust aufwachsenden Lilien wieder; Engel breiten das Grabtuch um ihn. Nach einer Legende soll aus seinem Grabe eine Lilie entsprossen sein. Altarstatuen des 18. Jh. geben ihm auch ein Herz in die Hand.

Vitalis, Hl. (28. April), ein edler Ritter, Vater von → Gervasius und Protasius, kommt mit dem Richter Paulinus nach Ravenna, als infolge der Neronischen Christenverfolgung ein christl. Arzt Ursicinus hingerichtet werden soll. V. steht dem Bangenden stärkend und tröstend bei, weigert sich aber dann, zu Paulinus zurückzukehren, wird selbst ergriffen, gefoltert und lebendig begraben. Als Stelle seines Martyriums wird die schräg vor den Bau von S. Vitale in Ravenna gelegte Vorhalle bezeichnet.

Das Zwief. Mart. des 12. Jh. (24) stellt ihn in einer Grube liegend dar; 2 Jünglinge werfen mit Hacke und Schaufel Erdschollen auf, um ihn zu bedecken. Als »miles« (Ritter) bezeichnet ihn ein Glasfenster (Ende 13. Jh.) in der Stadtkirche St. Dionys in Esslingen, wo die 777 genannte Vitalis-Zelle seinen Namen trägt und wo er vielleicht Patron des 451 legendär genannten Priesters **Vitalis** war, den die Hunnen erschlagen haben sollen.

Vitus (**Veit;** französ. Gui; italien. Guido), Hl. (15. Juni), in Mazzara (Sizilien) geboren, wird als 12jähriger von seinem Vater geschlagen und vor den Richter Valerianus gebracht, weil er nicht von seinem Christenglauben lassen will. Auch der Richter befiehlt, ihn mit Knütteln zu schlagen – da verdorren ihm und den Knechten die Arme. V. betet und heilt sie. Der Vater schließt ihn mit musizierenden und tanzenden Mädchen ein, belauscht ihn durchs Schlüsselloch, sieht seinen Sohn von 7 Engeln (bzw. auch 12 Lampen) umgeben und wird blind. Er gelobt, einen Stier mit goldenen Hörnern im Jupiter-Tempel zu opfern – umsonst; erst das Gebet des Sohnes heilt ihn. Trotzdem trachtet er ihm nun nach dem Leben, aber ein Engel veranlaßt V., mit seinem Lehrer Modestus und seiner Amme Kreszentia auf einem Schiff nach Siler in Lukanien zu fliehen, wo ihnen ein Adler Brot bringt. V. wirkt durch wundertätige Heilungen, wird zum Kaiser Diokletian gerufen und heilt dessen besessenen (oder fallsüchtigen) Sohn. Da V. sich weigert, nun den Göttern zu opfern, wird er mit Modestus ins Gefängnis geworfen. Die schweren Eisenplatten, die beide erdrücken sollen, fallen von ihnen, Engel erleuchten die Finsternis des Kerkers. Auch aus dem heißen Ölkessel (glühenden Ofen), in den man V. geworfen, steigt er unversehrt heraus. Ein wilder Löwe (auch zwei) wird auf ihn gehetzt, V. schlägt ein Kreuzzeichen, der Löwe legt sich zahm zu seinen Füßen und leckt sie. Mit Modestus auf die Folterbank gespannt, um mit Haken zerfleischt zu werden, zerschlagen Blitze das Martergerät, ein Erdbeben läßt die Tempel rundum einstürzen, das entsetzt fliehende Volk mit den Schergen erschlagend. Engel lösen V., Modestus und die zugehörige Kreszentia von den Banden, betten sie an einem Flußufer, wo sie ruhen und sanft im Gebet ihre Seelen aufgeben. Die Leiber werden von Adlern bewacht, bis eine fromme Witwe, Florentia, sie findet und bestattet. – Reliquien kamen 775 nach St-Denis, 887 nach Corvey, ein Arm als Geschenk Kaiser Heinrichs II. Anfang 11. Jh. nach Prag in die von Herzog → Wenzel (Wenceslaus, † 935), oft als König bezeichnet, begonnene Vitus-Kirche, über der sich im 14. Jh. der Veitsdom erhob.

Einzelnen Darstellungen im Pontifikale Gundekars, 11. Jh. (Eichstätt) und in einem Cicero-Text des 12. Jh. aus Corvey (Berlin, Staatsbibl.) folgen im 12. Jh. gleichartige Federzeichnungen im Hirs. Pass. (23) und im Zwief. Mart. (24), die V., Modestus und Kreszentia entschlafen unter einem Baum liegend darstellen, von einem Adler bewacht.

Eine ausführliche, reizvolle Folge mit deutschen Textworten umzieht als Wandmalerei (1428) die Chorwände der Veitskapelle in Stuttgart-Mühlhausen. Mit 23 Szenen bringt eine Wandmalereifolge die Legende Mitte 15. Jh. in der Friedhofskapelle von Wasenweiler bei Freiburg i. Br. 8 Tafeln des Hochaltars aus der Augustinerkirche in Nürnberg von 1487 enthalten einen großen Teil der Legende (Nürnberg, German. Nat.-Museum). – Zahlreiche Einzelfiguren stellen vom 15. Jh. an den jugendlichen Heiligen dar. Sie entnehmen der Legende als Attribut meist den Kessel (den so bezeichneten ›Hafen‹ vieler Darstellungen, da volkstümlich V. als Helfer bettnässender Kinder vielfach angerufen wird). Häufig liegt der Löwe zu seinen Füßen; eine Ampel deutet auf das Licht, das seinen Vater blendete oder mit dem der Engel den Kerker erleuchtete; ein Knüttel weist auf die Schläge, die er empfing, ein Buch auf seinen Glauben, der Adler sowohl auf den Brotspender der Flucht als auch auf den Bewacher der Toten. Nicht eindeutig wird der ihm ebenfalls häufiger beigegebene Hahn ausgelegt: Nach einer Legende soll Bischof Otto von Bamberg bei Bekehrung der Pommern, die einen Hahn heilighielten, ein silbernes Reliquiar mit Gebeinen des V., von einem Hahn gekrönt, aufgestellt haben; dieses Reliquiar sollen sie anerkannt haben und durch die Kraft der Reliquien bekehrt worden sein. Diese Deutung widerlegend, wird geltend gemacht, daß die Ortsangabe »Alectorius locus« (= Hahnenort) am Siler in Lukanien in Betracht gezogen werden könne. Auch sieht man den Hahn als Weckrufer und Mahner an.

Als Nothelfer von Sterbenden wird V. angerufen, da er nächtliche Verheißungen von Engeln erhalten habe. Ganz allgemein wird V. aber vom 15. Jh. an den → Nothelfern zugezählt und gegen »fallende Sucht« (Epilepsie, Veitstanz, → Valentin) angerufen, von der er den Sohn Diokletians befreit hat. Durch das Attribut des Kessels betrachten ihn auch die Kupferschmiede als ihren Patron.

W

Walburga (französ. auch Avaubourg, Vaubourg, Gauburge), Hl. (1. Mai / 25. Febr., Eichstätt). Die Tochter des → hl. Richard und der Königin Wunna, Schwester der → hll. Willibald und → Wunibald, wird 710 in England geboren und folgt mit → Lioba und anderen Gefährtinnen dem Ruf des → hl. Bonifatius. Nach einem fast zweijährigen Aufenthalt in Tauberbischofsheim kommt sie als Äbtissin in das von Wunibald gegründete Kloster Heidenheim (Mfr.) und stirbt 779. Erst 100 Jahre später, 870, gelangten ihre Reliquien nach Eichstätt, wo sie im 1038 gegründeten Kanonissenstift St. Walpurgis in einer 1706 erneuerten Gruftkapelle ruhen. Tropfen, die ihre Grabplatte von Zeit zu Zeit absondert, gelten als das in Fläschchen gefüllte heilkräftige »Walpurgisöl«; ein Fläschchen bleibt vom 16. Jh. an ihr Attribut.

Meist als Nonne wiedergegeben, wie in den beiden frühesten Darstellungen des 12. Jh., dem Hirs. Pass. (23) und dem Zwief. Mart. (24), trägt sie später auch fürstliche Kleidung, wie in den »Miracula S. Walburgae«, Ende 12. Jh. (München, Bayer. Staatsbibl.). Auf dem Soester Antependium des 13. Jh. (Münster, Westf.) ist sie nur als Nonne, auf Glasfenstern im Regensburger Dom, 1325 und 1365, gekrönt und mit einem blühenden Zweig in Händen abgebildet. Fürstlich zeigen sie ebenfalls ein Altarflügel von 1410 (Köln, Priv.-Bes.) und eine Altartafel aus Seligenstadt (Darmstadt, Hess. Landesmuseum). Die Terrakottafigur am Nordportal des Doms von Eichstätt, 1460, hält zum ersten Mal das Ölfläschchen, wie dann auch die geschnitzte Gestalt des Meisters Hans (Ende 15. Jh.) vom Hochaltar und eine andere, um 1490, über der Grabstätte, wo W. mit den Eltern Wunna und Richard sowie den Brüdern Willibald und Wunibald dargestellt ist. Mit Buch erscheint W. neben Katharina, Barbara, Agatha und Dorothea als Altarstandbild in der Veitskapelle in Stuttgart-Mühlhausen (Ende des 15. Jh. oder Anfang des 16. Jh., aus der Walpurgiskapelle am Ort). Der Silberaltar des Jörg Seld von 1492 (München, Wittelsbacher Ausgleichsfonds) zeigt sie im Mittelschrein als Nonne, aber mit Zepter; auf der gravierten Rückseite nimmt sie mit Königin Wunna von dem zur Wallfahrt aufbrechenden Vater und den Brüdern Abschied. Einige spätere Darstellungen geben ihr 3 Ähren in die Hand, mit denen sie ein Kind vom Hungertod errettet haben soll; die Legende fährt fort, sie sei auf dem Wege zur kranken Tochter eines Burgherrn von Hunden angefallen worden und habe den ihr zu Hilfe eilenden Knechten zugerufen, sie stehe unter dem Schutz Christi, worauf die Hunde von ihr abließen. Als Patronin des Klosters Meschede ist sie um 1030 mit der Äbtissin Hitda dargestellt.

Walderich (latein. Walt[h]arius, G[u]alterius; französ. Gautier; italien. Gualtiero; niederl. Wouter), der in Murrhardt (Württ.) seit dem 9. Jh. verehrte Einsiedler – »venerabilis heremita Walthrius nomine«, wie ihn nachträgliche Aufzeichnungen nennen und als aus karoling. Verwandtschaft stammend überliefern – wurde 840 in einer Steinkirche unter der heutigen Friedhofskirche bestattet, wo sein aus röm. Grabsteinresten gemauertes Grab festgestellt wurde. Die örtliche Legende berichtet von heilenden Wundertaten; Kaiser Ludwig d. Fr. (814–840) soll ihn auf der Flucht vor seinen Söhnen aufgesucht haben: Die Walderichskapelle von 1230/40 enthält eine spätgotische Tumba für Ludwig d. Fr. Die Gründung des ehem. Benediktinerklosters mit Reichenauer Mönchen wird W. zugeschrieben.

Warbede → Embede

Weltgericht → Gericht, Jüngstes

Wendelin, Hl. (20. Okt., Trier). Der iroschottische Königssohn verzichtet auf den Thron, um Gott in Einsamkeit dienen zu können. Im Anschluß an eine Wallfahrt nach Rom beginnt er in der waldigen Wildnis von St. Wendel bei Trier ein Einsiedlerleben, übernimmt Hirtendienste bei einem Edelmann und treibt das Vieh bis zu einem 7 Meilen entfernten Berg, wo er gerne betet. Der als räuberisch geschilderte Herr der Herde kommt unversehens vorbei und ist höchst erzürnt, daß W., so weit entfernt, nun das zum Mahl bestimmte Tier nicht rechtzeitig werde bringen können. Doch als der Erboste in seinen Hof kommt, ist W. bereits dort. Tief erschrocken, bittet der Herr W. um Vergebung, baut ihm eine Zelle in der Nähe eines benachbarten Klosters, dessen Mönche W. zum Nachfolger ihres verstorbenen Abtes wählen: Es ist Tholey, wo er 617 stirbt. Von vielen Kerzen umgeben, bestatten ihn die Mönche, finden aber am nächsten Morgen den Leichnam neben dem Grabe. Sie nehmen dies als Zeichen, daß er andernorts begraben sein wolle, und spannen Ochsen, die noch nie gezogen haben, vor einen Wagen; diese fahren ihn, von selbst den Weg findend, auf den Berg, auf dem er betend so oft geweilt hat. Eine große Wallfahrtsstätte entsteht über der Stelle, aus der sich die Stadt St. Wendel/Saar entwickelte.

Ein Sarkophag, eine Statue am Westportal und ein Schlußstein in der Pfarrkirche von St. Wendel sowie das Kapitelsiegel des 14. Jh. stellen W. als Abt dar, ebenso eine Figur in Kolpach (Luxemburg) aus dem 18. Jh. – Vom späten 15. Jh. an wird er aber nur noch als Hirte wiedergegeben. Altarfiguren in Schnait/Schorndorf von 1497 und am Jakobus-Altar von 1520 in der Schloßkirche zu Winnenden, eine Grisailletafel Baldung Griens von 1520/21 (Frankfurt, Städel) und zahlreiche andere Werke bezeugen die Höhe seiner Verehrung zu Ende des 15. und zu Beginn des 16. Jh. W. hält Rosenkranz, Hirtenkeule oder -schippe in Händen; ein Schaf, Rind oder Schwein sowie ein Hund stehen zu seinen Füßen bzw. hinter oder neben ihm. Er gilt als Nothelfer und Patron der Hirten und Herden. – Bei Darstellungen des 18. Jh., als sein Kult noch einmal besonders aufflammt, ist ihm manchmal ein Pferd zur Seite, auch eine Krone zu Füßen gegeben: Eine Altarfigur in Vierzehnheiligen (um 1750) und die Statue über dem Erasmus-Altar in Birnau von Joseph Anton Feichtmayr (1750) seien neben vielen anderen Beispielen genannt.

Wenzel (Wenceslaus), Hl. (28. Sept.). Der Sohn des christl. Herzogs Wratislaw I. von Böhmen, 903 geboren, wird von seiner Großmutter → Ludmila christlich erzogen, denn seine Mutter Drahomira ist Heidin. Nach Ludmilas Ermordung durch Drahomira übernimmt W. die Herrschaft mit dem eifrigen Bemühen, christlich zu wirken. Er fordert aber die unzufriedene Partei seines Bruders Boleslav I. heraus, der ihn 935 in Alt-Bunzlau erschlägt. Seine Gebeine wurden 938 in die von ihm begonnene Vitus-Kirche von Prag überführt.

Eine erste Darstellung enthält das Vyšehrad-Evangeliar von 1085 (Prag, Univ.-Bibl.): In einer Initiale W mit Lanze thronend, segnet ihn eine Hand Gottes aus den Wolken. Die nächsten Darstellungen folgen im 12. Jh. im Hirs. Pass. (23), wo W. in prächtigem Pelzgewand, Zepter, gegürtetem Schwert und mit tiefer Kopfwunde steht, und im Zwief. Mart. (24), wo W. erstaunt den tödlichen Streich von dem das Schwert schwingenden Boleslav empfängt. Seit dem 14. Jh. mehren sich die Wiedergaben: Mitte 14. Jh. bzw. 1380/90 entstehen die Wenzel-Bibeln in Wien und Prag, 1365 die Tafel des Theoderich von Prag (Prag, Nat.-Galerie), 1373 die Peter Parler zugeschriebene Statue in der Wenzel-Kapelle des Veitsdoms zu Prag, 1385 der Altar aus der Veitskapelle in Mühlhausen/Neckar (Stuttgart, Staatsgalerie), denen sich zahlreiche Beispiele des 15. Jh. und spätere in bömischen Kirchen anschließen lassen. Meist mit Herzogshut in Rüstung, Waffenrock und Mantel dargestellt, sind seine Attribute Zepter, Schwert, Lanze oder Fahne und Schild mit schwarzem Adler.

Werner (französ. Vernier, Garnier; italien. Guarniero), Hl. (18. April, auch 19. April / –). Als armer Knabe in Walmenach bei St. Goarshausen geboren, in Oberwesel als Taglöhner verdingt, wird er nach der Legende am Gründonnerstag 1278 von Juden, für die er Erde aus einem Keller schaufeln muß, ins Haus gelockt und zu Tode gepeinigt. Seinen Namen trägt die 1293 begonnene Werner-Kapelle in Bacharach (seit 1689 Ruine), die an der Stelle erbaut wurde, an die der Rhein die Leiche geschwemmt haben soll.

Miniaturen in den Prozeßakten von 1429 stellen den Knaben mit Schaufel und Wanne als Arbeitsgerät, mit Messer und Märtyrerpalme dar. Auch in Oberwesel trägt eine Kirche seinen Namen; hier ist sein Tod in einem Relief der barocken Erneuerung von 1727 am Chorhaupt wiedergegeben. Eine Statue am Strebepfeiler von St. Oswald in Zug (Schweiz) stellt ihn um 1500 mit Rosenkranz und Märtyrerkrone, Schaufel und Wanne dar.

Wiborada, Hl. (2. Mai, St. Gallen), wird in der Zelle bei der Magnus-Kirche von St. Gallen, in die Bischof Salomon von Konstanz die schwäbische Adlige als Reklusin 916 eingeschlossen hat, durch eindringende Ungarn 928 mit Streitäxten erschlagen. Papst Klemens II. sprach sie 1047 heilig.

Mit → Otmar und → Gallus ist W. als Titularheilige in einer St. Galler Handschrift des 11. Jh. dargestellt. Eine Tafel des 16. Jh. (Donaueschingen, Fürstl. Galerie) gibt sie als Nonne mit Skapulier, Mantel, Weihel, Wimpel und Schleier wieder, eine Statue (Mitte 17. Jh.) in der Stiftskirche St. Gallen mit Hellebarde, Palme und Märtyrerkrone.

Widerchrist → Antichrist

Wigbert, Hl. (13. Aug., Fulda). Ein angelsächsischer Mönch aus dem Kloster Gladstonbury folgt als priesterlicher Gehilfe dem → hl. Bonifatius und wird Abt des von Bonifatius 732 gegründeten Klosters Fritzlar, kurz darauf auch Abt von Ohrdruf. Nach Fritzlar zurückkehrend, stirbt er 747.

Auf seiner Grabtumba von 1340 in der Krypta der Stiftskirche zu Fritzlar ist er in priesterlicher Kleidung mit Abtstab und einem Vogel auf der Schulter dargestellt: Dreimal soll ein in allen Farben schimmernder Paradiesvogel bei der Grablegung, um seinen Leichnam fliegend, gesehen worden sein. Seine hinter der Tumba sitzende Gestalt hält ein Kirchenmodell. – Darstellungen des 15. Jh. zeigen W. entweder als Benediktiner oder in pontifikaler Kleidung mit Mitra, immer mit Stab und öfter mit einer Traube über Kelch oder Buch: Als einmal kein Wein für die Messe vorhanden war, pflückte W. eine Traube von einem imaginären Weinstock, preßte sie über dem Kelch aus und steckte eine nicht zerdrückte Beere vor der Kirche in den Boden; ein mächtiger Weinstock soll daraus gewachsen sein.

Wilbede → Embede

Wilgefortis → Kümmernis

Wilhelm (latein. Guillelmus; französ. Guillaume, Guillemin, Vuillaume; italien. Guglielmo, Memmo; span. Guillermo; engl. William, Bill)

Wilhelm von Maleval, Hl. (10. Febr.), unbekannter Herkunft, läßt sich nach ungebundenem Jugendleben in eine unabnehmbare Rüstung einschmieden und pilgert mit darübergelegtem Bußgewand 1145 nach Rom und ins Hl.

Land. Zurückkehrend läßt er sich in der Einöde Maleval bei Siena nieder und stirbt dort 1157. Papst Innozenz III. sprach ihn 1202 heilig. An seinem Grab stifteten seine Schüler den Orden der Wilhelmiten, der ihn als Wilhelm d. Gr., den Eremiten, verehren ließ.

Verschiedenartig gerüstet, erscheint er ab 1500 in Darstellungen, meist unbeschuht mit Rosenkranz, Krückstock oder Pilgerstab, oft mit mächtigem Mantel über der kenntlich gemachten festen Rüstung, einen Schild mit heraldischen Lilien und Hörnern neben sich, auch als Mönch mit Eisenhelm auf einer Hugo van der Goes zugeschriebenen Tafel (Frankfurt, Städel). Neben einer Darstellung in Freiburg (Augustinermuseum), einem Glasfenster im Straßburger Münster, einer Tafel des Ludger tom Ring 1546 im Dom zu Münster (Westf.) sind der Grisailleflügel Baldung Griens von 1520/21 (Frankfurt, Städel) und eine Tafel aus Schwäbisch Gmünd, um 1520 (Nürnberg, German. Nat.-Museum), kennzeichnend durch einen mit dem Halbmond gekrönten Stab, der darauf hinweisen soll, daß z. Z. seiner Pilgerschaft das Hl. Land nicht unter der Herrschaft des Halbmonds stand, wohl aber z. Z. der Darstellungen.

Willebold, Hl. (25. oder 27. Juli / 2. Nov.), kommt als Pilger 1230 kurz nach Allerheiligen todkrank nach Berkheim im Illertal und stirbt in einer Scheune unter wunderbaren Zeichen. Er wurde im Friedhof bestattet, und seine Verehrung wuchs so, daß man seine Gebeine 1273 in die Kirche übertrug und ein Grabmal mit Relieffigur auf Pfosten errichtete, das 1785 bei einem Brand zugrunde ging. Die erhaltene Abbildung stellt W. mit Mantel, Mütze und Pilgerstab dar, die Füße auf einem Teufel, der bei seiner Übertragung einen Besessenen habe verlassen müssen. Ein Schrein von 1786 bewahrt seine Überreste. Denkmünzen und Statuen sind aus dem 18. Jh. erhalten. Eine Figur aus dem Anfang des 18. Jh. zeigt ihn in der Wegkapelle von

Rot an der Rot in einem mit Pilgermuscheln bedeckten Schultermäntelchen. Andere Beispiele geben ihm auch Hut, Pilgerstab oder Kruzifix.

Willehad, Hl. (8. Nov., Hildesheim, Münster, Osnabrück). Ein angelsächsischer Priester aus Northumberland, kommt 772 als Glaubensbote nach Friesland. Er wird von Karl d. Gr. zu den Sachsen geschickt, muß aber die Aufsässigen verlassen. Er geht nach Rom, bleibt 2 Jahre in Echternach und nimmt nach der Bekehrung Wittekinds seinen Bekehrungsauftrag an der Weser wieder in Angriff. In Worms 787 zum Bischof geweiht, wird er Gründer des Bistums Bremen und stirbt 789.

Das Stadtsiegel von Bremen stellt ihn im 13. Jh. mit Kirchenmodell neben Karl d. Gr. dar, ebenso ein Relief um 1500 an der Orgelempore im Dom zu Bremen. Ein Fuldaer Sakramentar des 11. Jh. gibt ihn in einer Initiale als Gründer von Bremen wieder (Udine, Bibl. Cap.). Pontifikal gekleidet mit Stab und Segensgestus zeigt ihn auch ein Glasfenster des 13. Jh. in Roager (Nordschleswig, Dänemark).

Willibald (latein. Bilibaldus), Hl. (7. Juli, Eichstätt, Fulda). Der um 700 geborene Sohn des angelsächsischen Königspaars Wunna und → Richard, Bruder des → hl. Wunibald und der → hl. Walburga, im Kloster Waltharn erzogen, geht mit Vater und Bruder 720 auf Pilgerfahrt nach Rom, pilgert 724–727 ins Hl. Land und ist 729–739 Mönch in Montecassino. Auf Bitten des → hl. Bonifatius schickt ihn Papst Gregor III. nach Deutschland, wo er in Eichstätt wirkt und dort ein Kloster und den ersten Dom gründet. Bonifatius weiht ihn 741 zum Bischof und zeichnet ihn mit dem Rationale aus. W. stirbt 787. Die Erhebung seiner Gebeine fand 1256 statt.

Im Gundekar-Pontifikale von Eichstätt ist er schon 1075 dargestellt, im Hirs. Pass. des 12. Jh. (23) mit Pallium, Buch und Abtstab. Zahlreich sind seine Wiedergaben vom 15. Jh. an in Eichstätt, dessen Patron er bleibt. Sie zeigen ihn in pontifikaler Meßkleidung mit Bischofsstab, meist auch mit Mitra, oft mit dem Rationale (das die eingestickten Worte »Fides, Spes, Caritas« zeigt). Aus seiner Legende stellt die gravierte Rückseite am Silberaltar des Jörg Seld von 1492 (München, Wittelsbacher Ausgleichsfonds) die erfreuten Eltern an seiner Wiege dar; den Vater, der mit den Söhnen zur Pilgerschaft aufbricht und von Wunna und Walburga Abschied nimmt; die Rückkehr aus dem Hl. Land; die Bischofsweihe durch Bonifatius; die Verleihung des Rationale; das wundertätige Grab, von Votivgaben umgeben. Im Schrein steht W. neben Bonifatius, Richard und Walburga. – Seine thronende Einzelgestalt, 1514 von Loy Hering, bildet heute die Rückseite des 1741 (zur Tausendjahrfeier der Gründung von Eichstätt) errichteten Rokokoaltars des Matthias Seybold. Über seiner Marmortumba steht in schwungvoller Haltung und Gebärde seine bischöfliche Gestalt. Die Legende von der Errettung der Brüder Willibald und Wunibald vom Hungertod auf der Rückkehr von Rom findet sich nur in der Vita des → hl. Sebaldus.

Willibrord, Hl. (7. Nov., Aachen, Luxemburg, Münster, Trier). In Northumberland 658 geboren, wird er Mönch in Ripon und von dem im irischen Kloster verehrten hl. Egbert veranlaßt, zu den Friesen zu gehen. Er pilgert nach Rom; Papst Sergius I. († 701) weiht ihn 695 zum Bischof von Utrecht, von wo aus er 698 das Kloster Echternach gründet. Er stirbt 739 in Echternach und wird dort bestattet.

Die älteste Darstellung ist in das Goldblech des Echternacher Evangeliars von 990, des »Codex Aureus« (Nürnberg, German. Nat.-Museum), eingegraben. Lebensbeschreibung und »Liber florum« des Thiofrid von Echternach bringen ihn mit Widmungsversen 1005/10 thronend in gestickter Kasel mit Pallium und Buch (auch als Bruno von Trier gedeutet). Das Hirs. Pass. des 12. Jh. (23) zeigt ihn priesterlich gewandet in Orantenhaltung. – Erst vom 17. Jh. an sind wieder häufiger Darstellungen nachzuweisen; sie geben W. in Pontifikalkleidung mit Mitra, Hirtenstab und Buch. Der Altarfigur von 1652 in St. Paul zu Aachen ist ein Knabe beigegeben: W. soll 30 Knaben aus Schleswig-Holstein ins Frankenland mitgenommen haben, um sie christlich zu erziehen, zu unterrichten und zu taufen. Auch ein Kirchenmodell kann er in der Hand halten. Eine Altarfigur in Monnerich (Luxemburg) hat ein Weinfaß neben sich: Es weist auf die in der Legende berichtete wunderbare Weinvermehrung und das Hervorrufen einer Quelle hin, wie sie Kupferstiche von Vrint und Cornelis Bloemart 1650, ein Kalendarium von 1675 und einige andere Beispiele abbilden. Nur mit Kirchenmodell bringt ihn eine Statue aus dem Permoser-Kreis im Stadtmuseum zu Bautzen (1. Hälfte 18. Jh.).

Wirnto, Sel. (10. März / –), wird in St. Blasien erzogen und dort auch Mönch, gehört später den Klöstern von Göttweig und Garsten an, wird 1108 Abt in dem 1094 gestifteten Benediktinerkloster Vornbach (Ndb.), wo er 1127 stirbt. Schon zu Lebzeiten als Wundertäter verehrt, zeigt ihn erst eine Altarfigur von 1773 in der Stiftskirche von Göttweig in plissiert gefalteter Flocke mit Pektoralkreuz, ein Kind an der Hand haltend, das nach der Legende verkrüppelt war und von W. geheilt wurde.

Wolfgang, Hl. (31. Okt., Eisenstadt, Linz, Regensburg, Rottenburg, Trier, Wien). Einem Pfullinger Herrengeschlecht angehörend, 924 geboren, auf der Reichenau erzogen, bewegt ihn Erzbischof Heinrich von Trier 956, mit ihm nach Trier zu ziehen, wo er bis 964 Lehrer an der Domschule bleibt. Dann entschließt er sich, in Einsiedeln Mönch zu werden, wird 968 zum Priester geweiht und zieht, einem visionären Anruf seines Patrons → Otmar gehorchend, als armer Glaubensbote durch Noricum, bis ihn – durch seine erfolgreiche Wirksamkeit aufmerksam gemacht – Bischof Pilgrim von Passau als Bischof von Regensburg vorschlägt: Kaiser und Umgebung zweifeln an der Eignung des sich als armer Mönch gebenden W., bis einer der Zweifler erkrankt und von W. geheilt wird. Die vielseitige und umsichtige Tätigkeit, die er in Regensburg entfaltet, begründet seine Verehrung schon zu Lebzeiten; die überaus zahlreichen Darstellungen vom 14. Jh. an bezeugen ihn als einen der am meisten verehrten Heiligen in Deutschland. Als er 994 in Pupping (Oberösterr.) stirbt, wird sein Leichnam nach Regensburg gebracht und in St. Emmeram bestattet. Er ist Patron von Regensburg.

Eine erste Darstellung findet sich im Regensburger Evangeliar Kaiser Heinrichs IV., Ende 11. Jh. (Krakau), eine andere im Zwief. Mart. des 12. Jh. (24) als Halbfigur mit Mitra und Pallium. – Der Grabplatte von 1350 und dem Glasfenster von 1442 (mit dem nur den Bischöfen von Regensburg zustehenden Rationale) im Dom zu Regensburg folgt eine große Zahl weiterer Darstellungen besonders im 15. und 16. Jh. Sie zeigen W. in pontifikaler Meßkleidung, teils mit Kasel, später meist mit Pluviale, immer mit Stab, seltener mit Buch, am häufigsten mit Kirchenmodell, nicht selten auch mit der Axt aus seiner Legende (die Axt erstmals im Urbar von 1416 in Mondsee). Als eine der großartigsten Gestalten kann die im Schrein des St.-Wolfgang-Altars von Michael Pacher 1479/81 gelten (St. Wolfgang bei Salzburg). Den bekannten Legenden, sie teilweise erweiternd, entsprechen die bedeutenden Darstellungen auf den Flügeln dieses Altars und auf den Tafeln aus Neustift-Brixen von 1490/91 (Augsburg, Staatsgalerie). Sie betonen die heilkräftige und Böses abwehrende Wirksamkeit des hl. W. und seine Fürsorge: Bei einer Predigt versucht der Teufel die Zuhörenden durch schillernde Strahlen abzulenken, die er aus einer Ecke bläst; W. heilt einen Besessenen, teilt Getreide aus, legt selber Hand an beim Bau seiner Kirche (als Vorgeschichte berichtet die Legende, daß er mit einem Klosterbruder eine einsame Gegend aufsucht, nach geeigneter Stätte Ausschau hält und, nachdem er am Falkenstein eine Teufelserscheinung gebannt, vom Berg »Saurießel« seine Axt ins Tal schleudert, sie auf einem großen Stein am See wiederfindet und erkennt, daß er hier Haus und Kirche bauen soll). Die Neustift-Brixener Tafeln enthalten die Krankenheilung eines Jünglings (eine der ersten großen Aktdarstellungen in Deutschland); eine Disputation; die Zweifel des vor dem Altar ausgestreckt Betenden, die ein Engel mit erhobener Monstranz löst; den Teufel, der W. das Meßbuch halten muß (es ist der gleiche, der ihn auf dem Berge nicht hat überwältigen können und dem er versprechen soll, ihm den ersten Besucher der Kirche zu überlassen, denn diesem Bau seien unzählige herankommende Gläubige vorausgesagt; als W. frühzeitig in der fertiggestellten Kirche betet, erscheint ein Wolf, und der Teufel entweicht im Zorn).

Wunibald, Hl. (18. Dez. / 15. Dez., Eichstätt). Das angelsächsische Königspaar Wunna und → Richard hat eine Tochter → Walburga und 2 Söhne, → Willibald und Wunibald. Von letzterem berichten die Legenden, wie er mit Vater und Bruder eine Pilgerfahrt nach Rom und ins Hl. Land unternimmt, auf der Rückkehr als Mönch in Montecassino eintritt und, von → Bonifatius berufen, in Thüringen und Bayern als Glaubensbote wirkt. Er gründet 750 in Heidenheim (Mfr.) ein Benediktinerdoppelkloster für sich und seine Schwester Walburga, ist dort erster Abt und stirbt 761. Seine Reliquien wurden vermutlich erst um 870 mit denen seiner Schwester nach Eichstätt übertragen.

Das Gundekar-Pontifikale von 1075 enthält seine und seines Bruders älteste Darstellung als Benediktiner in Flocke. Alle späteren Darstellungen zeigen ihn vom 15. Jh.

an meist mit Eltern und Geschwistern, wie der Silberaltar des Jörg Seld von 1492 (München, Wittelsbacher Ausgleichsfonds). Hier ebenfalls als Benediktiner mit Abtstab und Buch dargestellt, geben ihm einige spätere Werke zusätzlich eine Maurerkelle in die Hand, mit der er sich beim Bau des Heidenheimer Klosters betätigt haben soll; auch auf dem Holzschnitt der Sipp-, Mag- und Schwägerschaft Maximilians I. hat er sie in Händen.

X

Xaver → Franz Xaver

Z

Zachäus (Luk. 19,1–6), ein Oberster der Zöllner aus Jericho. Er begehrt Christus zu sehen, und da er klein ist, steigt er auf einen Maulbeerbaum. Christus kommt vorbei, sieht ihn und ruft ihn herab, denn er will bei ihm einkehren. Z. nimmt ihn mit Freuden auf; die dieses sehen, wundern sich, daß Christus bei einem Zöllner (= Sünder) einkehrt; den Anwesenden erzählt Christus das Gleichnis von den 10 Pfunden und den 10 Knechten.

In regelmäßigen Zyklen nicht dargestellt, aber einzeln öfter in der Buchmalerei eingestreut: um 975/980 im Reichenauer Evangeliar Ottos II. (Aachener Münster, Schatzkammer), 1007–12 im Reichenauer Perikopenbuch Heinrichs II. (München, Bayer. Staatsbibl.) und später in Salzburger und rheinischen Handschriften. Als besonderes Beispiel gilt die Seite im Brandenburger Evangelistar (Brandenburg/Havel, Domkapitel) Anfang 13. Jh. Mehrfach wird Z. in Legenden genannt. Bei der Kreuzfindung (→ Helena) nennt ihn → Judas (später → Quiriacus) seinen Ahn; in der → Klemens-Legende werden die Brüder durch Z. zu Petrus geführt; in den der Kreuzerhöhung (→ Heraklius) folgenden Legenden vermacht Nikodemus ein von ihm gemaltes Christusbild dem → Gamaliel, der es zu legendären Geschehnissen weitergibt (3).

Zacharias → Sacharja, einer der 12 kleinen → Propheten.

Zacharias (Luk. 1,5 ff.), der jüd. Priester, dem beim Rauchopfer im Tempel ein Engel die Geburt des Sohnes, → Johannes d. T., verkündet und der, ungläubig auf sein und seiner Frau → Elisabeth hohes Alter hinweisend, stumm wird, bis er bei der Geburt des Sohnes den Namen auf eine Tafel schreibt und die Stimme wieder erhält.

Beim Opfer im Tempel und bei der Geburt des Johannes wird Z. vom 9. Jh. an in der Buchmalerei ebenso zahlreich dargestellt wie später in Glas-, Wand- und Tafelmalerei, oft als Hoherpriester (der er nicht war), vielfach in Anlehnung an die für → Aaron von Moses vorgeschriebene Kleidung. Einzeldarstellungen sind selten; sie geben Z. im 17. und 18. Jh. meist als Gegenstück zu Joh. d. T. oder Elisabeth, u. a. am Altar von Neustift bei Freising von 1760; Z. hat dann Buch oder Schreibtafel und Rauchfaß als Attribute.

Zacharias, Hl. (15. März), Papst von 741–752, ein Grieche aus Kalabrien. Er wird besonders für seine Bemühungen um die Christianisierung des germanischen Nordens durch → Bonifatius erwähnt. – An einem Reliquienschrein der Stiftskirche von Fritzlar ist Z. 1450 in pontifikaler Kleidung mit Dreikronen-Tiara, Kreuzstab und Buch dargestellt.

Zachariel (»Gott gedenkt meiner«), Erzengel → Engel

Zebaoth (»Herr der Heerscharen«) → Gott

Zebedäus (Matth. 4,21; Matth. 10,2; Mark. 1,19 und 20). Die Berufung seiner Söhne → Jakobus d. Ä. und → Johannes, die – netzeflickend von Christus angesprochen – das Schiff und den Vater am Galiläischen Meer verlassen, ist eine oft dargestellte Szene. Nach Matth. 20,20 gilt Z. als Mann der → Maria Salome, die für ihre Söhne bittet und als Mutter dieser Söhne unter dem Kreuz stehend genannt wird (Matth. 27,56). Für die im Mittelalter verbreiteten Vorstellungen gehört Z. in den Familienzusammenhang der → Hl. Sippe.

Zedekia, von Nebukadnezar 597 geblendeter letzter König von Juda (Jer. 37–39).

Zedekia → Micha

Zefirot, die 10 Elementarzahlen, die zusammen mit den 22 Buchstaben des Alphabets im jüdischen »Buch der Schöpfung« (3.–6. Jh. n. Chr.) als Erscheinungen der Weltelemente vorgestellt werden. Im mystischen System der Kabbala sind sie die 10 Sphären, »Abglänze« genannt, in denen Gott emaniert: Krone, Einsicht, Weisheit, Stärke (oder Gericht), Gnade (oder Größe), Schönheit (oder Barmherzigkeit), Hoheit, Glanz, Fundament und Herrschaft. So bestimmen sie den Inhalt eines ungewöhnlichen Bildwerks der Reformation, der sog. Lehrtafel der Prinzessin Antonia von Württemberg in der evangelischen Pfarrkirche von Bad Teinach. Der 1673 vom württ. Hofmaler Friedrich Gruber vollendete Bildschrein bezeugt eine in der Verbindung von evangelischem und kabbalistischem Denken einzigartige Universalschau des christlichen Weltgebäudes, gewiß mitgeprägt vom rosenkreuzerischen Hofprediger Johann Valentin Andreae, dem Verfasser des utopischen Staatsentwurfs »Christianopolis«. Der vorreformatorischen Bildtradition entsprechen Salomos Tempel (= Kirche des Alten und Neuen Bundes) und der Paradiesgarten als bestimmende Symbole der Haupttafel. Zum Tempel gehören die allegorischen Figuren des Zefirot. Am Altar Aaron, Moses und Joh. d. T., am Fuße der Tempelsäulen die 4 großen Propheten und die 4 Evangelisten. Christus als Quell des Lebens bildet das Zentrum des von Wasserläufen durchzogenen Gartens zu Füßen des Tempels, er ist umgeben von den 12 Söhnen Jakobs als Stammväter der 12 Stämme Israels (1. Mose 49,1–28) und Präfigurationen der Apostel. Eine weibliche Figur mit den Attributen der Liebe (flammendes Herz) und der Hoffnung (Anker) steht im Begriffe, diesen Garten durch ein Tor in der Rosenhecke zu betreten, sie gilt als Bild der Prinzessin Antonia.

Die Fülle der noch über das Ganze eingefügten Inhalte

ist nur mit Hilfe der S. 703 angezeigten Spezialliteratur zu erschließen.

Zehntausend Märtyrer, Hll. (10. Juli / –). Die erst im 15. Jh. verschieden übersetzten und verbreiteten Legenden erzählen, wie ein Teil der Truppen Kaiser Hadrians zu Beginn des 2. Jh. siegreich Aufrührern gegenübersteht. Da bekehrt eine Engelsstimme den Anführer → Achatius; ihm folgen 9000 Mann, die eine ermutigende Vorausschau ihres Martyriums erleben. Mit allen vor den Kaiser gebracht, verweigert Achatius die heidnischen Opfer und die Anbetung der »Idole«. Die umstehende Menge wirft mit Steinen und verlangt den Tod der 9000. Diese werden daraufhin mit Knütteln geschlagen; da bebt die Erde, Feuer verbrennt die Hände der Henkersknechte, aus der Menge tritt einer mit seinen Brüdern, zum Glauben bekehrt, hervor – die Zahl der 10000 wird erfüllt. Von neuem ergriffen, sollen sie über scharfe Nägel schreiten – Engel helfen ihnen darüber hinweg. Der Kaiser läßt ihnen Dornenkronen aufsetzen; mit Speeren gestochen und gegeißelt, werden die geduldig Leidenden aus der Stadt getrieben, sie streichen ihr fließendes Blut als Taufe und Abwaschung ihrer Sünden auf ihr Haupt. Gebunden führt man sie auf den Berg Arrot »bei Alexandria, auch Ararat genannt«, wo sie gekreuzigt und von himmlischen Stimmen getröstet werden, die das Volk als Erdbebendonner erlebt. Verschiedene (bis zur Kreuzigung übereinstimmende) Legenden bringen als Schluß den Sturz in die Dornen, aber die Tafel des Meisters von Liesborn von 1489 (Münster, Landesmuseum für Kunst und Kulturgeschichte), ein Holzschnitt Dürers von 1500 und sein Leinwandbild von 1508 (Wien, Kunsthistor. Museum) greifen die bei Achatius erwähnte Dominikanerlegende auf mit der Hinrichtung des Erzbischofs von Seleukia-Ktesiphon um 343 mit vielen Bischöfen und Geistlichen durch König Sapor II. von Persien; auf diese Legende bezieht sich auch der Holzschnitt im Lüb. Pass. um 1480 (4).

Zelomi, eine der Frauen, die → Joseph nach der Legende zur Geburt holt (→ Christus).

Zeno, Hl. (12. April, München), ein Afrikaner, der 362 zum Bischof von Verona gewählt wird, wo eine der großen Kirchen seinen Namen trägt. Die Legende rühmt seine Fürsorge für Arme und Kranke, seine unerschrockene Tatkraft gegen das aufflackernde Heidentum und gegen die Arianer. Er bestreitet seinen Unterhalt durch Fischfang aus der Etsch, als ihn die Boten des Kaisers Gallienus finden, die ihn um Gebetsheilung für die besessene Tochter des Kaisers bitten sollen.

In Oberitalien häufig dargestellt (z. B. in Reliefs an der Bronzetür von S. Zeno in Verona, um 1200), nördlich der Alpen nur in Bayern – auch hier selten –, gilt eine Statue des 13. Jh. im Klerikalseminar von Freising als früheste Wiedergabe. Hier ist sein Attribut ein »Fischlegel« (aber später beigefügt). Ebenfalls aus dem Anfang des 13. Jh. stammt das Bogenfeld vom Hauptportal der ihm geweihten Kirche St. Zeno in Reichenhall, wo er neben der Madonna steht. Am Chorgestühl ist er ebendort 1520 wiedergegeben. Er trägt Pontifikalkleidung, teils mit Kasel, teils mit Pluviale, Stab und Buch, auf dem 2 Fische liegen; auch ein »Fischlegel« oder Fischkasten kann ihm beigegeben sein; immer aber bleiben 2 Fische kennzeichnend – zum Unterschied zum → hl. Ulrich, der stets nur einen Fisch hält. Z. wird als Schutzherr in Wassergefahr und bei Überschwemmungen angerufen.

Zephania (Sophonias), einer der 12 kleinen → Propheten, um 630. Er spricht die Verkündigung drohender Vernichtung und Ausrottung aus: »mit Leuchten will ich Jerusalem durchsuchen …« (Zeph. 1,12). Nach Ermahnung zur Buße und weiterer Unheilsvoraussage spricht er messianische Zukunftshoffnung aus mit den Worten: »Jauchze, du Tochter Zion! … freue dich … denn der

Herr hat deine Strafe fortgenommen« (Zeph. 3,14 und 15 → Sacharja).

In den Reihen der Prophetendarstellungen wird Z., dem ersten Zitat entsprechend, durch eine Laterne in den Händen gekennzeichnet.

Zippora, Frau des Moses, eine der 7 Töchter des → Jethro.

Anhang

Fachausdrücke

Altar. Seine Formen als Tisch-, Block-, Kasten- oder Sarkophag-A. können in frühchristl. Zeit durch ein Ziborium (Gehäuse) überhöht sein. Die seit dem 13. Jh. entstehenden Schrein- und Tafelaufbauten, Flügel- oder Wandelaltäre genannt, sind als Rückwand, → Retabel, mit der Altarplatte fest verbunden.

Ambo, Ambonen. Die beiden in frühchristl. Zeit an den Chorschranken, später am Lettner angebrachten Lesekanzeln, Vorläufer der erst tragbaren, vom 14. Jh. an aber fest an Pfeilern angebrachten Kanzeln.

Anastasis → Christus (Auferstehung).

Antependium. Die goldgetriebene oder gemalte Vorsatztafel, die bis zum 13. Jh. die Vorderwand des Altartisches bedeckt, von da an als Rückwand auf die hintere Kante gestellt zum großen Flügelaltar wird.

Antiphonar. Es enthält das → Graduale mit den Antiphonen (Vorgesängen) und den Responsorien (Antworten) für Messe und Chorgebet mit Melodie.

Apokalypse. Die Offenbarung des Johannes. Sie ist als Einzelwerk mit Darstellungen und Kommentar besonders aus dem 9., 11., 14. und 15. Jh. erhalten.

Apokryphen. Die »verborgenen«, d. h. nicht anerkannten Schriften des AT und NT. → Lit.-Verz. 15,16,17.

Aquamanile. Bronzegießgefäß für die liturgische Handwaschung am Altar, im 11./13. Jh. meist in Tierform.

Armenbibel → Biblia.

Baldachin. Prunk- oder Traghimmel über Thron, Altar und ähnlich ausgezeichneten Plätzen, auch über dem Priester, der in der Prozession die Monstranz trägt. B. heißen ferner die architektonisch gestalteten Schutzdächer über gotischen Statuen. → Ciborium.

Benediktionale. Die Texte für den bischöflichen Segen.

Biblia Sacra. Die Bibel, zunächst nur in Einzelbüchern abgeschrieben und bezeichnet, wie sie als Genesis, Josuarolle u. a. erhalten sind. Als Pentateuch sind es die 5 Bücher Mose, als Oktateuch die 5 Bücher Mose mit Josua, Richter und Ruth im byzantin. Bereich. Große Gesamtbibeln entstehen im 9./11. Jh. in Spanien, karoling. Bibeln im 9. Jh., Salzburger im 12. Jh. Diesen folgen vom 15. Jh. an die vollständig gedruckten Bibeln als das allgemeine Bibelbuch: Die Heilige Schrift, mit Holzschnitten und Kupferstichen. Eine Sonderform ist die Biblia pauperum, die Armenbibel. Mit kurzem Text rahmen hier als Federzeichnungen 2 Beispiele aus dem AT eine Szene des NT als Predigtgrundlage. Die Armenbibel geht aus den armen Orden der Franziskaner und Dominikaner, der »Minderbrüder« der Bettel- und Predigerorden, im 13.–15. Jh. hervor. Etwas reicher ausgestattet gehören die Biblia picturata, Bible moralisée, Bible historiée u. ä. Werke dazu.

Brevier. Das eigentliche Gebetbuch der Geistlichen mit Gebeten, Psalmen, ausgewählten Stellen aus der Bibel, den Kirchenvätern und den Heiligenlegenden, nach dem Jahreslauf geordnet.

Christogramm. Das aus dem griech. Buchstaben X = CH und P = R bestehende Christus-Monogramm.

Ciborium. Architektonischer Überbau des Altars, an dem wie unter einem → Baldachin das geweihte Brot hing. Der Begriff ist dann auf den Hostienbehälter selbst übergegangen.

Cimelie. Eine »Kostbarkeit«. Als C. werden hauptsächlich die reich mit Malerei und anderem Schmuck ausgestatteten Handschriften bezeichnet.

Clm. (Codex latinus monacensis). Bezeichnung für die latein. Handschriften der Bayer. Staatsbibl., München.

Confessio. Das Märtyrergrab unter dem Hauptaltar, auf der Altarrückseite mit einem Gittertürchen zur Verehrung des Märtyrers ausgestattet.
Außerdem Bezeichnung des in der Krypta unter dem Hauptaltar angelegten Märtyrergrabaltars, zu dem ein Durchblick von oben gegeben sein kann.

Custodia → Monstranz.

Deesis. Christus thronend zwischen Maria und Johannes d. T. in Bittstellung.

Diakon. Geweihter amtlicher Gehilfe des Priesters und Bischofs bei feierlichen liturgischen Handlungen.

Diptychon. Rechteckige, mit Scharnieren verbundene Elfenbeintäfelchen, außen mit geschnitzter Darstellung, innen mit Wachs überzogen (für einzuritzende und wieder auslöschbare Notizen).

Zweiflügelige geschnitzte Hausaltärchen aus Elfenbein im 13. und 14. Jh. Aus 2 größeren Flügeln bestehende Altaraufbauten des 14. Jh.

Epistolar. Das zum → Lektionar gehörende Verzeichnis.
Epitaph. Gedächtnistafel mit dem Bild des Verstorbenen und Todes-Symbolen, darunter Totengebein nach Hes. 37,1–14.
Ethymologia. Encyclopaedia des Isidor von Sevilla (560–636).
Evangeliar. Die 4 vollständigen Evangelien mit den Kanontafeln. Vor jedem Evangelium steht als Autorenbild der schreibende Evangelist; die Anfangsworte werden meist auf eine reich verzierte Initialseite gestellt.
Evangelistar (Perikopenbuch). Zusammenfassung der Texte für die an Sonn- und Feiertagen in der Messe zu lesenden Abschnitte mit reichem, aber nicht festgelegtem Darstellungszyklus.

Gebetbuch. Seltene und nur für bestimmte Persönlichkeiten hergestellte Exemplare mit einer Auswahl von Gebeten, Texten und Darstellungen sind erhalten.
Genesis → Biblia.
Gespreng. Geschnitzte architektonische Rahmenaufbauten über den Flügelaltären.
Glossar. Wörterbuch mit Kommentar und Federzeichnungen.
Graduale. Als sog. Stufen bezeichnete respondierende Chorgesänge zur Messe (→ Antiphonar).

Homiliar. Sammlung von Betrachtungen zu den Briefen und Schriften der Kirchenväter, auch Erklärungen zu den Evangelienlesungen der Messe.

Ikonographie. Ein Zweig der Kunstwissenschaft, der die Bildinhalte, deren Sinn, Herkunft und Wandel erforscht.

Josuarolle → Biblia.

Kanon. Die Worte der Messe im → Sakramentar. Die Darstellungen betonen mit einem Kruzifixus-Bild die Worte »Te igitur« mit dem »T« als Kanonblatt, mit dem ineinandergeschlungenen »VD« die Worte »Vere dignum«.
K.-Tafeln sind die meist in reich verzierten K.-Bögen gegen-

übergestellten Entsprechungen der 4 Evangelien, dem → Evangeliar auf mehreren Seiten vorangestellt.

Kollektar. Haupt- und Stundengebete des → Breviers und des → Orationale.

Kustodia → Monstranz (Custodia).

Lektionar. Zusammenfassung von Abschnitten aus dem AT, den Evangelien, der Apostelgeschichte und den Apostelbriefen für bestimmte Lesungen bei der Messe an Sonn- und Feiertagen.

Majestas. Christus thronend zwischen den 4 Evangelistensymbolen.

Martyriologium. Nach Monaten geordnete Heiligenlegenden mit Todestag (= »dies natalis« = Geburtstag der Aufnahme in den Himmel), Tag der Beisetzung (depositio), Erhebung (elevatio), Übertragung (translatio) und Heiligsprechung (canonisatio), soweit jeweils bekannt. Das reich ausgestattete Zwiefaltener Exemplar (24) von 1160 beruht auf der Fassung des Usuardus (Huswardus) von St-Germain-des-Prés, die 875 im Auftrag Karls des Kahlen geschrieben wurde.

Matutinale. Zusammengefaßte Stellen aus → Antiphonar und → Psalter mit Gebeten für den frühmorgendlichen Gottesdienst.

Menologium. Sammlung von Heiligenlegenden der byzantin. Kirche.

Mensa (Tisch). Altarplatte.

Miniatur. Die Bezeichnung ist für das ganze Gebiet der mittelalterl. Handschriftenmalerei von der Farbe »mennigrot = minium« abgeleitet. Die »Rubrizierung«, die Ausstattung schon der frühen Pergament-Codices (-Bände) mit Initialen, den Anfangsbuchstaben, die Vorzeichnung und schließlich die reine Federzeichnung wird mit diesem Rot ausgeführt. Erst im 16. Jh. bezieht sich »Miniatur« im Sinne von Kleinmalerei auf Bildnisse kleinen Formats.

Für die Darstellungen der ganzen mittelalterl. Kunst spielt die Buchmalerei insofern eine besondere Rolle, als hier die ikonographischen Grundlagen für die (v. a. nicht immer vollständig erhaltenen) Werke der Wand-, Glas- und Altar-(Tafel-)Malerei zu finden sind und von Anfang an einer monumentalen Auffassung entsprechen.

Missale. Es enthält vom 13. Jh. an alle gesprochenen und gesungenen Texte des → Sakramentars, die zusammengefaßten Lesungen aus → Evangelistar und → Lektionar, die Gebete und Chorgesänge aus → Antiphonar, → Graduale und → Kollektar.

Monstranz (Ostensorium, Custodia). Schaugefäß aus Edelmetall und Glas oder Kristall, in dem die geweihte Hostie ausgestellt wird. Sie wurde als kultisches Gerät seit 1264, der Einführung des Fronleichnamsfestes, allgemein verwendet. Ostensorien und Custodien können auch Reliquien enthalten.

Nekrologium. Angabe der Todesdaten der Gründer, Stifter, Wohltäter und Angehörigen einer Klostergemeinschaft, meist mit einem → Martyriologium vereint.

Oktateuch → Biblia.

Orationale. Bittgebete, Stundengebete und Anrufungen für den Chordienst, nach dem Kirchenjahr geordnet.

Ostensorium → Monstranz.

Ostiarius. Der die Monstranz tragende Diakon.

Pantokrator → Christus (Antlitz).

Passionale. Die Lebens- und Leidensgeschichte der Heiligen, Märtyrer und Bekenner, nach dem Kirchenjahr geordnet, wie sie 1293 in die Leg. Aur. und 1487 in das Lüb. Pass. (4) aufgenommen sind. Besonders reich ausgestattet sind die 3 Bände des Hirs. Pass. (23) von ca. 1120–60.

Patene. Der für die Hostie bestimmte Teller.

Pentateuch → Biblia.

Perikopenbuch → Evangelistar.

Plenar. Zusammengebundene Einheit von → Evangeliar und → Evangelistar, meist in einem kostbaren Einband in Goldschmiedearbeit mit Reliquien.

Polyptychon. Wandelaltar mit mehreren beweglichen, in Italien feststehenden Flügeln.

Pontifikale. Die Gebete, Gesänge und Segensformeln für die nur dem Bischof vorbehaltenen Sakramente.

Psalter. Als Hauptbuch für die klösterlichen Chorgebete reich mit Evangelienszenen ausgestattet, denen eine Darstellung des königlichen Psalmensängers David vorausgeht. Es enthält die 150 Psalmen und wird vom 13. Jh. an immer mehr als Gebetbuch für fürstliche Persönlichkeiten und Laien mit Kalender, Monats- und Heiligenbildern ausgestattet.

Retabel. Offizieller Ausdruck für die das → Antependium ablösende Rückwand auf der hinteren Mensakante, → Altar.

Sakramentar. Der Text der Messe (→ Kanon mit Oration und Praefation), meist mit dem Kanonblatt ausgestattet. Vielfach kommen auch Darstellungen von Verkündigung und Geburt, Frauen am Grabe, Himmelfahrt und Pfingsten dazu. Eine Majestas-Darstellung (Christus zwischen den 4 Evangelistensymbolen thronend) und der hl. Gregor d. Gr. als Autor bzw. Redaktor des Meßtextes gehen ihm voraus.

Stundenbuch (Livre d'heures). Das im 14. und 15. Jh. aufkommende, reich ausgestattete Laiengebetbuch, das Psalmstellen und die Stundengebete für das ganze Jahr enthält.

Triptychon. Aus 3 beweglichen, in Italien unbeweglichen Tafeln zusammengesetzter Flügelaltar.

Tropar. Eine Sammlung von »Tropen«, d. h. mit Melodien und festlichen Zusätzen erweiterte Texte des Kyrie, Gloria, Sanctus, Agnus Dei und Ite missa est.

Typologie. In der Kunstgeschichte eine seit den Anfängen christl. Kunst bekannte Darstellungsart, bei der einem Geschehen des AT (Typus) eine Szene aus dem NT (Antitypus) gegenübergestellt ist. Die Bilder sind sinnvoll so aufeinander bezogen, daß der zugrunde liegende Gedanke, die Auslegung des Alten Bundes als Vorausweisung auf den Neuen Bund, augenfällig wird. So entspricht z. B. Isaak, der das Holz zur Opferung trägt, dem kreuztragenden Christus, die Aufrichtung der ehernen Schlange der Kreuzigung Christi usw. – Das Mittelalter hat bes. in der Buch- und Glasmalerei diese Vorstellung in ausgedehnten, systematisch angelegten Bildzyklen veranschaulicht. Vgl. Armenbibel und Lit. Verz. Nr. 8, 9.

Ziborium → Ciborium.

Zimelie → Cimelie.

Verzeichnis der Attribute

Allgemeine Attribute wie Buch, Märtyrerpalme (Palme, Palmzweig), Rosenkranz und Schwert, die die speziellen Attribute ergänzen, aber auch fehlen können, sind nur dann besonders angegeben, wenn es sich um ein unbedingtes Kennzeichen handelt, wie etwa das Schwert bei Katharina von Alexandrien und bei Paulus.

A – Ω = Alpha – Omega = A – O = Anfang und Ende (erster und letzter Buchstabe des griech. Alphabets): Christus, Apokalypse. Jüngstes Gericht.

Adler: Adalbert, Elias, Johannes Ev., Modestus, Servatius, Vitus, Wenzel.

Ähren (Garben): Brictius, Donatus, Johannes und Paulus, Isidor, Notburga von Rattenberg, Ruth, Walburga.

Agnus Dei (Lamm Gottes): Johannes d. T.

Ahle (Schusterahle, s. a. Pfriem): Erasmus, Krispinus und Krispinianus.

Almosen reichend: Corona, Elisabeth, Homobonus, Martin, Sixtus II.

Almosenkörbchen (-schale): Alexius, Homobonus.

Altar: Messe von Bolsena, Messe des hl. Gregor.

Szenen am Altar (= am Altartisch): Aaron, Abraham, Joachim, Joseph, Zacharias.

Am Altar erstochen: Kanut, Magnus, Stephan, Thomas von Canterbury.

Amboß: Adrianus, Eligius.

Ampel: → Lampe, Laterne.

Anker: Johannes von Nepomuk, Klemens, Nikolaus, Placidus, Spes (Sophia), Sunniva.

Antlitz Christi (Schweißtuch Christi): Veronika.

Apfel: Adam und Eva.

Apfel im Korb: Dorothea.

Apfel in der Waage: Antoninus.

Apfel statt Goldkugeln: Nikolaus.

Arius: Servatius.

Arm: Notburga von Hochhausen.

Arma Christi (Wappen Christi = Leidenswerkzeuge): Christus (Passion), Bernhard von Clairvaux.

Artemia: Cyriakus.
Arzneibüchse: (-glas, -kästchen, -tasche): Kosmas und Damian, Pantaleon.
Aschenkuchen: Sebaidus.
Ast, dürrer: Achatius, Emerita.
Athich: Odilia.
Augen auf einem Buch: Erhard, Odilia.
Augen auf einer Schale: Lucia.
Augen, geblendete: Leodegar, Simson.
Averroës: Thomas von Aquino.
Axt: → Beil.

Bär: Elisa, Gallus, Kolumba, Kolumban, Korbinian, Magnus, Maximin, Richardis, Thekla.
Bahre (mit einem Toten): Noitburgis.
Banner: → Fahne.
Bart: Kümmernis.
Bauer (mit einer Keule): Heinrich Apostel Finnlands.
Baum (am Baum hängend): Absalom, Achior.
Am Baum gefesselt: Afra, Ernst, Kastulus, Sebastian.
Baumstamm in Händen: Christophorus.
Im hohlen Baum: Bavo, Edigna.
Becher: → Kelch.
Beil (Axt): Adrian, Benedikta, Botvid, Hermenegild, Joseph Zimmermann, Judas Thaddäus, Matthäus, Matthias, Simon Zelotes, Trudpert, Wolfgang.
Beil, am Sonnenstrahl hängend: Utto.
Bein ansetzend: Kosmas und Damian.
Pferdebein (zum Beschlagen): Eligius.
Beinwunde: Fiacrius, Rochus.
Besen: Petronilla.
Besessene heilend: Cyriakus, Remigius.
Bettelsack: Felix von Cantalice.
Bettlern beistehend: Corona, Elisabeth, Homobonus, Johannes von Nepomuk, Martin, Oda, Thomas von Villanova.
Beutel: Haggai, Judas Ischarioth, Laurentius, Matthäus, Sixtus II.
Bienenkorb: Ambrosius, Bernhard von Clairvaux.
Bild: → Madonnenbild.
3 Bischofsstäbe: Bernhardin von Siena.
Blashorn: Blasius.

Blattkleid: Adam und Eva, Onuphrius, Paulus Eremita.
Blitze: Donatus, Johannes und Paulus.
Blütenzweig: Dorothea, Jesaja, Vincentius, Walburga.
Bohrer: Achatius, Apollonia, Leodegar.
Bottich: → Eimer, → Faß, → Kübel.
Brief (s. a. Spruchband): Ägidius, Alexius, Heinrich II., Oswald, Theophilus, Zacharias.
Brot: Abdias, Agatha (fälschlich), Elias, Elisabeth, Gallus, Laurentius, Meinrad, Nikolaus, Notburga von Hochhausen, Notburga von Rattenberg, Obadja, Oda, Paulus Eremita, Verena, Titus.
3 Brote: Maria Ägyptiaca.
Brunnen (s. a. Mariensymbolik): Amalberga, Elieser, Gangolf, Jakob, Joseph, Judas und Quiriacus, Kallistus, Klemens, Quirinus von Tegernsee, Rahel, Rebekka, Samariterin (Christus), Sigismund.
Brust reichend (Madonna): dem Bernhard von Clairvaux, Kajetan.
Brüste auf einer Schale: Agatha.
Brustkreuz: → Kreuz.
Buch auf einer Schale: Agatha.
Buch (durchbohrt): Bonifatius.
Buch (= Ordenssatzung): Benedikt, Ignatius.
Buch (mit Inschrift): Bernhardin von Siena, Ildephonsus, Johannes vom Kreuz, Nikolaus von Tolentino, Petrus Damian.
Büchse (Salbenbüchse): Kosmas und Damian, Maria Kleophas, Maria Magdalena, Maria Salome, Pantaleon.
Bürste: Radegundis.

Cherub: Adam und Eva.
Christuskind (s. a. Jesuskind): Christophorus.

Diakon: Caesarius von Terracina, Laurentius, Sisinnius, Stephanus, Suitbert, Vincentius.
Dienstmagd: Gunthildis, Notburga von Rattenberg, Radegundis.
Diokletian: Cyriakus, Vitus.
Dioscurus: Barbara.
Dolch in der Brust: Angelus, Petrus Martyr.
Dolch im Hals: Aquilinus, Lucia.
Dornenkranz: Achatius, Elisabeth von Reute, Johannes von Gott, Katharina von Siena.
Dornenkrone in Händen: Joseph von Arimathia, Ludwig d. Hl.
Dornenzweig: Achatius.

Drache (s. a. Schlange, Teufel): Barlaam, Beatus, Cyriakus, Eleutherius, Eucharius, Georg, Magnus von Füssen, Margareta, Martha, Michael, Narzissus, Olaf, Servatius, Silvester.
Dreschflegel: Isidor.

Edelstein: Thomas von Aquino.
Eimer (Kübel): Florian, Radegundis.
Einhorn: Barlaam, Justina, Mariensymbolik.
Einsiedler: Antonius Eremita, Arbogast, Archus, Benedikt von Aniane, Deodatus, Fiacrius, Florentius, Gallus, Hermann, Hieronymus, Himerius, Johannes Chrysostomus, Ivo, Meinrad, Nikolaus von der Flüe, Onuphrius, Prokopius, Sebaldus, Sola, Trudpert.
Einsiedlerinnen: Edigna, Lüfthildis, Maria Ägyptiaca, Rosalia von Palermo, Wiborada.
Engel: Elisabeth von Reute, Maria (Verkündigung), Matthäus, Rochus.
Engel mit Lilienzweig zu Füßen von: Hyazinth.
Epileptiker: Valentin, Vitus als Nothelfer.
Esel: Antonius von Padua, Bileam, Florentius, Leonhard.

Fackel: Agatha, Antonius Eremita, Eulalia, Margareta, Vincentius.
Hund mit Fackel im Maul: Dominikus.
Fahne (Banner): Gangolf, Johannes von Capistrano.
Fahne mit Adler: Leopold, Wenzel.
Fahne mit Christus-Monogramm: Konstantin.
Fahne mit klevischem Doppelkreuz: Gregorius Maurus.
Fahne mit Kreuz: Gereon.
Fahne mit 4 »A«: Mauritius.
Fahne mit 9 Kugeln: Quirinus von Neuß.
Falke: Bavo, Gangolf.
Faß (Ölfaß): → Kessel.
Fäßchen: Gunthildis, Ludwig von Toulouse, Otmar, Willibrord.
Feder, Federmesser: → Schreibgerät.
Fegefeuer: Brandan, Gregor d. Gr., Odilia, Patricius.
Fellgewand: Adam und Eva, Johannes d. T.
Felsblock, erschlagender: Sunniva.
Felsblock, sich öffnender: Barbara, Odilia, Thekla.
Felsblock, wassergebender: Moses.
Feuer löschen: Benedikt von Aniane, Florian.
Feuer mit Pflugschar: Kunigunde, Richardis.

Grab (lebend begraben): Kastulus, Vitalis von Ravenna.
Grab, von Löwen geschaufelt: → Löwen schaufeln das G.
Greif, Greifenklaue: Himerius.
Greifenklaue als Horn: Kornelius.
Griffel: → Schreibgerät.
Gürtel (der Madonna): Thomas Apostel.

Haare: Simson.
An Haaren getragen: Habakuk.
An Haaren hängend: Absalom.
Haarkleid: Agnes, Johannes Chrysostomus, Maria Ägyptiaca (fälschlich Maria Magdalena), Onuphrius.
Hacke: Adam.
Hagel: Johannes und Paulus.
Hammer: Eligius, Jael, Juliana, Reinold.
Hand: Adrianus.
Handkreuz: → Kreuz.
Handorgel: Cäcilia.
Handpresse (= Traubenpresse): Wenzel.
Handschuh: Fronto, Karl d. Gr.
Harfe: Arnold von Arnoldsweiler, Cäcilia, David, Salomo.
Haspel (Seilwinde): Erasmus, Reparata.
Haupt in Händen: Alban von England, Alban von Mainz, Dionysius, Exuperantius, Felix und Regula, Justus, Placidus von Disentis, Theonestus, Theopompus, Valentin Priester, Viktor von Solothurn.
Haupt neben sich am Boden: Firminus.
Haupt des Holofernes im Korb (Tuch): Judith.
Haupt des Johannes d. T. in der Schale: Salome.
Haupt (nur Schädeldecke): Angelus, Nikasius, Petrus Martyr, Quirinus von Malmedy, Thomas von Canterbury.
7 Häupter im Schoß: Felicitas.
Haustiere: → Hirte.
Haut, abgezogene: Bartholomäus.
Hechelkamm: Blasius, Hippolytus, Margareta.
Hellebarde: Johannes und Paulus, Judas Thaddäus, Matthäus, Matthias, Olaf, Wiborada.
Herz, flammendes: Antonius von Padua, Augustinus, Caritas (Sophia), Franz Xaver, Luitgard, Maria Magdalena von Pazzi, Medardus, Vincentius Ferrerius.

Herz mit Jesuskind: Gertrud von Helfta.
Herz mit Kreuz: Katharina von Siena.
Herz mit 2 Pfeilen (oder mit Wunde): Augustinus, Thomas Apostel.
Hindin: Ägidius, Iwan, Notburga von Hochhausen.
Hirsch, weißer: Notburga von Hochhausen.
Hirsch mit blau-rotem Kreuz: Felix von Valois, Johannes von Matha.
Hirsch mit Kruzifix im Geweih: Eustachius, Hubertus, Ida von Herzfeld, Katharina von Vadstena, Meinulphus, Prokopius.
Hirte: Abel, Arnos, David, Drogo, Gamelbertus, Jodokus.
Hirte mit Haus- und Stalltieren: Gunthildis, Wendelin.
Hirte mit Hirtenschippe: Joachim, Leonhard, Patricius.
Holofernes (= Haupt des H.): Judith.
Holzschuhe: → Schuhe.
Holzstoß (= Scheiterhaufen): → Flammen.
Horn: Hubertus, Kornelius.
Blashorn: Blasius.
Füllhorn: Joel.
Hörner auf der Stirn (= Strahlen): Moses.
Hostie über dem Kelch: Barbara.
Hostie in der Hand: Onuphrius, Paschalis Baylon.
Hostie auf der Patene: Elisabeth von Reute.
3 Hostien: Maternus.
Hund: Bernhard von Clairvaux, Margareta von Cortona, Heinrich Seuse, Wendelin.
Hund mit Brot: Rochus.
Hund mit Fackel im Maul: Dominikus.
Hut (= Kardinalshut) am Baum: Bonaventura.
Hut am Sonnenstrahl: Goar.

Jesuskind in den Armen: Agnes von Montepulciano, Antonius von Padua, Franziskus, Hermann Joseph, Hugo von Lincoln, Joseph Nährvater, Kajetan, Stanislaus.
Jesuskind im Herzen: Gertrud von Helfta.
Jesuskind neben sich: Dorothea.
JHS (= Jesus Hominum Salvator oder Jesus Heiland Seligmacher) auf der Brust: Bernhardin von Siena, Ignatius von Loyola, Heinrich Seuse.
JHS auf der Fahne: Helena, Konstantin (= *I*n *H*oc *S*igno vinces).

Johannes d. T.: (= Haupt des J. in der Schüssel): Salome.
2 Jünglinge: Ermelindis.
Jungfrauen, kluge und törichte: Christus (Gleichnisse).
Jungfrauen im Mantelschutz: Ursula.

Kaiser: Heinrich II., Karl d. Gr., Konstantin.
Kaiser (Maxentius?) unter den Füßen: Katharina von Alexandrien.
Kamm: Radegundis, Verena.
Kanne: Aaron, Abdias, Elisabeth, Florinus, Genovefa, Gunthildis, Habakuk, Martha, Meinrad, Obadja, Radegundis, Verena.
Kardinal: Hieronymus, Karl Borromäus.
Kardinalshut am Baum: Bonaventura.
Karl Martell: Amalberga.
Kelch: Eligius, Fides (Sophia), Florinus, Meinrad, Odilia.
Kelch mit Brot: Melchisedek.
Kelch mit Hostie: Barbara, Benignus, Onuphrius, Thomas von Aquino.
Kelch mit Jesuskind: Alto, Hugo von Lincoln.
Kelch mit Rosen: Hermann Joseph.
Kelch mit Schlange (Schlangen oder kleinen Drachen): Benedikt, Eduard, Johannes Ev., Ludwig Bertran.
Kelch mit Spinne: Konrad, Norbert.
Kelch mit Traube: Wigbert.
Kelle: → Maurerkelle.
Kerze: Agatha, Aldegundis, Blasius, Genovefa, Gudula, Lucia, Noitburgis. Paternus.
5 Kerzen auf einem Rad: Donatianus.
Kessel (Ölfaß, Ölkessel): Erasmus, Fausta, Johannes Ev., Justina und Cyprian, Vitus.
Kette (= Gefangenenkette): Anastasia, Balbina, Dismas, Johannes von Matha, Leonhard, Onuphrius, Patricius, Vincentius von Chieti.
Kette (= Büßerkette): Margareta von Cortona, Paschalis Baylon, Wilhelm.
Keule: Dismas, Ewald, Judas Thaddäus, Meinrad, Nikomedes.
Stachelkeule: Placidus.
Bauer mit einer Keule: Heinrich Apostel Finnlands.
Kind an der Hand: Julitta.
Kind auf dem Arm: Brictius Bischof, Wirnto.
Unbekleidetes Kind (oder Wickelkind) auf dem Arm: Marina.

Kreuz mit Taube: Regina.
Kreuzesbaum mit Blättern und Früchten: Bonaventura.
Schrägbalkenkreuz: Andreas.
T-Kreuz: Antonius d. Gr., Philippus.
Kreuznägel: Helena, Joseph von Arimathia, Ludwig d. Hl., Quiriacus.
Kreuzstab: Johannes d. T., Makarios, Petrus, Philippus, alle Päpste.
Kreuztitel (INRI = Jesus Nazarenus Rex Judaeorum): Antonius von Padua, Helena, Ludwig von Toulouse.
Krieger (= röm. Soldat): Archus, Herennius und Quartanus, Nereus und Achilleus, Romanus. Andere Krieger im allgemeinen meist als Ritter gekennzeichnet.
Krieger zu Füßen: Olaf.
Krone (= Königskrone oder Märtyrerzeichen oder beides), besonders große: Lucius.
Krone zu Füßen: Jodokus.
3 Kronen: Angelus, Elisabeth (auch 2).
Krückstock: Didacus, Maternus, Nikolaus von der Flüe, Onuphrius, Wilhelm, auch Joseph.
Krüppel (Knabe) im Kübel: Ulrich von Zell.
Krug: → Kanne.
Kruzifix: Bruno, Dominikus, Elisabeth von Reute, Franz Xaver, Ida, Johannes Gualbertus, Johannes von Nepomuk, Karl Borromäus, Katharina von Siena, Klara, Ludwig Bertran, Willebold.
Kruzifix in der Wüste: Hieronymus, Maria Magdalena (als Büßerin).
Kruzifix mit Lilien: Aloysius.
Kübel: → Eimer.
Kübel (= Salzkübel): Rupert.
Knabe im Kübel: Ulrich von Zell.
3 Knaben im Kübel: Nikolaus.
7 Küken: Begga.
Kürbislaube: Jonas.
Kufe: → Eimer, → Faß, → Kübel.
3 Kugeln: → Äpfel, → Goldkugeln.
9 Kugeln auf der Fahne: Quirinus von Neuß.
Kuh: Brigida, Gunthildis, Leonhard, Patricius, Wendelin.

Lamm: Agnes, Amos, Joachim, Klemens, Koleta, Patricius, Wendelin.
Lamm Gottes (Agnus Dei): Johannes d. T.

Lampe, Laterne (s. a. Kerze): Gudula, Katharina von Vadstena, Klara, Vitus, Zephania.
Lanze (Spieß): Adalbert, Benignus, Demetrius, Gangolf, Johannes und Paulus, Koloman, Lambertus, Matthias, Simon Zelotes, Thomas Apostel.
Leidenswerkzeuge: → Arma Christi.
Leiter: Dominikus, Emmeram, Jakob.
Leopard: Marciana.
Lerche: Koleta.
Lilienstengel: Antonius von Padua, Emerich, Euphemia, Franz Xaver, Gabriel, Hermann Joseph, Katharina von Siena, Katharina von Vadstena, Margareta von Ungarn, Nikolaus von Tolentino, Stanislaus, Thekla, Vitalis.
Lilienstengel, aus dem Kreuz wachsend: Albertus Siculus.
Lilienstengel mit Kruzifix: Aloysius.
Lilienstengel, aus dem Mund kommend: Angelus.
3 Lilienstengel aus dem Boden: Ägidius.
Lilienzepter: Balbina.
Lilienzweig mit Engel zu Füßen von: Hyazinth.
Löwe, Löwen: Adrianus, Agapitus, Chrysanthus und Daria, Daniel, Euphemia, Hieronymus, Januarius, Markus, Martina, Simson, Thekla, Vitus.
Dem Löwen den Dorn ausziehend: Hieronymus.
Löwen, das Grab schaufelnd: Maria Ägyptiaca, Paulus Eremita.

Madonna, ihre Brust reichend: dem Bernhard von Clairvaux.
Madonna, ihren Gürtel reichend: dem Thomas Apostel.
Madonna, den Rosenkranz reichend: Dominikus.
Madonnenbild: Fabian, Ildephonsus, Lukas, Maria Ägyptiaca.
Madonnenstatuette: Hedwig, Hyanzinth, Rupert.
Mädchen zu Füßen: Remigius.
Männliche Figur unter den Füßen: Antonius von Rivoli (Bey mit Turban), Amalberga (Karl Martell), Barbara (Dioscuros), Ermelindis (2 Jünglinge), Heinrich Apostel Finnlands (Bauer), Gereon (Maximian), Innocentius (Maximian), Johannes von Capistrano (Türke), Katharina von Alexandrien (Kaiser Maxentius?, Philosophen), Olaf (Krieger), Odilia (Athich), Nahum (Sardanapal), Thomas von Aquino (Averroës), Servatius (Arius).
Mäuse (s. a. Ratten): Cutubilla, Gertrud von Nivelles.
4 Mäuse: Barlaam.

Mantel: Elias, Elisa, Martin, Ursula.
Mantel, am Sonnenstrahl aufgehängt: Goar, Godehard.
Mantel, 3 Begleiterinnen schützend: Antonina.
Mantel, mit Muscheln bedeckt: Willebold.
Schutzmantel: → Maria.
Maurerkelle: Wolfgang, Wunibald.
Maxentius: Katharina von Alexandrien, Konstantin.
Maximian: Gereon, Innocentius, Thebäische Legion.
Mehlsieb (-mulde): Benedikt.
Meißel: Coronati.
Messe (s. a. Altar): Gregor d. Gr., Messe von Bolsena.
Messer: Abraham, Bartholomäus, Krispinus und Krispinianus, Reparata, Werner.
Messer am Gürtel: Hermann Joseph.
Rasiermesser (= Tonsur): Landricus.
Rebmesser: Morandus.
Meßlatte, Meßschnur: Arnos, Matthäus.
Milchspende: Bernhard von Clairvaux, Kajetan.
Mitra zu Füßen: Bernhard von Clairvaux, Bruno.
3 Mitren zu Füßen: Bernhardin von Siena, Maternus.
Modell: → Kirchenmodell, → Spitalmodell.
Mörser: Kosmas und Damian, Pantaleon.
Mohr: Gregorius Maurus.
Mohrenköpfe auf dem Schild: Gregorius Maurus.
3 Mohrenköpfe: Mauritius.
Monstranz: Antonius von Padua, Franz von Borja, Juliana von Mont Cornillon, Klara, Norbert, Paschalis Baylon, Thomas von Aquino.
Mühlstein: Christina, Florian, Halvard, Kallistus, Klemens, Krispinus und Krispinianus, Quirinus von Siscia, Viktor von Marseille, Vincentius.
Muschel (= Pilgerzeichen an Hut, Mantel und Tasche, s. a. Pilger): Jakobus d. Ä.
Mit einer Muschel taufend: Johannes d. T., Silvester.
Mantel, mit Muscheln bedeckt: Willebold.

Nagel, Nägel: Eligius, Erasmus, Fausta, Ferreolus, Jael, Pantaleon, Placidus.
Nägel (= Kreuznägel): → Kreuznägel.

Ochse: → Stier.
Ölfaß, Ölkessel: → Kessel.
Ölflasche: Walburga.
Ölzweig, von einer Taube gebracht: Noah.
Ofen, feuriger: Eulalia, Vitus.
Olivenzweig: Bruno.
Opfertauben: → Taube.
Orgel: Cäcilia.

2 Palmbäume: Corona.
Paradiesvogel: Wigbert.
Pestbeule: Rochus.
Pfauenfeder: Barbara, Dorothea (fälschlich bei Kolumba, Liborius).
Pfeil, Pfeile: Ägidius, Christina, Edmund, Embede, Warbede und Wilbede, Eugenia, Halvard, Ivo, Leodegar, Potentius, Sebastian, Ursula.
  Pfeil, symbolischer: Theresa.
  Pestpfeil: Karl Borromäus, Schutzmantelmaria (→ Mariensymbolik).
Pferd: Georg, Leonhard, Martin, Wendelin, Hippolytus.
  Pferdebein: Eligius.
Pflug: Adam, Isidor.
  Pflugschar: Kunigunde, Richardis.
Pfriem (Ahle): Erasmus, Krispinus und Krispinianus, Pantaleon.
Pilger (Pilgerflasche, -hut, -stab, -tasche mit Muscheln): Archus, Herennius und Quartanus, Drogo, Heinrich von Ebrantshausen, Jakobus d. Ä., Jodokus, Koloman, Richard, Rochus, Sebaldus, Severinus von Noricum, Willebold.
Pistolenschaft mit Kruzifix: Ludwig Bertran.
Pokal (s. a. Kelch): Martin, Olaf, Oswald.
Presse (= Traubenpresse): Wenzel.
Pyxis (Ziborium = Hostienbehälter): Klara.

Quelle: Willibrord.

Rabe: Benedikt, Elias, Erasmus, Noah, Vitus.
  2 Raben: Meinrad, Oswald, Vincentius.
Rad: Euphemia, Georg, Donatian, Katharina von Alexandrien.
  Rad, flammendes, mit Augen besetztes: Engel (Throne).

Rasiermesser: Landricus.
Ratten: Ulrich von Augsburg.
Rauchfaß: → Weihrauchfaß.
Rebe: → Weinrebe.
Rebmesser: Morandus.
Ring: Agnes, Arnulf, Katharina von Alexandrien, Katharina von Siena, Oswald, Verena.
Ritter: Bernhard von Baden, Demetrius, Emerich, Erik, Exuperantius, Florentius, Gangolf, Georg, Gereon, Hippolytus, Josua, Kandidus, Kassius, Martin, Pankratius.
Ritter, 3 gefesselte: Nikolaus.
Rose (s. a. Blütenzweig) in Händen: Dorothea, Hemma, Vincentius.
Rosen im Korb: Dorothea, Elisabeth.
Rosen im Mund: Angelus.
3 Rosen im Kelch: Hermann Joseph.
Rosenkranz: → Kranz von Rosen.
Rosenkranz (= Perlenschnur): Dominikus, Mariensymbolik.
Rost: Christina, Fides (Sophia), Laurentius, Vincentius.
Ruder: Adalbert, Erasmus.
Rückentragkorb: Silvinus.
Rüstung können tragen: Kaiser, Könige, Ritter, Krieger.
Rüstung, angeschmiedete: Wilhelm.
Ruten: Ferreolus, Firminus, Koloman.

Säge: Fausta, Jesaja, Joseph Zimmermann, Simon Zelotes.
Säule: Afra, Sebastian, Simson, Thekla.
Salbenbüchse: → Büchse.
Salzkübel: Rupert.
Sardanapal: Nahum.
Schädel: → Haupt, Totenkopf.
Schale (s. a. Kelch): Joseph von Arimathia.
Schale mit Augen: Lucia.
Schale mit Brathuhn: Ulrich, Richter bei Jakobus d. Ä.
Schale mit Brot: Elisabeth.
Schale mit Brüsten: Agatha.
Schale mit dem Haupt des Johannes d. T.: Salome.
Schale mit Rebhühnern: Nikolaus von Tolentino.
Schale mit Schlangen: Ludwig Bertran, Philippus.
Schatzkästchen: Corona, Laurentius, Pelagia, Sixtus.

Schwert: Jakobus d. Ä., Katharina von Alexandrien, Martin, Paulus, Theodor von Sitten.
Schwert in der Brust: Justina, Mater dolorosa (→ Mariensymbolik).
Schwert im Hals: Lucia.
Schwert im Rücken: Matthäus.
Mit dem Schwert Buch durchstoßend: Bonifatius.
3 Schwerter zu Füßen: Albert.
Seil: → Strick.
Senkblei: Amos.
Sense: Isidor, Notburga von Rattenberg.
Seraph: Franziskus, Jesaias.
Sichel: Notburga von Rattenberg.
Sieb: Amalberga.
Skelett: Fridolin.
Soldat (s. a. Krieger): Archus, Herennius und Quartanus (»die drei Elenden«), Felix und Nabor, Romanus.
Sonne: s. a. Stern.
Strahlensonne auf der Brust: Bernhardin von Siena.
Strahlensonne (Stern) auf der Brust: Thomas von Aquino.
Spaten: → Schaufel.
Spieß: → Lanze.
Spindel: Lüfthildis.
Spinne auf dem Kelch: Konrad.
Spinne auf dem Kelch oder der Patene: Norbert.
Spitalmodell: Gertrud von Nivelles.
Spitzhammer: Coronati.
Spruchband (Brief, Zettel): Hermes, Primus, Sabina, Sophia mit Spes, Fides und Caritas.
Stab, blühender: Aaron, Joseph.
Stab als oder mit Schlange: Aaron, Ludwig Bertran, Moses.
Stab mit Halbmond: Wilhelm.
Stab Petri: Maternus, Utto.
Stabkreuz (T-Kreuz): Antonius d. Gr., Philippus.
Stachelkeule: Placidus.
Stalltiere: → Hirte.
Statuette (Madonna): → Madonnenstatuette.
Statuette (Venus): Eucharius.
Stein, Steine: Antonius von Rivoli, Bavo, Hieronymus, Judas Thaddäus, Koloman, Stephanus, Suitbert.

Steine im Mantelzipfel tragend: Eskil.
Steine im Rückentragkorb: Silvinus.
Steine zu Füßen: Matthias, Philippus.
Steine vor dem Häuschen: Pharahildis.
Kleine Steinstückchen auf dem Buch: Liborius.
Steinwürfel: Thomas Apostel.
Stern auf der Brust: Nikolaus von Tolentino, Thomas von Aquino.
Stern auf der Stirn: Dominikus.
Stern in der Hand: Suitbert.
Stern über dem Kopf: Johannes von Capistrano.
5 Sterne: Johannes von Nepomuk.
7 Sterne: Hugo von Grenoble.
Stier: Isidor, Lukas, Silvester, Synesius, Theopompus, Wendelin.
Im feurigen Bronzestier: Eustachius mit Angehörigen.
Stigmata (Wundmale): Elisabeth von Reute, Franziskus, Katharina von Siena.
Stock, Krückstock: Jakobus d. Ä.
Strahlennimbus mit Rosen: Heinrich Seuse.
Strahlensonne: → Sonne.
Streitaxt: Olaf.
Streitkolben: Fidelis.
Strick: Afra, Firminus, Hippolytus, Karl Borromäus, Koloman, Ludmila.

T-Kreuz: → Kreuz.
Tafel: → Schreibgerät.
Tafel mit Bild: → Madonnenbild.
Tafel mit Inschrift: Agatha, Benignus, Cyrillus, Zacharias.
Tafel mit den 10 Geboten (= Gesetzestafeln): Moses.
Taube: Dreifaltigkeit, Hl. Geist, Pfingsten, Sechstagewerk, Verkündigung Maria; Eulalia, Findanus, Kunibert, Regina, Remigius, Reparata.
Taube mit einem Ölzweig: Noah.
Taube mit einem Schleier: Aldegundis.
Taube auf der Schulter: Gregor d. Gr., Thomas von Aquino.
Taube auf einem Kirchenmodell: Severus.
Taube, aufsteigend von: Scholastika.
2 Opfertauben: Joachim, Joseph.
Taufbecken: Otto (Pommern), Remigius (Chlodwig), Silvester (Konstantin), Vincentius Ferrerius (Juden).

Teufel, erscheinend, entweichend, zu Füßen: Adalbert, Antonius Eremita, Cyprian und Justina, Cyriacus, Eucharius, Goar, Margareta, Maurus Abt, Norbert, Prokopius, Willebold, Wolfgang.
Teufel, gefesselt: Albertus Siculus, Dymphna, Juliana.
Teufel, Kerze oder Laterne löschend: Genovefa, Gudula.
Teufel mit Glocke: Theodor von Sitten.
Tintenhorn: → Schreibgerät.
Tomyris: Judith.
Topf: Abdias, Habakuk.
Toten erweckend: Fridolin, Noitburgis, Stanislaus.
Totenkopf: Aloysius, Bruno, Elisabeth von Reute, Franz von Borgia, Gebhard, Gregor d. Gr., Hieronymus, Kajetan, Karl Borromäus, Margareta von Cortona, Maria Magdalena (als Büßerin).
Traube: Josua und Kaleb, Morandus, Noah, Theodor von Sitten, Urban, Wenzel, Wigbert.
Traubenpresse (Handpresse): Wenzel.
Traum: Drei Könige, Joseph (Pharao), Joseph (Jakob), Joseph (Verkündigung und Flucht nach Ägypten), Konstantin, Simson.
Treppe: Alexius.
Trümmer: Bruno.
Tuch (Schleier): Agatha, Aldegundis, Ludmila, Plantilla, Veronika.
Türke unter den Füßen: Johannes von Capistrano.
Turbanträger unter den Füßen: Antonius von Rivoli.
Turm: Barbara.
Elfenbeinturm: → Mariensymbolik.

Uringlas: Kosmas und Damian.

Venus-Statuette: Eucharius.
Viergetier: Hesekiel.
Viola: Arnold von Arnoldsweiler.
Vogel: → Gans, → Lerche, → Paradiesvogel, → Rabe, → Schwan, → Taube.
Vogelschar: Franziskus.

Waage: Antoninus, Hesekiel, Michael.
Wachsstock: → Kerze.
Wagen: Bernhard von Clairvaux, Elias.
Wal: Jonas.
Walkerstange (Wollbogen): Jakobus d. J., Severus.

Die Tracht in den Darstellungen

Geistliche

Alba. Bodenlanges und hemdartiges liturgisches Kleidungsstück des Papstes, der Bischöfe, Priester, Diakone und Subdiakone, unter allen Meßgewändern zu tragen. Aus weißem Leinen und so weit geschnitten, daß es mit dem → Zingulum gerafft und gefältelt werden muß.

Almutie. Ursprünglich eine die Schultern mitbedeckende Kapuze der Stiftsherren, später Schulterkragen mit Pelzbesatz und Zierkapuze (Pelzcape).

Amikt (Humerale). Unter der Alba getragenes Leinenhalstuch.

Birett. Klerikale Kopfbedeckung. Vom späten Mittelalter an eine weiche, gewölbte Mütze, seit Ende des 16. Jh. gesteift mit drei- oder viergeteilten bogenförmigen Wölbungen.

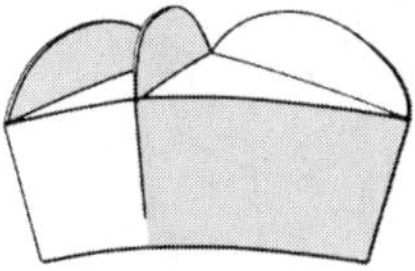

Birett

Cappa magna. Weiter Mantelumhang mit großer Kapuze und langer Schleppe. Von Bischöfen in violetter, von Kardinälen in roter Farbe getragen. Bei bestimmten Anlässen mit Hermelinkragen.

Cingulum → Zingulum.

Dalmatik. Obergewand des Diakons. Ein gerade geschnittener Rock mit weiten Ärmeln. Ursprünglich lang und geschlossen, später kürzer und an den Seiten bis unter die Ärmel aufgeschlitzt. Von den Schultern abwärts mit Zierstreifen (den antiken »clavi«) versehen. Von Bischöfen auch unter der → Kasel oder dem → Pluviale getragen.

Flocke (Kukulle). Mantelartiges, weites, geschlossenes Obergewand mit weiten Ärmeln. Von Benediktinern, Zisterziensern, Trappisten u. a. über der Tunika und dem → Skapulier getragen.

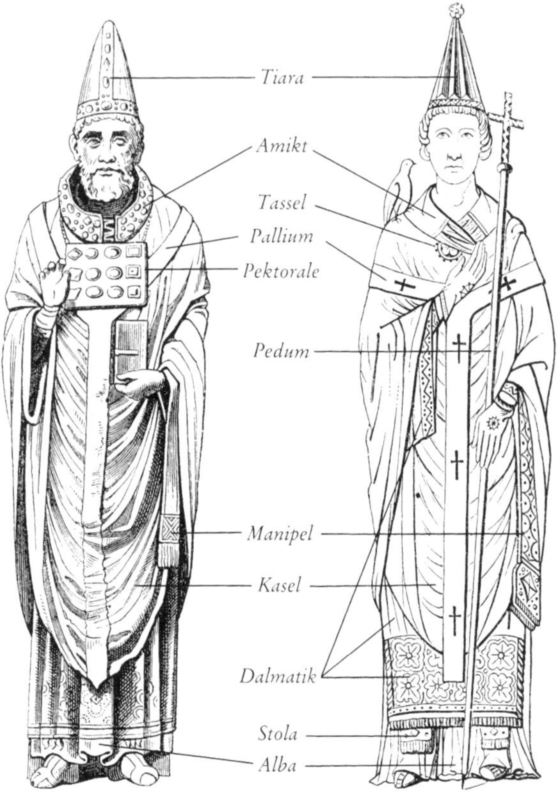

Pontifikalbekleidung der Päpste im Hochmittelalter

Hl. Kallistus vom Nordquerhaus der Kathedrale in Reims (links) und hl. Gregor d. Gr. vom Südquerhaus der Kathedrale in Chartres (nach Didron und Gailhabaud)

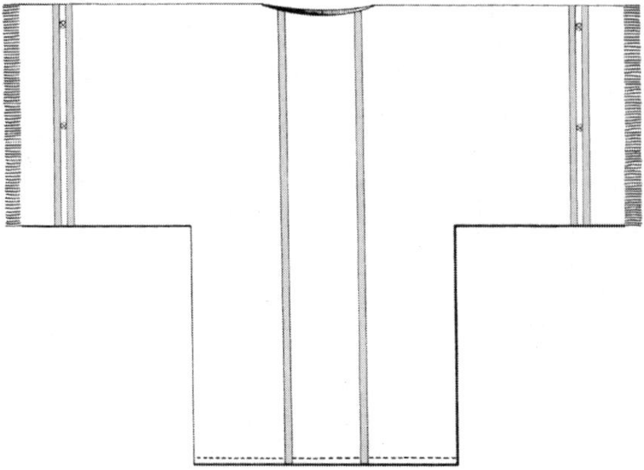

Dalmatik

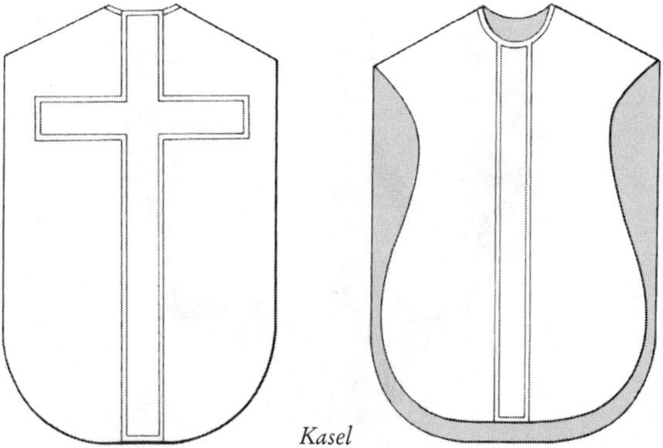

Kasel

Rückseite *Vorderseite*

Habit (Kutte). Der → Tunika entsprechendes Gewand der Franziskaner, Augustiner-Eremiten, Kapuziner u. a.
Humerale → Amikt.

Infuln. An der → Mitra hinten herabhängende Zierbänder.

Kasel. Meßgewand. Ärmelloses Obergewand, ursprünglich mantelartig, rund und geschlossen (»Glockenkasel«), seit dem 17. Jh. aus schildförmigem Vorder- und Rückenteil.
Krummstab → Pedum.
Kukulle → Flocke.
Kußtäfelchen → Pazifikale.
Kutte → Habit.

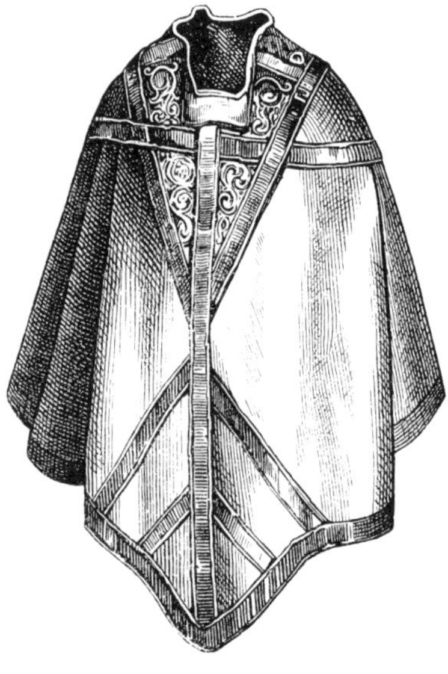

Glockenkasel

Mitra

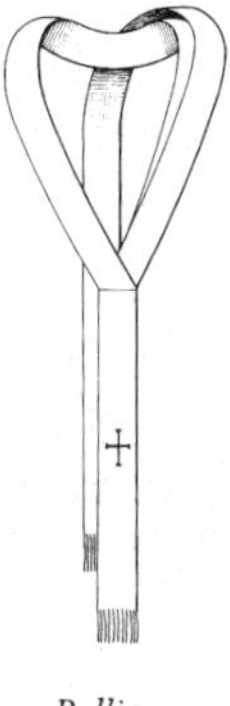

Pallium

Manipel. Streifenförmiges Ornatteil, das von Bischöfen, Priestern, Diakonen und Subdiakonen am linken Vorderarm getragen wird. Ursprünglich als Tuch (Schweißtuch?) im Ärmel oder in der Hand getragen. Im Barock mit reichverzierten Enden schaufelartig verbreitert.

Mantelpallium. Großes, als Mantel verschiedenartig umschlungenes Tuch der nach antiker Art ideal vorgestellten Aposteltracht.

Meßkleidung. Die priesterliche Meßkleidung besteht immer aus → Amikt, → Alba, → Zingulum, → Stola, → Manipel und → Kasel.

Mitra. Bis zum 12. Jh. kegelförmige, spitze Mütze der Bischöfe. Von da an bilden 2 längliche Dreiecke die beiden reichverzierten Teile der Vorder- und Rückseite. Äbten und manchen Prälaten wird sie verliehen. – Als »Hörnermitra«, die Teile rechts und links gedreht aufgesetzt, bezeichnet sie in Darstellungen die jüdischen Priester wie Joachim, Kaiphas, Simeon, Zacharias.

Monile. Pluvialschließe → Pluviale.

Mozzetta. Mit Knöpfchen vorn geschlossenes Schultermäntelchen mit Zierkapuze. Von höheren Geistlichen und Chorherren beim Chordienst getragen.

Pallium. Nur vom Papst und Erzbischöfen getragene Insignie. Schmales, weißwollenes, meist mit schwarzen Kreuzchen verziertes Band, das ringförmig die Schultern umzieht und mit je einem Streifen auf Brust und Rükken herabfällt.

Pazifikale. Im Mittelalter entwickeltes Kußtäfelchen, das dem Weiterreichen des Friedenskusses in der Messe diente.
Pedum (Krummstab). Urspr. ein Hirtenstab, ist das P. der das Hirtenamt des Bischofs und des Abtes besonders anzeigende Teil der → Pontifikalkleidung,
Pektorale. Kann das Brustschild oder -kreuz bezeichnen, aber auch die Pluvialschließe → Pluviale.
Pluviale (Chor- oder Rauchmantel). Größerer offen getragener Radmantel mit reichem Zierbesatz an den Vordersäumen und dem schildförmigen Nackenteil. Vor der Brust mit einer Spange, der Pluvialschließe (auch: Pektorale, Monile, Tassel) geschlossen. Die mit Email- und Goldschmiedearbeit reich ausgestatteten Schließen entsprechen den Vorstellungen vom Brustschmuck des Aaron mit den 12 Edelsteinen (Stämme Israels = Apostel).
Pontifikalkleidung. Durch besondere Insignien ausgezeichnete feierliche → Meßkleidung des Papstes, der Kardinäle, Erzbischöfe, Bischöfe, Äbte und privilegierter Prälaten. Zu den Pontifikalien gehören → Mitra, → Pallium (wenn Pluviale, das kein Meßornat ist, auch kein Pallium), → Rationale, Handschuhe und Schuhe, → Pedum, Brustkreuz und Ring.

Rationale. Seit dem 11./12. Jh. dem → Pallium nachgebildet. Bei feierlichen Anlässen von den dazu berechtigten Bischöfen (z. B. Eichstätt) über der → Kasel getragen.
Rauchmantel → Pluviale.
Rochett. Engärmeliges, weißes Leinengewand. Im Mittelalter lang, wie die → Alba, später nur bis zu den Knien reichend. Wird von höheren Geistlichen und Chorherren beim Chordienst getragen.

Skapulier. Ärmelloses, 2 Hand breites, gerades Oberkleid, an den Seiten mit Nesteln oder Bandstreifen zusammengehalten. Bei verschiedenen Orden in bestimmter Farbe gebräuchlich, auch mit Kapuze.
Stola. Langes, streifenförmiges Ornatstück. Es wird vom Bischof mit gerade herabfallenden Teilen, vom Priester bei der Messe überkreuzt, sonst gerade, vom Diakon wie eine Schärpe von der linken Schulter zur rechten Hüfte unter dem liturgischen Obergewand getragen, daher meist nur die unteren Enden sichtbar.
Superpelliceum. Ursprünglich allen Klerikern zustehendes leinenes

Chorgewand, das statt der → Alba über einem Pelzkleid getragen wurde. Später vom → Rochett nur noch durch die weiten Ärmel zu unterscheiden.

Sutane. Das klerikale Alltagskleid. Ein langer bis zu den Knöcheln reichender, engärmeliger, mit Knöpfen vorn geschlossener Rock, im Oberteil eng, nach unten ausschwingend.

Talar. Der → Sutane ähnlicher Rock der Kleriker, gerade geschnitten mit Stehkragen.

Tassel. Pluvialschließe → Pluviale.

Tiara. In der Frühzeit eine halbkugelförmige Kopfbedeckung des Papstes; seit dem 12. Jh. ist sie als spitzer Hut bekannt, der bald 3 Kronreifen erhielt.

Tunicella. Der → Dalmatik ähnliches Obergewand des Subdiakons.

Tunika. Ein aus der Antike übernommenes geschlossenes Untergewand, erst mit kurzen, dann mit langen Ärmeln. Ist ein besonderer Bestandteil der Aposteltracht und, in bestimmten Farben, einiger Orden.

Zingulum. Zum Binden bzw. Schürzen der → Alba verwendeter Stoffgürtel oder Strick, dessen Zierenden über den unteren Gewandsaum sichtbar sein können.

Orden

Antoniter (Gründung 1095) tragen Habit und Mantel schwarz, mit blauem T-Kreuz auf dem Mantel.

Augustiner-Eremiten tragen schwarzes Habit mit Ledergürtel, großen Schulterkragen mit Kapuze und Schuhe.

Benediktiner (Gründung 529 in Montecassino durch Benedikt von Nursia, 480–547) tragen schwarze, gegürtete Tunika, schwarzes Skapulier mit Kapuze und schwarze Flocke. Vom 15. Jh. an wird die Kapuze häufig wie zu einem Schultermäntelchen erweitert, dabei Birett als Kopfbedeckung. Ebenso vom 11. Jh. an die »*Cluniazenser*«.

Chorherren tragen Talar, Rochett, Mozzetta und Birett (zusätzlich auch schwarzen Mantel).

Dominikaner (Gründung 1215 in Toulouse von Dominikus Guzman, 1170–1221) tragen weiße, gegürtete Tunika mit weißem Skapulier und schwarzem Mantel mit Kapuzenkragen.

Franziskaner (Gründung 1209 in Assisi durch Franziskus von Assisi, 1182–1226) tragen graubraune Kutte mit Schulterkragen und Kapuze, als Gürtung einen weißen Strick mit drei Knoten, keine Schuhe. – Von ihnen ausgehend, mit schwarzer Kutte, großem Schulterkragen, Gürtung mit weißem Strick, ohne Schuhe, die *Minoriten;* graubraunes Habit mit Strick gegürtet ohne Schulterkragen tragen die bärtigen *Kapuziner.*

Jesuiten (Gründung der »Gesellschaft Jesu« 1540 in Paris durch Ignatius von Loyola, 1451–1556) tragen meist weltliche Priestertracht: Talar, Schultermantel oder Mantel mit Birett. Ebenso die *Theatiner.*

Karmeliter (Gründung um 1185 auf dem Berge Karmel) tragen braunes (manche Frauengemeinschaften schwarzes) Habit, das in Missionsländern weiß sein kann, mit Kapuze, braunes Skapulier, weißen Radmantel an Hochfesten.

Kartäuser (Gründung 1084 in Chartreuse bei Grenoble durch Bruno von Chartreuse, 1032–1104) tragen weißes, gegürtetes, faltenreiches Gewand, weißes Skapulier mit Laschen und Kapuze.

Kreuzherren tragen ab 12. Jh. je nach Orden (v. Hl. Grabe, Deutschherren, Johanniter, Malteser u. a.) Skapulier und Mantel in verschiedener Farbe mit Kreuz auf Skapulier und Mantel. Vom 17. Jh. an meist Chorherrenkleidung.

Prämonstratenser (Gründung 1120 in Prémontré bei Laon durch Norbert von Xanten, den späteren Erzbischof von Magdeburg, 1085–1136) tragen weiße Tunika, weißes, bandartiges Zingulum, weißes Skapulier, Mantel und Kapuze, »ordo candidus« daher genannt. Heilige Ordensangehörige im 17. Jh. mit Talar, Rochett, Mozzetta und Birett (Chorherrenkleidung) dargestellt.

Zisterzienser (Gründung 1098 in Cîteaux durch Robert von Molesmes, 1027–1111, und 1115 durch Bernhard von Clairvaux, 1091–1153) tragen weiße, gegürtete Tunika, schwarzes Skapulier mit Kapuze und weiße Flocke.
Mit strengeren Regeln ebenso seit 1140 die *Trappisten.*

Die Tracht der entsprechenden Frauenorden besteht im allgemeinen aus langem, gegürtetem Kleid und mit einer Spange geschlossenem Mantel. Bei *Benediktinerinnen* und *Zisterzienserinnen* entspricht das Gewand bis zum 12./13. Jh. der Flocke der männlichen Orden. Das Skapulier wird meist erst vom 13. Jh. an getragen, Gürtel bei *Franziskanerinnen* ist ein Strick. Vor dem 13. Jh. dient ein Schleier als Kopfbedeckung, von da an bei fast allen der Weihel (ein Brust und Hals bis zum Mund gefältelt umhüllendes Tuch), dazu der Wimpel (eine haubenartig ergänzende Kopfhülle verschiedener Form) und darüber ein lose herabhängender Schleier.

Laien

Als besondere in Darstellungen vorkommende Bezeichnungen seien genannt:

Chlamys. Auf der linken Schulter geschlossener Radmantel antiker Herkunft. Im frühen Mittelalter von fürstlichen Personen, Rittern und Soldaten getragen.

Gebände. Kinn- und Wangenbinde mit steifem Stirnband.

Schappel. Festlicher Kopfschmuck in Gestalt einer Binde mit oder nur als Kranz. Von beiden Geschlechtern getragen.

Schaube. Rockartiges, bis zu den Knien reichendes, weites Oberkleid, vorne offen, mit weiten Ärmeln oder Schlitzen, mit herabhängendem Pelz- oder Stoffkragen. Im 15./16. Jh. von Männern wohlhabenden Standes getragen.

Weihel und Wimpel der Ordenstracht werden seit dem 14. Jh. auch von Frauen getragen, jedoch ohne Schleier, besonders von Witwen oder Verstorbenen bei Stifterbildern.

Für die Verschiedenartigkeit der Kronen, Rüstungen, Herzogs- und Markgrafenhüte wird auf die einschlägige Literatur (63,64) verwiesen.

Verzeichnis der fremdsprachlichen Heiligennamen

Aart → Arnulf von Metz
Adélaide → Adelheid
Adeline → Adelheid
Adleida → Adelheid
Adlovinus → Bavo
Agneda → Agatha
Aiplomay → Apollinaris
Alar → Eligius
Alejo → Alexius
Alène → Helena
Alessio → Alexius
Alexis → Alexius
Alice → Adelheid
Aline → Adelheid
Alison → Adelheid
Alix → Alexius
Allodio → Eligius
Allovin → Bavo
Alloy → Bavo
Aloi → Eligius
Alvise → Aloisyus
Amerigo → Emerich
André → Andreas
Andrieu → Andreas
Anscario → Ansgar
Anschair → Ansgar
Anscharius → Ansgar
Ansgario → Ansgar
Apollinaire → Apollinaris
Apollinare → Apollinaris
Apollis → Hippolytus
Aponal → Apollinaris
Apre → Aper
Ariberto → Heribert
Arminius → Hermann
Arnoul → Arnulf von Metz
Arnual → Arnulf von Metz
Arras → Erasmus
Arrigo → Heinrich
Ary → Heinrich
Aubain → Alban
Audemer → Otmar
Avaubourg → Walburga
Avoice → Hedwig
Avoie → Hedwig
Avold → Nabor
Aymer → Emerich
Aymond → Edmund

Baaf → Bavo
Babette →Barbara
Babette → Elisabeth
Baccio → Bartholomäus
Baert → Bartholomäus
Barbe → Barbara
Barend → Bernhard
Barthélemy → Bartholomäus
Bartolomeo → Bartholomäus
Bastiano → Sebastian
Bastien → Sebastian
Bavon → Bavo
Begge → Begga
Bègue → Begga
Ben → Benedikt
Benedetta → Benedikta
Benedetto → Benedikt
Benet → Benedikt
Bénézet → Benedikt
Benita → Benedikta
Benito → Benedikt
Benoît → Benedikt
Benoîte → Benedikta

Benozzo → Benedikt
Bernardo → Bernhard
Bess → Elisabeth
Bettina → Benedikta
Betty → Barbara
Biagio → Blasius
Bilibaldus → Willibald
Bill → Wilhelm
Blaise → Blasius
Blancard → Pankratius
Blas → Blasius
Blasco → Blasius
Brice → Brictius
Bride → Birgitta
Bridget → Birgitta
Brisson → Brictius
Brix → Brictius
Brizio → Brictius
Buonaventura → Bonaventura

Camprace → Pankratius
Cecco → Franz(iskus)
Cerdre→ Quiricus
Cergue → Quiricus
Cerin → Quirinus von Malmedy
Charlemagne → Karl derGroße
Chef → Theodor
Chiara → Klara
Ciccio → Franz(iskus)
Cione → Simon
Claes → Nikolaus
Claire → Klara
Clovis → Ludwig
Cola → Nikolaus
Colart → Nikolaus
Colin → Nikolaus
Côme → Kosmas
Corneille → Kornelius
Cornelis → Kornelius
Corrado → Konrad
Cosimo → Kosmas
Cot → Jakob
Crépin → Krispinus
Crépinien → Krispinianus
Cristobal → Christophorus
Cuénin → Stephan(us)
Cuny → Quirinus von Malmedy
Cyr → Quiricus

Daudet → David
Dello → Daniel
Demange → Dominikus
Denis → Dionysius
Dié → Deodatus
Diego → Didacus
Diego → Jakob
Diègue → Didacus
Dieudonné → Deodatus
Domenico → Dominikus
Domergue → Dominikus
Domingo → Dominikus
Dominique → Dominikus
Drea → Andreas
Dreux → Drogo
Donnino → Dominikus
Drogon → Drogo
Drouet → Andreas
Duarte → Eduard

Edme → Edmund
Edmond → Edmund
Edoardo → Eduard
Edouard → Eduard
Egidio → Ägidius
Elena → Helena
Élie → Elias
Ellen → Helena
Elme → Erasmus

Elmo → Erasmus
Éloi → Eligius
Enrique → Heinrich
Epvre → Aper
Erard → Eberhard
Eriberto → Heribert
Ermanno → Hermann
Erme → Erasmus
Ermete → Hermes
Ermo → Erasmus
Erne → Hermes
Escolasse → Scholastika
Esteban → Stephan(us)
Étienne → Stephan(us)
Eucaire → Eucharius
Euchaire → Eucharius
Eudes → Otto
Euquerio → Eucharius
Eustachio → Eustachius
Evain → Ivo
Evan → Ivo
Evrard → Eberhard
Exupère → Exuperius
Exupéry → Exuperius
Ezzo → Albert

Faith → Fides
Fargeau → Ferreolus
Fé → Fides
Fede → Fides
Fedja → Theodor
Ferenc → Franz(iskus)
Ferjus → Ferreolus
Ferréol → Ferreolus
Ferreolo → Ferreolus
Ferruccio → Ferreolus
Filippo → Philipp(us)
Fiorenzo → Florentius
Fjodor → Theodor
Florenzio → Florentius
Floris → Florentius
Foy → Fides
Francesco → Franz(iskus)
Francesco Saverio → Franz Xaver
Francis → Franz(iskus)
Francisco Javier → Franz Xaver
François → Franz(iskus)
François Xavier → Franz Xaver
Frena → Verena

Gada → Agatha
Gad(e)a → Agatha
Gaétan → Kajetan von Tiene
Gaetano → Kajetan von Tiene
Gaggio → Kajetan von Tiene
Gall → Gallus
Galmier → Baldomerus
Galo → Gallus
G(u)alterius → Walderich
Garnier → Werner
Gaspard → Caspar
Gau → Gallus
Gauburge → Walburga
Gautier → Walderich
Geneviève → Genovefa
Gengoulph → Gangolf
Gengoult → Gangolf
Gennaro → Januarius
Geremia → Jeremia
Germain → Hermann
Geronimo → Hieronymus
Gervais → Gervasius
Gian → Johannes
Gioacchino → Joachim
Giacinto → Hyazinth
Giacomo → Jakob
Gil → Ägidius
Giles → Ägidius
Gilles → Ägidius

Ginevra → Genovefa
Giobbe → Hiob
Giorgio → Georg
Girolamo → Hieronymus
Giosafatte → Josaphat
Giosue → Josua
Giovanni → Johannes
Gismondo → Sigismund
Giuda → Judas
Giuditta → Judith
Giuseppe → Joseph
Giusto → Justus
Griet → Margareta
Gualtiero → Walderich
Guarniero → Werner
Guglielmo → Wilhelm
Gui → Vitus
Guido → Vitus
Guigues → Hugo
Guillaume → Wilhelm
Guillelmus → Wilhelm
Guillemin → Wilhelm
Guillermo → Wilhelm

Harmen → Hermann
Hélène → Helena
Helleu → Eligius
Henri → Heinrich
Henrik → Heinrich
Henry → Heinrich
Huet → Hugo
Huguenin → Hugo
Hugues → Hugo
Hulin → Hugo
Humbert → Hubertus
Humphrey → Onuphrius
Huybrecht → Hubertus

Ibo → Ivo
Ibrahim → Abraham
Iger → Leodegar
Ignes → Agnes
Illana → Juliana
Imbert → Hubertus
Imier → Himerius
Imre → Emerich
Inès → Agnes
Ippolito → Hippolytus
Isabeau → Elisabeth
Isabel → Elisabeth
Isidro → Isidor
István → Stephan(us)
Ives → Ivo

Jacinto → Hyazinth
Jacopo → Jakob
Jacques → Jakob
Jadwiga → Hedwig
Jago → Jakob
Jal → Gallus
Jaime → Jakob
James → Jakob
Jammes → Jakob
Janvier → Januarius
Jaquot → Jakob
Jasper → Caspar
Jean → Johannes
Jeaume → Jakob
Jenaro → Januarius
Jérôme → Hieronymus
Jeronimo → Hieronymus
Jim → Jakob
John → Johannes
Joos → Jodokus
Jorge → Georg
Joris → Georg
José → Joseph
Josif → Joseph
Josse → Jodokus
Juan → Johannes

Julienne → Juliana
Just → Jodokus
Jusuf → Joseph

Kees → Kornelius
Kolja → Nikolaus

Lapo → Jakob
László → Ladislaus
Leendert → Leonhard
Léger → Leodegar
Léonard → Leonhard
Leonardo → Leonhard
Lewis → Ludwig
Liébaud → Leopardus
Liébaut → Leopold
Liénard → Leonhard
Lieven → Livinus
Liévin → Livinus
Ligier → Leodegar
Lippo → Philipp(us)
Lisabetta → Elisabeth
Lise → Elisabeth
Lison → Elisabeth
Livrade → Kümmernis
Liza → Elisabeth
Lizzy → Elisabeth
Lo → Eligius
Lodovico → Ludwig
Louis → Ludwig
Loy → Eligius
Lubrecht → Hubertus
Lodovic → Ludwig
Luigi → Ludwig

Macé → Matthäus
Madeleine → Magdalena
Maes → Thomas
Mafalda → Mathilde
Maffeo → Matthäus
Maginot → Dominikus
Mahaut → Mathilde
Maheu → Matthäus
Mangin → Dominikus
Mard → Medardus
Margot → Margareta
Marguerite → Margareta
Maso → Thomas
Matteo → Matthäus
Matthieu → Matthäus
Maud → Magdalena
Maude → Mathilde
Méard → Medardus
Médard → Medardus
Meg → Margareta
Méheut → Matthäus
Memmo → Wilhelm
Meo → Bartholomäus
Michaud → Michael
Michel → Michael
Mihaly → Michael
Mihiel → Michael
Miklos → Nikolaus
Mino → Dominikus
Moïse → Moses

Nabucco → Nebukadnezar
Nan → Anna
Nancy → Anna
Nanna → Anna
Nardo → Bernhard, Leonhard
Nicola → Nikolaus
Niels → Nikolaus

Oberto → Hubertus
Odalricus → Ulrich
Odoardo → Eduard
Odon → Otto von Bamberg
Omer → Otmar
Omobono → Homobonus

Orban → Urban
Orse → Ursus
Orso → Ursus
Orsola → Ursula
Osip → Joseph
Otton → Otto
Oudard → Eduard
Oudry → Ulrich
Ours → Ursus
Ourse → Ursula
Oury → Ulrich

Pablo → Paulus
Pacaud → Paschalis
Pair → Paternus
Pál → Paul(us)
Pancrace → Pankratius
Paris → Patricius
Parizet → Patricius
Parnelle → Petronilla
Parre → Patroklus
Pascal → Paschalis
Pascaud → Paschalis
Pat → Patricius
Patier → Paternus
Patre → Patroklus
Patrick → Patricius
Pedro → Petrus
Pepe → Joseph
Per → Petrus
Père → Petrus
Pernel → Petronilla
Pernet → Petrus
Perotin → Petrus
Perrette → Petronilla
Perrine → Petronilla
Philippot → Philipp(us)
Phreux → Ferreolus
Piero → Petrus
Pierre → Petrus
Piet → Petrus
Pieter → Petrus
Pietro → Petrus
Pippo → Philipp(us)
Pjotr → Petrus
Plé → Hippolytus
Pol → Hippolytus
Pot → Philipp(us)
Protais → Protasius

Querido → Quiricus

Régine → Regina
Reine → Regina
Remi → Remigius
Rigo → Heinrich
Riquet → Heinrich
Riquier → Richard
Rita → Margareta

Sandro → Alexander
Saury → Severinus
Savina → Sabina
Savine → Sabina
Scolasse → Scholastika
Scolastique → Scholastika
Sebaud → Sebaldus
Servais → Servatius
Servan → Servatius
Seurin → Severinus
Seymour → Maurus
Simian → Sigismund
Simond → Sigismund
Simonet → Simon
Sinibaldus → Sebaldus
Spire → Exuperius
Staas → Eustachius
Stae → Eustachius
Stève → Stephan(us)

Telme → Erasmus
Telmo → Erasmus
Terme → Hermes
Tève → Stephan(us)
Theudère → Theodor
Thévenin → Stephan(us)
Thibault → Theobald
Thiébault → Theobald
Thiers → Theodor
Todaro → Theodor
Tolmier → Bartholomäus
Tomé → Thomas
Tommaso → Thomas
Trovasio → Protasius
Tura → Bonaventura

Ubald → Theobald
Ubaldo → Theobald
Ugo → Hugo
Ugolino → Hugo
Umberto → Hubertus
Urbain → Urban
Urso → Ursus

Vanni → Johannes
Varenne → Verena
Vasco → Blasius
Vaubourg → Walburga
Vernier → Werner
Vuillaume → Wilhelm

Walt(h)arius → Walderich
William → Wilhelm
Wouter → Walderich

Yves → Ivo

Kalendarisches Verzeichnis der Heiligenfeste und Gedenktage

Die folgende Zusammenstellung gibt einen Überblick über die Auswirkungen der Kalenderreform des II. Vatikanischen Konzils.

Die erste Spalte zeigt die herkömmliche Abfolge der Jahrestage; die zweite enthält das neu geordnete Kalendarium. Bei regionalen Abweichungen von den generell festgelegten Daten sind an den betreffenden Tagen die Namen in runde Klammern gesetzt.

Das Verzeichnis berücksichtigt alle Heiligen und verehrungswürdigen Personen, die im Hauptteil des Lexikons erwähnt werden.

Januar

–	2.	Basilius d. Gr., Gregor von Nazianz
Genovefa, Synesius, Theopompus	3.	Genovefa
Pharahildis	4.	–
Drei Könige, Erminold	6.	Drei Könige, Erminold
Reinold, Valentin	7.	Reinold, Valentin
Erhard, Gudula, Severinus von Noricum	8.	Erhard, Gudula, Severinus von Noricum
Marciana	9.	–
Agatho	10.	Agatho, Paulus Eremita
Barnabas	11.	–
Remigius	13.	–
Maurus, Paulus Eremita	15.	Maurus
Marcellus, Fünf marokkanische Märtyrer	16.	Marcellus
Antonius d. Gr., Gamelbertus	17.	Antonius d. Gr., Gamelbertus
Kanut	19.	–
Fabian, Sebastian	20.	Fabian, Sebastian
Agnes, Epiphanius, Meinrad, Patroklus	21.	Agnes, Meinrad, Patroklus

Lüfthildis, Vincentius von Valencia	22.	Vincentius von Valencia
Ildephonsus	23.	Ildephonsus, Heinrich Seuse, Lüfthildis
Timotheus	24.	–
Notburga von Bühl	26.	Notburga von Bühl, Timotheus, Titus
Johannes Chrysostomus	27.	–
Karl d. Gr., Margareta von Ungarn	28.	Karl d. Gr., Thomas von Aquino
Aquilinus, Sabina, Valerius	29.	Aquilinus, Valerius
Aldegundis, Martina	30.	Aldegundis, Martina

Februar

Brigida von Kildare, Severus	1.	Brigida von Kildare, Severus
Ansgar, Blasius	3.	Ansgar, Blasius
Veronika	4.	Hrabanus Maurus, Veronika
Adelheid, Agatha, Albuin u. Ingenuin	5.	Adelheid, Agatha, Albuin u. Ingenuin
Amandus von Maastricht, Dorothea, Titus	6.	Amandus von Maastricht, Dorothea
Richard	7.	Richard
Johannes von Matha	8.	Johannes von Matha, Philipp Jeningen
Alto, Apollonia, Mercherdach, Philipp Jeningen	9.	Alto, Apollonia
Scholastika, Wilhelm von Maleval	10.	Scholastika, Wilhelm von Maleval
Adolf, Hrabanus Maurus	11.	Adolf
Benedikt von Aniane	12.	Benedikt von Aniane
Kastor	13.	Kastor
Valentin	14.	Cyrillus, Valentin
Juliana	16.	Juliana, Pamphilius
Mangoldus, Silvinus	17.	Benignus, Silvinus
Eleutherius	20.	Corona, Eleutherius
Germanus	21.	Germanus, Petrus Damian
Margareta von Cortona	22.	Margareta von Cortona
Petrus Damian	23.	–

Matthias	24.	Matthias
–	25.	Walburga
Edigna	26.	–
Baldomerus	27.	–

März

Suitbert	1.	–
Heinrich Seuse	2.	–
Kunigunde	3.	Kunigunde
Cyrillus, Fridolin, Koleta	6.	Fridolin, Koleta
Thomas von Aquino	7.	–
Johannes von Gott	8.	Johannes von Gott
Makarios, Wirnto	10.	–
Balbina, Gorgonius	11.	–
Gregor d. Gr., Nereus u. Achilleus	12.	–
Mathilde	14.	Mathilde
Zacharias	15.	Zacharias
Heribert	16.	–
Gertrud von Nivelles, Joseph von Arimathia, Patricius	17.	Gertrud von Nivelles, Patricius
Eduard, Gabriel, Narzissus	18.	–
Joseph	19.	Joseph
Benedikt	21.	–
Fidelis von Sigmaringen	23.	–
Katharina von Vadstena	24.	Katharina von Vadstena
Dismas, Quirinus von Tegernsee	25.	Prokopius
Felix, Kastulus, Ludgerus	26.	Kastulus, Ludgerus
Rupert	27.	–
Eustasius	29.	–
Quirinus von Neuß	30.	Quirinus von Neuß

April

Hugo von Grenoble	1.	Hugo von Grenoble, Irene
Franz von Paula, Maria Ägyptiaca	2.	Eustasius, Franz von Paula, Maria Ägyptiaca

–	4.	Isidor
Irene, Juliana von Mont Cornillon, Vincentius Ferrerius	5.	Vincentius Ferrerius
–	6.	Petrus Martyr
Hermann Joseph	7.	–
Paternus	10.	–
Leo I.	11.	Stanislaus
Zeno	12.	Zeno
Hermenegild	13.	Hermenegild, Paternus
–	14.	Tiburtius, Valerian
Anicetus, Landricus, Stephan Harding	17.	–
Leo IX., Werner	19.	Leo IX., Werner
Adalar, Agnes von Montepulciano	20.	Agnes von Montepulciano
Anselm von Canterbury	21.	Anselm von Canterbury
Adalbert, Georg	23.	Adalbert, Georg
–	24.	Fidelis von Sigmaringen
Markus Ev.	25.	Markus Ev.
Trudpert	26.	Trudpert
Pamphilus, Vitalis	28.	Vitalis
Petrus Martyr, Robert von Cîteaux	29.	Katharina von Siena
Katharina von Siena	30.	–

Mai

Arnold von Hiltensweiler, Jakobus d. J., Philippus, Sigismund, Walburga	1.	Arnold von Hiltensweiler, Joseph
Antonius von Florenz, Athanasius, Wiborada	2.	Athanasius, Sigismund, Wiborada
Alexander I., Eventius u. Theodulos	3.	Alexander I., Jakobus, Philippus
Florian, Godehard, Monika, Quiriacus	4.	Brictius, Florian
Angelus	5.	Angelus, Godehard, Silvanus
Stanislaus	7.	–
Beatus, Gregor von Nazianz	9.	Beatus

Gordianus u. Epimachus	10.	Antonius von Florenz, Gordianus u. Epimachus
Gangolf	11.	Gangolf
Pankratius	12.	Pankratius, Nereus u. Achilleus
Servatius	13.	Servatius
(Bonifatius), Halvard	14.	–
Dymphna, Isidor, Sophia	15.	Sophia
Brandan, Johannes von Nepomuk	16.	Adelphus, Johannes von Nepomuk
Bruno, Paschalis Baylon	17.	Paschalis Baylon
Arsacius, Erik, Felix von Cantalice	18.	Erik, Felix von Cantalice
–	19.	Ivo
Bernhardin von Siena	20.	Bernhardin von Siena
Konstantin	21.	Hermann Joseph
Johannes von Montfort	24.	–
Maria Magdalena von Pazzi, Heinrich von Ebrantshausen, Urban	25.	Beda Venerabilis, Heinrich von Ebrantshausen, Maria Magdalena von Pazzi, Urban
Emerita	26.	–
Beda Venerabilis	27.	Bruno
Maximin; Sisinnius, Martyrius u. Alexander	29.	Maximin
Kantius, Kantianus u. Kantianilla; Petronilla	31.	Petronilla

Juni

Theobald	1.	–
Erasmus	2.	Erasmus
Morandus	3.	Morandus
Quirinus von Siscia, Ulrich	4.	Quirinus von Siscia
Bonifatius, Eoban, Felix von Fritzlar	5.	Bonifatius
Norbert, Vincentius von Chieti	6.	Norbert
Deocarus	7.	Adalar, Deocarus, Eoban

Medardus	8.	Medardus
Kolumban d. Ä., Primus	9.	Primus
Onuphrius	10.	–
–	11.	Barnabas
Eskil	12.	Eskil
Antonius von Padua	13.	Antonius von Padua
Basilius d. Gr.	14.	–
Vitus, Kreszentia u. Modestus	15.	Modestus, Vitus
Aureus u. Justinus, Benno, Drogo, Ferreolus	16.	Benno, Quirinus von Tegernsee
Marina	17.	–
Potentinus, Simplicius	18.	Potentinus, Simplicius
Deodatus, Gervasius u. Protasius, Rasso	19.	Gervasius u. Protasius, Rasso
–	20.	Deodatus
Alban von Mainz, Aloysius	21.	Alban von Mainz, Aloysius
Achatius, Alban von England, Eberhard	22.	Achatius, Alban von England, Eberhard
Liborius	23.	–
Johannes d. T., Iwan	24.	Johannes d. T.
Johannes u. Paulus, Vigilius	26.	Johannes u. Paulus, Vigilius
Ladislaus, Siebenschläfer	27.	Aureus u. Justinus; Hemma; Siebenschläfer; Theonestus, Tabra u. Tabrartha
Hemma, Paulus, Petrus	29.	Paulus, Petrus
Donatus von Münstereifel, Erentrudis, Julitta u. Quiricus	30.	Donatus von Münstereifel, Erentrudis, Otto von Bamberg, Theobald

Juli

Otto von Bamberg	2.	–
–	3.	Thomas
Prokopius	4.	Ulrich
Goar	6.	Goar
Begga, Willibald	7.	Willibald
Kilian, Sunniva	8.	Amalberga, Kilian
Agilolf	9.	Agilolf

Alexander, Amalberga, Ulrich von Zell, Zehntausend Märtyrer	10.	Alexander, Kanut, Rufina, Sekunda
Placidus von Disentis, Sigibert	11.	Benedikt
Felix u. Nabor, Johannes a S. Facundo, Johannes Gualbertus	12.	Felix u. Nabor, Johannes Gualbertus, Placidus von Disentis, Sigibert
–	13.	Heinrich II., (Kunigunde)
Bonaventura	14.	Ulrich von Zell
Bernhard, Gumpertus, Heinrich II., Zwölf Apostel	15.	Bernhard, Bonaventura, Gumpertus
Alexius	17.	Alexius, Marina
Arnold, Arnulf von Metz, Friedrich, Symphorosa	18.	Arnulf von Metz, Friedrich, Radegundis
Ambrosius Autpertus, Stilla	19.	–
Margareta	20.	Margareta
Arbogast, Viktor von Marseille	21.	Arbogast, Florentius, Stilla
Maria Magdalena	22.	Maria Magdalena
Apollinaris	23.	Apollinaris, Birgitta von Schweden, Liborius
Christina	24.	Christina, Christophorus, Ursicinus
Christophorus, Jakobus d. Ä., (Willebold)	25.	Jakobus d. Ä.
Anna	26.	Anna, Joachim
Berthold, Willebold	27.	Berthold, Pantaleon
Botvid, Nazarius, Pantaleon	28.	–
Martha, Olaf, Simplicius, Faustinus und Beatrix	29.	Ladislaus, Martha, Olaf
–	30.	Simplicius, Faustinus und Beatrix
Ignatius	31.	Ignatius von Loyola

August

Hilaria, Stephan I.	2.	–
Lydia	3.	Lydia

Dominikus	4.	–
Afer, Oswald	5.	Oswald, Sixtus II.
Magnus, Sixtus II.	6.	–
Afra, Albertus Siculus, Donatus von Arezzo, Kajetan	7.	Afra, Donatus von Arezzo, Juliana von Mont Cornillon, Kajetan, (Sixtus II.)
Altmann, Cyriakus	8.	Cyriakus, Dominikus
Romanus	9.	Altmann, Romanus
Laurentius	10.	Laurentius
–	11.	Klara
(Hilaria), Klara	12.	Anicetus
Hippolytus, Kassian, Radegundis, Wigbert	13.	Hippolytus, Kassian, Wigbert
Hyazinth, Joachim, Rochus, Theodor	16.	Rochus, Stephan, Theodor
Amor	17.	Hyazinth
Agapitus, Helena	18.	Helena
Ludwig von Toulouse, Sebaldus	19.	Sebaldus
Auktor, Bernhard von Clairvaux	20.	Bernhard von Clairvaux
Maurus	22.	–
Philippus Benitus	23.	–
Bartholomäus Apostel	24.	Bartholomäus
Ludwig d. Hl., Maginus	25.	Ludwig d. Hl.
Alexander	26.	–
Caesarius, Gebhard	27.	Gebhard, Monika
Adelindis, Augustinus, Hermes, Pelagius	28.	Adelindis, Augustinus
Adelphus, Antonius von Rivoli	29.	–
Felix u. Adauctus, Fiacrius	30.	(Adelphus), Felix u. Adauctus, Heribert

September

Ägidius, Anna (Hanna), Verena	1.	Ägidius, Pelagius, Verena
Stephan von Ungarn	2.	–

Remaclus	3.	Gregor d. Gr.
Ida von Herzfeld, Rosalia	4.	Ida von Herzfeld, Remaclus, Rosalia, Suitbert
Magnus	6.	Magnus
Regina	7.	Regina
Adrianus, Korbinian	8.	Adrianus
–	9.	Gorgonius, (Korbinian)
Nikolaus von Tolentino	10.	Nikolaus von Tolentino
Felix, Regula u. Exuperantius	11.	Felix, Regula u. Exuperantius, (Johannes Chrysostomus), Maternus
Jodokus	13.	Johannes Chrysostomus, Notburga von Rattenberg
Kornelius, Maternus, Notburga von Rattenberg	14.	–
Aper, Nikomedes	15.	Ludmila, Nikomedes, Notburga von Hochhausen
Cyprian; Embede, Wilbede u. Warbede; Eugenia; Euphemia; Ludmila	16.	Cyprian, Kornelius
Hildegard von Bingen, Lambertus	17.	Hildegard von Bingen, Lambertus
Richardis, Thomas von Villanova	18.	(Lambertus), Richardis
Januarius	19.	Albert von Lüttich, Januarius
Corona, Eustachius, Fausta	20.	Eustachius
Landelinus, Matthäus Ev., Nikolaus v. Flüe	21.	Matthäus Ev.
Emmeram; Gunthildis; Mauritius mit Exuperius, Innocentius, Kandidus, Viktor u. Vitalis	22.	Emmeram; Gunthildis; Landelinus; Mauritius mit Exuperius, Innocentius, Kandidus, Viktor und Vitalis, Thomas von Villanova
Thekla, Liberius	23.	Thekla
Chunialdus u. Gisilarius	24.	Chunialdus u. Gisilarius, Rupert, Virgilius
Firminus	25.	Firminus, Nikolaus von Flüe
Justina u. Cyprian von Antiochien	26.	Eugenia, Kosmas u. Damian
Kosmas u. Damian	27.	–

Lioba, Wenzel	28.	Lioba, Wenzel
Michael	29.	Gabriel, Michael, Raphael
Hieronymus, Leopardus, Ursus, Viktor von Solothurn	30.	Hieronymus, Leopardus, Ursus, Viktor von Solothurn

Oktober

Bavo, Remigius	1.	Bavo, Remigius
Leodegar	2.	–
Ewaldi, Utto	3.	Ewalde, Leodegar, Utto
Franziskus von Assisi, Meinulphus	4.	Franziskus von Assisi
Placidus, Theresa von Avila	5.	Placidus, Meinulphus
Bruno, Fides	6.	Bruno
Humbert, Justina	7.	Justina
Benedikta, Birgitta von Schweden, Demetrius, Pelagia, Reparata, Simeon	8.	Demetrius, Simeon
Dionysius	9.	Dionysius
Florentius, Franz von Borgia, Gereon, Kassius, Ludwig Bertran, Viktor von Xanten	10.	Florentius, Franz von Borgia, Gereon, Kassius, Viktor von Xanten
Bruno von Köln, Quirinus von Malmedy	11.	Bruno von Köln, Quirinus von Malmedy
Maximilian, Pantalus	12.	Maximilian, Pantalus
Koloman, Lubentius, Simpertus	13.	Aurelia, Eduard, Koloman, Lubentius, Simpertus
Burkhard, Donatianus, Kallistus	14.	Burkhard, Kallistus
Aurelia, Gregorius Maurus	15.	Theresa von Avila
Gallus, Luitgard, Lullus	16.	Gallus, Hedwig, Luitgard, Lullus
Hedwig	17.	–
Justus, Lukas Ev.	18.	Lukas Ev.
Maximus	19.	–
Wendelin	20.	Vitalis, Wendelin
Antonina, Ursula	21.	Ursula
Kordula	22.	Kordula

Johannes von Capistrano, Oda, Severinus von Köln	23.	Johannes von Capistrano, Oda, Severinus von Köln
Evergislus, Raphael	24.	Evergislus
Chrysanthus u. Daria, Fronto, Krispinus u. Krispinianus	25.	Chrysanthus u. Daria, Krispinus und Krispinianus
Amandus von Straßburg, Bernward	26.	Amandus von Straßburg
Ivo	27.	–
Judas Thaddäus, Simon Zelotes	28.	Judas Thaddäus, Simon Zelotes
Ermelindis	29.	Ermelindis, Narzissus
Theonestus, Tabra u. Tabrartha	30.	–
Noitburgis, Wolfgang, Foillan	31.	Noitburgis, Wolfgang, Foillan

November

Allerheiligen, Benignus, Caesarius	1.	Allerheiligen
–	2.	Willebold
Hubertus, Malachias, Pirmin	3.	Hubertus, Pirmin
Emerich, Karl Borromäus	4.	Karl Borromäus
Elisabeth u. Zacharias	5.	Elisabeth u. Zacharias, Emerich
Leonhard	6.	Leonhard
Engelbert, Ernst, Florentius, Willibrord	7.	Engelbert, Ernst, (Florentius), Willibrord
Coronati, Kastorius, Klaudius, Sempronianus, Nikostratus u. Simplicianus, Willehad	8.	Coronati, Willehad
–	9.	Theodor
–	10.	Leo I.
Martin	11.	Martin
Himerius, Kunibert, Livinus	12.	Arsacius, Didacus, Kunibert, Livinus
Brictius, Didacus, Homobonus, Stanislaus Kostka	13.	Brictius, Stanislaus Kostka

–	14.	Himerius
Albertus Magnus, Anianus u. Marinus, Findanus, Gertrud von Helfta, Leopold III.	15.	Albertus Magnus, Anianus u. Marinus, Findanus, Leopold III.
Otmar	16.	Otmar, Gertrud von Helfta
Florinus, Hugo von Lincoln	17.	Florinus
Elisabeth von Thüringen, Mechtildis	19.	Elisabeth von Thüringen, Mechtildis
Edmund, Felix von Valois	20.	Bernward, Edmund, Korbinian
Albert von Lüttich, Gelasius	21.	–
Cäcilia	22.	Cäcilia
Felicitas, Klemens Romanus, Kolumban d. J.	23.	Felicitas, Klemens Romanus, Kolumban d. J.
Chrysogonus, Johannes vom Kreuz	24.	Chrysogonus
Elisabeth von Reute, Katharina von Alexandrien	25.	Elisabeth von Reute, Katharina von Alexandrien
Konrad	26.	Konrad
Bilhildis, Jakobus intercisus, Virgilius, Vitalis von Salzburg	27.	Bilhildis
Andreas	30.	Andreas

Dezember

Eligius	1.	Eligius
–	2.	Lucius
Attala, Franz Xaver, Lucius	3.	Franz Xaver
Anno, Barbara	4.	Barbara
Sola	5.	Anno, Attala, Sola
Nikolaus von Myra	6.	Nikolaus von Myra
Ambrosius	7.	Ambrosius
Eucharius	8.	–
–	9.	Eucharius
Eulalia	10.	Eulalia
–	12.	Synesius

Lucia, Odilia	13.	Jodokus, Lucia, Odilia
Nikasius	14.	Johannes vom Kreuz
–	15.	Wunibald
Adelheid	16.	Adelheid, Sturmius
(Adelheid), Lazarus, Sturmius	17.	Lazarus
Wunibald	18.	–
Ursicinus	20.	–
Thomas	21.	–
Dagobert II.	23.	Dagobert II., Gregor von Spoleto
Gregor von Spoleto	24.	–
Anastasia	25.	Anastasia
Stephanus	26.	Stephanus
Johannes Ev.	27.	Johannes Ev.
Unschuldige Kinder	28.	Hermann
Thomas Becket	29.	Thomas Becket
Kolumba, Silvester	31.	Kolumba, Silvester

Bibliographie

Literatur, auf die im Text Bezug genommen wird

Texte und Ikonographie

(1) AT und NT: Altes und Neues Testament nach der Übersetzung Martin Luthers.

(2) Josef Braun: Tracht und Attribute der Heiligen in der deutschen Kunst. Stuttgart: Metzler, 1943. 4., unv. Aufl. Berlin: Gebr. Mann, 1992.

(3) Leg. Aur.: Jacobus da Voragine: Legenda Aurea. Genua 1293. Vollständige lateinische Ausgabe rec. Th. Graeße. Leipzig 1846.
Die Legenda Aurea des Jacobus da Voragine. Übertr. aus dem Lat. von Richard Benz. Heidelberg: Lambert Schneider, [12]1997.

(4) Lüb. Pass.: Der Heiligen Leben und Leiden anders genannt das Passional. Hrsg. von Severin Rüttgers. Bd. 1: Winterteil. Bd. 2: Sommerteil. Leipzig: Insel-Verlag, 1913.

(5) Malerbuch: Das Handbuch der Malerei vom Berge Athos aus dem handschriftlichen, neugriechischen Urtext übersetzt, mit Anmerkungen von Didron d. Ä. und eigenen von Godehard Schäfer. Trier: Lintz, 1855.
Dionysios von Phurna: Malerbuch des Malermönchs Dionysios vom Berge Athos. Nach der deutschen Übersetzung von Godehard Schäfer neu hrsg. vom Slavischen Institut München. München: Slavisches Institut, 1960.

(6) RDK: Reallexikon zur deutschen Kunstgeschichte. Hrsg. von Otto Schmitt [u. a.]. Bd. 1 ff. Stuttgart: Metzler; Druckenmüller / München: Beck 1937 ff.

(7) Hans Aurenhammer: Lexikon der christlichen Ikonographie. Bd. 1 ff. Wien: Hollinek, 1960 ff.

(8) Wilhelm Molsdorf: Christliche Symbolik der mittelalterlichen Kunst. 2., wesentl. veränd. Aufl. von: Führer durch den symbolischen und typologischen Bilderkreis der christlichen Kunst des Mittelalters. Leipzig: Hiersemann, 1926. Unveränd. Nachdr. Graz: Akademische Druck- und Verlagsanstalt, 1984.

(9) Joseph Sauer: Symbolik des Kirchengebäudes und seiner Ausstattung in der Auffassung des Mittelalters. Freiburg: Herder, [2]1924. Neudr. Münster: Mehren & Hobbeling, 1964.
(10) Emile Mâle: L'art religieux du XIIIe siècle en France. Etude sur les origines de l'iconographie du moyen âge. Paris: Armand Colin, [5]1947.
– L'art religieux du XIIIe siècle en France. Etude sur l'iconographie du moyen âge et sur ses sources d'inspiration. Paris: Armand Colin, [7]1931. – Dt.: Die kirchliche Kunst des 13. Jahrhunderts in Frankreich. Straßburg: Heitz, 1907.
– L'art religieux de la fin du moyen âge en France. Etude sur l'iconographie du moyen âge et sur ses sources d'inspiration. Paris: Armand Colin, 1908.
(11) Carl Künstle: Ikonographie der christlichen Kunst. Freiburg i. Br.: Herder, 1926–28. Bd. 1. Prinzipienlehre, Hilfsmotive, Offenbarungstatsachen. Bd. 2. Ikonographie der Heiligen.
Lexikon der christlichen Ikonographie. Hrsg. von Engelbert Kirschbaum. Tl. 1: Allgemeine Ikonographie. Tl 2: Heilige. Rom [u. a.]: Herder, 1968 ff.
John B. Knipping: De iconografie van de Contra-reformatie in de Nederlanden. 2 Bde. Hilversum: Paul Brand, 1939/40.
(12) Gertrud Schiller: Ikonographie der christlichen Kunst. 5 Bde. Gütersloh: Mohn, 1966–91.
(13) Louis Réau: Iconographie de l'art chrétien. 3 Bde in 6. Paris: Presses universitaires de France, 1955–59.
Dictionnaire d'archéologie chrétienne et de liturgie. Publ. par Fernand Cabrol et Henri Leclercq. 30 Tle. in 15 Bdn. Paris: Letouzey & Ane, 1924–53.
Lexikon für Theologie und Kirche. Begr. von Michael Buchberger. 2., völlig neu bearb. Aufl. hrsg. von Josef Höfer und Karl Rahner. 14 Bde. Freiburg i. Br.: Herder, 1957–68. 3. Aufl. Ebd. 1995.
(14) Franz von Sales Doyé: Heilige und Selige der römisch-katholischen Kirche, deren Erkennungszeichen, Patronate und lebensgeschichtliche Bemerkungen. 2 Bde. Leipzig: Vier Quellen Verlag, 1925–30.
(15) Die Apokryphen und Pseudepigraphen des alten Testaments. Übers. und hrsg. von Emil Kautzsch. 2 Bde. Tübingen: Mohr, 1899–1900. Neudr. (2 Bde. in 1 Bd.) Ebd. 1921.
(16) Neutestamentliche Apokryphen in deutscher Übersetzung.

Begr. von Edgar Hennecke. 3. Aufl. hrsg. von Wilhelm Schneemelcher. 2 Bde. Tübingen: Mohr, 1959–64. 5. Aufl. Ebd. 1987–89.

(17) Die apokryphen Schriften zum Neuen Testament. Übers. und erl. von Wilhelm Michaelis. Bremen: Schünemann, [3]1962.

(18) Hermann Grotefend: Taschenbuch für die Zeitrechnung des deutschen Mittelalters und der Neuzeit. Hannover: Hahn, [13]1991.

(19) Altjüdisches Schrifttum außerhalb der Bibel. Übers. und erl. von Paul Riessler. Freiburg i. Br. / Heidelberg: Kerle, [6]1988.

(20) Ethelbert Stauffer: Jerusalem und Rom im Zeitalter Jesu Christi. Bern: Francke, 1957. (Dalp-Taschenbücher. 331.)

(21) Die Sagen der Juden. Gesammelt von Micha Josef Bin Gorion. Neu hrsg. und mit einem Nachw. vers. von Emmanuel Bin Gorion. Frankfurt: Insel-Verlag, 1962.

(22) Robert Du Mesnil du Buisson: Les peintures de la synagogue de Doura-Europos 245–256 après J.-C. Rom: Scripta Pontificii Instituti Biblici, 1939.
Yale University and Académie des Inscription et Belles-Lettres, Paris: The Excavations at Dura-Europos, Conducted by Yale University and the French Academy of Inscriptions and Letters. Final Report 8. Hrsg. von Alfred Raymond Bellinger. Tl. 1: Carl H. Kraehling [u. a.]: The Synagogue. New Haven (Conn.): Yale University Press, 1956.

Buchmalerei, Graphik, Email, Bildteppiche

(23) Hirs. Pass.: Albert Boeckler: Das Stuttgarter Passionale. Augsburg: B. Filser, 1923.

(24) Zwief. Mart.: Carl Löffler: Schwäbische Buchmalerei in romanischer Zeit. Augsburg: B. Filser, 1928.
Auf diese beiden Veröffentlichungen wird besonders häufig hingewiesen, da sie die frühesten deutschen und ikonographisch wichtigen Darstellungen zu Legenden und Martyrien der Heiligen im 12. Jh. enthalten. Die 3 Bände des Passionals (Stuttgart, Württ. Landesbibl.) werden von Boeckler datiert: Bibl. fol. 57 c. 1110/20, fol. 56 und 58, obwohl anschließend, erst 1160, in Hirsau entstanden. Das von Löffler veröffentlichte Martyrologium Usuardi aus dem Cod. hist. fol. 415, Chronicon Zwifaltense (Stuttgart, Württ. Landesbibl.), nach Boeckler 1162 in Zwiefalten entstanden, enthält teilweise Kopien nach den Hirsauer Handschriften.

(25) Paul Reinhold Wescher: Die Anfänge der alttestamentarischen Bilderfolge in der westlichen Buchmalerei und ihre Dekorationssysteme bis rund 1300. Diss. Freiburg i. Br. 1924.

(26) Die Wiener Genesis. Farbenlichtdruckfaksimile der griechischen Bilderbibel aus dem 6. Jahrhundert n. Chr. Cod. Vindob. theol. graec. 31. Hrsg. und erl. von Hans Gerstinger. Textband, Tafelband. Wien: Benno Filser, 1931.
Genesis. Bilder aus der Wiener Genesis. Erl. von Albrecht Goes. Hrsg. von Frowin Oslender. Hamburg: Wittig, 1956.

(27) E. Heinrich Zimmermann: Vorkarolingische Miniaturen. 4 Tafelbände und 1 Textband. Leipzig: Hiersemann, 1916.

(28) Adolf Merton: Die Buchmalerei in St. Gallen vom neunten bis zum elften Jahrhundert. Leipzig: Hiersemann, 1912.

(29) Die karolingischen Miniaturen. Im Auftrage des Deutschen Vereins für Kunstwissenschaft hrsg. von Wilhelm Koehler. Berlin: Cassirer, 1930–33.

(30) Wilhelm Vöge: Eine deutsche Malerschule um die Wende des ersten Jahrtausends. Trier: Lintz, 1891. (Westdeutsche Zeitschrift für Geschichte und Kunst. Erg.-H. 7.)
Albert Boeckler: Die Reichenauer Buchmalerei. In: Kultur der Abtei Reichenau. Halbbd. 2.
München: Verlag der Münchener Drucke, 1925.
Walter Gernsheim: Die Buchmalerei der Reichenau. Diss. München 1934.

(31) Albert Boeckler: Das goldene Evangelienbuch Heinrichs III. Berlin: Deutscher Verein für Kunstwissenschaft, 1933.

(32) – Abendländische Miniaturen bis zum Ausgang der romanischen Zeit. Berlin: de Gruyter, 1930.
– Die Regensburg-Prüfeninger Buchmalerei des 12. und 13. Jahrhunderts. München: Reusch, 1924. (Miniaturen aus Handschriften der Bayerischen Staatsbibliothek in München. 8.)
– Deutsche Buchmalerei vorgotischer Zeit. Königstein i. Ts.: Langewiesche, 1952. (Die Blauen Bücher.)
– Deutsche Buchmalerei der Gotik. Königstein i. Ts.: Langewiesche, 1959. (Die Blauen Bücher.)

(33) Adolph Goldschmidt: Deutsche Buchmalerei. Bd. 1: Die karolingische Buchmalerei. Bd. 2: Die ottonische Buchmalerei. München: Curt Wolff, 1928.

(34) Georg Swarzenski: Die Regensburger Buchmalerei des 10.

und 11. Jahrhunderts. (Denkmäler der süddeutschen Malerei des frühen Mittelalters. Tl. 1.) Leipzig: Hiersemann, 1901.
(35) – Die Salzburger Malerei von den ersten Anfängen bis zur Blütezeit des romanischen Stils. (Denkmäler der süddeutschen Malerei des frühen Mittelalters. Tl. 2,1.2.) Leipzig: Hiersemann, 1908–13.
(36) Hanns Swarzenski: Die lateinischen illuminierten Handschriften des XIII. Jahrhunderts in den Ländern an Rhein, Main und Donau. Textband, Tafelband. Berlin: Deutscher Verein für Kunstwissenschaft, 1936.
(37) Hermann Julius Hermann: Die frühmittelalterlichen Handschriften des Abendlandes. (= Die illuminierten Handschriften und Inkunabeln der Nationalbibliothek in Wien. Bd. 1. Verzeichnis der illuminierten Handschriften in Österreich. N. F. Bd. 1 = Bd. 8.) Leipzig: Hiersemann, 1923.
– Die deutschen romanischen Handschriften. (Die illuminierten Handschriften und Inkunabeln der Nationalbibliothek in Wien. Bd. 2. Beschreibendes Verzeichnis der illuminierten Handschriften in Österreich. Bd. 8 = N. F. Bd. 2.) Leipzig: Hiersemann, 1926.
(38) Herrade de Landsberg: Hortus Deliciarum. Texte explicatif commencé par le chanoine A. Straub et achevé par le chanoine G. Keller. Straßburg: Société pour la Conservation des Monuments historiques de l'Alsace, 1901.
– Hortus deliciarum. Receuil de 50 planches avec texte d'introduction historique, littéraire et archéologique par Joseph Walter. Straßburg: Le Roux, 1952.
Otto Gillen: Ikonographische Studien zum Hortus deliciarum der Herrad von Landsberg. Berlin: Deutscher Kunstverlag, 1931. (Kunstwissenschaftliche Studien. 9.)
(39) Floridus Röhrig: der Verduner Altar. Wien: Herold, 1955.
Mit Literaturangaben und allen Abbildungen der Emailtafeln des Lettner-Ambo, dat. 1181, des Nikolaus von Verdun im Stift Klosterneuburg bei Wien.
(40) Otto von Falke / Heinrich Frauberger: Deutsche Schmelzarbeiten des Mittelalters und andere Kunstwerke der kunsthistorischen Ausstellung zu Düsseldorf 1902. Frankfurt: Baer & Co., 1904.
Joseph Braun: Meisterwerke der deutschen Goldschmiedekunst der vorgotischen Zeit. 2 Tle. München: A. Reusch, 1922.

Hanns Swarzenski: Monuments of Romanesque Art. The Art of Church Treasures in North Western Europe. London: Faber & Faber, 1954.

(41) Albert Schramm: Der Bilderschmuck der Frühdrucke. 23 Bde. Leipzig: Hiersemann, 1920–43.
Wilhelm Ludwig Schreiber: Handbuch der Holz- und Metallschnitte des 15. Jahrhunderts. 8 Bde. Leipzig: Hiersemann, 1926–30.
Paul Kristeller: Kupferstich und Holzschnitt in vier Jahrhunderten. Berlin: Cassirer, 4., durchges. Aufl. 1922.
Max Geisberg: Geschichte der deutschen Graphik vor Dürer. Berlin: Deutscher Verein für Kunstwissenschaft, 1939.

(42) Betty Kurth: Die deutschen Bildteppiche des Mittelalters. 3 Bde. Wien: Anton Schroll, 1926.

Allgemeine Abbildungswerke

(43) Handbuch der Kunstwissenschaft. Berlin-Neubabelsberg, Wildpark-Potsdam: Akademische Verlagsgesellschaft Athenaion, 1913–39.
[Bände dieses Handbuchs:]
Ludwig Curtius: Die antike Kunst. Tl. 1: Ägypten und Vorderasien. 1923. Teil 2: Die klassische Kunst Griechenlands. 1938.
Willy Zschietzschmann: Die hellenistische und römische Kunst. 2 Tle. 1939.
Oskar Wulff: Altchristliche und byzantinische Kunst. Bd. 1: Die altchristliche Kunst von ihren Anfängen bis zur Mitte des ersten Jahrtausends. 1914–15. – Bd. 2: Die byzantinische Kunst von der ersten Blüte bis zu ihrem Ausgang. 1914–16. – Bd. 3: Bibliographisch-kritischer Nachtrag. 1918.
Julius Baum: Die Malerei und Plastik des Mittelalters. Tl. 2: Deutschland, Frankreich und Britannien. 1930–33.
Baukunst des Mittelalters. Tl 1: Paul Frankl: Die frühmittelalterliche und romanische Baukunst. 1919–26. – Tl. 2: Carl-Heinz Clasen: Die gotische Baukunst. 1930–31.
Fritz Burger / Hermann Schmitz / Ignaz Beth: Die deutsche Malerei vom ausgehenden Mittelalter bis zum Ende der Renaissance. 3 Bde. 1913–19.

Wilhelm Pinder: Die deutsche Plastik vom ausgehenden Mittelalter bis zum Ende der Renaissance. 2 Bde. 1914–18.
Georg Graf Vitzthum / W. F. Volbach: Die Malerei und Plastik des Mittelalters. Tl. 1: In Italien. 1914.
Paul Schubring: Die italienische Plastik des Quattrocento. 1915–19.
Franz Dülberg: Niederländische Malerei der Spätgotik und Renaissance. 1929.
Hans Willich / Paul Zucker: Die Baukunst der Renaissance in Italien. 1914–29.
Albrecht Haupt: Baukunst der Renaissance in Frankreich und Deutschland. 1916.
Arthur Weese: Skulptur und Malerei in Frankreich vom 15. bis zum 17. Jahrhundert. 1917–27.
Die Baukunst des 17. und 18. Jahrhunderts. Tl. 1: Albert Erich Brinkmann: Baukunst des 17. und 18. Jahrhunderts in den romanischen Ländern. 1915–16. Tl. 2: Martin Wackernagel: Baukunst des 17. und 18. Jahrhunderts in den germanischen Ländern. 1915–21.
Willi Drost: Barockmalerei in den germanischen Ländern. 1925–26.
Barockmalerei in den romanischen Ländern. Tl. 1: Nikolaus Pevsner: Die italienische Malerei vom Ende der Renaissance bis zum ausgehenden Rokoko. – Tl. 2: Otto Grautoff: Die Malerei im Barockzeitalter in Frankreich und Spanien. 1928–30.
Albert Erich Brinkmann: Barockskulptur. Entwicklungsgeschichte der Skulptur in den romanischen und germanischen Ländern seit Michelangelo bis zum Beginn des 18. Jahrhunderts. 1917.
Malerei und Plastik des 18. Jahrhunderts in Frankreich und Deutschland. Tl. 1: Edmund Hildebrandt: Malerei und Plastik des 18. Jahrhunderts in Frankreich. 1924. – Tl. 2: Adolf Feulner: Skulptur und Malerei des 18. Jahrhunderts in Deutschland. 1929.
Fritz Burger: Die Malerei und Plastik des 19. und 20. Jahrhunderts. 1915.
Hans Hildebrandt: Die Kunst des 19. und 20. Jahrhunderts. 1924–31.
Propyläen-Kunstgeschichte. 18 Bde. Berlin: Propyläen-Verlag, 1966 ff.

(44) Joseph Wilpert: Die Malereien der Katakomben Roms. Text band, Tafelband. Freiburg i. Br.: Herder, 1903.
Christliche Malerei aus römischen Katakomben. Ausw. und Einf. von Liselotte Thelen. Hamburg: Furche-Verlag, 1963. (Furche-Bücherei. 222.)
(45) Friedrich Gerke: Die christlichen Sarkophage der vorkonstantinischen Zeit. Berlin: de Gruyter, 1940.
(46) Jakob Burckhardt: Die Zeit Constantins des Großen. Wien: Phaidon, 1935.
(47) Wolfgang Fritz Volbach: Frühchristliche Kunst. Die Kunst der Spätantike in West- und Ostrom. München: Hirmer, 1958.
– Elfenbeinarbeiten der Spätantike und des frühen Mittelalters. Mainz: Verlag des Römisch-germanischen Zentralmuseums, [2]1952. (Römisch-germanisches Zentralmuseum zu Mainz. Katalog. 7.)
(48) Wilhelm Neuß: Die Kunst der alten Christen. Augsburg: B. Filser, 1926.
(49) Hanna Jursch: Tradition und Neuschöpfung im altchristlichen Bilderkreis. Berlin: Evangelische Verlagsanstalt, 1961.
(50) Rudolf Kömstedt: Vormittelalterliche Malerei. Augsburg: B. Filser, 1929.
(51) Adolph Goldschmidt: Die Elfenbeinskulpturen aus der Zeit der karolingischen und sächsischen Kaiser 8. bis 11. Jahrhundert. 2 Bde. Berlin: Cassirer, 1914–18.
– Die Elfenbeinskulpturen aus der romanischen Zeit 11. bis 13. Jahrhundert. 2 Bde. Berlin: Cassirer, 1923–26.
(52) – Die frühmittelalterlichen Bronzetüren. Bd. 1: Die deutschen Bronzetüren des frühen Mittelalters. Marburg: Verlag des Kunstgeschichtlichen Seminars der Universität Marburg, 1926.
(53) Hans Jantzen: Ottonische Kunst. München: Münchner Verlag, 1947. Hamburg: Rowohlt, 1959. (Rowohlts Deutsche Enzyklopädie. 83.)
(54) Paul Clemen: Die romanische Monumentalmalerei in den Rheinlanden. Düsseldorf: Schwann, 1916. (Publikationen der Gesellschaft für rheinische Geschichtskunde. 32.)
(55) – Die gotischen Monumentalmalereien der Rheinlande. Textband, Tafelband. Düsseldorf: Schwann, 1930. (Publikationen der Gesellschaft für rheinische Geschichte. 41.)
(56) Hubert Schrade: Malerei des Mittelalters. Bd. 1: Vor- und

frühromanische Malerei. Bd. 2: Die romanische Malerei. Köln: DuMont Schauberg, 1958–63.
(57) Hans Wentzel: Meisterwerke der Glasmalerei. Berlin: Deutscher Verein für Kunstwissenschaft, 1951.
(58) – Die Glasmalereien in Schwaben von 1200 bis 1350. Berlin: Deutscher Verein für Kunstwissenschaft, 1958.
(59) Alfred Stange: Deutsche Malerei der Gotik. 9 Bde. Berlin/München: Deutscher Kunstverlag, 1934–58.
– Deutsche Malerei der Gotik. Königstein i. Ts.: Langewiesche. Tl. 1: Wilhelm Jung: Deutsche Malerei der Frühzeit. 1967. – Tl. 2: Alfred Stange: Deutsche gotische Malerei, 1300–1430. 1964. – Tl. 3: Alfred Stange: Deutsche spätgotische Malerei, 1430–1500. 1965.
(60) Erwin Panofsky: Die deutsche Plastik des 11. bis 13. Jahrhunderts. Textband, Tafelband. München: Curt Wolff, 1924.
(61) Hermann Beenken: Romanische Skulptur in Deutschland (11. und 12. Jahrhundert). Leipzig: Klinkhardt und Biermann, 1924.
(62) Erich Steingräber / Helga Schmidt-Glassner / Alexander Frhr. von Reitzenstein / Alfred Schädler: Deutsche Plastik des Mittelalters. Königstein i. Ts.: Langewiesche, 1962. (Die Blauen Bücher.)

Ordens- und Laientracht

(63) Josef Braun: Die liturgische Gewandung im Occident und Orient nach Ursprung und Entwicklung, Verwendung und Symbolik. Freiburg i. Br.: Herder, 1907. Neudr. Darmstadt: Wissenschaftliche Buchgesellschaft, 1964.
– Handbuch der Paramentik. Freiburg: Herder, 1912.
– Liturgisches Handlexikon. Regensburg: Koesel & Pustet, 2., verb., sehr verm. Aufl. 1924.
(64) Eva Nienholdt: Die deutsche Tracht im Wandel der Jahrhunderte. Berlin: de Gruyter, 1938.
François Boucher: Histoire du costume en occident de l'antiquité à nos jours. Paris: Flammarion, 1965.

Heiligenfeste und Gedenktage

(65) Calendarium Romanum. Ex Decreto Sacrosancti Oecumenici Concilii Vaticani II instauratum auctoritate Pauli PP. VI. promulgatum. Ed. typica. Rom: Vatikanische Druckerei, 1969.
Die Neuordnung der Eigenkalender für das deutsche Sprachgebiet. Hrsg. von Philipp Harnoncourt. Trier: Paulinus-Verlag, 1975.
Der große Namenstagskalender. Hrsg. von Jakob Torsy. Einsiedeln/Zürich: Benziger; Freiburg/Wien: Herder, [6]1978.

Weitere Literaturhinweise

Mehrbändige Nachschlagewerke

LCI Lexikon der christlichen Ikonographie. Hrsg. von Engelbert Kirschbaum. Tl. 1: Allgemeine Ikonographie. Tl 2: Heilige. Rom [u. a.]: Herder, 1968 ff.
LCK Lexikon der christlichen Kunst. Themen, Gestalten, Symbole. Bearb. von Jutta Seibert. Freiburg i. Br. 1980.
LThK Lexikon für Theologie und Kirche. Begr. von Michael Buchberger. 2., völlig neu bearb. Aufl. hrsg. von Josef Höfer und Karl Rahner. 14 Bde. Freiburg i. Br.: Herder, 1957–68. 3. Aufl. Ebd. 1995.
Gertrud Schiller: Ikonographie der christlichen Kunst. 5 Bde. Gütersloh: Mohn, 1966–91.
RDK Reallexikon zur deutschen Kunstgeschichte. Hrsg. von Otto Schmitt [u. a.]. Bd. 1 ff. Stuttgart: Metzler; Druckenmüller / München: Beck, 1937 ff.
RGG Religion in Geschichte und Gegenwart. Handwörterbuch für Theologie und Religionswissenschaft. Hrsg. von Hans Dieter Betz, Don S. Browning, Bernd Janowski und Eberhard Jüngel. 4. völlig neu bearb. Aufl. Tübingen 1999.

Neuere Überblicksdarstellungen

Arnold Angenendt: Heilige und Reliquien. Die Geschichte ihres Kultes vom frühen Christentum bis zur Gegenwart. München [2]1997.

Ausst.-Kat.: ORA PRO NOBIS. Bildzeugnisse spätmittelalterlicher Heiligenverehrung. Badisches Landesmuseum. Karlsruhe 1992.

Ausst.-Kat.: Von der Erde zum Himmel. Heiligendarstellungen des Spätmittelalters. Eine Ausstellung des Suermondt-Ludwig-Museums im Krönungssaal des Aachener Rathauses. Aachen 1993.

Frank O. Büttner: Imitatio pietatis: Motive der christlichen Ikonographie als Modelle zur Verähnlichung. Berlin 1983.

Peter Dinzelbacher (Hrsg.): Heiligenverehrung in Geschichte und Gegenwart. Ostfildern 1990.

Barbara Fleith: Studien zur Überlieferungsgeschichte der lateinischen Legenda Aurea. Brüssel 1991.

Aaron J. Gurjewitsch: Contadini e santi. Turin 1986.

Josef Imbach: Der Heiligen Schein. Heiligenverehrung und Folklore. Würzburg 1999.

Gottfried Kerscher (Hrsg.): Hagiographie und Kunst. Der Heiligenkult in Schrift, Bild und Architektur. Berlin 1993.

Adolf Läpple: Mit den Heiligen durch das Jahr. München 2000.

– Verborgene Schätze der Apokryphen. Außerbiblische Texte und Legenden in biblischer Reihenfolge. München 2002.

Gioia Lanzi [u. a.] Das Buch der Heiligen. Kunst, Symbole und Geschichte. Stuttgart 2003.

Thomas Lentes: Die Gewänder der Heiligen – ein Diskussionsbeitrag zum Verhältnis von Gebet, Bild und Imagination. In: Gottfried Kerscher (Hrsg.): Hagiographie und Kunst. Berlin 1993.

Peter Manns (Hrsg.): Die Heiligen. Alle Biographien zum Regionalkalender für das deutsche Sprachgebiet. Mainz 1975.

Walter Nigg: Große Heilige. Von Franz von Assisi bis Therese von Lisieux. Zürich 1996.

Jürgen Petersohn (Hrsg.): Politik und Heiligenverehrung im Hochmittelalter. Sigmaringen 1994.

Peter Pfister (Hrsg.): Ihr Freunde Gottes allzugleich. Heilige und Selige im Erzbistum München und Freising. München 2003.

Reglinde Rhein: Die Legenda Aurea des Jacobus de Voragine. Die Entfaltung von Heiligkeit in »Historia« und »Doctrina«. Köln 1996.

Klaus Schreiner: Märtyrer, Schlachtenhelfer, Friedensstifter. Krieg und Frieden im Spiegel mittelalterlicher und frühneuzeitlicher Heiligenverehrung. Opladen 2000.

Otto Wimmer / Hartmann Melzer: Lexikon der Namen und Heiligen. Bearb. und erg. von Josef Gelmi. 6., verb. und erg. Aufl. Innsbruck/Wien 1988.

Norbert Wolf: Die Macht der Heiligen und ihrer Bilder. Stuttgart 2004.

– Die Welt der Heiligen. München 2004.

Zu einzelnen Heiligen

Adalbert Johannes Fried: Der Hl. Adalbert und Gnesen. In: Archiv für mittelrheinische Kirchengeschichte 50 (1998). – Bernd Mohnhaupt: Typologisch strukturierte Heiligenzyklen: Die Adalbertsvita der Gnesener Bronzetür. In: Gottfried Kerscher (Hrsg.): Hagiographie und Kunst. Berlin 1993.

Adam und Eva Sigrid Esche: Adam und Eva. Sündenfall und Erlösung. Düsseldorf 1957. – Ernst Guldan: Eva und Maria. Eine Antithese als Bildmotiv. Graz/Köln 1966. – Marinus de Jonge / Johannes Tromp: The Life of Adam and Eve and Related Literature. Sheffield 1997.

Afra Peter Pfister (Hrsg.): Ihr Freunde Gottes allzugleich. Heilige und Selige im Erzbistum München und Freising. München 2003. – Kurt Rommel: Afra, Candidus und Fridolin. Gütersloh 1998.

Agatha Hildegard Ohse: Das Sancta-Agatha-Fest in Sizilien. Der Kult an seinem Ursprungsort Catania. Ein Beitrag zur volkstümlichen Heiligenverehrung in der Gegenwart. München 1972.

Albertus Magnus Albertus Magnus Doctor Universalis 1280/1980. Hrsg. von Gerbert Meyer und Albert Zimmermann. Mainz 1980. – Michael Dirrigl: Albertus Magnus. Bischof von Regensburg, Theologe, Philosoph und Naturforscher. Regensburg 1980. – Walter Seimer: Albertus Magnus. Berlin 2001. – Jakob Streit: Albertus Magnus. Stuttgart 1982.

Alto Manfred Weitlauff: Der heilige Alto. In: Altomünster. Ein bayerisches Kloster in europäischer Sicht. München 1973. (Ausst.-Kat.) – Peter Pfister (Hrsg.): Ihr Freunde Gottes allzugleich. Heilige und Selige im Erzbistum München und Freising. München 2003.

Anianus und Marinus Karl Hausberger: Die heiligen Marinus und Anianus. In: Georg Schwaiger (Hrsg.): Bavaria Sancta. Bd. 3. Regensburg 1973.

Anna Beda Kleinschmidt: Die heilige Anna. Ihre Verehrung in Geschichte, Kunst und Volkstum. Düsseldorf 1930. – Angelika Dörfler: Die Verehrung der heiligen Anna in Spätmittelalter und früher Neuzeit. Göttingen 1992.

Antichrist Gosbert Schüssler: Studien zur Ikonographie des Antichrist. München 1983.– R. Muir Wright: Art and Antichrist in Medieval Europe. Princeton 2003.

Anselm von Canterbury Frank Druffner: Hagiographie und Sakraltopographie in Canterbury. In: Gottfried Kerscher (Hrsg.): Hagiographie und Kunst. Berlin 1993.

Antonius von Padua Vergilio Gamboso: Sankt Antonius von Padua. In: 800 Jahre Franz von Assisi. Franziskanische Kunst und Kultur des Mittelalters, Krems-Stein 1982. Wien 1982. – (Ausst.-Kat.) – Beda Kleinschmidt: Antonius von Padua in Leben und Kunst, Kult und Volkstum. Düsseldorf 1931. – Heinrich Trebbin: Sankt Antonius. Geschichte, Kult und Kunst. Frankfurt a. M. 1994.

Apokalypse Die Bamberger Apokalypse. Kommentar zur Faksimile-Ausgabe der Handschrift Msc. Bibl. 140 der Staatsbibliothek Bamberg. Hrsg. von Gude Suckale-Redlefsen und Bernhard Schemmel. Luzern 2000. – Otto Böcher: Die Johannesapokalypse. Darmstadt 1998. – Yves Christe: L'apocalypse de Jean. Sens et développements de ses visions synthétiques. Paris 1996. – Wilhelm Neuß: Die Apokalypse des heiligen Johannes in der altspanischen und frühchristlichen Buchillustration. (Spanische Forschungen der Görresgesellschaft. II,2.3.) Münster 1931. – Alexander Perrig: Albrecht Dürer oder die Heimlichkeit der deutschen Ketzerei. Die Apokalypse Dürers und andere Werke von 1495 bis 1513. Weinheim 1987. – Frits van der Meer: Apokalypse. Die Visionen des Johannes in der europäischen Kunst. Freiburg i. Br. / Basel / Wien [1978]. – The Apocalypse in the Middle Ages. Hrsg. von Richard K. Emmerson und Bernard McGinn. Ithaca (N. Y.) [u. a.] 1992. – Siehe auch im ersten Teil der Bibliographie Nr. 6 und 7.

Augustinus Ernst Dassmann: Augustinus, Heiliger und Kirchenlehrer. Stuttgart 1993. – Therese Fuhrer: Augustinus. Darmstadt 2004. – Uwe Neumann: Augustinus. Reinbek 1998.

Babel Ausst.-Kat. Graz 2003: Der Turmbau zu Babel – Ursprung und Vielfalt von Sprache und Schrift. 4 Bde. Hrsg. vom Kunsthistorischen Museum Graz. – Juan Benet: Der Turmbau zu Babel. Frankfurt a. M. 1994. – Arno Borst: Der Turmbau von Babel. Geschichte der Meinungen über Ursprung und Vielfalt der Sprachen und Völker. 4 Bde., Stuttgart 1957–63. – Ulrike B. Wegener: Die Faszination des Maßlosen. Der Turmbau zu Babel von Pieter Bruegel bis Athanasius Kircher. Hildesheim 1995.

Barbara Hans H. Hofstätter: Heilige und Nothelfer (2): Barbara von Nikomedia. In: Das Münster 38 (1985). –Rolfroderich Nemitz [u. a.]: St. Barbara – Weg einer Heiligen durch die Zeit. Essen 1996.

Barlaam und Josaphat Sirarpie Der Nercessian: L'illustration du roman de Barlaam et Josaphat. Vorw. von C. Diehl. Paris 1937. – Gottfried Kerscher: Benedictus Antelami oder Das Baptisterium von Parma. Kunst und kommunales Selbstverständnis. München 1986.

Benedikt von Nursia Ausst.-Kat. Salzburg 1980: 1500 Jahre Sankt Benedikt, Patron Europas. Bearb. von Gregor Martin Lechner [u. a.]. Dommuseum Salzburg 1980. – Gregor Martin Lechner: Typologie und Gestaltwandel in der Darstellung des hl. Benedikt von Nursia. In: Alte und moderne Kunst 25 (1980). – Anni Wagner: St. Benedikt in der Kunst. In: Die Kunst und das schöne Heim 92 (1980).

Bernhard von Clairvaux Georges Duby: Der heilige Bernhard und die Kunst der Zisterzienser. Stuttgart 1981. – Immo Eberl: Die Zisterzienser. Geschichte eines europäischen Ordens. Stuttgart 2002. – Reinhard Schneider: Von Cîteaux nach Bebenhausen. Welt und Wirken der Zisterzienser. Tübingen 2000.

Bernhardin von Siena Iris Origo: Der Heilige der Toskana. Leben und Zeit des Bernardino von Siena. München 1989.

Bernward von Hildesheim Ausst.-Kat. Hildesheim 1993: Bernward von Hildesheim und das Zeitalter der Ottonen. Hrsg. von Michael Brandt und Arne Eggebrecht. Wissensch. Berat. Hans Jakob Schuffels. 2 Bde. Hildesheim/Mainz 1993.

Birgitta von Schweden Maria Antonietta de Angelis: Sancta Brigida. Rom 1991. – Ortrud Reber: Die Gestaltung des Kultes weiblicher Heiliger im Spätmittelalter. Die Verehrung der Heiligen Elisabeth, Klara, Hedwig und Birgitta. Hersbruck 1963. – Günther Schiwy: Birgitta von Schweden. München 2003.

Bonaventura Werner Dettloff: Leben und Wirken des heiligen Bonaventura. In: 800 Jahre Franz von Assisi. Franziskanische Kunst und Kultur des Mittelalters, Krems-Stein 1982. Wien 1982. (Ausst.-Kat.)

Bonifatius Sankt Bonifatius. Gedenkgabe zum 1200. Todestag. Fulda 1954. – Josef Leinweber: St. Bonifatius. Leben und Wirken. Fulda 1983. – Reinhold Rau (Hrsg.): Briefe des Bonifatius. Willibalds Leben des Bonifatius. Darmstadt 1968. – Michael Imhof [u. a.] (Hrsg.): Bonifatius. Vom angelsächsischen Missionar zum Apostel der Deutschen. Petersberg 2004.

Brandan Navigatio S. Brendani Abbatis. Hrsg. von Carl Selmer. Indiana 1959.

Bruno Marijan Zadnikar (Hrsg., i. Verb. mit Adam Wienand): Die Kartäuser. Der Orden der schweigenden Mönche. Köln 1983.

Bruno (von Würzburg) Paul-Werner Scheele: Bruno von Würzburg. Würzburg 1985.

Burkhard Franz Bendel: Vita Sancti Burkardi. Paderborn 1912. – Klaus Wittstadt: 1000 Jahre Translatio Sancti Burkardi. Würzburg 1986.

Caesarius von Arles Caesarius von Arles: Sermones. Hrsg. von Germain Morin und Cyrille Lambot. Turnholt 1953. (Corpus christianorum. Bd. 104.)

Christophorus Ernst Wolfgang Mick: Christophorus. Einl. von Leonhard Küppers. Recklinghausen 1968. – Thomas Müller: Christophorus – Ein Mensch auf der Suche. Göttingen 2002. – Hans-Friedrich Rosenfeld: Der heilige Christophorus, seine Verehrung und seine Legende. Helsingfors 1937.

Christus Ausst.-Kat. Stuttgart 1985: Christus im Leiden. Kruzifixe – Passionsdarstellungen aus 800 Jahren, Württembergisches Landesmuseum. Hrsg. von Heribert Meurer und Hans Westhoff. Ulm [2]1986. – Otto Betz: Jesus, der Messias Israels, Tübingen 1987. – Otto Betz: Was wissen wir von Jesus? Der Messias im Licht von Qumran. Wuppertal [3]1999. – Christian Beutler: Das älteste Kruzifixus. Der entschlafene Christus. Frankfurt a. M. 1991. – Ines Dresel / Dietmar Lüdke / Horst Vey: Christus und Maria. Auslegungen christlicher Gemälde der Spätgotik und Frührenaissance aus der Karlsruher Kunsthalle, Karlsruhe 1992. – David Flusser: Jesus. Reinbek [9]1978. – William H. Forsyth: The Pietà in French Late Gothic Sculpture: Regional Variations, The Metropolitan Museum of Art 1995. – Waltrud Mersmann: Der Schmerzensmann. Düsseldorf 1952. – Helga Möbius: Passion und Auferstehung in Kultur und Kunst des Mittelalters. Wien 1979. – Gertrud Schiller: Ikonographie der christlichen Kunst. Bd. 2: Die Passion Jesu Christi. Gütersloh 1968.

Geburt Florian Trenner / Bert Wendel (Hrsg.): Schon leuchtet deine Krippe auf. Die Feier der Geburt Jesu Christi und der weihnachtliche Festkreis in Liturgie und Brauchtum. St. Ottilien 2000.

Kreuzabnahme Claudia Bertling: Die Darstellung der Kreuzabnahme und der Beweinung Christi in der ersten Hälfte des 16. Jahrhunderts. Hildesheim 1992.

Auferstehung Leo Scheffczyk: Auferstehung. Einsiedeln 1976.

Himmelfahrt Hans-Joachim Krause: Imago ascensionis und Himmelloch. Zum Bild-Gebrauch in der spätmittelalterlichen Liturgie. In: Skulptur des Mittelalters. Funktion und Gestalt. Hrsg. von Friedrich Möbius und Ernst Schubert. Weimar 1987.

Coronati, Quattuor Karl Demeter: Die Legende von den »Vier Gekrönten« (»Quattuor Coronati«). Hamburg 1961.

David Hugo Steger: David Rex et Propheta. König David als vorbildliche Verkörperung des Herrschers und Dichters im Mittelalter nach Bilddarstellungen des 8. bis 12. Jahrhunderts. Nürnberg 1961. – Gude Suckale-Redlefsen: Die Bildzyklen zum Davidleben. Diss. München 1972.

Dionysius Ingeborg Bähr: Saint Denis und seine Vita im Spiegel der Bildüberlieferung der französischen Kunst des Mittelalters. Diss. Heidelberg 1982. – Jan van der Meulen / Andreas Speer: Die fränkische Königsabtei Saint-Denis. Ostanlage und Kultgeschichte. Darmstadt 1988.

Dionysius Areopagita Kurt Ruh: Die mystische Gotteslehre des Dionysius Areopagita. München 1987.

Dominikus Marie-Humbert Vicaire: Geschichte des Hl. Dominikus. 2 Bde. Freiburg i. Br. / Basel / Wien 1962–63. – Siehe auch im ersten Teil der Bibliographie Nr. 36.

Dreifaltigkeit Wolfgang Braunfels: Die heilige Dreifaltigkeit. Düsseldorf 1954. – Bruno Forte: Trinität als Geschichte. Mainz 1989. – Adolf Krücke: Über einige angebliche Darstellungen Gottvaters. In: Marburger Jahrbuch für Kunstwissenschaft 10 (1937). – Karl-Heinz Ohlig: Ein Gott in drei Personen? Vom Vater Jesu zum »Mysterium« der Trinität. Mainz 1999. – Bertram Stubenrauch: Dreifaltigkeit. Kevelaer 2002.

Drei Könige Ausst.-Kat. Köln 1982: Die Heiligen Drei Könige. Darstellung und Verehrung. Wallraf-Richartz-Museum. – Hugo Kehrer: Die heiligen Drei Könige in Literatur und Kunst. Leipzig 1908–09. – Hans Hofmann: Die Hl. Drei Könige. Zur Heiligenverehrung im kirchlichen, gesellschaftlichen und politischen Leben des Mittelalters. Bonn 1975. – Siehe auch im ersten Teil der Bibliographie Nr. 3,4,8 und 9 (S. 56, Anm. 2).

Elias Rudolf Meyer: Elias oder Die Zielsetzung der Erde. Stuttgart 1964.

Eligius Armando De Simoni: Sant'Eligio degli Orefici. Fascino e memorie. Rom 1984.

Elisabeth von Thüringen Ausst.-Kat. Marburg 1983: 700 Jahre Elisabethkirche in Marburg 1283–1983. 8 Bde. Marburg 1983. – Hermann Bauer: St. Elisabeth und die Elisabethkirche zu Marburg. Marburg 1964. Neudr. 1990. – Karl E. Demandt: Verfremdung und Wiederkehr der Heiligen Elisabeth. Marburg/Witzenhausen 1973. – Erika Dinkler-von Schubert: Der Elisabeth-Schrein zu Marburg, Marburg/Witzenhausen 1974. – Elisabeth, der Deutsche Orden und ihre Kirche. Festschrift zur 700jährigen Wiederkehr der Weihe der Elisabethkirche Marburg 1983. Hrsg. von Udo Arnold und Heinz Liebing. Marburg 1983. – Ursula Koch: Elisabeth von Thüringen, Gießen 2004. – Walter Nigg: Elisabeth von Thüringen. Düsseldorf ^{2}1967. – Reinhold Schneider: Elisabeth von Thüringen 1207–1231. Marburg 1961.

Emmeram Peter Pfister (Hrsg.): Ihr Freunde Gottes allzugleich. Heilige und Selige im Erzbistum München und Freising. München 2003.

Engel Yves Cattin / Kurt Galling: Die Engel und ihr Bild im Mittelalter. München 2000. – Paola Giovetti: Die unsichtbaren Helfer der Menschen. Genf/München 1991. – Peter Michel: Das große Buch der Engel. Wien 2003. – Heinrich Schipperges: Die Welt der Engel bei Hildegard von Bingen. Salzburg ^{2}1979. – Siehe auch im ersten Teil der Bibliographie Nr. 9.

Erhard Paul Mai: Der heilige Bischof Erhard. In: Georg Schwaiger (Hrsg.): Bavaria Sancta. Bd. 2. Regensburg 1971.

Evangelisten Jean Richer: Iconologie et tradition. Symboles cosmiques dans l'art chrétien, Paris 1984.

Felix, Regula und Exuperantius Annie Herzog: Felix und Regula. Zürich 1952. – Silvan Mani [u. a.]: Die Zürcher Stadtheiligen Felix und Regula. Zürich 1988.

Fidelis von Sigmaringen Richard Schell: Fidelis von Sigmaringen 1577–1977. Der Heilige in Darstellungen der Kunst aus vier Jahrhunderten. Sigmaringen 1977. – Richard Schell: Fidelitas Coronata. Gekrönte Treue. Mit einem Nachw. zum Fest des heiligen Fidelis 1981. Stuttgart 1981.

Fides von Conques Ausst.-Kat. Paris 2001/02: Le Trésor de Conques au Louvre. Hrsg. von Danielle Gaborit-Chopin und Elisabeth Taburet-Delahaye, Musée du Louvre 2001.

Franz von Assisi Ausst.-Kat. Krems-Stein 1982: 800 Jahre Franz von Assisi. Franziskanische Kunst und Kultur des Mittelalters, Wien 1982. – Dieter Blume: Wandmalerei als Ordenspropaganda. Bildprogramme im Chorbereich franziskanischer Konvente Italiens bis zur Mitte des 14. Jahrhunderts. Worms 1983. – Helmut Feld: Franziskus von Assisi und seine Bewegung. Darmstadt 1996. – Klaus Krüger: Der frühe Bildkult des Franziskus in Italien. Berlin 1992. – Gerhard Ruf: Das Grab des hl. Franziskus. Freiburg i. Br. / Basel / Wien 1981.

Franz Xaver Rita Haub / Julius Oswald (Hrsg.): Franz Xaver. Patron der Missionen. Festschrift zum 450. Todestag. München 2002.

Fridolin Kurt Rommel: Afra, Candidus und Fridolin. Gütersloh 1998.

Gallus Walter Berschin: Gallus abbas vindicatus. In: Historisches Jahrbuch 95 (1975). – Fritz Blanke: Columban und Gallus. Zürich 1940.

Geist, Heiliger Basilius von Cäsarea: Über den Heiligen Geist. Eingel. und übers. von M. Blum. In: Sophia. Quellen ostkirchlicher Theologie. Bd. 8. Freiburg i. Br. 1967. – Udo Hahn: Heiliger Geist. Gütersloh 2001.

Georg Sigrid Braunfels-Esche: Sankt Georg. Legende, Verehrung, Symbol. München 1976.

Gericht, Jüngstes Beat Brenk: Tradition und Neuerung in der christlichen Kunst des ersten Jahrtausends. Studien zur Geschichte des Weltgerichtsbildes. Wien 1966. (Wiener Byzantinistische Studien. 3.) – Yves Christe: Das Jüngste Gericht. München 2001. – Craig Harbison: The Last Judgement in Sixteenth Century Northern Europe: A Study of the Relations Between Art and the Reformation. New York / London 1976. – Gude Suckale-Redlefsen / Bernhard Schemmel: Die Bamberger Apokalypse. Kommentar zur Faksimile-Ausgabe der Handschrift Msc. Bibl. 140 der Staatsbibliothek Bamberg. Luzern 2000. – Georg Troescher: Weltgerichtsbilder in Rathäusern und Gerichtsstätten. In: Wallraf-Richartz-Jahrbuch 11 (1939).

Gertrud von Helfta Gertrud von Helfta: Gesandter der göttlichen Liebe. Übers. und mit einem Nachw. von Johanna Lanczkowski. Darmstadt 1989.

Gertrud von Nivelles Sainte Gertrude. Culte, histoire, folklore. Hrsg. vom Comité de Sainte Gertrude. Nivelles 1977.

Gott Matthias Albani: Der eine Gott und die himmlischen Heerscharen. Leipzig 2000. – Irmgard Correll: Gottvater. Untersuchungen über seine bildlichen Darstellungen bis zum Tridentinum, zugleich ein Beitrag zur östlichen und westlichen Bildauffassung. Diss. Heidelberg 1958. – Das Gottesbild im Abendland. Mit Beitr. von Wolfgang Schöne, Johannes Kollwitz und Hans von Campenhausen. Berlin 1959.

Gregor d. Gr. Ausst.-Kat. Köln 1982: Die Messe Gregors d. Gr.

Hedwig Johanna von Herzogenberg: Agnes von Böhmen, Elisabeth von Thüringen, Hedwig von Schlesien. In: 800 Jahre Franz von Assisi. Franziskanische Kunst und Kultur des Mittelalters, Krems-Stein 1982. Wien 1982. (Ausst.-Kat.) – Peter Pfister (Hrsg.): Ihr Freunde Gottes allzugleich. Heilige und Selige im Erzbistum München und Freising. München 2003.

Heinrich II. Ausst.-Kat. Bamberg 2002: Kaiser Heinrich II. 1002–1024. Hrsg. von Josef Kirmeier, Bernd Schneidmüller, Stefan Weinfurter und Evamaria Brockhoff. Stuttgart 2002. – Manfred Höfer: Kaiser Heinrich II. München 2002. – Stefan Weinfurter: Heinrich II. (1002–1024). Herrscher am Ende der Zeiten. Regensburg 1999.

Helena Josef Dietz: St. Helena in der rheinischen Überlieferung. In: Festschrift Matthias Zender. Bonn 1972. – Carlo Ginzburg: Erkundungen über Piero. Piero della Francesca, ein Maler der frühen Renaissance. Berlin 1981. – Hans-Henning Lauer: Kaiserin Helena, München 1967. – Susanne Pfleger: Eine Legende und ihre Erzählformen. Studien zur Rezeption der Kreuzlegenden in der italienischen Monumentalmalerei des Tre- und Quattrocento. New York [u. a.] 1994.

Henoch Ferdinand Dexinger: Henochs Zehn-Wochen-Apokalypse und offene Probleme der Apokalypseforschung. Leiden 1977.

Heribert Hermann Schnitzler: Der Schrein des heiligen Heribert. Mönchengladbach 1962.

Herodes Agrippa II. Norbert Wibiral: Die Arbeiten im alten Westchor von Lambach 1956–1966. In: Kunstchronik 19 (1966).
Hesekiel Georg Fohrer / Kurt Galling: Ezechiel. Tübingen 1955.
Hieronymus Barbara Conring: Hieronymus als Briefschreiber. Tübingen 2001. – Renate Jungblut: Hieronymus. Darstellung und Verehrung eines Kirchenvaters. Bamberg 1967. – Otto Pächt: Zur Entwicklung des »Hieronymus im Gehäus«. In: Pantheon 21 (1963). – Christiane Wiebel: Askese und Endlichkeitsdemut in der italienischen Renaissance. Ikonologische Studien zum Bild des heiligen Hieronymus. Weinheim 1988.
Hildegard von Bingen Ausst.-Kat. Mainz 1998: Hildegard von Bingen 1098–1179, Dom- und Diözesanmuseum Mainz. – Otto Betz: Hildegard von Bingen. Gestalt und Werk, München 1997. – Karl Clausberg: Kosmische Visionen. Mystische Weltbilder von Hildegard von Bingen bis heute. Köln 1980. – Hildegard von Bingen: Welt und Mensch. Das Buch »De operatione Dei«. Aus dem Ghenter Kodex übers. und erl. von Heinrich Schipperges. Salzburg 1972. – Hildegard von Bingen: Der Mensch in der Verantwortung. Das Buch der Lebensverdienste. Nach den Quellen übers. und erl. von Heinrich Schipperges. Salzburg 1972. – Hildegard von Bingen: Wisse die Wege. Nach dem Originaltext des illuminierten Rupertsberger Kodex ins Deutsche übertr. und bearb. von Maura Böckeler. Salzburg [6]1975. – Hildegard von Bingen: Das Buch vom Wirken Gottes. Liber divinorum operum. Hrsg. von Mechthild Heieck. München 1998. – Lieselotte E. Saurma-Jeltsch: Die Miniaturen im Liber Scivias der Hildegard von Bingen. Die Wucht der Vision und die Ordnung der Bilder. Wiesbaden 1998. – Heinrich Schipperges: Hildegard von Bingen. München 2001.
Hiob Peter Lippert: Der Mensch Job redet mit Gott. München 1934.
Hiram, Baumeister Paul von Naredi-Rainer: Salomos Tempel und das Abendland. Monumentale Folgen historischer Irrtümer. Köln 1994.
Hiram Adoniram Die Apokryphen und Pseudepigraphen des Alten Testaments. Übers. und hrsg. von Emil Kautzsch. 2 Bde. Tübingen 1899–1900. Bd. 1. Neudr. Ebd. 1921. –
Hrabanus Maurus Ausst.-Kat. Mainz 1980: Rabanus Maurus in seiner Zeit 780–1980, Mittelrheinisches Landesmuseum.
Hubertus Willy Lassance: Saint Hubert. Alleur-Liège 1991. –

Arno Paffrath: Die Legende vom Heiligen Hubertus. Ihre Entstehung und Bedeutung für die heutige Zeit, Hamburg/Berlin 1961.

Ignatius von Loyola Andreas Falkner / Paul Imhof (Hrsg.): Ignatius von Loyola. Mystik – Theologie – Kirche, Göttingen 2001. – Ursula König-Nordhoff: Ignatius von Loyola. Studien zur Entwicklung einer neuen Heiligen-Ikonographie im Rahmen einer Kanonisationskampagne um 1600. Berlin 1982.

Jakobus d. Ä. Robert Plötz: Der Apostel Jacobus in Spanien bis zum 9. Jahrhundert. Münster 1982. In: Spanische Forschungen der Görresgesellschaft. I,30.) – Robert Plötz: IMAGO BEATI IACOBI. Beiträge zur Ikonographie des hl. Jacobus Maior im Hochmittelalter. In: Lenz Kriss-Rettenbeck und Gerda Möhler: Wallfahrt kennt keine Grenzen. München/Zürich 1984.

Johannes Evangelista Yves Christe: L'apocalypse de Jean. Sens et développements de ses visions synthétiques, Paris 1996.

Johannes der Täufer Ulrich B. Müller: Johannes der Täufer. Leipzig 2002. – Michael Tilly: Johannes der Täufer und die Biographie der Propheten. Stuttgart 1997.

Johannes von Capistrano Johannes Hofer: Johannes Kapistran. Ein Leben im Kampf um die Reform der Kirche. 2 Bde. Heidelberg [2]1964–65. – Helmut Hundsbichler: Johannes Kapistran. In: 800 Jahre Franz von Assisi. Franziskanische Kunst und Kultur des Mittelalters, Krems-Stein 1982. Wien 1982. (Ausst.-Kat.)

Johannes Nepomuk Ausst.-Kat. Prag/München 1993: Johannes von Nepomuk 1393-1993, Prag, Kloster Strahov und München, Bayerisches Nationalmuseum. Hrsg. von Reinhold Baumstark, Johanna von Herzogenberg und Peter Volk. München 1993.

Joseph Ausst.-Kat. Philadelphia 1992: Patron Saint of the New World. Spanish American Colonial Images of St. Joseph. Hrsg. von Joseph F. Chorpenning. Philadelphia 1992. – Médard Barth: Die Verehrung des heiligen Joseph im Elsass vom Mittelalter bis auf die Gegenwart. Hagenau 1970. – Marjory B. Foster: The Iconography of St. Joseph in Netherlandish Art 1400–1550. Ann Arbor / London 1979/80. – Joseph Seitz: Die Verehrung des Hl. Joseph in ihrer geschichtlichen Entwicklung bis zum Konzil von Trient dargestellt. Freiburg i. Br. 1908.

Joseph von Arimathia John Matthews: The Grail. Quest for the Eternal. London 1981.

Judith M. Hatz: Frauengestalten des Alten Testaments in der bildenden Kunst von 1850 bis 1918. Eva, Dalila, Judith, Salome. Diss. Heidelberg 1972.

Kandidus Kurt Rommel: Afra, Candidus und Fridolin. Gütersloh 1998.

Karl d. Gr. Karl der Große als vielberufener Vorfahr. Sein Bild in der Kunst der Fürsten, Kirchen und Städte. Hrsg. von Lieselotte E. Saurma-Jeltsch. Sigmaringen 1994. – Ernst W. Wies: Karl der Große. Kaiser und Heiliger. München 1998.

Katharina von Siena Hanno Helbling: Katharina von Siena. Mystik und Politik. München 2000.

Kilian Ausst.-Kat. Würzburg 1989: Kilian aller Franken Patron. Mönch aus Irland. Mainfränkisches Museum. Hrsg. von Johannes Erichsen. München 1989. – Klaus Wittstadt: Sankt Kilian: Leben – Martyrium – Wirkung. Würzburg 1984.

Klara Chiara Augusta Lainati: Die heilige Klara von Assisi. Leben und Schriften. In: 800 Jahre Franz von Assisi. Franziskanische Kunst und Kultur des Mittelalters, Krems-Stein 1982. Wien 1982. (Ausst.-Kat.)

Kolumba Fritz Blanke: Columban und Gallus. Zürich 1940. – Knut Schäferdiek: Columbans Wirken im Frankenreich (591–612). In: Heinz Löwe (Hrsg.): Die Iren und Europa im frühen Mittelalter. Bd. 1. Stuttgart 1982.

Korbinian Peter Pfister (Hrsg.): Ihr Freunde Gottes allzugleich. Heilige und Selige im Erzbistum München und Freising. München 2003.

Kornelius Robert Didier: De H. Cornelius van het Sint-Jans-hospitaal en de Brugse beeldhauwkunst omstreeks 1400. Brügge 1984.

Kosmas und Damian Anneliese Wittmann: Kosmas und Damian. Kultausbreitung und Volksdevotion. Berlin 1967.

Kümmernis Donat de Chapeaurouge: Die Geigerlegende des Volto Santo und ihre antike Herkunft. In: Das Werk des Künstlers. Festschrift Hubert Schrade. Stuttgart 1960.

Kunigunde Renate Klauser: Der Heinrichs- und Kunigundenkult im mittelalterlichen Bistum Bamberg. Bamberg 1957.

Lazarus, Hl. Robert Darmstaedter: Die Auferweckung des Lazarus in der altchristlichen und byzantinischen Kunst. Diss. Bern 1955.

Leonhard Peter Pfister (Hrsg.): Ihr Freunde Gottes allzugleich. Heilige und Selige im Erzbistum München und Freising. München 2003.

Leopold III. Floridus Röhrig: Leopold III. der Heilige. Markgraf von Österreich. Wien 1985. – Elisabeth Kovács: Der heilige Leopold – Rex perpetuus Austriae?. In: Jahrbuch des Stiftes Klosterneuburg N. F (13) 1986.

Ludgerus Ausst.-Kat. Billerbeck 1984: Der heilige Liudger. Gedenkjahr 809–1984. Erarb. von Franz Becks in Zus.arb. mit Basilius Senger. Kolvenburg-Billerbeck 1984. – Heinrich Börsting / Hugo Borger / Victor H. Elbern: Sankt Liudger. Gedenkschrift zum 1150. Todestage des Heiligen. Essen-Werden 1959. – Victor H. Elbern: St. Liudger und die Abtei Werden. Essen 1962. – Herbert W. Wurster: Der heilige Liudger, Erzbischof und Patron des Bistums Münster. In: Bistumspatrone in Deutschland. Festschrift J. Torsy. München/Zürich 1984.

Ludwig der Heilige Germaine Maillet: La vie religieuse au temps de St. Louis. Paris 1954. – Gérard Sivéry: St. Louis et son siècle. Paris 1983.

Ludwig von Toulouse Jacques Paul: Der hl. Ludwig von Anjou, Bischof von Toulouse. In: 800 Jahre Franz von Assisi. Franziskanische Kunst und Kultur des Mittelalters, Krems-Stein 1982. Wien 1982. (Ausst.-Kat.)

Lukas Evangelista Ausst.-Kat. Padua 2000: Luca Evangelista. Parola e immagine tra oriente e occidente. Hrsg. von G. Canova Mariani. – Gisela Kraut: Lukas malt die Madonna, Worms 1986. – Eckhard Plümacher: Lukas als hellenistischer Schriftsteller. Göttingen 1972.

Lullus Das Brandenburger Evangelistar. Einf. von Josef Gülden. Düsseldorf 1961.

Magnus Gebhard Spahr: Der heilige Magnus. Kempten 1970. – Hermann Tüchle: Der heilige Magnus. In: Georg Schwaiger (Hrsg.): Bavaria Sancta. Bd. 2. Regensburg 1971.

Maria Ausst.-Kat. Essen 1968: Marienbild in Rheinland und Westfalen. – Ausst.-Kat. Freising 2003: Madonna. Das Bild der Muttergottes. Freising-Lindenberg 2003. – Ausst.-Kat. Recklinghausen 1974: Die Gottesmutter. Marienbild in Rheinland und Westfalen I und II. Hrsg. von Leonhard Küppers. – Ausst.-Kat. Salzburg 1970: »Stabat Mater«, Maria unter dem Kreuz in der Kunst um 1400. – Peter Bloch: Kölner Madonnen. Die Muttergottes in der Kölner Bildnerei des Mittelalters. Mönchengladbach 1961. – Walter Delius: Geschichte der Marienverehrung. München/Basel 1963. – Ines Dresel / Dietmar Lüdke / Horst Vey: Christus und

Maria. Auslegungen christlicher Gemälde der Spätgotik und Frührenaissance aus der Karlsruher Kunsthalle. Karlsruhe 1992. – P. Eich: Die Maria lactans. Eine Studie ihrer Entwicklung bis in das 13. Jahrhundert und ein Versuch ihrer Deutung aus der mittelalterlichen Frömmigkeit. Frankfurt a. M. 1973. – Ilene H. Forsyth: Throne of Wisdom. Princeton 1972. – Herbert Haag / Joe H. Kirchberger / Dorothee Sölle: Maria. Die Gottesmutter in Glauben, Brauchtum und Kunst. Freiburg i. Br. 2004. – Karl Kolb: Eleousa. 2000 Jahre Madonnenbild. Regensburg 1968. – Gregor Martin Lechner: Maria Gravida: zum Schwangerschaftsmotiv in der bildenden Kunst. München/Zürich 1981. – Marienlexikon. Hrsg. von Remigius Bäumer und Leo Scheffcyk. 6 Bde., St. Ottilien 1988–1994. – Gudrun Radler: Die Schreinmadonna »Vierge ouvrante« von den bernhardinischen Anfängen bis zur Frauenmystik im Deutschordensland. Mit beschreibendem Katalog. Frankfurt a. M. 1990. – Hedwig Röckelein / Claudia Opitu / Dieter R. Bauer (Hrsg.): Maria. Abbild oder Vorbild? Zur Sozialgeschichte mittelalterlicher Marienverehrung. Tübingen 1990. – Anselm Salzer: Die Sinnbilder und Beiworte Mariens in der deutschen Literatur und lateinischen Hymnenpoesie des Mittelalters. Seitenstetten 1886–94. Neudr. Darmstadt 1967. 2. Aufl. Seitenstetten 1997. – Klaus Schreiner: Maria Jungfrau, Mutter, Herrscherin. München 1994. – Jutta Ströter-Bender: Die Muttergottes. Das Marienbild in der christlichen Kunst. Symbolik und Spiritualität. Köln 1992. – Timothy Verdon: Maria in der Florentiner Kunst. München 2001. – Gherard A. Wellen: Theotokos: Eine ikonographische Abhandlung über das Gottesmutterbild in frühchristlicher Zeit. Utrecht/Antwerpen 1961. – Die wundertätige Ikone in Byzanz und im alten Rußland. Zus.gest. von L. M. Lidov, Moskau 1996.

Verkündigung Elisabeth Gössmann: Die Verkündigung an Maria im dogmatischen Verständnis des Mittelalters. München 1957.

Marientod Gertrud Holzherr: Die Darstellung des Marientodes im Spätmittelalter. Diss. Tübingen 1971. – Christa Schaffer: Koimesis. Der Heimgang Mariens. Das Entschlafungsbild in seiner Abhängigkeit von Legende und Theologie. Regensburg 1985.

Maria Magdalena Monika Ingenhoff-Danhäuser: Maria Magdalena – Heilige und Sünderin in der italienischen Renaissance. Tübingen 1984. – Ingrid Maisch: Maria Magdalena. Zwischen Verachtung und Verehrung. Das Bild einer Frau im Spiegel der Jahrhunderte. Freiburg i. Br. / Basel / Wien 1996. – Justus Müller Hofstede: »O felix Poenitentia« – Die Büßerin Maria Magdalena als Motiv der Gegenreformation bei Peter Paul Rubens. In: Imagination und Imago. Festschrift Kurt Rossacher. Hrsg. von Franz Wagner. Salzburg 1983. – Gerhard Piccard / Wolfgang Irtenkauf: Der Magdalenenaltar des Lukas Moser in Tiefenbronn. Wiesbaden 1969.

Martin Manfred Becker-Huberti: Der Heilige Martin. Leben, Legenden und Bräuche. Köln 2003. – Karl Meisen: St. Martin im volkstümlichen Glauben und Brauch. In: Rheinisches Jahrbuch für Volkskunde 19 (1968). – Ingalill Pegelow: Sankt Martin. Stockholm 1988. – Friedrich Prinz: Frühes Mönchtum im Frankenreich. Darmstadt ^{2}1988. – Carl Vossen: Sankt Martin. Sein Leben und Fortwirken in Gesinnung, Brauchtum und Kunst. Düsseldorf 1975. – Anni Wagner: Der heilige Martin in der Kunst. In: Die Kunst und das schöne Heim 90 (1978).

Michael Anne-Christine Beauviala: Un prénom à découvrir. Origines, saint protecteur, confrêries, images et symboles, légendes et dictons, traditions populaires. Le Puy 1985. – Caspar Detlef Gustav Müller: Der Erzengel Michael. Würzburg 2000. – Wolfgang von Rintelen: Kultgeographische Studien in der Italia Byzantina. Untersuchungen über die Kulte des Erzengels Michael und der Madonna di Costantinopoli in Süditalien. Meisenheim a. G. 1968.

Moses Jan Assmann: Moses der Ägypter. Entzifferung einer Gedächtnisspur. München 2001. – Emil Bock: Moses und sein Zeitalter, Stuttgart ^{5}1961. – Ruth Mellinkoff: The Horned Moses in Medieval Art and Thought. Berkeley / Los Angeles / London 1970. – Eckart Otto: Mose. Ägypten und das Alte Testament. Stuttgart 2000. – Siehe auch im ersten Teil der Bibliographie Nr. 21.

Nikolaus Edward G. Clare: Saint Nicholas. His Legends and Iconography. Florenz 1985. – Roman Mensing: Nikolaus von Myra. Düsseldorf 2001. – Werner Mezger: Sankt Nikolaus. Zwischen Kult und Klamauk. Zur Entstehung, Entwicklung und Veränderung der Brauchformen um einen populären Heiligen. Ostfildern 1993.

Nothelfer Rosel Termolen / Dominik Lutz (Hrsg.): Nothelfer, Patrone in allen Lebenslagen. Beuron 2003.

Onuphrius Roland Stieglecker: Die Renaissance eines Heiligen. Sebastian Brant und Onuphrius eremita. Wiesbaden 2001.

Patricius Margit Wagner: Tradition der Askese bei Wallfahrten in Irland. In: Lenz Kriss-Rettenbeck / Gerda Möhler: Wallfahrt kennt keine Grenzen. München/Zürich 1984.

Paulus Claude Tresmontant: Paulus. Reinbek 1959. – Joachim Gnilka: Paulus von Tarsus. Zeuge und Apostel. Freiburg i. Br. 1996.

Petrus Peter Brown: Die letzten Heiden. Eine kleine Geschichte der Spätantike. Berlin 1978. – Georg Stuhlfauth: Die apokryphen Petrusgeschichten in der altchristlichen Kunst. Berlin/Leipzig 1925. – Carsten Peter Thiede: Geheimakte Petrus. Auf den Spuren des Apostels. Stuttgart 2000. – Zu Kettenfeier und Stuhlfeier: s. im ersten Teil der Bibliographie Nr. 18.

Propheten Klaus Baltzer: Biographie der Propheten. Neukirchen-Vluyn 1975.

Remaclus Ulla Krempel: Das Remaclusretabel in Stavelot und seine künstlerische Nachfolge. In: Münchner Jahrbuch der bildenden Kunst, 3. F. 22 (1971).

Rochus Heinrich Dormeier: St. Rochus, die Pest und die Imhoffs in Nürnberg vor und während der Reformation. In: Anzeiger des Germanischen Nationalmuseums 1985. – Marie-Theres Schmitz-Eichhoff: St. Rochus: Ikonographische und medizinhistorische Studien. Köln 1977.

Rupert Ausst.-Kat. Salzburg 1982: St. Peter in Salzburg. 3. Landesausstellung 15. Mai – 26. Oktober 1982.

Satan Josef Dvorak: Satanismus. Frankfurt a. M. 1989.

Sebaldus Ausst.-Kat. Nürnberg 1979: Der Heilige Sebald, seine Kirche, seine Stadt. Stadtmuseum. – 600 Jahre Ostchor St. Sebald – Nürnberg 1379–1979. Hrsg. von Helmut Baier. Neustadt a. d. Aisch 1979.

Sebastian Ausst.-Kat. Bergen op Zoom 1993–94: Sebastiaan. Martelaar of mythe. Hrsg. von Johanna Jacobs. Zwolle 1993. – Joachim Heusinger von Waldeck: Der Künstler als Märtyrer. Sankt Sebastian in der Kunst des 20. Jahrhunderts. Worms 1989.

Sechstagewerk Christel Schmidt: Die Darstellungen des Sechstagewerks von ihren Anfängen bis zum Ende des 15. Jahrhunderts. Diss. 1938. –Johannes Zahlten: Creatio mundi. Darstellungen der sechs Schöpfungstage und naturwissenschaftliches Weltbild im Mittelalter. Stuttgart 1979.

Servatius Renate Kroos: Der Schrein des heiligen Servatius in Maastricht. München 1985.

Seuse Textbuch zur Mystik des deutschen Mittelalters. Meister Eckhart – Johannes Tauler – Heinrich Seuse. Hrsg. von Josef Quint. Tübingen 1957.

Severinus von Noricum Eugippius: Das Leben des hl. Severin. Hrsg. von Rudolf Noll. Berlin 1963. – Friedrich Prinz: Frühes Mönchtum im Frankenreich. Darmstadt ²1988.

Sippe, Hl. Werner Esser: Die heilige Sippe. Studien zu einem spätmittelalterlichen Bildthema in Deutschland und den Niederlanden. Bonn 1986.

Sola Christian Beutler: Das Grab des heiligen Sola. In: Wallraf-Richartz-Jahrbuch 20 (1958).

Stanislaus Michał Rożek: Der Waweldom in Kraków. Warschau 1981.

Stephan Romuald Bauerreiss: Stefanskult und frühe Bischofsstadt. München 1963.

Stephan von Ungarn Ausst.-Kat. Passau 2001: Bayern und Ungarn. 1000 Jahre. Hrsg. von Wolfgang Jahn, Christian Lankes, Wolfgang Petz und Evamaria Brockhoff. – György Györffy: König Stephan der Heilige. Budapest 1988.

Teufel Dorothee Esser: Ubique Diabolus – der Teufel ist überall. Aspekte mittelalterlicher Moralvorstellungen und die Kulmination moralisierender Tendenzen in deutschen und niederländischen Weltgerichtsbildern des 15. Jahrhunderts. Erlangen 1991.

Thekla Hansgerd Hellenkemper: Die Kirchenstiftung des Kaisers Zenon im Wallfahrtsheiligtum der Heiligen Thekla bei Seleukeia. In: Wallraf-Richartz-Jahrbuch 47 (1986).

Theresa von Avila Teresa von Avila. Von der Liebe Gottes. Nach der deutschen Erstübersetzung von 1649 hrsg. von André Stoll. Frankfurt a. M. 1984.

Thomas von Aquino Marie-Dominique Chenu: Thomas von Aquin. Reinbek ²1981. – Martin Grabmann: Die Kulturphilosophie des Thomas von Aquin. München 1926. – Otto Hermann Pesch: Thomas von Aquin. Grenze und Größe mittelalterlicher Theologie. Eine Einführung. Mainz 1988.

Thomas Becket Pierre Aube: Thomas Becket, Düsseldorf 2000. – Thomas von Froidmont: Die Vita des Heiligen Thomas Becket, Erzbischof von Canterbury. Hrsg. von Paul G. Schmidt. Stuttgart 1998.

Tobias Ernst H. Gombrich: Tobias und der Engel. In: E. H. G.:

Das symbolische Bild. Zur Kunst der Renaissance. Bd. 2. Stuttgart 1986.

Ulrich von Augsburg Bischof Ulrich von Augsburg 890–973. Seine Zeit – sein Leben – seine Verehrung. Festschrift aus Anlaß des tausendjährigen Jubiläums seiner Kanonisation im Jahre 1993. Hrsg. von Manfred Weitlauff. Weißenhorn 1993. – Peter Rummel: Ulrich von Augsburg. Bischof – Reichsfürst – Heiliger. Augsburg 1993.

Ursula Sr. Gertrud Otto, OSU: Die Legende der heiligen Ursula. Lindenberg 1997. – Frank G. Zehnder: Sankt Ursula. Legende – Verehrung – Bilderwelt. Köln 1985.

Verena Adolf Reinle: Die heilige Verena von Zurzach. Legende, Kult, Denkmäler. Basel 1948. – Adolf Reinle: Figürliche Heiligengräber der deutschen Schweiz. In: Kunst als Bedeutungsträger. Gedenkschrift für Günter Bandmann. Berlin 1978.

Veronika André Chastel: La Véronique. In: Revue de l'Art 1978. – Ewa: Veronica and her Cloth. History, Symbolism, and Structure of a »True« Image. Cambridge (Mass.) 1991.

Viktor von Xanten Dagmar Preising: Das Hochaltarretabel von St. Victor in Xanten – Reliquie und Bild am Ende des Mittelalters. In: Gegen den Strom. Meisterwerke niederrheinischer Skulptur in Zeiten der Reformation 1500–1550. Museen der Stadt Aachen 1996. Berlin 1996. (Ausst.-Kat.)

Virgilius Heinz Dopsch / Roswitha Juffinger (Hrsg.): Virgil von Salzburg. Missionar und Gelehrter. Salzburg 1985.

Vitus Hiltrud Westermann-Angerhausen: Der heilige Vitus als Patron von Mönchengladbach und seine Ikonographie. In: Die Abtei Gladbach 974–1802. Städtisches Museum Mönchengladbach 1974. (Ausst.-Kat.)

Willibald Joseph Braun: Der heutige Willibald, Bischof von Eichstätt. Ein Lebensbild aufgrund der Quellen. Eichstätt 1953. – Friedrich Prinz: Frühes Mönchtum im Frankenreich. Darmstadt ^{2}1988.

Willibrord Petronella Bange / Ag Wieler (Hrsg.): Willibrord, zijn wereld en zijn werk. Nimwegen 1990. – Georges Kiesel: Der hl. Willibrord im Zeugnis der bildenden Kunst. Ikonographie des Apostels der Niederlande mit Beiträgen zu seiner Kultgeschichte. Luxemburg 1969. – Camille Wampach: St. Willibrord. Sein Leben und Lebenswerk. Luxemburg 1953.

Wolfgang Ausst.-Kat. St. Wolfgang im Salzkammergut 1976: Der heilige Wolfgang in Geschichte, Kunst und Kult. Linz 1976.

Zachäus Das Brandenburger Evangelistar. Einf. von Josef Gülden. Düsseldorf 1961.

Zefirot Ernst Harnischfeger: Mystik im Barock. Das Weltbild der Teinacher Lehrtafel. Stuttgart 1980.

Zeno Peter Pfister (Hrsg.): Ihr Freunde Gottes allzugleich. Heilige und Selige im Erzbistum München und Freising. München 2003.